वह, जो घाटी ने कहा

वह, जो घाटी ने कहा

पुन्नीसिंह

वाणी प्रकाशन

वाणी प्रकाशन

'लोगो' वाणी प्रकाशन : मक़बूल फ़िदा हुसेन

वाणी प्रकाशन, 4695, 21-ए, दरियागंज, नयी दिल्ली-110002
वाणी प्रकाशन, अशोक राजपथ (पटना कॉलेज के सामने), पटना (बिहार)

WOH, JO GHATI NE KAHA

by Punnisingh

Novel

ISBN : 978-93-5000-519-4

प्रथम संस्करण

मूल्य : 495/-

वाणी प्रकाशन

फोन : 0091#11#23273167, फोन व फैक्स 23275710
वेबसाइट : www.vaniprakashan.in
ई-मेल : vaniprakashan@gmail.com

जी.एस. ऑफसेट द्वारा दिल्ली-110032 में मुद्रित

यह पुस्तक उमाशंकर दोहरे को समर्पित है जिन्होंने ऐसे वक्त में मेरा मनोबल बढ़ाया जब मैं हिम्मत हारने को था। सोचने लगा था कि इस तरह के विषय पर लिखने की जुर्रत नहीं करनी चाहिए थी। और तब उमाशंकर दोहरे मेरे प्रेरक बने। वे बैंक के अधिकारी हैं लेकिन साहित्य-संस्कृति के लिए पूरी तरह समर्पित हैं। उनका मेरे साथ कुछ कदम चलना मेरी लम्बी यात्रा में बहुत काम आया।

यह केशव शर्मा और उनके बेटे वरुण को समर्पित है जो हर शनिवार और रविवार को सुभाष पुरा के टंकी वाले हनुमान मन्दिर पर मेरा बेताबी से इन्तजार किया करते थे और वहाँ एक कप चाय पिलाकर उनकी मोटर साइकिल तुरन्त जंगल की ओर उड़ चलती थी। उस दुपहिये पर मैंने सैकड़ों किलोमीटर की दूरी तय की थी। जहाँ अन्य कोई वाहन पहुँच ही नहीं सकता था, वहाँ हम उस वाहन के साथ पहुँचे।...जंगल, घाटी, डांग, खोह बहुत कुछ छान मारा हमने; और वह सब केशव शर्मा की दम पर हुआ।

यह विजय सिंह यादव को समर्पित है जिन्होंने मुझसे भी पहले वही पहाड़, घाटी, जंगल, डांग, खोह छान डाले थे और वे इस त्रासद कथा के बहुत नज़दीक तक जा पहुँचे थे। वे अपने सीमित साधन और विपन्न समाज के बीच रहते हुए भी निहायत अध्ययनशील आदमी हैं। उन्होंने पहले मुझे इसी विषय पर काम करने की

सलाह दी थी, लेकिन मैं इसके लिए राजी नहीं हुआ था। इसलिए बाद में जब उनके पास पहुँचा तो वे बोले—'आपने उस समय मेरे ऊपर भरोसा नहीं किया था, इसलिए अब एक-एक बात के लिए कई-कई जगह भटकना पड़ेगा, ...और फिर भी शायद आप को 'मिथ' जैसा लगे। 'पंच महल' की कथा बेढब है। उसका शब्द-शब्द खून से लिथड़ा हुआ है।...खैर, मैं चलूँगा आपके साथ, मौसम का तेवर बदले, तब।

यह जमुना प्रसाद बाथम को समर्पित है जिनके सन्तुलित विचार और सूक्ष्म निरीक्षण का मैं कायल रहा हूँ। वे हर बात की तह तक जाने की कोशिश करते हैं और फिर उसके सम्बन्ध में निहायत सन्तुलित शब्दों में बयान करते हैं। वे बहुत दूर-दूर तक बाँध के किनारे-किनारे और नीचे खोहों में गये हैं। एक-एक आदमी की तलाश में मेरे साथ पूरे-पूरे दिन भटके हैं और घर लौटने पर कतई मन मैला नहीं किया है...उनकी पत्नी मछली बहुत अच्छी तरह पकाती थी। चावल या रोटी के साथ खाकर हम लोग तरोताजा हो जाते थे।...मैं आख़िरी बस से शिवपुरी लौट जाने की इच्छा व्यक्त करता, तो वे आग्रहपूर्वक रोक लेते, कहते...'शाम को अमुक आदमी घर ज़रूर लौटेगा। रात को खुलकर बातें भी करेगा; यहाँ के आदमी को आज भी लगता है कि दीवारों के कान हो सकते हैं और पेड़-पौधों की आँखें...।'

यह समर्पित है छत्रपाल सिंह भाटी को जो इसको लिखने के दौरान निरन्तर मेरे सम्पर्क में रहे और क्योंकि वे उसी क्षेत्र के रहने वाले हैं इसलिए मेरे द्वारा जुटाई सामग्री के प्रमाणीकरण में उन्होंने मदद की। बीच-बीच में जो घटना स्थल मुझे फिर से देखने होते वहाँ वे मुझे लेकर जाते। क्षेत्र की संस्कृति के बारे में उन्होंने मेरी भरपूर मदद की।

यह जंडेल सिंह रावत को समर्पित है जिन्होंने प्रारम्भिक दौर में मेरी काफी मदद की वे क्षेत्र के एक बड़े किसान हैं और खासतौर से पंच महल की उनके पास खास जानकारी है। इस कहानी से जुड़ी हुई प्रारम्भिक घटनाओं की जानकारी उनके पास पर्याप्त मात्रा में थी और घटना स्थलों तक उनकी पहुँच थी। वह मध्य मई के दिन थे और 'पंच महल' में धान की पौध डालने की खूब मारामारी मची थी, क्योंकि बाँध का जल स्तर काफी नीचे चला गया था।...और गन्ने को डबरा सुगर मिल तक पहुँचाने के लिए ट्रक ढूँढ़े नहीं मिल रहे थे, ठीक ऐसे ही समय में जंडेल सिंह मेरे काम से मारे-मारे डोल रहे थे!

यह ऐसे अनेक लोगों को भी समर्पित है जिनके नाम किसी कारण वश यहाँ नहीं दिये जा सकते हैं।

1

अब नदी पहले वाले स्थान पर नहीं रह गयी थी। वह वहाँ से दो किलोमीटर दूर जा पहुँची थी। और निहायत लटी नारी-सी मरियल-मरियल बहती थी। सो भी तब, जब कि बाँध एक सीमा से अधिक भरे। नदी का यह रूप और 'रूट' बाँध के ओवर फ्लो ने तय किया था। जब कि बाँध, जो पहले किसी की कल्पना में भी नहीं अमा पा रहा था, वह अब गाँव से मात्र दो फर्लांग की दूरी पर आ प्रगट हुआ था। उसे देख कर लोग दहलते अधिक थे, राहत कम अनुभव करते थे।...उधर आरसी गाँव नहीं उजड़ा था। बल्कि उसका विस्तार अवश्य हुआ था। बाँध से उजड़े लोग वहाँ आ-आ कर बसे थे और आरसी गाँव तीन गुना बड़ा हो गया था। गढ़ी और उसके आसपास बसा मुख्य गाँव और उससे थोड़ा आगे जा कर शेरनी का पुरा और बाध का पुरा, दो अन्य छोटे-छोटे गाँव, जो अभी हाल में ही बसे थे।

बाँध इस गाँव की कुछ उपजाऊ ज़मीन निगल गया और नदी काफी उपजाऊ जमीन छोड़ गयी थी। उस वक़्त के कायदे के अनुसार उस नदी के द्वारा छोड़ी हुई ज़मीन पर गढ़ी का हक़ बनता था, लेकिन गढ़ी तब राजा लखपति सिंह के अधिकार में थी और राजा लखपति सिंह खासे उदार थे, इसलिए उन्होंने वह ज़मीन कुछ तो अपने खासम-खास लोगों में बाँट दी और बाकी बाहर से आकर बसे लोगों को दे दी। तब गढ़ी को इस काम के लिए खासी वाह-वाही हासिल हुई थी।

लेकिन ये सब बातें आजादी आने से पहले की थी।...और अब देश को आजाद हुए भी काफ़ी वक़्त गुजर चुका था। ज़मीदारी, जागीरदारी और रियासतें सिरे से गायब हो चुकी थीं; लेकिन आरसी की गढ़ी के रोब-रुतबा और दबदबे पर कोई खास असर नहीं पड़ा था, क्योंकि गढ़ी के अधिकार में उस समय भी इलाके भर में सब से ज़्यादा उपजाउ और बाँध से निकाली गयी नहर के पानी द्वारा सिंचित बारह सौ बीघा ज़मीन की बड़ी क़ाश्तकारी थी।...राजा लखपति सिंह के इलाके भर के बड़े लोगों से अच्छे सम्बन्ध थे, अधिकारी और राजनेताओं के स्वागत-सत्कार के लिए गढ़ी हर वक़्त तत्पर होती थी, ...और यहाँ तक कि अकाल-दुकाल के दिनों में गढ़ी लोगों की दिल खोलकर मदद करती थी। राजा लखपति सिंह अंग्रेजी युग के रईस

थे और उस रईसी में उस समय भी कोई कमी नहीं आने देना चाहते थे, चाहे उस पर कितना ही खर्च क्यों न हो जाये। उस समय का नामी शिकारी चोखापाल और जाना माना कूटनीतिज्ञ हरजीत सहरिया राजा साहब के दाएँ-बाएँ अंग थे। उस रईसी को बनाए रखने में उन दोनों की भूमिका अहम थी। चोखापाल एक ओर तो उन्हें शिकार से कभी ऊबने नहीं देता था। और अगर वे कभी ऊब भी जाएँ तो हरजीत सहरिया फौरन औरत और शराब की रंगीनियों में उन्हें खींच ले जाता था। लेकिन यही सब उनके एकलौते बेटे गजपति सिंह के लिए धीरे-धीरे बर्दाश्त से बाहर होता जा रहा था। तब वह ग्वालियर में पढ़ता था और फिर यह भी हुआ कि गजपति सिंह ने गढ़ी की आय के मूल स्रोत अथवा काश्तकारी से होने वाली आय पर पूरी तरह से कब्जा कर लिया। लेकिन इस काम को सर अंजाम देने के लिए जो पहला ज़रूरी काम था, वह उसने बहुत आसानी से निपटा लिया था। अर्थात् बड़े राजा साहब के दाएँ-बाएँ बाजुओं को बेरहमी से काट फेंका गया। चोखापाल और हरजीत सहरिया को खड़े-खड़े गढ़ी से निकाल दिया गया। न केवल इतना, बल्कि यह भी उनके स्थान पर श्रीकृष्ण पण्डित और होतमसिंह गूजर को अपना मुख्य सलाहकार और गढ़ी का .खास कारकुन मुकर्रर कर दिया गया।

लेकिन बड़े राजा साहब अपनी जिन्दगी के आखिरी पड़ाव के इस भीषण झंझावात को झेल नहीं पाए। उन्हें दिल का दौरा पड़ा और वे स्वर्गवासी हो गये।

गजपति सिंह उर्फ छोटे राजा को गढ़ी का स्वामित्व निहायत आसानी से हासिल हो गया था। लेकिन वे इतना अवश्य समझते थे कि उनके पिताजी अपनी तरह के एक ही प्राणी थे। वे अपनी ताकत के बल पर नहीं बल्कि व्यवहार के बल पर लोगों को अपना गुलाम बना कर रखते थे। इसलिए गजपति सिंह ने इलाके के लोगों के बीच अपना व्यवहार नये सिरे से बढ़ाने का प्रयास कर दिया। अब वे ज़्यादा से ज़्यादा समय गढ़ी में बिताने लगे। इलाके के साथ-साथ अपने गाँव की घटनाओं और व्यक्तियों में खासी रुचि लेने लगे। उससे हर्ष और विषाद, जो भी हासिल होता, उसे गहराई से अनुभव करने लगे। अपने इस अनुभव में वे अक्सर श्रीकृष्ण पण्डित को अवश्य सहभागी बनाते।

वह चैत्रमास का कृष्ण पक्ष था और दिन ढलने को था। गजपति सिंह गढ़ी के अन्दर वाले चौक के अपने .खास कमरे के फर्श पर मूढ़ा डाले थोड़े तिरछे होकर बैठे थे। उनके सामने गोल मेज पर सिगरेटकेस, ऐशट्रे और लाइटर रखे थे। मेज के दूसरी ओर दो मूढ़े और पड़े थे और उनसे थोड़ा अलग खड़ा श्रीकृष्ण पण्डित मानो उनके चेहरे पर आते-जाते भावों को पढ़ रहा था। वह समझ गया कि वे अभी थोड़ी देर पहले ग्वालियर से आते समय बस स्टैण्ड पर या शेरनी के पुरा से कुछ खटकने वाली बात ज़रूर लेकर आये हैं और हो-न-हो वही चोखापाल बाला माजरा होगा। बड़े राजा साहब ने अपना राजपाट जाने से पहले वहीं शेरनी के पुरा पर चोखापाल को

एक बड़ा-सा मकान बनवा दिया था और उसको साठ बीघा जमीन दी थी और तो और अपने द्वारा भोगी हुई एक औरत भी उसी को सौंप दी थी।...तब इन्हीं छोटे राजा ने कुछ नहीं कहा था। कुछ नहीं किया था और अब इन्हें चोखापाल का हर काम बुरा लगता है। अपने को चिढ़ाने जैसा लगता है।...और उन्हें जो कुछ लगता है वह एक तरह से उसके खुद के लिए शुभ है। क्योंकि पण्डित श्रीकृष्ण खुद भी चोखापाल से काफी डरा-डरा रहता है। वह मानता है कि चोखापाल सामान्य आदमी नहीं है। वह आज भी अपने करतब से छोटे राजा पर भी जादू कर सकता है। उनकी शान में कुछ भी ऐसा कर दिखाएगा कि छोटे राजा मोहित होकर चोखापाल को उस पद पर रखलें। इन गढ़ी बन्दों का कोई धर्म-ईमान नहीं होता। किसी आदमी में इनकी स्थायी रुचि नहीं होती। ये लिहाफ के कवर की तरह अपने विश्वास पात्रों को बदलते हैं।...

पण्डित खड़ा-खड़ा सोचता रहा और अंग्रेजी शराब की बोतल पर नज़र गड़ाए रहा, जिसे गढ़ी का नौकर माधव दो गिलास और सूखे मेवों के साथ एक ट्रे में रखकर लाया था और मेज पर रखकर चला गया था।

"आओ पण्डित, एक-एक जाम चल जाये, फिर तुम से एक ज़रूरी बात करनी है।" छोटे राजा ने कहा तो पण्डित चौंक गया। फिर वह इधर-उधर सशंकित नज़र से देखने लगा। वह जानता है कि छोटे राजा के साथ ऐसे खुले में बैठकर पीना एक तरह से बेहद ख़तरनाक काम है। कहो तो घण्टे-दो घण्टे में ही यही बात गढ़ी से निकलकर पूरे गाँव में फैल जाये और आज की शाम की गली-चौराहों पर चलने वाली गोष्ठी का मुख्य विषय यही बन जाये। और कल सवेरे ही उसका घर से बाहर निकलना दूभर हो जाये। लेकिन उसके डरने की मात्र यही वज़ह नहीं थी, बल्कि एक वज़ह यह भी थी कि उसकी पत्नी उन बातों को सुनते ही आग-बबूला हो जायगी, घर में घुसते ही रोना-गाना शुरू कर देगी। कभी-कभी तो घर में रात काटना मुश्किल हो जाता है, पत्नी के ऐसे व्यवहार से।

लेकिन ये सब बातें अपनी जगह थी फिर भी श्रीकृष्ण पण्डित के मन में शराब की तलब प्रबल थी। वह झटपट मूढ़ा खींचकर बैठ गया। वह बैठा तब तक छोटे राजा ने गिलासों में शराब डाल दी थी। वे कभी भी ऐसे पीते वक़्त पण्डित के जाम से अपना जाम नहीं छूने देते थे। यह बात उसको खूब कसकती थी। बेहद अपमानजनक अनुभव होता था। गुस्सा भी खूब आता था। वह उस गुस्से को अक्सर शराब को घूँट के साथ ही पी जाता था। लेकिन कभी जब पीना मुश्किल होता तो कै कर देता। कै भी ऐसी जिसके छींटे राजा के कपड़ों पर जा पड़ें और उनकी शाम खराब कर दें।

उस शाम को भी कुछ-कुछ ऐसा ही हुआ था। छोटे राजा ने लगभग आधा जाम समाप्त करके गिलास मेज़ पर रख दिया था और सिगरेट केस उठाकर सिगरेट सुलगा

ली थी। उधर पण्डित ने अपना गिलास अब तक खाली कर लिया था। थोड़ा पहले से ही वह खीझा हुआ था और बाकी काम अंग्रेजी शराब की तरंग ने कर दिया। वह राजा साहब की कसकती रग पहले से ही पहचान रहा था तो भला ऐसे अवसर पर उसमें पिन चुभोने से क्यों चूकता। वह बोला—"छोटे राजा साहब! आपने उस चोखापाल की हरकतें देखी क्या?...बड़े राजा साहब उस गड़रिये को साठ बीघा जमीन देकर नहीं अघाने सो ऐन चौराहे पर उसका मकान और बनवा गये।...बस समझ लो, ये करके वे हम सब को आफ़त में डाल गये! आजकल गड़रिया आदमी से आदमी नहीं कहता भाई! वो नहीं मानता आप को राजा भी...। आप शौक से गढ़ी के राजा बने रहो, चौराहे और शेरनी के पुरा पर तो उसका सिक्का चलता है, चमड़े का!...हम तो समझते हैं कि बड़े राजा साहब सीधे स्वर्ग में गये। भाई रे भाई! जा गढ़ी पर वे कितना उपकार करके स्वर्ग गये हैं, वे अपनी भोगी हुई ठकुरानी तक उस गड़रिये को सौप गये...।"

छोटे राजा गजपति सिंह ने हाथ की सिगरेट ऐशट्रे पर रखकर गिलाश उठाया ही था कि तभी श्रीकृष्ण पण्डित का आखिरी वाक्य पूरा हुआ। सुनते ही छोटे राजा का हाथ काँप गया और गिलास छूटकर नीचे जा पड़ा। शराब और काँच के टुकड़े दूर-दूर तक छिटक गये। वे एकाएक दूँके—"माधो! ओरे, कहाँ मर गया रे!...अरे, कोई सुन रहा है क्या?"

माधव काँपता हुआ सा फौरन वहाँ प्रगट हुआ। पहले वह काँच के टुकड़े बीनकर फेंक आया। अपने अंगोछे से मेज साफ कर दी और ट्रे को उठा कर वहाँ से जाने लगा। तभी वे फिर उसी तरह से दूँकते हुए-से बोले—"और सुनरे! होतमसिंह कहाँ है?...उससे बोल, जल्दी दुनाली लेकर आये!"

इतना कहकर वे सतर के सतर उठ खड़े हुए और गुस्से से लबालब भरे फर्श पर इधर से उधर आने-जाने लगे। तभी होतमसिंह गूजर दुनाली बन्दूक और कारतूसों से खचाखच पेटी लेकर आ गया। उन्होंने उसके हाथ से गन झटक ली और एक झटके से उसकी बैरल गिराकर दो कारतूस एक-एक करके दोनों बैरल में ठूंस दिये। फिर उसी तरह दोनों बैरल उठा दीं और कन्धे के बराबर बट लाकर शून्य में निशाना साधा और लगातार दो फायर कर दिये। गढ़ी का निहायत शांत वातावरण एक बारगी गूँज गया। गूँज के साथ ही मानो थर-थरा गया'। होतमसिंह गूजर और श्रीकृष्ण पण्डित चौंककर दो-दो कदम पीछे हट गये। गढ़ी के बाहर विशाल बूढ़े पीपल पर रात्रि बसेरे के लिए जुटे पक्षी हड़बड़ा कर उड़ गये। जो नहीं उड़ सके वे चेंचियाने लगे। खरिक में गायें रम्हाने लगीं।

अब उन्होंने फिर से गन होतमसिंह को दे दी और उससे बोले—"चल, बसस्टैण्ड तक चलना है।...दूसरी गन लाकर पण्डित को दे, इन्हें भी चलना है।"

उन्होंने कहा तो श्रीकृष्ण पण्डित का चेहरा फक़ पड़ गया। धुकधुकी बढ़

गयी। सोचने लगा कि बस स्टैण्ड पर पहुँचकर कहीं कछवा ही वाह्य खून जोर मार गया तो कुछ भी हो सकता है, इस खेल का चोखापाल आज भी सब से ऊँचा खिलाड़ी माना जाता है। और वैसे भी वहाँ शेरनी के पुरा पर वह अकेला नहीं है। उसके नाते-रिश्ते के तमाम लोग हैं और एक से एक उत्पाती हैं वे सब। शारीरिक बल से उन्हें फतह कर पाना इतना आसान नहीं है। यही बात पण्डित ने छोटे राजा को समझाना चाही। वह बोला–"छोटे राजा साहब! छुटपन में आप काफी दिन बाहर रहे हो। आज भी बाहर के कामों में ज्यादा रुचि रखते हो, इसलिए गाँव की कुछ बातों को ठीक समझ नहीं पाते हो। वह चोखापाल वही आदमी है जिसकी बड़े राजा साहब के जमाने में तूती बोलती थी। वह मात्र अट्ठारह साल की उम्र में इलाके का सबसे बड़ा शिकारी सिद्ध हो चुका था! बड़े राजा साहब ने पाँच सौ पाँच वोर की राइफल इंगलैण्ड से मंगवाकर तब उसको दी थी। उसकी टक्कर की गन और चोखापाल की टक्कर का गनमेन इलाके के किसी बड़े से बड़े रईस के पास नहीं थे।..."

वह कुछ क्षणों के लिए रुका और उनका चेहरा पढ़ने की कोशिश की। यह देखकर वह उत्साहित हो उठा कि वहाँ पहले वाला तेवर नहीं था और न वहाँ किसी पर बिना सोचे-समझे गोली दाग देने का भाव था। यह देख कर वह और भी ज्यादा खुल कर बोला–"और छोटे राजा साहब, आपको तो शायद यह भी पता नहीं है कि शेरनी के पुरा पर ज्यादातर चोखापाल के रिश्तेदार आ-आ कर बसे हैं...एक से एक नामी और लड़ाका हैं वे सब। उसकी पहली घरवाली से पैदा दो लड़के हैं, जो अब तक काफ़ी बड़े हो चुके हैं। वे दोनों एक से एक शरारती हैं।... और सुनिये, बड़े राजा वाली ठकुरानी से दो लड़कियाँ हैं, वे दोनों भी नामी गड़रियों को ब्याही गयी हैं। उनके भी कई-कई बच्चे हैं।...वह छोटी फौज़ भी चौराहे पर पूरे दिन धमाचौकड़ी मचाए रहती है। इसीलिए छोटे राजा, मेरी सलाह ये है कि चौराहे पर जाकर यह राइफल-बन्दूक का खेल मत खेलिये। इस खेल का सब से नामी खिलाड़ी आज भी चोखापाल ही है। वह बूढ़ा शेर जरूर है लेकिन उसके नख-दन्त जस के तस बने हुए हैं।"

छोटे राजा पर उस दिन पण्डित की बातों का असर कुछ ज्यादा ही हुआ था। वे उसे एकटक निहारे जा रहे थे। उनकी वह अनुहारि श्रीकृष्ण को भी आत्म-सन्तोष से सराबोर कर गयी थी। वह आत्ममुग्ध-सा खड़ा था। उसका बस एक ही सपना था कि छोटे राजा साहब अपने आपको उसके हाथों में सौंप दें; कुछ ज्यादा नहीं तो गढ़ी के हर मामले में उसे उतने अधिकार तो मिलने ही चाहिए, जितने बड़े राजा साहब ने चोखापाल को दे रखे थे।

अब तक गढ़ी के सम्पूर्ण परिवेश पर शाम का सुरमई रंग फैल चुका था। गढ़ी में रोशनी होने लगी थी। गढ़ी के बाहर श्रीकृष्ण के मन्दिर में आरती शुरू हो गयी

थी। छोटे राजा ने हाथ जोड़कर मन ही मन शायद भगवान का स्मरण किया था। यद्यपि कृष्णमन्दिर का पुजारी श्रीकृष्ण पण्डित था, लेकिन शाम की आरती अक्सर उससे छूट जाती थी, क्योंकि इस समय छोटे राजा की संगति उसे आरती से ज़रूरी लगती थी। इसलिए शाम की आरती का दायित्व अपने बच्चों को सौंप रखा है।...लेकिन आरती में शंख का स्वर और बच्चों द्वारा गायी जाने वाली आधी-अधूरी आरती सुनकर वह थोड़ा कसमसा जरूर उठता था और गढ़ी से बाहर जाने को तत्पर ज़रूर हो उठता था और चेहरे पर जाने के भाव साफ दिखाई देते थे लेकिन राजा गजपति सिंह के पास और कोई आदमी भी तो नहीं था, जो उनके दिल-बहलाव में सहभागी हो सके। ...अंग्रेजी शराब का एक-एक जाम और शतरंज की मात्र एक बाजी की शर्त पर पण्डित को रुक जाना निहायत सुविधाजनक लगा, उस दिन भी।

छोटे राजा उस दिन कुछ ऐसे उल्लासित थे कि शतरंज की बाजी को ठीक से संभाल नहीं पा रहे थे। पण्डित जान बूझ कर अपना मुहरा गलत चलता और उनकी बाजी कम से कम अगली चाल तक के लिए संभाल देता। खेल निर्णायक दौर में जब जा पहुँचा तब वे मान चुके थे कि पण्डित के हाथों उनको मात होने जा रही है। और अन्त में मात हुई पण्डित को। पहले लगा कि अंग्रेजी शराब सोचने की ताकत को क्षींण कर चुकी थी इसलिए उन्हें अपनी हार नज़र आयी होगी। लेकिन अन्त तो गत्वा, वे समझ ही गये कि उनकी हार अवश्य होनी थी। यह तो पण्डित ने उनकी मान-बड़ाई के लिए गलत चाल चली है और उन्हें जिता दिया है।

वे थोड़े गुस्सा कर बोले—"मैं निहायत बच्चा नहीं हूँ पण्डित, जिसका मन तुम बहलाना चाहो, आइन्दा ऐसी हरकत कभी नहीं होनी चाहिए।"

पण्डित बेंड़ा मुस्कराया और बोला—"नहीं, आप बच्चा नहीं है छोटे राजा!... लेकिन मैंने भी बच्चे को भरमाने जैसा काम नहीं किया है। बल्कि मैंने तो वही काम किया है जो चोखापाल बड़े राजा साहब की शान में करता था।"

"हमें तो कुछ मालूम नहीं है कि बड़े राजा साहब की शान में ऐसा वह क्या करता था?" छोटे राजा ने कहा तो वह गहरा मुस्कराया।

"अब लो भला, जिस बात को यहाँ हर कोई जानता है, उसको आप नहीं जानते? ...दरअसल किस्सा कुछ-कुछ यों है कि बड़े राजा साहब बेडौल शराब तो पीते ही थे और बताया तो ये भी जाता है कि वे शिकार के लिए जिस मचान पर बैठते थे वहाँ शराब की बोतलें रखी जाती थी। ...शिकार का संचालन चोखापाल करता था। वह मौका देख कर हाँका शुरू करवाता और जब शेर नीचे घाटी में उतरता वैसे ही वह राजा साहब को सचेत करता और जब उनकी रेंज में शेर होता तो राजा साहब को फायर खोलने को कहता—"हुजूर! निशाना लगाओ और फायर खोलो बाघ आपकी मार में है!"...लेकिन होता अक्सर यह कि शेर आता दाएँ से और बड़े राजा साहब निशाना साधते दाईं ओर को। लेकिन ऐसे मौके पर चोखापाल कभी नहीं

चूकता था। उसकी गोली बाघ को अवश्य ढेर कर देती। शेर जैसे ही धराशायी होता, वह लपक कर बड़े राजा साहब के मचान के नीचे जा पहुँचता और आवाज लगाता—'अन्नदाता! आप की गोली सही निशाने पर बैठी। बाघ ढेर हो गया।...आइये, देखिये अपनी आँखों से।'...और राजा साहब मचान से नीचे आते और मरे पड़े शेर को देख कर खुशी से नाचने लगते?...हाँ, तो किस्सा कोता यही है हुजूर कि आप की इस बैठक में मरे हुए शेरों के जितने फोटो लगे हैं और जिन पर पैर रखे आप के पिताजी खड़े हैं वे लगभग सभी चोखापाल ने मारे हुए हैं।...और मैंने तो मात्र एक छोटा-सा मुहरा बदला है आपके प्रति स्वामिभक्ति जताने की खातिर।..."

यह कहकर वह हँसने लगा लेकिन छोटे राजा गजपति सिंह की भृकुटि चढ़ गयी। फिर भी वे बोले कुछ नहीं, उठकर चुपचाप पीछे वाले दरवाजे से अन्दर चले गये।

2

इधर कुछ दिन के बाद एक लम्बी बीमारी भोगकर चोखापाल नहीं रहा। वह तो चला गया लेकिन अपने पीछे एक बड़ा कुनबा छोड़ गया। लड़के-लड़कियाँ नाती-पोते और कई अन्य रिश्ते-नातों के लोग। यानि कि कुल मिला कर एक छोटी-सी, लेकिन कतई लड़ाका पल्टन। उनमें से ज्यादातर लोग सुखी और सम्पन्न थे। सभी परिवारों के पास कुछ-न-कुछ अपनी खुद की ज़मीन थी और क्योंकि गाँव के पास डांग लगी हुई थी। इसलिए प्रायः हर घर में गाय-भैंसे, भेड़-बकरियाँ अवश्य थीं। आदमी अपने खेतों पर काम करते थे और स्त्रियाँ एवं बच्चे जानवर लेकर डांग में निकल जाते और अगर कुछ लोगों को अपने खेतों पर काम नहीं होता तो गढ़ी के फार्म पर ढेर सारा काम था। जो लोग वहाँ भी काम न करना चाहें उनके लिए बाँध के उस पार पत्थर-खदानों में और भी ज्यादा काम था।...तेंदू पत्ते के सीजन में जंगल में भी काम की कमी नहीं रहती। यों आरसी गाँव के परिवार निरन्तर सम्पन्न और बढ़े हो रहे थे। बच्चे देखते ही देखते किशोर हो चले थे और गली-मुहल्लों में धमा चौकड़ी मचाते फिर रहे थे।

शेरनी के पुरे के छोकरे सचमुच आदमी से आदमी नहीं कह रहे थे। वे अक्सर खेलते-कूदते चौराहे तक जा पहुँचते। बस स्टैण्ड पर आते-जाते वाहनों की गिनती करते या राहगीरों से ठिठोली। उन्हीं में से कुछ नहर की पटरी पकड़ कर आगे बढ़ जाते। वे बाँध के तट पर बैठकर सागर-सी किल्लोल करती या चिंघाड़ती जलराशि को देखते और सिंहर-सिंहर उठते। अगर कोई मछुवा उन्हें डोंगी में बिठाकर दूर बीच के पहाड़ तक ले जाना चाहे तो वे खुशी-खुशी जा सकते थे।

उस दिन वहीं बाँध के तट पर शेरनी के पुरा के पाँच छोकरे बैठे थे। उनमें

से मंजूपाल के दो–देरू और राजा, मुरली के दो–गोविन्द और प्रीतम और गूंगा गड़रिया का एक मोड़ा, ईश्वर लाल था। वे सब बाँध का अथाह जल देखकर डरे हुए से थे लेकिन फिर भी किसी मछुवा की डोंगी पर बैठकर बीच के पहाड़ तक जाने को ललचा रहे थे। उन सबमें ईश्वर लाल बड़ा था–बड़ा और खासा चला-फिरा भी। वह इशारों ही इशारों में उन चारों के लालच को मानो हवा दे रहा था। तभी उनके सामने से, ज्यादा से ज्यादा चार हाथ की दूरी से एक डोंगी गुजरी। उसे उनका समउम्र एक छोकरा खे रहा था। ईश्वर ने हाथ के संकेत से उसे रोक लिया। उसने बाँध के किनारे की ढलान में लग्गी गाड़कर डोंगी रोक ली और उन सबको मुस्कराती हुई नज़र से देख लिया।

"च्योरे! भें बाँध के बीच में ऊँचे पहाड़ तलक हमें लै चलैगो?..."

ईश्वर ने कहा तो उस डोंगी वाले छोकरे की मुस्कान और गहरी हो गयी। उसने एक बार फिर एक-एक क़रके उन पाँचों को देखा और फिर बाँध में दूर-दूर फैली नावों को देखा। वहाँ जगह-जगह पर जाल फेंके जा रहे थे और खींचे भी जा रहे थे। मछलियाँ नावों में उड़ेली जा रही थी।

उधर से नज़र समेंटकर उसने फिर ईश्वरलाल को देखा और बोला–"...हौ, लैचलोंगो में ऊँचे पहाड़ तलक,...फेर पैसा लगैंगे!"

"कितने...?"

"पाँच रुपैया को एक नोट...एक रुपैया मूड़ के हिसाब ते!"

उस छोकरे ने कहा तो वे सब एक-दूसरे को देखते रह गये। क्योंकि उस समय तक शेरनी के पुरा के छोकरों को खेलने-कूदने; किसी को छेड़ने-चिड़ाने और आपस में मार-पीट करने की काफी आजादी थी, लेकिन जेब में पैसे रखकर चलने की छूट किसी को नहीं थी। क्योंकि उस समय मुद्रा बहुत महँगी थी और आदमी के श्रम के सहित सारी चीजें सस्ती थी। लेकिन हाँ, पुराके गूँगा गड़रिया के छोकरा ईश्वर लाल की बात कुछ और थी। वह मात्र बारह-तेरह साल का ही था फिर भी जंगल से छेरी चुरा लाता था और नरवर के बाजार में बेच आता था। इसलिए उसकी जेब में पैसा रहता था। आज भी होगा ज़रूर; तभी वह उन सब को देखता है और गहरा मुस्करा देता है।

अन्त में उसने अपनी जेब से एक कुरकुरा-सा पाँच का नोट निकाला और नाव वाले छोकरे की ओर बढ़ा कर बोला–"लै पाँच रुपैया और करा दे इन सव को जा महासागर की सैर! जेऊ का नाम लेंगे कि काऊ धनी ते पालो पड़ो हो!"

और वे सब डोंगी में बैठकर बीच के पहाड़ की ओर चल दिये। कुछ-कुछ डरे-सहमे-से और कुछ-कुछ उत्तेजक घबराए-से। नाविक छोकरा उनके अन्दर की घबराहट ताड़ कर हँसता और मजा लेता। इसी दौरान उनकी डोंगी बीच के पहाड़ तक जा पहुँची। लेकिन ऐसे नहीं जा पहुँची, बल्कि पहाड़ के पास की एक चट्टान

जो पानी में डूबी हुई थी, उसका ध्यान अपनी मस्ती में झूम रहा नाव चलाने वाला छोकरा नहीं रख पाया। और नौका को एक जोर का धक्का लगा। उस धक्के के साथ ही चार छोकरे उछलकर उस अथाह पानी में जा गिरे। केवल नाव चलाने वाला छोकरा और ईश्वरलाल डोंगी में हक्के-बक्के से खड़े रह गये। संयोग से वहाँ पहाड़ के पास अनेक नावें मौजूद थीं। उनके मछुवों ने उस दृश्य को देखा और उनमें से कई फौरन बाँध में कूद पड़े और उन चार छोकरों को बचा लिया गया। उनमें से तीन बिल्कुल सही सलामत निकले। केवल मंजुलाल का छोटा बेटा ज्यादा गाफिल था। उसके पेट में कुछ ज्यादा पानी चला गया और बिल्कुल बेहोशी की हालत में बाँध से बाहर लाया गया था। उसका प्रारम्भिक उपचार भी मछुवों ने ही किया था।

उसे बाँध से उठा कर मंजूलाल लाया था। उसके घर में आदमी अमा नहीं पा रहे थे। सभी लोग जानना चाहते थे कि ऐसी दुर्घटना कैसे घटी। उन लड़कों को डोंगी में बिठाकर बीच के पहाड़ तक कौन ले गया था? सभी मंजूपाल से पूछ रहे थे और वह गूंगा गड़रिया के मोंड़ा का नाम लेने से कतरा रहा था। सोच रहा था कि किसी का नाम लेने से क्या फायदा। बच्चों के पीछे बड़े लड़ें तो कोरी मूर्खता है। वे सब तो आखिर साथ-साथ ही खेलेंगे।...लेकिन पार्वती को अपने आदमी पर गुस्सा आ रहा था। वह समझ रही थी कि उसके आदमी के कारण ये सब हुआ है। कोई दूसरा आदमी होता तो ईश्वर को काट के बाँध में दे देता।

आखिर जब उससे चुप नहीं रहा गया तो कहने लगी—"आग लगै तुमाए जैसे भोलेपन को। नासमिटे ने मोड़ा को बाँध में डुबो दिओ और तुम वा को नाम लैवे में शरमा रए हो? और कोऊ दूसरो आदमी हो तो जान लैलेतो दुश्मन की।...तुमने भलो आदमी को जनम पाओ हो...वो खा जावैगो का तुम्हें?"

पार्वती गुस्से से लाल पड़ गयी थी।

और गुस्सा तो मंजुलाल को खूब था, लेकिन वह ऐसे मौके पर घरवाली से कुछ कहना सुनना ठीक नहीं समझता है। बाहर चाहे किसी से कैसे भी लड़-भिड़ ले, लेकिन घर में निहायत सलीके से ही रहना पसन्द करता है। इसका मुख्य कारण यह है कि पार्वती की माँ असली ठकुरानी है—मात्र जाति से नहीं बल्कि स्वभाव और ठसक से भी...। और उसके घर के ऐन पीछे पार्वती के बाप अर्थात् चोखापाल का घर है। इसलिए इधर अपने घर में वह जब कभी ऊँचे स्वर में भी बोले तो उधर हेमलता ठकुरानी के कानों में शायद बम फूटता है और वे एक पल का विलम्ब किये बिना उधर की छत से इधर की छत पर आ खड़ी होती हैं। और अपने बड़े दामाद मंजुपाल को कस-कसकर वो शब्द-बाण मारती है कि बेचारे को अन्दर कोठा में धसकर और कुण्डी बन्द करके जान बचानी पड़ती है या फिर घर छोड़कर भाग खड़ा होता है, वह।

मंजुपाल की सास का भय एक तरह सर्वव्यापी था। इसलिए अकेला मंजुपाल

ही क्या, उसकी बाखर में खड़े लोगों में से कोई ऊँचे स्वर में नहीं बोल सकता था, लेकिन इस बात का आश्चर्य सबको था कि इतने होहल्ले के बावजूद वे अब तक इस बाखर में प्रगट क्यों नहीं हुई?...मंजुलाल के सहित अन्य सभी लोगों को यह बात तो बाद में मालूम हुई कि वे आज सवेरे ही उधर दूर कानपुर के पास देहात में अपने पीहर गयी हुई है।

उधर सामने सड़क के उस पार मंजुपाल के बड़े भाई का घर है और उसके पीछे पार्वती की छोटी बहन जमुना का घर है। उसके भी दो लड़के राजा के साथ बाँध में डूब गये थे लेकिन वे दोनों सही-सलामत बाहर आ गये थे। उनके पेट में एक बूँद पानी भी नहीं गया था। इसलिए वह उन्हें खवा-पिलाकर बहन के घर फुर्सत से आयी थी और आते-आते ही हाथ हिला-हिलाकर और आँखें मटका-मटकाकर बातें कर रही थी। वह राजा की खाट के पास आकर उसे टटोल-टटोलकर निहायत बनावटी स्वर में बोले जा रही थी—"हेऽऽ मेरो पूत बच गयो! गंगा नहावे जाऊँगी।...वा लकइया लगे ने तो हमाये सब मार डारे होते।"

राजा अपनी मौसी के आर्तनाद से थोड़ी देर में ही अकुता उठा था। वह उसके हाथ पकड़-पकड़कर उसे अपने आप से दूर कर रहा था। और बुरा-सा मुँह बनाकर अपनी ऊब जाहिर कर रहा था।

फिर जमुना ने राजा को छोड़ दिया और पार्वती के गले से लिपटकर बिलाप करने लगी। वही बिना आँसुओं वाला सूखा रुदन।..."ओ मेई जीजी! जे तो बताकि हमाये मोड़न ते वा बैरी ने का बात को बैर निकारो हो?"

उधर अपने आदमी से पार्वती जली-भुनी बैठी थी। इसलिए उसी की ओर हाथ का संकेत करके वह बोली—"मैं का बाताऊँ, इन्हें पूछना। जो तो वा गूँगा ते इतनोऊ नाय पूछ पाए!...मोंड़ा जो मर जातो तोऊ कछु नाय कहते जे बातें।"

"अएऽऽऽ! तैं चुपकी है के बैठ दीदी! तैं जीजा पर इतनो भरोसो करत है? नाय, जे काऊ ते ऊँचो-नीचो कैसे बोल सकत हैं। नाक नाय छी जायगी इनकी।...जीजा! तुम तो ऐसो करो चूड़ियाँ पहनके झें घर में बैठो, हम दोनों लाठी लैके जात है वा नासमिटे के पास।"

मंजुपाल जमुना से बहुत घबराता है। वह रार करने में और रार मोल लेने में अपनी माँ से भी चार कदम आगे है। पार्वती फिर भी सोच-समझकर बात करती है। जमुना खुद तो किसी से भी कभी कुछ भी कह सकती है और अगर कोई अन्य उसके बारे में कुछ सही भी बोल दे तो उसके गले से लग जाती। छत पर चढ़कर रत जगा करती है।...अपनी माँ से इस मायने में आगे ही है। यही सोचकर मंजुपाल कुछ नहीं बोला। सामने की ओर अपने घर के पीछे ससुराल के घर के आँगन में खड़े पुराने नीम की लहरियों पर अकारण नज़र अटकाए रहा।

थोड़ी दरे के बाद वहाँ जमुना का आदमी मुरली भी आ गया। राजा की हालत

देखकर वह भी दुखी हुआ। गूँगा के मोंड़ा ईश्वर पर उसे भी खूब गुस्सा आया। लेकिन वह इतना अवश्य जानता था कि ईश्वर जबर्दश्ती बाकी चार छोकरों को पकड़कर नाव पर नहीं बिठा ले गया होगा। मन में तो इन सबके में रही होगी।

इसी बात को वह सब को समझाता हुआ बोला—"अब देखो, एक बात जेऊ है कि ईश्वर ने इन सब के बदले के पैसा दए है, मन में इन सब केऊ रही होगी।...और एक बात औरऊ है, जे सग मोड़ा कम नाय है। पूरे-पूरे दिन गाँव में और बस अड्डे पै पैपट्टा मारे डोलत हैं' नहर में कूद-कूद के नहावत हैं। बाँध तौ बड़ी चीज है कोई नहर मेंऊ तो डूब सकत है।"

मुरली ने कहा तो मानो मंजुलाल को थोड़ा बल मिला। वह अब तक दबा-दबा सा बैठा था और अब फैल-फूट कर बैठ गया। उसने सब से पहले पार्वती और जमुना की ओर देखा। और फिर बोला—"मुरली ठीक कहत है। हमे अपएं मोड़ा-मोड़िन कोऊ देखना चाहिए। जे इतने भोले नई हैं। रस्ता चलत लड़ाई मोल लेत हैं।

"हौ, मुरली और तुम दो आदमीई सही बोलत हो।...मोड़न को का घर में बाँधके रखोगे? वे जा उमिर में खेलेंगे नई तो और का करेंगे? तुम जा उमरि के ते तब कौन सो कारखानो चलात हे?"

पार्वती ने कहा तो फौरन जमुना ने भी अपनी बहन के स्वर से स्वर मिला दिया। वह बोली—"औरका, सही बात है। पूरे गाँव के लड़के खेलत-कूदत हैं, हमारे अकेले थोड़ेई नहर नहात हैं। और तुम दोनों गूँगा के मोड़ा में कोऊ दोस नाय देख पा रहे हो। अबै चार दिना भए है तब भैंसगाँव के रावतन की छेरी चुरा लाओ। वे घर में घुस के छीन लै गये। दोनों बाप-बेटन को पीटो सो अलग।'

जमुना की बात सुनकर फिर कोई कुछ नहीं बोला।

अब धीरे-धीरे पार्वती के घर से निकलकर सब जाने लगे थे।

3

शेरनी के पुरा की एक खास बात यह भी थी कि वहाँ पर लगभग एक दर्जन छोकरे करीब-करीब एक ही उम्र के थे और वे सब अब धीरे-धीरे बड़े हो रहे थे।

उन सब की पढ़ने-लिखने की सम्भावना शुरू से ही क्षीण थी। यद्यपि कुछ को तो स्कूल में भेजने की माँ-बाप को ही समझ और फुर्सत नहीं थी। यदि वह पैदा होते ही छेरी चराने जाने लगें तो और अच्छी बात। छेरी चुराने लगे तो और भी अच्छी बात। लेकिन कुछ को स्कूल भेजा भी गया तो उनकी उद्दंडता और हर दर्जे की शरारतों ने वहाँ ज्यादा दिनों तक ठहरने नहीं दिया। कुछ महीनों से लेकर एक-आध साल से ज्यादा वहाँ कोई पुरा का छोकरा नहीं ठहर पाता था। वैसे कहने वाले तो

यह भी कहते हैं कि छोटे राजा गजपति सिंह और उनके खास सलाहकार श्रीकृष्ण पण्डित की एक महत्त्वाकांक्षी योजना के तरह पुरा क्या, पूरे आरसी गाँव के छोकरे पढ़ने से वंचित रह गये थे। वे चाहते थे कि गूजर, गड़रिया, रावत, सहरिया इनके लड़कों को पढ़कर कोई कलेक्टर थोड़े ही बनना है। उसके लिए तो हमारे ही लड़के-लड़कियाँ बहुत हैं। और अगर ये पढ़ गये तो गढ़ी की बारह सौ बीघा जमीन पर काम करने को लोग कहाँ से आयेंगे और शायद इसीलिए उन्होंने स्कूल के प्रति यह रवैया अपनाया कि जो मास्टर स्कूल में नियुक्त हो वह स्कूल की अपेक्षा गढ़ी के प्रति ज्यादा समर्पित हो। स्कूल में उतना ही समय दे जितना गढ़ी की मंशा हो।...और ऐसा भी कतई नहीं था कि पुरावाले और पूरे गाँव वालों को गढ़ी की यह सद् इच्छा मालूम नहीं थी, लेकिन फिर भी कभी किसी ने अपने बच्चे की पढ़ाई की ओर ध्यान नहीं दिया। बच्चा चाहे स्कूल का कभी मुँह देखने भी न गया हो या वह चाहे एक दिन पढ़कर घर बैठ गया हो और चाहे एक साल पढ़कर; किसी बाप ने चिन्ता नहीं की और इस तरह से पूरा का पूरा गाँव कुपढ़ या निरक्षर बना रह गया। हाँ, गढ़ी के दो-दो कुल दीपक पहले ग्वालियर के सिंधिया स्कूल में पढ़े थे और अब जबलपुर के इंजीनियरिंग कॉलेज से इंजीनियरिंग कर रहे थे। और उसपर इठलाते छोटे राजा बिना मूँछ की मूँछ ऐंठने लगते थे—"हाँ, कौंन कहता है कुपढ़ और निरक्षर इस गाँव को? है कोई गाँव इस इलाका में दूसरा, जहाँ के दो-दो बच्चे पहले सिन्धिया स्कूल में पढ़े हों अब और इंजीनियरिंग में पढ़ रहे हो!..." उनका कथन सच था और उनके कथन को कोई चुनौती नहीं दे सकता था और उनके बच्चों का सुयश चारो दिशाओं में फैला हुआ था।

वैसे सुयश तो शेरनी के पुरा के छोकरों का भी दूर-दूर तक फैला हुआ था। वे चाहे नहर में कूद-कूद कर नहाएँ, खूब हो हल्ला मचाएँ और जल क्रीड़ाएँ करें! वे चाहे डांग में गाय-भैंसे या बकरिया चराने जायें और आपस में लड़-भिड़कर वापस घर आयें और चाहे सड़क पर गुल्ली-डण्डा खेलें और न कुछ बात पर जमकर लड़ें...उनकी ओर लोगों का ध्यान तो जाता ही था, आखिर। जब उनकी ओर ध्यान जाता था तो उनके किस्से इलाके भर में कहे-सुने जाते थे। कभी-कभी गढ़ी को भी पुरा के छोकरों के ऊट-पटांग कृत्यों से रू-ब-रू होना पड़ता। छोटे राजा कभी कहीं को अच्छे मूड में जा रहे होते या कहीं से खुशी-खुशी वापस आ रहे होते और ठीक तभी पुरा के वही छोकरे अपनी ऊटपटांग क्रियाओं या हरकतों के साथ उनके सामने आ जाते। ऐसे समय राजा साहब के मन का स्वाद निहायत कड़वा हो जाता। वे गुस्से से लाल पड़ जाते, खूब चीखते-चिल्लाते और ठीक ऐसे समय ही वे देशज भाषा में गालियाँ बकते। इतने मात्र से उनकी फिएट गाड़ी को जाने लाइक रास्ता मिल जाता। गाड़ी आगे बढ़ती तो वे सब अपना लड़ना-झगड़ना भूलकर खिलखिला के हँसते। हँसते और उसी देशज भाषा में निहायत नुकीली

फब्तियाँ कसते। वह हँसी और फब्तियाँ आगे गढ़ी के मोड़ तक उनका पीछा करती। यहाँ तक कि गढ़ी में पहुँचकर तुरन्त श्रीकृष्ण पण्डित को तलब करते और उनके साथ एक-दो जाम चढ़ाते तो भी जो खिन्नता बस स्टैण्ड से लेकर आते वह दूर नहीं होती।

उसी दिन शाम को वे पुरा के मुख्य-मुख्य लोगों को गढ़ी पर बुलवाते-जिन के बच्चे बड़े हो गये थे उन्हें भी और जिनका कोई बच्चा नहीं था उनको भी। इस तरह से लोगों को गढ़ी पर बुलाने की परम्परा बड़े राजा साहब के समय से चली आ रही थी और अब भी बनी हुई थी। उस बैठक में एक तो गाँव की उज्ज्वल परम्परा का बखान किया जाता था और सबको गलत कामों से बचने और गाँव की इज़्ज़त बढ़ाने वाले काम करने की सलाह दी जाती थी। अपने बड़े होते बच्चों पर नज़र रखने को कहा जाता था। थोड़े-बहुत तर्क-वितर्क भी चलते और अन्त में गढ़ी के प्रति मन-क्रम-वचन से वफ़ादार बने रहने की सामूहिक प्रतिज्ञा करके लोग अपने-अपने घर को जाते।

उस दिन भी राजा साहब ने शेरनी के पुरा के कई लोगों को बुलवाया था। मुख्य रूप से मंजुलाल पाल, मुरली पाल, मोती लाल, बालाराम सहरिया, कार्तिक सहरिया आदि लोग वहाँ उपस्थित हुए थे। बाहर की चौपाल के फर्श पर राजा साहब और श्रीकृष्ण पण्डित मूढ़ों पर और बाकी सभी लोग नीचे जमीन पर बैठे थे। जैसे ही वे लोग ऊपर फर्श पर आकर बैठे, वैसे ही श्रीकृष्ण पण्डित शुरू हो गये। वे बोले–"तुमन को झें जातें बुलाओ गओ है के गाँव को रवैया दिन-दिन बिगड़त जात है। पुरा के नये मोड़ा तो भिओ निता आग मूंतत हैं।...सब लोग अपयें-अपयें मोड़न पे नज़र रखो...बिनें कब्जा में रखो...गाँव राजा साहब को है। आज तलक झें कोऊ ऊँचो-नीचो काम नाय भओ है और न झें कबऊ पुलिस आयी है। और कबऊ जो पुलिस आयी है तो राजा साहब को कोर्निश बजाने आयी है...।"

पण्डित बोले जा रहा था और राजा साहब को मूढ़ा पर बैठे-बैठे झपकी लग गयी थी। पण्डित ने बोलना बन्द कर दिया था और राजा साहब ने अब तक आँख नहीं खोली थी। ऐसे मौके पर कभी-कभी होतमसिंह गूजर की भी लग बनती थी। वह बिना किसी के कहे ही बोलने लगता था। वह उस दिन भी उठ खड़ा हुआ और बोलने लगा–"...वैसे महाराज कहत तौ सही हैं। पुराके मोंड़े निरा ठंडा मूंतत है। और बिन मेंऊ जा मंजूपाल को मोड़ा...वो का नाम है वाको?...राजा, हाँ राजा! वो तो बस समझलो अपने नाम को एकई है।'

होतमसिंह ने बात तो धीरे शुरू की थी। लेकिन आखिर-आखिर में उसका स्वर काफी ऊँचा चला गया। खासतौर से 'राजा-राजा' उसने ऊँचे स्वर में दुहराया। यही शब्द राजा साहब के कानों के पर्दों तक जा पहुँचे और वे बिलबिला कर जाग गये।

"पागल हुआ है रे होतम! राजा-राजा क्या चिल्ला रहा था?"

अबकी बार वे थोड़े चैतन्य होकर बैठ गये। सबको सरसरी नज़र से देख लिया

और फिर होतम पर नज़र गड़ा दी। वह थोड़ा सकपकाकर फिर बोला—"नाय महाराज! हों तौ जा मंजूपाल के मोंड़ा राजा की बात कह रहो हो।...खूब बिगड़ैल मोड़ा है वो।"

उसकी बात सुनकर वे थोड़े तमतमा उठे। चाँदी की मूंठ वाली छड़ी हाथ में लेली और बैठे-बैठे ही अपनी नज़र थोड़ी बेंड़ी करके मंजूपाल पर गड़ा दी। वे मौके की नजाकत के अनुकूल कोई वज़नदार गाली मन ही मन तलाशने लगे। मन की अथाह गहराइयों में वे गाली तलाश रहे थे लेकिन वहाँ हाथ लग गया एक धुला-पुछा-सा अन्य विचार।

वह विचार आजकल बिना बुलाए मेहमान जैसा उनके मन-मस्तिष्क पर दश्तक देने लगता है। दरअसल आजकल किसी के साथ सख़्ती करने से यह विचार रोकता है कि गढ़ी की बारहसौ बीघा जमीन में बहुत मजदूर लगते हैं और यह भी कि अब लाठी से हाँक कर किसी को खेतों तक नहीं ले जाया जा सकता है। शेरनी के पुरा में और तो जो कुछ है सो है लेकिन गाँव में सब से ज्यादा काम करने वाले मजदूर वहीं से मिलते हैं। इलाके की हालत वैसे भी खराब हो रही है, जिसको देखो वह खदानों या जंगल की ओर भाग रहा है। वहाँ मजदूरी अच्छी मिलती है?...और एक बात यह भी है कि इलाके भर में इस गढ़ी का नाम इसलिए भी लिया जाता है कि हम लोग पढ़े-लिखे रईस हैं। इसलिए किसी के साथ गाली-मार से पेश आना उचित नहीं है।...लेकिन फिर गाँव वालों को ये छूट तो नहीं दी जा सकती कि वे अपने बच्चों का नाम राजा रख लें।

"मंजू!...मंजूपाल किधर है रे!"

उन्होंने कड़कदार आवाज में कहा तो मंजूपाल डरा-डरा-सा उठ खड़ा हुआ और दोनों हाथ जोड़कर उनके अगले आदेश की प्रतीक्षा करने लगा।

"क्योंरे, तूने अपने लड़के का नाम राजा रखा है?...बोल, राजा का अर्थ समझता है तू?"

उन्होंने पूछा तो मानो वह उलझन में पड़ गया। पण्डित और गूजर ने अभी उसके मोंडा को नाम लेकर जो-जो बातें कहीं हैं वह तो उनका ही जवाब नहीं खोज पा रहा है, तब तक एक मुसीबत और सिर आकर पड़ गयी। अब राजा साहब मोड़ा के नाम का अर्थ पूछ रहे हैं। वह तो खुद अपने ही नाम का अर्थ नहीं समझता है तो मोंड़ा के नाम का अर्थ कैसे बता सकेगा? और एक बात उसे यह भी कम परेशान नहीं कर रही थी, कि उसका जो मोंड़ा किसी से कतई लड़ना-भिड़ना नहीं जानता और अगर जानता है तो इतना कि अगर किसी पड़ोसी से झगड़ा हो तो वह उलटा घरवालों से लड़ने लगता है...और फिर भी लड़ाई-झगड़ा बन्द न हो तो खुद रोने लगता है। यही उसका स्वभाव देखकर उसका मामा 'राजा' कहने लगा था और अब सब लोग कहने लगे हैं।

"राजा साब! खता की माफी दें, होंने मोड़ा को नाम धरो कब हैं!..."

उसने कहाँ तो छोटे राजा को लगा कि वह झूठ बोल रहा है। ये तो एक दूसरे ही तरह का अपराध हुआ। उनकी त्यौरियाँ कुछ और ज्यादा चढ़ गयी। थोड़ा स्वर भी बदल गया। वे फिर पूछने लगे—"अच्छा! तेरे मोड़ा का नाम तूने नहीं रखा है?...शायद यमराज रख गये होंगे तेरे मोंड़ा का नाम?"

मंजूलाल कोशिश करने पर भी उनकी बात का जवाब नहीं दे पाया।

"क्यों?...अब चुप क्यों हो गया? तेरे लड़के का नाम बिना रखे कैसे रख गया।"

"वैसेई पड़ गओ है वाको जे नाम राजा साहब!..."

"वैसेई पड़ गया है तो फिर असली नाम क्या है, वह बता?"

"वा को पण्डित द्वारा धरो गओ नाम बाबू है साब!"

अब की बार वे ठहाका मारकर हँसे। हँसते-हँसते ही बोले--"वाह! क्या कहना है तेरी चतुराई का रे! चतुराई नहीं, महत्त्वाकांक्षा कहेंगे इसको। राजा नहीं तो बाबू सही। छोकरे को बनाएगा तो कुछ ऊँचा ही।...अब जा यहाँ से और लड़कों को संभाल के रख। नहीं तो तू उसे राजा-बाबू बनाने के सपने देखता रहेगा और वे बन जायेगा चोर-लवार...या नामी डाकू।...इस घाटी में गाय, भैंस, बकरियाँ चराने वालों के छोकरे यही तो बनते आये हैं हमेशा से।...तुम सब लोग भी जाओ! और एक बात फिर सुन लो मुझे आज के बाद यहाँ से लेकर बस स्टैण्ड तक कोई बदमाशी करता न दिखे कभी!"

वे सब छोटे राजा को हाथ जोर कर जाने लगे।

मंजूपाल गढ़ी से चलकर नीचे सड़क तक आया तो दो बार ठेवा खाकर गिरते-गिरते बचा और फिर सड़क पर भी चलते डगमगा रहा था। राजा साहब ने बातों ही बातों में जो कुछ बोला था वह भाले की नोंक की तरह कलेजे में गड़ रहा था। साँस-साँस पर टीस रहा था। वह उनके कहे का वहीं पर प्रतिवाद करना चाहता था। उन्हें साफ-साफ बता देना चाहता था कि उसके लड़के वैसे नहीं हैं। वे वैसे कभी नहीं बनेंगे जैसा वे बता रहे हैं।...लेकिन वह उनके सामने बोल नहीं पाया।...वह बोल क्यों नहीं पाया? वह उनकी प्रजा तो नहीं है। अब तो राजा-रानी रहे ही नहीं...और वैसे भी वह ऐसे गाँव से आया है जो उनकी जागीर का गाँव नहीं था। फिर भी ऐसी धौंस पट्टी क्यों?...

वह लौटकर अपने घर आया तब तक अन्धेरा हो चला था। उसने पार्वती को आवाज तक नहीं दी। चुपचाप खाट बिछाकर लेट गया। पार्वती चौका में रोटियाँ सेंक रही थी। छोटे बच्चे खा-पीकर सो गये थे और बड़े उधर नानी या मौसी के घर खेलने चले गये थे। चौका से निवृत होकर पार्वती बाहर आयी और उसको यों चुपचाप खाट पर पड़ा देखकर चौक गयी।

"काय, ऐसो का है गओ जो चुपचाप आके खाट पकड़ ली। काऊ ते रार करके तौ नाय आये?"

उसने पूछा तो वह धीरे-धीरे उठकर बैठ गया। जेब से बीड़ी निकाली और पार्वती की ओर बढ़ा दी। वह चौका में जा कर बीड़ी सुलगा लाई। उसने बीड़ी का पहला सुट्टा मारा और खांसते हुए बोला—"आज राजा साहब ने बहुत वैसी बात कह दई मोते।...पहले तो बोले के हमने अपऐं मोड़ा को नाम राजा काय रखो है? फेर बोले के भैंस, गाय, छेरी चरावन वालन के मोड़े तौ चोर, लवार और डाकू बनत है।"

"हे मेई मैया, ऐसे कई विन्नें?"

पार्वती का सुघड़ चेहरा बिगड़ गया था। मंजूपाल ढिबरी के दूर से आ रहे हल्के प्रकाश में उस चेहरे को निहार रहा था। जो कुछ उस चेहरे पर लिखा था उसे ठीक से पढ़ पा रहा था। 'डाकू' शब्द इस इलाके के लिए मात्र शब्द नहीं है। बल्कि गहरा और लम्बा दुःस्वप्न है जो दूधों-पूतों से फलने वाली किसी माँ की रातों की नीद और दिन की हँसती-खेलती मटकती और ठिठोली करती सारी क्रियाओं को निरर्थक सिद्ध कर देता है। बचपन से सजोए अपनी कोख से आदमी नहीं सिंह जनने की कामना के फलने पर भी कुफल बना देता है।

मंजूपाल को फिर एक बार अपने आप पर अफसोस हुआ कि वह औरतों से भी गया गुजरा हो गया है। अगर कोई बात किसी ने कह भी दी तो इस का अर्थ यह तो नहीं है कि वह सचमुच घटित हो जायेगी। छोटे राजा क्या ज्योतिषी हैं जो किसी का भूत-भविष्य सब जानते हैं। वह पितृघाती आदमी किसी का भूत-भविष्य क्या खा कर बता पाएगा।....लेकिन उसे असली गुस्सा तो अपने ऊपर आ रहा था। फिर उसे उनकी बातों का बुरा क्यों मानना चाहिए था। उसे हँस कर टाल देना चाहिए था या फिर दो टूक जवाब देना चाहिए था।....और अगर गढ़ी पर ऐसा न भी कर पाया था तो कम से कम यहाँ आकर पार्वती को तो नहीं बताना था।

उसके बाद वह एका-एक उठ खड़ा हुआ। एक हल्की-सी अंगड़ाई लेकर बोला—"अएऽऽ!मैंऊ कैसो बावरो आदमी हूँ सो वा राजा की बेकार की बातें लैके बैठ गओ। वो कौन-सो ज्ञानी-ध्यानी आदमी है सो काऊ के मोड़ा-मोड़ी को भविष्य वाचैगो?...ला, कछु खावे कों दै, भूख लगी है जोर ते!"

थोड़ी देर के बाद वह चौका के आगे बैठा खाना खा रहा था। हल्की-सी हवा के चलते चौका के ओटा पर रखी ढिबरी का उजास काँप-काँप जाता था, लेकिन उसी समय बाहर के चौक में कुल देवता के ठिया के पास खड़े उसके लड़के किसी बात पर खिलखिला के हँस रहे थे। उसका भी मन हँसने को हो रहा था।

4

उस साल बारिश कुछ ज्यादा ही हुई थी।

पूरे चार महीने तक ओवरफ्लो से होकर पार्वती अपने बहुत पहले वाले तेवर के साथ बहती रही। इधर नहर के सभी फाटक भी पूरे तौर पर खुले रहे। फिर भी बाँध के फूटने की आशंका निरन्तर बनी रही। उसकी चौकसी में अनेक लोग लगे रहे। शायद उसी अच्छी देखरेख की वजह से बाँध को कोई नुकसान नहीं हुआ था। अब क्वार खत्म होने को था और बाँध लबालब भरा हुआ था। पूरे पंचमहल इलाके में धान की फसल लहरा रही थी। बाँध से ऊपर वाली पार्वती की पूरी घाटी में भी मक्का–बाजरे की फसल अच्छी थी। चारों ओर जंगल और जंगल के बाहर घास का कोई पार नहीं था। पूरे इलाके की उमंग संभाले नहीं संभल रही थी। बाँध के नीचे वाले क्षेत्र को जिसे 'पंचमहल' कहा जाता है बाँध से सबसे ज्यादा लाभ हुआ था। यहां की जमीन में चाहे धान की फसल हो, चाहे गेंहू की या चाहे गन्ने की, यहाँ हर फसल रिकार्डतोड़ होती थी। लगभग पूरा इलाका सम्पन्न हो गया था, लोगों का जीवन स्तर ऊँचा हुआ था। बाँध के ऊपर वाला इलाका इतना सम्पन्न नहीं हो पाया था। उन क्षेत्रों में पशुचारण और दूध का ही धन्धा प्रमुख था। इस साल बारिश से दोनों क्षेत्रों को लाभ होने की सम्भावना थी; लेकिन बारिश के बाद दोनों क्षेत्रों में मलेरिया का भयंकर प्रकोप रहा।

हर घर में कई-कई लोग एक साथ बीमार पड़े थे और कुछ घर ऐसे भी थे जहाँ सब के सब बीमार पड़े थे। डॉक्टर ढूंढ़े नहीं मिले। वैद्य-ओझा भी खुद खाट पकड़े थे। टोन्हा-टोंटका तक लोग भूल गये।

मंजूलाल के घर में मलेरिया ने मानो डेरा डाला हुआ था। एक उठकर खड़ा नहीं हो पाता तब तक दूसरा खाट पकड़ लेता। वैसे सबसे पहले सबसे बड़ी मोड़ी गंगाश्री को एक छोड़कर एक दिन वाला 'एकतरा' बुखार आया था। कुछ लोग तो यह भी कहते हैं कि गाँव में गंगा ही मलेरिया बुखार लेकर अपनी ससुराल से आयी थी, जब सावन में राखी बाँधने आयी तब। वह जब ठीक हुई तभी छोटी मोड़ी और छोटा मोड़ा खाट पकड़ गये।...और उसके बाद दश-दश, पन्द्रह-पन्द्रह दिन तक घर का हर सदस्य बुखार की चपेट में बना रहा। सबको खाट गोड़नी पड़ी। अगर घर में कोई बचा था तो देरु और राजा दो ही थे। वे दोनों ही सब की तीमारदारी करते। खाना बनाते-खवाते। यद्यपि छेरी चराने छोटा भाई और छोटी बहन चले जाते, फिर भी छेरी का दूध निकालना, उसे लेकर नरवर जाना...और अगर समय बचे तो खदान में काम करने जाना। बड़ी कठिन जिन्दगी थी उन दोनों की, उन दिनों। और अन्त-अन्त में फिर ऐसा भी हुआ कि राजा खुद ही खाट पकड़ गया। उसे 'तिजारी'

ने धर दबोचा। दो दिन छोड़कर तीसरे दिन बुखार चढ़ता, लेकिन चढ़ता कुछ इस तरह की ठण्ड के साथ कि पूरे घर के कपड़े लाद देने पर भी ठण्ड शरीर को नहीं त्यागती। ठण्ड कम होती तो दर्द शरीर को तोड़-तोड़ कर रख देता। बीस दिन में ही छोकरा की शक्ल पहचान में नहीं आ रही थी। पूरे-पूरे दिन या तो कथरी ओढ़े पड़ा रहता या धूप में बैठा-बैठा कराहता रहता।

थोड़ी तबियत ठीक हुई तो बाँध तक घूम-फिर आता। बाँध के किनारे जा बैठता तो थोड़ा अच्छा लगता!

उस दिन दोपहर को वह रेस्टहाउस से आगे बाँध के दाएँ किनारे पर काफ़ी दूर तक चला गया। वहाँ सुनसान किनारे पर वह जाकर बैठ गया। यद्यपि किनारा सुनसान था लेकिन बाँध के मध्य में अथाह जलराशि को छू-छूकर और मानो पुचकार-पुचकारकर तेज पछुवा हवा चल रही थी। वह हवा पानी को निहायत फूहड़पने से नहीं छू रही थी। इसलिए वहाँ लहरों जैसा कुछ नहीं था। बल्कि हवा के हर झोंके के साथ पानी पर निहायत महीन सिहरन जैसी रेंगने लगती जो राजा के नाजुक दिल को भी उसी तरह से मानो छू-छू जा रही थी। ऐसे मे उसे रामपुरा वाली की खूब याद आती है। बुखार में भी खूब याद आती थी। दादा ने बुलाने को कहा भी था लेकिन बड़े भैया अड़ गये। कह दिया, बुखार के वख़्त आकर क्या करेगी। कहीं वह भी आकर खाट पकड़ गयी तो आफत हो जायेगी। वा की देखभाल कौन करेगा।...भैय्या सचमुच बड़े निष्ठुर हैं—एकदम पत्थर दिल। वह तो भाभी है जो उनके संग निभा ले गयी। और कोई होती तो कब का ज़हर खा लेती।...फिर उसने वही तीखी पछुवा हवा और जलराशि की चूमने-सिंहरने के खेल में अपना ध्यान लगाया। लेकिन उसमें फिर बाधा पड़ गयी।

उसी समय ईश्वरलाल पता नहीं कहाँ से वहाँ आ टपका।

"अब कैसो है राजा!...ठीक है के नई?"

उसने उसकी पीठ पर प्यार से हाथ फेरा और उसी से सटकर बैठ गया।

राजा सिटपिटा गया। वह एक तो उम्र में राजा से बड़ा था और फिर बिरादरी के रिश्ते में उसका चचा लगता था। वह थोड़ा झिझकता हुआ बोला—"हौ, ठीक तौ हों!....बुखार तौ नाय है, फेर कमजोरी खूब है।..."

फिर वे दोनों चुप हो गये। राजा फिर बाँध के पानी को स्पर्श करके बहती हवा को देखने लगा। उसका शीतल स्पर्श अपने भीतर अनुभव करता रहा। लेकिन कुल मिलाकर अब उसे वह आनंद नहीं आ रहा था जो ईश्वरलाल के वहाँ आने से पहले आ रहा था। वह उसके सामने झेंप कर ही खड़ा होता। लम्बा छरहरा कसरती शरीर, थोड़ा दबता हुआ रंग, लम्बा खिचा हुआ-सा चेहरा और तीखे नाक-नक्श। वह पुरा के नयी उम्र के सभी छोकरों से ज्यादा बन ठनकर रहता था। वह गढ़ी का पाला हुआ बेहद कटखना कुत्ता था। साथ ही बैल गाँव के नये थानेदार के कुछ ज्यादा ही

मुँह लगा हुआ था। दरोगा के हित में इलाके के तीन डाकूओं को निबटा चुका था। दरोगा ईश्वरलाल की ही बदौलत एक स्टार से दो स्टार वाला बना है। वह इलाके का एक नम्बर का चोर भी है। यहाँ बकरियों की चोरी खूब होती है और उसमें ज्यादातर हाथ उसी का होता है—कहीं सीधा-सीधा और कहीं परोक्ष रूप से।...पुरा के ज्यादातर लोग ईश्वरलाल को बुरा आदमी ही मानते हैं। राजा के घरवाले भी उसके बारे में बात करना भी गवारा नहीं करते हैं। लेकिन राजा को वह इतना ज्यादा खराब नहीं लगता है। वह जब भी उसे मिलता है, तो थोड़ी-बहुत बातचीत हो ही जाती है।

"काका! जा बीमारी के कारन तौ हमाओ खूब नुक्सान भओ है। छेरी चरावे, छोटे मोड़ा-मोड़ी जात रहे सो हौले-हौले सग डांग मेई रह गयी।...भड़िया लै गये दारी के!"

राजा को यह भी मालूम है कि ईश्वरलाल खुद भी उसके पूरे घर पर खौर खाए रहता है। उसका बस चले तो पूरे परिवार वालों को वहाँ एक दिन भी न रहने दे। इसका कारण यह भी है कि वह शेरनी के पुरा का पहला निवासी है। बाँध बँध जाने के बाद जब पुरा के लोग अपने-अपने गाँव से उखड़कर यहाँ बसे थे तब उसका परिवार सबसे पहले बसा था। लेकिन आज हालत यह है कि पुरा पर आज वे लोग अल्प संख्यक हो गये और मंजूपाल के खानदान के लोगों ने पूरा पुरा घेर लिया है। इसलिए उस परिवार से उसको हमेशा से चिढ़ रही है।

राजा की बात सुनकर ईश्वरलाल ने उसी चिढ़ के अनुकूल जवाब दिया। वह बोला "तेरे घर में तौ एक ते एक मारते खाँ है तौऊ तेई छेरी चोरी चली गयी मोड़ा। भाई रे भाई जे तौ बड़े परलो की बात है गी!...तेये घर वारे कुछ कमजोर पड़ें तौ मौसी और मामा को घर है। तेयो मामा तौ सिंदिया महाराज तेऊ ऊपर है, वा की मैयो ठकुरानी है।...और तें ऐसी हारी-हारी बात करत है मोड़ा। जो छेरी लैगओ होगो सों झें आके वापस कर जागो रे!"

राजा को ईश्वरलाल का साथ वैसे भी कोई खास अच्छा नहीं लगता था। लेकिन उसका खुद का लड़ने-भिड़ने का स्वभाव न होने के कारण उसे बर्दाश्त कर लेता था। लेकिन उस समय बाँध के किनारे बैठा वह उसकी बातें सुनकर बौखला गया था। गनीमत बस यही थी कि मलेरिया के कारण उसके शरीर में शक्ति नाम की चीज़ नहीं बची थी। इसलिए वह गुस्सा पीकर रह गया और उससे सटा हुआ अपनी जगह बैठा रहा। ईश्वरलाल पहले से समझता था कि मंजूपाल का यही तीसरे नम्बर का छोकरा कुछ अलग तरह का है। इसकी चाल ढाल, इसकी बात व्यवहार, इसकी सूझ-बूझ कतई-कतई पूरे खानदान से अलग है। इससे छुटपन से ही छेड़-छाड़ करने में मजा आता है, उसे। लेकिन आज वह जो कुछ उससे कह रहा है, वह मात्र मजा लेने के लिए नहीं है, बल्कि उसने राजा के माध्यम से उसके कुन्वा को यह सन्देश

देने की कोशिश की है कि वे बात-बात में ईश्वरलाल की टांग खिचाई न करें और यह भी समझ लें कि पार्वती के इधर के कछार में उससे ताकतवर कम ही लोग हैं।

उसने राजा को एक बार फिर गौर से देखा। उसका मन फिर चुटकी लेने को हुआ। वह मुस्कराया और बोला–"फेर एक बात औरऊ है मोड़ा, तें इतने दिना तें बीमार है और तेई जनी माँस पीहर में बैठी है। हमें तौ कछू दाल में कालो लागत है...वो रामपुरा बड़ो वैसो गाँव है। भें के अहीरन के छोकरा...और फेर जा में तेये बड़े भैया को कोऊ फेर तौ ना है? ब तेये घर की बात है सो तू जान भैया!"

राजा की कनपटी झनझना उठी। वह अपने आपको बेवश पा रहा था वर्ना आज ईश्वरलाल नहीं था के वो नहीं था। वह उसकी आज बाँध में समाधि बना देता। उसने उसकी जनी के बारे बोला है, उसके भैया की नियत पर उँगली उठाई।...जा बेटा, इसका बदला तेरे को नहीं दिया तो मंजूपाल का जियाया नहीं हूँ।

"अब तें जा ईश्वर काका! जा बात को जवाब हो तोय कुछ दिना बाद दे पाऊँगो।..."

राजा ने हाँफते-हाँफते कहा और ईश्वरलाल खिलखिला के फिर हँसा। उसके मुँह फेरकर बैठ जाने से वह और भी जोर से हँसा। तभी वहाँ पर महावीर और राम सेवक आ गये। वे दोनो उसके सगे ताऊ के लड़के थे लेकिन उनका परिवार भी राजा के परिवार से सदैव या तो प्रतियोगिता में लगा रहता था या उनकी जड़ें काटने में। इसीलिए ईश्वरलाल से उनकी स्वाभाविक दोस्ती थी।

वे दोनों राजा की दूसरी बगल में बैठ गये।...महावीर ने राजा को गौर से देखा।

"हेऽऽ मोड़ा, तेई हालत तो एकदम बिगड़ गयी रे! हमन्ने तो कई दिना बाद देखा है। हेऽऽ तैं नरवर चलो जातो रे, डाकडर के पास।"

महावीर ने उसके प्रति गहरा दुलार जताया और कोई समय होता तो वह गदगद हो जाता। स्नेह के आवेग के चलते उसके आँसू तक निकल आते लेकिन उस समय तो वह चोट खाए कोबरा की तरह गुस्साया हुआ बैठा था। लेकिन मजबूरी में फन नहीं मार सकता था। यह देख-देखकर ईश्वरलाल मुस्करा रहा था।

"अब जे बेचारो करे का, बेताज और बेतख़्त को राजा है जे! तैं नाय समझेगो महावीर! जे बीमारी में पड़ो रओ और जा की सग छेरी कोऊ भड़िया-भड़ियाय लै गओ।"

यह कहकर वह फिर हँसा और उसके साथ हँसे महावीर और राम सेवक। अब महावीर भी उसकी खिल्ली उड़ाने पर तुल आया। वह बोला–"जे बात तैंने भली कही ईश्वर, पर जा बात पे भरोसो नाय हैरओ है मोय। जाके घर में तो एक ते एक जोधा हैं तौऊ कोऊ भड़िया छेरी लैगओ राजा की?"

महावीर की बातें सुनकर उसको और भी अधिक गुस्सा आया। गुस्से के साथ-साथ उसे आश्चर्य भी कम नहीं हुआ। आश्चर्य इस बात पर कि उसके सगे ताऊ का लड़का ईश्वर की भाषा में ही बतरा रहा है। क्या उसे नहीं मालूम कि ईश्वर

लाल में दुर्गुण ही दुर्गुण हैं। कोई ओछा काम ऐसा नहीं है जो वह न करता हो; फिर भी वह उसी के स्वर में स्वर मिला रहा है। उसके घरवालों को तो बहुत दिन से विश्वास हो चुका था कि वखत आने पर उसके ताऊ और उसके दोनों बेटे उनके विरोधियों का ही साथ देंगे। लेकिन वह अब तक घर वालों के विश्वास को कोरा भ्रम बताया करता था। अब उसे घरवालों की बातों पर यकीन करना ही पड़ेगा।

वह बाँध से उठकर चुपचाप अपने घर को चला आया।

रास्ते में वह दो जगह गिरा और उठा था और अगले ही दिन फिर बुखार ने धर दबोचा था।

वह वक्त मंजूलाल के परिवार के लिए बड़ा कठिन सिद्ध हुआ था—निहायत निष्ठुर निर्मोही समय।

घर की मालकिन पार्वती क्वार-कार्तिक में मलेरिया से पीड़ित रही थी और साथ ही साथ घर की चिन्ता-फिक्र, देख-भाल एक तरह से उसीके ऊपर थी। यहाँ तक कि बच्चों और बड़ों की तीमारदारी, गंडा-ताबीज, दवा-भभूत सबका सब उसीने संभाल रखा था। उनकी भूख-प्यास, उठाना-बैठाना...सब का सब घर-मालकिन के ही सिर पर आन पड़ा था और इस गहमा-गहमी में वह अपना ख़्याल कतई नहीं रख पाई। इसीलिए मलेरिया से परिवार का जब पीछा छूट गया और धीरे-धीरे परिवार स्वस्थ होने लगा तब भी पार्वती स्वस्थ नहीं हो पा रही थी। उसके शरीर में बुखार कुछ ऐसा बस गया था कि वह दिन प्रति दिन लम्बा ही खिंचता जा रहा था। लड़के नरवर ले जाकर डॉक्टर को दिखाने की बात कहे तो वह उन्हें डाँटने लगे—"मोय का भओ है सो तैं डॉक्टर को दिखावैगो?...मैं बिल्कुल ठीक हूँ। थोड़ी हरारत रहत है सो जल्दी ठीक है जागी...।"

मंजूपाल ग्वालियर ले जाने की कहे तो उससे आँखें तररने लगे और कहे—"बड़ो हेज आ रओ है अब जा उमरि में। जब ग्वालियर जावे की उमरि ती तब कबऊ नाय याद आयी ग्वालियर की।...एक बेर मेला तक तौ दिखाओ नाय!...."

और वह अपने पपराए होठों पर जीभ फिरा कर हँसने की निरर्थक कोशिश करती रही। अतः आँखों से मुस्कराकर उसको निहार लिया। मंजूपाल आहत होकर रह गया। सच में जिन्दगी ने उसे कभी मौका नहीं दिया कि राजा की अम्मा को लेकर मेला-दशहरा कहीं जाये। पहले भाइयों का वजन ढोते-ढोते उसके कन्धे ढीले पड़ गये और फिर अपने परिवार से ही कभी फुर्सत नहीं मिली। सिचााई विभाग में मात्र चपरासी की नौकरी में इतना सब कर लेना भी पहाड़ उठाने से कम नहीं था।...वह पार्वती को उस बीमार हालत में देखता और अपराध बोध के चलते काँप-काँप जाता।

अगहन में जब मावट हुई थी और अच्छी खासी सर्दी पड़ी तब उसकी तबियत

एकदम बिगड़ गयी। वे लोग उसे लेकर नरवर डॉक्टर के पास पहुँचे तो डॉक्टर ने निमोनिया घोषित कर दिया। निमोनिया का इलाज चार दिन तक चला लेकिन पार्वती की सेहत में कतई सुधार नहीं हुआ और वह फिर पाँचवे दिन नहीं रही।

पार्वती जैसी समझदार और व्यवहार कुशल महिला का उस परिवार से यों चले जाना उन लोगों के लिए सामान्य बात नहीं थी। कुछ दिन तक तो वह परिवार मानो लकवा मारे जैसी हालत में बना रहा। किसी को कुछ सूझ ही नहीं रहा था। टीकम के पुरा से लड़की दामाद आ गये थे। उन लोगों की ननिहाल और मौसी का घर था और कुछ खानदान के लोग भी थे। वही सब कुछ देखभाल रहे थे। चाहे पार्वती की क्रिया कर्म हो और चाहे घर का अन्य कोई काम हो।

कुल मिलाकर पार्वती के बिना मानो वह घर आधा रह गया था, लेकिन मंजूपाल आधे से भी आधा रह गया था। बल्कि वह एक तरह से बीतरागी हो गया था। अब वह न तो परिवार के किसी मामले में अपनी कोई राय रखता था और न किसी मामले में दखल देता था! यहाँ तक कि अब वह परिवार को किसी तरह का सहयोग भी नहीं देता था सिवा तनख्वाह दे देने के। जो खाने को दे दो वह खा लेता था और न दो तो पूरे-पूरे दिन बिना खाए रह जाता था। वह रात-रात भर जागता और बड़बड़ाता रहता था। बड़बड़ाते समय कुछ ऊल जलूल नहीं बोलता था बल्कि पार्वती के साथ पहले जब वह जिन्दा थी तब जो-जो बातें कहा करता था लगभग उसी तरह की बातें अब अकेले में घण्टों तक करता रहता था।

फिर भी धीरे-धीरे करके परिवार की गाड़ी फिर पटरी पर आने लगी थी। सभी लोग काम पर जाने लगे थे। घर के अन्दर चीजें फिर से संजोई जाने लगी थी। रिश्तेदार और अन्य मदद करने वाले लोगों को भी एक तरह से छुट्टी मिल गयी थी।

सब को छुट्टी मिल गयी थी, लेकिन गंगाश्री को छुट्टी कहाँ? वह अपनी नियति समझती थी। न आज छुट्टी और न फिर लम्बे समय तक। माँ उसकी और तीन भाइयों की शादी कर के विदा हुई थी। एक छोटे भाई और छोटी बहन शादी के लिए थे और राजा का गौना होना था।...और अभी सबसे पहली जरूरत थी उस महीनों से अस्त व्यस्त पड़े घर को जमाना। उस में देरू की घरवाली उसका हाथ बँटा रही थी। बड़ी से तो उतनी भी उम्मीद नहीं थी। लेकिन गंगाश्री ने बड़ी हिम्मत से काम लिया। वह पन्द्रह दिन टीकम के पुरा पर अपने घर रहती और पन्द्रह दिन शेरनी के पुरा पर।...यद्यपि उसके घर पर भी उसके लिए काम ही काम था। पाँच-छः बच्चे थे। ननद और देवर वहाँ भी शादी के लिए क्वारे बैठे थे और सास-ससुर एक तरह से पहले से ही घर गृहस्थी के काम से संन्यास लिए बैठे थे।...गंगाश्री ने बड़ी चतुराई से काम लिया। उसने छोटी बहन की शादी अपने देवर से करा दी। और इसी तरह से अपने छोटे भाई की शादी भी आसानी से निपटा ली।

काफ़ी समय बाद भी जब उस घर को बहुओं ने ठीक से संभाल लिया और

सभी भाई ठीक से काम करने लगें तब भी गंगाश्री और उसके पति दौलत् राम हर छोटी-बड़ी खुशी के अवसर पर, हर पर्व त्यौहार पर,...हर लड़ाई-झगड़े, विपद-आफ़त के अवसर पर आरसी गाँव में आते थे और कई-कई दिन तक वहाँ रुकते थे। उसके भाइयों को एक खराब आदत लग गयी थी। वह यह कि वे घर के छोटे से छोटे काम के लिए अपनी बड़ी बहन की राय लेते थे। क्योंकि उसका बाप कतई बीतरागी योनि में पहुँच चुका था, इसलिए गंगाश्री की राय उनके लिए परिवार के बड़े की राय थी।

इस बात को सभी लोग मानते थे कि पार्वती ने जिस हालत में वह परिवार छोड़ा था उस हालत में परिवार कभी भी बिखर सकता था। बल्कि बिखर कर नष्ट भी हो सकता था। उसे बचाए रखा गंगाश्री ने। बाद में देरू की घरवाली चम्पा ने भी परिवार को ठीक से चलाने की जिम्मेदारी अपने सर लेकर बड़ा काम किया था। चारो भाई अच्छे स्वभाव के, सुन्दर और सुडौल, बहुएँ भी एक से एक और फिर बड़ी बहन का परिवार पर खासा दबदबा; जो देखता सो देखता ही रह जाता था। गाँव में और गाँव से बाहर दस जगह चर्चा होती थी। परिवार जहाँ खूब प्रशंसा पाता, वहीं ईर्ष्या भी ढेर सारी।

5

देरूपाल मंजुलाल का दूसरे नम्बर का बेटा था।

दूसरे नम्बर का बेटा और पहले नम्बर का इन्सान। वह बचपन से ही सुंदर और सुडौल था। और उसे देखकर हरकोई सोचता था कि बड़ा होकर वह निहायत चुस्त-दुरुस्त और चतुर इनसान बनेगा। लेकिन वह जब थोड़ा और बड़ा हुआ तब लोगों का ध्यान इस ओर गया कि वह तो सचमुच महान् आदमी है। खड़े होने पर उसके हाथ घुटनों से नीचे जा पहुँचते हैं और उसके हाथों की उँगलियाँ भी कुछ अलग ही किस्म की हैं।...वह सचमुच आजानुबाहु है। देरू के इस गुण के बारे में जो कोई सुनता वह जरूर उसे एक बार फिर देख लेना चाहता। जब वैसे देखने से मन नहीं भरता तो उसे रास्ते में रोककर खड़ा कर लेता। सीधा खड़ा होने को उससे कहता। हाथ नीचे करवाकर देखता और देखते ही देखते उसकी त्यौरी भंग हो जाती। सब कुछ भूलकर उसे निहारता रहता।...वहाँ से जाते समय जो कोई राह में मिलता उससे और बढ़ा-चढ़ाकर देरू के बारे में बातें करता। यों पूरे गाँव और आसपास के गाँवों में देरू के आजानुबाहु होने की चर्चा होने लगी थी। लेकिन उस घर के किसी आदमी को उन बातों से कुछ ज्यादा लेना-देना नहीं था। अगर मंजुलाल से कोई बाहर का आदमी उस बारे में पूछता तो पहले तो वह निहायत खोखली हँसी-हँसता और फिर कह देता—“मेये मोंड़ा की बाहें लम्बी है तो कौन-सी बड़ी बात है गयी। वो कोई चार आदमी के बराबर काम तो नाय कर लेगो।”

उसके तीनो भाई भी देरू की लम्बी बांहों को कोई अजूबे के तौर पर नहीं देखते थे। लेकिन वे चौंक तब जाते थे जब आपस में मारपीट हो जाती थी तब देरू बहुत आसानी से किसी के भी गाल पर चांटा जड़ देता था और अपना गाल आसानी से बचा जाता था। यद्यपि वह शुरू से ही धीर-गम्भीर स्वभाव का था जब कि राजा का स्वभाव ठीक उससे विरोधी था। वह तुनक मिजाज और अस्थिर स्वभाव का था। रास्ता चलते रार मोल लेता था और जब भिड़ जाये किसी से, तब आगा-पीछा कतई नहीं देखता था।...लेकिन फिर भी घर की सीमा मे देरू को ही सब से ज्यादा मान्यता देता था। उसी का थोड़ा-बहुत लिहाज करता था। शेरनी के पुरा पर उन दिनों देरू और राजा की जोड़ी, राम-लक्ष्मण की जोड़ी मानी जाती थी। लेकिन इस बात को कम ही लोग जानते थे कि देरू सचमुच राम था परन्तु राजा कभी पूरे तौर पर लक्ष्मण नहीं बन पाया।

मंजुलाल का परिवार इस बार बिकट झंझावात से गुजरा था और अब लगभग सामान्य हो चला था। परिवार के सभी लोग काम पर जाने लगे थे। घर में ज्यादा नहीं तो उतनी आमदनी होने लगी जितना कि परिवार का खर्चा था। इसलिए उस आमदनी को बढ़ाने पर विचार किया जाने लगा। परिवार के लोग जब भी फुर्सत में बैठे होते तब उसी मसले पर बात शुरु हो जाती। इस गाँव में सबसे आसान कमाई का जरिया बकरी पालन था। और शेरनी के पुरा पर मंजुलाल के परिवार को छोड़कर अन्य सभी के पास बकरियाँ थी। राजा के अलावा अन्य सभी लोग बकरियाँ पालने के इच्छुक थे, पर राजा अकेला अपनी जिद पर अड़ा हुआ था। वह किसी कीमत पर बकरियाँ नहीं खरीदने दे रहा था।

"मोय नाय चहिये काऊ कीमत पै छेरी। जाकों छेरी-भेड रखवे होय सो कोऊ और जगह देखै। जा घर में अब छेरी को मैमनाऊ नाय आने को। छेरी चरावे के अलावाऊ और बहुत-से काम हैं जा दुनिया में। खेती-किसानों में जो मन नाय लगे तौ पत्थर खदानन में मुलक काम है।...भें पैसाऊ खूब मिलत है। और जो वो काम नाय भावै तो जंगल में खूब काम है।"

राजा ने आज फिर वहीं बेवाक अदा के साथ कहा था कि इस घर में अब बकरी नहीं पाली जा सकती है।

मंजुलाल के आँगन में गेंदालाल और देरू एक खाट पर और राजा दूसरी खाट पर आमने-सामने बैठे थे। मंजुलाल बाहर की दीवार से टिका बैठा था। फरवरी का महीना था और दिन चढ़े की हल्की-सी सर्दी थी। क्योंकि सूरज अभी-अभी निकला था। उन तीनों भाइयों के बीच आज भी उसी बकरी वाले मामले पर बात शुरू होने जा रही थी लेकिन राजा ने आज उसे शुरू होते ही मानो उसका पटाक्षेप कर दिया। देरू जानता था कि उसका यही हस्र होना है; इसलिए वह मात्र मुस्कुरा कर रह गया, लेकिन गेंदालाल को राजा की बात भली नहीं लगी। वह मुँह बनाता हुआ राजा से

बोला—"जे तौ पूरो घर छेरी रखनो चाहत है और तैं अकेलो नाय रखनो चाहत है, सो तै कोऊ दूसरो घर देख लै। हम काय को देख लें?"

"हौ, मैं देख लैंगो दूसरो घर, तै छेरी लाके बता।" राजा ने उसी तेवर के साथ फिर कहा।

देरू को गेंदा लाल पर गुस्सा आया। उसने फिजूल में आग में घी डालने की कोशिश की है। जब कि वह राजा के स्वभाव को खूब समझता है।

उधर मंजुलाल ने उस सुबह को उठते ही उठते गांजा की दम लगा ली थी। इसलिए वह तब से चुप बैठा था। वह नशे की हालत में लड़को के आगे कुछ बोलना ठीक नहीं समझता था। परन्तु उस समय वह बोले बिना नहीं रह पाया।

वह राजा से बोला—"तैं तो निरो चूतिया है। मोड़ीचोद के भेजे में रत्ती भर अकल नाय है और बात-बात में सियानपन मूंतत है। बिना छेरी को द्वार सूनो लगत है रे! घर बे जान सो रहत है।...वैसे तो बड़ौ ज्ञानी बनत है और इत्ती-सी बात समझ में नाय आ सकी!"

मंजुलाल ने इतना कहा और उठकर चला गया। वह चला गया तो अच्छा ही हुआ। अगर वह अपनी जगह पर जमा बैठा रहता तो कुछ भी हो सकता है। राजा ऐसी बातें सुनने का आदी नहीं था। अगर उसके उठकर जाने में थोड़ा-सा बिलम्ब होता राजा अपने बाप की माँ-बहन को भी नहीं बख़्शता। उनके नाम-नाम पर वे गालियाँ सुनाता जो बाप को बहुत दिनों तक याद रहती।

वैसे इस इलाके का यही चलन है। बूढ़े जवानों को और जवान बूढ़ों को मुँह भरा गाली देते हैं। उन गालियों में स्त्री-पुरूष गुप्तांगों का दिल खोलकर बखान होता है। और विशेष बात यह है कि उनमें से किसी पक्ष को या सुनने वाले तीसरे पक्ष को कोई भी गाली अखरती नहीं है। यह धर्म युद्ध मात्र बाप-बेटे के बीच ही नहीं चलता है बल्कि दादा-पोते के बीच और बड़े भाई छोटे भाई के बीच भी समान गति से चल सकता है। इनमें से एक पक्ष-दूसरे पक्ष को जी भरकर गरियाता है, एक-दूसरे की महतारी या भैन की जी भर-भरकर छीछा लेदर करते हैं और थोड़ी देर के बाद ही घुल-मिलकर बतराते हैं। साथ बैठकर खाते-पीते हैं। लेकिन राजा की यह खास बात थी कि किसी से गाली-गलौज फौरन करने लगता था, लेकिन किसी से लड़ लेने के बाद बहुत जल्दी सामान्य नहीं होता—न तो किसी के साथ समझौता करने को राजी होता था और न किसी का समझौता स्वीकार कर सकता था।

उस दिन जब मंजुलाल अपनी बात कहकर चला गया तो राजा के नथुने फूलने-पिचकने लगे थे। आँखें सुर्ख हो गयी थी।

देरू ने उसे देखा और गहरा मुस्करा दिया। वह फिर गेंदालाल की ओर आँख का इशारा करके बोला—"भैया! आज जे कौन सो जादू भओ है। दादा राजा को कैसी-कैसी बातें सुना के चलते बने और राजा ने बिन की महताई—भैन की ख्वारी

एक बेरऊ नाय करी। ऐसो तो पहली बार होत देखो है हमने।"

यह कहकर देरू जोर से हँसा। गेंदालाल भी बिना हँसे नहीं रह सका।

राजा उन्हें हँसता देखकर पहले तो झेंप गया और फिर उस झेंप को दूर भगाने के उद्देश्य से बोला—"मैं तो साफ-साफ कह रओ हों के जो जा घर में भेंड़-बकरियाँ नाम लैवे कोउ आयी तो मैं घर छोड़ के चलो जाओंगो। मैं झें नाय रओगो काऊ कीमत पै।"

उसने कहा तो उन दोनों ने उसे घूरा।

थोड़ी देर के बाद गेंदालाल बोला—"हाँ, ठीक है—ठीक है। मति रह जा घर में। वो सड़क के वा पार तमाम जगह पड़ी है, वही टपरिया बना के रह मजे ते।

फिर वह देरू की ओर देखकर मुस्कराया। लेकिन तभी मानो कुछ याद आ गयी। इसलिए मानो अपनी पहले वाली बात में सुधार करता हुआ बोला—"तैं रह सड़क के वा पार टपरिया छा के फेर बहू झेंई रहेगी, सब कुनबा के संग।..."

"अऐऽऽ, जे तुम का कह रहे हो भैया?" देरू ने गेंदालाल को रोका और कहा—"वो तो अकेलो रह लेयगो भें।...और अकेलो काहे को? ये शारदा को बुला लेगो न?"

देरू ने अपनी बात का आखिर वाला हिस्सा बहुत धीमे से कहा था लेकिन गेंदालाल सुनते ही तिलमिला गया। वह बोला—"और का, ऐसे काऊ कैसे बुला लेगो। मै बता देत हो सहरानों इकट्ठो है के आ जागो। और वा ते पहले गढ़ी बीच में आ टपकेगी।...ज्यादा उलटो चलना ठीक नाय है...सहराने और पुरा में कछु दूरी नाय है। देहरी-द्वार को बसवो है।?"

अबकी बार राजा सिर उठाके अपने दोनों भाइयों को नहीं देख पाया था और बिना कुछ कहे वहाँ से धीरे से खिसक गया था।

जब राजा चला गया तो गेंदालाल और देरूपाल भी उठकर बाहर सड़क पर आ गये। वे नहर की ओर दिशा-मैदान को चल दिये। वहाँ जब कुल्ला-दतोन के बाद नहर की पटरी पर बैठे तब देरू ने वही राजा वाला प्रसंग फिर छेड़ दिया। वह बोला—"भैया! वैसे राजा कह तो ठीक रहा है। छेरी के धन्धे में कोई फायदा नाय है। अपन भुगत तौ चुके हैं, बीमारी के दिनन में साठ-सत्तर छेरिन में ते एक नाय बची। छेरिन की भड़ियाई बहुत आसान है।"

"हौ, ठीक है छोड़, मोड़ीचोद छेरिन-भेड़िन कों, अपयें लयें तो खदानन को कामई मलूक है। जमुनिया खोह में बड़ो अच्छो पत्थर निकलो है, रात-दिन काम चलैगो। जो वहाँ नाय तो नयी एरिया की खदान तौ हैई। हममें तो दो आदमी कम से कम रोज खदान कमावे कों जावे चाहिए।"

गेंदालाल ने कहा तो देरु ने फौरनहामी भरली—"हौ, बिल्कुल सही बात कही तुमन ने? मैं और राजा अबै खदान में कारीगर को काम तौ नाय कर पाएंगे, फेर बन्दानी मज़दूर को काम तो करई सकत हैं।...नरवर को रोशन रावत जब मिलत है तब न्यौता दै के जात है। नयो-नयो ट्रक खरीदो है। नयी एरिया में बादशाह गूजर

की खदान ते पत्थर लादत है। अपऐं सहराने ते तीन-चार सहरिया जात हैं, मैं और राजा, दो हम रहैंगे तौ अपनोई दबदबा होगो भें।"

देरू की बात से बड़ा भाई गेंदालाल सहमत तो था लेकिन उसका कहना यह ज़रूर था कि राजा लम्बी बीमारी का मारा हुआ है। ट्रक में पत्थर चढ़ाने-उतारने का काम उससे होगा नहीं। लेकिन देरू ने उसे समझा दिया कि राजा इतना कमजोर नहीं है, वह उस काम को कर लेगा।

घर वापस आकर जब दोनों ने राजा से बात की तो मानो उस काम के लिए राजा पहले से ही तैयार बैठा था। उसने फौरन हामी भरली। उड़ती-उड़ती वही खबर उसकी मौसी के घर पहुँची तो उसके भी दो बड़े बेटे, प्रीतम और गोविन्द बन्दानी मजदूर का काम करने को राजी हो गये।

और अगले दिन से ही वे लोग रोशन-रावत के ट्रक पर सवार होकर नयी एरिया पत्थर खदान के लिए रवाना हुए।

6

हजारी सहरिया की मोड़ी शारदा के किस्से तब शेरनी के पुरा पर उड़े-उड़े फिरते थे। आदिवासी और गड़रियों के कई छोकरे तब उसके दीवाने थे। कुछ तो हजारी के घर में ताक-झाँक करते अक्सर पकड़े जाते थे। वे पकड़े जाते थे तब खूब होहल्ला मचता था। मार-पीट तक हो जाती थी। लेकिन सब कुछ शांत भी जल्दी हो जाता था। क्योंकि हजारी सीधा-सादा आदमी था और ऐसे लफड़ों से घबड़ाता था। वह अक्सर अपनी मोड़ी को ही डाँटता था और कभी-कभी तो उसका घर से निकलना बन्द कर देता था। लेकिन उसकी घरवाली, राम-प्यारी काफी ऊँची चीज़ थी। अपनी जवानी के दिनों में उसने इलाके भरमें तहलका मचा रखा था। वह तब गाँव वालों को तो भला क्या भाव देती, उसकी माँग तब गढ़ी, बाँध का रेस्टहाउस और सर्किट हाउस तक थी। गाँव वालों के पल्ले तब भी कुछ नहीं पड़ा था, हाँ, उन्हें मात्र इतना याद जरूर रह गया था कि रामप्यारी ने उस जमाने में किस-किस को कैसे-कैसे निचोड़ा था। हाँ, तो राम-प्यारी ने ही अपनी सुंदर और प्यारी बिटिया को अपने नक्शे कदम पर चलने के योग्य बनाया था और उसे भी जिन्दगी के वही मजे लूटने के गुरु-मंत्र दिये थे जो उसनें कभी इस बेढंगी दुनिया से सीखे थे। लेकिन जब तक उसकी बेटी वह सब शुरू कर पाती उससे पहले ही उसका आदमी बैरी हो गया। उससे बिना पूछे ही लड़की की शादी तय कर दी। शादी भी ऐसी जगह से जिसकी किसी ने कल्पना तक न की हो। दूर जंगल के गाँव टपरिया में सोमा सहरिया के लुंज मोंड़ा को अपनी गुड़िया-सी सलोनी बेटी को ब्याहने को राजी हो गया, हजारी सहरिया।

रामप्यारी खूब रोई-बिलखी, गाँववालों ने भी विरोध किया लेकिन वह शादी रुकी नहीं।

शारदा की शादी हो गयी और वह भी ऐसे लुंज आदमी के साथ और निहायत जंगली गाँव में; इस बात का आरसी गाँव के कई लोगों को खेद था। अफ़सोस राजा को भी था क्योंकि एक दौर में हजारी सहरिया के घर में ताक-झांक उसने भी की थी। लेकिन उसने बाद में इसलिए हथियार डाल दिये थे कि एक तो उसकी शादी हो गयी और वैसी ही सुन्दर और लहीम-सहीम जनी उसके घर में आ गयी थी और दूसरे उसी समय उसे पता लग गया था कि शारदा से उसके बचपन के दोस्त राजेन्द्र सहरिया का आंकड़ा फिट है।...इसीलिए उस समय उस मामले से उसने अपने हाथ खींच लिए थे।

"...और भओ तो भओ फेर दारी लुगाई बड़ी धांसू ली!" राजा के मुँह से यही अनायात निकल भागा था और ठीक उसी समय उसने करवट लिया था जिससे पत्तियाँ चरमराने लगी थी।

रामचन्द मामा उससे थोड़ी दूर पर ही लेटा था और वह लुगाई वाली बात उसके कान के पर्दे से जा टकराई थी। वह चौक कर राजा को देखने लगा। उन्हीं दिनों मामा एक नयी जनीमाँस कहीं दूर से खरीद कर लाया था। वह सुन्दर भी खूब थी इसीलिए वह उसके प्रति निहायत संवेदनशील हो चला था और हर जवान आदमी को शक़ की नज़र से देखता था।

"च्योंरे राजा, कौन की लुगाई की बात करत है?"

रामचन्द मामा ने पूछा तो राजा का दिमाग फौरन नयी मामी की ओर दौड़ गया। उसका मन हँसने को हुआ लेकिन फिर यह भी डर लगा कि मामा का शक कहीं पक्का न हो जाये कि वह उसकी जमीमाँस के बारे में उलटी-सीधी बातें करता रहता है, इसीलिए बात को घुमाकर बोला—"काय मामा! जे बात मोय अकेले को लग रई है के तोऊ कों लगत है के जा जंगल में पखेरु एकऊ नाय है। अपये बाँध के आस-पास तौ कितने सारे हैं,...का बढ़िया गाते हैं।"

अबकी बार उसकी बात थोड़ी दूर पर सफेदा के पेड़ की छाया में पड़े देरूपाल ने सुन ली थी। रामचन्द मामा उसकी बात का कुछ जवाब देता उससे पहले देरू उससे बोला—"कायरे, राजा! तैं पड़ो-पड़ो झें पखेरु गिनैगो कें कछु आज की मजूरी को उपाय करैगो। हमें तो लागत है कि आज कोऊ दिन बेकार गओ।...मोड़ी चोद के रोशन को का बिगड़ैगो। अबै आके खड़ौ है जागो और हाथ मलके कहैगो—अब कालि देखेगे भैया! जब तलक मलूक पटिया हाथ न लगे तब तलक गाड़ी लोड करवो फिजूल है...डीजल और बन्दानी केऊ पैसा सीधे नाय होत हैं देरूदादा।...ऐसो है दारी को अपनो ट्रक मालिक!"

दरअसल नयी एरिया खदान में बादशाह गूजर के गड्ढे में रोशन का सवेरे से ट्रक लगा खड़ा था और वे सब जंगल में इधर-उधर बैठे या लेटे इस बात का इन्तजार

कर रहे थे कि रोशन कब गड्ढा से निकलकर आये और उन्हें बताए कि अच्छी पटिया अबकी बार निकली है, चलो ट्रक लोड करो। अब तक गड्ढा में दो बार वार टूटी है और दोनो बार पत्थर बेकार निकला है। और दोनों बार हाथ मलते हुए रोशन उनके पास आया है। उन्हें बताकर गया है और साथ ही उन्हें बीड़ी पिलाकर यह आश्वासन दे गया है कि अब की बार ज़रूर अच्छी पटिया निकलेगी।

लेकिन अब तक वे लोग वहाँ पड़े-पड़े अकुला चुके थे।

राजा का भी अब ध्यान भंग हो चुका था। उसका मन अब न तो शारदा में लग रहा था और न रामचन्द मामा की जनीमाँस में, देरू की सुझाई हुई आजकी रोजी में उसका ध्यान जरूर अटक गया था।

"दादा! हमन्ने तो तोते पहलेई कईती के रोशन को साफ-साफ बता दै के जा दिना हमे खदान पै बैठो रहनो पड़ैगो वादिना की पूरी रोजी चाहिए।... कम से कम एक ट्रक की।

राजाने कहा तो देरू ने उसे टोक दिया–"...अरे, नायरे! ऐसो नियम कहूँ नाय है। झें खदान ते पथरा उठाओ या ट्रक लोड करो और भें खरीददार के झें पहुँच के ट्रक ते पथरा उतारी तब पेमैंट होत है बन्दानी मजूर को।"

राजा ने अपने बड़े भाई की बात का विरोध तो नहीं किया परन्तु थोड़ा झँला कर बोला "बड़ो वैसो नियम है दारी को, जाते अच्छो तो डांग में छेरी चरानो है।"

देरू ने उसकी ओर आँखें तरेरी और कहा–"काय रे! वा दिना जब पूरो घर तोय मना रहो हो तब बकरी चरानो तोय काट खाओ हो और आज छेरी चरानो अच्छो लगरओ है। तैं है तौ अपने नाम को एकई।"

सुनकर राजा हँसने लगा। एकदम दिलफोड़ हँसी। उसकी मौसी के लड़के प्रीतम और गोविन्द, मामा रामचन्द और पड़ोसी सहरिया राजेन्द्र, सबके सब एक साथ चौंक गये। वे सब उठकर उन दोनों के पास आ गये। राजा बड़ा बेलौस हँसी हँसता है। जब हँसता है तब उसके छोटे-छोटे बेघने दाँतों की चमक और भावपूर्ण बड़ी-बड़ी आँखों के रसीले भाव किसी को भी लुभा सकते हैं।

वे लोग राजा और देरू के पास आये तो रामचन्द ने पूछा–"काय, ऐसो का मिल गओ है तुम दोनों को जो हँसत-हँसत साँसई नाय लै रहे।"

"जो मिलो है सो हमाओ है, तोय च्यों बतावै?" राजा ने कहा और फिर हँसने लगा।

"अरेऽऽ! बड़ो बावरो है मोंड़ा!...जो मोय नाय बता है तौ अपएं इन मोसियाओं को तो बता। वा अपएं दोस्त सहरिया को तौ बता।...अच्छा, जे तौ नाय बताय रओ, तें बता देरू, का बात है?"

रामचन्द ने कहा तो देरू ने उसे झिड़क दिया–"अएऽऽ ! तेंऊ बावरो बन रओ है जा मोड़ा के पीछे। जानत नाय है का तें राजा कों? हँसवे पे आ जाये तो बेबात को हँसेगो और जो मुँह लटका के बैठ जाये तो पूरो दिन बिना बोले निकार देय।"

"नाय, हों तौ अपएं दादा की बातन पर हँस रओ हो।...हमाओ दादा हमें डांग में नाय जान देत है। तें समझत है, का समझते हैं? वो सोचत है के हम बागी बन जायेंगे।...और के कोऊ जनीमाँस हमें भरमा के लै उड़ैगी।"

इतना कहकर वह फिर हँसने लगा।

रामचन्द ने गहरी साँस ली। थोड़ी देरे तक चुप बना रहा और फिर बोला–"तुम मानोगे तौ नाय, फेर तेये दादा को कहवो निरां झूठ ना है। तुम वा ईश्वरलाल के संग रहत हो सो अच्छी बात नाय है। तुम भें उठवो-बैठवो बन्द करो। बड़ो ऐबीलो आदमी है वो ईश्वर।...औरत बाज लम्बर एक। गढ़ी पे जनीमाँस लैके जात है और थानेदार के खूब मुँह लगो है वो।"

अबकी बार कोई कुछ नहीं बोला। नीचे खदान में चल रही टांकी-हथौड़े की जुगलबन्दी और बीच-बीच में पड़ रहा घन का घोंसा सब लोगों का ध्यान आकृष्ट कर रहा था। वहाँ खदान की दुनिया में सब कुछ नीरस-नीरस और बेस्वाद जैसा होता है। सिवा उन कुरकुरे नोटो के जो काफ़ी खून जलाकर या निचोड़ कर हाँसिल होते हैं, लेकिन काम के दौरान वे लगातार स्मृति में झिलमिलाते रहते हैं। यहाँ कमाने वाला हर कोई जानता है कि वह जितना कमाएगा उतने ही नोट हासिल करेगा और उतना ही निचुड़ता जायेगा और अगर कोई उलटी-सीधी लत लग गयी तो अन्त से भी पहले अन्त निश्चित है।

वे लोग अपनी आदत के विरुद्ध कुछ देर तक चुपचाप बने रहे।

फिर वहाँ एका-एक रोशन लाल रावत आ गया। वह गड्ढे से निकलकर ऊपर को थोड़ा हड़बड़ाया-सा आया था और आते-आते ही बोला–"देरू, अब चल बेटा! सबको लैचल। पटिया तैयार है, लोड करो और चलो जल्दी! दूर को मामलो है, कहीं पूरी रात खराब न है जाये!....उठ बेटा!....रामचन्द भैया, तें सबते सयानो है केऊ देर कर रओ है!...ऊपर वारे ने खूब सुनी, बढ़िया पटिया निकरी है अबकी बार में....।"

"तेई तौ ऊपर वारे ने खूब सुन लई रोशन काका! अब तैं कुछ हमाईऊ सुन! आज के बाद हम ऐसे पड़े-पड़े झें खदान पे नाय सड़ेंगे!...अब तलक तौ दो खेप हमन्ने निबटाई होती। जो चौबीस घण्टा की एक खेप पड़ैगी।...हमें दो ट्रक के पैसा चाहिए बस, बाकी तैं जान काका!"

राजा ने खड़े होते-होते कहा तो रोशन लाल अवाक उसके चेहरे को ताकता खड़ा रह गया। वह किसी कोण से नहीं समझ पा रहा था कि ये मंजूपाल का कल का छोकरा बन्दानी मंजूरी का कौन-सा गणित उसे समझा रहा है।

उसने सब लोगों पर एक सरसरी नज़र डाली और फिर सब ओर से नज़र समेंट कर राजा पर टिका दी और बोला–"च्योंरे, तेओ बाप तो ऐसो है नाय, तैं जो नयी बिधा कां ते सीख के आओ है भैया।...ऐसो का काऊ के घर में नोट छपत है जो तोय बिना ट्रक लोड-अनलोड करे पैसा दै देगो?

"जो हमन्न ते काम लेगो सो देगो पैसा!...तैंने देखो नाय है का? दो दिना ते हम बैठे-बैठे मक्खी मार रहे हैं।...एक दिना तेओ ट्रक बिगड़ गओ और दूसरे दिना अच्छी पटिया नाय मिली...ऐसे दो दिना में एक दिन रोजी मिली तो हमाये मोड़ी-मोड़ा भूखे नाय मर जांगे?...तेई का बात है तैं ठहरो सेठ!"

अबकी बार गोविंद ने भी राजा के कूंड में कूंड किया तो रोशन सकपका गया।

जैसे-तैसे तो आज ट्रक ठीक हुआ और उस पर भी मुश्किल से अच्छी पटिया हाथ लगी है। चार दिनों से मेह गाँव के सेठ से चार हजार रुपया पेशगी लिए बैठा है। अगर आज देर रात तक पटिया उसके यहाँ नहीं पहुँची तो कल सवेरे ही आ धमकेगा। अपने पास पेशगी वापस करवे केऊ दाम नहीं है...मोड़न ने जबर्दश्ती इस मोटरबाजी में फंसा दिया है। वे दारी के बाप ते ट्रक खरीदवा कर गुलछर्रे उड़ाते फिर रहे हैं और यहाँ जान से अटकी है...लगता है कि जमीन बेचके पिंड छूटेगा। रोशन लाल सोच रहा है कि पुरा के ये नये मोंड़ा सचमुच उत्पाती हैं। कहीं काम छोड़कर चले गये तो लेने के देने पड़ जायेंगे। बन्दानी मजदूरों की वैसे भी कमी है। थोड़ा कठिन काम है। साथ ही जोखिम खूब है। पटिया उठाते समय थोड़े से भी चूके कि हाथ या पैर जड़-मूल से गया नहीं।...वैसे भी अच्छे भले आदमी की छाती फाड़ देता है यह काम। इसलिए हर आदमी इसके लिए हामी नहीं भरता...

वह बुझा-बुझा चेहरा लिए उन सब को एक-एक करके देख रहा था। देरू को उसके ऊपर दया आ गयी। वह एकाएक उठ खड़ा हुआ और बोला—"उठोरे! अब देर मत करौ। जो नियम है बन्दानी मजूरी को सोई तौ देगो रोशन हमें! हमाये लयें नओ नियम कां ते लाएगो।

रोशन ने जब इतना सुना तो खुश हो गया। उसने राजा को देखा और फिर उससे बोला—"राजा! तैं अपनो मन मैलो मत कर। तैं गवालियर तलक तो चल, ऐसे अच्छे होटल में खानो खवाओगो के याद करैगो।"

अब वे सब लोग उठ खड़े हुए और खुशी-खुशी गड्ढे की ओर जाने लगे।

ट्रक लोड होने में ज्यादा समय नहीं लगा और वह जल्दी ही अपने गंतव्य की ओर चल पड़ा। देरू रोशन के साथ नीचे बोनट में बैठा और बाकी सब लोग ऊपर बैठे थे। राजा, राजेन्द्र सहरिया की बगल में जानबूझ कर बैठा था।

उसने राजेन्द्र की बगल में कुहनी अड़ा दी और धीरे से पूछा—"काय, कां गयो हो?....सवेरे ट्रक ते नीचे आतेई गायब है गयो? बता, कहाँ हो?"

वह कुछ नहीं बोला मुस्करा के रह गया।

अब तक ट्रक जंगल का रास्ता तय करके ए.बी.रोड पर आ गया था और पहले से ज्यादा गति से चल रहा था। राजेन्द्र राजा की ओर लगातार देख रहा था और मुस्करा रहा था।

"मै भेई गयो हो झेंको तोय पतो है।"

उसने कहा तो राजा ने मुँह फेर लिया?

"अये! जेऊ कोऊ बात भई का? वो तौ बेरि-बेरि पूछ रही ती के राजा कैसो है, और जे बेचारे ने एक बेरि नाय पूछो के वो कैसी है?"

उसने राजा की आँखों की सुर्खी देखी तो घबरा गया। उसे लगा कि वह बेकार में साँप की बाँबी में हाथ डाल रहा है। गड़रिया को कुछ भी ठिकाना नहीं है, क्या पता उसे, ताव में आकर ट्रक से नीचे फेंक दे।

फिर वह कुछ नहीं बोला।

7

मुरलीपाल के खरिक से सौ-सवा सौ बकरियाँ रात्रि के समय चोरी चली गयी। कई लोग उन्हें खोजने निकले। अपनी डांग से लेकर इधर-उधर के सारे जंगल खोज डाले, आस-पास के सारे वे ठिकाने देख लिए जहाँ पर अमूमन भड़ियाई के जानवर ठिकाने लगाए जाते थे। गाँव के ओझा को चौकी दी, नरवर के ज्योतिषी से दिशा बचवाई, लेकिन कोई उपाय काम नहीं आया।

दरअसल वे बकरियाँ मुरलीपाल की नहीं थी, वे उसके रिश्तेदार की थी। गर्मी के दिनों में बकरियों के चारे की उधर पंचमहल में भारी कमी हो जाती है, इसलिए वे हर साल बकरियों को इधर ले आते थे। और वे यह जानते थे कि इधरके इलाके में मंजूपाल और मुरली पाल के लड़कों का खासा रोब-रूतवा है। इसलिए वे लोग बकरियों के साथ एक दो आदमी रख देते थे। बाड़े के आगे उनके ही दोनों आदमी खाट डाले सोते रहे और इतनी सारी बकरियाँ गायब हो गयी। इस बात का सब को आश्चर्य था। बकरियाँ चोरी हो गयी तो इसका यह अर्थ कदापि नहीं था उनके मालिक बकरियों के नुकसान की भरपाई शेरनी के पुरावालो से कराएंगे, लेकिन फिर भी बदनामी के भय से वे सब लोग अपना-अपना काम धन्धा छोड़कर भूखे-प्यासे डांग-जंगल मंझिया रहे थे।

अन्त में जब कहीं बकरियों का पता नहीं लग सका तब यह सोचा जाने लगा कि क्यों न गढ़ी पर राजा साहब को अपनी व्यथा सुनाई जाये। क्योंकि गढ़ी पर केवल भले आदमी ही नहीं पहुँचते हैं बल्कि इलाके के चोर-लवार भी वहीं जाकर ढोक लगाते हैं। इस इलाके में एक मान्यता है कि यदि कोई भूखा भेड़िया किसी गाँव में छेरी की घात में पहुँचता है तो वह सबसे पहले गाँव के बाहर छेरी के देवता 'कुंजाबाबा' की झाड़ी पर जाकर ढोक लगाता है। और बाबा की रजामंदी से किसी बाड़े में छलांग लगाकर छेरी पकड़ता है। इसीलिए इस इलाके में जब कोई चोरी-लवारी की घटना घटती है तो कोई भी सयाना आदमी कहने लगता है—"ऐऽऽ भैयाओ! कुछ अकल

ते काम लेव। भें ठाकुर की झाड़ी पे जाके ढोक लगाओ। गाँव में जो भेंड़िया आत है वो भें पहले मत्था टेकत है।....ता पीछे गाँव में पैर रखत है।"

और फिर एक दिन पाल समाज के कई लोग मिलकर गढ़ी पर जा पहुँचे।

थोड़ा झुटपुटा हो चुका था और गढ़ी पर दो अलग-अलग मूढ़ों पर छोटे राजा गजपतिसिंह और श्रीकृष्ण पण्डित बैठे थे और एक मूढ़ा खाली पड़ा था। जब वे लोग नीचे गली में थे तब उनमें से किसी-किसी ने ध्यान दिया कि उनके वहाँ पहुँचने से पहले कोई एक अन्य आदमी उस तीसरे मूढ़े पर बैठा था और अन्धेरे का फायदा उठाकर धीरे से वहाँ से उठकर गढ़ी के अंदर चला गया था। उसका चेहरा तो किसी को दिखाई नहीं पड़ा लेकिन कद-काठी से बिल्कुल ईश्वरलाल ही लगा था। वे लोग ऊपर आकर फर्श पर नीचे बैठ गये। सबने राजा साहब को हाथ पहले ही जोड़ लिए थे।

राजा साहब उस समय सिगरेट-पी रहे थे। बगल में छोटी-सी मेज पर रखी ऐशट्रे पर उन्होंने सिगरेट की राख झाड़ी और उन सबको सरसरी नज़र से देखा।

"हुंऽऽ! तो आज ऐसी क्या बात हुई जो पूरा शेरनी का पुरा यहाँ...इस वक्त?...क्यों देरू, कोई खास बात हुई है क्या?

उन सब में सयाने तो गोविंद और प्रीतम का बाप मुरली पाल और उनका मामा मोतीलाल ही थे, लेकिन उन दोनो को छोड़कर राजा साहब ने देरू से बात शुरू की। इसका भी एक कारण था। वे जानते थे कि पुरा के सभी नयी उम्र के छोकरों में देरू ही अधिक सूझ-बूझ वाला आदमी था। वह उतना उद्दण्ड और उच्छृखल भी नहीं था। वैसे उसका मामा मोतीलाल सयाना भी था, समझदार भी था और बात का पाबन्द भी था, लेकिन क्योंकि वह चोखापाल का बेटा था इसलिए वे उसे कतई पसन्द नहीं करते थे।

"राजा साहब! कई दिना पहले मुरली मौसा के खिरक ते सौ-सवा सौ छेरी चोरी है गयी। छेरी नातेदारों की तीं। सगरो जंगल छान मारो है फेर छेरिन को कऊँ पतो नाय चलो है।"

देरू जब बोल रहा था तब राजा आखें बन्द किये बैठे थे।

"अच्छा! इतनी बकरियाँ चोरी हुई है और सो भी बाड़े से?...अब तक तो जंगल से बकरी की चोरी होती सुनी थी।"

राजा साहब ने आँखें खोलते-खोलते ही पूछ लिया।

"हौ महाराज! हम तौ सफ्फा मर गये समझो! नातेदारन ने कहूँ डांड! लगाओ तो घर-द्वार सग बिक जागो।..."

मुरली पाल ने बोलना शुरू किया तो मोतीलाल ने उसे रोक दिया—"तैं चुपजा मुरली! दूसरन की पहलै सुनो कर!..."

उधर श्रीकृष्ण पण्डित शुरू से अपने पुट्ठे बदल रहा था उसे जानने वाले सब लोग समझ रहे थे कि कुछ बोलने के लिए वह आतुर है।

वह छोटे राजा गजपति सिंह से कई बार कह चुका है, उन्हें पंचायत में पहले नहीं बोलना चाहिए। बड़े राजा साहब पंचायत में बैठकर पहले कभी नहीं बोलते थे। पहले चोखापाल और हरजीत सहरिया को बोलने देते थे। ऐसा ही छोटे राजा साहब को करना चाहिए। पहले उसे बोलने को कहना चाहिए।

अबकी बार थोड़ी देर तक कोई कुछ नहीं बोला तो पण्डित को खुशी हुई और वह खुद ही बोलने लगा—"सही कहवे को आजकल ठीक नाय है राजा साहब। वैसे सग लोग जानत हैं, पुरा के लोगन की अति बिनेंई खा जागी काऊ दिना।...वैसे तौ वो कैसे कहत है कि चंद्रमा मेंऊ खोट है पर इनके पुरा पें ईश्वरलाल के बराबर कोऊ दूसरो आदमी नई है। और बोई आदमी जिनें फूटी आँख नाय सुहात है, अब जा बात को इलाज का है सकत है सो बताए कोऊ हमें।"

श्रीकृष्ण पण्डित जब बोल रहा था तब भी राजा साहब आँखे फाड़-फाड़कर देख रहे थे। उनकी समझ में यह नहीं आ रहा था कि उन्हीं में से एक और उन्हीं जैसा जो अभी कुछ साल पहले तक गंदी और फटी चड्ढी पहने फिरा करता था। वे लोग उसे नहर में खींचकर जबरन नहला दिया करते थे या फटी चड्ढी में उँगली डाल कर और फाड़ देते थे। पुरा के लड़कों से तब वह इतना घबराता था कि एक दो लड़के को ही कहीं देखले तो चीखकर भाग जाता था। उन्हें देख लेने पर वह स्कूल में तक नहीं बैठ पाता था। पट्टी उठाकर सीधा घर को भागता था।...और वही बना-संभला राजा साहब की बराबरी पर बैठा है। बैठा है और बातों के फर्राटे उड़ा रहा है। उनमें से ज्यादातर इसको भी भाग्य का खेल समझते थे और इसलिए इस बात में ज्यादा दिमाग खफाना पसन्द नहीं कर रहे थे। वे चाहते थे कि जो कुछ बात हो वह बकरियों के बारे में हो!

देरू ने राजा साहब की ओर एक बार फिर देखा और कहा—"महाराज! आप कोऊ रास्ता बताओ। छेरी ऐसे चली गयी तौ गाँव कीऊ हेटी होगी। आप को चारों दिशा में नाम है।...आप हमें जो बताएं सो हम करवे का तैयार हैं।"

देरू की बात सुनकर राजा साहब तो कुछ नहीं बोल पाए, श्रीकृष्ण पण्डित फिर शुरू हो गया। वह बोला—"राजा साहब जा में का कर सकत है, अब तो जो कुछ करनो है सो तुम्हें करनो है। हम तौ अबैऊ जेई कहेंगे के आपस को लड़वो-भिड़वो बन्द करो।"

राजा साहब ने दूसरी सिगरेट जला ली थी। उसके दो लगातार कश लेकर धुआँ आगे की ओर ही उगल दिया। चौपाल के आगे कम वाट वाला एक लट्टू जल रहा था और उसके मध्यम प्रकाश में उन लोगों के ऊपर सिगरेट का धुआँ रेंग रहा था। वह राजा साहब को कुछ-कुछ अजीब लग रहा था। लकिन उन लोगों के लिए वहाँ का वातावरण एक तरह से दमघोंटू सिद्ध हो रहा था। यद्यपि वे इस तरह की आशा लेकर वहाँ नहीं आये थे कि वहाँ पहुँचते ही उन्हें कोई आश्वासन मिल जायेगा। या

गढ़ी के खरिक में बकरियाँ मौजूद होंगी और उन्हें लेकर वे अपने पुरा पर आ जायेंगे। लेकिन वे यह भी नहीं जानते थे कि राजा और उसका पण्डित उनके सामने ईश्वरलाल का मामला लेकर बैठ जायेंगे। वे लोग अन्दर ही अन्दर से कुछ ऐसा अकुला उठे थे कि जल्दी से उठकर चले जाने का मन हो रहा था।

तभी राजा साहब फिर बोले—"श्रीकृष्ण पण्डित ठीक कहते हैं और मैं भी सोचता हूँ कि अभी कुछ बिगड़ा नहीं है और ईश्वरलाल तुम में से ही एक है। उससे बातचीत करने में आप लोगों का ही फायदा है। अपने काम के लिए गधे को बाप बनाने वाली बात तुम सबने सुनी होगी।...और फिर ईश्वरलाल गधा नहीं है। तुम सबसे ज्यादा पहुँच वाला आदमी है। वह चाहेगा तो बकरियाँ चौबीस घण्टे में तुम्हारे खरिक में आ जायेंगी।

उन्होंने कहा तो उनमें से कुछ की कनपटी झन्ना गयी।

लेकिन मोतीलाल की कनपटी कुछ ज्यादा ही लाल हो गयी थी। वह बहुत ही चतुर आदमी है—चतुर और फरचट एक नम्बर का। वह चोखापाल की पहली पत्नी से पैदा है, इसलिए भी अपने आप को कुछ खास मानता है। छोटे राजा और पण्डित की बातें सुनकर उसे यकीन हो गया था कि उन लोगों के यहाँ आने से पहले राजा की बगल में पड़ी कुर्सी पर ईश्वरलाल ही बैठा था और अगर वह ईश्वरलाल ही था तो राजा उससे मिलकर शेरनी के पुरा के साथ कोई ऊँचा खेल खेलना चाहता है। ऐसी सूरत में उन लोगों को गढ़ी पर नहीं आना चाहिए था।...अगर नहीं आये होते तो आखिर कुछ भ्रम तो बना रहता। लेकिन अब अगर आ ही गये हैं और राजा का ढोंग उजागर हो चुका है तो आगे बातचीत कतई नहीं करनी चाहिए। चुपचाप, बिना राम-जुहार किये उठकर चला जाना चाहिए।...लेकिन मोतीलाल के आश्चर्य का तब तक कोई ठिकाना नहीं रहा जबकि वह सोचता ही रह गया और वे सब भरभराकर उठ खड़े हुए और गुस्साए हुए फर्श से नीचे जाने लगे।

लेकिन छोटे राजा गजपति सिंह पहले तो वह देखकर अकबका गये और तमतमाते हुए मूढ़ा त्यागकर उठ खड़े हुए। वे होतम सिंह से माउज़र मंगाकर उन पर, जरूरत पड़ने पर गोली चलाना चाहते थे। लेकिन तुरन्त ही कुछ सोचकर गुस्से को थूक दिया। उन्हें अपने पिताजी का एक कथन याद हो आया। वे कहा करते थे कि दुनिया का कोई युद्ध गुस्से और जल्दबाजी में नहीं जीता गया है।...और फिर बुदबुदाने लगे..."और मुझे भी यह युद्ध जीतना है और हर हालत में जीतना है।"

उन्होंने फौरन चेहरे का तनाव उतार फेंका और थोड़ा आगे बढ़कर चौपाल के फर्श के कोने पर जा खड़े हुए और उन लोगों के प्रति थोड़ा अपनत्व दिखाकर बोले—"तुम लोग रुठकर जा रहे हो तो शौक से जाओ, लेकिन एक बात मेरी मान लेना, इस केस की तुम लोग थाने जाकर रिपोर्ट ज़रूर लिखा आना। बकरियाँ दूसरे गाँव की है, वे लोग अगर पहले रिपोर्ट कर आये तो पूरा-पुरा बँधा-बँधा फिरेगा।

उन लोगों ने राजा की बात सुन जरूर ली लेकिन उसे सुनकर रुके नहीं। यह देखकर मोतीलाल को खुशी हुई।

पुरा पर पहुँचकर इस मसले पर काफी देर तक तर्क-वितर्क चलते रहे। ज्यादातर लोग इस बात पर सहमत नहीं थे कि वे थाने में रिपोर्ट लिखाने जाये। क्योंकि जब बकरी वाला कोई साथ नहीं तो थानेदार रिपोर्ट लिखेगा कैसे? लेकिन आखिर में मुरली पाल की जिद के आगे सबने हथियार डाल दिये और तय हुआ कि केवल पाँच लोग अगले दिन सवेरे रिपोर्ट लिखाने जायँ। देरूपाल, राजा, प्रीतम, गोविन्द, और रामचन्द मामा। इन पाँच के नाम तय हुए थे। लेकिन मुरलीपाल भी वहाँ जाने के लिए जिद करने लगा, तब कुल मिलाकर छः लोग थाने जाने के लिए तैयार हुए।

8

भैंसगढ़ा थाने के थानेदार आलोक चौधरी को वैसे तो यह थाना कुछ ज्यादा ही फला है। थाना नहर किनारे की एक घनी अमराई में निहायत धुला-पुछा-सा खड़ा है। उसके चारो ओर का वातावरण बहुत ही मोहक लुभावना है। थाने के सामने दूर-दूर तक पंचमहल की बेहद उपजाऊ और द्वि-फसली जमीन फैली हुई है, उसके बीच-बीच में बहुत सारे साधन-सम्पन्न गाँव बसे हुए हैं। और खास बात यह है कि इस क्षेत्र में अमूमन कुछ ऐसी जातियों का बाहुल्य है जो अगर सम्पन्न हो जायँ तो उनसे सम्पत्ति संभाले नहीं संभलती है। वहाँ फौरन लड़ाई-झगड़े शुरू हो जाते हैं और देखते ही देखते काट-मार में तब्दील हो जाते हैं।...एक खास बात यह भी है कि वे कोर्ट के न्याय को निहायत जान का जंजाल मानते हैं और ऐसी सूरत में थाना जो कुछ कर दे और जिस कीमत पर कर दे, उसीको वे एक तरह से न्याय मान लेते हैं...थाने के दूसरी ओर और शृंखलाबद्ध अवस्था में काफी दूर तक पहाड़ फैले हैं और वे घने जंगल से आच्छादित हैं। उधर के लोग मार-काट की अपेक्षा चोरी डकैती में संलग्न रहते हैं। आलोक चौधरी उधर पहाड़ के लोगों के काम को ज्यादा भाव देते थे। वे कहते थे कि उधर के लोगों के कामों से थाने की ख्याति बढ़ती है। थाने पर हमेशा चहल-पहल और रौनक बनी रहती है।

लेकिन उन दिनों वे थोड़े उखड़े-उखड़े से रहते थे।

दरअसल बात यह थी कि उन दिनों उसी थाना क्षेत्र में उन्हीं सामने के पहाड़ों पर अन्य छोटे डकैतों के अलावा लट्टू-गट्टू नामधारी दो सगे भाइयों का गिरोह थोड़ा वजनदार था। आरसी गाँव के ईश्वरलाल का उनसे मेल-मिलाप था। वह थाने से उनके तार जोड़ा करता था और पुलिस को वही दिशा निर्देश देता था। उसके चलते दोनों ओर से कभी गलतफहमी पैदा नहीं हुई। लेकिन तभी खुद दरोगा जी के एक

लालच ने सब कुछ बदलकर रख दिया। तब दारोगा आलोक चौधरी एक स्टार पर चल रहे थे और अक्सर उन्हें यह बात टीसती थी। वे सोचा करते थे कि अभी एक स्टार से दो स्टार पर पहुँचना ज़रूरी है। अगर अभी यह नहीं हुआ तो बहुत देर हो जायेगी और तब यह भी हो सकता है कि आगे एस.पी.,डी.आई.जी, आई.जी. जैसे प्रमोशनों को लेकर तरसना पड़ जाये।

फिर उन्होंने एक दिन ईश्वरलाल को बुलाया और उसे बता दिया कि अगले दो दिन में लट्टू-गट्टू को निबटाना है।

पुलिस की शब्दावली में 'निबटाने' शब्द का अर्थ अब पहले वाला नहीं रह गया है। पहले तो मुखबिर को इस शब्द के साथ इलाके में रवाना किया जाता था और उसका काम यह रहता था कि वह कड़ी मेहनत करके गैंग के सही लोकेशन का पता लगाता था। अर्थात् अमुक दिन अमुक समय गैंग डकैती इत्यादि के लिए अमुक स्थान पर इकट्ठा होगा इस बात का पता। बल्कि वह इतना भी बताता था कि पुलिस किस तरह की मोर्चाबन्दी करे ताकि उसको शत-प्रतिशत सफलता मिले। लेकिन आजकल पुलिस मुठभेड़ में मरे डाकू की रिपोर्ट तैयार करना, प्रेस रिपोर्ट जारी करना और मृतक की दाहक्रिया के अलावा अन्य सभी काम मुखबिर से ही कराना चाहती है, इसीलिए यह भी कहा जाता है कि अब पेशेवर मुखबिरों का सर्वथा अभाव हो गया है। आज तो कोई मुखबिर या तो पुलिस के बिकट दबाव में ये काम करने को राजी होता है या फिर बड़े प्रलोभन में आकर कोई ये काम करता है।...लोग तो यहाँ तक भी कहते हैं ईश्वरलाल ने बड़े प्रलोभन के चलते ही वह काम किया था।

वह सब तो जैसे हुआ तैसे हो गया लेकिन ये सच था कि थानेदार आलोक चौधरी एक सितारा से दो सितारा हो गये थे। लेकिन एक सच और भी था, वह यह था कि उस घटना के बाद उनके खलीते निहायत ढीले हो गये थे और शायद इसीलिए थोड़े-उदास-उदास और उखड़े-उखड़े से रहते थे।...और उधर दूसरी ओर उसी घटना ने गढ़ी की चिन्ता बढ़ा दी थी और साथ ही साथ छोटे राजा की त्यौरियाँ चढ़ा दी थी।

उस दिन उन्हें गढ़ी ने तलब किया था और वे राजा गजपति सिंह के सामने अन्दर वाली बैठक में बैठे थे-थोड़े सिकुड़े-सिकुड़े से। सवेरे के वक्त जो स्फूर्ति उनमें देखी जाती है वह आज नहीं थी।

छोटे राजा अब तक अपना जाम उठाकर दो बार होठों तक ले गये थे और दोनों बार लगभग ठसककर मेज पर रख दिया था। अब सिगरेट फिर उठा ली थी। लेकिन थानेदार आलोक चौधरी ने अपने जाम से हाथ भी नहीं लगाया। वे कुछ-कुछ अनमने से बैठे थे। वैसे भी सवेरे के वक्त पीते नहीं है।

छोटे राजा ने एक हल्का-सा कश लेकर धुआँ मुँह से नहीं नाक से निकाला था। थानेदार को एक बार फिर गौर से देखा और फिर पूछा—"हुँः, तो बोलो। तुम्हें

ऐसा करना चाहिए था? और करना ज़रूरी था तो क्या हमसे एकबार पूछ लेने में कोई हर्ज था?...देखो, भैंसगढ़ा थाना कोई आज नहीं बना है। काफ़ी पहले का है और कभी इसी गढ़ी के प्रयास से बना था। कभी जब हम लोग छोटे थे तब नीचे वाली बैठक में ये थाना चलता था।...तब तो तुम्हारा जन्म भी नहीं हुआ होगा शायद!...और खास बात ये है कि तब से लेकर आज तक इस थाने ने गढ़ी की अवहेलना नहीं की है।"

"लेकिन हुजूर,....!"

"हाँ-हाँ, हमें मालूम है, अवहेलना तुमने भी जान-बूझ कर नहीं की है, क्यों यही कहना चाहते हो न?..."

उनकी बात का उत्तर तो थानेदार ने नहीं दिया, लेकिन अपना जाम अवश्य उठा लिया और उसको गट्-गट् करते पानी की तरह पी गये।

उधर छोटे राजा गजपति सिंह को भी मानो ताव आ गया और उन्होंने भी अपना जाम उठा लिया और एक-दो बार हल्के-हल्के सिप किया और अन्त में वे भी गटागट पी गये। गिलास खाली करके एक ओर फर्श पर फेंक दिया। गिलास टूटा नहीं था बल्कि लावारिस की तरह ढुलका पड़ा था। थानेदार को पता नहीं क्यों वह थोड़ा अटपटा लगा और उन्होंने उठकर उसे उठा लिया। उलट-पुलटकर दो-तीन बार देखा और ट्रे में लाकर रख दिया।

छोटे राजा गजपति सिंह ने उन्हें गौर से देखा और कहा–"देखो, ये बात सच है कि तुम्हें उससे लाभ हुआ है। उसी कीं बदौलत तुम्हारे कन्धे पर एक की जगह दो स्टार लगे हैं। लेकिन जिस अनुपात में तुम्हें लाभ हुआ है उसी अनुपात में हो सकता है किसी को नुक़सान हुआ हो, उसकी भरपाई तुम कैसे करोगे?... बोलो-बोलो?"

उन्होंने कहा तो थानेदार आलोक चौधरी को एक जाम का जो थोड़ा-बहुत नशा हुआ था वह भी एक झटके में उतर गया।

फिर उन्होंने छोटे राजा को एक बार गौर से देखा और सोचा कि एकदम धूर्त आदमी है और कमाल ये है कि इस जैसे धूर्त को राजा किसने बना दिया है। एक बार तो मन हुआ कि वे वहाँ से उठकर चले जायें लेकिन फिर आगे-पीछे की बहुत सारी बातें याद आयी तो जस के तस बैठे रहे।

कुछ सोच कर वे फिर बोले–"गढ़ी जो हुक्म करेगी उसे मानना मेरा पहला फ़र्ज़ होगा राजा साहब!...हुक्म का इस नाचीज़ को इन्तजार रहेगा हुजूर!"

छोटे राजा को लगा कि थानेदार उठकर जाने वाला है। इसलिए वे थोड़े हड़बड़ा कर बोले–"उठो मत, पूरी बात ध्यान देकर सुनो।...गढ़ी चाहती है कि उसकी सुरक्षा के दो स्तम्भ तुमने ढहा दिये हैं, मात्र अपने हित का ध्यान रखते हुए तो उसके दण्ड स्वरूप चार स्तम्भ तुम बना के खड़े करो!"

सुनकर थानेदार आलोक चौधरी का थूक सूखने लगा। वे भौंचक से कभी छोटे राजा गजपति सिंह को देखते तो कभी सामने दीवार पर टंगा बड़े राजा लखपति सिंह के फोटो को देखते और गहरी साँस लेकर रह जाते।

"क्या देख रहे हो ऐसे आँखें फाड़-फाड़कर? अगर नहीं समझ पा रहे हो तो और खुलासा करूँ?...शेरनी के पुरा पर मामला कतई पका हुआ रखा है। तुम अगर अक़्ल से काम लो तो कम से कम चार आदमी तो अवश्य ही डांग नाप जायेंगे—दो मंजुलाल के छोकरे, देरूपाल और राजा और दो मुरली पाल के, प्रीतम और गोविंद...ये चार तो थोड़ी-सी कसाई करते ही सीधे जंगल में जा पहुँचेंगे। भूमिका गढ़ी ने तैयार कर दी है, ईश्वरलाल तुम्हारी मदद करेगा...पुरा पर सौ-सवासौ बकरियाँ चोरी हुई हैं और वे पुरा वालों की नहीं है, लेकिन उनकी रिपोर्ट लिखाने वे लोग आयेंगे...बस फंदा यहीं से तैयार हो सकता है...बाकी तुम जानो! जैसा तुम्हें सूझ पड़े।..."

छोटे राजा गजपति सिंह ने जो कुछ कहा उसे सुनते ही पहले तो वे भौंचक से उन्हें देखते रह गये और फिर जब सब कुछ समझ में आया तो गदगद हो उठे। उन्होंने घड़ी देखी और उठकर राजा साहब के पैर छू लिए। गढ़ी से निकलकर बाहर आये तो वहाँ ईश्वरलाल मिल गया। उससे जानकारी ली और मोटर साइकिल थानें की ओर चल पड़ी।

वह मई का महीना था और अच्छी गर्मी पड़ रही थी।

थाने के आगे नहर की पटरी वाली सड़क से नीचे मोटर साइकिल रुकी थी। थानेदार आलोक चौधरी उससे उतरे तो पसीने से तरबतर थे। थाने की बाईं बगल में आम की घनी छाया में रोज की तरह उनकी खाट पड़ी थी। उसे देखकर उन्होंने राहत की साँस ली। फौरन वर्दी उतारकर खाट के पाए पर लटका देनी चाही लेकिन पैन्ट काफी नीचे ज़मीन पर पड़ा था तो उल्टा-सीधा तह करके रख दिया। उस स्थान से उत्तर पूर्व की ओर ऊपर पहाड़ पर तपेश्वरी मैया का मन्दिर साफ-साफ दिखाई देता है। वे खाट पर अभी बैठे ही थे कि एकाएक उनकी नज़र मन्दिर पर जाकर ठहर गयी। वे हड़बड़ाकर फौरन उठ खड़े हुए और पाँच कदम उसी ओर बढ़कर हाथ जोड़ लिए और फिर मुड़कर खाट पर आ बैठे। तब तक एक चौकीदार एक लोटा पानी और एक कप चाय लेकर आ गया। उन्होंने पहले एक लोटा पानी चढ़ाकर एक भरी-भरी-सी डकार ली और चाय पीने लगे।

अभी वे चाय पी ही रहे थे तभी शेरनी के पुरा के सात लोग नहर की पटरी से मुड़कर उनकी ओर आते दिखाई दिये। चाय पीते-पीते उन्होंने थोड़ा मुड़कर तपेश्वरी मैया के मन्दिर की ओर एक बार फिर देखा और मन ही मन एक बार उसके नाम का जाप कर लिया। तब तक वे सभी लोग उनकी खाट के पास आ गये और हाथ जोड़कर उन्हें नमस्कार कर लिया।

वे चाय का कप चौकीदार की ओर बढ़ाते हुए उनसे पूछने लगे—"कौन हो

तुम?...कहाँ से आये हो?"

"हमन शेरनी के पुरा के है साब!..."

देरू शायद अभी बकरियाँ चोरी होने वाली बात थानेदार को बताना चाहता था लेकिन थानेदार बीच में बोल उठे—"...अच्छा! अच्छा! वो उधर पेड़ के नीचे बैठो, अभी थोड़ी देर में बुलाते हैं।"

वे लोग उधर जाकर बैठ गये और थानेदार ने तुरन्त बर्दी डाल ली। और फिर खाट पर बैठकर बूट चढ़ाने लगे। फिर उन्होंने दीवान को पुकारा—"हरपाल सिंह!... दीवान जी, सुन रहे हो क्या?...वो उस दिन वाली बकरियाँ चोरी की रिपोर्ट कहाँ है।"

दीवान थोड़ा लटपटाया हुआ सा आया। एक रजिस्टर उसके हाथ में था। रजिस्टर उनकी बगल में रखते हुए उसने धीरे से पूछा—"ये कैसा नाटक है हुजूर!..."

वे दीवान से भी धीमे स्वर में बोले—"पूरा नाटक बाद में समझ में आयेगा, वे तुम्हारे लठैत जवान कहाँ है?...वे शायद जुआ खेल रहे होंगे क्वाटर में? उनसे कहो कि जल्दी वर्दी चढ़ाकर तैयार हो जायें और अपनी-अपनी लाठी लेकर आदेश का इन्तजार करें। मार बहुत बेंड़ी देनी है। लेकिन खून किसी को नहीं टपके और कोई भारी अंग भंग भी न हो।

दीवान चला गया तब उन्होंने चौकीदार से उन लोगों को बुलवाया जो शेरनी के पुरा से आये थे और आम के पेड़ की जड़ के पास बैठे थे।

"हुंऽऽ! तुम लोगो का क्या मामला है, अब बताओ!"

अबकी बार रामचन्द आगे आया और उसने बकरी वाला मामला थानेदार को समझाया। तब तक थानेदार आलोक चौधरी ने अपनी डायरी का एक पृष्ठ खोलकर पढ़ लिया। रजिस्टर को भी उलट-पुलटकर देख लिया। फिर उन सब पर एक सरसरी नज़र डालते हुए वे बोले—"यहाँ बकरी चोरी की एक रिपोर्ट पिछली अट्ठारह तारीख को लिखवाई गयी है। वह लिखवाई है गसवानी गाँव के राम लाल पुत्र किसन लाल ने। उसकी बकरियाँ शेरनी के पुरा पर रखी गयी थी। वे पन्द्रह मई की रात को चोरी हुई हैं और उसमें...।"

इतना थानेदार का कहना था कि मुरली पाल एकाएक मानो कूदकर आगे आ गया और बोला—"हो साब, वोई है...वोई!"

लेकिन थानेदार दाँती किटकिटाकर उठा और एक जोरदार झापड़ उसके गाल पर दे मारा। झापड़ कुछ इस तरह से पड़ा कि मुरली पाल उछलकर दूर जा गिरा।

फिर थानेदार ने उनमें एक-एक को जलती हुई नज़र से देखा और बोला—"अच्छा, तो यह माजरा है? उस आदमी की बकरियाँ भी तुमने चुराई हैं और चोरी छिपाने के लिए झूठी रिपोर्ट भी लिखाने आये हो।

फिर वे थाने की ओर मुड़कर बोले—"अरे, कोई है वहाँ? आओ तो इन सबके शरीर की थोड़ी मालिस करो। रामलाल ने इन्हीं सबके नाम लिखाए हैं बकरी चोरी में।"

उनका इतना कहना था कि तुरन्त ही पाँच-छः लठैत सिपाही थाने से निकलकर उन पर पिल पड़े। फिर उन पर जो लाठियाँ बरसी हैं उनका क्या कहना। जब तक वे सबके सब धूल नहीं चाट गये। लहू-लुहान होकर ज़मीन पर बिछ नहीं गये तब तक अनवरत लाठियाँ उनपर बरसती रहीं। थाने का वातावरण चीत्कार और कराह से भर उठा।

उसके बाद भी थानेदार को उन पर रहम नहीं आया। फिर उनमें से एक-एक को हवालात में ले जाकर पटक दिया गया। अकेला मुरली पाल बाहर रह गया। वह गिरता-पड़ता गाँव की ओर भागा। वहाँ जाकर जब सबको उसने थाने की घटना से अवगत कराया तब किसी से कुछ कहते या करते नहीं बन रहा था। मंजुलाल और मुरली के घर में रोना-धोना मचा हुआ था।

आखिर मोतीलाल ने थोड़ी हिम्मत दिखाई। अपने जैसे कुछ अन्य लोगों को लेकर वह थाने को जाने के लिए राजी हो गया था। यद्यपि कुछ अन्य लोग गढ़ी पर राजा के पास चलने को कह रहे थे। उनका कहना था कि अगर छोटे राजा फोन कर दें तो थानेदार उन्हें छोड़ने में बिलम्ब नहीं लगाएगा। इस बात के लिए मोती लाल राजी नहीं था। अतः वे लोग गढ़ी पर न जाकर थाने को चल दिये।

थानेदार से उन्होंने काफी मिन्नत-आरजू की लेकिन वह टस से मस नहीं हो रहा था। वह सब का चालान करनें पर अड़ा हुआ था। काफी देर बाद उनके परिचय का एक सिपाही मोती लाल को अलग लेजाकर बीस हजार रुपये की बात करने लगा। लेकिन मोतीलाल निहायत घुटाघुटाया आदमी था, उसने देखा कि मामला मोल-भाव के बिना तय होना नहीं है। इसलिए उसने पहले तो उन सभी की खराब आर्थिक दशा का काफ़ी रोना रोया और छः हजार से बात शुरू की। यहाँ के आदमी की एक विशेष बात यह देखी गयी है कि जब वह पुलिस-प्रशासन के भँवरजाल में फँस जाता है और जब तक नियम-कानून और दण्ड-सजा आदि का मिला जुला कॉमिक चलता रहता है तब तक आदमी की जान पर बन आती है। उसके लिए साँस ले पाना मुश्किल होता है। लेकिन बात जैसे ही वहाँ से उतरकर पैसे और मात्र पैसे पर आ जाती है तो फौरन आदमी हल्का अनुभव करने लगता है, फैल-फूटकर खड़ा हो जाता है, सोचता है कि अब कानून की ऐसी-कम-तैसी। अब जो कुछ होना है वह हमारी आँखों के सामने होना है। ठोंक-बजा कर होना है।...और उस दिन भी मोती लाल ने मोल-भाव किया तो सौदा बारह हजार पर पट गया।

और जब इतना सब तय करके वे वापस गाँव को चले तब थानेदार का ज़हर मानो मारा जा चुका था। तब कुछ ज्यादा तो कह ही नहीं सकता था। मात्र इतना बोला—"पैसे कल आठ बजे तक जरूर आ जाने चाहिए वर्ना दश बजे की गाड़ी से ये लोग डबरा रवाना कर दिये जायेंगे। धारा 379 एवं 353 अर्थात् बकरी चुराने और थाने पर आकर मार-पीट और तोड़-फोड़ करने के केस में चालान होगा!...समझ लेना!"

मोतीलाल और उसके साथ के लोग लौटकर आये तो पुरा पर थोड़ी खुशी जरूर नज़र आयी लेकिन फिर भी बारह हजार रुपया जुटाना थोड़ी खीर टेढ़ी ज़रूर थी। उसमें से छः हजार जमुना और मुरली पाल के परिवार को, चार हजार मंजुपाल के परिवार को और दो हजार रामचन्द के परिवार वालों को देने थे। लेकिन इन सब में मंजुपाल के घर की बुरी हालत थी। वह खुद कुछ करने-धरने से रहा, गेंदालाल देने लेने के मामले में और भी गया-गुजरा था। औरतों में भी अकेली देरूपाल की घरवाली चम्पा थी और वही अकेली बिलबिलाती डोल रही थी। घर में सबने अपने-अपने खलीते उलटे तो कुल जमा दो-ढाई सौ निकले।...चम्पा ने जेठ गेंदालाल से टीका के पुरा जाकर ननद गंगाश्री को खबर करने को कहा, सो वह वहाँ भी नहीं गया। अन्त में चम्पा ने अपनी जेठानी, देवरानी का जेवर इकट्ठा करना चाहा, उसमें से भी गेंदालाल की घरवाली ने अपना जेवर देने से मना कर दिया।...अन्त में वह अपना और राजा की बहू वाला जेवर लेकर शाम को ही वहाँ से तीन-चार मील दूर अपने पीहर के लिए रवाना हो गयी। वहाँ पहुँचकर उसने जेवर अपने बाप के आगे रख दिया और कहा कि वह जैसे भी हो तैसे चार हजार रुपये का फाल करे।...लेकिन उसके बाप के पास भी पैसे नहीं थे, इसीलिए उसने जेवर अपने पड़ोसी कबीर गूजर को दे दिया और उससे कहा कि वह चम्पा को रुपया दे दे। यद्यपि वह रुपया देने-लेने का काम करता था लेकिन चार हजार रुपया उसके पास भी नहीं था। उसने वादा अवश्य किया कि वह सवेरे जल्दी उठकर नरवर चला जायेगा और वहाँ से रुपया उठाकर शेरनी के पुरा पर जल्दी ही पहुँच आयेगा।...वह मजबूरी में फिर खाली हाथ लौटकर रात को ही अपने घर आ गयी थी।

रात भर वह खाट से पीठ नहीं लगा पाई। सवेरा हुआ तब भी उसका मन किसी बात में नहीं लग रहा था। वह घर से निकलकर बाहर सड़क पर आ खड़ी होती। फिर धीरे चलकर चौराहे तक जा पहुँचती।....और फिर यह भी हुआ कि वही सड़क पकड़कर अपने पीहर को चल दी। लेकिन वहाँ भी कबीर। नहीं मिला। वह नरवर से लौटकर नहीं आया था। फिर अपने छोटे भाई को साथ लेकर वह नरवर जा पहुँची। वहाँ वह मिल भी गया और उसने उसे समझाया कि सेठ ने जेवर रख लिया, लेकिन पूरे पैसे उसके पास भी नहीं थे, इसलिए वह उन्हें लेने शिवपुरी गया है। अभी दो घण्टे में आने की कह गया है।...कबीरा उसको मोटर साइकिल पर बिठाकर दो-तीन जगह और गया लेकिन रुपए का इन्तजाम न कहीं से होना था और न हुआ। अन्त में वही चम्पा को शेरनी के पुरा के बस अड्डे पर छोड़ गया था। वहाँ वह उसकी मोटर साइकिल से उतरी तो उसने कबीरा का पैर पकड़ लिया था और रोते-रोते बोली थी—"...वीरन तैं मेयो धरम को भैया है, पैसा तो अब तैं का लावेगो, मेयो गहनो-गुरिया ज़रूल लौटा दीये।...मेयो आदमी एक लम्बर को है, मोय जानते मारे बिना नाय मानैगो।"

और वह सिसकने लगी और आँसू पौछती हुई चौराहे से अपने घर तक गयी।

घर आकर उसको पता लगा कि गंगाश्री और उसके पति आ गये हैं और वे दोनों थाने गये हैं। सुनकर एक हल्की-सी खुशी उसके मन में जागी ज़रूर थी लेकिन तुरन्त ही वह भी विषाद के गहरे गारे में दबकर रह गयी।

9

वे सब थाने से छूटकर आ गये थे। लेकिन शेरनी के पुरा की रौनक कतई नहीं लौटी थी। बल्कि उन पाँच-छः लोगों की कराह और चीखों की जद में मानो पूरा-पुरा आ चुका था। मंजुपाल और मुरली पाल के घरों की चीखें तो सचमुच द्रवित करने वाली थी। लोग रास्ता चलते रुक जाते थे और उन घरों में अनायास मुड़कर सांत्वना दिये बगैर आगे नहीं बढ़ते थे। शेरनी का पुरा परस्पर सहयोग के लिए पहले भी जाना जाता था, लेकिन आजकल वह सहयोग कई गुना ज्यादा दिखाई देता था।

देरू और राजा की धुनाई कुछ ज्यादा ही हुई थी। जो देखता वही आश्चर्य करने लगता कि ये छोकरे ऐसी मार आखिर झेल कैसे गये? उन दोनों के शरीर पोर-पोर करके पिरा रहे थे और कुछ अंग तो हिल-डुल नहीं सकते थे। उनकी पीड़ा और उस पीड़ा जनित कराह पत्थर हृदय आदमी को पिघला सकती थी। जो देखता वह पुलिस के प्रति गुस्सा से भर उठता। कुछ के मुँह से तो अनायास गालियाँ फूट निकलती। पूरा घर अस्त व्यस्त, लेकिन असहाय हुआ पड़ा था। देरू तो बुरी तरह पिटा था तब उसकी वैसी हालत थी। लेकिन चम्पा की हालत बिना पिटे ही उससे बदतर थी। वह निहायत डरी-डरी और सशंकित-सी हर आने-जाने वाले को देखती थी और घर का जो भी काम करने बैठती वह या तो खराब हो जाता या अधूरा छूट जाता था। गंगाश्री उसकी हालत देखती तो देखती ही रह जाती। वह समझ नहीं पाती कि चम्पा को संभाले या राजा की घरवाली लक्ष्मी को। उसको उन्हीं दिनों में बच्चा पैदा होने वाला था।

जिस दिन वे लोग थाने से छूटकर आये थे उसके अगले दिन चम्पा किसी को बताए बिना अकेली अपने पीहर चली गयी थी। जब लौटकर आयी तब गंगाश्री को बहुत ही अटपटा लगा था और देरू को उससे भी ज्यादा बुरा लगा था। वह पहले तो समझ नहीं पा रहा था कि चम्पा ऐसा कैसे कर सकी कि उसको इस हालत में छोड़कर अपने पीहर चली गयी और लौट के आयी है तो क्या सूरत बनाकर लाई है—कपड़े एकदम गन्दे और अस्त-व्यस्त, बाल बिखरे हुए और सामने उलझे हुए, गन्दे...देखते ही लगता कि उसे अपने शरीर की भी सुध नहीं है।

और ठीक उसी वक़्त देरू को मानो किसी लाल जहरीली चीटी ने काट लिया।

वह एकाएक कुछ ऐसे कराहा कि मानो किसी मजबूत पुलिस वाले की लाठी का हूदा ऐन उसके सीने पर पड़ा हो। एक बेहद कड़ुवी याददाश्त ने उसे झकझोरकर रख दिया था।

...जब थाने से निकलकर वे लोग नहर की पटरी पर आ रहे थे तब वहाँ ईश्वरलाल भी खड़ा था। और क्योंकि देरू सबसे पीछे था इसलिए ईश्वर ने उसका कन्धा थामकर रोकना चाहा था। देरू को एकदम अटपटा लगा था, इसलिए वह रूका नहीं था। तब आगे बढ़कर ईश्वरलाल उसकी बगल में आ गया और बोला–"ओरेऽऽ! जे पुलिस वारे सई में निर्दयी होत हैं। कैसो तौ मारो है बिचारे कों फेर एक बात सोऊ है फेरू, अब तैं घरै जाके का करैगो?...भें तेई चम्पा तौ चिरैया जैसे फुर्र है गयी।...कबीर गूजर लै उड़ो वा कों। आज कालि तौ वो फटफटिया पे उड़ी-उड़ी डोलत है नरवर में!"

इतना कहकर वह दबी-दबी हँसी हँसा था और वही पुलिया के उस ओर खड़ा रह गया था।

देरू की एक आदत यह थी कि वह किसी के भड़काने से इतना आसानी से नहीं भड़कता था और फिर उस वक्त तो घुटने का दर्द उसे ऐसा परेशान कर रहा था कि उसने ईश्वरलाल की बातें मानो सुनकर भी नहीं सुनी थी। लेकिन अब जब वह अपने घर के आँगन में पड़ा-पड़ा अपनी घरवाली के हाव-भाव पढ़ रहा था। उसकी शक्ल देख रहा था तब न जाने कैसे ईश्वरलाल के द्वारा कही हुई बातों की बिखरी हुई कड़ियाँ जुड़ती चली जा रही थी। लेकिन फिर भी कुल मिलाकर शारीरिक यंत्रणा की उस स्थिति से वह गुजर रहा था जहाँ अर्थ और अनर्थ में भेद कर पाना कठिन होता है।

"तें कां गयी ती?..."

"मैयो के घरै...।"

"कै बेर गयी ती भें?"

"तीन बेर...।"

"और नरवर...?"

"एक बेर...?"

"कौन के संग? कबीर के?"

अबकी बार मानो काले बिच्छू ने उसको डंक मारा हो। सारा शरीर मानो पीड़ा के आवेग से टन्ना गया हो। झन्ना कर फिर मानो सुन्न पड़ गया हो।

वह आँगन से उठकर मानो अन्दर को भाग जाना चाहती थी। हड़बड़ाकर उठी और चक्कर खाकर गिर पड़ी। उसके तीनों बच्चे उसके पास आ गये। वह दो दिन से जो विषम यंत्रणा झेल रही थी, उसके बारे उसने ऐसा एक बार भी नहीं सोचा था, कि उसका पटाक्षेप इतना शर्मनाक होगा।

वह अपनी सम्पूर्ण शक्ति लगाकर उठ खड़ी हुई और बड़े लड़के राजेश के कन्धे का सहारा लेकर कमरे में अन्दर चली गयी।

फिर किसी ने माधवपुरा वाली बहू को चलते-फिरते कभी नहीं देख पाया। लोग कहते रह गये—"बड़े कायदेवाली बहू थी...काहू ने कभी लड़त-झगड़त नाय देखो वाकों।...दस साल की रही होगी तब ब्याह कर आयी वा घर में!...पारवती जैसी सास के संग निभा लैनो बड़ो मुश्किल को काम हो भैया! और कोऊ जनी जे काम नाय कर पाती...और नाय तो का, लड़-भिड़ के कब की भाग गयी होती काऊ और के संग...कम्बखती है वा घर की, सही में....।"

मुहल्ला-पड़ोस की औरतें भी चम्पा की मौत पर सकते में आ गयी थी। उसके व्यवहार और शील-स्वभाव को गाती हुई वे नहीं थक रही थी। कोई-कोई टेसुआ बहा-बहाकर उसके गुणगान में लगी थी तो कुछु अन्य छाती पीट-पीटकर रो रही थी।

जिस दिन वे दोनों पति-पत्नी बतराने थे उसी रात को चम्पा अपने गले में पत्थर बाँध कर नहर में डूब गयी थी। अगले दिन सवेरे नहर की आगे वाले पुल के खम्भे से अटकी उसकी लाश मिली थी। लाश देखकर पूरे पुरा पर बल्कि, पूरे गाँव में कोहराम मच गया था। परिवार का कोई भी आदमी ऐसे सदमें को झेल पाने की हालत में नही था। गंगाश्री तक बेहोश हो गयी थी, बहुत मुश्किल से वह अपने आप को संभाल पाई। अपने को संभालकर फिर उसने पूरे परिवार को दिलासा दिया। चम्पा की दाहक्रिया की व्यवस्था की।

देरू की ससुराल को खबर लेकर आदमी गया था। वहाँ से चम्पा का बाप और भाई आये थे। वे भी उसकी मौत के सदमे को झेल पाने में असमर्थ थे। श्मशान में जहाँ चम्पा की चिता जल रही थी वहाँ उसका बाप बिलख-बिलखकर रो रहा था। वह कभी मंजूपाल के गले में बाँहें डालकर रोता तो कभी देरू का कन्धा पकड़कर। वह रोता और कहता—"देरू ठाकुर, जे का कर डारो तुमन्ने। जेवर के कारन तुमन्ने चम्पा की जान लैलई बेटा। कैसो दोस थोप दओ मेई मोंड़ी पे...चम्पा तो वा गुजर को जानतऊ ना ही भैया। जेवर तो मैने वाय दओ हो...मैं जिन्दगी भर तुमाई गुलामी करतो। जेवर तौर औरऊ बन जा तो देरू बेटा! पर अपनी चम्पा को मैं अब कां ते पाऊँगो...।"

चम्पा के बाप की बात सुनकर लोग समझ पाए कि चम्पा के नहर में डूबकर मरने का क्या कारण था। देरू भी असली बात तभी समझ पाया। लेकिन उस समझ पाने का क्या फायदा। सिवा हाथ मलने के और कुछ कर पाना सम्भव नहीं था।

पूरे घर की बुरी हालत थी। कोई कुछ कहने की हालत में नहीं, कोई किसी से कुछ चीज़ माँग नहीं सकता था। अगर माँगे तो कोई दे भी नहीं सकता था किसी को भी न तो अपनी चिन्ता थी कि उसकी खुद की क्या हालत हो रही है और न किसी दूसरे की चिन्ता थी कि वह किस क़दर परेशान है; अकेली गंगाश्री और उसके पति दौलतराम ही सबकी चिन्ता में थे। सबकी फिक्र कर रहे थे। तभी दौलतराम का

ध्यान एक दिन राजा की घरवाली लक्ष्मी पर विशेष रूप से गया। उन्होंने एक दिन अकेले में गंगाश्री से कहा—"तें और सबकी चिन्ता फिकर कर रही है, फेर छोटी बहू की ओर देख तक नई रही। हमें लगत है के वा की तबियत ठीक नई है। आजकल मेंई बच्चा होने वारो है। कुछ गड़बड़ है गयी तो झेंतो कोऊ डॉक्टरऊ नाय है।'

यही बात गंगाश्री भी सोच रही थी लेकिन वह किसी से कह नहीं रही थी। अतः उन दोनों के बीच यह सहमति बनते देर नहीं हुई कि राजा की घरवाली का इस हालत में वहाँ रहना ठीक नहीं है। उसे टीका के पुरा पर लेकर चला जाये। पहले यहाँ से ले जाते समय नरवर में डॉक्टर को दिखा लिया जाये और फिर अपने घर ले जाकर उसकी ठीक से देखभाल की जाये। खाने इत्यादि का विशेष ध्यान रखा जाये।

गंगाश्री ने यही बात गेंदालाल और देरू को बता दी। वे दोनों भी सहमत हो गये। राजा ने सुना तो वह तुनक उठा। उसका कहना था कि जीजी आखिर क्या-क्या करेगी और कब तक करती रहेगी, इस घर के लिए। लेकिन उसकी बात पर किसी ने ध्यान नहीं दिया और गंगाश्री और दौलत राम अपने गाँव लक्ष्मी को लेकर जाने लगे। बस उनको लेकर बाँध तक आ पाई थी तभी एका-एक लक्ष्मी की हालत और भी ज्यादा बिगड़ गयी। उसको प्रसव पीड़ा के दौरे जैसे आने लगे थे और बहुत कोशिश करने पर भी वह अपनी चीखें नहीं रोक पा रही थी।

नरवर में बस से उतारकर वे दोनों लक्ष्मी को डॉक्टर के यहाँ ले गये। डॉक्टर जब तक अपने क्लीनिक में प्रसव की व्यवस्था करता उससे पहले ही प्रसव हो गया। लक्ष्मी ने मरी हुई लड़की को जन्म दिया था। गंगाश्री और दौलत राम फिर एक बार ठगे से खड़े रह गये थे। आदमी के नियतिवादता का एक सुविधा जनक पहलू यह होता है कि जो हुआ उससे ज्यादा भी तो हो सकता था। अतः उन लोगों ने सन्तोष कर लिया कि जो मरी हुई लड़की पैदा हुई वह कोई बात नहीं लक्ष्मी की जान तो बच गयी। लेकिन वह सन्तोष निहायत कल्पना मात्र था।...दो दिन बाद गंगाश्री के घर पहुँचकर लक्ष्मी भी चल बसी।

गंगाश्री और दौलतराम को लक्ष्मी के मरने का गहरा धक्का लगा था। गंगाश्री समझ नहीं पा रही थी कि उसके पीहर पर ऐसा संकट कैसे आता चला जा रहा। कभी इसकी भी कोई इन्तहा होगी कि नहीं।

10

ईश्वरलाल न तो कभी चैन से बैठता था और न किसी को चैन से बैठा देखना पसन्द करता था। उसने शुरू से ही अपने घर का कोई काम नहीं किया था और उसके बावजूद हमेशा अच्छा खाया-पहना था। जब छोटा था तभी छेरी-चोर के रूप में चर्चित

हो उठा था। थोड़ा बड़ा हुआ तो इलाके भरके चोर-डकैत उसे जानने लगे थे और वह उसी समय से गढ़ी और थाना, दोनों का चहेता बन गया था। वक्त-जरूरत गढ़ी और थाना उससे काम लेते रहते थे। शायद इसीसे वह आज तक कभी एक दिन के लिए भी थाने की हवालात में नहीं रहा, बल्कि थाने में थानेदार उसे अपने बराबर कुर्सी पर बिठाते थे और गढ़ी पर छोटे राजा गजपति सिंह उसे मूढ़ा देते थे।

उसी समय पुरा का रामचन्द भी उसके साथ चला गया था। कुछ लोग बताते हैं कि तब वे दोनों लट्टू-गट्टू के साथ मिलकर या तो डकैती डालते थे या फिर औरतें बेचते थे। बाद में रामचन्द ज्यादा समय तक ईश्वर के साथ चल नहीं सका और अपने घर वापस आकर रहने लगा था। इस बात को लेकर उन दोनों के बीच में एक तरह की दुश्मनी जैसी कायम हो गयी थी। जिसको लेकर रामचन्द काफी घबराता था। क्योंकि वह जानता था कि ईश्वरलाल ऐसा-वैसा आदमी नहीं है। जहाँ वह शारीरिक बल में अच्छे-अच्छे को धूल चटा सकता है वहीं गढ़ी और थाने की ताकत उसका पीछा पकड़े खड़ी होती हैं। इसीलिए उसके लिए यह ज़रूरी था कि वह पुरा के कुछ ताकतवर लोगों के साथ खड़ा होकर ईश्वर को ललकारे। साथ ही उसे इतना पहले ही मालूम था कि मंजुलाल के दो मोड़े—देरू और राजा और मुरली पाल के तीन मोड़े—प्रीतम, गोविंद और संजय,...पाँच वे और एक वह खुद, इन छः के मारे भी ईश्वरलाल पुरा छोड़कर भाग जायेगा।

ईश्वरलाल की शुरू-शुरू में रंजिश रामचन्द से ही थी लेकिन जब रामचन्द के तार मन्जुलाल और मुरली पाल के मोंड़ों से जुड़ गये तो वे सबके सब उसकी दुश्मनी की जद में आ गये थे। और इसी नये सम्बन्ध के चलते पुरा पर कई घटनाएँ तड़ा-तड़ घट गयी थीं और जब रामचन्द और अन्य लोग थोड़े स्वस्थ हो रहे थे, लेकिन मंजुपाल का परिवार दो-दो बहुओं की मृत्यु के सदमें से उबर नहीं पाया था तभी ईश्वरलाल ने एक घिनौनी हरकत रामचन्द के साथ कर दी। उसकी घरवाली को ले जाकर कहीं बेच आया।

उस दिन शाम का खाना खाकर रामचन्द देरू के घर चला गया था। जब से देरू और राजा की घरवाली की मौत हुई थी, तब से प्रायः रोज ही उस बाखर में शाम के समय गाँव के बहुत सारे लोग बैठने को आते थे। रामचन्द को वहाँ बैठे उस दिन कुछ ज्यादा समय हो गया था। और जब वहाँ से उठकर अपने घर पहुँचा तो यह देख कर दंग रह गया कि उसकी पौर का दरवाजा खुला पड़ा है और अन्दर उसकी जनीमाँस नहीं है। उसका छोटा भाई उसी दिन अपनी ससुराल गया था और बूढ़ी महतारी आँगन में पड़ी खाट पर चित लेटी खर्राटेदार नींद ले रही थी। उसने उसे झकझोर कर जगाया और पूछा रमा कहाँ चली गयी? इसपर बूढ़ी गुस्साने लगी। मुँह फुलाकर बोली—"बेडिया कऊँको, पूछ कैसे रओ है जैसे वो बेड़िनी रोज मोय पूछ केई कऊँ जात है?...?"

अपनी महतारी की बातों का अर्थ उसने लगा लिया और सचमुच उसके हाथ-पैर फूल उठे। उसको समझते देर नहीं लगी कि उसकी जनी को कोई उड़ा ले गया। वह अकेला ही नहीं, बल्कि जो सुनता वह बता देता कि वह 'कोई' कौन हो सकता है। वह गूंगा का ईश्वरलाल ही हो सकता है। रामचन्द को गहरा धक्का लगा था। वह माथा पकड़कर बैठ गया था। कितने उपाय करने पड़े थे तब घर बसा था। सोभी बसा तैसा नहीं बसा। बचपन में और कुछ सीमा तक जवानी के दिनों में भी किये उलटे-सीधे कामो के चलते। भला उसके जैसे आदमी के हाथ में कौन अपनी बेटी का हाथ देता। बाप कोशिश करके हार मान गया था। सभी सगे सम्बन्धियों ने हाथ ऊँचे कर दिये थे?...खुद उसके प्रयास से जैसे-तैसे अबकी बार मामला जमा था, सो ईश्वरलाल बैरी हो गया।

थोड़ी ही देर में रामचन्द के घर पर काफी लोग इकट्ठे हो गये थे। वहाँ मौजूद लोगों में से एक ने यह भी बताया कि उसने रामचन्द की घरवाली को घर से निकलते देखा था लेकिन वहाँ दूर नीम की छाया में एक आदमी पहले से खड़ा था। वह उसके पास पहुँची, शायद दोनों में कुछ बातचीत हुई और फिर वे बस स्टैण्ड की ओर चले गये।...अब वहाँ मौजूद सब लोग मानने लगे कि यह काम ईश्वरलाल का ही है। वही उड़ा ले गया रामचन्द की जनी को। और फिर उनमें से अनेक लोग उन्हें पकड़लाने के उद्देश्य से इधर-उधर भागने लगे। लेकिन देरू और राजा जैसे उनमें से कई लोग थे जो रामचन्द की जनी को नहीं, ईश्वरलाल को खास तौर से ढूंढ़ रहे थे।

फिर कई दिनों तक उन्होंने उसे लगातार उसी तरह से ढूंढ़ा लेकिन वह हाथ नहीं लगा उनके, और फिर बात आयी-गयी हो गयी।

लेकिन एक दिन राजा को बाँध पर एका-एक वह मिल गया।

उस समय बाँध में मछली पकड़ी जा रही थी। अनेक छोटी-बड़ी नावें बाँध में दूर-दूर तक फैली हुई थी। मछुवा किस कुशलता से नाव से जाल पानी में फेंकते। और फिर दो-दो नावों को थोड़े फासले पर खड़ा करके सावधानी पूर्वक दोनों छोर से जाल खींचा जाता और मछलियाँ एक अन्य नाव में उड़ेली जाती।...थोड़ी देर में ही वही नाव मछलियों को लेकर बाँध के किनारे की ओर चली जाती। इन्हीं बाँध के भीतर की सब क्रियाओं को राजा किनारे पर बैठा गहरी तल्लीनता से देख रहा था। तभी दबे पाँव ईश्वरलाल वहाँ आ गया और चुपचाप उसकी बगल में बैठ गया।

"काय, राजा! तैं मछरी खात है।"

उसने एकाएक पूछा तो राजा चौंककर उसको देखने लगा। तभी ईश्वर ने राजा की पीठ पर धीरे से अपना बायाँ हाथ रख दिया।

अपनी पीठ पर उसका हाथ अनुभव करके राजा तिलमिला उठा और वह हाथ हटा दिया। "काय, ऐसो गुस्सा काय जता रओ है? मैंने तेयो कछु बिगाड़ो है का?

उसने फिर कहा लेकिन राजा कुछ नहीं बोला।

"अच्छा, एक बात बता राजा! तैंने अबै तलक ब्याह काय नाय करो?...कोऊ आओ नाय ब्याह वारो का?...ऐसो है तौ मोय बता!....तेई सों राजा, दो-तीन हजार में ऐसी मोंड़ी लाके दूँगो सो तैं याद करें और काऊ ते बात करैगो तौ वैसी जनी दश-बीस हजार कीऊ नाय मिलनी!...अच्छा, चल, वे दो-तीनऊ हजार तोपै छोड़े, फेर तैं ऐसो मुँह लटका के मत बैठो कर मेये आगे।...जब छोटो हो तब कैसे हँस-हँस के बतरातो!"

उसने इतनी सारी बातें कह ली, लेकिन राजा ने एक बात नहीं कही।

बाँध के अन्दर अभी भी वही क्रिया-कलाप जारी था। वही जाल फेंकना, जाल खींचना, मछली उलटना और किनारे की ओर नाव दौड़ाना...और हर काम का प्रारम्भ उसी चीखने-चिल्लाने से...बल्कि बीच-बीच में डकराना भी। लेकिन राजा अब बाँध के अन्दर देख नहीं रहा था। उसकी कनपटी लगातार झन्ना रही थी, नथुने फूल रहे थे। वह ऐसी सूरत में अक्सर आपा खो बैठता है। लेकिन आज वह कुछ नहीं कहेगा। अब कहने-सुनने से ऊपर बात जा पहुँची है, लेकिन ईश्वर काका सब कुछ झूठ नहीं बोल रहा है। बचपन में इसकी गोदी में वह खूब खेला है, लेकिन आज तो वे नाजुक-कोमल रिश्ते ईश्वर काका ने मानो कुल्हाड़ी से काट फेंके है।

राजा थोड़ा भावुक हो गया था और लगभग उसी स्वर में बोला—"ईश्वर काका! अबै और कछु बचो है हमाये संग करवे कों?"

उसकी बात सुनकर ईश्वर तिलमिला गया। लगभग भड़कते हुए बोला—"जे तैं का पूछ रओ है रे, मोंडा!...काय, मैंने का करो है तेये संग?

इतना कहकर वह उठने को हुआ लेकिन राजा ने बांह खींच कर बिठा लिया लेकिन वह उसी तर्ज में फिर बोला—"बैठो काका! अबै भओ का है जो ऐसे तुम रूठ के जात हो? जब होगो तब होगो, अबै तो तुम मेये बड़े हो।"

ईश्वरलाल फिर फनफना उठा। उसने राजा को काफी तीखी नज़र से देखा। उसने सोचा कि मंजुलाल का ये सबसे तीखे मिजाज का छोकरा कहीं कोई ऐसा हथियार धरे तो बैठा नहीं है जो बातों ही बातों में उसको भोंक दे। लेकिन उसे ऐसा लगा नहीं।

वह फिर उसे घूरता हुआ बोला—"तैं कलको छोकरा मोय धमका रो है? मेये चाटें रूख नाय रहे जा घाटी में?..."

बाँध के किनारे पर जब वही सब बातचीत चल रही थी तब वहाँ उन दोनों से परिचित कोई और आदमी नहीं था। अगर कोई होता तो उनकी बातें सुनकर ज़रूर चकरा जाता। वह अवश्य सोचता कि मंजुपाल का ये छोकरा जो किसी को एक बात उधार नहीं देता हैं और प्रायः जबान कम चलाता है और हाथ-पैर ज्यादा चालाता है; वही आज ईश्वरलाल जैसे आदमी से भी ऐसा पेश कैसे आ रहा है।

और आश्चर्य तो ईश्वरलाल को भी कम नहीं था। शुरू-शुरू में वह भी मान

के चल रहा था कि राजा के साथ बातचीत करना खतरे से खाली नहीं है। राजा, जब तक कोई मजबूरी नहीं हो तब तक किसी से सीधे मुँह बात नहीं करता है। इसलिए वहाँ पूरी बात-चीत के दौरान ईश्वर एक विशेष प्रकार के असमंजस में पड़ा दिखाई दे रहा था।

राजाने फिर तिरछी नज़र से उसको देखा और बोला–"...तुम मेये बड़े हो, इतनों तौ समझतई होंगे के डाइनऊँ एक घर छोड़ के खात है।..."

"ओऽऽ मोड़ा, जबान संभाल के बोल, मैं डाइन नाय हों, इतनो तौ तैऊँ समझत होगो? नाय समझत है तो काऊ दिना समझा देंगो।"

और वह तुनककर बाँध से जाने लगा। अब राजा भी तुनक कर उठ खड़ा हुआ और गुस्से के साथ उसकी नज़र ईश्वरलाल का पीछा करने लगी।

11

उस दिन बाँध से चलकर ईश्वर लाल सड़क के रास्ते सीधा शेरनी के पुरा पर नहीं गया था, बल्कि गाँव के पीछे की ओर पहाड़िया के किनारे वाले रास्ते से चलकर गढ़ी में पहुँचा था। उस समय वहाँ छोटे राजा गजपति सिंह नहीं थे। वे दो दिन पहले इन्दौर चले गये थे। श्रीकृष्ण पण्डित ने उसे गाँव और पुरा की एक-एक बात की जानकारी दी थी। वह रामचन्द की घरवाली को ठिकाने लगाने गया था इसलिए कई दिन से बाहर था। पण्डित ने उसे बताया था कि उसके उस काम की गाँव में बड़ी गहरी प्रतिक्रिया हुई है।...और उसने बताया कि बाँध पर मंजुलाल का राजा मिला था जो कोबरा जैसा फुफकार रहा था तो पण्डित बोला–"अये, तैं एक राजा की बात कर रो है झें पूरो गाँव कोबरा बनो बैठो है।...अबै कछु दिन संभल कर रहनो है। राजा साब बोल के गये हैं।"

लेकिन ईश्वरलाल का मनोबल तब खूब ऊँचा था उसने पण्डित की बातों को मानो उस कान से सुना और इस कान से निकाल दिया। वह गढ़ी में थोड़ी देर ही रुका। पण्डित से कुछ बातें की, राजा साहब का हाल-चाल पूछा और शीघ्र ही गढ़ी से निकलकर शेरनी के पुरा की ओर चला आया। उसने गाँव में जो कुछ देखा उससे लगा कि पण्डित ठीक ही कहता था। तीन-चार जगह तो लोगों ने उस पर परोक्ष रूप से काफी छींटा कसी की। शेरनी का पुरा और बाघपुरा के बीच में सड़क के एक ओर जो देवता का स्थान है वहाँ खड़े लोगों ने गाली देकर बातें की।...उसे जिन्दगी में पहली बार लगा कि अगर उसके पीछे गढ़ी और थाने का बल नहीं होता तो लोग उसकी बोटी-बोटी नोच डालते...उसकी समझ में यह बात भी उस दिन आयी कि मंजुलाल के बेटों और उसमें कितना अन्तर है!

वह एक तरह से सशंकित हो उठा था—कुछ ऐसा सशंकित कि आगे बढ़ते समय मंजुलाल की बाखर की ओर एक बार भी नज़र भरकर देख नहीं सका। वह जल्दी से आगे बढ़कर अपने घर में समा जाना चाहता था, लेकिन उतनी भी हिम्मत नहीं जुटा पाया। सीधा आँख बन्द करके बस स्टैण्ड की ओर चला गया और वहाँ से बाएँ मुड़कर थाने की ओर चल दिया।

जब थाने की ओर जा रहा था तब उसे अपनी टाँगों में थोड़ी ताकत अनुभव हुई।

और उसके अगले दिन शेरनी के पुरा पर पुलिस आ गयी।

उस दिन पुलिस के हाथों कुछ ज्यादा ही लोग पिटे थे। केवल शेरनी के पुरा के लोग ही नहीं बल्कि बाघपुरा के और पूरे गाँव से ढूँढ-ढूँढ कर लोग मारे गये थे। रामचन्द कुछ ज्यादा ही पिटा था। एक लाठी माथे पर कुछ ऐसी लगी थी कि वह खून से नहा गया था और बेहोश होकर गिर पड़ा था। उसे राजा उठाकर लाया था और अपने घर में मरहम-पट्टी की थी।

उसी दिन रामचन्द ने उसके मन में बसा एक काफी पहले का विचार एकाएक उनके आगे उगल दिया—“अब तौ झें हमाओ रहवो मुश्किल है, अब हमें डांग देखवे...!”

“चुप हैजा रे, रामचन्द!”...मोती लाल मानो एकाएक उस पर पिल पड़ा हो।

वहाँ का वातावरण सन्नाटे में डूब गया और फिर वह सन्नाटा तोड़ा गोविंद ने। वह बोला—“बड़े मामा! ते ओ हक है रामचन्द मामा पे गुस्सावे को, पर जे तौ बता के जा हालत में हमन करें का?...कैसे जिएंगे हमन जा हालत में? दिन के वखत काम में मन नाय लगत है...कबऊ भर पेट खा नाय पात, भर भूख सो नाय पात।...राह-घाट अकेले-दुकेले चलो तो पुलिस कै ईश्वर को डर पीछो करत है।.. जाते तो भलो है... ।”

“तें अपनो मुँह बन्द करैगो के नायरे मोड़ा!” गोविंद की मैयो एकाएक चीख कर बोली—“तैं का कहन चाहत है सो बता?...मोती भैया की बात तेई समझ में नाय आय रई है और जा रामचन्द की बात इतनी जल्दी समझ गओ तैं! अऐऽऽ, तैं बावरौ तौ नाय भओ है? जो रामचन्द तौ जन्म को लवरा है। इत्तो सो हो तब ते तौ चोरी-लबराई में लगो रओ है, सो अब तुमन को कौन-सी भली शिक्षा देगो?”

जमुना की बातें सुनकर गोविंद फिर कुछ नहीं बोला। रामचन्द और भी ज्यादा कराहने लगा।

थोड़ी देर बाद देरू बोला—“मोती मामा ठीक कहत है। बागपनो हँसी-ठट्टा नाय है। हमन में ते काऊ ने अबै तलक बन्दूक तौ चलाई नाय है...अट्टा-कट्टा काऊ ते हाथ तौ लगाओ नाय है, फिर डांग में जा के का करैंगे?...फेर एक बात और ऊ है, जो हमन्ने ईश्वर काका को कुछ उपाय नाय किओ तौ झें घर मेंऊ कब

रह सकत है हमन। वो हम सब को जिन्दा नाय रहन देयगो।"

देरू ने कुछ इस ढंग से कहा था कि बाखर में आतंक ब्याप गया। हर चेहरा आज-कल वैसे भी बुझा-बुझा-सा रहता है लेकिन जब भी पुलिस या ईश्वरलाल का कभी जिक्र आता है तो मानो वहाँ कालिख की एक पर्त और बिछ जाती है, जिन स्वस्थ सुघड़ चेहरों पर कभी उल्लास अठखेलियाँ करता रहता था वहाँ पर आजकल मुर्दयी छाई रहती है, जिन आँखों में कभी निहायत सजीव रसीले भाव तैरते रहते थे वहाँ पर आज किसी को भी बिचलित करने वाला सूनापन मानो स्थायी होकर बस गया है। हर किसी को लग रहा है कि अकारण ही नियति उसकी सुख-समृद्धि में कटौती करने को आमादा है। यही उम्र है उनकी खेलने मजा लेने की, दुनिया को खुद समझने की और दुनिया को खुद को समझाने की...लेकिन यही सब नहीं हो पा रहा है।...जो वे बनना चाहते हैं उसको दुनिया नहीं बनने दे रही है और जो नहीं चाहते हैं उसको बनने को उकसाया जा रहा है।...सब चुप बैठे थे। कोई किसी से बोल नहीं रहा था।

उसके बाद कुछ दिनों तक शेरनी के पुरा पर शांति रही। पुलिस नहीं आयी और किसी तरह की अफवाह भी नहीं उड़ी।

सभी घरों में होली की तैयारी चल रही थी। घरों के अन्दर लीपना-पोतना चल रहा था। हाट-बाजार में भीड़ जुट रही थी। हर कोई घरवालों के लिए वस्त्र इत्यादि खरीद रहा था। रंग-गुलाल की अच्छी बिक्री हो रही थी और घरों में पकवान बनाने के लिए चीज़ें खरीदी जा रही थी। कोई-कोई एक बार में ही पूरा सामान खरीदकर ला रहे थे तो कोई-कोई चार सामान खरीदकर लाते और दो भूल आते। सीमान्त पर खड़े आदमी के बाजार का मनोविज्ञान कुछ अलग ही तरह का होता है। एक बार बाजार को जाओ और भूलने की आदत के चलते एक चीज़ भूल जाओ और फिर उस भूली हुई चीज़ को लेने दुबारा बाजार जाना पड़े तो चार अन्य चीज़ें लाने की फरमाइश साथ लेकर जाना पड़े।

शेरनी के पुरा पर यही सब चल रहा था तभी होली से एक दिन पहले शाम को पुलिस आ गयी। लेकिन जिन की खातिर पुलिस आयी, वह तो कोई मिला नहीं। फिर वहाँ जो मिलें उन्हीं पर पुलिस वालों का गुस्सा उतरा। यहाँ तक कि स्त्रियों को भी नहीं बख्शा गया। ज्यादातर स्त्रियाँ चूल्हे के आस-पास बैठी पकवान तैयार कर रही थी; जिसे देख-देखकर पुलिस वाले और भी ज्यादा भड़के।...यहाँ तक कि चूल्हे में पानी डाल दिया गया। कच्चा-पक्का सामान इधर-उधर फेंक दिया और महिलाओं के साथ गाली-गलौज की गयी। जिसने कुछ कहा उसके बाल पकड़-पकडकर खींचा गया। लाते-घूँसे बरसाए गये। देरू और राजा की छोटी बहन की शादी उसी साल हुई थी। वह एक दिन पहले ही ससुराल से आयी थी।

उसके साथ पुलिस वालों ने जो सुलूक किया था उसे देखकर राजा रो पड़ा था।

वह अपने आँसू पोंछ कर देरू से बोला था—"भैया! हौं जा बात को बदलो लूँगो...।"

देरू ने सुना तो अपने कानों पर विश्वास नहीं कर सका। उसे लगा कि जोरदार बिजली कड़की है। पार्वती की घाटी में कौधा हुआ है।...इतने दिनो से उनपर पुलिस और ईश्वरलाल के अत्याचार हो रहे हैं। बार-बार पूरे खानदान का अपमान हो रहा है। लेकिन राजा ने कभी मुँह नहीं खोला है। कोई बात नहीं कही है।...और आज अगर उसने मुँह खोला है तो इसका सीधा अर्थ यह है कि उसने जो कुछ कहा है उससे पीछे हरगिज नहीं हटेगा। देरू ने समझ लिया कि राजा को समझा पाने का अब कोई उपाय उसके पास नहीं है।

"तैं कौन ते बदलो लेगो रे राजा!"

उसने बिना किसी तरह की उत्तेजना या भय के उससे पूछ लिया।

"वैसे बदलो तौ मोय दरोगा ते लेनो है, पर अबै सैद न लै पाऊँ।...अबै तौ ईश्वर काका ते हिसाब बराबर करनो है।"

उसने कहा तो देरू उसको घूरने लगा। उसकी आँखों में राजाने कुछ पढ़ लिया। वह सोच में डूबा-सा उसको देखता रहा। फिर गहरी साँस लेकर बोला—"भैया! तैं मेई एक बात मानैगो?"

"हौ,...हौं तेई एक नाय, एक सौ एक बात मानूंगो!"

"तैं जा राह में और आगे मत बढ़, मैं अकेलो चलो जाऊँगो।...तेये पीछे तीन मोड़ा है दो भैया हैं, बूढ़ो बाप है!"

"इन बातन को अब कोऊ मोल नाय रह गओ है रे राजा।...पर पुरा के लोगन कों एक दिना की मोहलत दैनी होगी अपनकों, पूरी साल को एकई त्यौहार है वो खोटो न हो तासों...दौज के दिना देखैगे के काका की मैयो ने कितनो दूध गिवाओ है...बहुत भूभर में मूतो है...के ने!"

और फिर वे दोनों घर की हालत देखने लगे। बहन को रोते से चुपाने लगे। उसे दिलासा देने लगे। बिखरे पड़े सम्मान को समेंटने लगे।

थोड़ी देर में उनकी मौसी जमुना आ गयी। बड़ी मामी आ गयी। उन दोनों ने मिलकर उस घर का चौका-चूल्हा संभाल लिया!

अगले दिन होली की पड़वा थी और होली इसबार उन लोगों ने जमकर खेली।

राजा तो मानो बावरा बन गया था। वह शराब-भांग कुछ नहीं पीता था फिर भी सबको लग रहा था कि वह अपनी सब हरकते नशे में ही कर रहा है, जो मिलता उस पर खूब रंग डालता। जमकर गुलाल लगाता—औरत हो तो औरत पर भी और आदमी हो तो आदमी पर। बच्चों तक को नहीं छोड़ रहा था—बल्कि बच्चों को कुछ ज्यादा छका रहा था। यहाँ तक कि वह औरतों को भी बिना गुलाल लगाए नहीं छोड़ रहा था। लोग याद करते और खुश होते कि होली ऐसी शेरनी के पुरा पर बहुत दिनों के बाद खेली गयी है...पहले राजा अकेला ही हुड़दंग कर रहा था। लेकिन बाद में

उसी जैसे और भी कई छोकरे जुड़ गये। दो ढोलकें, झांझ, खड़तालें ढेर,...सारे जुट गये। राजेन्द्र आदिवासी साड़ी पहन आया था और मण्डली में नाचने को तैयार हो गया।

अब राजा और उसकी मण्डली रंग नहीं खेल रही थी। बल्कि वे तो नाच-गा रहे थे, लेकिन दरवाजे-दरवाजे पर लोग उन्हें रंग-गुलाल से रंग डालने के लिए तैयार खड़े थे। रंग-गुलाल के साथ औरतें अपने द्वारा बनाए होली के पकवान भी लिए खड़ी थी। मण्डली बिना किसी के निर्देशन में धीरे-धीरे गढ़ी की ओर बढ़ती जा रही थी। लोग और भी जुटते जा रहे थे। अब अकेला राजेन्द्र आदिवासी नहीं बल्कि तीन-तीन छोकरे नाचने वाले थे। वे जोरदार ठुमके लगाते, खासतौर से जिस घरके आगे जवान लड़कियों का जमघट होता, उन्हीं के हाथ में रंग की बाल्टी या गुलाल की थाली होती, वहाँ नाचनेवाले सचमुच बौरा जाते।

बीते दिनों में जब से मंजूपाल के घर में लगातार कई दुर्घटना हुई और साथ ही पुलिस का लफड़ा आन पड़ा, तब से लोग मंजूपाल के तीसरे बेटे, राजा की चुहुलबाजी और उसके छोटे-छोटे दाँतों वाली बत्तीसी की बेलौस हँसी के लिए तरस गये थे। उसका युवतियों से लिपट-चिपटकर बतियाना और फिर कोई देख ले तो युवतियों जैसा ही शर्मा जाना, लोगों को खूब याद आता था। लेकिन अब ऐन होली के समय उसमें वही सब लौट आया है, जिसको देख-देखकर लोग खुश हैं।...और खुशी से झूम-झूम जाते हैं।

वे सब नाचते-गाते आखिर में गढ़ी की चौपाल तक जा पहुँचे।

वे वहाँ पहुँचे तब राजा गजपति सिंह चौपाल के अन्दर श्रीकृष्ण पण्डित और ईश्वरलाल के साथ बैठे शराब पी रहे थे। उस गाने-बजाने और हुड़दंग के स्वर ने राजा साहब के आनन्द में विघ्न डाल दिया। वे हड़बड़ाकर उठ खड़े हुए, सामने की खूँटी से बन्दूक उतारी और थोड़े डगमगाते हुए बाहर फर्श पर आ गये। उन्हें लगा कि गाँव वाले जान-बूझकर बदमाशी करने आये हैं। उन्हें मालूम है कि जबसे उनके पिताजी मरे हैं तबसे गढ़ी पर कभी भी कोई ऐसा मज़मा उन्होंने स्वीकार नहीं किया है। उन्हें इस तरह की बातों से सख़्त नफ़रत है।...लेकिन जैसे ही पुराके छोकरों पर नज़र पड़ी वैसे ही दिमाग को एक बार करेंट जैसा लगा। उन्होंने सोचा कि पुरा की स्थितियाँ अभी भी सामान्य नहीं है। पता नहीं आगे किस करवट ऊँट बैठे। उन्होंने फौरन चेहरे पर थोड़ा हँसी का मुलम्मा चढ़ा लिया और बोले—"ओऽऽहो, तुम लोग हो?...आओ! आओ!! ऊपर आओ सब लोग।...अरे होतम! इन लोगों के लिए कुछ खाने को ला,...होली का परसाद!"

वे लोग धीरे-धीरे और एक तरह के संकोच से विंध्य जैसे ऊपर आने लगे। कुछ लोगों ने तिलक जैसा गुलाल लगाकर पैर छू लिए और कुछ लोग राजा साहब को गुलाल लगाने की हिम्मत नहीं जुटा पाए तो पैर भर छू लिए।

लेकिन राजा साहब ने किसी का सिर छूकर आशीर्वाद नहीं दिया। उनकी नज़र लगातार राजा पर थी। अन्त में तनिक मुस्करा कर उसी से पूछा—"कह, कैसा है रे राजा! देरू नहीं आया?...तेरा मामा मोती भी नहीं आया?"

"वे सग सांझ कों आवेंगे!"

राजा उनकी बात का जवाब दे रहा था लेकिन कनखी से देख चौपाल के अन्दर रहा था। वहाँ खिड़की में उसने ईश्वरलाल का चेहरा देख लिया था और उसे देखते ही मानो उस पर जुनून सवार हो गया। उसने राजा साहब की कतई परवाह नहीं की और दनदनाता हुआ चौपाल में घुस गया और उसका कॉलर पकड़कर खींचता हुआ चौपाल से बाहर ले आया। लेकिन तभी उसे याद हो आया कि आज होली के दिन कुछ भी ऐसा न करने का वादा अपने भाई देरू से किया है।

और तुरन्त ही उसने छोड़ दिया। वहीं पास में छोटे राजा का नौकर माधव प्लेट में गुलाल लिए खड़ा था। उसमें से मुट्ठी भर गुलाल राजा ने ले लिया और ईश्वर लाल के गालों से मल दिया और फिर हँस कर बोला—"काका! जे तौ दूसरे के घर की होरी है, अपने घर की कल खेलेंगे—खूब जमके।...सराबोर है के! भूल मत जइओ काका!"

वह ईश्वरलाल के आगे खड़ा हँस रहा था और छोटे राजा गजपति सिंह आश्चर्य के साथ आँखें फाड़-फाड़कर उसे देख रहे थे। वे कोशिश करने पर भी समझ नहीं पा रहे थे कि मंजुलाल का ये मेमना-सा छोकरा उनकी चौपाल में यों घुसने की हिम्मत कैसे कर सका और ईश्वरलाल जैसे लहीम-सहीम जबान का कालर पकड़कर बाहर तक कैसे ला सका?...इस छोकरे में कोई-न-कोई बात जरूर है।

वे बात को समझने की धुनामुनी में ही लगे रहे तब तक राजा चौपाल के फर्श से नीचे जा पहुँचा। दूसरे लोगों ने भी अब तक समझ लिया था कि भले ही छोटे राजा ने होतम को होली का परसाद लाने को कह दिया है लेकिन वह आने वाला नहीं है। क्योंकि गढ़ी का ये दश्तूर तो बड़े राजा लखपति सिंह के वक्त का था, जो उन्हीं के साथ बिदा हो गया था। अतः वे लोग भी वहाँ से खिसक लिए।

उस दिन राजा ने आरसी गाँव में जो होली खेली थी वह बहुत दिनों तक लोगों को याद बनी रही। लेकिन लोग ये भी जानते थे कि राजा का उद्देश्य मात्र होली खेलना नहीं था और जो वास्तविक उद्देश्य था वह भी नियत समय पर प्रगट हो गया।

शेरनी के पुरा के चन्द नौजवानों के मन में आतंक से मुक्ति पाने की प्रबल कामना थी और फिर आखिर वह घड़ी आ ही गयी।...शाम का सूरज बाँध के उत्तर-पश्चिमी कोने में लाल कोठी के पीछे जब उतरने लगा था और बाँध का पूरा विस्तार लाल होकर अब धीरे-धीरे सुरमई होने लगा था। तभी बाँध पर काम करने वाले एक युवा मछुवा की नजर बाँध के उत्तरी किनारे पर कोठी की ओर से आने वाले चार लोगों के ऊपर जाकर ठहर गयी। उनमें से तीन पुलिस वाले थे और चौथा ईश्वर लाल था। उस मछुवे का नाम राम औतार था और वह वही था जिसकी नाव से

उछलकर एक बार राजा बाँध में गिर गया था। तबसे राजा के प्रति उसे लगाव हो गया, जो उम्र के साथ बढ़ता ही जा रहा था।...इसीलिए राजा और उसके परिवार पर वर्तमान में क्या-क्या बीती थी वह उसे सब कुछ मालूम था और यह भी मालूम था कि आजकल जिस आदमी की राजा को तलाश है वह और कोई नहीं, यही ईश्वर लाल है।

और यही सोचकर उसने फौरन अपनी नाव किनारे पर लाकर बाँधी थी। और थोड़ी दूरी बनाकर उन तीनों के पीछे-पीछे चल दिया था।

बाँध से नीचे आकर तीनो पुलिस वाले सीधे भैंसगढ़ा थाने को चले गये और ईश्वरलाल बगल के पुल की ओर मुड़कर आरसी केम्प की ओर जाने लगा। वहीं पुल के थोड़ा आगे जाकर कलारी है, ईश्वरलाल उसी कलारी में जा बैठा। रामऔतार ने ये सब देखा तो सीधा खेतो में होकर राजा के घर की ओर दौड़ चला। लेकिन उसे मालूम था कि गोविंद का घर पहले ही पड़ता है, इसीलिए वह उसी घर में मुड़ गया। वहाँ गोविंद और प्रीतम मानो तैयार ही बैठे थे। वे जस के तस उठ खड़े हुए एक ने लाठी ली और दूसरे ने भाला।...वे दोनों दौड़ कर बड़ी बाखर में पहुँचे। वहाँ राजा और देरू खाने पर बैठे ही थे, वे भी जस के तस उठ खड़े हुए। रामचन्द को भी वही बुलवा लिया। तब तक थोड़ा अँधेरा हो चला था; अगर दिन भी होता तो भी वे शायद उसी तेवर के साथ कलारी तक जा पहुँचते।

कलारी में बोतल सामने रखकर बैठे ईश्वरलाल ने पहला गिलास खाली कर मेज पर रखा ही था और दूसरा गिलास भरने को बोतल उठायी थी लेकिन तभी वे सब कलारी के दरवाजे पर आ प्रगट हुए थे। उन सबको देखते ही उसकी घिग्घी बंध गयी और बोतल हाथ से छूटकर मेज से नीचे जा गिरी। वह उठकर अन्दर की ओर भागना चाहता था। तभी गोविंद के हाथ का भारी भाला उसकी कोख में जा घुसा और वह लड़खड़ाकर गिर पड़ा। खून की एक पिचकारी कलारी की दीवार पर जा पड़ी।...फिर किसने क्या-क्या मारा और कितनी-कितनी बार मारा कुछ पता नहीं मानो वर्षों से जमा हुआ गुस्से का बाँध एक बार पूरे तौर पर पिघल कर फट पड़ा हो।...उसने बचाव की लालसा में कुछ सीमा तक हाथ-पैर चलाए लेकिन जल्दी ही ऐंठ कर ठण्डा हो गया। उन लोगों ने भी फिर देर नहीं की। उसे उठाकर नहर में फेंक दिया और कलारी को ठीक से धो दिया और खुद नहर में ठीक से नहाकर गीले कपड़ों में ही पुरा को चल दिये।

फिर लगभग तीन दिनों तक उस केस की किसी को कानों कान खबर नहीं हुई।

यद्यपि उस समय पाँच-छः लोग कलारी में मौजूद थे और कुछ लोग बाँध के ऊपर खड़े इस दृश्य को देख रहे थे। लेकिन किसी एक आदमी ने मुँह नहीं खोला। हालत ये थी कि कोई एक आँख संकेत देकर कुछ आभास कराना चाहे तो दूसरी आँख तर्रा कर उसीको डरा दे।...और तभी उन लोगों का साहस इतना बढ़ा कि तीसरे

दिन उन्होंने नरवरी हनुमान के मन्दिर पर तेरह कन्याओं को खिलाया और यज्ञ कराया।...परिवारजनों की सुरक्षित स्थानों को चुपचाप रातों में विदा कर दिया। हल्का-फुल्का सामान उनके साथ पठा दिया और कुछ अड़ोस-पड़ोस में पहुँचा दिया।

...चौथेरोज भी, बड़ी बाखर से निकलकर वे लोग तब डांग को गये जब अपनी छत पर नीम की छाया में बैठे मोती लाल के लड़के ने इधर मंजुलाल के घर में आकर धीरे से कहा—"सड़क पै पुलिस चली आ रई है खूब सारी।..."

12

थानेदार आलोक चौधरी और उनका लगभग पूरा थाना उस समय शेरनी के पुरा पर था। वे कुछ ज्यादा की मगन थे—मगन और उत्साहित भी। फिर भी वे किसी तरह की जल्दबाजी में नहीं थे। कोई हड़बड़ी भी नहीं थी, उनको। उन्हें इस बात का आभास हो चला था कि उनके कन्धों पर एक-दो सितारे और भी जड़े जाने का यही सही वक्त है। उस समय वे निहायत सड़क छाप दरोगा या जाहिल आदमी जैसा व्यवहार नहीं कर रहे थे। बल्कि एक जिम्मेदार अधिकारी जैसा आचरण कर रहे थे। अब तक किसी को भी एक बार गाली देकर बुलाया नहीं, किसी तरह से डराया-धमकाया भी नहीं। लोग उन्हें आश्चर्य के साथ देख रहे थे।

उन्होंने बाँध पर से कुछ मछुओं को और उनके जाल बुलवाए थे। नहर में ईश्वर लाल की लाश तलाशी जा रही थी। लाश मिली तो उसके साथ ही वे औजार भी मिल गये जिनसे कत्ल हुआ था। यह सब थानेदार आलोक चौधरी की विशेष उपलब्धि थी। देख-देखकर वे फूले नहीं समा रहे थे। जब थाने से चले थे तब ईश्वरलाल की लाश को लेकर उनके मन में शंका थी। सोच रहे थे कि यदि उन लोगों ने पत्थर बाँध कर लाश बाँध में डाल दी होगी तो उसे तलाश पाना इतना आसान नहीं होगा।

लाश के चालान की जब वे कार्यवाही करने लगे और उसके जब कागज़ तैयार करने लगे तब भी उत्तेजित नहीं थे। किसी तरह की हड़बड़ाहट में भी नहीं थे। लाश की पहचान और चालान के लिए जो काग़ज़ तैयार किये गये थे उनपर लोगों के हस्ताक्षर होने लगे थे। अर्थात् उस केस में पुख़्ता गवाह बनाने की ज़रूरत थी उसके लिए भी वे किसी पर दबाव नहीं डाल रहे थे, चाहते थे कि लोग खुशी-खुशी आगे बढ़ें। गढ़ी के प्रतिनिधि के रूप में वहाँ श्रीकृष्ण पण्डित मौजूद थे क्योंकि राजा साहब अधिकांश समय उस वक्त ग्वालियर में ही बिताते थे। श्रीकृष्ण पण्डित ज़रूर लोगों से काना फुँसी कर रहे थे। परोक्ष रूप से लोगों को उस केस में गवाह बनने को राजी कर रहे थे। आरसी गाँव के लोग बेहद घबराए हुए थे। थानेदार के पास तक आने और खुलकर कुछ कहने की हिम्मत किसी में नहीं थी

सिवा श्रीकृष्ण पण्डित के। हाँ, थानेदार की बातों और व्यवहार का कुछ तो असर पड़ा ही था आखिर। अब कुछ लोग इस बात को स्वीकार करने लगे थे कि सारा दोष पुलिस और ईश्वरलाल का ही नहीं था, बल्कि मंजूपाल और मुरलीपाल के मोड़े भी एक नम्बर के शैतान थे और सबसे बड़ी बात ये थी कि उन मोड़ों के पीछे रामचन्द जो लगा था। वह ईश्वरलाल से भी दस कदम आगे है।...कोई कर्म है दुनिया में जो रामचन्द ने न किया हो। देख लेना वह उन छोकरों को पक्का डकैत बनाकर ही दम लेगा।...

थानेदार ने खूब उपदेश बाँटे। लोगों को उल्टी-सीधी सभी तरह की पट्टी पढ़ाई। जितना सम्भव था प्रलोभन और लालच भी दिया; तब कहीं जाकर उस केस में दो गवाह जुटाए जा सके। एक मंजूपाल के खास बड़े भाई का लड़का राम सेवक और दूसरा सुखी राम सहरिया का लड़का राजेन्द्र।

राम सेवक और उसका परिवार तो पहले से ही मंजूलाल के परिवार का विरोधी रहा है। मंजूपाल और उसके बड़े भाई सोनेराम के बीच न कुछ बात को लेकर पहले ही झगड़ा हुआ था। पौर की मात्र एक फुट जमीन को लेकर कहा-सुनी हुई थी। वही मार-पीट तक जा पहुँची। भाई-भाई के दिलों में गहरी घृणा बस गयी। आपस के सम्बन्ध में दरार पड़ गयी। बड़ों ने पारी दरार को भला छोटे क्यों भरते। सोने राम के दोनों बेटे भी मंजूपाल के परिवार से दुश्मनी माने चले जा रहे थे और इसीलिए उस दिन राम सेवक अपने चचेरे भाइयों के विरोध में गवाह देने के लिए बिना किसी के कहे ही उठ खड़ा हुआ था। जबकि उसका बाप पहले से ही अपने भाई के दुख से गमगीन हुआ बैठा था। उसने मान लिया था कि वे हैं तो अपने भाई के ही बेटे। वे जिन्दा बने रहें घर का लड़ना-झगड़ना तो यों ही चलता रहता है।

वह अपने लड़के को इशारे से बुलाकर सड़क के उस ओर सरपंच की पौर में ले गया। वहाँ बिठाकर उसे समझाने लगा—"ऐऽऽ मोड़ा! तैं जो करवो चाहत है वा के बारे में सोच समझ लै अच्छी तरह ते। वे अपने सगे हैं। अबै तौ एक पीड़ीऊ नाय बीती है। जे गलो कटाई को मामलो हमें शुरू नाय करनो है।...कल कोऊ बात आयेगी तौ भैया को मुँह कैसे दिखा पाओंगो?"

"तुमाए मुँह को का भओ है सो काऊ कों नाय दिखा पाओगे? वे सग हत्यारे तुमाए कां तो सगे है गये? वो तौ खैर पड़ गयी सो अकेले ईश्वर पेई बीती। वा के संग हम होते तो वे तुमाए सगे हमें सोऊ नाय छोड़ते।...तब तुम का कहते?"

लड़के ने बाप की बात भारी तल्खी के साथ काट दी थी। बाप को गुस्सा आ रहा था, लेकिन वह समझ नहीं पा रहा था कि वह गुस्सा किस पर आ रहा है—मंजूलाल पर या उसके बेटों पर; अपने आप पर या सामने तने हुए खड़े अपने बेटे पर? वह खूब समझता है कि दुनिया चाहे कुछ कहे और चाहे कुछ करे लेकिन उसके भाई के बेटे ऐसे बुरे नहीं थे। पुरा पर अपनी उम्र के सभी छोकरों में उनकी

शानी का कोई नहीं था।...और उसका छोटा भाई भी सौ में एक है। कोई एहसान माने या न माने लेकिन अकेले मंजूलाल की बदौलत सभी छः भाई इस पुरा पर बसे और फले-फूले हैं।...कल शाम को ही वह अपने छोटे भाई और उसके छोटे बेटे को ब्यारु के लिए बुलाने गया था। वह पौर में आते ही उससे लिपटकर रोने लगा था।...अपने भाई को ऐसे रोता उसने जिन्दगी में पहली बार देखा था और वह पूरे तौर पर हिल गया था। वह उस समय अपने भाई को दिलासा देने की हालत में तो नहीं था, परन्तु उसके मन के गिले-शिकबे उसी क्षण दूर हो गये थे और उसने ठान ली थी कि वह अपने छोटे भाई को इस आफ़त से मुक्त होने में उसका पूरे तौर पर साथ देगा। उससे जो बन पड़ेगी सो मदद करेगा।...

"शायद तोय मालूम नई है रे, मेये भैया ने मेई बांह पकड़ी है, मैं ने वाय पूरो-पूरो भरोसो दओ है। तैं जो कुछ करे सो जा बात को सोच के करिये।"

"खूब सोच केई कर रओ हों, मैनेऊ ईश्वर लाल को भरोसा दिलाओ हो दादा!...वा भरोसे की लाज मोऊ रखनी है।"

"जा बात पे और सोचवे की जरूरत है।...ईश्वर झें गओ है भें ते लौट के नाय आगो पर जे लोग डांग ते लौट के बेर-बेर आयेंगे।...अबै तलक तो फकत हाथ-पैर हैं बिन के पास और अब बन्दूक-रैफिल होगी बिन के संग, सो सोच लीये।"

"खूब सोच लई है दादा! पुलिस ते ज्यादा बन्दूक-रैफिल नाय होंगी बिन के पास!...तुम अपये भैया की हिफ़ाजत करो दादा! हमें दीखैगो सो हम करैंगे!...

और वह मुड़कर तेज गति से पौर के बाहर चला गया।

ठीक उसी समय सुखीराम सहरिया अपने मोंड़ा राजेन्द्र को लेकर आ गया। उन्हें देखते ही सोने राम उठकर बाहर चला गया!

"हेऽऽ, मोड़ा! तैंने का सोच के जे करवे की ठानी है रेऽऽ! तैं कैसो अनरथ करवे चाहत है, हमाओ-बिनको देहरी-द्वार को रहवो-बसवो है। तैंका हमाई अच्छी-भली जिन्दगी में आग लगानो चाहत है रेऽऽ!"

राजेन्द्र कुछ नहीं बोला। मानो उसके अन्दर कुछ उफनकर रह गया हो। लेकिन सुखी राम पहले से ही खदबदा रहा था। उसका परिवार आज का नहीं दो पीढ़ी पहले से गड़रियों के साथ हेल मेल के साथ रहता आया है। कभी लड़ाई-झगड़ा का किसी ने नाम नहीं सुना और आज ये लड़का उन्हीं के खिलाफ गवाही देने जा रहा है। जिनके बाप-दादों ने उसके परिवार को कभी यहाँ बसाया था।

"तैं जानत है का रेऽऽ! जिनके खिलाफ गवाही देने जा रओ है तै बैरी उनके नाना ने मेये बाप को कबऊँ झें पुरा पे बसाओ हो। चोखापाल मदद नाय करतो तो हम न जाने काँ-काँ मारे-मारे फिरते रेऽऽ!"

"चोखापाल के झें कौन-सी जागीर ही ता में तुमाये बाप कों बसा दिओ वाने?" राजेन्द्र ने तीखे और तीते स्वर में कहा और पौर की कड़ियाँ गिनने लगा।

"अऐऽऽ हाँऽऽ! तैं का जानैगो रेऽऽ! कल पैदा भओ छोकरा! चोखापाल जागीरदार तेऊ बड़ो जागीरदार तो। बड़ो राजा वा की राय लये बिना एक अंगुर इते-बिते नाय मूंत सकत तो!...राजा ने कही के जो वा की जागीर के गाँव को आदमी नाय है वो झें शेरनी के पुरा पे नाय बसैगो।...तौ चोखा पाल ने कही के महाराज तुमाई जागीर के गाँव को तौ मैंऊँ नाय हौ, तौ में चलो जातों पहले।...झें सहरिया नाय बस सकत है तो मैंऊँ नाय बसोगो महाराज!...और बिनके नातिन कों तें गड्ढा खोदवे जा रओ है मोड़ीचोद कनास!...जा डूब मरि चुल्लू भर पानी में...।"

लगा कि सुखीराम अपने जवान छोकरे पर हाथ उठाने जा रहा है, लेकिन वह ऐसा कर नहीं सका।

लड़का तमतमाकर फिर बोला—"मै तौ मंजू पाल के मोड़ा राजा को सबक सिखा के रहोंगो दादा! तें कछू कहत रह, मैं नई सुनवे को।...वा ने मेई जिन्दगी खराब कर दई है।..."

"काय, का कर दओ है ऐसो वाने...?"

"वाने मेई शारदा छीन लई है,...।"

"ओऽऽ मोड़ीचोद कनास, मरजा कऊ नहर-पोखर में गिरके।...घर में जवान बहू बैठी है और वो हत्यारा शारदा के लयें मरो जा रओ है।"

अगर राजेन्द्र जल्दी से पौर से बाहर नहीं गया होता तो सुखीराम सहरिया लाठी मार कर उसका सिर फोड़ देता।

थोड़ी देर बाद रामसेवक, टीका कुम्हार और राजेन्द्र सहरिया थानेदार आलोक चौधरी द्वारा तैयार किये गये काग़ज़ों पर आँख बन्द करके दस्तखत कर रहे थे और उन दोनों के बाप अपनी-अपनी लाठी के हूदों पर ठोढ़ी टिका कर टुकुर-टुकुर देख रहे थे। अविकल, असहाय, असमर्थ जैसे।

दस्तख़त हो जाने के बाद थानेदार उठ खड़ा हुआ। अपने आजू-बाजू उन दोनों को खड़ा करके वह सब लोगों से एक साथ बोला—"देखो सब लोग, ये दोनों सरकारी गवाह हैं। इनकी हिफ़ाजत की ज़िम्मेदारी अब इसी क्षण से हमारी है...कोई अगर आँख उठाकर इनकी ओर देखा तो उसकी आँखें निकाल ली जायेंगी!"

फिर थानेदार उन घरों को देखने गया जो उन लोगों से सम्बन्धित थे जो ईश्वरलाल के कत्ल केस में मुल्ज़िम थे। उन सब में ताले पड़े थे। उनसे सम्बन्धित बाकी लोग या तो अपने रिश्तेदारियों में जाकर ठिकाने से लग गये थे या फिर गाँव में ही अपने लिए सुरक्षित समझी गयी जगहों पर छिपे बैठे थे। जानवर और घर का माल-असबाब भी ज्यादातर बाहर भेजा जा चुका था। यह बात थानेदार को भी मालूम थी। फिर भी वह सब को सुनाकर बोला—"अब इन मकानों से और इनके अन्दर रखे सामान से भी कोई हाथ न लगाए। जल्दी इनकी कुर्की का आदेश लेकर पुलिस आयेगी।...एक बात और आज के बाद मुल्जिमों को कोई आदमी शरण नहीं देगा

बल्कि वे अगर गाँव में दिखाई दें तो पुलिस को फौरन इत्तला की जाये।..."

और अन्त में लाश के साथ पुलिस भी शेरनी के पुरा से विदा हो गयी।

13

अब तक फरारी के जितने किस्से सुने गये हैं उनमें हथियार पहले हाथ लगा है और डांग की ओर पग बाद में बढ़ा है और यहाँ डांग की ओर पग पहले उठ गया है। मात्र तीन लाठियाँ एक भाला और एक काता...अर्थात् जो हथियार ईश्वरलाल के कत्ल में इस्तेमाल हुए थे उन से भी एक भाला कम। देखने वाले तो यह भी कहते हैं कि मुड़-मुड़ के ऐसे देख रहे थे कि कोई पीछे से आवाज देगा और कहेगा कि डांग की जिन्दगी इतनी आसान नहीं है...इससे तो बेहतर है कि कानून के हवाले कर दो अपने को। यद्यपि इस मामले में कानून का रास्ता भी मौत तक लेजा सकता, लेकिन उसमें घर परिवार तो बचे रह सकते हैं...आस-पास की दुनिया में त्राहि-त्राहि तो नहीं मचेगी।...लेकिन इस बियावान में कौन आवाज देता उन्हें। यहाँ तो ठेल-ठेल के डांग और जंगल में बिड़ारने के लिए ही लोग पैदा होते हैं।

देहरी खोह की वह शाम और उससे लगी चली आयी रात सबको जिन्दगी भर याद रहेगी।

गोविंद का छोटा भाई संजय जब से खोह में आ गया था तब से लगातार उदास और फूला-फूला-सा बैठा था—एकदम रुआंसा-रुआंसा-सा। वैसे तो सभी उदास और अपने आप में खोए-खोए से थे। सब समझ रहे थे कि जिन्दगी के जीने के लिए जो हौसला वर्षों से संजोया था, जो सपने बुने थे वह सब एक साथ ही ध्वस्त हो गया है। अब कोई सूरत नहीं जो उनकी जिन्दगी को फिर से ठिकाने लगा सके। नियति ने अब उन्हें ऐसी सुरंग में ला खड़ा किया है जहाँ से पीछे लौटने के अवसर बहुत कम हैं। अजीब सुरंग है ये नियति के द्वारा रची गयी, जिसमें पीछे लौटना तो सम्भव नहीं है और अगर है भी तो शूली चढ़ने की कम से कम शर्त पर; लेकिन आगे बढ़ना भी उतना आसान नहीं होगा; वहाँ भी गोलियों से सीने छेद डालने की कम से कम शर्त होगी...आगे की लुन्ज-पुन्ज जिन्दगी इस शर्त पर फलेगी-फूलेगी कि हरपल प्रतिशोध के लिए तैयार रहो—प्रतिशोध झेलने के लिए भी और प्रतिशोध देने के लिए भी...।

"ओऽऽमोड़ा, संजय इते आ!"

देरू ने संजय को अपने पास बुलाया। खोह में अब तक अँधेरा मानो हहर कर गिर पड़ा था, फिर भी मुहाने की ओर से मरा-मरा-सा जो उजाला आ रहा था उसमें एक-दूसरे के चेहरे तो पहचाने जा सकते थे। उनपर लिखे भाव भी समझे जा सकते थे। देरू को संजय की हालत देख-देख कर तरस आ रहा था। अभी एक-डेढ़

साल पहले शादी हुई है। पत्नी के प्रति उसका लगाव पूरे पुरा पर चर्चा का विषय बना हुआ था। लोग एक से बढ़कर एक किस्से सुनाते रहते थे—कुछ हकीकत और कुछ गढ़े हुए भी।

संजय धीरे-से उठा और डरता-डरता-सा देरू के पास आकर बैठ गया, बिल्कुल छपक के, जैसे बन्दरिया का बच्चा संकट के समय अपनी माँ से लिपट जाता है।

"काय रे, रुआंसो-सो थोबड़ो काय लएँ बैठो है? का बहू की याद आ रई है?"

"अहाँ,...तेई सों भैया, खूब ज्यादा...।"

उसने देरू की बात की बिना विलम्ब किये कुछ ऐसे हामी भरी कि अन्य सभी लोग खिलखिलाकर हँसने लगे। देरू मुस्कुराने लगा और संजय शर्म के मारे और भी ज्यादा सिकुड़ गया। खोह का पत्थर के माफिक सख़्त और प्राणहीन वातावरण मानो एकाएक कुनमुनाया हो। मानो उन लोगों को ऐसे वातावरण में भी कुछ-कुछ स्पंदन अनुभव हुआ हो।

देरू ने फिर संजय को घूरा। बुरा लगा उसको मन ही मन। अभी तो उसने जिन्दगी में कुछ भी नहीं किया धरा है। कुछ भी आनन्द नहीं लिया। कुछ सपने उसके भी तो रहे होंगे?...और हो सकता है कि वे हमारे से ऊँचे रहे हो, अनोखे और अनमोल रहे हों! और अगर इसको कुछ हो गया तो कौन जवाबदेय होगा?...इसकी बिधवा पत्नी किसके कन्धे से मुँह रगड़-रगड़ पूछेगी...? वह थोड़ी देर के लिए विचलित बेचैन हो उठा और उठकर खोह में पीछे की ओर चला गया और अँधेरे के चलते वहाँ न मालूम कब के पड़े भैस के समूदे अस्थि-पंजर से टकरा गया। वहाँ बाघ की लीद भी बहुत पुरानी पड़ी हुई है। उसकी गन्ध से उसके नथुने फटने लगे। वह घबराकर पलटा और लौट आया।

अबकी बार वह खुद संजय की बगल में सटकर बैठ गया। गहरे स्नेह से उसकी पीठ पर हाथ फेरा और कहा—"तैं ऐसो कर संजय, घर कों लौट जा। गोविंद तोय बाँध तलक छोड़ आगो। भें ते तैं अकोलो चलो जागो, काय?...घर में तौ तारो पड़ो होगो, सो मामा के घर जइए!..."

वह अपनी बात पूरी कर नहीं पाया तब तक खोह के बाहर कोई आता हुआ दिखाई दिया। उन सबने अपने-अपने हथियार उठा लिए और हमले के लिए तैयार होकर खड़े हो गये। तभी आगंतुक ने धीरे से कहा—"मैंऽऽ! सुखीराम सहरिया...।"

"भैंई रुको रह,...।" राजा ने कहा और अपने भाले को दोनों हाथों में संभाले उसकी ओर बढ़ चला। गोविंद काँता ताने-ताने उसके पीछे चला।

राजाने पहले उसे गौर से देखा और फिर उसके पीछे जाकर इधर-उधर देखा।

"काय, तैं कैसो आओ काका इं?"

राजा अब तक उसको घूरा रहा था। उसके हाथों में एक छोटी-सी पोटली थी। वह कभी उसको तो कभी उसकी पोटली को देख रहा था। सुखीराम का थूक सूख रहा था।

"देरू भैया, तैं बता, मैं आऊँ के लौट जाऊँ?"

"आ जा!..."

देरू ने सुखीराम सहरिया के स्वर में कोई ईमानदारी गुन ली थी। विश्वास तलाश लिया था। इसीलिए उसी विश्वास के भरोसे उसने उसे बुला लिया।

फिर उसने राजा के भाले की और गोविंद के काँते की कतई परवाह नहीं की। हाथ की पोटरी देरू के सामने रखकर वह बैठ गया। जब वह देरू के आगे जाकर बैठा तब सब ने देखा कि उसके कन्धे पर बन्दूक लटकी हुई थी—छोटे आदमी की ऊँचाई के बराबर दोनाली टोपीदार बन्दूक। उसकी दोनो नालों से भी बड़ा और उन दोनों के बीच से ऊपर उठा हुआ गज।...उसने पहले हाथ में उठाई हुई वह छोटी-सी पोटली देरू के आगे रख दी और फिर वहीं बन्दूक कन्धे से उतारकर रख दी।

बन्दूक रखते-रखते वह बोला—"जे मेये बाप के बखत की है—पतो नाय और काऊ ते पहले की होय?...मेयो दादा दस बेर जा कों लैके थाने गओ हो, जमा करवे।...पर थानेदार ने हरगिज जमा नाय करी है, कहत है—झें को हिसाब रखैगो जा लकइया को। लैजा, घर के कोनेकोटके में डार दीये!..."

इतना कहकर सुखीराम हँसा। वह हँसा तो देरू भी हँसने लगा।

फिर उसने अपने दूसरे कन्धे पर लटका झोला उतार लिया। उसमें से निकाल के एक बड़ी टॉर्च देरू के आगे रख दी और बोला—"जे रात-बिरात के लये ज़रूरी है...।" फिर उसने झोले से निकालकर दो-तीन छोटी-छोटी पोटरी रख दी और बताने लगा—"देख जा में बारूद है और जा में गोली हैं...और जा सबते छोटी में 'टोपी' हैं।"

वह जब उन सब चीजों को एक-एक करके रख रहा था और उनके बारे में बता रहा था तभी टॉर्च रामचन्द ने उठा ली थी और वह उन सब चीजों पर रोशनी डाल रहा था जिन्हें सुखीराम ने देरू के आगे रखा था।

टोपीदार बन्दूक उसी समय राजा ने उठा ली थी। वह उसे निहायत अजूबेपन के साथ देखता रहा। अपनी बगल में रखकर उसकी ऊँचाई नापी, दोनों नलियों के बीच से गज खींच कर देखा, उसका ट्रगर खींचा और फिर अपनी जगह पर बिठा दिया और फिर उसे दोनों हाथों पर उठाकर उसका वज़न कूतता रहा...अन्त में उसने बन्दूक उठाकर फेंक दी और बोला—"जाय लैजा झें ते, का सड़ो काठ हमें सौंपते आओ है,...को चलायगो जा तोप को, झें?"

सुखीराम का चेहरा निहायत उतर गया था। अपमान जनित क्षोभ से वह तमतमाया हुआ था। देरू ने टार्च की रोशनी में देखा तो उसे बुरा लगा। वह राजा पर बिगड़ उठा—"मोड़ीचोद, बौरारओ है का?...बड़े-बूढ़े कोऊ नाय देख रओ। उठा बन्दूक! तैं नई चलागो तौ का कोऊ औरऊ नाय चलागो!"

उसकी डाँट खाकर राजा ने कुछ नहीं कहा। थोड़ा बगल देकर खड़ा हो गया। बन्दूक रामचन्द ने उठा ली।

सुखीराम जब उठकर जाने लगा तब फिर बोला—"अब मैं तौ चलो भैया! तुम गाँव में आओ तौ होशियारी ते अइओ। थानेदार पुलिस लगावे जारओ है।...और सुनो, वो का कहत हैं,...रक्षासमित बनी है। अपएं पुरा पै रामलाल सहरिया और तुमाए कुनबा में रामसेवक की बहू, कीर्तिबाई दो सदस्य हैं।...टरेनिंग लैंगे सब लोग। सबको बन्दूक मिलैगी।"

वह चलते-चलते फिर रूक गया। राजा को कुछ देर तक देखता रहा और फिर देरू की ओर मुड़कर बोला—"भिओ, देरू! एक खता हमाए मोड़ा तेऊ भई है।...वाने थानेदार के बहकावे में आके गवाही के कागज पै अँगूठा लगा दिओ हे।...पै अब मेई गारंटी है, वो कोर्ट में नाय जागो-काऊ कीमत पै नाय जागो।..."

फिर वह चुप हो गया। वहाँ का सन्नाटा देखकर शायद सहम गया था। कुछ क्षणों तक वह मानो अपराधी बना खड़ा रहा। देखकर देरू का मन पसीज गया। वह बोला—"काका, तैं अब जा, तेओ मोड़ा गवाई दैन नाय जायेगो तौ ठीकई है।... और जो चलो जागो तौ वाऊ ते कछु फरक नाय परत है काका!...बात अब गवा-सबूत ते ऊपर जा पहुँची।"

सुखीराम शायद उसके कहे का अर्थ नहीं समझ पाया था और गहरी साँस छोड़ कर चल दिया था। राजा उसके पीछे-पीछे कुछ दूर गया था।

राजा लौटकर आया तब तक देरू ने बड़ी वाली पोटली खोलकर रख ली थी, जिसको खुशीराम लाया था। उसमें पच्चीस-तीस मोटी-मोटी रोटियाँ और एक अल्मोनियम के बड़े कटोरे में कद्दू की तरकारी थी। उसने सब को पाँच-पाँच रोटियाँ और उनके ऊपर तरकारी रखकर दी। लेकिन संजय ने दो रोटियाँ ली और राजा ने उन्हें खाने से मनाकर दिया। वह उफनता हुआ सा बोला—"मैं कहतों जे मत खाओ, का पतो सहरिया पुलिस से मिलो होय और जा में कछु मिलाके लाओ होय!"

"चाहे दुनिया सुधर जाये पर तैं नाय सुधरैगो रे मोड़ा!...मूरख, सहरियन में जन्म ते रओ है और इतनो नाय समझ सको के चाहे दुनिया-दुनिया के संग धोखा करे फेर सहरिया काऊ के संग धोखा नाय करत है।"

देरू ने कहा और रोटी का बड़ा-सा कौर कद्दू की सब्जी के साथ मुँह में ठूँस लिया।

"...और वो राजेन्द्र गवाई दैवे जा रओ है सो?"

राजाने भी फनफनाकर फिर पूछा।

"वो गवाई कबऊ नाय देगो, वो तौ तोय चिढ़ाके के लएं गओ होगो दरोगा के पास।... तेओ और वा को वा हजारी की मोड़ी को लैके कछु टंटो है नाय, ता सो...।"

अबकी बार राजा शर्मा गया। अन्य सभी लोग मुस्करा-मुस्करा कर उसे देखने लगे। राजा से जब कुछ करते नहीं बना तो चार रोटियाँ उठा ली और उन पर सब्जी रखकर खाने लगा।

14

सुखीराम सहरिया के द्वारा दी गयी उसके बाप के जमाने की टोपीदार बन्दूक उन सब के जी का जंजाल भी थी और मनोरंजन का साधन भी। शुरू-शुरू में तो कोई उससे हाथ लगाने को राजी नहीं था, तब रामचन्द मामा ने उसे अपने पास रखने और चलाने की जिम्मेदारी संभाली थी। उसे लोड करके फायर करने में उसे दो से तीन मिनट लगते थे जबकि अन्य किसी से यही काम करवाया जाये तो पाँच से छः मिनट लगते थे। साथ ही कभी बारूद की पुड़िया हाथ से छूटकर नीचे जा गिरती और बारूद मिट्टी में मिल जाता, तो कभी तामे की टोपी जो ट्रगर के ऊपर वाले हुक पर लगती थी, वह उचट कर दूर जा गिरती और अक्सर ढूढ़े से नहीं मिलती थी।. ..लेकिन बाद में प्रीतम ने उस बन्दूक के रखने की और फायर करने की जिम्मेदारी संभाल ली। बल्कि वह उसी बन्दूक से रामचन्द से अधिक सफाई के साथ और जल्दी फायर करता था। लेकिन फिर भी वे इस बात से अनभिज्ञ नहीं थे कि इस डांग में रहना तब तक सुरक्षित नहीं होगा जब तक उनके हाथ एक-दो अच्छी किस्म के हथियार नहीं लगते और वह तब सम्भव है जब हाथ में पैसा हो। इस जंगल की दुनिया में हथियार और नोट परस्पर सह-सम्बन्धी हैं। नोट तब तक नहीं जब तक हथियार नहीं और हथियार तब तक नहीं जब तक नोट नहीं। लेकिन फिर भी रामचन्द मामा ने उन्हें एक बीच का सरल रास्ता सुझाया। उसने बताया कि बाँध के दक्षिण बगल, दूर जंगल में एक गाँव है—टेकरी गाँव। वहाँ का पटेल गोरासिंह किराए पर बन्दूकें देता है। वह प्रत्येक रात और बन्दूक की किस्म के हिसाब से किराया लेता है और वह कारतूस भी उधार देता है; लेकिन बन्दूक का किराया और कारतूसों की कीमत अगले दिन सवेरे ही अदा करने होते हैं।

उन सब को लगा कि अगर इस तरीके से हथियार उपलब्ध हो जाये तो वह सर्वोत्तम है। वे चाहते थे कि रामचन्द मामा को फौरन टेकरी गाँव जाना चाहिए और किराए पर हथियार का जुगाड़ करना चाहिए।

लेकिन रामचन्द ने उसमें एक फाना और ठोंक दिया। उसने उन्हें समझाया कि गोरासिंह उन्हीं लोगों को हथियार या कारतूस देता है जिनका पार्वती घाटी में नाम हो। जिनका डकैती का जीवन लम्बा हो और जिन पर इनाम घोषित हो। लेकिन वे लोग रामचन्द की बात मानने को राजी नहीं थे। उनका कहना था कि वह तो वहाँ जाये ज़रूर और अपनी ओर से कोशिश करे और अगर फिर भी कुछ हाथ नहीं लगता तो लौट आये।...गोरासिंह उसे बाँध के तो नहीं डाल देगा और इसीलिए रामचन्द को टेकरी गाँव जाने के लिए राजी होना पड़ा। उसके साथ किसी अन्य के जाने की बात आयी तो राजा मानो पहले से तैयार बैठा था।

वे लोग रात के पहले पहर में ही खोह से निकले थे। काफ़ी दूर तक बाँध के किनारे-किनारे चलते रहे और फिर नदी पार करके उधर के जंगल में प्रवेश कर गये। रात में जंगल जागता है, प्रकृति जागती है और अपने डैने फैलाकर अंगड़ाई लेती है। प्रकृति में भी फुर्सत के समय ही सबसे गहन रोमाँस लहकता है। राजा कुछ-कुछ ऐसा ही अनुभव कर रहा था।

"मामा! झें तो जमुनिया घाटी कितनी दूर होगी?..."

राजा ने चलते-चलते रामचन्द से पूछा तो वह खड़ा रह गया। उसे इस बात की खुशी थी कि ऐसे बिकट समय में भी छोकरा के अन्दर सब कुछ नष्ट नहीं हुआ है। होना भी नहीं चाहिए। वह आदमी ही है जो आमने-सामने खड़ा होकर मौत को भी ललकार सकता है। यद्यपि सब लोग नहीं कर पाते इस काम को; लेकिन राजा जैसे लोग जरूर कर पाते हैं।

रामचन्द का एकबार तो मन हुआ कि छोकरा के साथ थोड़ी ठिठोली की जाये और उसको जमुनिया घाटी, टपरिया गाँव और शारदा के घर की भी दूरी बता दे। लेकिन उसने यह ठीक नहीं समझा और मुस्कराता हुआ आगे बढ़ चला।

राजा अपने आपको इधर के जंगल के बारे में कतई अनभिज्ञ समझता है और रामचन्द को विशेष मर्मज्ञ। फिर भी पता नहीं क्यों लग रहा था कि वे रास्ता भटक गये है।...एक और घाटी चढ़कर जब वे पहाड़िया के ऊपर पहुँचे तो राजा फिर बोले बिना नहीं रह सका।

"मामा! हमे लगत है के कहूँ रास्ता तौ नाय भूल गये!"

अबकी बार रामचन्द को भी लगा कि वे सचमुच रास्ता भटक गये हैं।

वह बैसाख का शुक्ल पक्ष था और ऊपर आसमान में चाँद चढ़कर नीचे ढुलक आया था। करघई की सघन छाया को भेदती चाँदनी नीचे जमीन तक आ रही थी। उसी में रामचन्द ने अपने हाथ की घड़ी देखी और यह देखकर दंग रह गया कि अब तक तीन बज चुके हैं। वे खोह से नौ बजे चले थे। छः घण्टे में तो तो टेकरी गाँव का काम निपटा कर खोह में फिर पहुँच जाना चाहिए था।

उसने निगाह उठाकर इधर-उधर देखा और बोला—"राजा तैं ठीक कहत है। जंगल में तमाम तरह की अलाय-बलाय रहत है। जो वे पीछे लग जायें तौ आदमी घण्टो तलक एकई जगह घूमत रहत है।...पूरी-पूरी रात राह ढूढे नाय मिलत है। आ, थोड़ो बैठ के सोचत हैं जे कौन-सी जगह आ गये अपन?"

वे दोनों थोड़ा ऊपर की ओर जाकर एक अपेक्षाकृत खुली जगह पर बैठ गये। रामचन्द ने इधर-उधर देखा और मन ही मन कुछ गुना। फिर वह एकाएक मानो चौक पड़ा और राजा के कन्धे को पकड़ कर बोला—"लैरे मोंड़ा! हो गयी भारी गड़बड़। हम उलट चलके झें तो बम्हारी के जंगल में आ गये। जरूल कोऊ बलाय पीछे लगी है रेऽऽमोंड़ा! उठ, चल जल्दी! जा बगल वारी पहाड़िया के वा ओर ते ऊसई खोह को

रास्ता है।...मुड़ के आनो पड़ैगो।"

और वे दोनों उठ खड़े हुए और दाएँ मुड़कर जंगल के रास्ते आगे बढ़ चले। थोड़ा आगे जाकर बायीं ओर का जो रास्ता गया है वही घाटी उतरकर ऊसई खोह में पहुँचाता है। और वही रास्ता आगे गाँव तक जा पहुँचता है।

गाँव में सबसे बड़ा और ऊँचा मकान गोरा सिंह गूजर का है। और वही इधर के इलाके में सबसे पायदार आदमी भी है।...दिन निकल आया है और घर की पौर से निकल-निकल कर औरत मर्द बाहर खेतो में दिशा मैदान को जा रहे हैं। उस गाँव की बसावट बड़ी विचित्र है पूरा गाँव मानो पत्थर खदानो के मुहाने पर बैठा है। यहाँ के बारे में कहा जाता है कि कोई भी आदमी दुनिया में सब से नश्वर चीज मकान को समझता है। यदि रात को बीवी बच्चों के साथ आराम से घर मे सोया हो और उसे वर्षों से अपना यादगार ऐशगाह मानता आ रहा हो और उसी के बारे में सुबह उठते-उठते कोई आदमी बता दे कि तुम्हारे मकान के नीचे बहुत कीमती पत्थर है तो वह आदमी फौरन मकान खाली कर देगा और चौरे में जाकर परिवार ठहरा देगा। लेकिन गोरासिंह का मकान वर्षों से जस का तस खड़ा है। गाँव में सबसे ज्यादा जगह घेरे ऊँचा-दो मंजिल का मकान। राजा ने रात्रि जागरण की अलसाई और उनीदी आँखे फाड़-फाड़कर उस घर का बड़ा परकोटा देखा, अच्छे गढ़े हुए लाल खण्डों की दीवारे देखी, आगे की ओर कम-से-कम दो-ढाई सौ गाय-भैसों से भरा खरक देखा और उसकी बगल में पचास-साठ हाल जने गाय-भैसों के बच्चों का घेर देखा...सामने चौपाल पर कई खाटें पड़ी थी और नीचे खरक के आगे कई तखत। चौपाल की दो खूटियों पर दो माउज़र और उनके कारतूसों से भरी पेटियाँ लटक रही थी।...एक बारह बोर जिस तखत पर गोरा सिंह बैठा था उस पर भी रखी थी, जिस के कारतूसों की पेटी उसके ऊपर पड़ी थी। सामने ही मैटाडोर खड़ी थी, जिसमें रखी बड़ी-बड़ी केनो में खरक से दुहकर लाया गया दूध डाला जा रहा था।

रामचन्द और राजाने गूजर को हाथ जोड़कर राम-राम कर ली थी और उसीके तखत के बराबर में पड़े तखत पर वे बैठ गये थे। गोरा सिंह ने उनकी राम-राम तो नहीं ली थी, हाँ मात्र एक सरसरी नज़र से देख भर लिया था। इसी बीच कई लोग अपना-अपना काम लेकर आये और उस का दुत्कार सहकर भीगी-बिल्ली की तरह वापस हो गये। हाँ अगर कोई नोट लेकर उसके पास आया तो जरूर उसके चेहरे के भाव नरमाए, लेकिन खैर-खबर उसकी भी नहीं पूँछी। उसके हाथ से लेकर नोट अपने खलीते के हवाले बिना गिने ही कर लिए।...राजा गूजर के यहाँ का यह सब आम व्यवहार बड़े गौर से देख रहा था। रामचन्द मामा पर भारी गुस्सा आ रहा था। ...हरामी ने कहाँ लाकर फँसा दिया है। उसने बचपन से अब तक न मालूम कितनी बार अपने गाँव की गढ़ी का रोब-रुतबा देखा है लेकिन उसे देखकर वह अन्दर ही अन्दर से काँपा कभी नहीं था। वह सब उसे हमेशा निहायत सड़ा-गला, पुराना, जर्जर

लगाहै।...उसे देखकर कभी भी दो-दो हाथ कर लेने का मन भी नहीं हुआ है। लेकिन यहाँ टेकरी गाँव का रोब-रुतबा पता नहीं उसके अन्दर दो विरोधाभासी विचार क्यों पैदा कर रहा है। यह आतंकित भी कर पा रहा है और दो-दो हाथ कर लेने को भी उकसा रहा है।

राजा के मन में कुछ अनजानी-सी लहर जागी लेकिन उसकी छायाकृति चेहरे पर भी अंकित हो गयी। लेकिन उसी को शायद गोरा सिंह गूजर ने पकड़ लिया था। इसीलिए उसकी नजर उलझी रह गयी, उसकी नजर से गोरा सिंह एकाएक उठ खड़ा हुआ। कारतूसों की पेटी उठाकर कन्धे से लटका ली और दुनाली उठाता हुआ उन दोनों से बोला—"आओ, भें पौर में बैठत हैं।"

और वह खुद पौर के अन्दर की ओर चला। राजा और रामचन्द उसके पीछे-पीछे चले। राजा उसकी चाल और ठसक को इन्च-इन्च करके नाप रहा था और अब वह अन्दर से काँप भी नहीं रहा था।

पौर में जाकर वह जिस खाट पर बैठा था उसी पर उन दोनों को उसने बिठाया था।

"कहो, कां ते कैसो आवो भओ है भाई!"

गोरासिंह ने उन्हें और भी ज्यादा नज़र गड़ा-गड़ा के देखा। उनमें से कोई कुछ कहता उससे पहले वह फिर बोला—"तैं तौ रामचन्द है, आरसी को, फेर जे मोड़ा और को है?"

"जे मेई भैंन को मोड़ा है ठाकुर!"

"का नाम है?...कां को है?"

"राजा नाम है जा को, आरसी को है,...।"

"आरसी को कै शेरनी के पुरा को?...चोखापाल को नाती होगो, काय?"

अबकी बार गोरासिंह ने राजा की ओर आँख का इशारा करके पूछा। लेकिन वह कुछ नहीं बोल पाया। रामचन्द ने ही हामी भरी—"हौ, ठाकुर!"

"कायरे मोड़ा, तुमन्ने ईश्वर कों तौ निबटा दिओ। जो तुमन्ने मलूक काम कर लिओ! वो सारो गजुवा को पालो भओ हो!"

"हौ महाराज, छोटे राजा साब...।"

रामचन्द की बात काटकर गोरा सिंह फिर बोला—"अएऽऽ, तैं कौन राजा साब की बात करत है।...गजुआ की? वो मोड़ी चोद कबते राजा है गआ!...एक लम्बर को रंडी बाज है। जब गवालियर में पढ़त हो तब चाबड़ी बाजार में डरो रहतो।"

उन्होंने कहा तो वे दोनों सिटपिटा गये बल्कि इस कारण से वे ऊबे हुए भी थे कि इतनी देर से वहाँ बैठे हैं लेकिन मतलब की बात अभी शुरू ही नहीं हुयी है। रामचन्द वही कहने जा रहा था कि तभी एक आदमी बाहर से लपकता हुआ वहाँ आया और गोरासिंह को हाथ के इशारे से अपने पास बुला लिया। उसके कान में कुछ कहा और फिर बाहर को चला गया।

उसकी बात सुनते ही उसका अधेड़ चेहरा लटक गया। अब उसने उन दोनों का एक-एक हाथ पकड़कर नीचे की ओर खींच लिया और उन्हें घर के चौक में लेजा कर सामने की ओर ठेल दिया और बोला—"वो सामने मोरी के पास छोटा दरवाजा है...जाओ जल्दी!...एस.पी.आ गओ है, अपनी महताई...।"

और फिर उन दोनों ने भी आगा-पीछा नहीं देखा। उसी मोरी के पास वाले दरवाजे से निकल भागे। वे दोनों गुमशुम-से जब जंगल में चले जा रहे थे तब सामने से आता एक आदमी दिखाई पड़ा।

उसके पास दोनाली बन्दूक थी जिसको बाएँ कन्धे पर रखे हुए था और उसकी नाल को उसी हाथ से आगे की ओर पकड़े था। कारतूसों से भरी पेटी उसकी कमर से लगी हुई थी। वह इतना मस्त होकर गा रहा था कि मानो अपने आस-पास की दुनिया की उसे कोई खबर नहीं थी। रामचन्द ने उसे देखा और राजा की ओर आँख मार कर इशारा किया। वह इशारा इतना असरदार साबित हुआ कि राजा उससे कुछ ज्यादा ही समझ गया जो रामचन्द ने समझाना चाहा।

वे थोड़े और आगे बढ़े तो उन्हें देखकर उसने गाना बन्द कर दिया। वह जब उनके पास आ गया तो रामचन्द ने मुस्करा कर उससे कहा--"अऐऽऽ भैया, तुमन तो बहुत मीठो गात हौ। मीठो और प्यारो। गानो काय बन्द कर दिओ आप ने।"

दोनों के चेहरे अपने प्रति प्रशंसा से भरे हुए जब पाए तो वह भी गहरा मुस्करा दिया। वह बोला—"अऐ नाथ! थोड़ो गुजर लाइक गा देत हौ मैं। फेर बाजो-आजो होय तो सलीके कोऊ गाय सकत हौ!...आओ, बैठ लै, एक-एक बीड़ी है जाये!"

यह कहते-कहते उसने अपने हाथ की बन्दूक नीचे रख दी और कमर से पेटी निकाल कर उसके ऊपर रख दी और बैठकर अपने पैंट की जेब से बीड़ी का बण्डल और माचिस निकाल ली! दो बीड़ी जला कर उसने उन दोनों को एक-एक देनी चाही। रामचन्द ने लेली और पीने लगा और राजा ने निहायत विनम्रता पूर्वक लेने से मना कर दिया और उसे समझा दिया कि वह बीड़ी नहीं पीता है। इसलिए उस बीड़ी को वह खुद पीने लगा।

"तुम दोनों कां के रहवे वारे हो भैया!"

उसने पहला कश लेने के बाद उन दोनों से पूछा।

राजा ललचाई दृष्टि से बन्दूक और कारतूसों को देख रहा था। रामचन्द ने आँख के हल्के इशारे से उसे वैसा करने से मना किया और उस आदमी के सवाल का जवाब तत्परता से देने लगा—

"हमन देवीपुरा के है भैया। आफत के मारे जा कजरी बन में भूखे प्यासे डोल रहे है।"

"अच्छा! ऐसी कौन-सी आफत आन पड़ी है भैया तुमनपे?..."

"अऐऽऽ, कुछ मत पूछो भैया पूरी सौ छेरी भड़िया लै गओ कोऊ!"

"अच्छा!..."

ठीक उसी समय राजा ने देखा कि रामचन्द के बाक जाल में वह आदमी पूरी तरह फँस चुका है। बस उसी क्षण उसके सामने बिजली-सी कौंधी और क्षण मात्र में ही उसने बन्दूक और कारतूस की पेटी उठा ली और मानो उड़ चला हो वहाँ से।

वह आदमी पहले तो हक्का-बक्का सा उसे दौड़ता देखता रह गया। फिर चिल्लाता हुआ उसी दिशा में दौड़ा। रामचन्द को मौका मिल गया, इसलिए वह दूसरी दिशा में दौड़ गया। उसे उस आदमी की दहाड़, चीख और रूधन कुछ समय तक सुनाई दिया और अन्त में मानों जंगल उसे भी निगल गया।

15

जनवरी का दूसरा सप्ताह और कड़ाके की सर्दी। दो-तीन दिन पहले ही महावट हुई थी और ओले पड़े थे। पार्वती घाटी पूरी तरह से ठिठुरी हुई थी। दिन इतना छोटा हो चला था कि पता ही नहीं चलता था कि कब दोपहर हुई और कब शाम हो गयी और शाम भी ऐसी कि अपने पीछे-पीछे ही रात को लिए चली आये। दिन में सूरज का और रात्रि में चन्दा का भी कुछ बड़ा अर्थ नहीं रह गया था। हाँ, रातें ज़रूर शाश्वत हो चली थी–शाश्वत और कुछ लोगों के लिए बेहद अर्थवान! ऐसे ही विषम और बेडौल मौसम में एक दिन गंगाश्री डांग में आयी थी।

आजकल गंगाश्री को चारों तरफ अँधेरा ही अँधेरा नज़र आता है। कभी वह अपने पीहर पर फूली नहीं समाती थी। अपने बाप, अपनी माँ, अपने भाई...और अपने नाना-नानी के आगे वह अन्य किसी को गांठती ही नहीं थी। लेकिन अब लग रहा है कि वह सब पानी का बबूला निकला–एक ऐसा फूल जो रात में कुछ घण्टों के लिए फूला था। खासा महका भी था, लेकिन सवेरा होते ही डाली से टपक पड़ा। सारी-सारी रात वह जागते बिताती है। कोशिश करने पर भी नींद नहीं आती। और दिन बेचैनी में बीतता है। कोई बात अच्छी नहीं लगती किसी काम में मन नहीं लगता....।

"तुम सब ने कर लई न अपने मन की! पहले कौन कम केस हे तुम पै सो और लाद लए? अब तुमते कहौं तो का कहौं। का पतो अबै हम सबके भाग्य में कुछ औरऊ बुरो लिखो होय।"

गंगाश्री जब यह सब कह रही थी तब वे सब खाना खा रहे थे। अपनी जीजी के हाथ की बनी पूड़ियाँ वे सब हमेशा से बड़े चाव के साथ खाते रहे हैं; बल्कि एक-दूसरे से छीन-झपटकर खाते रहे हैं, लेकिन आज वही पूड़ियाँ मुश्किल से गले से नीचे जा पा रही है। जीजी की बात गलत नहीं है। वह ठीक ही कहती होगी,

लेकिन उन्होंने कभी चाहा तो नहीं था ये उन्हें जबर्दश्ती इस रास्ते पर खदेड़ा गया है तो वे आत्म-हत्या तो नहीं कर सकते। अपने आप मौत के मुँह में जाने को तो जानवर भी तैयार नहीं होगा।

वे मन ही मन सोचते चाहे कुछ भी रहें लेकिन गंगाश्री की बात को काटकर कुछ अपनी कह पाना उनमें से किसी के वश की बात नहीं है।

"तुमन को और कुछ करवे को नाय मिलो सो आंतरी बारे की बन्दूक लूटवे चले गये? नरवर को दरोगा तुमन कों हाजिर करावे कों राजी हो,...अब वो सीधे मुँह बात नाय कर रो है।...दोनों जिला की पुलिस तुमाई खोज में बौराई डोल रई है, दरोगा करिऊ कैसे सकत है तुमें हाजिर?"

वे लोग फिर भी कुछ नहीं बोले। सबने खाना खा लिया था और ज्यों के त्यों बैठे थे। रामचन्द घास का तिनका साफ करके उससे दाँत कुरेदने लगा था। फिर वह धीरे से बोला—"जो हम वो नाय करते तौ वे हमें डांग में घेर के मार डारते गंगा..."

उसकी बात सुनकर उसका चेहरा तमतमा गया। देखकर लग रहा था कि वह अपने गुस्से पर कोशिश करने पर भी काबू नहीं कर पा रही है; और फिर अन्त में बोल ही दी—"रामचन्द मामा, तें ठीकई कह रओ है। पर जे तौ बता, जिन्हें डांग में लाओ को है?...मैं तो पहलेई ते समझ रई ती के तेई संगत को काऊ न काऊ दिना जेई नतीजा निकरैगो!...अब तो ते कुछ कहवो फिजूल है!"

अबकी बार रामचन्द उसकी बात सुनकर सकपका गया और थोड़ी खीझ के साथ बोला—"तें ठीकई कहत है गंगा!...जेई जे सबऊ कह सकत हैं के मैंने इन्नें झें डांग में पहुँचाओ है, पर मैं जे बात किन ते कहूँ...मेरोऊ तो घर उजड़... गओ।...इनकी खबर लैवे वारी तैं तौ है, पर मेरो तौ कोऊ खबर लैने वारोऊ नाय है गंगा बेटी!"

अबतक वहाँ का वातावरण बिल्कुल शांत था, लेकिन रामचन्द की बातों से वातावरण ग़मगीन हो गया। वे लोग पहले से ही चुप थे लेकिन अब गंगाश्री भी गहरी साँस लेकर रह गयी। वह अपने चारों ओर खड़े करदई के घने छतनार पेड़ों से फूट रही एक खास तरह की गन्ध को अनुभव कर रही थी। उसने फिर एक बार रामचन्द को देखा तो वह बड़ा निरीह लगा। फिर उसे यह भी अनुभव हुआ कि जो कुछ हो गया है या और होने जा रहा है उसके लिए किसी एक ही आदमी को दोषी करार देना ठीक नहीं है। रामचन्द में चाहे कैसा ही खोट रहा हो वह आज भी उनके कन्धों से कन्धा मिला के तो खड़ा है। उन्हें डांग में धकेल कर कहीं चला तो नहीं गया।.

"तुम सब कहो तौ मैं नरवर के दरोगा ते बात करों?...पहले तौ वो खुदई एक बेर आओ हो।...भरोसा दैके गओ हो, तब!"

गंगाश्री ने बड़े नपे-तुले शब्दों में कहा तो वे सब चौंककर रह गये और फिर

एक दूसरे का मुँह ताकने लगे।

जब वे सब आलू-गोभी की सूखी तरकारी के साथ गंगाश्री के हाथ की पूड़ियाँ उड़ा रहे थे तब तक उन से दूर प्रीतम अपनी उसी दोनाली टोपीदार बन्दूक को थामे मुस्तैदी के साथ उस स्थान पर खड़ा था, जहाँ से नीचे का सम्पूर्ण दृश्य दीख रहा था। टेकरी पर आता कोई भी व्यक्ति दूर से ही दिखाई दे सकता था। अब गोविंद अपनी दोनाली के साथ वहाँ जा खड़ा हुआ था और प्रीतम को उसने पूड़ियाँ खाने के लिए गंगाश्री के पास भेज दिया था। गंगाश्री ने आलू-गोभी की तरकारी के साथ पूड़ियाँ उसे दे दी। लेकिन ठीक उसी समय थूक का एक बड़ा गोला उसके गले में अटका हुआ था। वह कोशिश करने पर भी उसे निगल नहीं पा रही थी। यहाँ तक कि उसकी आँखें भर आयी थी। उसे जाने क्यों लगने लगा था कि वे लोग उस रास्ते पर जितना बढ़ चुके हैं शायद उतना ही पीछे मुड़कर जाना कठिन हो जाये। उसे एक जबर्दश्त झटका जैसा लगा...अगर वे पीछे नहीं लौट सके तो उसके पीहर का क्या हाल होगा। बाकी बचा हुआ कुनबा पता नहीं कहाँ-कहाँ धक्के खाता फिरेगा...उनमें कोई ऐसा नहीं है जो अपने आपको भी संभाल सके।...बैरी भाग्य ने कैसी चाल खेली है इन सबके साथ। मौत के ठ़ीक मुहाने पर ला खड़ा किया है, बिना कसूर के सब को।...अगर यही लोग पुलिस में होते-सैना में होते तो क्या नहीं कर सकते थे अपने लोगों के लिए...अपने देश के लिए?...

"दरोगा के मन में का बसी है, जे को जान पावैगो? कहूँ ऐसो न है जाये के हमन को झें जंगल में लाय के वो गोली मार देय और अपने नाम एनकांउटर लिखाय लेय।...आजकल बागिन को नाम सुनके बहुत से थानेदारन के मुँह में पानी आ जात है। फरजी मुठभेड़ बता के खूब इनाम पा जात है और तरक्की मिलत है सो अलग।"

राजाने निहायत संतुलित स्वर में कहा लेकिन सुनकर गंगाश्री को एक जोरदार झटका और लगा। वह अचरज के साथ उसे देखती रही और सोचती रही। क्या सचमुच उसका राजा इन कुछ ही दिनों में इतना समझदार हो गया है। यह बात राजा से पहले उसकी खुद की समझ में क्यों नहीं आयी कि आजकल हर पुलिस वाला इस बात के लिए ललचाया-ललचाया-सा रहता है कि कैसे भी उसे बागी मारने का झूठा श्रेय मिल जाये और वह उसकी इनाम पा जाये। लेकिन गंगाश्री को कुछ और बात के लिए ही गहरा आघात लगा था। वह ऐसे राजा को नहीं पहचान पा रही थी जो इतने कम समय में ही छल-प्रपंच को भेद जाने वाली ऐसी समझ पा गया हो। उसका मन उसके निश्छल पन के उस अल्हड़ व्यवहार देखने का इतना आदी था कि अब उसमें राजा की अन्य कोई छबि नहीं समा पा रही थी।...फिर उसे यह भी मालूम था कि जिस जिन्दगी के मोड़ पर वे आ खड़े हुए हैं, वहाँ पहुँचकर कोई भी अपने मूलस्वरूप को त्याग देगा। अगर नहीं त्यागेगा तो जिन्दा कैसे रहेगा?

"जो तोय भरोसा होय तौ हम सब अबैई दरोगा के झें जाबे को तैयार हैं।..."

अबकी बार राजा ने नहीं कहा था, ये बात देरू ने कही थी और कुछ ऐसे कही थी कि उससे गंगाश्री के प्रति ही उसका विश्वास प्रगट नहीं हो रहा था बल्कि उसका खुद का आत्मविश्वास भी प्रगट हो रहा था। लेकिन उसकी बात सुनते ही एक बार फिर खुद गंगाश्री का आत्मविश्वास डगमगा गया था। अगर दरोगा ने कपट किया और उसके भाइयों को जो कुछ हो गया तो दुनिया को वह कैसे मुँह दिखाएगी। उसे यह भी लग रहा था कि उसकी समझदारी पर आज पहली बार देरू उँगली उठा रहा है। प्रश्नचिन्ह लगा रहा है और सबसे खास बात ये है कि उसे कतई बुरा नहीं लग रहा है।

"वा के मन में का बसी है सो वो ही जाने। वा की थाह और कोऊ कैसे लै सकत है। वैसे वो अपने आप मेये झें आओ हो। आतई आत पांव छुये और कह रओ हों के तैं मेई सगी भैंन ते ज्यादा सगी है,...बस तै जे एकई काम करा दै।...अपये भैयन को थाने में हाजिर करा दै कैसेऊ!...पूरो इलाका तेयो गुन मानैगो मेई भैंना!..."

उसने कहा और वे सब एक साथ हँसने लगे।

"जीजी! तैं बुरो मान जागी, फेर एक बात तौ हमऊँ कहैंगे। वो पहलें तो ऊँची जाति को है और फेर पुलिस वारो। तेये पांव काऊ स्वारथ तेई छुये हौंगे वाने।.."

प्रीतम ने कहा तो उन सबने मानो मौन स्वीकृति दी! गंगाश्री कुछ समय तक अवाक आश्चर्य चकित उन सबकी ओर देखती रही।

थोड़ी देरे के बाद वह चुपचाप उठकर वहाँ से चली आयी। राजा बन्दूक लेकर उसके पीछे-पीछे काफी दूर तक गया और अन्त में एक पेड़ के नीचे खड़ा होकर उसे जाता देखता रहा।

16

शेरनी के पुरा की चहल-पहल, उछल-कूद, हँसी-मजाक, लड़ने-झगड़ने आदि को मानो पूरे तौर पर लकवा मार गया था। चारो तरफ सब कुछ उजाड़ और बीरान हुआ पड़ा था। वे सब जवान और हँसमुख चेहरे या तो गायब हो गये थे या फिर कुम्हला गये थे, जिनकी उपस्थिति से पुरा का तिराहा और दूर बाँध तक रौनक रहती थी। कुछ घर पूरी तरह से तवाह हो गये थे और उजड़े हुए पड़े थे। वहीं अन्य घरों में ज्यादातर समय तक सन्नाटा पसरा रहता था। पुलिस अक्सर आती-जाती रहती थी। वे किसी के भी घर में घुस जाते। अगर घरों में न भी घुसते तो वे जहाँ रुकते वहाँ के लोगों की जान सामत में आ जाती। उन्हें खड़ा देखते ही फौरन आस-पास के घरों में खलबली मच जाती। फौरन चारपाइयाँ बाहर पड़ने लगती। घर में दूध-दही

जो भी हो वह उनके स्वागत के लिए फौरन हाज़िर होता। उस समय आदमी-आदमी के रिश्ते बड़े नाज़ुक दौर में पहुँच गये थे। जो आदमी न कुछ बात पर किसी से खुन्नस मान जाये, वह लुक-छिपकर थाने तक जा पहुँचता और बेहिचक होकर थानेदार को बताता कि उसके अमुक पड़ोसी के यहाँ कल रात को राजा आया था। थानेदार आलोक चौधरी उस समय इस कदर कान का कच्चा हो चला था कि कोई सपने में भी राजा, देरू, गोविंद, प्रीतम आदि का नाम ले दे तो भी उठते-उठते ही वह वर्दी पहनने लगता और आरसी गाँव में आते ही लोगों पर लट्ठ बजवाने लगता था। पीटने से मन नहीं भरे तो रस्सी में बाँध कर थाने तक ले जाता। हवालात में बन्द कर देता।...बाद में ले-दे कर छोड़ता।

ऐसी घटनाएँ निरन्तर बढ़ती जा रही थी और उनकी खबर डांग तक भी पहुँच रही थी। डांग में उतरे उन छः लोगों की मानसिकता मजबूरी के अधीन होती जा रही थी। अब तक उनका यह विश्वास धूमिल होने लगा था कि कोई ने कोई सूरत ऐसी पैदा होगी कि वे फिर अपने समाज का अंग बन जायेंगे। चाहे भले ही वह रास्ता थोड़ा लम्बा हो और पुलिस की हवालात और कोर्ट द्वारा मुकर्रर की गयी सजा काटने के बाद हो। लेकिन अब वे ऐसा नहीं सोच रहे थे। एक टोपीदार बन्दूक उन्हें उपहार में मिल गयी थी और एक बारह बोर दोनाली जंगल में लूट ली थी और उसी दिन उन्होंने अपने गैंग का लीडर रामचन्द को चुन लिया था। रामचन्द बहुत पहले ईश्वरलाल के साथ लट्टू-गट्टू के गैंग में रहा था। उसके उस अनुभव का लाभ उठाने के उद्देश्य से उन्होंने रामचन्द को अपना मुखिया मान लिया था।

रामचन्द के लीडर बनते ही गैंग ने कई घटनाओं को तड़ा-तड़ अंजाम दिया। ग्वालियर से नरवर के रास्ते शिवपुरी जाने वाली अलग-अलग तारीखों में दो बसें लूटली। एक बस में बैठा एक पुलिस का सिपाही मारा गया और दूसरी बस में एक पकड़ की जिसकी बाद में हत्या कर दी गयी।...पास के जंगल से घास कटाई में लगे सेना के दो जवानों की रायफलें छीन ली और नतीजा यह कि इस क्षेत्र और जिले में ही नहीं बल्कि पूरे सम्भाग में तहलका मच गया। हर स्तर पर पुलिस आलस्य त्याग कर एकदम चाक चौबन्द दिखाई देने लगी। तड़ा-तड़ केस तैयार किये जाने लगे और इनाम घोषित कर दिये गये—गैंग के मुखिया पर एक लाख का इनाम और अन्य सब पर पचास-पचास हजार का इनाम!

डकैतों के मामले में इनाम का ईजाद जिस आदमी ने किया होगा वह बहुत ही पहुँचा हुआ उस्ताद रहा होगा। इस तरह की इनाम का बहुपक्षीय प्रभाव देखते ही बनता है। एक ओर तो पुलिस सक्रियता बढ़ जाती है और आजकल जब पुरस्कार के साथ वारी से पूर्व सेवा वृद्धि की भी घोषणा कर दी जाती है तब तो फिर कहना ही क्या? इनाम का मनोविज्ञान पुलिस पर पूरी तरह से हावी हो जाता है। कुछ लोग तो उसे किसी विधि या किसी कीमत पर हासिल करना चाहते हैं...और उधर डाकूदल

पर भी इसका प्रभाव कुछ अलग ही तरह का नज़र आने लगता है। जितना ऊँचा इनाम उतना ही ऊँचा डाकू। कभी-कभी तो डाकू को ही अपने ऊपर घोषित इनाम की बात सुनकर हँसी आने लगती है...तब उसकी निर्भीकता और भी बढ़ जाती है नृशंसता की फिर कोई सीमा और समय नहीं रह जाता।...उधर जनता पर भी इनाम का मनोविज्ञान हावी होता है। कुछ सीमा और समय तक लोग भयभीत होते हैं और फिर डाकू को अविजित मानकर स्वतः ही उसके पक्ष में राय बनने लगती है। लोग उनकी मदद करते हैं और उनसे लाभ उठाते हैं और पुलिस के सामने अनभिज्ञ बने रहते हैं...।

अब रामचन्द का गैंग शेरनी के पुरा पर दिन में खुले आम आने लगा था।

वे आते तो सबसे पहले उनकी खबर लेते जो छोटी-छोटी बातों पर थाने तक दौड़े-दौड़े जाने के आदी हो गये थे। वे जब उन्हें घरों से खींचकर बाहर लाते तो अच्छे-अच्छों की धोती गीली हो जाती। वे रिरियाकर उनके पैरों पर गिर-गिर पड़ते और अपनी गलती पर पछताते, वादा करते कि अब कभी भूलकर किसी की शिकायत लेकर थाने नहीं जायेंगे।...बाद में वे लोग उन्हें हिदायत देकर छोड़ देते थे। लेकिन वे सब जानते थे कि गाँव भर में मात्र दो ही घर हैं जिनके तार भैंसगाँव थाने के दरोगा आलोक चौधरी से सीधे जुड़े हुए हैं। उनमें से एक घर तो देरू और राजा के ताऊ सोने राम का है। उनका छोटा बेटा रामसेवक का थाने में रोज का आना-जाना है। उसकी घरवाली भी ग्रामरक्षा समिति में है और प्रायः थाने में जाती आती रहती है; और वही दोनों गाँव के बारे में दरोगा को गलत सूचनाएँ देते रहते हैं।...उधर गढ़ी के तार भी न केवल थाने से बल्कि पूरे पुलिस विभाग से जुड़े हुए हैं। गढ़ी की ओर से ऐसी खुराफ़ात श्रीकृष्ण पण्डित करता रहता है।...इस तरह की ढेर सारी जानकारियाँ उन लोगों के पास थी।

लेकिन काफी सोच-विचार के बाद राजा उस दिन अपने ताऊ सोनेराम पाल के घर में घुसा।

वह फौज की वर्दी पहने था और फौजियों से छीनी हुई एक रायफल उसके हाथ में थी। इतने ही दिनों में उसका चेहरा-मुहरा काफ़ी कुछ बदल गया था। रंग वैसे भी दबता हुआ था, अब लगभग तांबई हो गया था। बड़ी-बड़ी आँखों में खासा रंगीलापन आ गया था। अब वह मुस्कराता कम था, गुर्राता ज्यादा था। पहले तो आँगन में आते-आते ही उसने अपनी ताई और ताऊ के पैर छू लिए। सोनेराम का प्यार उसके प्रति उमड़ आया था। आँखें डबडबा आयीं और गला रुंध गया था। लपक कर उसने आँगन में खाट बिछा दी थी। राजा उसपर बैठ गया तो उसे वह बड़ी हसरत के साथ देखता रह गया। उसे मालूम था कि उसका छोटा बेटा ऊपर अटारी में बैठा है और उसके पास पुलिस के द्वारा दी गयी माउज़र (पचफैरा) और ढेर सारी गोलियाँ हैं और वह इसी राजा से सबसे ज्यादा .खार खाए बैठा है। पहले तो वह किसी अनहोनी की कल्पना करके अन्दर ही अन्दर काँपने लगा था; लेकिन फिर तुरन्त ही

संभल भी गया। फौरन सोच लिया कि राम में इतनी हिम्मत कहाँ से आयी। जो खाट पर आँगन में बैठा है वह अब वही राजा नहीं रह गया है जो कुछ महीना पहले तक इन घरों में मरियल-सा घूमा करता था। आज तो उसे देखते ही अच्छे-अच्छों की रूह काँपने लगती है।

"ताऊ, तुम रामसेवक को समझाओ, खूब आंधी पेलरओ है! गाँव वारे परेशान हैं। थाने जाके गाँव वारन की चुगली खात है।...तुम इलाज करो वा को। तुम नाय करौगे तो कोऊ और को करनो परैगो.. तौ फिर तूमें अच्छो नाय लगैगो!"

उसने कुछ ऐसे कहा कि सुनकर सोनेराम का थूक सूखने लगा।

उसका भरा-भरा-सा गोल सुर्ख चेहरा देखते ही देखते पीला पड़ गया ऐसा लग रहा था कि अधेड़ बड़ी-बड़ी आँखों की खाकी पुतलियाँ मानो आतंक के मारे निकलकर बाहर आ पड़ेगी। उसका थूक सूख गया था और कोशिश करने पर भी बोल नहीं फूट रहा था। दूसरी ओर बरामदे का खम्भा पकड़े उसकी घरवाली खड़ी थी और अपनी सज़ल आँखों को बार-बार साड़ी के ठोक से पोंछ लेती थी। घर का वातावरण कतई सन्नाटे से भर उठा था—कोठे-कोठे और कोने-कोने में सन्नाटा ही सन्नाटा।

उस सन्नाटे से अब राजा भी ऊब गया था। ताऊ-ताई की दशा देखकर भी वह विचलित हो उठा था। सोच रहा था कि इन निरीह प्राणियों का तो आखिर कोई दोष नहीं है। लेकिन रामसेवक को दी गई उसके गुनाह की हर सजा का भोग उन्हीं को भोगना पड़ेगा। उसी समय रामसेवक के बड़े भाई महावीर का छः साल का लड़का किसी बात पर हँसता हुआ बाहर से आया और दरवाजे पर आकर ठिठक गया। राजा ने उसकी आँखों में उमड़ आये आतंक को पढ़ा तो और ज्यादा विचलित हो उठा। उसने उस लड़के को उँगली के इशारे से बुलाया तो वह डरता-डरता-सा गिन-गिन के पैर रखता हुआ उसके पास आ गया। उसने उसे बाँह पकड़ अपनी ओर खींच लिया और धीरे से उसके गाल को सहला दिया। लड़का अभी भी उसी तरह विस्फारित नेत्रों से उसे देखे जा रहा था।

बड़ी देर के बाद उसके होठ फड़के और मानो जबान खुली—"तैं मेयो राजा काका हैगो?..."

"हौ, मैं राजा हों...!"

उसने कहा तो लड़का फिर उसे उसी तरह से निहारने लगा। मानो वह राजा की बात पर यकीन नहीं कर पा रहा हो। राजा उसकी नज़र पहचानकर उन भावों को पकड़ पा रहा था। लेकिन उसकी समझ में यह नहीं आ रहा था कि वह लड़के को कैसे समझाए कि वह उसका वही राजा काका है। उसका कुछ नहीं बदला है, लेकिन वह यह बात तो शायद अपने आपको भी नहीं समझा पाएगा कि उसका कुछ नहीं बदला है।

उसने फिर हल्के से आवेग के साथ लड़के को अपनी ओर खींच लेना चाहा और कहा—"मैं तेरो वोई राजा काका हों,...पहचान नाय पाओ का?..."

वह कुछ और भी कहना चाहता, लेकिन कह नहीं पाया। उससे पहले ही अटारी के दरवाजे पर हरकत हुई। रामकृष्ण ऊपर से एक सीढ़ी नीचे आकर उसकी ओर माउज़र तानकर खड़ा हो गया और पलभर में उसने पचफैरे का वोल्ट खींच दिया।

राजा ने उसे कनखी से देखा और हल्का-सा मुस्करा दिया।

ऊपर से रामकृष्ण फिर दूँका—"जा मोड़ा कों छोड़ दै! जा कों पकड़ के लैजावो को इरादा है का?...आज तें बच के नही जा पागो झें तें!"

अबकी बार राजा हक्का-बक्का-सा उसकी ओर देखता रह गया। फिर उसने धीरे से लड़के को उसकी दादी की ओर ठेल दिया। वह खाट से उठ खड़ा हुआ। फिर एक बार बांकी नज़र से रामकृष्ण की ओर देखा। खाट की पाटी से टिकी रखी रायफल धीरे से उठाई और एक-एक कदम जमा-जमाकर रखता हुआ वह जीने की ओर बढ़ा और फिर मानो एक-एक सीढ़ी गिन-गिनकर चढ़ने लगा।

वह ऊपर चढ़ने लगा तो रामकृष्ण की हालत बिगड़ने लगी। उसका चेहरा पीला पड़ गया, हाथ काँपने और उसी हालत में चीख उठा—"राजा! अब जो एकऊ पांव आगे धरो तौ मैं गोली मार दूँगो।...रुक जा, राजा! भेंई रुक जा राजा!...

लेकिन राजा पर उसकी चीख का कोई असर नहीं पड़ा। हाँ, रामकृष्ण घबरा कर पीछे को मुड़ा और अटारी में जाकर भी उसी तरह चिल्लाता रहा। इधर नीचे खड़े सोनेराम और उनकी घरवाली घबड़ाने लगे। अन्त में वे दोनों सीढ़ियों तक बढ़ आये। सोनेराम ने फिर आव देखा न, ताव नीचे खड़े-खड़े ही राजा के पैर पकड़ लिए। उसने पैर तो पकड़ लिए लेकिन गला रुंध जाने के कारण कुछ कहते नहीं बना।

लेकिन राजा को मानो बिच्छू ने काट लिया हो। उसने अपने पैर छुड़ा लिए और नीचे आ गया। उन दोनों को एक बार सरसरी नज़र से देखा और जल्दी से उनके घर से निकलकर बाहर आ गया।

17

राजा को मालूम है कि रामसेवक की पत्नी कमला ग्राम रक्षा समिति की सदस्य बनी है। उसको पुलिस ने राइफल चलाने की ट्रेनिंग दी है। रामसेवक के नाम माउजर का लायसेंस बन गया है और सोनेराम ताऊ ने उसे पँचफैरा खरीद दिया है...एक दीवान और दो सिपाहियों की उसके घर पर ड्यूटी रहती है। पुलिस को उसने भरोसा दिलाया है कि होली की पड़वा तक वह राजा के गिरोह को अवश्य पकड़वा देगा।

...राजा ने जब से यह सब सुना है तबसे वह मानो पागल हो रहा है। उठते-बैठते, सोते-जागते; उसे कैसे भी चैन नहीं मिलता है। हर पल मानो वह रामसेवक की याद में बिताता है। उसका बस चले तो किसी भी समय शेरनी के पुरा पर जाकर रामसेवक से निपट ले। उसकी रक्षा के लिए चाहे कितनी ही पुलिस लगी रहे या पूरा गाँव इकट्ठा और एकमत होकर आ जाये; फिर भी उसे वह छोड़ेगा नहीं।

देरू उसे खूब समझा चुका है कि ये मामला अपने घर का ही है। जो सुनेगा, वही बुरा बताएगा। ईश्वरलाल को हम लोगों ने मारा तो लोगों को अच्छा ही लगा था, क्योंकि उसके कामों से लोग खुश नहीं थे। लेकिन रामसेवक हम लोगों से ज़रूर चिढ़ा हुआ है फिर भी गाँव वाले उससे तंग नही हैं, इसलिए वे हमारे द्वारा उसे मारे जाने पर वे खुश नहीं होंगे। इसीलिए देरू चाहता था कि रामसेवक को जान से मार देने का निर्णय उन्हें अभी तो टाल ही देना चाहिए।

"राजा देख, जो मामलो अपनेई घर को है। ताऊ-ताई ने तौ हमाओ नुकसान कबऊँ सोचो तक नाय होगो और जा बात की असली सजा बिनेंई मिलैगी। तैं कहे तौ मैं एक बेर जाके वाकों समझा आऊँ?...ताऊ के संग बिठा के बात करी जा सकत है।"

देरू ने कहा तो राजा मानो उफन पड़ा। उसे देखने वाला कोई समझ सकता था कि वह अपने बड़े भाई का लिहाज कर रहा है, वर्ना तो अब तक किसी और पर तो फट पड़ा होता। वह रामसेवक के बारे में किसी से ऐसी बात सुन ही नहीं सकता था। फिर भी उसने अन्त में देरू से कह ही दिया—"तैं कऊँ नई जा! पहलें एक दिना जब मैं ताऊ के घर में बिन के पास बैठो हो तो मोपे माउज़र तान के खड़ो है गओ। जो ताऊ ने मेये पांव नाय पकरे होते तौ वा दिना छोड़ तौ नाय ससुर को ...और अब नाय छोड़ौगो। तें कान खोल के सुन लै, वाने गैंग को पकड़वाने की मियादि होली की पड़वा तक की पुलिस कों दई है। मैं वा को पड़वा तलक छोड़ रओ हों...कल पूनो है और परसों होली की पड़वा है। दौज के दिना मारौगा मैं वा कों... ।"

बस राजा की यही आदत और अदा थी। वह जो करता था वह इसी तरह छेता धरकर करता था। इसी तरह खम ठोंक कर करता था। फिर किसी की हिम्मत नहीं होती थी कि उस को टस से मस कर सके। एक बार समझा सके।...या छेता थोड़ो आगे को बढ़वा सके।

पड़वा के दिन वे लोग गाँव में होली खेलने जाने वाले थे लेकिन देरू ने नहीं जाने दिया। उसे मालूम था कि तीन पुलिस वाले उसके ताऊ की अटारी में होंगे, दश-बारह एस.ए.एफ. के जवान गढ़ी में रहते हैं और उतने ही बाँध के रेस्टहाउस में। ऐसे में अगर गाँव में राजा कुछ कर बैठा तो लेने के देने पड़ जायेंगे। भागे डांग नहीं मिलेगी। उन लोगों ने देरू की बात मानकर होली डांग में ही खेली थी। और खूब जमकर खेली थी। लेकिन शाम होते ही वे गाँव में आ गये थे और मुख्य-मुख्य घरों में होली मिलने भी गये थे।

शाम का खाना खा-खा कर हमेशा की तरह लोग बरगद के पेड़ के नीचे इकट्ठे होने लगे थे। वहाँ रातभर फाग होने थे। अनेक ढोलकें, कई नगड़ियाँ, मंजीरे, खड़ताले, झीके...गाने और नाचने वाले अनेक। उन लोगों को पता था कि उस दिन के फाग में रामसेवक ज़रूर नाचेगा, लेकिन वह वहाँ नहीं आया। क्योंकि उसे पता लग गया था कि गैंग के सब लोग गाँव में आ चुके है। फिर भी वे लोग गाँववालों के बीच में अलग-अलग मौका देखकर बैठ गये थे। जिन लोगों ने राजा को पहचान लिया था। उनमें से कुछ तो बेहद डरे हुए थे और कुछ अन्य लोग जो डरे हुए नहीं थे वे उससे नाचने को कह रहे थे और उन लोगों को ताज्जुब तब हुआ जब राजा सचमुच नाचने को राजी हो गया। फौरन उसके लिए साड़ी-ब्लाऊज लाए गये। उन्हें पहनकर जब वह नाचने को खड़ा हुआ तो उसके प्रति आतंक और माधुर्य के भाव कुछ ऐसे घुलमिल गये थे जो पहले कभी किसी के प्रति नहीं देखे गये थे।

वह काफ़ी देर तक नाचता रहा और जब पहली बार नाचकर बैठा तो लोगों ने प्रशंसा की। चुपचाप, एक-दूसरे के कान में फुसफुसाते हुए या इशारों-इशारों में बतियाते हुए वे राजा की प्रशंसा कर रहे थे। कुछ लोग चुपके-चुपके कह रहे थे कि कैसी कुमति ने घेरा था बेचारों को जो घर-द्वार उजड़ गये, परिवार वाले मारे-मारे डोल रहे हैं। सब कुछ उजड़ गया, कैसे खाते-पीते, हँसते-खेलते लोग देखते ही देखते बारह बाट हो गये। लेकिन राजा न तो किसी की बात सुन रहा था और न किसी के चेहरे पर लिखे भाव को पहचानने की कोशिश कर रहा। वह नाच रहा था तब भी और नाचकर फारिग हुआ तब भी, उसकी नजर अपने ताऊ के घर के दरवाजे पर लगी हुई थी।

उधर देरू जब उसे नाचते हुए देख रहा था और सोच रहा था कि यह ठीक ही हो कि राजा नाचने-गाने में लगा रहे और उसका ध्यान रामसेवक से हट जाये। या फिर कल पूरे दिन रामसवेक अपने घर से बाहर दिखाई न दे तो भी उसकी अनी टल जायेगी।...एक-दो बार उसके मन में यह विचार भी आया कि वह चुपचाप उठकर ताऊ के घर चला जाये और उनसे कहे कि जैसे भी हो तैसे वे रामसेवक को कुछ दिन के लिए गायब कर दें; वर्ना राजा उसे छोड़ने वाला अब नहीं है। लेकिन वह देख रहा था कि राजा की नज़र बराबर ताऊ के घर के दरवाजे पर ही लगी हुई है। और अगर उसने उसे वहाँ जाते देख लिया तो ग़ज़ब हो जायेगा। हो सकता है कि वह उसी को मारने पर तुल आये। इसलिए वह चुपचाप आगे जो होने जा रहा था उराके इन्तजार में दम साधकर बैठा रहा।

सवेरे जब दिन निकलने को था तब फाग बन्द हुए। फाग बन्द हुआ और लोग उठ-उठकर अपने-अपने घर को जाने लगे। तभी एका-एक राजा ने देखा कि उसके ताऊ के घर से रामसेवक निकला है। उसके हाथ में पानी का लोटा था और मुँह से अंगौछा लपेटा हुआ था। वह जल्दी से सड़क पार करके सामने सहराने की गली में खो गया। राजा फौरन समझ गया कि वह दिशामैदान को जा रहा है। फिर

उसने भी देर नहीं की, गोविंद से अपनी राइफल ली और वह जनाने कपड़े पहने हुए सामने की गली से उधर सहराने के पीछे खाली पड़े खेतों की ओर दौड़ चला।

थोड़ी देर के बाद रामसेवक ने अपने पीछे सनसनाहट अनुभव की और चौंककर पीछे देख लिया। देखकर कुछ समझ नहीं पाया। बिना लोटा-पानी के एक औरत, और सो भी ठीक उसके पीछे! सहराने की कोई होती तो वह फौरन पहचान लेता। और होगी भी तो दिन निकल आने पर किसी के पीछे क्यों चलेगी। अब तक उसका दश्त गोल हो गया था और एक अनजाने-सा भय पैरों की ओर से शरीर में धँसता चला आ रहा। इतना घबरा गया था कि अब एक बार फिर से पीछे मुड़कर देखने की हिम्मत नहीं हो रही थी।

तब तक राजा ने साड़ी-ब्लाउज उतारकर फेंक दिये थे। उसने अपनी चाल थोड़ी तेज की और आगे बढ़कर रामसेवक के कन्धे पर हाथ रखा और बोला—"रामसेवक, पहचानो! मैं राजा हों। कल होली की पड़वा निकल गयी, तें गैंग नाय पकड़वा पाओ। आज दौज है, मैं तेरे को मारूंगो!..."

वह हड़बड़ा कर भागा तो खेत की मेड़ से नीचे आ गिरा। फिर उठकर सामने की ओर भागा लेकिन राजा राइफल ताने हुए उसके पीछे ही लग गया। लेकिन थोड़ी दूर भागकर फिर लौटा और गाँव की ओर भागा। और ठीक मन्दिर के पिछवाड़े जाकर ढेर हो गया। राजा ने उसपर तीन फायर किये—दो आगे की ओर से और एक पीछे पीठ पर। उस समय पूरा गाँव सन्नाटे में डूबा हुआ था—इतना गहरा सन्नाटा कि लोगों का दम घुटने लगे।

और उसी सन्नाटे को मानो चीरते हुए रामचन्द का गैंग गाँव से निकलकर डांग की ओर चला गया।

18

रामसेवक को जिस तरह से मारा गया था उससे पुलिस की काफ़ी किरकिरी हुई थी।

उसके बाद मानो पुलिस सोते से जागी थी—भरपूर नींद लेकर। गैंग को निबटाने के लिए वह कमर कसकर खड़ी थी। अब चारों तरफ पुलिस ही पुलिस नज़र आती थी और योजनाबद्ध गैंग को घेरने और निबटाने की कोशिश थी। अगर गैंग अभी नहीं निबटाया जा सका तो आगे जाकर और भी शक्ति अर्जित कर लेगा और फिर ज्यादा सरदर्द बन सकता है। इसीलिए डाकूओं से निपटने में माहिर लोगों को इस इलाके में लाया जा रहा था। वैसे भी उस गैंग पर खासा इनाम घोषित हो गया था। गैंग के लीडर पर एक लाख का इनाम और अन्य सदस्यों पर बीस से लेकर पचास हजार तक के इनाम। इतना इनाम और साथ ही समयपूर्व प्रमोशन अलग से;

इतना सब तो किसी भी पुलिस कर्मी के मुँह में पानी ला सकता था। कुछ लोग तो इतने मात्र के लिए मौत से लड़ने को भी तैयार हो सकते थे और वैसे भी इधर की पुलिस की एक खास आदत बन चुकी है। फरार आदमी पर जब तक इनाम घोषित न हो जाये तब तक उसकी ओर कोई नजर उठाकर देखता भी नहीं है; लेकिन जब उसपर इनाम घोषित हो जाये तब बहुत सारी आँखें उस पर लगी रहती हैं। हर कोई चाहता है कि वह पका हुआ मिठुआ आम उसकी ही झोली में आ पड़े। शायद इसलिए पुलिस की बोली में 'टपकाना' शब्द खासा मशहूर हो चला है। कोई सीनियर अधिकारी अपने जूनियर से, जो ए.डी. में काम करता हो, बात करता है तब अक्सर कहता है—"तुम लोग वहाँ कर क्या रहे हो आखिर, एक-दो को टपकाओ जल्दी।" कोई जूनियर अपने सीनियर से जब इतना सुन लेता तो मानो उसको पर लग जाते। फिर वह देर नहीं करता और अपने स्वर से वह 'यस सर' वाली ध्वनि निकाल फेंकता और स्वर में थोड़ा कलफ लगाकर फौरन बोलता—'सर' आप फिक्र न करें, ऊपर वाले ने चाहा तो आज रात को ही आपको समाचार मिल जायेगा।...एक-दो नहीं, पूरा गिरोह घाटी में टपका पड़ा मिलेगा...।' फिर वह घर आकर भी भौंरे जैसा गुनगुनाता है। पत्नी देखती है तो आँखों में पहले अचरज और फिर शुद्ध मधु उमड़-उमड़ आता है। अगर बच्चे घर में न हों तो वे दोनो वह कर गुजरें जो रात में ही सम्भव होता है।...पत्नी की जिज्ञासा फिर और भी ज्यादा बढ़ती है। पूछती है—'हुआ क्या है सोतो बताओ!'...वह उसी उमंग के साथ बोलता—'अरे, हुआ नहीं है, आज रात में होगा। आज पूरे गैंग को पके हुए आमों की तरह टपकाना है...।' और वह खील-खील होकर हँसता है।

जैसे पुलिसिया भाषा में 'टपकाना' शब्द बड़ा आम हो गया है वैसे ही यहाँ की जनता की भाषा में 'फर्जीएनकाउन्टर' शब्द खूब रच-बस गया है। और इस प्रकार के एनकाउन्टर के क्षेत्र में कुछ पुलिस अधिकारी काफी सोहरत पा चुके हैं। लेकिन यह खेल मुख्यरूप से मुखबिरों के माध्यम से ही खेला जाता है। लेकिन मुखबिर का अब पहले वाला अर्थ नहीं रह गया है। उसकी कार्य शैली भी पूरी तरह बदल गयी है। अब उन्हें भुगतान भी अच्छा होता है और काम भी वह जिसमें खतरा ही खतरा। अब अमूमन हर केस में मुखबिर ही बागी को मार आता है और जितना जल्दी सम्भव हो पुलिस केम्प में सूचना देता है। बाकी सब काम पुलिस करती है। अर्थात् लाश को शीघ्रता से उठाकर जंगल में ले जाना। उसपर चन्द गोलियाँ खर्च करना और उससे भी ज्यादा तत्परता से मीडिया के हवाले खबर करना। इस कामके लिए हमेशा बने बनाए मुखबिर नहीं मिलते हैं बल्कि कभी-कभी तैयार किये जाते हैं।

ऐसे मुखबिरों में से ही एक था प्रतापसिंह पाल।

यह घटना उस समय की है जब रामचन्द पाल के गैंग को निबटाने के लिए पुलिस जी-जान से लगी थी।

उसदिन ग्वालियर ए.डी की एक टीम के कुछ सदस्य, ए.बी.रोड के एक तिराहे पर खड़े थे। उन्हें लेकर नरवर जा रही जीप खराब हो गई थी। इसलिए शिवपुरी से नरवर जा रही बस के वहाँ खड़े होते ही वे सब भरभराकर उसमें चढ़ गये। टी.आई. आदित्यसिंह सबसे आगे वाली सीट पर बैठे थे और एस.आई.जयवीर सिंह उसके बाद वाली चौथी सीट पर बैठे थे। अन्य लोगों में से, जिसको जहाँ जगह मिली वह वहाँ बैठ गया। एस.आई की बगल में उसी की उम्र का और अच्छे कद काठी का साफ-सुथरा-सा छोकरा बैठा था। वह एस.आई.को और अन्य पुलिस के जवानों को भी गहरी उत्कंठा से देखता और अगर कोई अन्य उसको उसी तरह से देखने लगे तो वह सहम जाता था और नज़र मोड़कर बगल की खिड़की के बाहर देखने लगता था।

"तुम कहाँ जाओगे?...

एस.आई. जयवीरसिंह ने उसे घूरा और पूछ लिया उससे!

"मैं...मैं तो नरवर जाऊँगो!..."

उसके स्वर में एक खास तरह की खनक थी और भाषा में पंचमहली महक। एकबार फिर एस.आई. ने उसे सतर्क दृष्टि से देखा।

"क्या नाम है...?"

"प्रताप...प्रतापसिंह पाल!"

उसने अपना नाम बताया तो एस.आई और भी अधिक सतर्क हुआ—सतर्क और सचेष्ट भी। लेकिन लड़के को कहीं पता न चल जाये कि वह उसमें रुचि ले रहा है इसलिए वह भी खिड़की के बाहर देखने की कोशिश करने लगा।

फिर उधर से नज़र समेटते हुए उस पर टिका दी और फिर पूछा—"तुम ऐसे उदास-उदास कैसे दिखाई दे रहे हो? कोई बात है क्या?"

"नाऽऽय, सो कोऊ बात नाय है।...बात असल में जे है के मैं पुलिस की नौकरी के लयें तरस के रह गओ हों। दो साल ते न जाने कितनी भर्ती देखी है, फेर कऊँ लाग नाय लगी। आजऊ एस.ए.एफ. की भर्ती ते वापस आ रओ हो। मोते गये गुजरे मोड़ा सलेक्ट है गये और अपनु फेर टापत भये रह गये।" यह कहकर वह हँसा—निहायत फीकी हँसी।

एस.आई. ने फिर उसे घूरा। वह फौरन ताड़ गया कि इस छोकरे पर दाँव लगाया जा सकता। यही गैंग का सफाया करवाने में बड़ी भूमिका निभा सकता है। एक तो उसी बिरादारी का है इसलिए गैंग के लोग इसका भरोसा करके फँस सकते हैं और दूसरी बात ये कि यह पुलिस की नौकरी की खातिर कुछ भी करने को तैयार हो सकता है।

एस.आई. फौरन उसे चारा डालने को तत्पर हुआ। बोला—"देखो, ये काम आजकल बिना सोर्स सिफ़ारिश के होना मुश्किल है। तुम किसी से मिलते-जुलते तो तुम भी अब तक निकल गये होते।...तुम इधर रहने वाले कहाँ के हो?"

"मैं डबरा के पास लिली का हूँ,... ।"

"अरे, लिली तो हमारे गाँव के पास है, मैं श्यामना का हूँ?

"अरे, पटेल साहब के...जयवीर आप कोई नाम है?

"हौ, मेरा ही नाम है,... ।"

"तौ आप के घर ते तौ हमाओ रिश्ता है।"

"आप की दादी मेये दादा की मुँह जोली भैंन तीं।...वे विन्नें 'भात' पहरावे जात हें और वे विनकों राखी बाँधत तीं।"

एस.आई. जयवीरसिंह ने उसके मुँह रो अपनी दादी और उसके दादा का रिश्ता सुना तो चौंक गया। सच में ये रिश्ता तो उसने भी अपने घर में कई बार सुना है। उसने सुना ही नहीं है बल्कि पूरे इलाके में चर्चित रहा है, यह रिश्ता। अब उसके मन में दुबिधा पैदा हुई। सोचने लगा कि जिस काम के लिए वह उसका इस्तेमाल करना चाहता है वह न करे। वैसे पुलिस में उसकी नौकरी की बावत हर सम्भव कोशिश करे।...फिर यह भी सोचा कि यह लड़का गैंग को ठिकाने लगाने में अगर पुलिस की मदद करता भी है और नौकरी पा जाता है तो उसका कोई क्या बिगाड़ लेगा। जहाँ तक बात उसके संरक्षण की है तो उसके लिए पुलिस का हर अधिकारी तैयार रहता है।

"...वैसे अगर तुम कहो तो पुलिस की नौकरी पाने में मैं तुम्हारी मदद कर सकता हूँ।"

उसने थोड़ी देर के बाद कहा तो लड़के के चेहरे की रंगत बदल गयी। वह अन्दर से गदगद होता हुआ बोला–"अबकी बेर भरती होगी तब मैं आप ते मिलूँगो।"

अबकी बार एस.आई. तनिक लापरवाही से हँसा। हँसा और बोला–"अरे, इसमें भरती की क्या बात है, एस.पी.साहब चाहें तो बिना भरती के ही किसी को पुलिस का सिपाही बना दें।...अच्छा, तुम ऐसा करो, कल दोपहर को बाँध के रेस्ट हाउस में आ जाओ। वहाँ कल एस.पी. और डी.आई.जी. साहब आ रहे हैं। मैं टी. आई.साहब से आज ही बातकर लूँगा। अगर ऊपर वाले ने चाहा तो कल ही तुम्हें पुलिस की नौकरी मिल जायेगी।...लेकिन एक बात याद रखना, इस बात की किसी को भी खबर न हो।"

सुनकर प्रताप का चेहरा खिल उठा। अब उसने तय कर लिया कि आज नरवर में ही अपनी मौसी के घर रुक जायेगा। पहले तो अब इस समय उधर डबरा की ओर जाने वाली कोई बस भी नहीं होगी और फिर कल जब वापस ही आना है तो फिर घर जाना ही व्यर्थ है।

अब बस नरवर पहुँच चुकी थी और लोढ़ी माता तिराहे पर रुकी थी।

वह एस.आई. को हाथ जोड़कर बस से नीचे आ गया। दिन बीतने की अन्तिम घड़ियों का सूरज किले वाली पहाड़िया के पीछे छिप गया है। पहाड़िया के

दक्षिण-पूर्वी छोर से होकर सूरज की रक्तिम किरणें फिर भी लुका छिपी का खेल खेल रही हैं। किले वाली पहाड़िया के पूर्व में एक अन्य पहाड़िया है। उसपर लोड़ी माता का मन्दिर है। वह मन्दिर भी एक तरह से लाल रंग से रंग गया है। बस आगे बढ़ गयी और प्रताप अब भी उसी लोड़ी माता के मन्दिर की ओर टकटकी लगाए देख रहा है। इस मन्दिर की इधर के इलाके में काफी मान्यता है। लोड़ी माँ की पूजा के लिए दूर-दूर से लोग आते हैं।...

अगले दिन बाँध के रेस्टहाउस पर प्रताप की एस.आई.,टी.आयी,एस.पी. और डी.आई.जी. से क्या-क्या बातें हुई, उसे क्या-क्या आश्वासन मिले और उससे क्या-क्या चाहा गया; यह किसी को आज तक नहीं मालूम हुआ है। अगर लोगों को मालूम हुआ तो यह कि प्रताप ने दूध का काम करना छोड़ दिया है और शहर में कोई अन्य काम पकड़ लिया है।...वह कई-कई दिनों तक घर नहीं आता था और जब आता था तब पहले से ज्यादा धुला-मजा-सा आता था। हर किसी से बात नहीं करता था और अगर किसी से बात करता भी था तो बड़े सन्तुलन और सावधानी के साथ।

उसके एक-डेढ़ महीने बाद एक दिन अखबारों में यह खबर छपी की बागी रामचन्द पाल मारा गया। उसको उसके तीन अन्य साथियों के सहित टी.आई. आदित्यसिंह और उनकी टीम ने मार गिराया और उसके दो दिन बाद गाँव में प्रतापसिंह के घर पर पुलिस का पहरा लग गया। तभी इलाके भर में यह बात तेजी से फैलने लगी कि रामचन्द और उसके गैंग के लोगों को पुलिस ने नहीं प्रताप ने मारा था। बाद में उसके पूरे परिवार को गाँव से हटाकर शहर में कहीं रखा गया था।

फिर गाँव वालों को प्रतापसिंह जब भी मिला तब शहर या डांग में ही मिला और पुलिस की वर्दी में एस.एल.आर के साथ ही मिला।

19

उस दिन खोह में कदम रखते ही राजा ने अपने हाथ का माउज़र एक ओर फेंक दिया और प्लास्टिक की कट्टिया उठाकर उससे गटागट पानी पी गया।

पानी पी लेने पर भी उसके चेहरे की तमतमाहट कम नहीं हुई। खीझ जस की तस बनी रही। उसकी आँखे सुर्ख हो रही थी और लम्बे चेहरे के चपटे गाल घोर असंतुष्टि जता रहे थे। वह एक विशाल शिलाखण्ड के सहारे धमककर बैठ गया था और खोह से बाहर के सुनसान दृश्य को निहार रहा था। ऐसी हालत में उसके पास जाने से कोई भी आदमी घबराता था। अकेला देरू ही था जो नहीं घबराता था।

क्योंकि उसके पास बड़े भाई का अधिकार ही नहीं अपितु एक निहायत सुलझे हुए, समझदार और सहनशील व्यक्ति के गुण उसमें मौजूद थे। उसने उस हालत में राजा को देखा तो गहरी साँस लेकर छोड़ दी और उसकी बगल में जाकर बैठ गया।

कुछ देर तक वे दोनों लगभग एक ही तरह से उसी चिकने शिलाखण्ड से पीठ टिकाए और आगे को पैर फैलाए बैठे रहे। राजा अपने दोनों हाथ सीने पर कसे हुए कभी बाहर के सूनेपन को देखता और कभी उसके भी आगे नाले के किनारे चरती हुई बकरियों को देखता। उसने भी कभी इसी नाले के पास, इसी घाटी में छेरीं चराई है। वे दिन कितने भले थे—कोई चिन्ता-फिकर नहीं, कोई डर-भय नहीं...किसी को जवाब नहीं देना, कोई दायित्व नहीं निभाना। बकरी यहाँ डांग तक लाने में भले ही आना-कानी, मुनका हुनकी; लेकिन यहाँ आते-आते सब कुछ भूल जाना—फिर कुछ खाने को न मिले तो भी कोई बात नहीं और कोई छेरी चुरा के ले जाये तो भी कोई बात नहीं...मार भी खानी पड़े तो खालेंगे शाम को!...

थोड़ी देर के बाद राजा ने उधर से नजर समेंटकर देरू को देखा तो थोड़ा सहम गया। देरू अभी तक उसी तरह से पैर आगे की ओर फैलाकर और टांगों के बीच में दोनों हाथ दबांए अपने छोटे भाई के चेहरे को लगातार निहारे जा रहा था। अब राजा ने भी अपने सीने पर बाँधकर रखे हाथ खोल लिए थे और अपने पैरों के ऊपर रख लिए थे। देरू ने उसका सीधा हाथ उठाकर अपनी गदेलियों के बीच ले लिया और कुछ देर तक उसे धीरे-धीरे सहलाता रहा। फिर धीरे से ही बोला—"रामचन्द मामा के मर जाने को गम हम सब कों है, फेर जे बात समझवे की है सकत है।. ..जा जिन्दगी में जे सब तौ होनोई है।"

"जे होनो है तौ चलौ, नार में पथरा बाँध के हम सब बाँध में डूब मरें! रामचन्द मामा ते कितनीं बेर कही, पर वो मानो काऊ की बात? तब तौ वो वा मोंड़ा को अपनो सगो बतात हो!"

जब राजा ने कहा तब गोविंद और प्रीतम थोड़ी दूरी बनाकर बैठे थे। संजय खोह से बाहर खड़ा चौकसी कर रहा था। उन सब पर भी उस हादसे का सदमा हाबी था। कुल मिलाकर वे लोग समझ नहीं पा रहे थे कि रामचन्द मामा के बिना ये बागपन कैसे निभेगा। वे मामा को इस क्षेत्र का बहुत होशियार आदमी समझते थे, लेकिन वह भी ऐसा गच्चा खा गया। जिस छोकरे को वे सब पसन्द नहीं कर रहे थे। जो उन्हें शुरू से पुलिस का आदमी लगा था, मामा उसी पर विश्वास कर बैठा। देरू जैसे आदमी की सलाह उसने नहीं मानी और अपनी जान से हाथ धोए सो धोए, गैंग की भी जड़ काट गया।

प्रीतम कुछ देर के बाद एकाएक बोला—"वो मोंड़ा मोय पहले दिन तेई भेदिया लगो हो। जब जेई बात मैने मामा ते कही तो वो उफन पड़ो। बोलो—तें, कबते आदमी को पारखी बन गओ मोंड़ा? जे मोड़ा खूब चलो-फिरो है। और पढ़ो-लिखो

है सो अलग। हम सब तौ निरे अँगूठा टेक हैं–कारो अक्षर भैंस बराबर। कबऊँ जरूरत पड़ैगी तौ काम आयेगो और हथियार चलानोऊ जानत है।"

ये बातें तो रामचन्द सबको समझा चुका था। लेकिन राजा उस बात के लिए रामचन्द मामा को दोषी नहीं मान रहा था। उसका सारा गुस्सा प्रताप के ऊपर ही था। गुस्सा भी कोई मामूली नहीं था। अगर उसे प्रताप कहीं मिल जाये तो मानो कच्चा चबा जाये। वह फिर बोला–"वा महताई के...कों भेंई लिली में जाके न मारो तो असली बाप को जियाओ नाय हों...तुमन देखिओ, वाकी बोटी-बोटी काटके मैंने पंचमहल में नाय बोई तो अपनो नाम बदल दूँगो। पुलिस की गोद में कब तलक पिछो बैठो रहैगो दारी को...।"

देरू को भी उस छोकरे के ऊपर गुस्सा कम नहीं था जो जाति-बिरादरी का होते हुए भी उन्हें इतना बड़ा झाँसा दे गया। मामा की कौन कहे, वह खुद भी प्रताप पर विश्वास करने लगा था। राजा ने अगर उसी दिन उसे न चेताया होता और उसकी बात मानकर उसने मामा के साथ घघैरा की डांग में जाने से मना न किया होता तो वह हादसा और भी जबरदस्त होता। वह छोकरा वहीं पर उन सबको हथियारों के एक बड़े तस्कर से मिलवाने वाला था और कम से कम कीमत में अच्छे किस्म के हथियार दिलवाने वाला था।...लेकिन देरू को खुद भी अन्तिम वक्त पर वह उस छोकरे का रचा जाल ही लगा था और इसीलिए उसने वहाँ जाने से न केवल खुद अपने आपको रोका बल्कि अपने सभी भाइयों को भी नहीं जाने दिया।...मामा बहुत गुस्सा होकर गया था, उस समय केट घघैरा की डांग में जाते समय, यह कहने से भी नहीं चूका–'...आज के बाद तुम्हारो रास्तो अलग और मेओ रास्तो अलग।'

सच में देरू को मामा पर गुस्सा नहीं आ रहा था। बल्कि अपनी नियति पर रोना आ रहा था। वह गया तो ऐसा गया कि पूरा का पूरा रास्ता उन्हीं के लिए छोड़ गया।...

उसने भरी-भरी आँखों से राजा को देखा और कहा–"अबै तैं शांत रह राजा! पजरती आग में कूदवो भली बात नाय है।...तत्ती खावे ते अपनेई हाथ-मुँह, दोनो जरैगे। थोड़ो सिरा के खावो ठीक रहत है।"

देरू ने कहा तो फिर उसके बाद कोई कुछ नहीं बोला। राजा कट्टिया उठा कर फिर से पानी पीने लगा। शायद पानी पीकर वह अपना गुस्सा ठण्डा कर रहा था।

देरू ने उचित मौका देखा और फिर धीरे से बोला–"एक बात तुम सबते और कहनी ती, आजके बाद हमाये गैंग को नेता राजा होगो।..."

यह सुनकर वे सबके सब एक साथ चौंक गये। अचरज के चलते उनके मुँह फटे के फटे रह गये। देरू के रहते उनमें से कोई सोच भी नहीं सकता था कि गैंग का नेता कोई और हो सकता है। पहले भी एक तरह से वही गैंग का नेता था। रामचन्द क्योंकि उम्र और रिश्ते में उन सब से बड़ा था और गैंग में काम करने का

उसका अनुभव पुराना था। इसलिए उसे हाल-फिलहाल लीडर मान लिया गया था। अब जब रामचन्द नहीं रहा था तब देरू बना बनाया नेता था। फिर भी वह राजा को नेता बनाने की बात क्यों कह रहा है, यह किसी की समझ में नहीं आ रहा था। इसका कारण वे जानना चाहते थे लेकिन कोई उससे पूछ नहीं पा रहा था।

अन्त में राजा ने अपने ढंग से ही वह बनने से इनकार कर दिया। वह बोला—"मैं जे नेता-वेता कुछ नाय बन रओ। जे अपनी धर्मशाला तैं अपये पास रख। जे तेओ काम है सो मोय बेबात को थमा रओ है।"

इतना कहकर वह उठकर जाने लगा लेकिन देरू ने बाँह पकड़कर बिठा लिया।

तभी गोविंद मानो उसी के स्वर में स्वर मिलाता हुआ बोला—"और का, राजा सही कह रओ है। तैं तौ हमाओ मुखिया पहले ते बनो बनाओ है। फेर अपनो बोझ राजा पै कायकों धकेल रओ है?"

ऊपर से प्रीतम ने भी जड़ दिया—"और नाय तौका, जब हम सब छोटे ते तब ते तैंई तौ हर खेल में हमाओ लीडर रओ है और अब राजा ते गैंग को लीडर बनवे को कह रओ है, जे का बात है भैया!"

फिर किसी ने कुछ नहीं कहा। उस दिन उस बारे में किसी ने कुछ नहीं कहा तो फिर कभी किसी ने कुछ नहीं कहा। आखिर तक गैंग राजा के नाम से ही जाना जाता रहा, जब कि गैंग का मुख्य कर्ता-धर्ता देरू ही रहा।

20

राजेन्द्र सहरिया यों ही अपने आप गैंग में नहीं आया था। थानेदार ने उसे मजबूर कर दिया था।

पहले तो सुखीराम सहरिया पर थानेदार खूब हाबी रहा। प्रायः रोज ही उसे पकड़वाकर थाने में बिठा लेता था। खूब मार-पीट करता था। पहले तो बन्दूक के बारे में मारता-पीटता था और जेल भेज देने की धमकी देता था। लेकिन सुखीराम ने कभी माना ही नहीं कि उसने बन्दूक डाकूओं को दी है। वह बस एक ही बात कहता था, "महाराज, आप ते इतेक बार कई के जे अपनी माया संभाल लेव, फेर आप जमा करवे कों राजी नाय भए, सो मैं तो बाँध में फेंक आओ वा बीमारी कों।"...एक बार तो थानेदार ने उसके पैर बाँधकर सुखीराम को आम से उलटा लटका दिया था। लेकिन उसने न तो यह स्वीकार किया कि उसने बन्दूक गैंग को दी है और न गैंग के बारे में कुछ भी बताया।... फिर थानेदार सुखीराम से कभी कुछ नहीं बोला। लेकिन उसके लड़के को रोज-रोज बुलाया करे। कभी मार-मारकर गैंग के बारे में पूछा करे और कभी उसे धमकाया करे कि अगर उसने गैंग नहीं पकड़वाया

तो उसे जंगल में लेजाकर गोली मार देगा और सबको बताएगा कि एनकाउन्टर में मारा गया है।...ऐसी ही बहुत सारी बातें थी जिनकी वजह से राजेन्द्र ने फरार होने का मन बना लिया था।

लेकिन वह जिस दिन काला पानी जंगल में गैंग में शामिल होने आया था। देरू और राजा के बीच में काफी कहा-सुनी हुई थी। देरू के अतिरिक्त अन्य कोई राजेन्द्र को गैंग में रखने के लिए सहमत नहीं था। राजा ने साफ कह दिया था कि अगर राजेन्द्र को गैंग में रखा गया तो वह गैंग छोड़कर चला जायेगा लेकिन अन्ततः देरू की अखण्ड चुप्पी ने राजेन्द्र का रास्ता साफ कर दिया। लेकिन उसके बाद भी काफ़ी दिनों तक राजा और राजेन्द्र के बीच खटपट चलती रही। लेकिन राजेन्द्र का व्यवहार एक तो उग्र नहीं था और दूसरे अन्य लोगों के समान ही उसके ऊपर भी छुटपन से देरू के सुलझे हुए गम्भीर व्यक्तित्व का खासा प्रभाव था। इसलिए उन दोनों की खटपट कभी किसी के लिए चिन्ता का विषय नहीं रही। हाँ, राजेन्द्र, जिस दिन से गैंग में आया था उसी दिन से गैंग के हर आदमी के लिए एक अच्छा और विश्वास पात्र सहायक सिद्ध हुआ था। देरू ने उसी दिन से खाना जुटाने या बनाने की जिम्मेदारी उसी को सौंप दी थी।...और एक बात यह भी थी कि जिस क्षेत्र में गैंग की सर्वाधिक आमद रहती थी उसी क्षेत्र के मशहूर गाँव टपरिया में उसकी ननिहाल थी। बचपन में माँ के मर जाने के कारण वह ननिहाल में ही रहा था। अभी कोई दश साल से वह आरसी में रहने लगा था।...वह अकेले देरू के सामने कोई ऐसी-वैसी बात नहीं कहता या करता था वर्ना सभी से सब तरह की बातें कर लेता था। और जिस की जो आवश्यकता होती थी वह उसकी पूर्ति के लिए तत्काल राजी हो जाता था। वह जानता था आदमी के लिए रोटी और औरत बहुत जरूरी दो चीजें हैं। इसलिए उसने राजा और देरू को छोड़कर गोविंद और प्रीतम से और भी घनिष्टता बढ़ा ली और इलाके भर में ऐसे कई ठिकाने बता दिये जहाँ पर उन दोनों चीजों की सहज उपलब्धि सम्भव थी। और जब उन दोनों को जरूरत होती तो वह खुद भी उनके साथ रहता था।...देरू के बारे में वह जानता था कि औरत की भूख उसके अन्दर अब कोई खास नहीं बची है, लेकिन राजा के अन्दर वह भूख है, पर उसके मनपसन्द कोई मिले तब न।...लेकिन हाँ, शारदा तो है उसकी मन पसन्द, लेकिन जबसे फरारी शुरू हुई है तबसे उसने एक बार भी उसका नाम तक नहीं लिया है। और उसकी वजह से खुद राजेन्द्र का टपरिया आना जाना रुक गया। उसके बाप ने उसे डरा रखा है कि वह अगर भूलकर भी शारदा के पास गया तो राजा उसे गोली मारे बिना नहीं छोड़ेगा।... इसीलिए राजेन्द्र चाहता है कि जैसे भी हो तैसे राजा को शारदा से मिलवा दे ताकि उसके बहाने से उसका भी टपरिया में आना-जाना शुरू हो जाये।...

"तेई सौं राजा भैया! वा ठसक की जनीमाँस तैं ने कोऊ दूसरी नाय देखी होगी। मैंने तौ देखी नाय है...तेई आज्ञा होय तौ बात मैं कर सकत हों। बोल, का कहत

है?...वो जमुनिया में आत है, कबऊँ-केबऊँ!"

"काय, खदान कमावे,...?"

"चल, रहनदे, खदान कमावत है वा को सींग!...तेई सौ राजा, तोते वा को मेर असल मिलैगो। देखैगो तो ठगो सो रह जावैगो।...कहो तो जे बागपनई छोड़ देय तैं और वा के संग जोगी बन जाये।"

"तैं अपनो मुँह बन्द कर सकत है के नाय? मोड़ीचोद सहरिया को, का हत्या करवागो मेई। भैया सुनैगो तो बिना गोली मारे नाय मानैगो।...तैं जानत ना है का वा कों?"

"हौ, मैं खूब जानत हों देरू भैया को,...पर वो तौ बाबा है गओ है। वो तुलसी बाबा ने का लिखो है?....'नारि मुई घर संपति नासी, मूड़ मुड़ाय भये संन्यासी!' सो हाल है देरू भैया को!...वैसे तेई नारि जरूल मुई है फेर तैं संन्यासी तौ नाय बनवे चाहत?...बोल, बनवे चाहत है का?..."

"अब तैं टरजा झें ते....।"

"टर कैसे जाओं, तेई कसम राजा भैया, तोय देख-देख के मेओ हिओ फटत है। तैं एक बेर हाँ कहदै, बाकी सब मोपै छोड़। देरू भैया गोली मारैगो तौ मो में मारैगो।...मैं मर जाऊँगो,...और का होगो ज्यादा से ज्यादा!

वे दोनों जमुनिया खोह के पूर्व की ओर की टेकरी के मुहाने पर अपनी-अपनी राइफल थामे बैठे थे। नीचे ही जमुनिया खदान है, उसके आगे अमर नाला और उसके भी पार काले पानी का कटाकट जंगल। बहुत प्यारा दृश्य है—प्यारा और निर्मोही भी। राजा की आँखों में कुछ उमड़कर रह गया-इतना ज्यादा कि राजेंद से छिपा पाना मुश्किल।

"मो ते कोऊ गलती है गयी का?...भें नीचे घाटी में शारदा मिल सकत है।"

"अएऽऽनाय, तोते का गलती होगी रे!...

...कलरात को काफी भाग-दौड़ करनी पड़ी थी। बल्कि कल दिन से ही गैंग एक 'पकड़' के चक्कर में न जाने कहाँ-कहाँ भागा-भागा फिरा और वह भी हाथ नहीं लगी। सब लोग बेहद थके माँदे सवेरा होने से थोड़ा पहले ही अपने ठिया पर आ पाए थे। राजा के शरीर में हल्की-हल्की टूटन और भारी थकान थी; लेकिन राजेद्र सहरिया ने उसके अन्दर कुछ चेंटा-सा दिया था। वह टूटन और थकान तो भूल गया था लेकिन जो उस पर तेज देशी ठर्रा जैसा नशा बनकर छाती जा रही थी वह चीज कुछ और थी। बहुत समय बीत गया--शायद लक्ष्मी की मौत से भी पहले जब से पुलिस के लफड़े लगना शुरू हुए थे—तब से...

वह एकाएक उठ खड़ा हुआ और टेकरी से उतरकर नीचे चला जाना चाहता था। वहाँ जाकर पता लगाना था कि जो आदमी टेकरी गाँव खाना लेने गया था वह लौटकर आया था या नहीं। अब तो भूख भी चरचरा के लगी थी। लेकिन फिर भी वह राजेन्द्र से यह नहीं कह पा रहा था कि चलो, नीचे चलकर खाने के बारे में पता

लगाया जाये। बल्कि वह चाह रहा था कि वह उसी के बारे में कुछ और कहे।

उधर राजेन्द्र के भी अभी मन की नहीं हुई थी, इसलिए वह भी मैदान छोड़ने को राजी नहीं था। अब उसने उसका हाथ पकड़कर कहा—"चल राजा भैया। चलकर घाटी देखी जाये। जो भें मिल जागी तो थोड़ो बोल-बतरा लेंगे, नई तो वापस लौट आंगे।...काऊ कों कानोंकान खबरऊ नाय होगी।"

वे दोनों अनपेक्षित रूप से नीचे जंगल में उतरने लगे और नई खदान को दाईं ओर छोड़ते हुए घाटी के जंगल में प्रवेश कर गये। थोड़ी दूर जंगल में चलकर वे एकाएक रुक गये। वह क्वार का महीना था और इस ऋतु में खैर का जंगल फूलता-फलता है और तीखी कत्थई गन्ध छोड़ता है। लेकिन वे लोग उस गन्ध के कारण नहीं रूके थे; बल्कि उनके आगे की ओर कुछ हल्ला-गुल्ला हो रहा था, उसीको सुनकर वे रुक गए थे। उसे सुनकर लगता था कि कुछ आदमी किसी औरत के साथ छेड़खानी कर रहे हैं और वह औरत इस छेड़खानी का पुरजोर विरोध कर रही है। अब वे दोनों लपकते हुए से उसी ओर बढ़े।

थोड़ा आगे जाकर उन दोनों ने देखा कि दो छोकरे चार-पाँच आदिवासी महिलाओं को ऐसे घेरे खड़े है जैसे हिरणों के एक झुण्ड को दो बाघ घेरे खड़े हों। लेकिन उनमें से एक महिला खुला प्रतिरोध कर रही थी। खूब खरी खोटी सुना रही थी फिर भी वे छोकरे वहाँ से हटने का नाम नहीं ले रहे थे। वे दोनों तेंदू के पेड़ की ओट में खड़े-खड़े वह दृश्य देख रहे थे।

राजेंन्द्र सहरिया ने राजा की बगल में कुहनी अड़ा दी और कहा—"देख लै अपई आँखन ते राजा भैया! जेई है वो...ऊपर वारे ने तेये भाग्य में तौ सब कुछ चुन-चुन के लिखो है। आँखें खोल के देख और परख, तब पतिअइये मेई बातन पै।"

राजा सचमुच उसे देखता ही रह गया। फिर राजेन्द्र के कान के पास मुँह लेजाकर बोला—"और जे मोंड़ा को हैं...?"

"टेकरी गाँव के हैं,...।"

"चल, राइफल उठा और मार इनकी जांगन में गोली,...।"

"अऐऽऽ! तैं का बावरो भओ है राजा! जे अपयें खास आदमिन के मोंड़ा हैं। काऊके जो धोखेऊ ते गोली लग गयी तो गजब हो जागो। अबै जितनी खातिरदारी टेकरी गाँव में हमाई होत है वो सब फिर नाय होनी। ते कहाँ भूलो है राजा भैया। भें चल तौ, वे तोय देखतइ भें ते भागते बनैगे।"

वे दोनों तेंदू के पेड़ के पास से उन सब की ओर चले तब भी शारदा और उन दोनों छोकरों के बीच तकरार जारी थी; लेकिन जैसे ही उन दोनों की नजर राजा और राजेन्द्र पर पड़ी वैसे ही वे दोनो मानो सिर पर पैर रखकर भागे। भागे तो एक बार भी पीछे मुड़कर नहीं देखा।

यह देखकर राजेन्द्र सहरिया हँसना चाहता था, लेकिन उसकी हँसी गोल हो

गयी। उसकी नज़र जब राजा और शारदा पर बारी-बारी से पड़ी तो वह सहम कर चुप खड़ा रह गया। वह जो कुछ सोचकर वहाँ आया था वैसा कुछ नहीं हुआ। उसने सोचा तो यह था कि उसे राजा को शारदा से मिलवाते समय एक लम्बी भूमिका बनानी पड़ेगी और फिर भी शारदा उससे बात करे या न करे। अगर उसने बात नहीं की या बात की लेकिन उसके साथ ही उलटा-सीधा कुछ बोल गयी तो राजा भी पीछे हटने वाला नहीं है। वह कुछ भी कर सकता है—बोली से गोली तक का इस्तेमाल कर सकता है। लेकिन ऐसा वहाँ कुछ नहीं हुआ था। फिर भी जो कुछ हुआ था वह उसकी कल्पना से बाहर था। तब उसकी समझ में आया कि इतनी देर वह भूला कैसे रहा? वे दोनों वहीं पले बढ़े हैं जहाँ वह खुद।

अब वह देख रहा था कि उन दोनों की नज़र से नज़र मिलते ही मानो उन दोनों ने एक-दूसरे को पहचान लिया था। राजेन्द्र सहरिया के लिए यही दुविधा की स्थिति थी। कहीं यही मामला और आगे बढ़ गया और बात फैल गयी तो वह देरू के कानों तक जा पहुँचेगी। और अगर उसे कही से पता लग गया कि राजा को शारदा के पास राजेन्द्र लेकर गया था तो फिर वह उसे गोली मार देगा।...इसीलिए अब वह सोचने लगा कि राजा को जो कुछ करना हो वह जल्दी करले और वे सकुशल लौटकर गैंग में पहुँच जायें।

और फिर हुआ भी कुछ ऐसा ही, शारदा और राजा कुछ देर के लिए पास में ही खड़े सफेदा के पेड़ों के पास चले गये और वहाँ जाकर बातचीत करने लगे। राजेन्द्र इधर अकेला खड़ा रह गया और उसके सामने चार-पाँच औरतें खड़ी थी। वे उसको अकेला खड़ा देख-देखकर आपस में इशारे कर रही थीं और मुस्करा रही थीं।

और कोई समय होता तो राजेन्द्र सहरिया यों बेचारा-सा खड़ा नहीं रहता। वह फौरन फुदककर उनके पास पहुँच गया होता और अपनी गोटी फिट करने की कोशिश करता।

थोड़ी देर में राजा खुशी-खुशी उसके पास लौट आया और वे शीघ्रता से खोह की ओर चल पड़े।

21

संजय की हालत उन दिनों काफ़ी खराब हो चली थी।

वह ठीक से कुछ खाता भी नहीं था, गैंग की किसी कार्यवाही में भाग भी नहीं लेता था, ठीक से कपड़े भी नहीं पहनता। पिछले महीने दर्जी कपड़ों का नाप लेने आया था। उससे अकारण ही लड़ने लगा। बहुत मुश्किल से उसे नाप दिया।...और जब कपड़े सिलकर आ गये तो कई दिनों तक जैसे के तैसे उसके झोले में रखे रहे

और जो कपड़े घर से पहनकर आया था वही पहने रहा, जब कि वे बेहद गन्दे थे और फट चुके थे।...इस बात पर गोविंद को गुस्सा आ गया और उसने उस पर खूब लात-घूसे बरसा दिये। इसको लेकर दिन भर वह रोया। खाना भी नहीं खाया।...रात को देरू के पास लेटा था। उसने काफी समझाया-बुझाया तब अगले दिन नहा-धोकर उसने नये कपड़े पहने।

ऐसे ही बाल कटवाने के लिए वह कई बार बखेड़ा खड़ा कर चुका था।

अब तक गैंग के सभी सदस्य इस बात को स्वीकार कर चुके थे, कि बागपने की इस जिन्दगी में बाल कटवाना-छटवाना या दाढ़ी-मूँछ बनाना सम्भव नहीं है, इसलिए बाल रखना ही इस समस्या का निदान है, और सिर पर काला कपड़ा बाँधना भी इसी कारण जरूरी है; लेकिन संजय इन में से किसी बात को स्वीकार नहीं करता। थोड़े से बाल बड़े हुए वैसे ही हाय-तौबा मचाना शुरू कर देता था। राजा ने इसके लिए एक अन्य रास्ता निकाल लिया था।...राजा का एक विश्वसनीय आदमी था—बाबू हज्जाम। उसका काम यह था कि वह सप्ताह में एक या दो बार गैंग से सम्पर्क करता था—वह गैंग के बारे में अखबारों में जो कुछ छपता था उसकी कटिंग छिपाकर लाता था और उन लोगों को सुनाता था। तो अब बाबू हज्जाम को ही यह काम सौंपा गया था कि संजय जब कहे तब वह अपने औजार भी लाए और संजय के बाल काटे या हजामत बनाए।...लेकिन कुल मिलाकर संजय का उखड़ा-उखड़ापन दूर नहीं हो पा रहा था।

संजय की ससुराल पंचमहल के एक मशहूर गाँव गोपीपुरा में थी। और उसका ससुर बड़ा काश्तकार था और अपनी बेटी के परिवार को कोई खास महत्त्व नहीं देता था। उस घर को छेरीपालों का घर कहता था। इस बात से मुरलीपाल, उसकी घरवाली जमुना दो बड़े बेटे गोविंद और प्रीतम सभी लोग संजय के ससुर से खार खाए बैठे थे। लेकिन संजय अपनी घरवाली से भी ज्यादा हित उसके परिवार वालों से रखता था और इसलिए जब वह अपनी ससुराल जाने को तड़फता था तो गोविंद और प्रीतम काफी चिड़चिड़ाते थे। यहाँ तक कि उसको कभी-कभी पीटने लगते थे।

उसी दौरान एक दिन ऐसा भी हुआ कि संजय का ससुर गैंग का पता लगाकर उन लोगों के पास आ धमका।

वह पहले तो देरू के पास चुपचाप आकर बैठ गया। थोड़ी देर के बाद बोला "देरू बेटा, तुम न्याव करो जा बात को, मैं तो कऊँ को नाय रओ! मेई जवान मोड़ी घर में बैठी है, रो-रो के अन्धी भई जा रही है।"

उसने कहा तो देरू गहरी साँस लेकर रह गया। उससे कुछ बोला नहीं जा सका।

प्रीतम बोलने जा रहा था तो उसका हाथ पकड़कर राजा ने दबा दिया और बोलने से मना कर दिया? उन सब को चुप देखा तो अबकी बार उसका मनोबल ज्यादा बढ़ गया। उसने बारी-बारी से सब को फिर देखा और बोला—"अब तुम लोग

तो चोरी-लवारी सब करत हो, फेर मेये दमाद ने तौ ऐसो कछु नाय करो हो, वाय तुम काहे कों संग लै आये?"

अबकी बार उन सब की आँखों में सुर्खी आ गयी। अकेले देरू को छोड़कर। राजा ने प्रीतम की बाँह दबाकर फिर उसे रोकने की कोशिश की लेकिन वह अब की बार नहीं रुका। वह गुस्सा कर बोला—"तोय कां ते पता लगो के हम चोरी-लवारी करत है?...हम चोर-लवार हे तोऊ तैंने अपईं मोड़ी ब्याह दयी हमाये झें?

"तुम ने तौ वा ईश्वर को काटि के दिन दहाड़े नहर में दै दओ। वो तौ चोरी-लवारी तेऊ ऊँचो काम है,...वो तुमनें करो है के काऊ और ने।"

"हम तौ तोऊ काटि के नहर में दै देते, वा समय मिलतो तौ,...।"

अबकी बार देरू ने प्रीतम को झिड़क दिया—"तैं चुप हो जारे, काहे के लयें दिमाग खराब कर रओ है।"

प्रीतम चुप हो गया। लेकिन उसे गुस्से से घूरता ज़रूर रहा। उसकी बात संजय के ससुर को कुछ ज्यादा ही चुभ गयी थी। वह कुछ देर तक सोचता रहा और फिर बोला—मोड़ा ऐसी बात नाय है के तैं अकेलो सूरमा मुरली पाल कैं पैदा भओ है। औरऊ मुकते मोड़ा है जा दुनिया में।...विन्नेऊ अपनी महतारी को दूध पिओ है।"

अबकी बार गोविंद फन-फना उठा और बोला—"हौ, हैं नाय! दो तौ तेरेई झें हैं। विन्ने महतारी को तौ कम तेओ दूध ज्यादा पिओ होगो।...कहे तौ आ जाये तेये झें हम सब?..."

अबकी बार संजय का ससुर टुकुर-टुकुर देखने लगा। शायद अब तक उसकी समझ में यह बात आ चुकी थी कि ये छेरी पाल परिवार के छोकरा ज़रूर हैं लेकिन हैं कुछ ज्यादा ही खरे पानी के। इनके आगे उसकी धोंस पट्टी नहीं चलेगी। लोग तो इनके नाम सुनकर काँप जाते हैं,...और वह उनसे मुँह जोरी करने चला है। अब वह बहुत ढीला था और देरू पाल की ओर टुकुर-टुकुर देखने लगा।

देरूपाल को भी लगा कि आखिर वह उनके घर का समधी है। वैसे भी पंचमहल में उसकी धाक जमी है। प्रीतम और गोविंद शायद कुछ ज्यादा ही बोल गये हैं। इतना नहीं बोलना था।

वह उन सबकी ओर देखता हुआ बोला—"रेऽऽ मोड़ेओ! अब कुछ पानी-पत्ता कीऊ पूछोगे इनते, के लड़तईरओगे?...जे समधी हैं अपये घर के!..."

उसकी बात सुनकर और तो कोई नहीं उठा स्वयं संजय उठा और पहले एक लोटा भरकर पानी लाया और अपने ससुर को लोटा थमा दिया। जब उसने पानी पी लिया तो एक स्टील की छोटी-सी थाली में सूखे मेवा लाकर रख दिये। उन्हें उसका ससुर टूंगने लगा।

कुछ देर के बाद वह देरू से फिर बोला—"देरू बेटा, मैं जा मोड़ा को लैवे आओ हों, मेई मोंड़ी अब जा के बिना जिन्दा नाय रह सकत है।...खावो-पीवो छोड़ दओ

वाने। हमाये पूरे घर कों फाँसी लगी है भैया।"

उसने कहा तो पहले वे सब स्तब्ध रह गये। फिर एक दूसरे को देखते रहे। उनमें से कोई नहीं समझ पा रहा था कि अगर संजय उसके साथ चला गया तो आखिर उसका होगा क्या? अब तक के जितने केस गैंग पर लगाए गये हैं उन सब में संजय का नाम भी है।...और सबसे बड़ा डर ये है कि पुलिस वाले कहीं फर्जी एनकाउन्टर में मोंड़ा की जान न ले लें। संजय तो कुछ भी समझने की हालत में नहीं है उसका ससुर कुछ समझ सके तो ठीक ही है।

फिर राजा धीरे से उठा और संजय के ससुर को अपने साथ आने का इशारा करके उनसे थोड़ी दूर पर खड़े रेंमज़ा के पेड़ के पास चला गया। वहाँ वे दोनों बैठ गये तो राजा ने धीरे-धीरे उसे समझाया–"...देखो, आप समझदार हैं तासों मैं बतात हों, हम सब पर पन्द्रह केस लग चुके हैं–सबके सब खतरनाक! फाँसी तलक हो सकत है बिन में।...और हर केस में संजनय सामिल हैं।..."

"ऐंऽऽ, तुम का कह रहे ह़ो भैया।..."

गोरे रंग का अच्छे कद-काठी का अधेड़ आदमी राजा को आँखें फाड़-फाड़कर देख रहा था। उसे शायद विश्वास नहीं हो रहा था कि राजा ने अभी-अभी जो कुछ कहा है वह सच होगा। शायद वह सोच रहा था कि राजा उसे डराने के लिए ऐसा बोला है।

"तुम शायद हमें डरावे को कह रहे हो राजा बेटा!...बोल देव, जो अबै तुम बोले हो वो सब झूठ हैं।"

राजा उस आदमी की विह्वलता देखकर पसीज गया। थूक का गोला बड़ी मुश्किल से हलक के नीचे उतार पाया। जब उसने उसकी बात का कोई जवाब नहीं दिया तो उसी विह्वलता के साथ उसने फिर पूछा–"काय भैया, तुमने जो कछु बताओ है वो सच है का?..."

"हौ,...सई है वो...।"

"तौ मैं का करौ भैया!..."

"तुम संजय को अपये संग लै जावे की जिद छोड़ देव!"

"फेर मेई मोंड़ी तौ मर जागी, रोय-रोय के...।"

अब्र राजा फिर से सोच में डूब गया। थोड़ा पछतावा भी हुआ कि उसने संजय को पहले ही दिन देहरी खोह से जाने दिया होता तो संजय ऐसा नहीं फँसता। देरू भैया ने सही कहा था कि अगर संजय को कुछ हो गया तो उसकी घरवाली किस से सवाल करेगी। आज लगभग वही स्थिति आ खड़ी हुई है।

"राजा बेटा! मेई मोंड़ी पूछेगी तौ का जवाब दों मै वाकों?" उसने राजा से फिर पूछा।

"सब बातें मोंड़ी-मोंड़न कों बतावे की नाय होती हैं, तुम तौ सयाने हौ।...बतावे चाहो तो इतनो बहुत है के राजा ने बचन दिओ है वो लैके आयेगो संजय कों।"

राजा ने कहा तो वह उठ खड़ा हुआ। और सब की ओर एक-एक बार देखकर वहां से जाने लगा।

उस समय संजय के चेहरे की व्यघृता देखते बनती थी। वह देरू की ओर बढ़ आया और बोला—"बड़े भैया! मैं जाओं?"

अब की बार देरू के गले में थूक का बड़ा-सा गोला मानो अटक गया।

देरू जब कुछ नहीं बोला तब राजा ने उससे कहा—"अबै तैं मत जा संजय। कोऊ दिना मैं तोय लैके चलूँगो तेई ससुराल।..."

राजा की बात सुनते ही संजय का चेहरा फक पड़ गया।

उस दिन वह फिर किसी से नहीं बोला था।

22

उस दिन गैंग फिर उसी स्थान पर रुका था।

खरखेड़ी के पास लच्छी गूजर की ठहार से अच्छी जगह अब तक उन्हें कोई दूसरी मिली नहीं थी। वहाँ अच्छे मीठे पानी का कुआँ था, जिसके चारों ओर गोल-चौंड़ा मन खण्डा था। उस मनखण्डे पर लम्बे-चौड़े, चिकने गुलाबी पाट लगे हुए थे। कुएँ के पास ही पन्द्रह-सोलह आम के पेड़ों की घनी अमराई थी।...दूसरी ओर तीन बड़ी-बड़ी पाटोरें बनी हुई थी। दो लगातार, एक-दूसरे से जुड़ी हुई और एक उनके आगे और उनसे अलग।...उसी पाटोर के आगे पत्थर के चार मज़बूत पायों को गाड़कर और उसपर चार फुट चौंड़ी और छः फुट लम्बी अच्छी चिकनी पटिया रखकर एक छोटा मंच जैसा बनाया गया था, जिसके ऊपर कई लोग बैठ सकते थे और उसके नीचे लच्छी गूजर का मशहूर भूरा कुत्ता बंधता था, जिसके भौंकने की आवाज सुनकर दूर रास्ते पर जाते-आते लोग काँप-काँप जाते थे...यही लच्छी गूजर की ठहार थी और यहाँ पर वह खुद और उसका भूरा कुत्ता रहते थे और भैंस-डांगर भी यहीं रखे जाते थे। लेकिन जब गैंग यहाँ पर रुकता था तब भूरा को छोड़कर लच्छी और उसके जानवर वहाँ से गायब हो जाते थे।

कार्तिक माह और दिवाली के बाद का समय था। गुलाबी जाड़ा शुरू हो रहा था। राजेन्द्र सहरिया ने आटे में थोड़ा नमक और घी मिलाकर फिर उसमें पानी डालकर ठीक से गूंथा था। कण्डे की आग पर अच्छे टिक्कर सेंके थे।...सबने घी में डुबो-डुबोकर टिक्कार खाए थे। लेकिन राजा ने आज भी खाने में कोई खास रुचि नहीं दिखाई थी। वह उसी तरह से खोया-खोया-सा बैठा रहा था। सब लोगों को अच्छा नहीं लग रहा था।...देरू को कुछ ज्यादा ही परेशानी हो रही थी, लेकिन वे दोनों इस विषय में बातचीत नहीं कर सकते। अकेला राजेन्द्र सहरिया राजा की विकलता का

राज जानता था इसलिए वह उसे देख-देखकर मुस्करा लेता था।

उस दिन राजा और राजेन्द्र सहरिया को अपने-अपने असले लेकर कम से कम आधी रात तक पाटोर की छत पर बैठना था, जबकि बाकी सब लोग खा-पीकर पाटोर के अन्दर लेटने चले गये थे। देरू कभी भी राइफल लेकर केम्प की रखवाली नहीं करता था लेकिन कभी-कभी जब पूरा गैंग थका-मादा हो तो वह अन्य सबको सुला देता था और रात-रात भर राइफल पकड़े खड़ा रहता था।

उस रात को भी यद्यपि वह पाटोर में सोने चला गया था लेकिन राजा की हालत अच्छी नहीं है, यही सोचकर राइफल लेकर बाहर आ गया था और ऊपर पाटोर की छत पर बैठे राजा और राजेन्द्र से बोला—"रेऽऽमोंड़ेओ! तुम जाओ, पाटोर में सो लेव! ठीक लगे तो आधी रात के बाद आजइओ।"

उसकी बात सुनकर वे दोनों चौंक पड़े।

"काय, हमें का भओ है बड़े भैया!..." राजेन्द्र सहरिया ने उससे पूछा।

"तोय कछु नाय भओ है पर तैये जा यार को तौ भओ है? देखनाय रओ, कैसी मजनू जैसी सूरत बनाय लई है। खानो, नहानो-धोनो सबमुहाल...।"

देरू ने कहा तो राजा को लगा कि अब अगर वह कुछ नहीं बोला तो बाजी राजेन्द्र सहरिया के हाथ में चली जायेगी और फिर यह भी हो सकता है कि फौरन पाटोर की छत से नीचे कूद पड़े और देरू भैया का आज्ञाकारी बनकर पाटोरे में सोने चला जाये। वह ऐसे अवसर का लाभ उठाने में माहिर है। वैसे वह स्वभाव से बहुत बुरा नहीं है!

यही सोचकर फिर राजा ने देर नहीं की। वह बरबस हँसा और बोला—"अये, मोय का भओ है? कल थोड़ी हरारत ही, आज तौ कतई ठीक हों।...तैं कहे तौ अबैई नहाय लो रात में?"

देरू समझ रहा था कि उसका छोटा भाई झूठ बोल रहा है। फिर उसने यह भी विचार किया कि उसके झूठ की कलई न खुले तो बेहतर है। नियति ने उन्हें जिस जगह पर लाकर खड़ा कर दिया है वहाँ आचार-विचार, मान-मर्यादाएँ वैसी बनी नहीं रह सकती हैं। जो कुछ बनी रह सकती है वह उनकी परछाई मात्र होगी।... और वही बहुत है आज की हालत में। वह मुड़ा और पाटोर में चला गया।

देरू चला गया तो राजेन्द्र ने राजा की बगल में कुहनी अड़ा दी। वह खिलखिला के हँसना चाहता था लेकिन यह स्मरण हो आया कि देरू बहुत दूर नहीं गया है इसलिए हँस नहीं पाया।

वे दोनों पाटोर की ढालू छत पर अगल बगल में बैठे थे और दूर-दूर तक घाटी को निहार रहे थे। चौदहवीं का चाँद थोड़ा जल्दी उग आया था और अब तक समूची घाटी में उसका प्रकाश लबालब भर गया था। दोनों ओर के काले पहाड़ करधई और खैर के जंगल का मोटा लिहाफ ओढ़कर मानो गहरी नींद ले रहे थे। थोड़ी दूर पर

सहरिया आदिवासियों के खरखेड़ी गाँव की टपरियाँ और पाटोरें और भी गंदी-मटमैली दिखाई दे रही थी। हाँ, दाहिने हाथ की ओर कुछ ज्यादा दूरी पर टेकरी गाँव के पत्थर के बने कुछ ऊँचे मकान जो चूना से पुते हुए थे, वे जरूर चन्द्रमा के प्रकाश में चमक रहे थे, लेकिन घाटी की खाज़ में पीब चुचाते कोढ़-से दिखाई दे रहे थे।...राजा उस सब को देख रहा था और राजा को राजेन्द्र सहरिया देख रहा था।

"...राजा! का बात है? देरू भैया को कछु नाय बताओ तौ मोय तौ बताय सकत है!"

राजेन्द्र ने गहरी मुस्कान के साथ पूछा।

"हट्ट, दारी को! खुदई सूखे फूँस में आग लगाई है और पूछत है, का बात है!"

राजा धीरे बोल रहा था लेकिन एकदम फनफना रहा था।

फिर कुछ देर तक उन दोनों में से कोई कुछ नहीं बोला। दूर कहीं जंगल में गीदड़ हुँआ रहे थे। उनका हुँआना सुनकर खरखेड़ी गाँव के कुत्ता भी भोंकने लगे थे।

"तैं चल सकत है का,...भें मेये संग?"

राजा ने फिर कहा तो राजेन्द्र सहरिया चौंककर रह गया। तीखी नज़र से उसे एकबार देख लिया।

"जो आदमी अबै झें नीचे खड़ो हो ताय ठीक ते जानत है का?"

"हौ, जानत हों, जो नाय जानत हों सो बाद में जान लौगो, तैं तौ चल जल्दी!"

"देरू भैया अबै सोओ नाय होगो, तैं काये कों अपयें संग मेरीऊ हत्या कारावे चाहत है भले आदमी!"

"और जब प्रीतम को लैके जात है, तब...?"

"प्रीतम की और बात है...।"

"गधैया की नरि में गयी वा की बात! चल जल्दी!"

यह कहते-कहते वह उठ खड़ा हुआ और पाटोर की छत से खड़ा कूद गया। राजेन्द्र सहरिया छत का पाट पकड़कर पहले झूल गया और नीचे आ गया।

लच्छी की ठहार से बाहर जाते हुए राजा ने देखा कि भूरा कुत्ता हड़बड़ाकर उठ खड़ा हुआ है और मानो कूं-कूं करके उससे पूछ रहा है कि वह कहाँ जा रहा है? राजा उसके पास आ गया तो भूरा दो पिछले पंजों के बल खड़ा हो गया और अगले पंजों से राजा की टाँग पकड़कर मुँह से प्यार जताने लगा। अब राजा ने माउज़र जमीन पर रख दिया और झुक कर कुत्ते के मुँह को सहला दिया फिर उसके कान के पास मुँह ले जाकर धीरे-धीरे बोला—"देख भूरा, मुँह ते आवाज मत निकारिये कहे देता हूँ।...मेई-तेई एकई गति है, तैं लच्छी की लोहे की जंजीर ते बंधो है और मैं अपये भैया के प्यार की जंजीर ते,...हम दोनों जवान हैं, हमाये सीना में दिल है फेर को समझैगो जा बात कों?...तेओ मालिक सफा निखट्टू है और मेओ मालिक खूब खाओ-अघाओ...।"

"अब तैं चलेगो के नाय, कुत्ता ते फिर लौट के भेंट लीये!"

राजेन्द्र ने गुस्से से कहा तो राजा कुत्ता को छोड़कर और माउज़र उठाकर खड़ा हो गया। फिर बागड़ की टटिया हटाकर वे दोनों बाहर आ गये। आगे कुआँ के पास से होकर जो रास्ता जमुनिया घाटी को जाता है, उसी पर वे दोनों मचकते हुए चल दिये। वे आगे और आगे बढ़े जा रहे थे और चौदहवीं का चाँद मानो उनकी बगल से चल रहा था। घाटी से जब वे ऊपर जा रहे थे तब राजेन्द्र ने धीरे से कहा—"ऐसे बिना बताए वाके घर में धसैगो, तौ वो हल्ला नाय मचा देगी?"

राजा मुस्करा कर उसे देखने लगा। फिर धीरे से बोला—"तैं मेये पीछे-पीछे चलो आ, बेकार की बातन में दिमाग मत लगा।"

राजेन्द्र ने सुना तो उसे मन ही मन गरियाने लगा। उसको जलन हुई। उसे मन ही मन गालियाँ देने लगा—एक लम्बर को हरामी है बागले को! देखत को बड़ो भोलो लगत है और बातें ऐंसी करेगो जैसे जनीमाँस ते कुछ लैना-दैना नाय है।

वह सोचता ही रहा और तब तक शारदा का घर आ गया। वहाँ पहुँचते ही राजेन्द्र को एक और धक्का लगा। घाटी की ओर शारदा के घर की आदमी के कन्धे के बराबर ऊँची जो वाउन्डरी थी उसी से लगकर खड़ी वह उसका इन्तजार कर रही थी। उसे देखते ही मानो राजा को पर लग गये थे। आगे गली में मुड़ते ही उसके घर तक पहुँचने का दरवाजा और उस दरवाजे तक पहुँचते मानो वह पगला गया था और इसीलिए घर के अन्दर आते ही वह आँगन में नहीं रुका। बल्कि सीधा शारदा के कमरे में चला गया।

उस घर में कमरा नाम का वही अकेला कमरा है और अपनी सीमा से कुछ ज्यादा ही सजासजाया और साफ-सुथरा है। राजा और शारदा उस कमरे के अन्दर जा चुके थे और दरवाजे पर पर्दा गिर गया था और चूंकि उसका अन्तरंग राजेन्द्र का जाना-समझा था, इसलिए वह आँगन में खड़ा-खड़ा गुस्से से काँप रहा था।

उस घर में उसी कमरे के सामने एक पाटोर है और पाटोर के आगे की ओर एक छोटा-सा छप्पर। उस छप्पर में दो बकरियाँ बंधी थी और वहीं एक खाट पड़ी थी। उस खाट पर कोई कम्बल ओढ़े पड़ा था। राजेन्द्र उसकी ओर बढ़ गया और पाटी पर बैठ गया। वह बैठ गया तो वहाँ पड़ा आदमी कुनमुनाया और उसने अपने मुँह पर से कम्बल हटाकर राजेन्द्र को देख लिया। राजेन्द्र ने भी उसे पहचान लिया। वह और कोई नहीं, शारदा का आदमी रामजीत था।

अब रामजीत ने कम्बल एक ओर को फेंक दिया और उठकर राजेन्द्र की बगल में खाटपर ही पैर लटकाकर बैठ गया। कुर्ता की जेब से बीड़ी-माचिस निकालकर बीड़ी जला ली। जलती हुई बीड़ी राजेन्द्र की ओर बढ़ाकर वह बोला—"लै, बीड़ी पी!"

उसने मना कर दिया—"नाय, मोय नाय पीनी है।"

"काय, पहले तौ तैं पीत हतो?...अब का भओ?"

"मेओ खसम पीवे ते मनै करत है,...।"

"तेओ को खसम है?...तै तो खुदई खसम है।"

"नाय रे,...देख ऐसे समझ, जैसे के तै खसम है केऊ खसम नाय है। असली खसम तौ शारदा है, ऐसोई मेंओ खसम देरू है।"

सुनकर रामजीत हँसना चाहता था लेकिन तभी एका-एक सामने के दरवाजे का पर्दा हिला और उसमें से निकलकर राजा बाहर आ गया। राजेन्द्र तुरन्त उठ खड़ा हुआ और वे दोनों पहले शारदा के घर से निकलकर चले गये।

रास्ते भर उन दोनों में से बोला कोई नहीं। लेकिन वे जब लच्छी की ठहार के नज़दीक थे तब यह देखकर दंग रह गये कि पाटोर की छत पर राइफल थामें देरू बैठा था। वे दोनों तो काँप कर खड़े रह गये फिर डरते हुए धीरे-धीरे आगे बढ़े।

23

उस दिन मोतीलाल गैंग के पास बड़ी मुश्किल से पहुँच पाया।

एक तो रामसेवक की हत्या जिस तरह से हुई थी, उससे पुलिस में थोड़ी चेतना जागी थी। अधिकारियों की कार्यक्षमता पर और आम पुलिस कर्मियों के आलस्य पर प्रश्नचिह्न लगने लगे थे। इसीलिए पूरा विभाग गतिशील हो उठा था। जिधर भी देखो उधर पुलिस की गाड़ियाँ धूल उड़ाती दिखाई पड़ रहीं थी। इसीलिए गैंग के ठिया तक पहुँच पाना किसी के लिए आसान नहीं रह गया था। मोतीलाल पाल भी मुश्किल से उन तक पहुँच पाया था। उसे वे लोग नवला खोह में मिले थे। पूस का महीना था और चढ़ते हुए दिन की धूप में भी गर्मी नहीं थी। राजा खोह के आगे की दह में नहा रहा था। वह जिस तरह से मल-मलकर नहा रहा था और किनारे पर खड़ा मोतीलाल उसके कीमती नहाने के साबुन की गन्ध सूँघ रहा था, उससे तो उसे लगा ही नहीं कि वह किसी बागी को नहाते हुए देख रहा है। खोह के ऊपर की पहाड़िया पर संजय और गोविंद अपनी-अपनी राइफलों को संभाले बैठे थे। उन दोनों ने थोड़े दबे-दबे स्वर में मामा को 'राम-राम' करली। खोह के मुहाने पर राजेन्द्र सहरिया खाना बना रहा था और उससे थोड़ा हटकर बैठा देरू खा रहा था। उन दोनों में से कोई उससे नहीं बोला।

वह खोह के अन्दर की ओर ठीक देरू की बगल में एक बड़े पत्थर से टिक कर बैठ गया। तब तक राजा भी नहा कर आ गया। वह शरीर से तेल मल रहा था और मामा को बड़ी तीखी नज़र से देख रहा था। बाद में वह कपड़े पहनकर खाने को बैठ गया। तब भी वह उसे बीच-बीच में उसी नजर से देख लेता था।

मोतीलाल के अन्दर का डर अब धीरे-धीरे आतंक में बदलता जा रहा था। यद्यपि उसने जो कुछ किया है वह ऐसा नहीं है जो किसी के नुक्सान के लिए किया

हो। वह तो अपने आप को बचाए रखने के लिए किया है और यह मानकर किया है कि वह जो एक पक्ष के साथ कर रहा है उसकी भनक दूसरे को कतई नहीं लगेगी। लेकिन वह यह भी जानता है कि देरू अपने किस्म का एक ही आदमी है। वह जिस आदमी से मिलता है उसके सभी गूढ़ रहस्य पहली नज़र में ही ताड़ लेता है। उसने अपनी जिन्दगी में इतना चतुर और तीक्ष्ण बुद्धिवाला कोई आदमी नहीं देखा है।

उसने देरू को फिर गौर से देखा। अब तक वह खाना खा चुका था और कुल्ला करके फिर अपने उसी स्थान पर आकर बैठ गया जहाँ पहले बैठा था। अब घास का तिनका छीलकर उससे दाँत कुरेदने लगा। अब तक मोतीलाल का दम घुटने लगा था।

"तुमन्ने बात करवे की कसम खा लई है का? क्यों, तौ मैं चलो जाऊँ झेंते?"

मोतीलाल ने निहायत अकुलाकर कहा था और देरू ने अबकी बार उसको देखा तो उस पर दया आ गयी।

आखिरकार वह उसका मामा है और ऐसा गया-गुजरा आदमी भी नहीं है, वह। जब अम्मा बनी थी तब इसी आदमी की उसके घरमें सबसे ज्यादा मान्यता थी। घर का छोटे से बड़ा कोई काम मोतीलाल मामा की राय के बिना नहीं होता था। जब वे लोग छोटे थे तब वे सब मामा के घर को भी अपना घर मानते थे। तब खिलाने-पिलाने के मामले में मामा अपने बच्चों और बहनों के बच्चों में कोई अन्तर नहीं करता था।

उसी समय मोतीलाल ने राजा की ओर देखा। वह जिस तरह से बड़े-बड़े कौर तोड़कर कभी तरकारी की कटोरी में डालकर थोड़ी ताकत लगाकर कौर के साथ तरकारी को उठाता और मुँह में डालकर मुँहको बड़ा अटपटा होकर चलाता, जब कौर नहीं लील पाता तो कटोरी का सारा घी एक ही बार में मुँह में डाल लेता। राजेन्द्र सहरिया देखता और मुँह फेरकर मुस्करा लेता। साथ ही पास रखी कट्टी से घी कटोरी में फिर उड़ेल देता। लेकिन यह सब देख-देखकर मोतीलाल अन्दर ही अन्दर से काँपने लगता था। यह आज की बात नहीं है शुरू की है। पार्वती जीजी का यही छोकरा उसके ऊपर सबसे भारी पड़ता था और सबको वह फुसला सकता था, बहला सकता था। रूठ जायें तो मना भी लेता था, लेकिन इसको मना पाना बिगड़ैल हाथी से भी ज्यादा भारी पड़ता था।

अब तक गोविंद और प्रीतम भी खाने पर आकर जुट गये थे। वे मामा से हँस-हँसकर बतिया रहे थे। लेकिन यह भी समझ रहे थे कि मामा की आज सिट्टी-पिट्टी गोल है और राजा का गुस्सा अब फट पड़ने को ही है।

"मामा! पैसा लैके आओ है का?..."

राजा हाथ धोकर अपने ढीले और लवादेनुमा पठानी सूट के कुर्ते के अग्रभाग से पोंछता हुआ फिर मोतीलाल के पास आ गया था और तुरन्त पैसे की बातकर बैठा था। उसे सुनते ही मोतीलाल की सिट्टी-पिट्टी गोल हो गयी थी।

देरू को राजा का ऐसा व्यवहार अच्छा नहीं लग रहा था लेकिन वह जानता था कि राजा असली किंग कोबरा है। वह किसी छोटी से छोटी बात पर गुस्सा उठता है और गुस्साते-गुस्साते ही फन काढ़कर खड़ा हो जाता है। ऐसे में उस पर काबू पाने की कोई सोच भी नहीं सकता। राजा की ये विशेषता, बहुत छोटा था तभी उसकी अम्मा को मालूम हो गयी थी। अम्मा ने तो देरू का भी पूरा भविष्य पढ़ लिया था। अम्मा उससे अक्सर कहा करती थी–"...देरू, तैं तौ मेरो संत बेटा है और देख संत लोग हमाये जंगलन में बाघन के दाँत गिनत रहे है। जे काम कोऊ बहादुर बाघमार नायकर पाओ है...तैं राजा को काबू में कर पाएगो, तैंई तौ एक अकेलो मैंने संत जनो है।..."

अम्मा की यही बात देरूपाल को राजा के लिए एक-एक साँस निछावर कर देने को प्रेरित करती है। वह अपने मामा की भी नस-नस से वाकिफ है और राजा को भी भली-भाँति समझता है। राजा आज की स्थिति में मामा से एक लाख रुपये के लिए ऐसी लट्ठमार भाषा बोल सकता था भला? और तो और वह मामा के पास दो बार चिट्ठी भी भिजवा चुका, लेकिन इस बात का कारण कुछ और ही है। जब राम सेवक पुलिस के मुँह लगा था तब मामा भी उसकी पीठ पर हाथ रखे हुआ था। जब मामा की इस शरारत पर उन लोगों का ध्यान गया तभी से वे उसे लगातार बुला रहे थे लेकिन वह नहीं आया। बल्कि राजा के लिखे पत्र को ले जाकर एस.पी. से मिल आया है। एस.पी. ने उसके जान-माल की हिफाजत की गारन्टी दी है। उसके यहाँ एक-पाँच का गारद रख दिया है। लेकिन वह समझता है कि ये सब बातें उन लोगों को नहीं मालूम हैं।

गोविंद और प्रीतम, दोनों खाना खा रहे थे और बीच-बीच में कनखियों से कभी मोतीलाल मामा को तो कभी राजा को देख लेते थे। उन दोनों को भी यह बात खटक रही थी कि मामा पुलिस से मिल गया है और कभी भी उन लोगों के लिए घातक सिद्ध हो सकता है। वे जानते थे कि मामा मामूली आदमी नहीं है, बहुत ऊँची चीज है। वह वो सख़्श है जो उल्टे उस्तरे से भी किसी को मूड़ सकता है।...लकिन ये पता लगाना मुश्किल है कि वह पुलिस और उन लोगों में से किस पक्ष को सीधे उस्तरे से मूड़ेगा और किस को उल्टे उस्तरे से!

"मामा! तैं अपने नये रिश्तेदार एस.पी. ते मिल के आओ है के नाय? पुलिस गोली ठांस देगी जो वा को पतो लग गओ के अपयें पुराने रिश्तेदार ते मिलवे गओ है तौ!"

गोविंद ने कहा तो प्रीतम एकाएक हँस पड़ा। उसके मुँह का कौर दूर जा पड़ा।

लेकिन राजा के चेहरे के भाव कतई नहीं बदले। वह मोतीलाल के ऊपर हाबी हुआ खड़ा था। उसे देखकर लग रहा था कि यदि कहीं अकेले में मामा से मिला होता तो उसकी राइफल की मैग्जीन में उस समय जितनी गोलियाँ होती कम से कम उतनी तो अवश्य ही मामा के सीने मे उतार देता।

"मामा! मैंने एक लाख रुपया मंगाओ हो, वो लाओ का?..जब लै के गओ हो तब कितने दिनन की कह गओ हो? बोल, कितने दिनन की...?"

राजा ने कहा तो मोतीलाल की घिग्घी बँध गयी।

वह सोच रहा था कि उनमें से कोई न कोई तो ऐसा निकलेगा जो अपने मामा का पक्ष लेगा। राजा को डाँटेगा या समझाएगा। लेकिन जब उनमें से किसी ने कुछ नहीं कहा तो उसके हौंसले और भी पस्त हो गये। लेकिन फिर उसे राजा की बात का जवाब देना जरूरी हो गया। क्या पता, वह उसके प्रश्न का जवाब न दे और उसी से राजा और ज्यादा क्रुद्ध हो जाये और अभी तो जबान से गोली मार रहा है और फिर राइफल से गोली मार दे। कुछ भी नहीं कहा जा सकता है इस बिगड़े दिल राजा के बारे में।

उसने धीरे से बोल दिया–."छः महीना की...मैं छः महीना को बोल के गओ हो!"

"और अब कितने दिना भये है?..."

"एक साल तो ऊपर है गओ है...।"

"तौ फेर...?"

"अगली फसल तक और निभा दै भैया।...मैं तेरे हाथ जोड़त हौ,...कहै तौ पाँव छूलूँ भैया।...अब ख्वारी मति कर दादा!"

और मोतीलाल सचमुच अंगौछा से मुँह दवाकर रो पड़ा। निहायत डरे हुए बच्चे की तरह, जो नुकसान करते समय कुछ भी याद नहीं रखता और नुकसान हो जाने पर उसकी रूह काँप जाती है। डर जाता है और रोने लगता है।

देरू ने उसकी हालत देखी तो उसे फिर से दया आने लगी। मन हुआ कि राजा को समझाने की कोशिश करे; लेकिन राजा को अभी भी वही किंग कोबरा जैसा फन काढ़े खड़ा देखा तो उससे कुछ कहने की हिम्मत नहीं हुई। बल्कि मोतीलाल से बोला–"मामा! तोय झें रोवे-गावे को नाय बुलाओ है हमन्ने। रुपैया चाहिए पूरो एक लाख...ब्याज फ़ेर आगे-पीछे देखेंगे!"

"नाय, देरू बेटा मेये पास दैवे को कुछ नाय है। हो तो तौ लैके आ जातो मैं!". ..वह निहायत दैनीय स्वर में बोला।

"तेये पास नाय है तो एस.पी.ते माँग लेतो, वो तेई रक्षा के लएं गारद लगा सकत हैं तौ एक लाख नाय दै सकत का?'

गोविंद ने खाना खा के उठते हुए कहा।

सुनकर मोतीलाल बिलबिला उठा–"वो गारद मैंने नाय माँगो है वाते, वाईने अपयें आप मेई जान ते वो ढोलना बाँध दओ है।...अब मैं का करों भैया! सेई को काँटो फँस गओ है गले में...तत्तो दूध न पीवे को न उगलवे को...।"

"अयेऽऽ मामा! जे पट्टी तोते हम खूब पढ़ चुके है मामा! जेई तेये हथकण्डे

हमाये बाप-महतारिन के संग रहे हैं।...अब बूढ़ो है के तो सब जे छोड़ दै!"

प्रीतम ने कहा तो वह फिर सिकुड़कर इकट्ठा होने लगा।

देरू राजा को देख रहा था और सोच रहा कि वह थोड़ा ठण्डा दिखे तो मामा से जाने को कह दे। अगर बात और ज्यादा बढती है तो राजा एक क्षण राइफल उठानें में नहीं लगाएगा और इस खोह में वो कर देगा जिसे देरू अब किसी सूरत में करना नहीं चाहता है। ताऊ के लड़के रामसेवक को मारने का अपयश वे खूब भोग चुके हैं। यह सब करना जितना आसान है नतीज़ा बहुत खराब होता है। इस सूरत में मदद करने वाला हर आदमी चौकन्ना हो उठता है। कतराने लगता है।

"मामा, तैं अब झेंते जा और चार दिना के भीतर-भीतर झें डांग में एक लाख रुपया आ जानो चाहिए। बस, और हिसाब-किताब बाद में होगो तो ते।"

देरू की बात सुनकर मोतीलाल को कुछ राहत महसूस हुई लेकिन फिर भी उठने से पहले एक नज़र राजा पर उसने डाल लेनी चाही।

राजा भी समझ गया था कि भैया मामा पर विशेष दया दिखा रहा है और इस सूरत में मामा को धमकाने से आगे की किसी क्रिया पर वह भी विचार नहीं कर रहा था। वह फिर उसे घुड़कता हुआ बोला—"अब तू झेंते जा, और जे मेई बात गांठ बाँध के रखिओ। तेरी वो हाल करुंगो जो काऊ ने सोचो न होय।"

और वह उठ खड़ा हुआ और गिरता-पड़ता-सा खोह से बाहर जाने लगा।

24

थोड़ी गीली-गीली-सी और थोड़ी कुहराई-सी रात और उस रात का चौथा पहर। मूँगफली की खुदाई खत्म होने को थी और खेत-खेत में खोदी हुई या साफ हुई मूँगफली के ढेर लगे थे। हर ढेर पर रखवाली के लिए आदमी मौजूद था। चोरों से ज्यादा डर सुअरों का था। पास में जंगल होने के कारण बरहेली सुअर मूँगफली पर टूटकर गिरते हैं। इसलिए यहाँ फसल की रखवाली का अर्थ होता है रात्रि जागरण। सवेरे के पहर में थोड़ा सो पाने की आशा बनती है। लेकिन उस दिन सवेरे के पहर कुछ और ही माजरा बन गया। उस समय एकाएक मुख्य सड़क से गोपालपुर को आने वाली सड़क पर कुछ गाड़ियाँ चली आ रही थी। पहले तो उनकी लाइट ने ही मानो पूरे इलाके को चकाचौंध से थर्रा दिया था। खेत-खेत में सोने के मंसूबा गांठते लोग थर्रा गये थे। जो लेटे थे वे उठकर बैठ गये और जो बैठे थे वे उचक-उचककर उसी दृश्य को देख रहे थे। वे पुलिस की गाड़ियाँ थी—एक जीप और एक सिपाहियों को ढोनेवाली बड़ी गाड़ी। वे दोनों अल्लापुरा और मटकापुरा गाँवों के बीच में खड़िया-सिमरिया नालों के संगम के पास आकर रुक गयी। वे दोनों नाले जहाँ

मिलते हैं उससे पहले एक तिकोना-सा छोटा मैदान है। उसके एक कोने पर बड़ा-सा तेंदू का पेड़ है। वहीं वे गाड़ियाँ रुकी थी और उनके रुकते ही बड़ी गाड़ी से खीचकर एक ऐसे आदमी को उतारा गया जिसके हाथ रस्सी से और मुँह कपड़े से बँधा हुआ था। उसे तेंदू के पेड़ के तने से लेजाकर बाँध दिया गया और फिर उसको लक्ष्य करके पुलिस की राइफलें दूँकने लगीं।

और पूरा इलाका मानो राइफलों की दूँक से काँप उठा हो। आस-पास के खेतों की बाउन्डरी से लगकर जो लोग इस दृश्य को देख रहे थे वे उल्टे खेत में जा गिरे।

अब तक पौ फट चुकी थी और सवेरा होने में देर नहीं थी। फिर भी लोगों को लग रहा था कि आज का सवेरा बड़ी मुश्किल से हुआ है और मानो उनके निजी प्रयास से हुआ है। जिस आदमी को जिन्दा बिल बिलाता-अकुलाता हुआ पेड़ से बाँधा गया था उसकी खून से लथपथ लाश को खोलकर नीचे जमीन पर पटक दिया गया था। कुछ लोग हल्के होने के लिए इधर-उधर फैल गये थे। कुछ नाले के किनारे बैठकर मुँह पर पानी के छींटे मार रहे थे। रात्रि जागरण की खुमारी वहाँ भी जोर मार रही थी।

अन्ततः उसी खून से लथपथ लाश को उठाकर बड़ी गाड़ी में फिर डाला गया। फिर दोनों जिधर से आयी थी उधर को ही चल पड़ी। वे लोग घटनास्थल से चलते-चलते एक सरल-सा वाक्य हवा में उछाल गये थे–'राजापाल मारा गया!'

'राजापाल मारो गओ...मारो गओ राजापाल...अरे चलो, चल के देखो तौ सही में रात भर गोली चली है दोनों ओर ते...खड़िया-सिमरिया नालों के संगम पे मरो है, और कां मरो है...चलो, देखे तौ सही!...'

घटना स्थल पर बताते है कि मेला लग गया था। वहाँ गाढ़ा-गाढ़ा खून बहा देखा तो लोगों को पूरे तौर पर भरोसा हो गया कि वहाँ सचमुच रात को पुलिस और बागियों के बीच में मुठभेड़ हुई है और सचमुच राजा ही मारा गया। लोग मानने लगे थे। दूर दूसरे जिले के आरसी नाम के गाँव से जो कुछ साल पहले बवन्डर उठा था उसने कितने लोगों की जान लेली थी, कितने लोगों के दिल में स्थायी आतंक बनकर बैठ गया था...चलो ठीक ही हुआ जो पाल गैंग का अगुवा राजा मारा गया। यह बात दीगर थी कि उनमें से कुछ लोग जानते थे कि वह कैसे मारा गया है? वे किसी को बताएंगे नहीं कि वह कैसे मारा गया है। इससे कोई बड़ा फर्क भी नहीं पड़ता कि वह आमने-सामने से गोली चलाते हुए मारा गया या पेड़ से बाँधकर मारा गया है?...असली बात यह है कि वह मारा गया है।

जो घटना स्थल पर आगे आ गये थे वे पीछे से आने वालो को वहाँ पड़ा खून दिखाकर बता रहे थे–"यही जगह है–यहीं पर गोली लगते ही वह ढेर हो गया था।. ..बहुत पुलिस थी, वह बचके जाता भी कहाँ और कैसे?" गोपालपुर मिडिलस्कूल का हेडमास्टर थोड़ा ज्यादा खुश था और उसी खुशी को व्यक्त करता हुआ सबको समझा रहा था। वह पहाड़ के उस पार सुभाष पुरा का रहने वाला है। अपने गाँव को

आते-जाते पहाड़िया पर गैंग के लोगों से अक्सर भेंट होती रहती है। यद्यपि आजतक उससे किसी ने कुछ नहीं कहा है। लेकिन फिर भी डरतो हमेशा बना ही रहती है। लेकिन आज डर सचमुच कम हो गया।

"हम गारण्टी ते कहत हैं, जे खून और काऊ को है नाय सकत है।... राजा को है, राजा को!"

हेडमास्टर और भी ज्यादा उल्लासित होकर फिर कहता है। उसके पास ही मटकापुरा के फेरनसिंह पटेल का लड़का खड़ा है। वह हेडमास्टर की हरकते देख-देखकर मुस्करा रहा है। बीच-बीच में आंखें तरेरकर भी देखता है।

"मास्टर साहब आप बहुत ऊँचे पारखी निकले, खून देख के बता सकत हौ के वो कौन को है?...जे बात तो मशीनऊ नाय बता सकत है, ऐसी गारन्टी ते।"

उस लड़के ने कहा तो हैडमास्टर थोड़ा असहज हुआ लेकिन फिर भी अपने मन के उछाह के चलते वह उस छोकरे के आगे झुकने को तैयार नहीं था। वह उसको भी रास्ता बताने के लहजे में बोला–"अऐऽऽ! तें कलको छोकरा, का समझे इन बातन कों,...मशीन बनाई तौ आदमी ने ही है आखिर।...तौ फिर बता, आदमी ज्यादा समझैगो के मशीन ज्यादा समझैंगी? जे बात हम फिर गारन्टी से कहत हैं कि राजा अब जा दुनिया में नाय है,...हम का कहत हैं? जे खून कहत है...।"

मास्टर ने कहा तो छोकरा थोड़ी देर के लिए चकरा गया। ये बात सच है कि मशीन आदमी ने ही बनाई है तो इसका अर्थ भी यही हुआ कि आदमी मशीन से बड़ी चीज है,...लेकिन फौरन ही उसकी समझने फिर जोर मारा और समझ गया कि मशीन हैडमास्टर ने नहीं बनाई है, फिर ये कैसे ऊँचा होकर फुदकता फिर रहा है। लड़का भी ऐसा-वैसा नहीं था। हाई स्कूल उसी साल प्रथम श्रेणी में पास हुआ था। शादी वाले उसे ऐसे घेरे फिर रहे थे जैसे गुड़ की डली को चीटियाँ घेरे फिर रही हों। पटेल तय नहीं कर पा रहे थे कि इसकी शादी करूँ कि न करूँ।

लड़का हैडमास्टर से कुछ ज्यादा नहीं बोल पा रहा था तब उसने वही चाल चली जो ऐसे मौकों पर और ऐसे लोगो के साथ चला जाना उचित है। वह बोला–"फेर एक बात औरऊ है हेडमास्टर साब! जो तुम ज्यादा राजा-राजा चिल्लाते फिरौगे तौ पुलिस धरदबोचैगी और लाश की शिनाख्त तुम्हीं से कराएगी!...और फेर जो कऊँ राजा जिन्दा भओ तौ समझ लीओ...।"

और अबकी बार उसकी बात सुनकर हेडमास्टर की सिट्टी-पिट्टी गुम हो गयी। वह चुपचाप वहाँ से खिसक लिया और भीड़ में जाकर ऐसा लोप हुआ जो ढूँढ़े न मिला।...

जब इधर वह सब चल रहा था लगभग उसी समय उधर जिला हेडक्वाटरपर एस.पी.बँगला में पुलिस की एक गाड़ी ने प्रवेश किया। उसमें एन्काउन्टर में मारे गये तथा कथित राजापाल की लाश थी। उसके साथ थे उस क्षेत्र के एस.डी.ओ.

आमोद सिंह जिनके निर्देशन में एन्काउन्टर का वह सफल अभियान चलाया गया था। एस.डी.ओ.(पी) ने वे सब काग़ज़ात भी एस.पी. के सामने पेश कर दिये जो ऐसी घटना के समय पेश करना जरूरी होता है। एस.पी.साहब शायद सोते से उठे ही थे और नाइटगाउन पहने सीधे बैठक में चले आये थे और इसीलिए जम्हाई लेते-लेते उन काग़ज़ात को उलट-पलट कर देख रहे थे। लेकिन इधर एस.ओ. आमोद सिंह के चेहरे पर लिखी व्यग्रता बढ़ती जा रही थी। वह अकुलाहट में बदलती जा रही थी। इसी अकुलाहट के चलते वे एन्काउन्टर की जानकारी एस.पी. को देने लगे। उन्हें वास्तव में फर्जी एन्काउन्टर को असली सिद्ध करते हुए जानकारी देनी थी लेकिन वे बता गये वही सब जो वास्तव में किया था। अर्थात् कैसे एक अन्य थाना क्षेत्र से एक आदमी को पकड़वाया और क्योंकि वहाँ एन्काउन्टर दिखाया नहीं जा सकता था इसलिए अपने क्षेत्र में ले जाकर उसे सफलतापूर्वक निपटा दिया...। उसी झोंक में वे यह भी बताने लगे कि इस सब काम के लिए उन्हें राजधानी का आशीर्वाद प्राप्त है।

यह सुनते ही एस.पी. साहब चौककर उठ गये और हाथ में थामें कागज़ों को उनके ऊपर फेंकते हुए बोले—"नहीं, मैं इस केस में हाथ नहीं लगाऊँगा। लाश को लेकर फिर वहीं जाओ और तहसीलदार के सामने शिनाख्त कराओ।...कम से कम तहसीलद्दार के द्वारा तस्दीक होना बहुत ज़रूरी है।"

फिर क्या था, उन लोगों को मन मारकर एस.पी.बँगला से बाहर आना पड़ा।

फिर गाड़ी मुड़कर उसी दिशा में दौड़ने लगी जिधर से आयी थी। बताने वाले तो यह भी बताते हैं कि पुलिस विभाग को तहसीलदार पर काफी सीमा तक दबाव बनाना पड़ा था और वह भी भोपाल के नाम पर, तब वह दस्तख्त करने को राजी हुआ था।

वे लोग फिर लाश लेकर लौटे तब तक एस.पी ने राजधानी से सम्पर्क कर लिया था। इसलिए फिर किसी तरह की आनाकानी नहीं हुई। लाश की दाह क्रिया सम्मानपूर्वक शहर के मरघट में पुलिस द्वारा की गयी।

अगले दिन के सारे क्षेत्रीय अखबार पुलिस के वीरतापूर्ण कारनामों से भरे हुए थे। उस महान् अभियान में जिन-जिन पुलिस कर्मियों ने बहादुरी दिखाई थी उनके नाम सहित उनकी बहादुरी का बखान उन अखबारों में था। उन्हें सम्मानपूर्वक पुरस्कार और प्रमोशन देने का आग्रह भी हर अखबार बार-बार दुहरा रहा था।

और उसके भी तीसरे दिन मुख्यमंत्री का दौरा इस शहर के लिए घोषित हुआ। दौरा घोषित हुआ लेकिन दौरे का कार्यक्रम कुछ भी घोषित नहीं था। इसका अर्थ सभी लोग समझ रहे थे। किसी तरह की खास ताम-झाम के बिना एक साधारण से मंच पर मुख्यमंत्री जी का जनता को दीदार हुआ। पहले तो उन्होंने इस बात की सफाई दी कि उन्हें तो यहाँ की घटनाओं के बारे में कुछ पता ही नहीं था। वे चार दिन से

दिल्ली में थे। आज लौट रहे थे तो सोचा कि अपने दोस्त महावीर प्रसाद चौधरी के स्वास्थ्य की खैर-खबर लिए चलें, लेकिन यहाँ पहुँचकर पता लगा कि हमारी पुलिस के बहादुर जवानों ने एक बड़ा करिश्मा कर डाला है...और हम बहुत खुश हैं, अपने जवानों पर हमें गर्व है। हम उनको पुरस्कार और समय पूर्व प्रमोशन की घोषणा करते हैं।...और एस.ओ.आमोद सिंह को तो उन्होंने मंच पर बुला लिया। उसको चूमकर पीठ थपथपा दी और कुछ लोगों ने आग्रह किया तो उसके मुद्धों पर एक-एक सितारा और टाँक दिया।

मुख्यमंत्री महोदय के कौशल और कौतुक का भी कई दिनों तक बखान अखबारों में चलता रहा, उनकी बेहद कटीली छलिया मुस्कान युक्त छाया चित्र छपते रहे और इस पिछड़ी, विपन्न हालत वाले प्रदेश में खुशहाली और अमन-चैन का मसीहा सिद्ध किया जाता रहा।

25

कानागोसी को सामान्य व्यवहार में कोई खास महत्व नहीं मिलता है और अगर कुछ महत्त्व मिलता भी है तो वह प्रायः नकारात्मक ही माना जाता है। लेकिन कभी-कभी कानागोसी बड़े-बड़े गुल खिलाती है और कभी-कभी तो समाज के जटिल मुद्दे भी सुलझाती है। समाज की एक फितरत यह भी है कि जो बात उससे सम्बन्धित होती है, लेकिन उसपर उसका वश नहीं होता है, उसपर वह नज़र जरूर रखता है। बल्कि कान भी उसी पर टिकाकर रखता है। और ऐसी ही बातों के सम्बन्ध में कानागोसी काफ़ी असरदार तरीके से होती है। कभी राह चलते ही एक आदमी दूसरे के कान में कुछ मंत्र जैसा पढ़ जाता है और आगे बढ़ जाता है। जिसने मंत्र पढ़ा हो वह तो लपककर आगे बढ़ जाता है और जिसके कान में मंत्र पहुँचा हो उसकी चाल बदल जाती है। लटपटा कर चलने लगता है। मंत्र को मानों गुनगुना नहीं पाता, बल्कि उसकी उधेड़-बुन में लगा रहता है। घर आकर सबसे पहले वह घरवाली के कान में वही दुहराता है। घरवाली हक्की-बक्की सी उसे देखती रह जाती है। अगर रात हो और घरवाली बाहर जाने में असमर्थ हो तो उसकी अकुलाहट देखते ही बनती है। जल्दी सोने की हड़बड़ी होती है—पत्नी को जो कुछ सुना है उसपर गहन चर्चा करने की हड़बड़ी और पतिदेव को अपनी रात्रि-क्रिया निर्वाध होने की चिन्ता।...

"तुमने कही है सो सही है का...?"

घरवाली पूछ रही है और पति का ताव मारा जा रहा है। एकदम लाल हुआ लोहा मानो पानी में डाल दिया गया हो। वह छनछनाकर बलबला उठा हो मानो।

"और का मैं झूठ बोल रओ हों तो ते...?"

"और काऊ को जे बात मालूम है का?..."

घरवाली का मन है कि कल सवेरे उठते ही गाँव के कुछ खास-खास घरों में पहली बार उस खबर को वही पहुँचाए। लेकिन पति अपनी ही धुनाबुनी में लगा है। वह अब रास्ते चला मंत्र भूल गया है। अपनी योगक्रिया में लग जाना चाहता है।

"जा गाँव में तौ बात अकेले मोई कों मालूम है, ऐसो लगत है। चल, अब बन्दकर जे बेकार की बातें।..."

"तुम सवेरे काउ ते कहिओ मत!..."

"तासों के तें सवेरे उठत-उठतई पूरे गाँव में गात फिरे, काय मैं सही कहत हों न?"...

लेकिन सवेरे उठकर वे दोनों पाते हैं कि पूरे गाँव में उसी बात को लेकर कानागोसी शुरू हो चुकी है।

ऐसा ही कुछ इस बात को लेकर शुरू हुआ कि राजा मरा नहीं है, जिन्दा है!

यद्यपि यह बात निकली तो उन हल्कों से थी जो गैंग के निकट सम्पर्क में थे और सबसे पहले फैली उन डांगों में, जंगलों में...और खदानों में जहाँ पर राजा गैंग निर्बाधरूप से विचरण करता था और वहाँ पुलिस की पहुँच नाम मात्र को भी नहीं थी। लेकिन वहाँ से निकली ये चर्चा गाँव कस्बे और शहरों तक पहुँची। फिर एक दिन यही कानागोसी वाला समाचार एक अखबार ने छाप दिया। बल्कि उस अखबार ने तो उस आदमी का नाम भी छापा जिसे फर्जी एनकाउन्टर में मारा था और उसकी शिनाख्त राजा बाघेला के नाम से कराई गयी थी। इस खबर ने पूरे इलाके में हड़कम्प मचा दिया। पुलिस प्रशासन में पहले तो हताशा छा गयी। किंकर्तव्य विमूढ़ता कुछ ऐसी कि कई लोग तो कुछ सोच ही नहीं पा रहे थे कि इस एकाएक आ टपकी आफत से कैसे निपटा जाये। ऊपर से जो लताड़ भरे फोन आ रहे थे उन्हें रिसीव करने में एस.पी. तक के हाथ काँपते थे। घिग्घी बँध जाती थी।

वही अखबार वाला समाचार उस दिन सवेरे की पहली चाय के वक्त विधायक निवास के अपने क्वाटर में इलाके के विधायक कर्मेन्द्र शर्मा ने पढ़ा तो वे रोमाँचित हो उठे। मात्र रोमाँचित नहीं बल्कि ऐसा लगा कि कोई कीमती वस्तु बिना प्रयास के उनके हाथ लग गयी हो। अब वे मुख्यमंत्री महोदय को ठीक से सबक सिखाएंगे। उनके क्षेत्र का केस और मुख्यमंत्री ने उन्हें कानोकान खबर नहीं लगने दी। यह भी नहीं सोचा कि उस क्षेत्र के एम.एल.ए. को बुला के एक बार राय लेलें। यहाँ तक पुरस्कार और प्रमोशन बाँटने गया तब भी साथ चलने को नहीं कहा। अब बेटे को आटा-दाल का भाव मालूम पड़ेगा।...वे सतर के सतर उठ खड़े हुए थे और अन्दर जाकर सूटकेस संभालने लगे थे।

नौकरने पूछा कि कहाँ जाना है तो बता दिया है कि एक जरूरी काम से घर जाना है। कल आ जाऊँगा। किसी से कहना नहीं?

उसी दिन शाम को वे अपने घर आ गये। घर पहुँचकर अपने विश्वास पात्र लोगों को बुलाया और उनसे अगले दिन सवेरे ही उस केस से सम्बन्धित सामग्री और जानकारी इकट्ठी करने में लग जाने को कहा। और अगले दिन निकलते ही वे उस गाँव को रवाना हो गये जहाँ का आदमी एनकाउन्टर में मरा हुआ बताया गया। सबसे पहले तो उस आदमी के घरवालों को सांत्वना दी। उसके परिजनों ने उस आदमी का पूर्व में खींचा गया फोटो दिखाया तो शर्मा जी ने फौरन हामी भर दी कि उन्होंने अखबार में छपा जो फोटो पुलिस की गोली से मरे हुए आदमी का देखा था वह यही था। लोग सुनकर फिर रोने-कलपने लगे तो उन्होंने फिर सांत्वना दी और यह वादा भी किया कि अब वे सीधे भोपाल जा रहे हैं; विधान सभा में ये सवाल उठाएंगे और उन्हें न्याय दिलवाएंगे। वे साथ में केमरामैन को भी लाए थे। उसने रोते-बिलखते लोगों के फोटो लिए उन्हें सांत्वना देते हुए शर्माजी के भी फोटो लिए।

इतने से भी जब कर्मेद्र शर्मा का मन नहीं भरा तो उन्होंने मृतक के परिजनों को सुझाव दिया कि वे लोग अपना सिरमुंडन अभी कराएं। वह करते हुए फोटो खींचे जायेंगे। वे फोटो विधान सभा में दिखाए जायेंगे तो बात और पक्की समझी जायेगी।...

और उस सभी सामग्री और सबूतों को लेकर वे उसी दिन शाम तक राजधानी पहुँच गये। वहाँ पहुँचकर अपनी पार्टी के मुख्य-मुख्य लोगों को उन्होंने फोन पर सूचना दे दी कि कल विधानसभा मे धमाका होगा सभी लोग अपनी मानसिक तैयारी के साथ आयें। चूँकि विरोधीदल का नेता उन्हीं की पार्टी का था, इसलिए सारे कागजात उसे सौंप दिये।

सचमुच बहुत ही धमाके दार प्रस्तुति हुई विधानसभा में उस केस की। कर्मेद्र शर्मा जब बोलने खड़े हुए तब लोग टकटकी लगाकर उन्हें देख रहे थे और कान टेक कर सुन रहे थे। मानो सदन में किसी सदस्य का वक्तव्य न चल रहा हो, कोई आख्यान चल रहा हो। एक-दो विधायक अवश्य ही शुरू से ही टोकाटाकी कर रहे थे। वे यह बताने की कोशिश कर रहे थे कि जो कुछ माननीय सदस्य द्वारा कहा जा रहा है वह मिथ्या और सदन में भ्रान्ति फैलाने वाला है। सच वही है जो सदन में पूर्व में प्रस्तुत किया गया है। जो सख़्श एनकाउन्टर में मारा गया वह राजापाल ही था। जो लोग इस तरह की टोकाटाकी कर रहे थे वे सचमुच मुख्यमंत्री के पक्ष के लोग थे, लेकिन अधिकांश सदन उन्हें नहीं सुन रहा था।

अगले दो दिन तक सदन उसी मुद्दे को लेकर गर्माया रहा। जिस थानेदार ने उस एनकाउन्टर की व्यूहरचना की थी और जिस एस.डी.ओ.(पी.) के निर्देशन में वह एनकाउन्टर हुआ, उन दोनों की रिपोर्ट में अनेक विसंगतियाँ थी। उन विसंगतियों को लेकर ही विपक्ष एनकाउन्टर को फर्जी सिद्ध करने में लगा था और उन्हीं को लेकर बहस तीखी और सारगर्भित हो चली थी। विपक्ष बार-बार भारी पड़ रहा था और

सरकारी पक्ष को मुँहकी खानी पड़ रही थी और अन्त में बाध्य होकर सत्ता पक्ष को मृतक के डी.एन.ए. टेस्ट के लिए राजी होना पड़ा।

इस मामले में सबसे खराब हालत चीफ़मिनिस्टर महोदय की थी; जो बिना कुछ सोचे-समझे अपने बिरादरी के दरोगा के मुद्धों पर सितारे जड़ने को फौरन राजी हो गये थे। प्रमोशन और पुरस्कारों का आनन-फानन में बाँटने के लिए मानों पहले से ही तैयार बैठे थे। गये तो थे एक पुराने नेता का हालचाल जानने और उन्हीं नेताजी की छत पर एक छोटे से सामियाने के नीचे उतना सब कुछ कर आये जिसके लिए वहाँ विधान सभा में बार-बार मुँह छिपाना पड़ रहा था। बगले झाँकनी पड़ रही थी।

जिन दिनों विधान सभा में यह विषय उठाया गया था ठीक उन्हीं दिनों इधर जिला स्तर पर उसीसे जुड़ती हुई कुछ अन्य घटनाएं घटी। दरअसल बात यह थी कि वही दौर मानव अधिकार संरक्षण पर सघन चर्चा का दौर था। खासतौर से इस प्रदेश में मानवअधिकार संरक्षण से सम्बन्धित कानून लागू किये जा रहे थे और तभी यहाँ के कुछ जागरूक वकीलों ने मिलकर उस फर्जी मुठभेड़ को लेकर जिला सत्र न्यायाधीश की अदालत में पाँच लोगों के खिलाफ केस प्रस्तुत कर दिया।...और दूसरी बात यह कि उन्हीं दिनों देरूपाल के गैंग ने एक बस लूट ली और क्षेत्र के एक नामी व्यक्ति का अपहरण कर लिया। इन दोनों घटनाओं की दो अलग-अलग थानों में रिपोर्ट हुई और दोनों जगह राजा का नाम था। इस चीज ने इलाके भर में पहले से फैली सनसनी को और भी सघन और मुखर बना दिया। जो राजा के मरने पर खुशियाँ मना चुके थे, मिठाइयाँ बाँट चुके थे और पटाके फोड़ते रहे थे, वे सब से ज्यादा मायूस थे। वे फिर से अपने-अपने दड़बों के खिड़की-दरवाजे ठीक कराने में लग गये थे और जो लोग राजा के मरने की खबर सुनकर मायूस हुए। किसी के सामने सीना तान कर खड़े नहीं हो पा रहे थे; वे धीरे-धीरे अपने दड़बों से बाहर आने लगे थे। बहस-मुवाइशों में खुलकर भाग लेने लगे थे। राह-वाट, खेत-खलिहान, हाट-बाजार; हर जगह पर वही चर्चा और इस तरह धीरे-धीरे राजा का नाम सर्वव्यापी होता जा रहा था।

डी.एन.ए. रिपोर्ट आ गयी थी और उसमें जो व्यक्ति मरा था वह राजा नहीं था। उसकी जाँच के आदेश हो गये थे। वह केस यद्यपि रफादफा हो गया था, लेकिन प्रशासन के मर्मस्थल पर बहुत गहरा घाव देकर गया था।

कई लोग तो उसे याद करते ही सिंहर उठते थे। रातों को बुरे-बुरे सपने आते थे। दिन के समय किसी काम में मन नहीं लगता था। कुछ का तो मन नौकरी छोड़ देने को कर रहा था। मात्र फर्जी एनकाउन्टर का मामला होता तो उससे भी बचाव के रास्ते ढूँढ़ लिए जाते।'लेकिन यहाँ तो मामला मानव अधिकार संरक्षण का था और सत्र न्यायधीश ने वह मामला सर्वोच्च न्यायालय के एक ताजा दृष्टांत के आधार पर मुख्य न्यायिक दण्डधिकारी की अदालत में कार्यवाही हेतु भेज दिया था। जिसके

अनुसार एक एस.पी. एक एस.डी.ओ (पी), दो एस.ओ और एक नायब तहसीलदार; कुल जमा पाँच व्यक्तियों पर भा.द.वि की धारा तीन सौ दो के आधार पर कार्यवाही होनी थी।...यों पूरे प्रशासन को लेने के देने पड़ गये थे। कुछ लोगों का चोटी का पसीना एड़ी तक आ गया था। पहले जो आदमी फर्जी एनकाउन्टर में मरा हुआ घोषित किया जा रहा था और जिसके घरवालो ने मृतक का फोटो देखकर यह मान लिया था कि उन्हीं के परिवार के अमुक सदस्य को पुलिस ने मार डाला है। वे लोग मय सबूत और गवाहों के कोर्ट में पेश होने की तैयारी कर रहे थे तभी एक बड़ा गतिरोध आ उपस्थित हुआ। जो आदमी मरा हुआ घोषित किया जा रहा था, वह कहीं देशाटन को चला गया था और अब लौटकर आ गया था।

उसके लौटने की खबर पाते ही प्रशासन में हर्ष की लहर दौड़ गयी। फोन पर फोन और वायरलेस पर वायरलेस सनसनाने और टनटनाने लगे। पुलिस की गाड़ियाँ दौड़ने लगी। पहले तो उस आदमी को धर पकड़ा गया जो मरा हुआ घोषित किया गया था और उसे आनन-फानन में कोर्ट में पेश किया गया। लेकिन उसके पेश होते ही और प्रमाणीकरण के बाद केस फिर कमजोर स्थिति में आ गया।

कमजोर स्थिति में जरूर आ गया लेकिन केस खारिज नहीं हुआ क्योंकि पुलिस के ऊपर अभी भी अदालत का ये हन्टर तना हुआ था कि यदि डी.एन.ए टेस्ट के मुताबिक राजा नाम का बागी नहीं मरा है तो पुलिस जिस लाश की शिनाख़्त कर चुकी है और उसका विवरण पेशकर चुकी है वो कौन था? अतः भा.द.वि. की धारा तीन सौ दो की अहमियत उस केस में जसकी तस बनी हुई थी और प्रशासन की कोशिश थी कि इस बात की कोर्ट को हवा तक नहीं लगने दी जाये कि वह लाश आखिर थी तो किसकी थी?...और प्रशासन इस मामले में सफल भी रहा। अनुपलब्ध साक्ष्य की स्थिति में वह केस जहाँ था और जिस स्थिति में था वहीं खड़ा रह गया।

26

राजनेता लोग भले ही अपनी सफेद वारीक खादी पर पड़े छीटों को आनन फानन में धो डालने हेतु यह माँग कर रहे हों कि देरूपाल का गैंग अब जिन्दा नहीं चाहिए बल्कि मरा हुआ जल्द से जल्द चाहिए। लेकिन पुलिस को तो अपना वर्तमान और भविष्य देखकर ही तो काम करना होता है। पुलिस जानती है और मानती भी है कि ऐसे मामले में जितनी लम्बी पारी खेली जायेगी उतना ही उसके लिए शुभ और कल्याणकारी रहेगा। इस महादेश की जनता के हित में और प्रशासन के हित में अमूमन छत्तीस का सम्बन्ध देखने को मिलता है। जिस व्याधि से जनता त्राहि-त्राहि करने लगती है। उसे जल्दी खत्म करने की गुहार लगाती है, उसी समय

प्रशासन या तो कान में तेल डाल के सोता है या फिर गोह की तरह खोह में पड़े-पड़े अपने आप को मोटा करता है।

लेकिन उस समय शायद मानव अधिकार संरक्षण कानून से घबराई पुलिस मानो कान फड़फड़ा कर उठ खड़ी हुई थी। जिलास्तर पर और सम्भाग स्तर पर भी जो अधिकारी अक्षम माने गये थे उन का स्थानांतरण अन्यत्र कर दिया गया और दूसरे सम्भाग या जिलों से सक्षम अधिकारियों को इधर बुलाया गया था। स्पेशल टास्क फोर्स का पुनर्गठन किया गया था। मुखबिर तंत्र की समीक्षा की जा रही थी। उनके लिए अधिक से अधिक प्रलोभन राशि मुहैया कराने की व्यवस्था की जा रही थी।

यानी कि पुलिस खेमे में पूरे तौर पर मोर्चाबन्दी हो चुकी थी। गतिबिधियाँ भी कुछ ऐसी कि जो देखता वही दहशत में आ जाता। उस समय बाँध के आस-पास पुलिस का कुछ ज्यादा ही जमाबड़ा था। उस ओर लाल कोठी पर पुलिस थी, रेस्टहाउस पर पुलिस थी, आरसी की गढ़ी पर पुलिस थी और वहाँ से थोडी दूर पहाड़िया के उस पार भैंसगढ़ा थाने पर पुलिस ही पुलिस थी। यहाँ तक पुलिस की कुछ नौकाएँ बाँधपर भी गश्त कर रही थीं। इस बाँध के लगभग बीच में एक पहाड़ है उसको बीच का पहाड़ ही बोलते हैं। कहा जाता है कि जिस समय पुलिस राजा को मारे जाने की खुशी मना रही थी या मानव अधिकार संरक्षण के चलते भगी-भगी डोल रही थी, उन्हीं दिनों देरूपाल के गैंग ने पार्वतीघाटी के एक अन्य गाँव के एक ब्राह्मण की पकड़ कर ली थी और उस पकड़ को उसी बीच वाले पहाड़ पर रखा गया था—लगभग पन्द्रह दिन तक। वहीं उसकी फिरौती हुई थी। जब यह बात चारों और फैल चुकी तब पुलिस की नींद खुली थी और उस नीद खुलने का परिणाम था कि अब चारों ओर पुलिस ही पुलिस दिखाई दे रही थी। यहाँ तक कि पुलिस के डर से मछली पकड़वाने वाला ठेकेदार छोड़कर भाग गया था और दूर बिहार-बंगाल से आये मछुवा भी अपने-अपने घरों को वापस चले गये थे।

पुलिस की ऐसी गहन सक्रियता के चलते इस बार गैंग को तलाशने में गंगाश्री को खासी मेहनत करनी पड़ी। वह दो दिन पहले ही ग्वालियर जेल से छूटकर आयी थी।

उसे छः महीना पहले उसके घर से पुलिस उठा ले गयी थी। शाम का समय था और उस दिन उसके जेठ की लड़की की शादी थी और बारात के साथ ही साथ पुलिस चली आयी थी। पूरा गाँव पुलिस ने घेर लिया था। एक-एक घर, एक-एक मकान की तलाशी ली जा रही थी। एक-एक आदमी से पूछताछ की जा रही थी। यहाँ तक कि बारात और रिश्तेदारों को भी नहीं बख्शा गया था। वही देरू, राजा, गोविंद और प्रीतम के बारे में वह हर किसी से पूछते थे। गंगाश्री के परिवार वालों को अलग छाँटकर बिठाया गया था। उनसे कुछ ज्यादा ही सख्ती के साथ पूछा जा रहा था। गंगाश्री के आदमी की अच्छी तरह ठुकाई की गयी थी। पहले दौलतराम

को लेकर पुलिस जा रही थी। फिर पता नहीं क्यों उन्होंने उसे छोड़ दिया गंगाश्री को लगभग जबर्दश्ती गाड़ी में बिठा लिया। उस दबिश में एस.पी. तक से फोन पर पूछा गया था, लेकिन गंगाश्री के परिवार वालों को यह भी नहीं बताया गया कि उसे किस कानून के तहत पकड़ा गया है और कहाँ ले जाया जा रहा है।...थाने लेजा कर फिर उससे पूछताछ की गयी और जब कुछ हासिल नहीं हुआ तो दस्यु उन्मूलन अधिनियम के तहत जेल भेजने का निर्णय लिया गया।

वहीं छः महीना बिताकर दो दिन पहले वह घर आयी और तीसरे दिन सवेरे ही अपनी एक साल की सोती हुई बच्ची को गोद में उठाए और सिर पर छः सात लोगों के लाइक खाने की पोटली रखे वह चुपचाप घर से निकल पड़ी थी। सिंध में पानी नहीं था लेकिन पहाड़ चढ़ने में आज उसे कुछ ज्यादा ही परेशानी हो रही थी, फिर भी वह ऊपर पहुँच ही गयी। वह जंगल कालापानी का ही था। कल शाम को ही टपरिया गाँव का नंदलाल सहरिया उससे मिलके गया था। यह बताने आया था कि अभी जंगल में आने का साहस वह न करे। जहाँ देखो वहाँ पुलिस ही पुलिस है। पुलिस के डर से कालापानी खदान तक सूनी पड़ी है। कोई खनबरिया या कारीगर तक वहाँ पहुँचने की हिम्मत नहीं जुटा पा रहा है। नंदलाल जब उठकर जाने लगा तब बोला था—"तें फिकर झिन कर जीजी! जब जे आजकल की अनी टर जागी तौ मैं तोय लैवे आऊँगो।...फेर मेये आये बिना ते जंगल की ओर कदम झिन धरिये मेई भैंना।..."

और वही नंदलाल सहरिया खदान पर उसको मिल गया था और अपने सामने खड़ी गंगाश्री को एकटक निहार रहा था। निहार रहा था और सोच रहा था कि जनीमाँस उसने बहुत देखी है—सहरियों की और गैर सहरियों की भी; लेकिन गंगाश्री जैसी जनी उसने कोई नहीं देखी। अभी दो-तीन दिन पहले ही जेल काटकर लौटी है और आज फिर यहाँ जंगल में अपने भाइयों से मिलने चली आयी, जबकि उसे मालूम है कि इस हालत में इधर जंगल में जाना जान से हाथ धोना भी हो सकता है।...

"ओऽऽजीजी! तैंने तौ परलो कर दई। मै तोते मना करवे गओ हो और तैं झें चली आयी?...पूरे जंगल में पुलिस बही-बही डोलत है। देख नाय रई झें खदानन में कोऊ आदमी दिखाई देत है?...तू इतनी छोटी मोड़ी को लैके जंगल में आ गयी? अब चल जलदी मेई मैयो! तोय या तेई मोड़ी को कुछ है गओ तौ वो राजा मेई जान लैलेगो!"

इतना कहकर उसने गंगाश्री के सिर से खाने की पोटली लेली और उससे अपने पीछे आने का इशारा कर खदान के रास्ते पर चल पड़ा। खदान की बगल में अमरनाला है और उसे पार करते ही वह खोह है,। खोह के आगे झाड़ झंखाड़ कुछ ऐसे कि कोई अनुमान तक न लगा पाए कि उसके अन्दर आदमी नाम का जीव हो

सकता है। खोह के मुहाने पर कुछ ऐसी घनी मकोई की झाड़ियाँ हैं कि उनके रहते कोई खोह में झाँक तक न पाए। अगर घुसने की हिम्मत करे तो कपड़ों के साथ-साथ शरीर को भी ढेर सारे खोंता लगा, बैठे। लहू-लुहान हो जाये शरीर।

"ला, जीजी! जा मोंड़ी को मोय दै। तैं नाय बचा पावैगी जा कों। कांटे लगैगे जाकें तौ बुरी तरह डकरावैगी। आस-पास कोऊ होगो तो कान खड़े हो जावैंगे वा के!"

यह कहते-कहते नंदलाल ने उसकी गोद से लड़की ले ली और उसे बड़ी सावधानी से काँटों से बचाता हुआ खोह के अन्दर जाने लगा। गंगाश्री अपने कपड़ों को मकोई के काँटों से जैसे-तैसे करके बचाते हुए उसके पीछे चली। वह नंदलाल सहरिया के कौतुक को देख-देख रोमाँचित हो उठी थी। इस काले, अर्धनग्न और आधेपेट खाने वाले सहरिया को इस वफादारी के बदले में कुछ भी मिलने की आस नहीं है, उल्टी जान जाने की आशंका है, लेकिन फिर भी वह यह किये बिना नहीं रह सकता। इस दुनिया में सालों साल से यही होता आया है। इस सिंध-पार्वती की घाटी में न जाने कितने बागी गैंग हुए हैं और उन सब को किसी न किसी रूप में इस कौम की मदद जरूर मिली होगी और यह भी सच है कि इस जाति के किसी आदमी ने मुखबिरी कभी नहीं की है।

गंगाश्री ने नंदलाल से अपनी गोद में बेटी को लेलिया था और अपने आँचल से नंदलाल की नंगी देहपर बहते खून को पोछ रही थी। और सामने ही खड़े देरू, राजा, प्रीतम, गोपाल उसे अचरज से देख रहे थे।

"जीजी, ऐसे बखत में तोय झें नाय आनो हो!..."

देरू ने कहा तो मानो गंगाश्री ने सुना ही न हो।

"नरवर को दरोगा अबैऊ तुम्हें हाजिर करावे को राजी है, फेर वा के एस.पी. ने साफ मनै कर दई है। वो नासमिटो, तुम्हें मरो भओ देखन चाहत है...वा को सब कुनबा मर जाये लकैया लगे को...कोढ़ी है के मरैगो दारी जार।"

गंगाश्री एस.पी. को गरिया रही थी और वे लोग चाह रहे थे कि वह घर गृहस्थी की थोड़ी बहुत बातचीत करके जितनी जल्दी हो उतनी जल्दी वहाँ से चली जाये। वे जब से फरार हुए थे तब से अब उन्हें सचमुच पुलिस से साबका पड़ा था। वे उस समय अनुभव कर रहे थे कि पुलिस से मुकाबला कर पाना हँसी-ठट्टा नहीं है।

"जीजी! तोय हमाये कारन झेलनो पड़ो है,...।"

राजा अपनी बात पूरी नहीं कर पाया तब तक गंगाश्री ने उसे डाँट दिया—"तैं चुपको है जारे मोड़ा!...कल मामा आओ हो। वो बता रओ हो के अपयें गाँव को छोटो राजा तैयार है तुम्हें हाजिर करावे कों। नरवर को दरोगाऊ कहत हो के राजा साहब जो हाजिर करा दें तौ ठीक रहैगो।"

"राजा साहब भैंसगढ़ी थाने पे हाजिर कराएंगे और भें चौधरी दरोगा अबैऊ बैठो है। मार-मार के फेर खाल बिगाड़ देगो और डांग में लै जा के गोली मार देगो। चौधरी

फर्जी एनकाउन्टर के लएं खूब नाम कमा चुको है।"

गोविंद ने कहा तो गंगाश्री फिर आज सोच में पड़ गयी। लेकिन उसे तभी याद आया कि मामा मोतीलाल ने बताया था कि राजा साहब उन लोगों को भैसगढ़ा थाने में हाजिर नहीं कराएंगे। वे उन्हें कड़ाही थाने में हाजिर करा सकते हैं।

उसने उन सब को एक-एक करके देखा और फिर धीरे से कहा—"तुमन चाहो तौ वे कड़ाही थाने मेंऊ हाजिर करवा सकत हैं... ।"

अबकी बार गंगाश्री के कहे पर उन सब ने मौन स्वीकृति दी और यह देखकर गंगाश्री की आँखें खुशी से चमकने लगी।

थोड़ी देर तक कोई किसी से नहीं बोला।

"और मामाने रुपयन की कुछ नाय कही जीजी तोते?"

राजा ने पूछा तो उसने बुरा-सा मुँह बना लिया।

"चल, रहन्दै, रुपयन की कही तौई। रोय रओ हो रुपया हैं नाय वा पे!"

"हैं नाय तौ एस.पी.पे ते लाये!...एस.पी. ते यारी है वा की।"

"अऐऽऽ, यारी नाय है, डर के मारे तूमाल बना लओ वा ने। मोय सब बता गओ है।"

गंगाश्री ने कहा तो फिर कोई नहीं बोला। वह उठकर खड़ी हुई तो फिर बोली—"मामा आयेगो तुमाये ढिंगा। वा ते मनै मत करिओ। जे काम है जाये तौ भलो है। सब कुनबा के कुनबा मारे-मारे डोल रए हैं...काऊ को कऊँ ठिकानो नाय है!"

वह नंदलाल सहरिया के साथ चली गयी तो सभी लोग कुछ समय तक उसी ओर देखते रहे।

27

गढ़ी के लिए उन लोगों का बागपन भारी पड़ने लगा था।

आज से पहले पार्वती घाटी में कोई ऐसा बागी न तो रह पाया और न हुआ था जिसने आरसी की गढ़ी से सम्बन्ध बनाकर नहीं रखे हों या उसका मुखिया राजा साहब के आगे शरणागत न हुआ हो। लेकिन यहाँ के पाल गैंग की कुछ बात ही दूसरी है। शतरंज के ऊँट जैसी चाल है उन लोगों की और इस चाल रो राचमुच गढ़ी काँप उठी है। राजा गजपति सिंह के प्रति अभी उन लोगों की कोई मंसा प्रगट नहीं हुई है। राजा साहब हाईकोर्ट के वकील हैं और वकील का अर्थ होता है बाल की खाल निकालना। वे जानते हैं कि जो कुछ भी नहीं चाहता वह कभी भी बहुत कुछ चाह सकता है। इसीलिए गत एक-डेढ़ साल से उन्होंने एक तरह से गाँव छोड़ ही रखा है। दोनों लड़के तो पहले से बाहर पढ़ते हैं। और हॉस्टल में ही उनकी अब

तक की जिन्दगी बीती है और अब राजा साहब पत्नी सहित ग्वालियर कोठी में रहने लगे हैं। यहाँ से गढ़ी का महत्त्वपूर्ण सामान भी धीरे-धीरे कोठी में पहुँचने लगा है। महीने-दो महीनों में चार-छः दिन के लिए आते हैं वे। गढ़ी में यद्यपि एस.ए.एफ की टुकड़ी रहती है, लेकिन फिर भी वे जब गाँव में आते हैं तब भैंसगढ़ा थाने में अवश्य रुकते हैं और वहाँ से पुलिस को साथ लेकर ही गढ़ी तक आते हैं।

इस सूरत में गढ़ी और गढ़ी से लगी बाहर सौ बीघा ज़मीन, कृषि-यंत्र और बहुत सारा साजो-सामान, गाय-भैंसों से भरा खरक; ये सब श्रीकृष्ण पण्डित की देख-रेख में छोड़ा हुआ है आजकल राजा साहब ने। उससे जो कुछ आमदनी होती है, उसको महीने के महीने या फसल के फसल पण्डित हिसाब सहित ग्वालियर कोठी पर दे आता है। यद्यपि राजा साहब खुद वकील हैं और जैसा कि कहा जाता है कि वकील की घरवाली वैरिस्टर से कम नहीं होती, इसीलिए इस काफी बड़े कारोवार में से पण्डित कुछ ज्यादा हाथ साफ नहीं कर पाता है फिर भी आजतक उसका रोब-रुतबा बिना बड़े कारण के भी काफी बड़ा हो गया है और उसके चलते उसका पैर जमीन पर कम पड़ता है और इसी कारण से लगभग एक महीना पहले उसके साथ गाँव वालों का एक बड़ा झंझट हो गया था।

दरअसल बात ये हुई कि गाँव के सहरिया और गड़रिया, जो ज्यादातर राजा साहब के फार्म पर ही काम करते थे, काफी दिनों से मज़दूरी बढ़ाने की माँग कर रहे थे; लेकिन श्रीकृष्ण टाल मटोल कर रहा था। इसी बात को लेकर उसके साथ लोगों की कहा-सुनी हो गयी। वे फार्म पर काम न करने की धमकी देने लगे। बस इसी बात को लेकर श्रीकृष्ण पण्डित और होतमसिंह गूजर ने कुछ लोगों की पिटाई कर दी। लोग पिटे थे, कायदे से उन्हें भैंसगढ़ा थाने में जाकर श्रीकृष्ण पण्डित और होतमसिंह गूजर के नाम रिपोर्ट लिखानी चाहिए थी, लेकिन उन्होंने वह तो नहीं किया, बल्कि उल्टी दिशा में डांग में चले गये और वहाँ जाकर रिपोर्ट कर आये।

उन दिनों श्रीकृष्ण पण्डित पर खासी मदहोशी हर वक्त छाई रहती थी। वे अपने आगे न तो किसी को गिनते थे और न किसी की परवाह करते थे। वे अक्सर गढ़ी के बाहर वाले फर्श पर मूढ़ा डालकर ठीक वैसे ही बैठा करते थे जैसा छोटे राजा साहब बैठा करते थे। अर्थात् मूढ़े पर वे निहायत ढीले होकर और फैल-फूटकर बैठा करते थे। वे एक तरह से अर्धनिमेष होकर एकदम खोए-खोए और भूले-भूले से बैठे होते। गली में और गढ़ी के आगे कोई आये-जाये उन्हें उस बात से कुछ लेना-देना नहीं रहता था। यहाँ तक कि कोई फर्श पर ऊपर आकर खड़ा हो जाए तो उसे भी आंख खोलकर नहीं देखते थे। बल्कि इन्तजार करते थे कि ऊपर आने वाला उनके पैरों पर हाथ लगाकर प्रणाम करे और वे अर्धनिमेष से निर्निमेष होकर उस आदमी को आशीर्वाद दें और जानने की जेहमत उठाएं कि वह कौन है और किस प्रयोजन से आया है?

हाँ, तो उस दिन शाम की बेला श्रीकृष्ण पण्डित उसी मुद्रा में बाहर वाले फर्श पर बैठे थे तभी गढ़ी के सामने के रास्ते से जो एक छोटे से दरवाजे से गुजरकर एक बाड़े में जाता है और वहाँ दूसरे दरवाजे से निकलकर डांग में चला जाता, पठानी काले सूट पहनें और अपने-अपने हाथों में राइफल उठाए राजा और गोविंद मचकते हुए चले आये। वे ऊपर फर्श पर आ गये और श्रीकृष्ण पण्डित आँख बन्द किये पैर छुआने के इन्तजार में जस का तस बैठा रहा। गोविंद ने जब उसका हाथ पकड़कर खींचा तो उसकी घिग्घी बँध गयी। तब तक राजा ने राइफल की बट उसकी बगल में अड़ा दी और बिना आवाज मुँह से निकाले अपने साथ चलने को कहा।

वह बहुत धीरे-धीरे उठा और शायद किसी के इन्तजार में इधर-उधर देखता हुआ फर्श से नीचे तक पहुँचना चाहता था; लेकिन इतनी देर में शायद राजा अकुता उठा था। वह उसे घसीटता हुआ नीचे गढ़ी के फाटक के सामने तक ले आया। नीचे पहुँचते-पहुँचते वह हकीकत समझ चुका था कि अगर इसका आदेश मानने से इनकार करता है या चीख-चिल्लाकर लोगों को इकट्ठा करने की कोशिश करता है तो राजा कम से कम पाँच गोली तो उनके सीने पर ठोंक ही देगा। इसलिए उस समय उसको लपककर चलने में ही फायदा दिखाई दिया और फिर वह सही रास्ते पर और सही चाल से डांग की ओर चला गया।

उसके काफ़ी देर बाद एस.ए.एफ. के जवानों को पता लगा कि गढ़ी पर कुछ ऐसा घट गया है जिसे रोकने के लिए ही वे वहाँ मौजूद थे और उस मौजूदगी को उन्होंने कुछ फायर करके प्रदर्शित किया भी। आजकल इस घाटी में ये खेल अलग से खेला जा रहा है, यहाँ पर हर आदमी अपने बचाव की बात पहले सोचता है और समस्या के समाधान की बाद में। जनता प्रशासन की इसी अदा पर कुछ ज्यादा ही रीझी हुई है साथ ही कुछ-कुछ खीजी हुई भी है। रात होते-होते, पूरे इलाके में सनसनी व्याप गयी। एक निहायत ठण्डा भय लोगों की पसलियों के बीच से रेंगने लगा।

पार्वती घाटी में बड़े-बड़े नामी गैंग रह चुके हैं लेकिन आरसी की गढ़ी का मान सबने रखा है। गढ़ी की ओर कभी भी किसी ने आँख उठाकर नहीं देखा है और कभी ऐसा होता भी क्यों? गढ़ी ऐसे लोगों पर तो अपना बरदहस्त हमेशा बनाए रखती थी। न जाने अब तक कितने गैंगपति आरसी की गढ़ी को कोरनिश बजाने को लालायित रहे हैं और उसके एहसान का बदला चुकाने के लिए गढ़ी के आदेश की वाट जोहते रहे हैं। लेकिन पाल गैंग ने ऐसा दुस्साहस दिखाया है जो गढ़ी कभी बर्दाश्त नहीं कर पाएगी। लगता है राजा ने सोते हुए बाघ को छेड़ा है। जानते-बूझते हुए साँप की बाँबी में हाथ डाला है।

इस घटना के बाद कुछ लोगों को इस बात का भी बेताबी से इन्तजार था कि देखते हैं कि इस बार गढ़ी गिरोह से कैसे निपटती है? यह बात वहाँ के हर आदमी को मालूम थी कि गढ़ी के मालिक छोटे राजा गजपति सिंह के हाथ बहुत लम्बे हैं।

वे इस मामले को ऐसे नहीं जाने दे सकते हैं। वे आखिर कुछ-न-कुछ तो अवश्य करेंगे।

उधर ग्वालियर में बैठे छोटे राजा को भी गहरा धक्का लगा था। एक बार तो मन हुआ कि पाल गैंग ने जो धृष्टता की है उसकी सजा उसे मिलनी ही चाहिए। मन हुआ कि ग्वालियर, भोपाल, दिल्ली सब जगह तो अपने लोग बैठे हैं। एक-एक बार फोन करने की ज़रूरत है फिर सब कुछ अपने आप हो जायेगा। क्योंकि ये मात्र आरसी की गढ़ी का अपमान नहीं है, पूरी बिरादरी का अपमान है।...

फिर उन्हाँने एक मिनट रुक कर सोचा कि एक दौड़ी के ब्राह्मण को डकैत पकड़ ले जायें तो यह पूरी बिरादरी का मामला कैसे हुआ। यह अच्छी बात हुई जो उन्होंने किसी को फोन नहीं किया वर्ना तो लोग हँसते, उनकी मुर्खता पर। फिर भी उन्होंने तय कर लिया कि श्रीकृष्ण पण्डित को उन लोगों की पकड़ से मुक्त अवश्य कराया जायेगा। लेकिन वह काम होगा कैसे इसके लिए उन्हें थोड़ी देर सोचना पड़ा। अन्त में उन्हें रास्ता सूझ गया।...अगले ही दिन उन्होंने एक आदमी आरसी गाँव भेजा और मोतीलाल पाल को बुलवा लिया।

वह आया और राम-जुहार करके अभी बैठा ही था कि वे थोड़े पिलपिलाते हुए से उससे बोले—"देख मोती, तू मेरा पहचान का है तो और अंश-वंश का है तो, तेरे सिवा शेरनी के पुरा पर मेरा और कोई नहीं है। तो फिर मैं अपने मन की बात तेरे सिवा और किससे कहूँ?...अब तू बता, एक ब्राह्मण की पकड़ करके तेरे भानजे कौन-सा बड़ा काम करने जा रहे हैं? इन कामों से तो नरक में भी जगह नहीं मिलेगी। तू उन्हें समझा भाई!"

छोटे राजा गजपति सिंह ने कहा तो मारे आश्चर्य के मोती लाल का मुँह फटा का फटा रह गया। पहले तो वह समझ नहीं पाया कि राजा आज ऐसी पण्डिताऊ भाषा कैसे बोल रहा है? उसकी बात खाल काढ़कर भुस भर देने की धमकी से उतरकर स्वर्ग-नरक पर आकर कैसे टिक गयी। तभी उसे याद आया कि पण्डित को दिन दहाड़े गढ़ी से उठा के ले जाना जब इतना आसान रहा तो गढ़ी के रुतबे में एक तरह से सेंध तो लग ही गयी है। उसी सेंध को छिपाने का इरादा है छोटे राजा का। मोतीलाल इन सब दांव-पेंच को भली-भांति समझता है। पाल समाज के ऊपर जो आजकल बीत रही है उसकी पहले किसी ने कल्पना तक नहीं की होगी, लेकिन उस महाविपत्ति से अकेला मोतीलाल हर बार छिटककर बाहर आ गया है क्योंकि वह कोई मामूली आदमी नहीं है, चोखापाल का लाइकवर बड़ा बेटा है।

"अऐऽऽ राजा साहब! जा गरीब को काय बाघ को मुँह पकरवे कों कह रहे हो?...वे मोड़ा तौ भगवान आके खड़ो है जाये ताऊ की नाय मानवे वारे!...भगवानई बचाए बिन राक्षसन को आमनो-सामनो करवे ते!"

मोतीलाल ने कहा तो छोटे राजा और भी ज्यादा पिलपिला उठे और तपाक से बोले—"अरे नहीं, तू उनका मामा है, उन घरों में पहले तेरी ही बात मानी जाती थी!..."

"वो तब की बातें है जब मेईजीजी बनी ही। जब ते वो मरी है तब ते मंजुपाल के घर को कुत्ता तलक मोय नाय पूछत महाराज।"

मोतीलाल ने कहा तो छोटे राजा उठ खड़े हुए। वे अन्दर के कमरे में गये और उधर से लौट के आये तो उनके हाथ में नोटो की गड्डी थी। वे मोतीलाल की ओर नोट बढ़ाते हुए बोले—"ले, ये पचास हजार हैं। कहदेना कि राजा साहब ने गढ़ी की लाज बचाने के लिए अपनी जेब से दिये हैं, उस गरीब ब्राह्मण के पास तो पाँच हजार भी नहीं निकलेंगे।..."

मोतीलाल फिर छोटे राजा को अवाक देखता रह गया।

फिर उसने गहरी साँस ली और बोला—"छोटे राजा साहब! अब वे जमाने लद गये जब कुछ हजार निरा देने पै फिरौती हो जाती...अब तौ दश-पाँच लाख ते नीची बात नाय होत है।...अबै कछु दिन पहले कोरुवा गाँव के एक दूधिया की फिरौती भई है में ऊसई खो भें, खड़े-खड़े पाँच लाख गिना लये है!"

सुनकर छोटे राजा फिर मुड़कर अन्दर को चले गये। और फिर उसके पास आये तो उनके हाथ में एक लाख रुपये के नोट थे। वे उसके आगे रखकर बोले—"ले, तू ये एक लाख रुपया उन्हें देना और तो भी वे पण्डित को न छोड़ें तो कह देना कि ये रुपया भी रख लो और पण्डित को मार डालो।"

राजा की बातें सुनकर गुस्सा तो उसे भी खूब आया। एक बार तो मन हुआ कि वहाँ से उठकर अपने गाँव को चल दे। वह कोयला की दलाली में अपने हाथ क्यों काले करे। उन्हें अगर पण्डित को छुड़ा कर लाना हो तो खुद जंगल में जाकर खाक छानेंन तब आटा-दाल का भाव मालूम पड़ेगा।...या किसी और दलाल को तलाश लें! वह उठकर जाने ही वाला था लेकिन तभी सामने रखे एक लाख रुपये के नोटों ने मानो उसे उठने से मना कर दिया हो या वह किसी वशीकरण मंत्र के चलते हिलते-डुलने में भी असमर्थ हो; उसने नोट समेंट कर पहले तो लाल रंग की साफी में बाँधे और फिर बाहर आकर एक गन्दे से झोले में रख लिए।

वहाँ थोड़ी दूर पर वही छोकरा मोटर साइकिल लिए खड़ा था। राजा ने उसकी ओर संकेत किया तो वह मोटर साइकिल स्टार्ट करके उसके पास ले आया। मोतीलाल उसपर सवार हुआ और मोटर साइकिल उसे लेकर चल पड़ी।

घर आकर मोतीलाल भारी पसोपेश में पड़ गया। वह समझ नहीं पा रहा था कि उन नोटों का क्या करे जिन्हें अपने गन्दे झोले में रखकर ग्वालियर से लाया है। मोतीलाल कुछ अलग ही तरह की माटी से बना आदमी था। वह ऐसा बेईमान आदमी भी नहीं था, जिसका धन्धा ठगी हो औ ऐसा ईमानदार भी नहीं था जो किसी का एक पैसा तक मार लेना पाप समझता हो। हाँ, उसकी एक कमजोरी ज़रूर थी कि पैसा देखते ही उसके मुँह में पानी ज़रूर आ जाता।

उस दिन भी ग्वालियर से आया पैसा भी उसकी भूली-बिसरी लालसा को

झकझोर-झकझोर कर जगा रहा था। उस पैसे को रखे एक दिन बीत चुका था और वह कोई फैसला नहीं कर पा रहा था। उसके सदुपयोग के वास्ते तीन विकल्प उसके पास थे। एक तो यह कि वह पैसा लेजा कर वह देरू को दे और उसे समझा-बुझा कर पण्डित को छुड़ा लाए और दूसरा यह कि वह पैसा ले जाकर राजा के सामने पटक दे और उससे कहे कि ले तेरा एक लाख मैं आज वापस कर रहा हूँ लेकिन इस शर्त के साथ कि आज के बाद तेरा-मेरा कोई रिश्ता नहीं—तू मेरा भानजा नहीं और मैं तेरा मामा नहीं...और तीसरा विकल्प यह कि आराम से एक लाख रुपया अपने घर रखे और खाए-पचाए। किसी से कुछ कहना नहीं, कहीं जाना नहीं...ऊपर वाला जब देता है तब छप्पर फाड़कर ऐसे ही देता।

और यही विकल्प मोतीलाल के मन भा गया और संयोग से उसी दिन शाम को पण्डित रोता-कराहता गढ़ी की बगल वाले उसी रास्ते से चलकर गढ़ी पर आ गया जिस रास्ते से तीन दिन पहले राजा और प्रीतम उसे ले गये थे।

वह आ तो गया था लेकिन उसकी हुलिया कतई बिगड़ी हुई थी। सीधा हाथ मुड्ढे से झूल गया था उसे वह उल्टे हाथ से थामें हुए था। वह बायाँ पैर खींच-खींच कर चल रहा था क्योंकि टखना कुछ ज्यादा ही मार खा गया था। वह काफी सूजा हुआ था। बिखरे धूल अटे बाल, अस्त-व्यस्त और जगह-जगह से फटे कपड़े,... पण्डित कुछ ज्यादा ही मार खा गया। उसे देखने के लिए काफी लोग जुटे थे—लेकिन उनमें से सद्भावना कम व्यक्त कर रहे थे, ठिठोली ज्यादा लोग कर रहे थे।

अगले दिन पण्डित ने होतमसिंह गूजर को ग्वालियर भेजकर छोटे राजा के पास खबर पठाई थी, उन्होंने उसे ग्वालियर बुलवा कर जे.ए.हास्पिटल में भरती करा दिया था।

28

ये गढ़ी ऐसी पहले कभी नहीं दहली थी।

पार्वती की इस घाटी में पहले भी अनेक बागी रहे हैं। जो यहाँ के नहीं थे वे यहाँ आते-जाते रहे थे। अमृतलाल से लेकर मानसिंह तक, और मोहरसिंह--माधोसिंह से लेकर रमेश सिकरवार तक .... और भी बहुत सारे बागी इधर महीनो रहे हैं लेकिन आरसी की गढ़ी किसी से भयभीत नहीं हुई। यद्यपि पाल गैंग ने भी गढ़ी को भयभीत कर देने वाला अभी कोई भी कदम नहीं उठाया है। सिवा श्रीकृष्ण पण्डित को पकड़ने और उसके साथ मार-पीट करने के। फिर भी गढ़ी सचमुच भयभीत हो उठी है। छोटे राजा गजपति सिंह कई रातें ठीक से सो नहीं पाए हैं, खाना खाते-खाते बीच में से ही उठ जाते हैं। उनकी पत्नी कारण जानना चाहे तो झुँझला उठते हैं...। इलाके के

जो लोग उनके हमदर्द हैं और इस समस्या के हल में उनकी मदद कर सकते हैं या पुलिस की नौकरी में जो अधिकारी उनकी बिरादरी के हैं उन सब को उन्होंने अपनी व्यथा-कथा सुना दी है। उनमें से कुछ लोग उसके लिए आगे भी आये हैं।

उस दिन इसी मसले को लेकर छोटे राजा की चौपाल पर लोग इकट्ठे हुए। कुछ लोग गाँव के भी बुलाए गये थे ताकि ऐसा न लगे कि वह उनकी बिरादरी की पंचायत है। उस समय जो लोग बोले उन्होंने बस एक ही बात कही कि अब जैसे भी हो वैसे पाल गैंग का सरेन्डर हो जाना चाहिए। इस काम में जो जितनी और जैसे मदद कर सके, उसे करनी चाहिए। इस अवसर पर सब से असरदार तरीके से छोटे राजा गजपति सिंह बोले। उन्होंने कहा—"...इस गाँव के जो लड़के फरार हुए हैं वे सब भले मानस थे लेकिन भाग्य ने उनका साथ नहीं दिया इसी से उन्हें हथियार उठाने पड़े हैं। डांग नापनी पड़ी हैं।...वे जो गाँव-समाज की शान बढ़ाते थे जंगल-जंगल मारे-मारे डोल रहे हैं और इधर अच्छे खाते-पीते घर उजड़ गये हैं। परिवार के परिवार यहाँ-वहाँ धक्के खाते डोल रहे हैं...अब तो यह सब खत्म होना चाहिए भाई!...और यह होगा तब जब हम सब मिलकर प्रयास करेंगे।..."

वे बोले जा रहे थे, लोग भौचक से उन्हें सुने जा रहे थे। आज वे अपने भाषण में एक भी बार उत्तेजक नहीं हुए थे। न तो किसी को एक भी बार डाँटा और न आँखों में सुर्खी लाकर देखा। निहायत संयत स्वर में बोलते रहे। वे लोग उन्हें बचपन से जानते हैं और खूब पहचानते हैं।...वे वही गढ़ी के नामी राजा लखपति सिंह के एकलौते हैं जो काफी लाड़-प्यार में पले-बड़े थे और खूब खर्च करते और दोनों हाथ से दौलत लुटाते पढ़े थे...और फिर बाप की सबसे ज्यादा दुर्गति इन्हीं ने की थी, इस बात को सारा इलाका जानता है...सारा इलाका यह भी मानता है कि जो अपने बाप का नहीं हुआ वह और किसका होगा!

थोड़ी देर तक उन्होंने माहौल का अध्ययन किया। एक-एक चेहरे को गौर से देखा और अन्त में निष्कर्ष के तौर पर फिर कहा—"अगर तुम लोग उन्हें समझाने में सफल होते हो या वे तुम्हारी बात मान लेते हैं, तो बिगड़ी हुई बात बन जायेगी।...वे लोग फिर से अपनी सामान्य जिन्दगी में लौट सकते हैं, गाँव की शान बची रह सकती है...और इलाके का अमन फिर वापस लौट सकता है...मैंने पुलिस के उच्च अधिकारियों से बात कर ली है। वे मान गये हैं। अगर वे सब एक साथ थाने में हाजिर हो जायें तो पुलिस वाले उनके साथ सख़्ती नहीं करेंगे...ज्यादा बातें यहाँ खुलकर नहीं बताई जा सकती हैं।"

वहाँ जुटे सब लोग छोटे राजा को सुनकर खुश हुए थे, लेकिन एक सवाल सबके मन में कुलबुला रहा था। वह यह था कि म्याऊँ का मुँह आखिरकार कौन पकड़ेगा?...हाँ, एक आदमी यह कार्य शायद कर सकता है और वह है उन लोगों का मामा मोतीलाल पाल!...लेकिन जब वह यहाँ तक आया नहीं है तो फिर उन

लोगों को पुलिस थाने में हाजिर होने को राजी क्या करेगा।...सुना है कि छोटे राजा ने तीन बार आदमी भेजकर उसे बुलाया है।

उधर मोतीलाल पाल का मामला कुछ और ही था। वह जो एक लाख के नोट दबाकर बैठा था उसको लेकर बेहद घबराया हुआ था। इसलिए उसने अपने लड़के को गढ़ी पर भेज दिया था और खुद पाटोर में कथरी ओढ़कर लेट गया था। काफी देर के बाद जब लड़का यह खबर लेकर आया कि वह जिस बात के लिए डर रहा था, वह वहाँ दूर-दूर तक नहीं है, वहाँ तो गैंग के हाज़िर होने की बात-चीत चल रही है।...इतना सुना तो वह बिलबिला कर उठ खड़ा हुआ। मुँह पर पानी के छींटे मारे, कपड़े ठीक किये और वह फौरन गढ़ी की ओर चल पड़ा।

गढ़ी पर पहुँचकर वह बाहर वाली चौपाल पर नहीं चढ़ा क्योंकि गढ़ी के बाहरवाले फाटक पर खड़े छोटे राजा उसको अन्दर आने का संकेत कर रहे थे।

वह अन्दर के चौक में छोटे राजा गजपतिसिंह के खास कमरे में ले जाया गया, तो वहाँ चार-पाँच लोग बैठे थे, कड़ाही के भूतपूर्व जागीरदार प्रतापसिंह, ए.एस.पी. रामसिंह और तीन अन्य लोग बैठे थे, जिन्हें मोतीलाल पहचानता नहीं था और छोटे राजा उसके साथ ही कमरे के अन्दर आये थे। उसे एक कुर्सी पर बैठने को कहकर वे प्रतापसिंह की बगल में सोफे पर बैठ गये थे। मोती ने सबको पहले तो एक चालू किश्म की नज़र से देख लिया और फिर छोटे राजा की नज़र से नज़र टकरा दी। उसकी नज़र से नज़र भिड़ते ही वे तिलमिला गये। वे पता नहीं क्यों, मोतीलाल की आँख से आँख मिलाने से सदैव कतराते हैं, जबकि मोतीलाल हमेशा उनकी नज़र से नज़र मिलाकर ही बात करता है।

उस दिन छोटे राजा ने सबसे पहले उससे कहा—"मोती, हम सब तेरा इन्तजार कर रहे थे, तू उन सब को हाज़िर होने को राजी कर। अभी भी कुछ नहीं बिगड़ा, उनकी जान बच सकती है। परिवार सुरक्षित रह सकते हैं। हम सब इस बात की गारण्टी दे सकते हैं कि उनका केस बिना किसी सजा के छूट जाये।...और फिर थोड़ी बहुत सजा हो भी जाये तो उससे क्या फर्क पड़ता है जिन्दगी तो बची रहेगी।"

मोतीलाल सामने की दीवार पर टंगे बड़े फोटो को आज फिर देख रहा था। वहाँ वही स्वस्थ जवान शेर मरा पड़ा है। उसपर पैर रखे बड़े राजा साहब खड़े हैं और मूँछ ऐंठ रहे हैं। उनकी बगल में थोड़े पीछे उसके पिताजी खड़े हैं। उनके हाथ में वही पाँच सौ पाँच बोर की बन्दूक है। उसे वे घूरकर देख रहे हैं क्योंकि वह शेर उसी बन्दूक की गोली से मरा है और उन्हें घोषित करना पड़ा है कि वह राजा साहब की बारह बोर से मरा है।...मोतीलाल सोच रहा था कि क्या हर युग में वही कहानी दुहराई जाती रहेगी। काम कोई और करे और श्रेय गढ़ी के मालिकों की झोली में जा पड़े।

"वे मानेंगे नाय मेई बात राजा साहब!"

उसने कहा तो उसको वे गौर से देखने लगे। उन्हें यकीन नहीं हो रहा था कि

मंजूपाल और मुरली पाल के छोकरे अपने खास मामा की बात नहीं मानेंगे। और आजकल उनके गैंग का लीडर देरूपाल है जो मोतीलाल का सबसे प्यारा भानजा है। वह उसकी बात मानने से क्यों मना करेगा भला।

"वे सब तुम्हारे भानजे हैं और गैंग का लीडर भी तुम्हारा सबसे प्यारा भानजा है तो तुम्हारी बात तो उन्हें माननी ही पड़ेगी। और फिर तुम उनसे अपनी भलाई के लिए तो कुछ नहीं चाहते। उन्हीं की भलाई के लिए उन्हें मनाओगे तो शायद वे मानने से इनकार नहीं कर सकेंगे।"

मोतीलाल सोचने लगा कि वे अगर उसकी बात मान लें तो इससे अच्छा तो कुछ हो ही नहीं सकता, लेकिन मानें तभी तो...। उसे याद है कि जब ईश्वरलाल का कत्ल करके डांग में जा रहे थे तब भी उसने उन्हें समझाया था कि वे डांग में न जाकर थाने में चलें और वहाँ जाकर दरोगा को सबकुछ साफ-साफ बता दें कि हमने उसे मारा है...पुलिस जेल भेज देगी। केस चलेगा और कोई जरूरी नहीं है कि फाँसी की सजा हो जाये।...छूट भी सकते हो या कुछ सालों की सजा भी हो सकती है, लेकिन घर तो नहीं उजड़ेंगे...तब उसकी बात किसी ने कब मानी थी जो अब मान जायेंगे।

वह यही सब राजा साहब को बताना चाहता था लेकिन बता नहीं पाया। एक तरह का धर्म-संकट उसकी गर्दन आजकल हमेशा दवाए रहता है कि कोई यह न समझले कि वह उनका शुभचिंतक है। उनके साथ उसका रिश्ता ही वैसे बहुत है उसकी गर्दन लपेटने के लिए।

"महाराज! वैसे तुमाई सब बातें सर-माथे, पर जे काम मैं नाय कर पाओगो। वे लोग तो अपएं आगे ईश्वर कीऊ नाय चलन देत। आप बड़े आदमी हो, बिनें रामझाय सकत हो। जा गरीब को काय झांकारन में उलझावत हो। कल पुलिस मेये पीछे पड़ जागी। वैसेऊ तो लोग अंगुरी उठात है।"

उसने कहा तो राजा गजपति सिंह ने घूरकर देखा। सामने मेज पर रखे सिगरेट केस से सिगरेट निकाली और एक खास अदा के साथ होठो के बीच दबा ली। वे लाइटर उठाकर जलाने जा रहे थे तभी मानो कुछ याद आ गया हो और उसको बयान करना निहायत जरूरी उन्हें जान पड़ा हो। फौरन लाइटर हथेली के बीच दबा लिया और उसी हाथ की तर्जनी और मध्यमा के बीच सिगरेट लेली और फिर बोले—"मोतीलाल सुन! जो बात मैंने आज तक किसी से नहीं कही है वह आज तुझ से कह रहा हूँ। मेरे और तेरे पिताकी दोस्ती जग ज़ाहिर थी। पूरा इलाका जानता था कि उस दोस्ती में राजा और प्रजा का रिश्ता खो गया था...आज तक उस रिश्ते की कोई मिशाल ढूंढ़े नहीं मिलती। हाँ, मैं यह भी मानता हूँ कि उस रिश्ते के अनुकूल मैंने तुम्हारे साथ कुछ नहीं किया है, मुझे करना चाहिए था...।"

वे बोले जा रहे थे मगर मोतीलाल पर उनकी बातों का कोई असर किसी को

दिखाई नहीं दे रहा था। वहाँ बैठे अन्य सब लोग राजा की बातों को अरण्य रोदन से अधिक कुछ अन्य नहीं मान पा रहे थे। उन्हें इस बात पर घोर आश्चर्य था कि राजा गजपति सिंह जैसे कद काठी का आदमी एक पीढ़ी पहले के किसी रिश्ते को आज इतनी शिद्दत के साथ याद क्यों कर रहा है। कुछ लोग समझ भी गये थे कि पाल गैंग ने राजा की नस ढीली कर दी है। अभी कोई बड़ा नुक्सान नहीं किया है उन लोगों ने लेकिन वह करते देर भी नहीं लगेगी। ज्यादा नहीं तो वे लोग बारह सौ बीघा जमीन में खालिस आक उगवा सकते हैं या ढाक जमा सकते हैं। ये सब ढोंग उसीके बचाव के कारण हैं।

यह बात अन्य लोगों में सबसे पहले कड़ाही के पूर्व जागीरदार प्रतापसिंह के मन में जागी थी और उसके जागते ही उनके भी दिमाग की नसें तड़तड़ा उठी थी। कुछ ज्यादा नहीं तो पाँच सौ बीघा जमीन उनकी भी है जो पाल और सहरिया आदिवासियों के श्रम की बदौलत ही सोना उगलती हैं।...अगर आरसी के राजा की जमीन का वह हाल हुआ तो फिर उनकी जमीन भी सोना नहीं उगल पाएगी। उसमें भी आक और ढाँक का जंगल उगते देर नहीं लगेगी।

यही सोचकर प्रताप सिंह चुप बैठे नहीं रह सके। वे बोले—"हाँ भई, अब तो बहुत हो गया, उन लोगों का अब सरेन्डर हो ही जाना चाहिए। जितना बन पड़ेगा उतना मदद हम भी करेंगे।...गवाहों की जिम्मेदारी हमारी रही। अपने वश भर में एक गवाह कोर्ट तक नहीं जाने देंगे अगर कोई भूला-भटका पहुँच गया तो... ।"

उन्होंने जो कुछ संकेतों में कहा उसका अर्थ हर आदमी समझता था और लोगों को यकीन भी था कि वे जो कुछ कह रहे हैं वह कर दिखाएंगे।

अबकी मोतीलाल ने गहरी साँस ली और फिर कहा—"ये तो सब सई है ठाकुर साब! फेन बिन की मागें कछु औरऊ हैं!"

यह सुनकर कुछ देर तक कोई नहीं बोला। अन्त में छोटे राजा गजपति सिंह ने पूछा—"और क्या माँगे है वो भी बताओ!"

"बिन को कहनो जो है साब, कि वे हथियार काऊ बडे नेता के सामने डारेंगे... ।"

उसने कहा तो उस बैठक में गहरा सन्नाटा भर गया।

"...अच्छा, और कुछ?..."

"और साब, बिनको कहनो है कि पार्वती के खातर में जमीन मिली चइये।..."

"अच्छा, और...?"

"और साब, वे चाहत हैं के एक पेट्रोल-पम्प मिलनो चइये!"

"अच्छा, और कुछ...?"

"और एक-एक पत्थर-खदानऊ मिलवे चइये!"

इसके आगे छोटे राजा और पूछते भी क्या? लेकिन मोती लाल का चेहरा बता

रहा था कि वह मन ही मन कुछ और चीजों का स्मरण करने में लगा है जो उन लोगों ने सरेन्डर करने के बाद पाने का इरादा व्यक्त किया था।

इसी दौरान प्रताप सिंह ने अपनी बगल में बैठे ए.एस.(पी.) राम सिंह का हाथ पकड़कर उठने का संकेत किया और जब वे उठ खड़े हुए तो उन्होंने छोटे राजा को भी साथ ले लिया और बैठक से बाहर चले गये। वे तीनों चले गये तो मोतीलाल ने अपने सामने बैठे रह गये अन्य दो लोगों पर नजर डाली। उनमें से एक को वह पहले से जानता था। वे डांगर गाँव तहसील में एस.डी.ओ.(पी) थे। उपेंद्र चौधरी नाम था, उनका।

उपेंद्र चौधरी ने भी उसे पहचान लिया था। गतवर्ष मार्च में कड़ाही थाना क्षेत्र से एक रावत की पकड़ हुई थी। उस पकड़ में मोती लाल के लड़के का नाम था। उसी सिलसिले में एक रात को उन्होंने उसके घर पर दबिश दी थी। उस दबिश में चौधरी और उनकी टुकड़ी के अन्य लोग जिस शालीनता से परिवार जनों के साथ पेश आये थे उसे देखकर मोती लाल गदगद हो गया था। उसने आँखों में आँसू भरकर कहा–"हुजूर, जो आप जैसे सब अफसर होते तौ हमाये लोगन को ऐसो हाल नाय भओ होतो... ।" बाद में उसके लड़के के विरूद्ध सबूत न होने पर उसे भी उन्होंने छोड़ दिया था।

आज वही घटना उन्हें याद हो आयी और इसीलिए वे मोतीलाल से बोले–"देखो, तुम मुझे थोड़ा-बहुत तो समझ ही गये होंगे। मैं सच कह रहा हूँ, उन लोगों के सरेन्डर के मैं विरुद्ध हूँ। और अगर ये सरेन्डर होता है तो मैं गवाह-सबूत पक्के तौर पर जुटाऊँगा और जहाँ तक सम्भव होगा वहाँ तक कोर्ट के द्वारा उन्हें ज्यादा से ज्यादा सजा... ।"

तब तक वे तीनों लोग बाहर से आ गये थे। ए.एस.पी. रामसिंह ने उपेंद्र चौधरी की बातें सुनली थी, जो उन्हें अच्छी नहीं लगी थी वे उनसे सीनियर हैं, और वहाँ पुलिस से बाहर के लोग बैठे थे, इसलिए कुछ कहते नहीं बना। उधर छोटे राजा गजपतिसिंह ने मोतीलाल को बता दिया कि उन लोगों ने जो कुछ माँगा है वह दिया जायेगा।

इसलिए मोतीलाल सबसे पहले उठकर चला गया।

वे लोग एक-एक कप चाय पीकर के गये।

29

एस.पी. आवास की वाउंडरी के अन्दर मुख्य दरवाजे के पश्चिम की ओर एक छोटा-सा ऑफिस है। इसमें एस.पी.साहब यदाकदा विभागीय अधिकारियों के साथ बैठकर अन्तरंग चर्चा किया करते थे। उस दिन उसी आफिस में नरवर थाने का एस. ओ. रजनीश शुक्ला काफी देर से बैठा-बैठा ऊँघ रहा था। वह एस.पी.से समय लेकर ही आया था और बँगले के अन्दर तीन बार संदेश भेज चुका था; लेकिन वे अब तक

बँगले से निकलकर उस ऑफिस तक नहीं आ पाए थे। जबकि ऑफ़िस के आगे मुख्य गेट के सामने उनकी गाड़ी आकर खड़ी हो गयी।, जिस का अर्थ था कि वे बाहर जाने के लिए तैयार हो रहे हैं। रजनीश शुकला एक खास मुद्दे पर उनसे बात करने के लिए उस दिन दूसरी बार आया था और यह आशा भी उसे नहीं थी कि वे अबकी बार उसकी बात मान ही लेंगे। लेकिन उसका भी यह इरादा पक्का था कि वह उनसे बार-बार आग्रह करेगा, क्योंकि उसी में सब की भलाई है–जनता की भी और प्रशासन की भी।

आखिर एस.पी. स्वरूप कान्त माणिक ऑफिस में आ गये।

वे आये तो रजनीश शुक्ला हड़बड़ा कर उठ खड़ा हुआ। उन्होंने भवें तानकर उसको देखा और बैठने का इशारा किया। अपनी कुर्सी ग्रहण करते हुए उन्होंने उसे फिर घूरा और कहा–"बोलो, क्या कहना है।...जो पहले दो बार कह चुके हो, अगर वही फिर कहना चाहते हो तो मत कहा। मेरे रहते वह सब नहीं हो सकता...वे लोग सरेन्डर नहीं कर सकते। आत्म-समर्पण जैसी बकवास मैं पसन्द नहीं करता... नो,...नैवर! मैं पहले ही बता चुका हूँ, पाल गैंग मुझे मरा हुआ चाहिए!"

"सर! उन्हें हाज़िर करा देना ज्यादा आसान है, पूरा इलाका थर्रा रहा है। कोई पते का मुखबिर तक हमें नहीं मिल पा रहा है। देहात में सरकारी कर्मचारी तक नहीं पहुँच पा रहे हैं...वन विभाग और खदान विभाग के मजदूर जंगल की ओर रुख़ नहीं कर पा रहे हैं। किसान जमीन तक नहीं जोत-बो पा रहे हैं...जानवर चराने जंगल में नहीं जा पा रहे।"

एस.ओ कहता गया और एस.पी. मानो इस कान से सुनकर उस कान से निकालता गया।

"इसीलिए मैं कह रहा हूँ कि अब जितनी जल्दी हो उतनी जल्दी गैंग का सफाया होना चाहिए, एस.पी. ने भवें तानकर फिर कहा–"अब एक दिन का भी विलम्ब नहीं होना चाहिए! अब मैं ज्यादा बरदाश्त नहीं करूँगा...मैंने सुना है कि उन लोगों की बहन तुम्हारे सम्पर्क में है। ये मौका अच्छा है, मत चूको। तुम चाहो तो भले ही ज़ाहिर तौर पर उन्हें हाज़िर करने के नाम पर थाने बुला सकते हो, लेकिन एक योजना के तहत...होगा वही जो मैं कहता हूँ।

"तो क्या हम फर्जी...?"

"तुम निहायत मूर्ख हो! उन लोगों ने जो कुछ किया है वह क्षमा करने योग्य नहीं है।"

"मैं क्षमा करने को नहीं कह रहा हूँ साहब। हमारा काम वैसे भी उन्हें पकड़कर कोर्ट तक पहुँचाने का है, मेरे ख़्याल से वही हमें करना चाहिए!"

"नहीं! नो!!...नैवर!!! हमारा काम उन्हें आमने-सामने के मुकाबले में निबटाने का है।"

"और वे मुकाबला न करना चाहें सर,...तो?"

"यू शटऽऽप! उन्होंने आज तक जंगल के कानून के अलावा और किसी कानून को नहीं समझा है तो फिर उनके बारे में कोई दूसरा कानून क्यों लागू होना चाहिए।"

और फिर वे उठ खड़े हुए लेकिन कमरे से निकलने से पहले बोले–"जाओ! मैंने संकेत किया है उसी योजना के तहत काम करो! ऊपर वाले ने चाहा तो निकट भविष्य में तुम्हारे मुड्डों पर दो की जगह तीन स्टार होंगे।

वे जाकर अपनी गाड़ी में बैठे। बड़ा फाटक खुला और बिना किसी तरह का शोर-शराबा किये गाड़ी बँगले के बाहर चली गई। रजनीश शुक्ला धीरे-धीरे उठा और ऑफिस से बाहर आकर बँगले के अन्दर का शांत वातावरण निहार कर स्तब्ध खड़ा रह गया। कहने के लिए बहुत बड़ा अमला बँगले की साज सज्जा, सुरक्षा व्यवस्था...झाड़-पोंछ में लगा था; लेकिन कोई शोर-शराबा नहीं। लोग चलते तो उन्हें लगता कि उनके पैर की धमक से कहीं साहब और मैम साहब की मीठी नींद में खटास न आ जाये। ये बँगला अंग्रेजों के जमाने का बना है लेकिन प्रशासन की अंग्रेजी पद्धति इस में रग-रग-रेशे-रेशे करके आज भी बसी हुई है। इसकी बनिश्वत वहाँ घाटी में क्या मारा-मारी है, क्या छीना-झपटी है...जिन्दगी हर वक्त सूली पर चढ़ी दिखाई देती है। ऐसी हालत में हमें कुछ सीमा तक उदारता का परिचय देना ही चाहिए। प्रतिशोध किसी समस्या का निदान नहीं कर पाता।...उसने सोचा।

वह बँगले से बाहर आया तो सड़क के उस ओर खड़ी उसकी जीप दिखाई दी। ड्राइवर खिड़की के नीचे अटैंशन की हालत में खड़ा था। उसने उसे पीछे बैठने को कहा और खुद जीप स्टार्ट कर दी। जीप कोर्ट के सामने से होकर अस्पताल चौक की ओर मुड़ी और थोड़ा आगे जाकर वाईं ओर मुड़कर कोतवाली के सामने जा पहुँची। पहले उसका इरादा कोतवाली पर रुककर अपने परिचितों के साथ गपशप करके तनाव मुक्त होने का था, लेकिन अन्ततोगत्वा उसने वहाँ जीप नहीं रोकी। थोड़ी देर में ही जीप ए.बी.रोड पर तेज गति से दौड़ने लगी। ए.बी.रोड से नरवर रोड पर और उस पर आगे पटी घाटी तक वह जिस गति से जीप चलाता हुआ आया था उसी गति से उसके विचार दौड़ते रहे थे। जब नीचे घाटी में गाड़ी जाने लगी तो गति अपने आप कम होने लगी–गाड़ी की भी और विचारों की भी।

सिंध नदी पर बने लगभग पाँच सौ साल पुराने पुल को जब वह पार कर रहा था तो विचार अमूमन स्थिर हो चले थे। अब वह सोचने लगा था कि एस.पी. चाहे कुछ कहे, वह अपने प्रयास अवश्य जारी रखेगा। गंगाश्री और उसने खुद कितनी भागदौड़ की है, तब कहीं जाकर वे लोग हाजिर होने को राजी हुए हैं; इसलिए इस प्रयास को यों ही अधर में नहीं छोड़ देना चाहिए।

अब तक उसकी जीप टीकम के पुरा को जाने वाली कच्ची सड़क के मोड़ पर पहुँच गयी थी। उसने जीप रोक ली। रोकली और उसी रोड पर मोड़ दी। अब

जीप धूल उड़ाती गाँव को चल पड़ी। गंगाश्री का घर गाँव में पश्चिम की ओर है। वहाँ से थोड़ी दूरी पर सिंध नदी है। और सिंध के पार ऊँचे-ऊँचे पहाड़। उस इलाके की धूल वैसे भी लाल है, लेकिन उस समय नदी के पार पहाड़ों पर उतर आया सूरज धूल के रंग को और गाढ़ा बना रहा था। उस लाल घटाटोप के साथ दरोगा की जीप गंगाश्री के घर के आगे रुकी तो घर में भगदड़ मच गयी। जीने से छत पर और छतों ही छतों गाँव के इस-उस घर में बच्चे और स्त्रियाँ उतर गये और काँपते-थरथराते शरण लेने लगे; लेकिन गंगाश्री अपने घर की देहलीज की चौखट पकड़े अडिग बनी खड़ी थी। गत दिनों वह ग्वालियर सेंटर जेल में जो छः महीना बिताकर आयी थी, उसने मानो उसके जीवन की तंद्रा भंग कर दी थी। न जाने कितने सपने चकनाचूर कर दिये थे और मर्यादा की धज्जियाँ उड़ा दी थी। मानो उन्हीं सपनों और मर्यादाओं के मलवे से एक नई गंगाश्री का जन्म हुआ था। उसने कुछ ही महीनों में बहुत कुछ जान समझ लिया था। यहाँ तक कि ज़रूरत पड़े तो अकेले सारी दुनिया से लड़ने का बल उसने अर्जित कर लिया था। आज किसी भी स्त्रीजन्य भीरुता और लज्जा से वह मुक्ति पा चुकी थी। मानो उस सब को धो-पौंछ कर उसने अपनी जिन्दगी से अलग कर दिया था। अब वह मानो उस ठोस ज़मीन पर आ खड़ी हुई थी जहाँ से नीचे जाने की कोई गुंजाइश नहीं थी।

जीप खड़ी हुई थी और उससे रजनीश शुक्ला को उतरते देखा तो उसके आँखों की सुर्खी कम होने लगी। चेहरे का तनाव कम हुआ। वह पलट कर आँगन में आयी और खाट उठाकर वहीं बिछा दी। रजनीश शुक्ला खाट पर आकर बैठा तो उसका उतरा हुआ चेहरा देखते ही गंगाश्री ने गहरी साँस ली और बोली–"काय, तुम उदास क्यों है रहे हो? अब काम बन जागो। वे हाज़िर है सकैंगे!

"अरे वाह! तुम बड़ी गहरी आशा के साथ कह रही हो! कैसे हाज़िर हो सकेंगे वे लोग, एस.पी. तो बात सुनने को भी राजी नहीं है। वह तो गैंग के हर आदमी को मरा हुआ देखना चाहता है...इससे कम और कुछ नहीं चाहता एस.पी। समझी कुछ? और तुम कह रही हो कि वे सब हाजिर हो जायेंगे?"

एस.ओ. शुक्ला ने कहा तो गंगाश्री के चेहरे पर चिन्ता की आड़ी-तिरछीं रेखाएँ उभर आयी। एस.ओ.शुक्ला भी निराश हो उठा।

"गंगाश्री, मैं आज बड़ी आशा के साथ एस.पी. से मिला था, लेकिन कोई बात नहीं बनी। जहाँ तक उसका बस चलेगा, वह गैंग को मरा हुआ देखना चाहेगा। मेरे बस का ये काम नहीं रहा गंगाश्री! मेरी इतनी भाग-दौर बेकार गयी। एस.पी. को यह भी मालूम हो गया है कि मैं तुम से मिलता हूँ। इसलिए वह चाहता है कि तुम्हें धोखा देकर गैंग को चुपचाप थाने में बुला लिया जाये और फिर वही किया जाये जैसा बहुत सारे बागियों के साथ अबतक किया जाता रहा है।" गंगाश्री की आँखों में सुर्खी आ गयी। वह क्रुद्ध शेरनी की तरह एस.ओ. रजनीश शुक्ला को देखती रही। लेकिन

उसको इस तरह देखते ही वह शर्मिंदगी महसूस करने लगा। न जाने क्यों वह गंगाश्री को सामान्य औरत नहीं मानता है। उसके रूप की यह छाप उसपर तब पड़ी थी जब टी.आई. आदित्य सिंह ऐन उसके जेठ की लड़की की शादी के समय उठाकर ले गये थे और वह पूरी रात थाने की हवालात में रही थी और सवेरे ही दस्यु उन्मूलन अधिनियम की धारा 11-13 के अधीन उस पर कार्यवाही की गयी थी और उसे ग्वालियर भेजा गया था।...वह रात एस.ओ.शुक्ला को जिन्दगी भर नहीं भूलेगी। वह पूरी रात तड़फती रही थी और उन सब के नाम इतनी गन्दी-गन्दी गालियाँ देती रही थी जिन्हें याद कर के एस.ओ.शुक्ला सिंहर उठा था। उसकी और टी.आई. की माँ-बहन के नाम जो-जो गालियाँ गंगाश्री ने उस दिन दी थी, उनकी याद आते ही एस.ओ शुक्ला कभी भी अस्थिर हो उठता है।

उस रात को टी.आई.आरसी बाँध के रेस्ट हाउस में रुका हुआ था। जब एस.ओ. ने उसे फोन करके वह सब बताया था और वह सुनते ही दौड़ा-दौड़ा चला आया था। उसने भी जब गंगाश्री का वह रूप देखा तो वह दहल गया वह पाँच मिनट पर लॉकर के आगे खड़ा नहीं रह पाया। एस.ओ.आफिस में आकर बैठा तो उसके चेहरे पर हवाइयाँ उड़ी हुई थीं। मानो गुस्से में अपने ही बाल नोचने लगेगा। वह रजनीश शुक्ला से बोला था—"अब इस औरत का 11-13 में चालान नहीं किया जायेगा।..."

रजनीश के मनकी बात मानो टी.आई. ने कह दी थी। उसने उमगकर उसकी बात का समर्थन किया—"आप ठीक कहते हैं, उसे यों गिरफ्तार नहीं करना था... मैंने उसका आँचल दूध में भीगा देखा है, कुछ महीने की बच्ची घर पर छोड़कर आयी है। इसे भी अभी उसके घर छोड़ आयें तो ठीक रहेगा।"

"क्या कह रहे हो तुम?...मैं चाहता हूँ इसका...।"

टी.आई. आदित्य सिंह की बात पूरी होने से पहले ही वह समझ गया कि वह क्या कहना चाहता है। वह काँपते हुए स्वर में बोला—"नहीं,...नहीं साहब यह ठीक नहीं है। कोई आदमी होता तो और बात थी। सैकड़ों लोगों के सामने आप उसे अरैस्ट करके लाए हैं और अगर अब हम वैसा करेंगे तो लेने के देने पड़ सकते हैं।...अभी वह फरार घोषित नहीं है।"

तब शायद टी.आई.आदित्य सिंह को समझ आ गयी थी और उन्होंने जो कुछ करने जा रहे थे वह करने का इरादा बदल लिया था। दूसरे दिन सवेरे उसका चालान ग्वालियर के लिए किया गया था।

और एस.ओ.रजनीशा का गंगाश्री से एक रिश्ता जैसा बन गया था उसी दिन। उसी समय से वह आज भी बना हुआ है। वह रिश्ता पहली बार उसे धारा 11-13 में जेल भेजने से तो नहीं रोक पाया था, लेकिन वह बाद में उसके भाइयों को हाजिर कराकर उस अपराध बोध से मुक्ति पा जाना चाहता था। लेकिन उस काम में एस.

पी. ने बाधा खड़ी कर दी थी।

अब तक गंगाश्री की बाखर मे शाम का धुँधलका घिर आया था। उसमें रजनीश शुक्ला का चेहरा और भी ज्यादा कुम्हलाया हुआ और काला दिखाई पड़ रहा था। गंगाश्री उसे टकटकी लगाए देख रही थी।

वह डूबते हुए से स्वर में फिर बोला—"गंगाश्री, मेरा वश नहीं चल पा रहा है वर्ना तो मैं उन्हें हाजिर कराके दम लेता।"

लेकिन गंगाश्री मानो उसे सांत्वना देती हुई बोली—"तुम फिकर काय करत हौ, वे तौ अब हाजिर होके रहेंगे। जा इलाके में औरऊ मुकते एस.पी हैं। वो दारीजार अकेलो एस.पी थोड़ोई है।...आरसी को राजा कड़ाई थाने में हाज़िर कराने को राजी भओ है।"

यह सुनकर रजनीश चौंक गया लेकिन तुरन्त संभल भी गया। उठते-उठते बोला—"ये तुमने खुशी की बात सुनाई।...अच्छा मैं चलता हूँ।"

और वह उठकर जल्दी से जीप के पास चला आया। जीप स्टार्ट होकर मुड़ी और फिर नरवर को रवाना हो गयी। लेकिन रजनीश रास्ते भर पछताता आया। उसे लग रहा था कि उसकी बोई-कमाई फसल कोई दूसरा ही काटे ले रहा है।

30

वह आदमी टेकरी गाँव का था और मोतीलाल को जानता था। लेकिन मोतीलाल उसे जानने की कोशिश में था। आजकल वह कुछ ऐसे भँवरजाल में फँस गया है कि अपनी याददाश्त पर काबू नहीं रख पाता। आदमी को शक्ल से तो पहचान लेता है लेकिन उसका नाम-गाँव कुछ भी याद नहीं रहता है। इसी तरह से उसे जगह के बारे में भी अक्सर भ्रम हो जाता है। इसीलिए जब वह आदमी पत्थर खदान की ऊबड़-खाबड़ और ऊँची-नीची ज़मीन के बीच से होकर खोह में ले जा रहा था। तब वह दिमाग पर खासा वज़न डालने पर भी न तो उस आदमी का नाम याद कर पा रहा था और न उस जगह का। लेकिन खोह में जैसे ही वह उतरने लगा वैसे ही दिमाग में एक बार बिजली जैसी कौंधी और फौरन याद हो आया, वह आदमी और कोई नहीं, टेकरी गाँव का भूरा सिंह ही था। जहाँ से होकर वह गुजर रहा था वह पुराने एरिया का खदान क्षेत्र था और जिस खोह में वह उतर रहा था वह महुआ खोह थी।

खोह की सतह पर पहुँचते ही उसने ऊपर को देखना चाहा तो सिर की टोपी नीचे गिर गयी। वहाँ जिस तरह से पत्थर की बडी-छोटी, मोटी-पतली अनगढ़ शिलाएँ एक के ऊपर एक, रखी हैं—कोई थोड़ी अन्दर धँसी हुई तो कोई बाहर निकली हुई,

और जंगली वृक्ष अपनी खुली हुई जड़ों से जगह-जगह पर उन शिलाओं को जिस तरह से जकड़े हुए हैं; वह दृश्य जैसा अनोखा है वैसा ही डरावना भी। मोतीलाल उसको देखते-देखते सचमुच भयभीत हो उठा है। आगे जाकर वही पाषाणी कुबड़ी, विशाल दीवाल लगभग तीस अंश का कोण बनाती हुई अमर नाले की ओर मोड़ ले गयी है। उस मोड़ पर दोनों ओर की दीवारों से झर-झर पानी बहता है। जो नीचे तल में जाकर एक कुण्ड में इकट्ठा होता है। उसी कुण्ड के किनारे उस महात्मा की समाधि है जिसने कभी महुआ के पेड़ों से ढकी या छाई हुई इस खोह को खोज निकाला था और यहाँ पहली बार शिवलिंग की स्थापना की थी। आजकल वहाँ टेकरी गाँव के लोगों ने मन्दिर बनवा दिया है। उसी मन्दिर की वेदी के एक ओर राजा कम्बल ओढ़े पड़ा था और दूसरी ओर देरू बैठा था। उसकी बगल में दीवार से टिकी दो राइफलें रखी थी और पास में ही कुछ झोले रखे थे। मन्दिर के नीचे के कोटके में कुछ लोग बैठे थे और धीरे-धीरे बात-चीत कर रहे थे।

उसको देखते ही देरू बोला—“आ मामा बैठ! बाल-बच्चा सब मजे में हैं के नाय?”

मोतीलाल का ध्यान वेदी के उस ओर कम्बल ओढ़कर पड़े आदमी पर था। उसी ओर वह सशंकित-सा देख रहा था। वह समझ रहा था कि वह और कोई नहीं राजा ही होगा। राजा से उसे सबसे ज्यादा डर लगता है—अभी से नहीं बहुत छोटा था, तभी से ही वह हमेशा उसकी आँख से आँख नहीं मिला पाता था। कहने को तो उससे बड़ा यह देरू है और उससे बड़ा गेंदा...और सबसे बड़ी गंगाश्री है। उन सब से बात करने में, उन्हें प्यार करने या डाँटने-मारने में उसे कभी भी संकोच नहीं हुआ है, लेकिन राजा के साथ ऐसा कुछ करते ही वह हमेशा सशंकित हो उठा है।...

उसी समय गोविंद और प्रीतम भी वहाँ आ गये। उन्हें देखकर मोतीलाल के अन्दर का भय थोड़ा कम हुआ। अब तक उसके चेहरे पर जो थोड़ी घबराहट थी। वह अब जाती रही थी। अब उनसे कुछ कहने का उसका मन हुआ। बोला—“देखो, मोय गंगाश्री ने भेजो है, तुम अब हमाई बात मान लेव! हम तुमन कों अपये कारन पुलिस में हाज़िर ना करा रहे हैं। थोड़ो अपयें कुनबा के बारे मेंऊ सोचो। कैसे सब घर बरबाद भये डोलत हैं।...ऐसी हालत में कछुई बच जाये, ऐसो काम करो भैया!”

मोतीलाल ने कहा तो उन लोगों ने कुछ नहीं कहा, लेकिन उनके चेहरों पर कुछ भाव तेजी से आने-जाने लगे। वह समझ गया कि उनके अन्दर कुछ विचार मन्थन ज़रूर चल रहा है। मोतीलाल चेहरा देखकर अन्दर के भाव पढ़ लेने में माहिर था। वह फौरन समझ गया कि अब वे लोग हाजिर होने के लिए राजी हो जायेंगे।

आखिर देरू ने मामा को एक बार फिर गौर से देखा और ठण्डी साँस लेकर कहा—“मामा! जा दुनिया में जीनो कौन नाय चाहेगो? और अपयें कुनबा की बरबादी

कौन को भली लगेगी?...पर जब सब बातें अपने काबू ते बाहर हो जायें तब अपनी जान पेई सन्तोष करनो पड़त है मामा! तैं कुछ कहत रह, फेर हमें तौ लगत है के हमाये जैसे लोगन के लएं जे रास्ता सीधो मौत तकई जात है।...वे लोग कोई औरई होत हैं जो मजे ते बागपन भोगत हैं और बिनें बचावे को अच्छे-अच्छे लोग दौड़े चले आत हैं। सरकारें तक रम्हाती डोली हैं जा घाटी में अपनी बिरादरी के बागी कों सरेन्डर करावे कों।..."

यह कहते-कहते देरू का गला रूँध आया था, उसकी आँखों में लाल डोरे खिच गये थे। नथुने फूल गये थे।

मोतीलाल ने देरू की समझ का एक बार फिर लोहा मान लिया। उसने सोचा, नियति कुछ भी कराए लेकिन देरू जैसा आदमी इस काम के लिए नहीं बना था। उसकी चोंचिया नाक, बड़ी-बड़ी भावपूर्ण आँखें, लम्बे-लम्बे हाथ और युवा बाघ जैसी मस्त चाल। कम बोलता है लेकिन जब बोलता है तब मानो अन्दर के मधुर भाव एक तरह से छलक-छलक जाते हैं।

"तैं ठीक कह रओ है देरू, पर राजा साहब तौ तुमाये भले कोई सोच रहे हैं। तुम भैंसगढ़ा थाने में हाज़िर न होनो चाहौ तौ कोऊ बात नाय है, राजा साहब ने कड़ाही के प्रताप सिंह से बात कर लई है। वे भें थाने में तुम्हें हाजिर कराबे को राजी है गये हैं। तैं कहे तौ..।"

उसी समय राजा कुल मुलाया और अपने मुँह से कम्बल हटाकर मामा को देख लिया।

"मामा! आ गओ तै!...रुपया लाओ है के नायं?..."

राजा ने कहा तो मोतीलाल की मानो घिग्घी बँध गयी। वह उससे तो बोलता क्या, देरू की ओर बड़ा दैनीय होकर देखता रहा। वह चाहता था कि देरू राजा को समझा दे कि अभी मामा के पास रुपया नहीं है तो कोई बात नहीं है, बाद में दे देगा।...और न भी देगा तो कोई बात नहीं है। कम से कम इतना तो उसे कहना ही चाहिए था। लेकिन देरू ने एक बार भी ऐसा नहीं कहा है। इस बात पर उसे भारी गुस्सा आता है।...उस समय भी गुस्सा आ रहा था। सोचने लगा था कि वह खुद अजब मूरख है जो उनके लिए मारा-मारा डोल रहा है। कितने दिन जेल में रहा है, कितनी बार पुलिस ने घर पर छापा मारा है! पुलिस ने कैसी-कैसी ख्वारी की है...और उस सब का इनाम ये मिल रहा कि राजा कुत्ते की तरह दुत्कारता है और देरू बैठा-बैठा देखता रहता है।...एक तमाशा ये और है कि यहाँ तो एक लाख रुपया के लिए वे अपने मामा से बोदी-भली कहने से नहीं हिचकते और वहीं आरसी में और आरसी से दूर अन्य कई गाँवों में ऐसे अनेक लोग हैं जो इन्हीं के द्वारा दिये पैसे से लिया ट्रैक्टर मजे से जोत रहे हैं, ट्यूबवैल से सिंचाई कर रहे हैं।...उसने सोचा कि वह अब इन लोगों के लिए कुछ नहीं करेगा।

उसका मन कर रहा था कि वहाँ से उठकर चला जाये, बिना किसी से कुछ कहे। लेकिन वह डर भी रहा था कि अगर वह ऐसे उठकर चल दिया तो राजा बिफर सकता है। उसका कुछ भी ठिकाना नहीं है कि बिना कुछ कहे माउजर का फायर खोल दे। ऐसा वह अभी कुछ महीना पहले कर चुका है। हँसी-हँसी में ही मुंशी लुहार का एक कान उड़ा चुका है यही राजा।...थोड़ी खैर पड़ गयी वर्ना तो उसकी खोपड़ी उड़ जाती।

थोड़ी देर में मोती लाल सामान्य हो गया और फिर देरू से बोला—"देरू, मैंने राजा साब ते बात करी है, बिंने भरोसा दिओ है के वे तुमाई सब बातें मानेंगे...सब चीजें मिलैगी—खादर में ज़मीन, पेट्रोल पम्प, खदानें...और सब?...बस तुम अब नाट मत जइओ!"

पहले तो वे चारो मोतीलाल मामा की बातें सुनकर भौचक से एक-दूसरे को देखते रह गये। मानो उनमें से किसी को यह भरोसा नहीं था कि उन्होंने जो कुछ सरेन्डर के बदले में चाहा है वह सब का सब मिल जायेगा। देरू को तो अभी भी विश्वास नहीं हो रहा था कि मामा सच बोल रहा है। मामा की फितरत देरू ठीक से समझता है। वह उन सबका हित तो ज़रूर चाहेगा लेकिन उसकी कीमत जितनी ज्यादा से ज्यादा बटोरी जा सके वह कोशिश भी करेगा।

मोतीलाल ने मौका देखा और एकाएक उठ खड़ा हुआ। वह जाते-जाते फिर बोला "देखो, अबकी बार मत नाट जइओ। तुम हाज़िर है जाओगे तो मुकते लोगन को लगी फाँसी छूट जागी। सब कुनबा के लोग जालंग-वालंग भटकत डोलत है रे! वे सब किनारे लग जांगे!"

इतना कहकर वह जाने लगा तो राजा फिर बोला—"मामा! तैं जारओ है? अए, एक बात तौ रहई गयी।"

मोतीलाल मुड़कर उसे देखने लगा और दुविधा में पड़ा हुआ सा बोला—"हौ, बोल, अब और कौन-सी बात रह गयी? मैंने सब कुछ तो बता दिओ जो-जो बातें मोते बिन की भई हैं।...पर, हाँ, एक बात जरूर मैंने तुमन को नाय बताई। भें डांगर गाँव को एस.डी.ओ.पी उपेंद्र चौधरी सोऊ हो। वो बोलो के वे लोग ऐसे नाय छूटेंगे। केस चलैगो जम के।...गवाह-सबूत में कोऊ कसर नाय रहैगी!..."

"अएऽऽ, मामा! मै वो नाय कह रओ! मैं कहत हों के तैं ग्वालियर ते हमें दैवे के लयें एक लाख रुपया लाओ है ते कां गये?"

राजा ने कहा तो मानो मोतीलाल पीला पड़ गया हो। वह काँपता हुआ सा लगा और उसी हालत में राजा की ओर मुड़कर बोला—"वेऊ धरे हैं भैया! कऊँ भाग नाय गये हैं। आजई लानो चाहत हो, फेर आज तो में चारो ओर पुलिस-ई-पुलिस दिखाई दै रई है।...डर के मारे नाय लाओ के कऊँ पुलिस के हाथ न लग जायें।...लांगो, काऊ दिना जब पुलिस कम होगी, तब लांगो।"

और वह भन्नाता हुआ सा चला गया।

मोतीलाल स्वीकार करता है कि अगर उसने दुनिया में किसी से हार मानी है तो वह है उसकी बड़ी बहन का यही छोकरा, राजा।

31

गढ़ी ने, पुलिस ने, गंगाश्री ने और मोतीलाल ने भी इस बात को पूरे तौर पर छिपाए रखने की कोशिश की थी, फिर भी न मालूम कैसे लोगों को मालूम हो गया कि कड़ाही थाने में पाल गैंग का सरेन्डर होने जा रहा है। पूरे पार्वती घाटी और पंचमहल इलाका में यह खबर आग की तरह फैल गयी। लोगों के दिल की धड़कनें अकारण ही बढ़ती जा रही थी। बैठे-बिठाए यह मुद्दा उनके हाथ लग गया था। इसमें बहस की काफी गुंजायश थी। तू-तू-मैं-मैं से लेकर कहा-सुनी तक खूब चल सकती थी। वक्त ने इलाके को देश के अन्य भागों की तरह ही उस बिन्दु तक पहुँचा दिया था, जहाँ पर पहुँचकर आदमी के पास कहने को तो खूब होता है और करने को न कुछ। इसी बात के तो हम आजाद हैं कि बोलने पर आ जायें तो कूड़ा झार बोलें, सारी सीमाएं तोड़कर बोलें। लेकिन जब करने की नौबत आ जाये तो वही एक छोटा-सा उत्तर–'ये मामला ही कुछ ऐसा है जिस में अपन कुछ कर भी तो नहीं सकते...।' पार्वती घाटी और पंचमहल क्षेत्र में वही सब हो रहा था। गाँव के गली-गलियारों से लेकर खेत-हार तक और जंगल-डांग से लेकर पहाड़-खदानों तक उसी एक ही बात की चर्चा थी। उसी विषय पर सवाल-जवाब थे। जो आदमी इस खबर को सुन लेता वह अन्य चार छः को सुनाए बिना नहीं रहता। जब वह बात शुरू करता तब जान पड़ता कि वह गैंग के सरेन्डर होने से खुश है, लेकिन थोड़ी देर में ही वह अपने चेहरे के भाव बदल लेता और ऐसा जताता कि उन लोगों का सरेन्डर होना सम्भव नहीं है, '...का तुमन कों लगत है के उनको सरेन्डर हो जागो, हमें तौ लगत नाय है भैया! जो राजा मर केऊ ज़िन्दा है सकत है वो सरेन्डर है के कौन से जेल में रखो जा सकत है, सो कहो!'

वह अप्रैल का महीना था और पंचमहल में गेंहू की फसल पक रही थी। यद्यपि दिन गर्म होने लगे थे लेकिन रातें फिर भी ठण्डी रहती थीं। उधर जंगल में तेंदू पत्ते का काम और पत्थर खदानों में पत्थर-निकासी का काम जोरों पर था। घाटी के गाँवों के ज्यादातर घरों में सवेरे से ही ताले पड़ जाते थे। परिवार के लगभग सभी लोग जंगल में निकल जाते थे। धन्धे रोजगार के यही दिन हैं–कुल जमा दो ढाई महीने, बाद में तो फिर लगभग इतने ही दिनों तक हाथ पर हाथ धरे बैठा रहना होगा। इलाके में बारिश के दिनों में रोजगार के अवसर नाम मात्र के ही बचते हैं। इसीलिए काम

की उस समय मारा मारी चल रही थी। ऐसे ही समय में लोग कहते हैं, 'आजकल तो मरने की भी फुरसत नहीं है भैया!'

लेकिन उसदिन मानो पूरे इलाके ने काम से छुट्टी ले ली थी।

हर आदमी के मन में एक ही बात उमड़-घुमड़कर आ रही थी कि आज देखें तो सही कि जंगल के शेर पिंजड़े में बन्द होने जाते समय कैसे लगते हैं? बागपने में बहुत सारे लोगों ने उन्हें देखा है। जंगल में आते-आते या खदानों में बहुत सारे लोगों से भेंट हो ही जाती थी। वहाँ मचक-मचककर चलना, किसी से भी बात कम करना और आँखों ही आँखों में डराना। या कोई बात किये बिना ही राइफल सीने पर अड़ा देना।...लेकिन अब देखा जायेगा कि पुलिस के आगे कितनी हेकड़ी बची रहती है? और यही सब देखने के लिए उस दिन सवेरे से जाने कितनी जोड़ी आँखें उन रास्तों पर लगी थीं जहाँ से उनके जंगल से बाहर आने की सम्भावना थी।

लेकिन वे ठीक दश बजे आये, गढ़ी के पीछे वाले रास्ते से; जो बगल के बाड़े से होकर गढ़ी के आगे आता था और वहाँ से भी आगे जाकर गाँव की उस सड़क में मिल जाता था जो शेरनी के पुरा के तिराहे तक जाती थी। वे चार थे—गोविंद, प्रीतम, राजा और देरू। देरू और राजा पर दो माउजर थे और गोविंद और प्रीतम पर दो बारह बोर थी। कारतूसों की चारों पेटियाँ खचाखच भरी हुई थी। वे चारों एक ही जैसे काले रंग के पठानी सूट पहने थे। चारों के दाढ़ी, मूंछ और बाल रखे हुए थे और सिर पर काले कपड़े बँधे हुए थे।

ए.एस.पी. रामसिंह गढ़ी के बड़े फाटक के आगे निहत्थे खड़े थे। लेकिन उनके पीछे थोड़ी ही दूर पर उनके दो बॉडीगार्ड ए.के.47 राइफलों के साथ खड़े थे।

ए.एस.पी. को शायद यह उम्मीद रही होगी कि वे लोग जैसे ही डांग से कोठी के सामने आयेंगे वैसे ही उनके पैर छूकर अपना-अपना असला रखते जायेंगे। उन्होंने जितने सरेन्डर उससे पहले देखे थे उनमें ऐसा ही हुआ था। डकैत एक-एक करके आते और वहाँ मौजूद नेता या सर्वोच्च अधिकारी के पैर छूकर अपने हथियार जमा कर देते। लेकिन उन चारों ने उन्हें एक-एक बार उड़ती-उड़ती नज़र से देखा ज़रूर था लेकिन आगे को बढ़ते ही चले गये।

ए.एस.पी. लपककर उनके पीछे चले और थोड़ी तल्खी के साथ बोले—"वो देखो, स्कूल के पास सफेद रंग की गाड़ी खड़ी है। वहाँ वे दरोगा जी खड़े हैं, उन्हीं को अपने-अपने हथियार दे दो और गाड़ी में जाकर बैठो!....सुन रहे हो मेरी बात?"

लेकिन उन चारों ने मानो उनकी बात सुनी ही न हो!

वे आगे जाकर चौराहे की तरफ जाने वाली सड़क पर मुड़ गये और उसी तान के साथ आगे को बढ़े जा रहे थे। यद्यपि ए.एस.पी के पास काफी फोर्स था लेकिन उसे इधर-उधर एक तरह से छिपाकर इसीलिए रखा गया था कि वे लोग कहीं फोर्स को देखकर भड़क न जायें। गाँव में बाहर के भी बहुत सारे लोग आ गये थे और

वे अपनी पहचान के घरों से छिपकर उन्हें देख रहे थे। इसी दौरान किसी ने पुलिस की नज़र से बचकर उन चारों के गले में एक-एक फूलों की माला डाल दी थी।

वे जब अपने-अपने बीरान हुए पड़े घरों के आगे से गुजर रहे थे तो एका-एक रुक गये और फिर मुड़कर बड़ी बाखर में चले गये। वहाँ पहले चौक में जो उनके कुल देवता का थान है उसपर जाकर देरू ने नारियल फोड़ दिया और राजा ने अपने माउजर से पाँच फायर गिन-गिनकर कर दिये। ऊपर तने खड़े नीम के लहरे और पत्तियाँ टूट-टूट कर उन पर गिरने लगे। और उसी समय सभी ने एक जोरदार जैकारा बोला।

अब तक वह सफेद रंग की सूमो गाड़ी और पुलिस वाले भी बड़ी बाखर के आगे सड़क पर आकर खड़े हो गये थे। ए.एस.पी. रामसिंह के लिए वह स्थिति बरदाश्त से बाहर थी। एक बार तो मन हुआ कि उन्हें उसी बीरान बाखर में घेरकर जबरन हथियार डलवा लें और यहाँ से बाँधकर थाने तक ले जायें। लेकिन फिर न जाने क्या सोचकर उन्होंने मोतीलाल को बुलवाया। उससे उन्हें समझाने को कहा। और यह ठीक ही हुआ। मोतीलाल के समझाने पर वे लोग गाड़ी में बैठने को आगे बढ़े, तभी एक बाधा और आ उपस्थित हुई।

ए.एस.पी. ने उन्हें टोकते हुए कहा—"पहले ये हथियार जमा करो तब गाड़ी में बैठना!"

सुनते ही वे लोग जस के तस खड़े रह गये। बल्कि थोड़ा पीछे को हटकर ए. एस.पी. को भौचक से देखते रह गये। राजा की आँखों में गुस्से के लाल धागे खिंच गये थे। नथुने फूलने लगे थे। वह ए.एस.पी. की ओर मुड़कर थोड़ा खदबदाया हुआ सा बोला—"तुम हो को, सो बताओ पहलें...तुम्हें जब हम जानत नई हैं तौ तुम्हारे कहवे तो हथियार काय सौप देंगे?"

उसने कहा तो उधर ए.एस.पी. की कनपटी गुस्से से झन्ना उठी। वे सोच ही रहे थे कि राजा की बात का क्या जवाब दें। वैसे माकूल जवाब पुलिस की गोली ही हो सकता था; लेकिन उन्हें वह अवसर अनुकूल नहीं लगा। उनके चारों तरफ काफी लोग इकट्ठे हो चुके थे। कुछ और लोग भी आते जा रहे थे। ऐसे समय गुस्सा पीकर रह जाने के अलावा अन्य कोई चारा उन्हें दिखाई नहीं दे रहा था।

अब तक देरू ने राजा की बाँह पकड़कर उसे थोड़ा पीछे की ओर खींच लिया और बिना गुस्साए ए.एस.पी. से बोला—"अऐऽऽ! आप तो वैसेई गुस्सा रहे हो साब! हम अपऐं सब हथियार थाने में जाके सौंपेगे। जब सरेन्डर की सब बातें पक्की हो जायेंगी तब। हमते जेई बात तय भई है।...और जो तुम जा बात को गलत मानो तौ राजा साहब को बुलालेव।"

"राजा साहब यहाँ हैं कहाँ जो बुला लें? वे इन्दौर गये हैं।"

"तौ वे जब आ जायें तब हमें बुला लीओ! तुम कहो तौ हम झेंते आये हैं भें चले जायँ?"

उसने कहा तो ए.एस.पी. रामसिंह अन्दर ही अन्दर मानो पजर उठे। फिर उन्हें लगा कि यह मौका गुस्साने का नहीं है, इन पर गुस्साने का कोई लाभ नहीं होना है, बल्कि हो सकता है अपने खाते में यश के स्थान पर उलटा अपयश दर्ज हो जाये।...और इतने दिनों की मेहनत पर पानी फिरेगा सो अलग।

"तुम लोग बैठो गाड़ी में, तुम्हारी मर्जी थाने में चलकर हथियार जमा करने की है, तो वहीं करना चलो, जल्दी बैठो!"

और वे गाड़ी में बैठ गये।

वे बैठ गये तो वह क़ाफ़िला कड़ाही थाने के लिए फौरन रवाना हो गया।

कड़ाही कभी नरवर राज्य के अधीन जागीर थी। आज भी प्रताप सिंह अपने आप को जागीरदार से कम नहीं समझते हैं। और समझें भी क्यों? आज भी कई सौ बीघा जमीन के वे मालिक हैं। राजनीति में खासा दखल है। इलाके की सहरिया और अन्य कई कौमें उन्हें आज भी ढोक लगाती हैं। वे अपनी जागीर में औरतों को भोगने के लिए काफी चर्चा में रहे हैं। अच्छी मजबूत कद काठी, आकर्षक व्यक्तित्व, रसीला स्वभाव, अब तो बुढ़ापे ने दस्तक देना शुरू कर दिया है। लेकिन जब जवानी में भरभरा रहे थे तब वे आदमी को आदमी कब कहते थे। सामान्य आदमी की तो कहे कौन आस-पास के गढ़ीबन्द जमींदार तक प्रताप सिंह के नाम से थर्राते थे। आरसी के राजा गजपति सिंह जो अपने आप को भले ही राजा कहलवाते हों, भले ही इलाके के रईसों में सबसे ज्यादा पढ़े-लिखे हों, लेकिन जब कभी जोखिम उठाने की बात होती है तब वे कड़ाही का ही मुँह ताकते हैं। यह सरेन्डर वाला काम यद्यपि कोई खास ज़ोखिम का काम नहीं था, लेकिन उसको भी अपने थाने में वे नहीं करा पाए। लेकिन वह विशेषता कड़ाही के ठाकुर प्रताप सिंह में तो थी। वे बड़े से बड़े जोखिम को अपने सिर लेने से कभी नहीं हिचकिचाते थे।

प्रताप सिंह काफी देर से कड़ाही थाने में बैठे थे। थाने की वाउंडरी के बाहर भीड़ बढ़ती जा रही थी। थाने का एस.आई और कुछ सिपाही ही वहाँ मौजूद थे। वे इतनी बड़ी भीड़ को सँभाल पाने में असमर्थ थे। उसे सँभालने में प्रताप सिंह मदद कर रहे थे। उन्हें बार-बार उठकर थाने से बाहर आना पड़ रहा था। अन्त में आरसी से चला काफ़िला जब कड़ाही पुलिस स्टेशन पर पहुँचा तब तो भीड़ को सँभालना मुश्किल ही हो गया था। क्योंकि तब पुलिस वाले भी भीड़ का अंग बन चुके थे। बड़ी मुश्किल से उन चारों को गाड़ी से निकालकर थाने के अन्दर लाया गया। तब कहीं जाकर थाने के बाहर हल्ला-गुल्ला कम हुआ।

थाने के अन्दर प्रतापसिंह, ए.एस.पी; एस.डी.ओ.पी., एस.ओ. के अलावा कुछ अन्य पुलिसकर्मी थे। इनके अतिरिक्त वे चारों एक दीवार से लगे खड़े थे और इधर-उधर कुछ-कुछ खोजी दृष्टि से देख रहे थे। ठाकुर प्रताप सिंह ने उन्हें देखा और बोले—"तुम लोगों के भाव को हमने समझा है, तुम राजा गजपति सिंह को देख रहे

हों, उन्हें एक ज़रूरी काम से ग्वालियर जाना पड़ा है। तुम फिक्र मत करो, हम तो हैं!...उन्होंने जो कहा है वही सब होगा।"

उनकी बात सुनकर राजा के चेहरे पर खासा तनाव आ गया था। वह कुछ बोलना चाहता था लेकिन देरू ने उसके भाव ताड़कर उसका हाथ पकड़ लिया और सबकी नज़र से बचाकर उसे दबा दिया।

लेकिन ठाकुर की नज़र उधर चली गयी और वे देखकर प्रसन्न हुए। वे उसी प्रशन्नता को शब्दों में बाँधते हुए फिर बोले—"तुम लोग हमारा भरोसा करो, जो वादे तुमसे किये गये हैं सो वैसे ही पूरे होंगे। रंचमात्र अन्तर नहीं आयेगा। तुम्हें जेल में सब सुविधाएँ दी जायेंगी। तुम्हारे खिलाफ गवाह-सबूत नहीं होने दिया जायेगा।. ..और जो बातें हमारे हाथ में नहीं है, सरकार के हाथ में हैं, उनको हम सरकार से पूरा कराएंगे...क्योंकि सरकार भी तो आजकल हमारी है।"

वे बोल रहे थे और सभी लोग उन्हें टकटकी लगाकर देख रहे थे। उपेंद्र चौधरी कुछ ज्यादा ही अधीर और आतुर दिखाई दे रहे थे। वे कुछ बोलने जा रहे थे तो उनका हाथ ए.एस.पी.रामसिंह ने पकड़कर दबा दिया। फिर उन्होंने कहा तो कुछ नहीं लेकिन आज पहली बार ए.एस.पी. और ठाकुर प्रतापसिंह के कौशल को शक की नज़र से देखा और फिर मन ही मन अहद कर लिया कि चाहे कुछ भी हो जाये इस केस को न तो वे सरेन्डर में तब्दील होने देंगे और न इन चारों का किसी सूरत में फर्जी एन्काउन्टर होने देंगे। उन्होंने थोड़ी घुड़की के साथ उन लोगों से कहा—"ऐऽऽ, आप लोग अपने-अपने हथियार यहाँ रखो मेजपर। चलो, जल्दी करो।"

उन चारों पर अब तक एक तरह का अनुशासन हावी हो चुका था। वे कुछ सोचते-से, कुछ खोए-खोए-से अपने हथियार मेज पर रखने लगे। राजा ने थोड़ी आनाकानी करनी चाही तो देरू ने उसे मना लिया।

कड़ाही थाने का एस.ओ.गंगाराम बिल्कुल हाथ पर हाथ धरे बैठा था। उसको भी एस.डी.ओ.पी. ने घूर-घूरकर देखा और फिर अन्त में घुड़कते हुए कहा—"आप फुर्सत से कैसे बैठे हैं। ये केस तैयार नहीं करना है क्या?...जनाब, केस तैयार कीजिए! कल सवेरे इनकी पेशी होनी है ए.डी.जे.कोर्ट में।"

और फिर थाना प्रभारी मानो कान फड़-फड़ाकर उठ खड़ा हुआ। पुराना रिकार्ड खोला जाने लगा उसी के आधार पर केस तैयार होने लगा। एस.ओ;एस.डी.ओ.पी. से राय लेकर उनपर केस तैयार कर रहा था। यह सब देख-देखकर ए.एस.पी.रामसिंह और ठाकुर प्रताप सिंह के चेहरों पर खीज़ फैलती जा रही थी। बाद में उन चारों को हथकड़ी डालकर हवालात में बन्द कर दिया गया तो सब लोग बाहर आ गये।

बाद में एस.ओ. को विशेष हिदायत देकर ए.एस.पी. और एस.डी.ओ.पी; दोनों चले गये। प्रताप सिंह एस.ओ. से कुछ देर अकेले में बतराते रहे फिर वे भी अपनी गढ़ी को चल दिये।

32

डांगर गाँव की जेल रेलवे लाइन के उस ओर काफी बड़ा क्षेत्र घेरकर बनाई गयी है।

पहले पूरे क्षेत्र को पाँच फुट ऊँची मज़बूत पत्थर की दीवार और उसपर दो फुट ऊँची कटीले घने तारो की फेनसिंग से घेरा गया है। जिसमें दक्षिण-पूर्व की ओर मात्र एक दरवाजा है। उस घेरे के उत्तरी भाग में जेल स्टाफ की कॉलोनी है और दक्षिण भाग में जेल है। जेल उस परकोटे के अन्दर एक बारह फुट ऊँची मजबूत पत्थर की दीवार के भीतर है। बाहर के प्रवेशद्वार के आगे बड़ा मैदान है। उस मैदान में प्रवेश करते ही लगभग सौ कदम की दूरी पर जेल का लालरंग का विशाल दरवाजा है। जिसके आगे चौबीस घण्टे सशस्त्र पहरा रहता है। आगे उस मैदान के पूर्वी छोरपर जेल अधीक्षक का बँगला है।

जेल के अन्दर बड़े फाटक की खिड़की से ही आमतौर पर प्रवेश किया जाता है। वहाँ प्रवेश करने वाला पहले एक ऊँचे पटाव वाली हालनुमा जगह पर पहुँचता है। जिसके दाएँ ओर अधीक्षक का ऑफिस, गेस्टरूम, स्टोर इत्यादि है और उसके सामने मिलाई करने आने वालों के बैठने की जगह, मिलाई करने की जगह, लेट्रिन-बाथरूम इत्यादि हैं। उस बड़े फाटक के ठीक सामने एक अन्य फाटक है और उसमें भी एक खिड़की है और उसमें भी हमेशा ताला लगा रहता है...उसी खिड़की के माध्यम से मुख्य जेल में पहुँचा जा सकता है। उसी खिड़की से प्रवेश करते ही दाएँ, बाएँ और सामने लम्बे-चौड़े गलियारे हैं। सामने के गलियारे के दोनों और बैरकें हैं—दायीं ओर सामान्य बैरकें और बायीं ओर महिला-बैरक। दोनों ओर की बैरकों के दरवाजे आमने-सामने हैं। दोनों ओर बड़े-बड़े आँगन हैं। महिला बैरक की बगल में एक लॉन है, जिसमें पत्थर की कुछ बेन्चें लगी हैं। पीछे खेल-कुद की व्यवस्था है, लेट्रीन-बाथरूम आदि की व्यवस्था है भोजन इत्यादि की व्यवस्था उससे अलग हटकर आगे की ओर है।

अधीक्षक बँगला के बायीं ओर एक छोटा-सा गार्डन है, जो तार फेनसिंग से घिरा हुआ है और उसमें अधिकांश छोटे कद के फूलों के पौधे लगे हुए हैं। उसी गार्डन गें बँगले के बरामदे से नीचे एक झूला लगा हुआ है और उसके आगे दो-तीन बेन्चें पड़ी हुई हैं। जेल के इनचार्ज केशव प्रसाद उसी झूले पर बैठे हल्के झोंटे ले रहे थे। सवेरे से ही उनका चैन हराम हो गया है। शायद इसीको कहते हैं, कोढ़ में खाज। उनकी पत्नी एक महीना पहले पीहर गयी थी। चार दिन की कहकर गयी थी और अब लौटने को राजी नहीं है। कहती है कि नौकरी छोड़ दो। ये जेल की नौकरी हमें किसी कीमत पर नहीं चाहिए। अगर नौकरी नहीं छोड़ेंगे, तो कहती है कि तलाक दे दूँगी। दो साल पहले शादी हुई है। एक साल की बच्ची है।...दरअसल हुआ यह

है कि एक कैदी इसी जेल में है। बाबू नाम है उसका। तिहरे क़त्ल केस का मुल्ज़िम है। अब तो वह बहुत ही सरीफ़ हो गया है, लेकिन एक साल पहले उसने आफत कर रखी थी। रोज कोई न कोई केस करता। छोटी-छोटी बातों को लेकर किसी से भी झगड़ता था और झगड़ा ऐसा कि सामने वाले को मार डाले या खुद ही मर जाये। कोई रात ऐसी नहीं गुजरती थी। जब उन्हें सोते से नहीं जगाया जाता था। कई बार तो वे खुद ही उससे कुछ ऐसा पिटकर आये कि उनकी बीवी शक्ल नहीं पहचान सकी थी। लेकिन अब वही बाबू पूरी तरह सुधर गया है। कई महीने से अब किसी के साथ उसका झगड़ा भी नहीं हुआ है और तब उनकी बीवी उनकी नौकरी छुड़वा रही है।...लेकिन आज समस्या और भी जटिल हो गयी। सवेरे उठने से पहले ही एस. पी. का फोन आया था। वह बोला था कि कल कड़ाही थाने के जंगल में पाल गैंग के चार सदस्यों को अरेस्ट किया गया है। उन्हें आज ए.डी.जे. के कोर्ट में पेश किया जायेगा। डांगर गाँव जेल में उन्हें रखा जायेगा।...जेल की व्यवस्था एकदम दुरुस्त होनी चाहिए। एक जरा-सी गलती किसी बड़े जोखिम का कारण बन सकती है.. .तभी से केशवप्रसाद की नींद हराम हो गयी है—नींद और चैन् भी। उठते-बैठते, सोते-जागते कैसे भी चैन नहीं मिल रहा है। ए.एस.पी.रामसिंह से उन्होंने कितनी बार फोन पर बात की है? उनकी कैसे-कैसे चिरौरी की है, कितनी मिन्नतें की है कि जैसे भी हो वैसे पाल गैंग वालों को ग्वालियर सेंटर जेल में भिजवाया जाय। यहाँ तो तिहरे क़त्ल केस से सम्बन्धित वो बाबू और उसके दो भाई ही बहुत हैं। अगर चार भाई वे और आ गये तो हो गया बण्टाढार।...लेकिन रामसिंह भी आखिर कुछ भी नहीं कर सके। अभी-अभी फोन आया है कि जज ने उन्हें यहीं, इसी जेल में रखने का आदेश कर दिया है।

मध्य अप्रैल का वह थोड़ा गर्म दिन था। सूरज ढलकर पश्चिम दिशा में नीचे जा चुका था। उसकी लाली जेल के सकल पीले रंग पर हाबी होती जा रही थी। वह लाली भी केशव प्रसाद के दिल की धड़कनों को बढ़ा रही थी। उमस अलग बेचैनी को हवा दे रही थी। ठीक उसी समय कोर्ट से रवाना हुआ पुलिस की गाड़ियों का छोटा-सा काफिला जेल के मुख्य गेट में प्रवेश हो रहा था। पहले तो जेल इनचार्ज को लगा कि उनके दिल की धड़कन बन्द होने जा रही है। जब ए.एस.पी. की गाड़ी उनके बिल्कुल सामने आकर रुकी तो वह हड़बड़ाकर उठ खड़े हुए और गार्डन से बाहर आक़र ए.एस. पी से उन्होंने हाथ मिलाया। ए.एस.पी. रामसिंह हाथ मिलाते ही चौंक गये। उन्हें घूरकर देखा। मारे आश्चर्य के उनकी आँखें खुली की खुली रह गयी।

वे उनका हाथ पकड़कर बँगले के पीछे ले गये और बोले—"आप ऐसे नर्वस क्यों हो रहे हैं। देखो ऐसे घबराने की कोई बात नहीं है। वे लोग भी हमारी तरह के आदमी हैं...और फिर हम सब आपके साथ हैं न! कल थाने की हवालात में उन्हें रखा है, कोई बात नहीं हुई। कड़ाही का थानेदार तो आप से भी नया है? अभी-अभी

उसकी शादी हुई है। बेहद घबराया हुआ था...बाद में सब ठीक हो गया।"

"लेकिन साहब, मेरी बीवी यहाँ क्वाटर में नहीं रहना चाहती है। दो महीने पहले बच्ची को लेकर चली गयी है। कहती है नौकरी छोड़ दो, अगर कुछ हो गया तो मैं कहीं का नहीं रहूँगा सर!"

केशवप्रसाद की हालत देखकर ए.एस.पी.राम सिंह द्रवित हो गये। सोचने लगे, अजीब मुसीबत है। इससे पहले उन्होंने कभी सोचा ही नहीं था कि डाकू समस्या इस सीमा तक ख़तरनाक होती है कि पुलिस डिपार्टमेंट के परिवारो तक को हिला सकती है। कल रात कड़ाही के दरोगा की आँखों में जो आँसू उन्होंने देखे थे और आज एक जेलर की छलछला आयी आँखों को जो वे देख रहे थे वह सब एक निहायत नया आख्यान था ए.एस.पी.रामसिंह के लिए।

अभी वे जेलर के आगे खड़े सोच ही रहे थे तभी वहाँ एस.डी.ओ.(पी) उपेंद्र चौधरी आ गये। उन्होंने भी जब जेलर को मायूस खड़े देखा तो सब कुछ समझ लिया। वे खुद भी पाल गिरोह के चक्कर मैं जौरासी घाटी में खूब मूर्ख बने घूमे हैं। वे एस.टी.एफ. के इनचार्ज हैं लेकिन कड़ी मेहनत के बावजूद कतई सफलता नहीं मिली है। उनके साथ अच्छे और युवा जवानों की टीम भी है, लेकिन वे देरू और राजाके चालाकपने का सचमुच लोहा मान गये। एक तरह से परास्त होकर इसी निष्कर्ष पर पहुँचे हैं कि उनकी लम्बी सजा ही एक मात्र उपाय है।

उपेंद्र चौधरी जेलर के थोड़े और पास आ गये और उन्हें समझाने लगे–"आप परेशान न हों, वे लोग स्वभाव से ऐसे ज्यादा उत्पाती नहीं हैं और फिर सही बात ये भी है कि डाकू जब सरेन्डर के लिए राजी हो जाये तब वह आधा अपने आप ही सुधर जाता है। आप को जैसे बीवी बच्चों की फ़िकर है वैसी उन्हें भी तो सताती होगी। चलिए अब उनको ठहराने की व्यवस्था देखें!

और फिर वे तीनों जेल के बड़े फाटक की ओर बढ़ चले।

अन्दर जाकर तीनों ने बैरकों का एक बार मुआयना किया और यह तय किया कि उन चारों को कहाँ-कैसे रखा जाय। दरअसल तय यह हुआ कि दाएँ ओर की महिला बैरक, जो उस समय खाली थी में गोविंद और प्रीतम को रखा जाये और बायीं ओर की बैरकों में से पहली में देरू और राजा को रखा जाये।

आखिर उन चारों को पुलिस की बन्द गाड़ी में से उतारकर फाटक के अन्दर लाया गया। वहाँ पर लिखा-पढ़ी का काम पूरा किया गया। फिर अन्दर के फाटक की खिड़की खोलकर उन्हें जेल के अन्दर ले आया गया। उनमें से गोविंद और प्रीतम को महिलाओं वाली बैरक में रख दिया गया और बाकी दो को एक नम्बर बैरक में लेजाया गया, लेकिन बैरक के दरवाजे पर पहुँचते-पहुँचते राजा ने अन्दर जाने से इनकार कर दिया। उसका कहना था कि उन चारों को साथ-साथ एक ही बैरक में रखा जाये। लेकिन सुरक्षा की दृष्टि से ऐसा करने को पुलिस अधिकारी और जेल

अधीक्षक तैयार नहीं थे। राजा को समझाया गया और धमकाया भी गया लेकिन वह टस से मस नहीं हुआ। स्थिति कुछ ऐसी पैदा हो गयी थी जिससे निपट पाना खुद पुलिस को कठिन लग रहा था।

तभी उस बैरक में मौजूद कैदियों में से लगभग राजा की ही उम्र और कद गाठी का एक कैदी उठकर दरवाजे पर आ गया। वह पहले तो उसके सामने तनकर खड़ा हो गया। कुछ देर तक उसकी नज़र से नज़र लड़ाकर देखता रहा और अपनी मूंछ को कुरेदता रहा। फिर उसने राजा का बायाँ हाथ अपने दाहिने हाथ से पकड़ा लेकिन राजा ने अपने दाँत किटकिटाए और एक जोरदार झापड़ उसके गाल पर जड़ देना चाहा। लेकिन वह कैदी झुककर राजा का एक भारी वार बचा ले गया। इतने मात्र से ही पुलिस वालों के बीच भगदड़ मचने जैसे हालत पैदा हो गये थे। वार खाली जाने से राजा पहले तो खीझ उठा लेकिन जैसे ही उसको पुनः देखा वैसे ही ढीला पड़ गया। उसकी गोल, काली चमकदार आँखें और खुली उजली मुस्कान ने उसे मानो घायल कर दिया था। वह उसे देखता ही रह गया।

"आ, भीतर आजा! पहले दिन झें आते-आतेई हुज्जत नाय करवे चाहिए। जा काम के लएं खूब मौके मिलैंगे आगे चलके।" उसने राजा का हाथ पकड़कर कहा।

फिर उसने उससे अपना हाथ नहीं छुड़ाया। उसकी बात का कुछ जवाब भी नहीं दिया।

बैरक के एक कोने में पास-पास दो कम्बल बिछे थे, उन्हीं में से एक पर वह जाकर बैठ गया और दूसरे पर देरू बैठ गया। उस समय मानो पूरी बैरक एक साथ सिटपिटा गयी हो। उधर से सब कैदियों ने अपना-अपना सामान समेट लिया और दूसरी ओर ही सब इकट्ठे हो गये। अपना-अपना सामान वहीं आधे हिस्से में ही जमाने लगे। लेकिन वह कैदी जो राजा को अन्दर लेकर गया था वह अपना सामान समेंटकर राजा की बगल में जम गया।

थोड़ी देर बाद खाने की घण्टी हुई। सब लोग अपने-अपने थाली-गिलास लेकर बाहर खाने को जाने लगे लेकिन देरू और राजा अपनी जगह पर जस के तस बैठे रहे। जो कैदी उनकी बगल में जमा हुआ था वह उठा तो उसने उनसे भी चलने को कहा—"चलो, खाके आवत हैं,...।"

"नाय, हमें नाय खानो है।" राजा ने थोड़े गुस्से के साथ कहा।

"काय? खावे पे गुस्सा है का?..."

"झें आवे ते पहले होटल पे खाके आये हैं!"

"हौ, सही में तुम तौ सरकार के दामाद हो और जे जेल तुमाई ससुराल है। कलते पतो लगैगो बेटा जब खातिरदारी होगी मलूक ते।"

वह हँसता हुआ बैरक से बाहर चला गया।

खाने के बाद गिनती परेड हुई। वार्डन दौड़ा-दौड़ा बैरक में आया और उनसे

बाहर चलने को कहा। लेकिन राजा ने मना कर दिया। बाद में उन दोनों की गिनती बैरक के अन्दर ही हुई। जब बैरक के अन्य कैदी लौटकर आये तब भी वे सशंकित से देरू और राजा को देख रहे थे।

थोड़ी देर में सोने से पहले वाली गिनती बैरक के अन्दर हुई। वार्डन सुआलाल एक-एक आदमी के चेहरे पर टार्च की रोशनी डालकर पहले पहचानता और बाद में उसके नामके टिक लगाता। इतना करके जब वह बैरक बन्द करने लगा तो मानो उसे एका-एक कुछ याद आ गया। वह दरवाजा छोड़कर फिर अन्दर आ गया और बोला—"देखो, जे आज जो दो मोंड़े नये आये हैं, इन्हें रात में कोई परेशान न करे।"

"रात में तो दादा तेंई परेशान कर सकत है, हमें तौ वो आदत है नहीं...।"

किसी ने मुँह छिपाकर कहा और कई लोग खुलकर हँसने लगे। फिर वार्डन सुआलाल मुड़कर बैरक से बाहर हो गया। बैरक का दरवाज़ा बन्द हो गया। ताला पड़ गया। साथ ही बैरक के अन्दर की लाइट भी ऑफ हो गयी। कुछ देर तक फुसफुसाहट चली और बाद में गहरा सन्नाटा।

शायद पूरी बैरक सो रही थी और देरू और राजा मात्र जाग रहे थे। गत तीन सालों में जब से वह फरारी का सिलसिला शुरू हुआ है तब से उनका क्या सोना और क्या जागना? कभी-कभी पूरी-पूरी रात भागते या चलते चलते ही गुजरी है और कभी मौत के अज्ञात भय से जागते-जागते। और मौत का भी क्या कहना? कभी वे घोड़े बेंचकर सोते रहे और मौत बिल्कुल बगल से होकर गुजर गयी। राजा का सोना कुछ और ही है—कभी दो-चार रात तक पलक से पलक न लगाए तो भी वैसा ही चाकचौबन्द दिखाई दे और कभी जब गहरी नींद सो जाये तो गोलियों की आहट से भी न जागे। गत तीन-साल की जंगल-डांग की जिन्दगी में देरू को किसी चीज़ या आदमी की यदि सबसे ज्यादा चिन्ता रही है तो वह है उसका तीसरे नंबर का भाई राजापाल। मानो वह आजकल उसीकी खातिर जिन्दा है या उसीकी खातिर कभी भी जान दे सकता है।...मरते समय बाई ने यही तो चाहा था। वह अपने अन्तिम क्षणों में देरू का हाथ थामकर बोली थी—"...देरू, राजा को अकेलो तू ही संवार सकत है। वो बड़े उजरे मनको आदमी हैं। वो छोटी-छोटी बातन पे मरवे-मारवे को तैयार है जात है। जो मलूक आदत नाय है। तेरो जैसो वा को धीरजवान भाई है जे मेरे लयें बड़ी बात है।..."

आजकल वह बाई के कहे को ध्यान में रखकर अपनी हर साँस अपने उसी भाई की हिफाज़त में लगा रहा है।

"सोजा राजा!" देरू ने राजा का हाथ अपने हाथ में लेकर सीने पर रख लिया और उसे हल्के-हल्के सहलाते हुए कहा।

"तें सोजा। हमे नींद नाय आ रही है। डांग में रहते-रहते बहुत बुरी आदत पड़ गयी है भैया!"

उसने कहा लेकिन देरू के सीने पर रखा हाथ नहीं खींचा।

देरू ने गहरी साँस ली–"हमने कबऊ नाय सोचो हो के जे हाल होगो हमन को!...अबैऊ नाव किनारे लग जाये तौ ठीकई लाला!"

"का पता हमन का लिखा के लाए है मुकद्दर में,... ।" राजा ने गहरी साँस ली।

देरू को राजा का इस तरह बोलना अच्छा नहीं लगता है। ये मुकद्दर-उकद्दर के जैसी बातें उसके मुँह से पहले सुनी नहीं गयी थी। वह खेलने और खाने, मारने और मारवाने के अलावा कुछ जानता ही नहीं। हर काम में उजड्डता और उतावलापन, हर व्यवहार में हेकड़ी और उठापटक। आदमी बड़ा हो या छोटा हो, घर का हो या बाहर का हो, दो टूक बोलता है तो बोलना ही है।

देरू सोचता है कि जिन्दगी की इस उठा-पटक में राजा कहीं अपनी स्वाभाविकता न खो दे। अगर वैसा हो गया और राजा इन सब विपदाओं से सुरक्षित निकल गया तो भी क्या कीमत होगी उसकी।

अबतक जेल सन्नाटे में डूब गयी थी। बैरक के आगे बरामदे में थोड़ी-थोड़ी देर में बज उठते पहरेदारों के बूट सन्नाटे को टुकड़े-टुकड़े कर देते थे। देरू समझ नहीं पा रहा था कि उस वक्त जहाँ पर राजा के साथ लेटा है वह जंगल या डांग की अपेक्षा ज्यादा सुरक्षित है और फिर भी उसका मन धीरज क्यों नहीं धर रहा है।

थोड़ी देरके बाद उसने अनुभव किया कि राजा सोने ही वाला है। उसके सीने पर रखा उसका हाथ एका-एक ढीला पड़ गया था। वह सीने से नीचे सरकने लगा था। उसने उस हाथ को धीरे से उठाया और राजा की बगल में रख दिया। गत तीन साल का डांग का उन दोनों का एक अभ्यास यह भी था कि उन दोनों में से जब एक सोता था तब दूसरा अवश्य जागता था। क्योंकि विश्वास की पहली मजबूत कड़ी उन्हीं दोनों के बीच में थी और बाद में दो खास मौसी के लड़के गोविंद और प्रीतम के बीच में थी और उसके भी बाद गैंग के अन्य लोगों के बीच में... ।

आज राजा जैसे जल्दी सोया था वैसे ही जल्दी जग गया। न किसी ने उससे सोने को कहा और न किसी ने जागने को।

"काय, आज इतनी जल्दी जग गयो?...और सो लेतो!" देरू ने बहुत ही लचीले और मधुर लहजे में कहा तो राजा ने नजर उठाकर उसे देख लिया।

"अब तें सो लै, मैं जगरओ हों।" राजा ने इतना कहकर दूसरी ओर करवट लिया।

उसने करवट लिया और यह देखकर दंग रह गया कि उस ओर जो कैदी लेटा था वह भी अब तक जाग रहा था। वह उसकी ओर थोड़ा खिसक गया। जब उसने करवट ली थी तब उसकी आँखें राजा को खुली हुई दिखाई दी थी लेकिन अब उसने बन्द कर ली थी और ऐसा जता रहा था कि मानो गहरी नींद में है। एक बार तो राजा चक्कर में पड़ गया। उसे लगा कि उसे धोखा हो गया था। वह आदमी तब

से सो ही रहा है। लेकिन फिर लगा कि वह आदमी ढोंग कर रहा है, वह जरूर ही जाग रहा है।

उसने उसके गाल को उँगल से सहलाया और कहा—"ओऽऽ! ऐसो मक्कड़ काय बना रो है रे! दारी को, अबै तो आँखें खोलें पड़ो हो, अब खरटि भरवे लगो!..."

अब उस आदमी ने आँखें खोल दी। वही गोल चमकदार आँखें और खुली हुई उजली घनी बत्तीसी। राजा उसे देखकर मानो फिर एक बार मोहित हो उठा। अबकी बार उसकी भावों से ओत-प्रोत आँखों की चमक और कागजी गुलाबी होठों की मुस्कान उस आदमी को भी कहीं से घायल कर गयी। उसे देखकर वह भी गहरा मुस्कराया।

"कायरेऽऽ! हमाये लएं तो जे आज नयी जगह है, ताते हमें नींद नाय आ रही, फेर तेरे कों नींद काय नाय आ रही है सो बता!"

राजाने कहा तो उसने हल्की-सी जम्हाई ली और हल्की-सी लापरवाही के साथ कहा—"हमें नींद तौ ऐन आ रही है फेर हम सो नाय सकत हैं।"

"काय, ऐसी का बात भई है सो तैं सो नाय सकत हो?"

"वैसे बात बतावे की नाय है, फेर तैं पूछत है तौ बता देत हों! हमें तुम दोनों पे नज़र रखवे को आदेश है, साहब को।"

अबकी बार राजा हँसा—खुल के नहीं, कम्बल से मुँह दबाकर।

लेकिन इसके बाद उस आदमी को सचमुच नींद आ गयी थी, इसलिए बात आगे नहीं बढ़ी।

33

एक रात थाने की हवालात की और एक यहाँ जेल की, एक दिन वहाँ बाँध के जंगल से लेकर वहां थाने तक का और दूसरा वहां थाने से लेकर यहाँ कोर्ट तक और कोर्ट से जेल तक का; मात्र इतने-से समय में उन्हें बोध होने लगा कि जिन्दगी का कोण कुछ बदला ज़रूर है। गत तीन साल में शायद यह पहला सवेरा है जब उठते वक्त कोई हड़बड़ी नहीं है। जल्दी-जल्दी सामान नहीं समेटना पड़ा है। अगले पड़ाव का रास्ता, मुकाम की सुविधा और सम्भावना पर बात नहीं हो रही है। राह के खतरों पर कोई बात नहीं हो रही है, राशन और कारतूसों की फिक्र से मानो मुक्ति मिल गयी है...सच में आज बहुत समय बाद एक सवेरा ऐसा आया है, जहाँ मात्र असला और असबाब अपनी जान और जिन्दगी से भी ऊपर कुछ और बातों की ओर ध्यान जा रहा है। परिवार और उन परिजनों की ओर भी ध्यान जा रहा है जिन्हें अकारण ही ऐसी निर्मम सजा मिली है। कुछ को तो जान से हाथ धोना पड़ा है, कुछ बीमार और

भार बने गैरों की दया पर जी रहे हैं—एक दिन यहाँ तो दूसरे दिन वहाँ, कुछ दिन एक रिश्तेदार के यहाँ तो कुछ दिन दूसरों के यहाँ...पता नहीं अबतक किस-किस की बोदी सुननी पड़ीं होंगी और कितनों के ताने सहने पड़े होंगे। शायद फिर कभी शेरनी का पुरा आवाद हो, अभाव और गरीबी में, दुख और सुख में अपनो की मदद करें और अपनो से मदद लें...हँसें-खेलें, लड़ें-झगड़ें, शायद!

सुआलाल वार्डन ने उन चारों को सवेरे ही सवेरे जेल की दिनचर्या एक बार फिर समझा दी। रोज सवेरे नित्यकर्म के झंझट कुछ ज्यादा ही रहते हैं सो दुहरा-तिहरा कर उन्हें बता दिये। साथ ही क्योंकि वह उनका पहला दिन था इसलिए वह उनके साथ ही लगा रहा और यह देखकर खुश हुआ कि उन लोगों ने कोई ऐसा मौका उसे नहीं दिया जिसके लिए वह उन्हें डाँटता या कुछ और समझाता। सुआलाल लगभग पैतालीस साल का बेहद शरीफ और अनुभवशील वार्डन था। उसकी एक विशेष बात यह थी कि वह किसी स्थिति से घबराता नहीं था और दूसरी बात यह भी कि वह सब का विश्वासपात्र था। जेल इनचार्ज केशव प्रसाद भी उसी का विश्वास सब से ज्यादा करते थे।

उस दिन सवेरे उसने केशव प्रसाद को उनके बँगले पर जाकर जब उसने सामाचार सुनाया कि पाल गैंग वालों ने रात या अभी सवेरे किसी तरह की गड़बड़ी नहीं की है तो यह सुनकर केशव प्रसाद कुछ ज्यादा ही खुश हुए। कल रात को भी वे ठीक से सो नहीं पाए थे। हर क्षण फोन की घण्टी बजने की या जेल के अन्दर से किसी अशुभ समाचार आने की आशंका बनी रही थी। इसी से सुआलाल की बातें सुनकर वे बहुत प्रशन्न हुए और उनका मन हुआ कि जल्दी से खड़े होकर उसे चूम लें। लेकिन वे वैसा तो नहीं कर पाए लेकिन एस.पी.,एस.डी.ओ.पी. और ए.एस. पी. को अपनी ओर से फोन करके यह समाचार सुनाया कि जेल में सब कुछ सामान्य है। कल शाम से लेकर आज सवेरे तक पाल बन्धुओं ने किसी तरह की समस्या पैदा नहीं की है और इसका प्रतिफल उन्हें फौरन तब मिला जब एस.पी. ने उनकी कार्यकुशलता की लगे हाथ प्रशंसा कर दी।

उन्होंने सुआलाल को अच्छा नाश्ता कराया और जब जाने लगा तब उसे बता दिया कि शाम को महावीर जी के मन्दिर पर नारियल फोड़ा जायेगा। सभी कैदियों और कर्मचारियों के लिए प्रसाद की व्यवस्था उसीको करनी होगी।

उसी दिन दोपहर के भोजन के समय वे चारों लोग एक जगह बैठे खा रहे थे। उन्हीं के पास वह रातवाला कैदी आकर बैठ गया। राजा ने उसे नज़र भर देखा। हल्का-सा मुस्कराया और खाता रहा। थोड़ी देर के बाद राजा ने फिर उसकी ओर देखा।

"तैंने अपनो नाम अबै तलक नाय बताओ रे! का नाम है तेरो?" राजाने धीरे से उससे पूछा।

"बाबू!...बाबू है मेरो नाम!" उसने भी धीरे से अपना नाम बता दिया।

"इतनो छोटो-सो नाम?"

"और तेओ कौन सो बड़ो नाम है?"

"मैं तौ राजा हों,...राजा खूब बड़ी चीज होत है।"

यह कहकर राजा खुद ही हँस दिया।

"पर मोते बड़ो तें नायें!..."

"अच्छा। सो कैसे?"

"हों तिहरे कतल को कैदी हों!..."

"वो का होत है?"

"जाने तीन आदमी लगातार मारे हो, सो!"

"अच्छा, और काऊ ने चार मारे हों तौ!"

"होगो कोऊ, कहूँ, जा इलाका में तौ कोऊ है नाय!"

"इतै देख, मेई ओर,...और फेर कह,...।"

बाबू ने अपने हाथ की थाली नीचे रख दी। हाथ से लगी तरकारी झाड़ दी। उसी हाथ से मुँह पोंछ लिया। फिर उसने राजा को देखा तो उसकी नजर बदली हुई थी। राजा फौरन ताड़ गया कि वह उसपर हमला कर सकता है, इसीलिए उसकी हरकत पर नज़र रखे हुए अपनी खाने की थाली बाएँ हाथ से दाएँ हाथ में ले ली और उसे नीचे पैरों के पास रख दिया, लेकिन उसी दौरान बाबू ने एक वजनदार घूँसा उसकी नाक पर जड़ दिया। राजा हड़बड़ा कर नीचे गिर पड़ा। उसकी बगल में ही प्रीतमं बैठा था। उसने जल्दी से अपनी थाली फेंक दी। वह फुरती से उछला और बाबू की छाती में एक वजनदार लात दे मारी। वह भी लात खाकर हड़बड़ा गया। अपने आपको सँभालने की काफी कोशिश की लेकिन सँभाल नहीं पाया और पीछे की ओर जा गिरा।

यह देखकर बाबू के दोनों बड़े भाई भी हाथ-पैर खोलकर आ जमें। इधर गोविंद और प्रीतम मानो पहले से ही लँगोट लगाए खड़े थे। पहले थालियों से एक-दूसरे की पूजा होने लगी पहले तीन इधर के और तीन उधर के, मात्र छः लोग मैदान में थे। तब अन्य लोग उस नजारे को देख भर रहे थे। लेकिन वे छः जी-जान से लड़ रहे थे। किसी के हाथ से थाली छूटकर दूर जा पड़ती तो वह उसे तलाशता नहीं, फौरन लात-घूँसे से शुरू हो जाता। किसी को जब उसका प्रतिद्वंदी पूरी तरह जकड़ लेता और लात-घूँसा कुछ भी नहीं चलाने देता तो वह अपने दाँतों को अस्त्र बनाकर भिड़ा रहता। अपने प्रतिद्वंदी को दाँतों से ही चेथ डालता। लहू-लुहान कर देता।

इसमें मजे की बात यह थी कि पाल गैंग की तरफ से चौथा सदस्य देरूपाल अब तक अपने हाथ में थाली पकड़े बैठा था। वह एकाध कौर खा लेता था और खाते-खाते उस युद्ध पर ध्यान भी रखे हुआ था। लेकिन इतनी-सी देर में पूरी जेल

दहल उठी थी। आपत्तिकालीन सायरन बजने लगा था। जेल का पूरा अमला बड़े फाटक के बाहर इकट्ठा होने लगा था। जिला अधिकारियों और तहसील अधिकारियों को जेल में भड़के उपद्रव की इत्तला दे दी गयी। लेकिन सशस्त्र टुकड़ी को आगे करकेजब तक वे लोग जेल के अन्दर प्रवेश करते और घटनास्थल तक पहुँचते तब तक वहाँ सब कुछ शांत हो गया था। जिनके अंगों से खून बह रहा था उन्होंने जल्दी से खून पोंछ लिया था और ज्यादा मार पड़ने से जिनके अंग दुख रहे थे वे अपने-अपने दर्द को दबाकर बैठ गये थे। उन सबने अपनी-अपनी थाली उठा ली थी और जहाँ जगह मिली वहीं बैठ गये। सुआलाल वार्डन ने जेल में ऐसा दृश्य शायद पहली बार देखा। उसने कैदियों के बीच बड़े-बड़े द्वंद देखे, एक-दूसरे पर जान लेने वाले हमले देखे हैं और दो पक्षों में घण्टों तक मात्र थाली-लोटो से चलने वाली मार-पीट देखी है; लेकिन आज जैसा दृश्य जेल में पहले कभी नहीं देखा। इतनी देर तक मारपीट चली और छः से सातवाँ आदमी उसमें शामिल नहीं हुआ। राजा पिट रहा था और उसका बड़ा भाई देरू बैठा खाना खा रहा था।

जब वे लोग अपनी-अपनी थाली लेकर बैठ गये तो सुआलाल ने भी देर नहीं की। वह फौरन रोटियाँ लेकर आया और सब की थाली में एक-एक-दो-दो रख दी। साथ ही तरकारी लाकर परस दी और उन लोगों ने भी फिर देर नहीं की, मजे से खाने लगे। जो लोग बाहर से शांति-व्यवस्था बनाए रखने के नाम पर बेहद घबराए और हड़बड़ाए हुए से आये थे, उन सबने भी चैन की साँस ली और अपने-अपने माथे का पसीना पोंछ लिया।

इस घटना को बड़े रोचक किस्सों के रूप में जेल के अन्दर बिस्तार मिला।

बैरकों के अन्दर और बाहर जहाँ भी दो-चार कैदी इकट्ठे होते वहीं उस दिन की घटनाओं को रस ले-लेकर कहते-सुनते। कभी-कभी तो उन छः लोगों में से कोई अच्छे मूड़ में दिखता तो उसीको घेरकर कई लोग बैठ जाते थे और उनसे उस घटना के उद्गम, विस्तार या परिणिति का रहस्य जानने की कोशिश करते। जो लोग उस दिन मौके पर मौजूद नहीं थे, बाद-बाद में वहाँ पहुँचे थे और वहाँ झगड़े जैसा कुछ न पाकर रहस्यों से घिरे जैसे रह गये थे। वे उसकी थाह लेने का प्रयास निरन्तर कर रहे थे और ऐसे लोगों में ही जेल इनचार्ज केशवप्रसाद भी थे।

उस दिन बेमौसम की बरसात हुई थी।

इतना पानी तो नहीं बरसा था कि अप्रैल के अन्त की गर्मी शांत हो जाती या मौसम सुहाना हो जाता। आजकल बिजली वैसे भी काफ़ी परेशान कर रही है। इसके कारण भी दिन के समय कमरे में अन्दर बैठने में परेशानी होती है। केशवप्रसाद उस परेशानी से बचने के लिए अक्सर गार्डन में निकल आते हैं और झूले पर बैठकर हल्के-हल्के झोंटे लेने लगते हैं। इससे हवा न भी चले तो भी आराम मिलता है।

उस दिन भी वे उसी झूले पर बैठे झोंटे ले रहे थे तभी उन्हें उस दिन की जेल

की घटना फिर से परेशान करने लगी। उस घटना पर फोन पर दो बार एस.पी. उन्हें डाँट चुका है। वह जानना चाहता है कि अगर जेल में कुछ नहीं हुआ था तो उन्होंने फोन करके क्यों कहा था कि जेल में बल्वा हो गया है। मार-पीट मची हुई है। ए. एस.पी. ने भी कई बार फोन किया है। दो-तीन बार जेल का मुआयना भी कर चुके हैं। उसी बात का राज ए.एस.पी. जानना चाहते हैं। लेकिन केशव प्रसाद जानते हैं कि एस.पी. और ए.एस.पी. के कान भरने वाला कौन है? वहाँ के एस.डी.ओ (पी.) उपेंद्र चौधरी का यह काम है। वे हर बात में शक सूँघते हैं। क्या पता उन्हीं ने एस.पी. और ए.एस.पी. को चेताया हो कि जेल में अगर बल्वा हुआ नहीं था तो जेल इनचार्ज ने फोन सबको क्यों किया था?...इतना एस.पी. से कह देने का अर्थ है कि वह पूरे तौर पर इनचार्ज के ऊपर ही शक करने लगे। क्या पता ऐसा ही कुछ हुआ हो।

संयोग कुछ ऐसा घटित हुआ कि जब वे झूला पर झूलते-झूलते एस.डी.ओ. (पी.) के बारे में सोच रहे थे तभी सामने के गेट से एस.डी.ओ.(पी.) की गाड़ी आती दिखाई दी। पहले तो उन्हें झटका जैसा लगा। उसी झटके के साथ वे हड़बड़ाकर उठ खड़े हुए और गार्डन से बाहर आकर उपेंद्र चौधरी का स्वागत किया। उन्हें बँगले के अन्दर ले आये और उनके जलपान की व्यवस्था की।

वे नाश्ते के बाद चाय पी रहे थे तभी मानो उन्होंने जेल इनचार्ज की दुखती हुई रग पर उँगली रख दी—“देखो, प्रसाद जी! आप नये-नये इस विभाग में आये हैं, इसलिए आपको समझा रहा हूँ कि किसी घटना को हमें निहायत हलका नहीं लेना चाहिए। उस दिन वाली घटना को भी हमें गम्भीरता से लेना चाहिए। ये सच है कि दोनों पक्षों के बीच मार-पीट हुई है...कुछ लोगों के शरीर से खून टपकता लोगों न देखा है।”

चौधरी ने जिस तरह से बात शुरू की थी उसे सुनकर केशव प्रसाद के चेहरे की चमक जाती रही। आँखों में एक तरह की मासूम उदासी उमड़ आयी। वे जानते हैं केशव प्रसाद चतुर-चालाक आदमी नहीं है, ईमानदार भोलापन उसके चेहरे पर लिखा दिखाई देता है। जेल की नौकरी को लेकर जो विवाद उसकी पत्नी ने पैदा किया है उसने उसे भोला से बम भोला बना दिया है। एस.डी.ओ.(पी.) उसे पसन्द करते हैं और इसीलिए चाहते हैं कि उसे कोई बेकार का झंझट नहीं लग जाये।

चाय खत्म करके वे फिर बोले—“देखो, ये पाल गैंग के चारों लोग बहुत शातिर हैं। अभी तो जेल में आये ही आये हैं। अभी तो उन्हें यही मालूम है कि उनका सरेन्डर हुआ है और उन्हें वे सब सुविधाएँ मिलेंगी जो इससे पहले के सरेन्डर के केसों में मिलती रही हैं। जब उन्हें पता लगेगा कि वे सरेन्डर नहीं हुए हैं स्याऊ के जंगल में हुए एनकाउन्टर में अरेस्ट किये गये हैं तो रोज उपद्रव होंगे यहाँ जेल में। इसीलिए उन लोगों से जुड़ी किसी भी घटना को गम्भीरता से लेना जरूरी है।”

“लेकिन हम लोगों ने ऐसा क्यों किया कि उन्होंने सरेन्डर किया है और हम

उन्हें एनकाउन्टर के दौरान अरेस्ट बता रहे हैं?" केशव प्रसाद के उस मासूम चेहरे पर अब कुछ और चीज़ लिख गयी थी।

"ये विभागीय बातें हैं, इन पर बहस नहीं हो सकती।...तर्क-वितर्क भी गुनाह है?"

"तो फिर मैं क्या कर सकता हूँ, इसमें?"

"तुम उसमें कुछ भी नहीं कर सकते, कुछ करना भी नहीं चाहिए। लेकिन जेल की इस चहार दीवारी के अन्दर जो कुछ घटेगा वो सब तो तुम्हारे ही सिर पर पड़ेगा न?"

"उसके लिए मैं क्या करूँ?"

"सतर्कता बरतो-सतर्कता!...और कुछ मत करो। उस बाबू पर भी नज़र रखो। जैसे शरीफों में एका जल्दी होता है वैसे ही अपराधियों में भी एका जल्दी होता है और सफल प्रशासक का काम है कि अपराधियों का एका अपने बस भर में न होने दे।"

यह कहते-कहते वे उठ खड़े हुए। केशव प्रसाद उनको गाड़ी तक छोड़ने गये।

34

लगभग एक महीना बाद पाल गैंग के चार लोगों की पेशी कोर्ट में हुई।

उन्हें कोर्ट के लिए ले जाते वक्त जेल में भी खासी गहमा-गहमी थी और कोर्ट में भी तमाम सारे लोग इकट्ठे हुए थे। पुलिस को व्यवस्था बनाए रखने में खासी मशक्कत करनी पड़ रही थी। पसीना छूट रहा था। वे चारों लोग जब तक कोर्ट के अन्दर नहीं आये थे तबतक एकदम तरोताजा थे। हँस-हँसकर आपस में बातें करते और मुस्करा-मुस्कराकर दूसरों को देखते। इधर-उधर खड़े लोग अगर हाथ हिला-हिलाकर अपनी खुशी व्यक्त करते तो वे लोग भी उसी तरह से खुशी व्यक्त करते। लेकिन जैसे ही वे कोर्ट के अन्दर आये और वहाँ का माहौल देखा वैसे ही उनकी उत्तेजना बढ़ गयी। उन सब को यह तो मालूम था कि कोर्ट में केस तो अवश्य चलेगा और उस केस में उनकी तरफ़ से राजा गजपति सिंह वकील होंगे और गवाह-सबूत कोर्ट में लगने नहीं दिये जायेंगे। इसलिए वे कोर्ट में जैसे ही प्रवेश किये वैसे ही उनकी आँखें राजा साहब को तलाशने में लग गयीं।

उस दिन कोर्ट में राजा गजपति सिंह के साथ ठाकुर प्रतापसिंह भी नहीं थे। बस उसी क्षण उन चारों की समझ में आने लगा कि उन्हें धोखा दिया गया है। यह उस तरह का सरेन्डर नहीं है जैसे सरेन्डर इससे पहले ग्वालियर-चम्बल सम्भाग में होते रहे हैं। उन पर जो केस लगे थे उनकी संख्या पचास थी जो हत्याएं, अपहरण और डकैतियों से सम्बन्धित थे। अब उन सब की आँखों में अचरज नहीं अमा पा रहा था। यह बात तो सच थी कि हत्या और अपहरण के केस उन्होंने किये थे लेकिन उतने नहीं जितने कोर्ट में बताए जा रहे थे और डकैती उन्होंने एक भी नहीं डाली थी। राजा

यह सुनकर सचमुच अकुला गया था। वह चीखकर उसका प्रतिवाद करना चाहता था, लेकिन मानो उसके गले तक आते-आते शब्द उलझते जा रहे थे और फिर देरू ने उसके पैर पर पैर रख लिया था और बराबर उसे कुछ कहने से रोक रहा था।

उनसे सरकारी वकील ने जो कुछ पूछा उस सबका उन्होंने उत्तर नकारात्मक ही दिया। नकारात्मक और कम से कम शब्दों में।

कोर्ट से लौटकर आये तो सब चेहरों पर हवाइयाँ उड़ी हुई थी। वे न तो किसी से बात कर रहे थे और न किसी की बात का जवाब दे रहे थे। अकेला देरू लोगों से बात अवश्य कर रहा था। साथ ही उन लोगों को बातचीत करने के लिए उकसा भी रहा था।

शाम को खाना खाते समय भी वे लोग गुमशुम थे जो कि देरू को अच्छा नहीं लग रहा था। इसलिए रात को सोने से पहले की गिनती हो जाने के बाद और बैरक का ताला बन्द हो जाने के बाद देरूने धीरे से कहा—"हमाये संग धोखो भओ है,... ।"

वह इतना ही कह पाया था कि तब तक राजा उफनता हुआ सा बोला—"वा मोंड़ीचोद राजा की मंहतारी की...में-न दैदओ तौ मोते राजा मत कहिओ!"

राजा ने बहुत दिनों के बाद वही अपनी देशज गालियाँ मानों एकाएक निकाल ली थी और पहली गाली आरसी के राजा गजपति सिंह की महतारी के नाम बात की बात में इस्तेमाल कर ली थी।

"तैं चुप होजा रे मोंड़ा! मूरख कहूँ को, ऐसो कितेक दिन जेल में रह सकत है।...इतनो नाय समझ पा रओ है के झें ईंट-ईंट के कान होत हैं।..."

थोड़ी देर तक वह अँधेरे में ताकता रहा। कान लगाकर टोह लेता रहा। फिर थोड़े धीमे लेकिन स्पष्ट शब्दों में बोला—"देखो, झें ते निकरवे के अलावा अब बचवे को और कोऊ रास्ता दिखाई नहीं दै रओ है।...आज बस इतनोई। कल ते हम सोचेंगे ज्यादा और बोलेंगे कम। इतनो धीमो कि सिरहाने की ईंट तक न सुन पाए। तारीफ की बात तौ तब है के हमाये हाव-भाव देख के कोऊ जानई न सके के हमाये भीतर कुछ पक रओ है।

और फिर वे सोने का उपक्रम करने लगे।

दो दिन बाद उन सब का मामा मोतीलाल मिलाई करने आ गया। सलाख़ो के उस तरफ वे सब और इस तरफ वह अकेला। भला उनसब की नज़रों का यह अकेला कैसे मुकाबला कर पाता! और किसीकी नज़र का सामना कर भी ले लेकिन पार्वती के तीसरे नम्बर के छोकरे की नज़र झेल पाना उसके लिए बहुत कठिन था। यह बात सच थी कि उसे पहले से पता नहीं चला था कि आरसी के राजा और पुलिस के बीच कोई साँठ-गाँठ है। जो वे सरेन्डर की कहकर उन्हें फुसला के ले जायेंगे और फिर उनसे जो वायदा किये थे उन्हें भुलाकर कोर्ट के हवाले कर देंगे।

उसे सोचता हुआ देखकर राजा अकुला उठा और शब्दों को चबाता हुआ

बोला—"मामा! करलई न तैंने अपने मन की!...अब का देखवे आओ है? हमें फाँसी भई के नाय भई, जेई देखवे आओ है? मेई एक बात तैं गाँठ बाँध लीये मामा! हम इतनी जल्दी मरवे वारे नाय हैं।"

मोतीलाल का थूक सूख गया। बड़ी मुश्किल से राजा की ओर नज़र उठाकर देख पाया। वह बोला—"अऐऽऽ! नाय रे! तैं ऐसो काय सोच रओ है राजा! मैं तुमाये बारे में ऐसो सोच सकत हूँ कबऊँ?"

"काय, सोच काय नाय सकत?...तैं तौ अपयें आप कों राजा साहब की बराबरी को समझत है। हम कौन से तेये सगे हैं? दूसरी महतारी ते पैदा भैन के हैं न?"

"नाय रे राजा! तुम तौ मेये सगे ते ज्यादा सगे हो।...तैं बता, मैंने पार्वती और जमुना को कब अपनी सगी भैंनें नाय मानो है। अबै पार्वतीई तौ मर गयी है, जमुना तौ जिन्दा है, वाकों पूछ सकत हो तुमन...।"

तभी जेल के वार्डन ने मोतीलाल के कन्धे पर हाथ रखकर कहा—"समय ख़त्म होने वाला है, जल्दी करो!..."

राजा के चेहरे के भाव अब तक नहीं बदले थे। देरू, गोविंद और प्रीतम चाहते थे कि राजा को मामा के साथ ऐसा व्यवहार नहीं करना चाहिए। कुछ भी सही, वह है तो आखिर उनका मामा। उन तीनों को आज फिर अपना-अपना बचपन याद आने लगा था। सच में तब मामा उनमें और अपने बच्चों में कोई भेद नहीं करता था। बल्कि उन्हें अपने बच्चों से ज्यादा ही मानता था। देरू की महतारी पार्वती तब सबसे ज्यादा भरोसा मोतीलाल मामा का ही करती थी। देरू और उसके भाई अगर मामा के बारे में कुछ भी ऊटपटाँग बोल जाये तो महतारी मारे बिना नहीं मानती थी। यद्यपि गोविंद और प्रीतम की महतारी से मामा की पटरी नहीं बैठती थी। जमुना मामा से खूब लड़ती थी। अगर मौके पर पार्वती मौजूद होती तो अपनी छोटी बहन को ही डाँटती थी, बड़े भैया से कुछ नहीं कहती थी।...लेकिन देरू यह भी जानता है कि मामा का पक्ष पाक-साफ कभी नहीं रहा। वह नियति से हमेशा बदनाम ही रहा है। जब चूना लगाने पर आ जाये तो अपने खासम खास को भी चूना लगा दे।

राजा कुछ देर के लिए चुप हो गया। मामा की ओर न देखकर इधर-उधर देखता रहा। यह देखकर मोतीलाल के चेहरे के भाव बदल गये। अब देरू और गोविंद उससे बातें करने लगे। उसके घर-परिवार के बारे में पूछने लगे। गाँव के बारे में बातचीत की; लेकिन अपने परिवारों के बारे में उनके बीच कोई बातचीत नहीं हुई।

उसी समय वार्डन ने फिर मोतीलाल को टोका। मिलाई का समय समाप्त हो गया था

मोतीलाल ने मानो राहत की साँस ली। वह जल्दी से मुड़कर जाने लगा तो राजा ने टोका—"मामा! सुन मेई बात, याद रखिओ जा बात कों, जा दिना मैं जेल

से बाहर आओ वाई दिना तेये टुकड़े-टुकड़े करके पूरे पंचमहल बो दूँगो।...”

मोतीलाल को फिर एक बार मुड़कर देखने की हिम्मत नहीं थी। बल्कि वह फिर से काँप गया था और फाटक के पास जरा-सा ठेवा खाकर नीचे गिर पड़ा था।

उसके अगले दिन देरू और राजा की बड़ी बहन उनसे मिलाई करने आयी। गंगाश्री छः महीना ग्वालियर जेल में रहकर कुछ दिनों पहले ही तो आयी थी और उन छः महीनों में ही जेल के बहुत सारे सूत्र और समीकरण समझ चुकी थी। वह जानती थी कि जेल के बड़े फाटक का रहस्य क्या है? हर जेल के फाटक में जो छोटी-सी खिड़क होती है उसका रहस्य और भी ऊँचा होता है। वह चौबीसो घण्टे बन्द रहती है। उसका एक सत्य यह भी है कि वह अगर बन्द है तो सचमुच बन्द ही है। कोई चींटी भी किसी रास्ते से जेल के अन्दर नहीं जा सकती है और अगर वह खुल जाये तो उस छोटे से रास्ते से ही जेल के अन्दर हाथी प्रवेश कर सकता है। इस तरह चींटी को अन्दर न घुसने देने और ज़रूरत पड़ने पर हाथी को अन्दर पहुँचा देने का मंत्र एक तरह से गंगाश्री ने साध लिया है। उसी मंत्र की ताकत से अब कोई भी जेल में जाने से उसे रोकेगा-टोकेगा नहीं। उसी के बल पर सलाखों के इस ओर खड़े होकर उस ओर खड़े अपने भाइयों से बात-चीत नहीं करनी होगी। अब वह महिला वार्ड की बैरक में बैठकर उनसे ठीक से बात कर सकती है।

“बड़ी आफत कर दई रे, राजा और पुलिस ने मिलके।...मैं समझ नाय पाई के वे इतने बेईमान निकरेंगे।”

गंगाश्री ने कहा तो उनमें से कोई कुछ नहीं बोला। राजा ने एक बार नज़र उठाकर उसको देख भर लिया। अन्य किसी ने उसको देखा तक नहीं। उन सब को यह डर लग रहा था कि वे कुछ कहें तो गंगाश्री बुरा न मान जाये, क्योंकि सरेन्डर के लिए उन्हें राजी करने में अहम भूमिका उसीकी थी। लेकिन कम से कम राजा और देरू तो यह भी जानते हैं कि उनकी जिन्दगी में इसी बहन की उससे भी बड़ी भूमिका है और वह अपने भाइयों का कभी सपने में भी बुरा नहीं चाह सकती है। बाई के जिन्दा रहते हुए भी और फिर उसके मर-जाने पर भाइयों पर आने वाले हर जोखिम में वह अपनी गर्दन आगे करके चली है।

“तुम बोल काय नाय रहे रे! मैं जानत हौं के गलती मोते भई है, फेर मैंने जान-बूझ के तौ नाय करी है।”

उसने इतना कहा तो वे सब अकुला उठे।

“नाय, तैने ऐसी कुछ गलती नाय करी है, वो तो हौनो हो सो है गओ।” देरू गहरी साँस लेकर बोला—“जे का कम है के हम झें जेल में बन्द हैं,...अब जो सजा-फाँसी होगी ते आगे देखेंगे।...”

“नाय, मैं झें जेल में सड़वे कों नाय बनो हों, मैं तौ भेंई डांग में भलो हो।...”

राजाने उफनते हुए कहा तो गंगाश्री ने दाँत किट-किटाए और उसको

घुड़का—“अएऽऽ, तैं चुपको है के बैठ मोंड़ा! ज्यादा भूभर में मत मूंत। कोऊ सुन लेगो, बैरी!”

राजा ने फिर कुछ नहीं कहा। थोड़ा गुस्साकर दूसरी ओर को देखने लगा।

अब प्रीतम इधर-उधर देखकर थोड़ा धीमें स्वर में बोला—“वैसे जीजी, जो तैं कहेगी ते हमाये सिर माथे, फेर जो राजा कहत है वोऊ सुनवे चाहिए। जो हम पुलिस के आसरे रहे तौ फाँसी लगवे के अलावा और कुछ नाय होनो!”

“मैं कब कहत हों कि तुम पुलिस के आसरे रहौ, फेर मुँह बजावे ते का फायदा हैं। जो होनो है वो करवे ते होगो, गावेते कुछ नाय होगो!”

गंगाश्री ने कहा तो प्रीतम भी चुप हो गया। लेकिन राजा अभी भी उफनता-सा बैठा था। वह किसी की ओर देख नहीं रहा था या तो सूनी दीवार पर नजर गड़ाए रहता या फिर दरवाजे के बाहर देखने लगता। लेकिन उसे देखकर लगता था कि वह किसी बात से सहमत नहीं है।

“काय रे रजुआ, तैं का सोच रओ है?...”

गंगाश्री ने उससे पूछा तो वह एकाएक चौक गया। इस सम्बोधन से बाई कभी-कभी पुकारा करती थी। वह भी तब जब वह किसी बात को लेकर उसपर गुस्साती थी। लेकिन कोई अन्य अगर उससे ‘रजुआ’ कह दे तो लड़ मरती थी। इसीलिए इस ‘रजुआ’ शब्द को सुनकर वह चौंका था। चौंक कर गंगाश्री को टकाटकी लगा कर देखता रह गया। सचमुच वही कद-काठी, वही नाक-नक्श, रंगरूप,...बस नाक में पौंगनी की जगह पर लोंग है, तनपर ओढ़नी-फरिया की जगह नीली बुंदकियाँदार चौड़े किनारे की बैगनी रंग की साड़ी है, पैरो में पैजना की जगह तोड़ियाँ हैं, सही में जीजी बिल्कुल बाई ही लगती है। इस हालत में उससे गुस्सा होके बैठा रहना उसे अच्छा नहीं लगा।

वह मुस्करा के बोला—“जीजी, सही में तें बिल्कुल बाई जैसी लगत है!...”

उसने कहा तो गंगाश्री की आँखों में कोई चीज उमड़कर रह गयी। उसने देरू को इशारा किया और बैरक के एक कोने की ओर चल दी। देरू भी उसके पास जा पहुँचा। कुछ देर तक दोनों में गुफ्तगूँ हुई और फिर गंगाश्री ने अपने कपड़ों से निकालकर एक छोटी-सी पोटली उसे थमा दी और वह चली गयी।

वे चारो बैरक के दरवाजे तक उसे छोड़ने आये।

35

पाल गैंग के सरेन्डर होते ही इलाके में देखते ही देखते कई उलट-फेर हो गये।

गैर कानूनी तौर पर जंगल की कटाई और पत्थर खदानों का काम काफी दिनों

से रुका हुआ था। प्रशासन के विकास सम्बन्धी सभी कार्य भी ज्यादा दिन से रुके पड़े थे; वे सब अब फिर से चालू हो गये थे। गैंग जब सक्रिय था। तब जंगल के अन्दर कानून संगत कार्य कराने के लिए कोई पहुँच नहीं सकता था तो फिर गैर कानूनी काम वहाँ कैसे जारी रखा जा सकता था। लेकिन गैंग का जैसे ही सरेन्डर हुआ वैसे ही सब आनन-फानन में शुरू हो गया। सूने पड़े जंगल, घाटी, डांग आदमी की नाना हरकतों से, कानूनी और गैरकानूनी क्रिया कलापों से मानो सजीव हो उठे। राहें फिर से गतिशील और गुंजायमान हो उठीं। जंगल में कुल्हाड़ी और आरों का युगल संगीत छिड़ गया और खदानों में टाँकी-हथौड़े के ध्वनि बन्ध फिर से सुनाई देने लगे। धन-सब्बल का खेल फिर शुरू हो गया...और घाटियाँ ट्रकों की गुर्राहट और प्रदूषण से भर उठीं।

उधर गाँवों में भी एकदम जागृति जैसी आ गयी। हाट-बाजार, मेलों-ठेलों में रौनक लौटने लगी। लोग शादी-ब्याह फिर से तय करने लगे, पंचायतों से लेकर एम.एल.ए-एम.पी. के चुनावों में भाग लेने के मते गांठने लगे। जब इस इलाके में गैंग सक्रिय था तो छोटे-मँझोले स्तर के डाकूओं का कहीं अता-पता नहीं था। बट मार या राहजन, पशुचोर, पाकेटमार या हेरा-फेरी करने वालों का कहीं नाम सुनाई नहीं पड़ता था। गलियों में हुड़दंग मचाने वाले कहीं ढूंढ़े नहीं मिलते थे। उन सबने अब मानो अपने-अपने मोर्चे संभाल लिए थे।

उसी दौरान जो नये डाकू उभरकर आये थे उसमें दो गैंग बहुत चर्चा में थे—एक हजारीराम का गैंग और दूसरा विश्वजीत गड़रिया का गैंग। हजारीराम का गैंग पाल गैंग का समकालीन ही था। दोनों के बीच में एक-दो बार बल आजमाइश भी हो चुकी थी, लेकिन अन्त में स्वतः ही दोनों ने अपने-अपने क्षेत्र की सीमा के अन्दर ही गतिविधि चलाने का इरादा बना लिया था। यानी हजारी राम गैंग ने बाँध से नीचे वाला पंचमहल का क्षेत्र अपने लिए चुन लिया था और उधर ऊपर वाला पार्वती घाटी, सिंधघाटी और अमर नाला घाटी के क्षेत्र, उधर दूर राजस्थान और इधर बायीं ओर मुड़कर उत्तर प्रदेश का क्षेत्र पाल गैंग के लिए अघोषित रूप से छूट गया था। क्षेत्र देखकर ही अनुमान लगाया जा सकता था कि इन दोनों गैंगों की कद काठी में क्या मुकाबला सम्भव था। लेकिन पाल गैंग के सरेन्डर होते ही हजारीराम गैंग ही सबसे ज्यादा शक्तिवान इस क्षेत्र में रह गया था।

दूसरा विश्वजीत गड़रिया के गैंग में कुल चार-पाँच लोग ही थे। वे लोग भी कई वारदात कर चुके थे और हर आदमी पर इनाम घोषित था। पुलिस की एक खास आदत यह भी है कि फ़रारशुदा आदमी पर जब तक इनाम घोषित न हो जाये तब तक उसकी ओर देखती भी नहीं है और जिस दिन से इनाम की घोषणा हो जाये उसी दिन से उस पर नज़र गड़ाकर रह जाती है। फिर किसी सीमा तक उसका शिकार करके इनाम हासिल करना पुलिस का प्रथम कर्तव्य बन जाता है। ऐसे किसी घोषित

इनाम वाले व्यक्ति या गिरोह पर पुलिस के कई-कई गैंग दाँत लगाए रखते हैं और जो शिकार को पहले मार ले वही महाबली सिद्ध होता है। पुरस्कार और प्रमोशन का हकदार वही होता है। लेकिन पुलिस अधिकारियों में जो ऊँचे खिलाड़ी होते हैं वे किसी गिरोह से सीधे-सीधे टकराने में यकीन कम रखते हैं बल्कि एक चतुर शिकारी की तरह पहले उसे जाल में फँसाते हैं और फिर कम से कम इनर्जी वेस्ट करके सफलता हासिल कर लेते हैं।

दरोगा जयवीर सिंह ने पाल गैंग के मुखिया रामचन्द को मारने में जिस प्रतापसिंह की मदद ली थी वही आजकल पुलिस का सिपाही हो गया था। उसकी स्वयं की रक्षा के लिए उसे राइफल मिली हुई थी। पहले पाल गैंग जब तक सरेन्डर नहीं हुआ था तब तक वह निहायत छिपकर रहता था। तब शायद ही किसी ने उसे राइफल लिए खुले आम कहीं आते-जाते देखा हो। लकिन अब वह बेखौफ़ होकर कहीं भी आता-जाता था। वैसे थानाइनचार्ज को बताए बिना ऐसे आदमी का कहीं जाना और सो भी राइफल के सहित, गैर कानूनी और गैर जिम्मेदाराना हरकत थी। लेकिन वह उसकी परवाह नहीं करता था। क्योंकि रामचन्द पाल को उसके तीन साथियों के सहित धराशाई करने मे जो सूझ-बूझ प्रताप सिंह ने दिखाई थी उसके कारण उसका रोब सब के ऊपर था। लेकिन जयवीर सिंह को उसका खटका हमेशा लगा रहता था। इसी खटका के चलते उन्होंने उससे बात करनी चाही।

"देख प्रताप सिंह, पुलिस विभाग के लिए और खासतौर से मेरे लिए तेरी सुरक्षा और सलामती का प्रश्न महत्त्व रखता है। तू ऐसा मत समझ लेना कि पाल गैंग जेल की हवा खा रहा है तो तेरे दुश्मन कम हो गये हैं।...कई लोगों ने उधर पंचमहल में कन्धे पर राइफल डाले अकेला घूमता देखा है। तुझसे और कुछ नहीं, अकेली राइफिल भी कोई छींन के भाग गया तो तेरे पास जो कुछ है वह सब छिन जायेगा। नौकरी जायेगी सो जायेगी ऊपर से जेल अलग काटनी पड़ेगी। इसलिए एक तो कहीं अकेले मत जाओ! और अगर जाना भी पड़े तो यहाँ जानकारी जरूरी है।"

दरोगा ने कहा तो उसे असहज ज़रूर लगा। लेकिन वह जानता है कि यह दरोगा ही है जिसने उसे इस मुकाम तक पहुँचाया है। वर्ना तो उसकी कुछ भी औकात नहीं थी। वे दिन उसे अब तक याद है जब एक मामूली से मामूली नौकरी करने को राजी था और किसी कीमत पर राजी था। कई बार तो आत्म-हत्या करने की उसने कोशिश की थी। क्योंकि उसे पढ़ाने-लिखाने और फिर नौकरी तलाशने मात्र के लिए पिता को दस बीघा खेत रहन रखना पड़ा था। उधर घरवाली के चुटीले बोल भी वह सह नहीं पा रहा था तब दरोगा उसके लिए सचमुच का भगवान बनकर आया था।

वह दरोगा को देख रहा था तब उसकी आँखों में एक अलग तरह का शील और एहसान चमक-चमक जाता था।

उधर दरोगा भी उसका कद काठी, शारीरिक उठान और अंग-अंग का गठन

देखकर आज भी लुभ गया था। कुछ दिन पहले ही उसने टी.आई. से इस विषय पर लम्बी बात की थी कि प्रताप सिंह को सब-इंस्पेक्टर बनना चाहिए। उन्होंने वायदा भी किया था कि वे एस.पी. से बात करेंगे।

"देखो प्रताप! तुम्हारी जिन्दगी बहुत कीमती है, न केवल तुम्हारे परिवारजनो के लिए बल्कि हमारे लिए भी और पूरे पुलिस विभाग के लिए भी...। इसलिए मैं नहीं चाहता कि तुम्हारी छोटी-सी चूक से इतने सारे लोगों का नुकसान हो।"

दरोगा ने फिर कहा तो वह गहरा मुस्कराया और बोला—"आप ठीक कहते हैं; लेकिन मैं जो करवे जा रओ हों, मुझे कर लेंने दें। फ़कत दो दिना की बात है। सब आपके सामने आ जागो। काम आप कोई है। एक बेर मैं देख तो लूँ के कुछ कर सकत हों के नाय।"

दरोगा ने फिर उसे गौर से देखा। एक बार देखने से जब मन नहीं भरा तो कई बार देखा। अबकी बार वह और भी विश्वसनीय और ईमानदार लगा।

"लेकिन तुम मुझे बताए बिना नहीं जा सकते। हाँ, यह मेरा वायदा रहा कि मैं किसी अन्य को नहीं बताऊँगा। तुम्हारे साथ किसी को भेजूँगा भी नहीं।" दरोगा ने भी उतनी ही विश्वसनीयता के साथ कहा।

लेकिन प्रताप सिंह को यह अच्छा नहीं लगा कि दरोगा उसपर भरोसा नहीं कर रहा है। एक बार तो उसके मन में आया कि वह राइफल जमा करा दे और जहाँ उसकी ड्यूटी लगाई जाये वही जाये और जिस काम के लिए कहा जाये वही करे। दरअसल बात यह भी सच थी कि उसने वह खतरे से भरा कदम किसी से राय मश्विरा लिए बिना उठाया था। वह रामचन्द वाले केसे के बाद और पुलिस में नौकरी पा जाने से कुछ ज्यादा उत्साह से भर उठा था। ऐसा उत्साह और जोश तो खर्चे से भी खर्च न हो। वैसे कायदे से उसे दरोगा को ज़रूर बताना चाहिए था। लेकिन तब उसने सोच लिया था कि जब बाद में पता लगेगा तब और भी ज्यादा वे उसे पसन्द करेंगे। सब लोगों को उसकी बहादुरी के बारे में बताएंगे। लेकिन उसका सोचना गलत निकला।

"मैं एक-दो दिना में विश्वजीत के गिरोह को निपटाने वारो हों, बस! और कुछ ऐसो-वैसो काम करवे नाय जा रओ हों।"

दरोगा ने अबकी बार उसे ऊपर से लेकर नीचे तक एक ही नज़र में देख लिया।

"आज सवेरे ही सवेरे पीकर क्वाटर से निकला है क्या?"

"आप जानत हो, मैं शराब नाय पीतों।..."

"मुझे नहीं मालूम था कि तुम इतने बेवकूफ हो सकते हो। आज के बाद मुझे पूछे बिना इधर-उधर जाना बिल्कुल बन्द। अभी राइफल मालखाने में जमा नहीं करवा रहा हूँ।...अगर ऐसे ही बेवकूफी भरी बातें करते रहे तो वो भी करवा दूँगा।"

"नाय, जे कोऊ बेवकूफ़ी नाय है। विश्वजीत मेरे झांसे में आ गया है, मैंने कह दिया है के मैं पुलिस की नौकरी ते परेशान हूँ। उसे छोड़के बागी होवे चाहत हों...फेर गैंग का लीडर मैं रहोंगो। मेये पास राइफल है...।"

"अब चुप भी करो, बहुत हो गयी बक़वास!"

प्रताप सिंह दरोगा की फटकार सुनकर वह फिर कुम्लहा गया। उसकी समझ में नहीं आ रहा था कि दरोगा उसे निहायत बच्चा क्यों समझता है। उसकी जो दशा अपने घर में बाप के सामने होती है। वही यहाँ थाने में दरोगा के सामने क्यों है? उधर उसकी पत्नी का भी रवैया कुछ खास उत्साहजनक नहीं है। वह भी ऐसी बातों से बहुत डरती है। कुछ कहती तो नहीं है लेकिन रुवाँसी होकर देखती रहती है। उसे इस बात का आश्चर्य है कि उसने थोड़ी सी उम्र में ऐसा कौतुक कर डाला है कि पूरे पुलिस हल्कों में उसकी मिसाल ढूढ़े न मिले। उसे देखकर यहाँ पुलिस वाले या तो ईर्ष्या से ज़लने लगते हैं या उसकी बड़ाई करते-करते नहीं थकते हैं। लेकिन आज दरोगा को न जाने क्या हुआ है। उसे एक बार तो ऐसा भी लगा कि वे भी उससे ईर्ष्या कर रहे हैं। लेकिन फिर समझ में आया कियह सही नहीं हो सकता। उसने दरोगा को जितना समझा है उसके आधार पर वह ऐसा आदमी नहीं है।

उसी समय दरोगा कुछ और सोच रहा था। प्रताप सिंह उसके पड़ोस के गाँव का है। और यह भी कि उसी के कहने पर इतना बड़ा जोखिम उठाने को तैयार हुआ था वर्ना तो इस इलाके में कोई कायदे का मुखबिर तलाश पाना मुश्किल काम है।...वह तो प्रताप इसलिए तैयार हो गया था क्योंकि कहीं नौकरी नहीं लग रही थी और घर की हालत बहुत खराब थी। बापने ज़मीन गिरवी रख दी थी और दूसरों के खेतों पर मजदूरी करता था।...उधर नई-नई शादी हुई थी और घरवाली रोज रुठती थी और ज़हर खा लेने की धमकी देती थी।...ऐसी स्थिति में प्रतापसिंह पुलिस के लिए काम करने को राजी हुआ था। लेकिन जैसे ही चारों ओर यह बात फैल गयी कि रामचन्द को प्रताप सिंह ने मारा है तो उसके घरवालों का बुरा हाल था। वे घर छोड़कर भाग गये थे और ठीक ऐसे ही छिपे-छिपे फिरते थे जैसे आरसी के देरू, राजा, प्रीतम और गोविन्द के घरवाले। यहाँ तक कि प्रताप सिंह सिपाही हो गया और राइफल लिए इधर-उधर जाने आने लगा तब भी उसके परिवार वाले अपने गाँव में लौटने को राजी नहीं थे। वे तब लौटे थे जब पाल गैंग का सरेन्डर हो गया।

"अब जाओ तुम, लेकिन याद रखना वह विश्वजीत छिपे तौर पर जेल में राजा और देरू से मिलाई कर आया है और यह भी सम्भव है कि वह जेल से तुम्हें निपटाने की सुपारी लेकर आया हो। इसलिए मेरा आदेश है कि अभी कुछ दिन तुम अकेले इधर-उधर कहीं नहीं जाना।"

दरोगा ने कहा तो प्रताप थर्रा ज़रूर गया। फिर वह वहाँ रुका भी नहीं। दरोगा को सैलूट मार कर अपने क्वाटर में चला गया!

क्वाटर में आकर भी उसे चैन नहीं था। दरअसल वह अपनी जिन्दगी में दरोगा जयवीर सिंह की भूमिका को न तो ठीक से समझ पा रहा था और न उसे पचा पा रहा था। कभी उसे लगता कि दरोगा अपने हित के लिए सब कुछ उलटा-सीधा उसे पढ़ा रहा है। उसके पैरों में जबर्दश्ती बेड़ियाँ डाल रहा है; तो कभी लगता कि वह उसका सबसे बड़ा शुभचिंतक है। इसी दुविधा और उसके द्वंद के बीच झूलते उसदिन उसने आखिर गलत निर्णय ले ही लिया। वह चित लेटा-लेटा छत की पटियाँ गिन रहा था तभी एकाएक उठकर बैठ गया। राइफल उठाकर मैगजीन निकाल ली। राउंड एक बार गिन लिए। फिर मैगजीन लोड की और एक झटके में उठ खड़ा हुआ और साइकिल उठाकर चल दिया।

दरोगा को रात में ही गश्त वाले सिपाही ने बता दिया था कि प्रताप सिंह शाम सेही अपने क्वाटर में नहीं है और क्वाटर का दरवाजा खुला पड़ा है। सुनकर उसे धक्का लगा और फौरन जीप में एस.टी.एफ. के चार जवानों को बिठाकर थाने से निकल पड़ा। उसने उस रात को ऐसी कई जगह दबिश दी जहाँ पर विश्वजीत गैंग की आमद के सुराग पुलिस के पास थे लेकिन गैंग या प्रताप का कुछ भी सुराग हाथ नहीं लगा।

चौथे दिन सिंध नदी के खादर में बोरे में बन्द प्रताप सिंह के सुंदर सुडौल शरीर के टुकड़े मिले थे। दरोगा ने देखा तो उसके होश उड़ गये।

36

उस दिन डांगर गाँव जेल में जैसी घटना घटी वैसी किसी ने पहले कभी कल्पना भी नहीं की थी।

तीन-तीन फुट के सीढ़ी के चार टुकड़ों को तीन विशेष प्रकार के कब्जों के साथ जोड़ा गया था। वे कब्जे और जोड़ इस तरह के थे कि तीन जगह से तोड़कर तीन फुट लम्बा एक बण्डल बनाया गया था जो रात को डेढ़ बजे दीवार के पीछे आम रास्ते पर से फेंका गया था। और वह बण्डल महिला बार्ड की बैरक की बगल में लॉन में गिरा था। वह गिरा तो जेल के दक्षिण-पूर्वी कोने में बीड़ी पीते खड़ा संतरी हल्की-सी चीख के साथ काँप गया था। कुछ देर तक तो वह समझ ही नहीं पाया कि यह हुआ क्या है और जो हुआ है उसका उसे क्या करना चाहिए। फिर उसने जोर से सीटी बजाना शुरू किया और राइफिल तानकर घटनास्थल की ओर बढ़ा। तब तक जेल की दूसरी ओर गश्त कर रहे दो अन्य संतरी उसके पीछे लग गये। सामने के दरवाजे की खिड़की खोलकर भी दो अन्य संतरी आ गये।

वहाँ पहुँचकर उन सब ने सब कोण से उस बण्डल को देखा लेकिन किसी की समझ में नहीं आया कि यह आखिर है क्या। फिर उसके तारों के बन्द खोले

गये। उसे फैलाया गया तब समझ में आया कि यह तो सीढ़ी है। सीढ़ी और इस तरह से बाहर से फेंकी गयी सीढ़ी? उन लोगों की समझ में धीरे-धीरे करके उस रहस्यमयी सीढ़ी का राज आता जा रहा था। फिर एक आदमी ने सीढ़ी जेल की दीवार पर लगाकर देखी। खुद वह उसपर चढ़ा तब फिर सीढ़ी फेंकने का उद्देश्य सबकी समझ में आ गया था। वे पाँच थे और पाँच में दो ऐसे थे जो इस बात पर अड़े हुए थे कि इस सीढ़ी का राज किसी अन्य के आगे न खोला जाये। इसे उठाकर किसी ऐसे स्थान पर रख दिया जाये जहाँ किसी की नज़र न पड़े और फिर बाद में मौका देखकर जला दिया जाये। लेकिन जिस संतरी ने उस घटना को घटते देखा था, वह इस बात पर अड़ा हुआ था कि वह जेलर साहब को ज़रूर बताएगा। फिर उन्हें अख्तियार है, वे चाहें तो इसको छिपा लें। और वे अगर ऐसा करते हैं तो उसे कोई ऐतराज नहीं होगा।

अन्त में इनचार्ज जेलर केशवप्रसाद को उसी समय निहायत गोपनीय तौर पर घटना के बारे में बताया गया। वे दौड़े-दौड़े घटनास्थल पर पहुँचे। देखकर वे भी भौंचक बने खड़े रहे। लेकिन वे फिर थोड़े मुस्कराए। उस संतरी की उन्होंने प्रशंसा की जिसने उसे घटते देखा और तुरन्त सीढ़ी को अपने कब्जे में ले लिया था। उन्होंने तुरन्त ए.एस.पी. रामसिंह और एस.डी.ओ.(पी.) उपेंद्र चौधरी को फोन कर सूचना दी। फिर उन लोगों ने भी देर नहीं की, फौरन जेल के लिए रवाना हो गये। उपेंद्र चौधरी तो अपने साथ टी.आई. और एस.टी.एफ. की एक टुकड़ी भी लेते आये।

उन लोगों ने जेल के अन्दर आकर सीढ़ी के शिल्प को देखा तो दाँतों तले उँगली दबा के रह गये।

"सच में, ये तो निहायत अद्‌भुत चीज है। ऐसी सीढ़ी बनाने की समझ आखिर कहाँ से आयी होगी? इसको कोई अच्छा बढ़ई या लुहार ही बना सकता है। मामूली कारीगर का काम नहीं है।"

ए.एस.पी. ने सीढ़ी को उलट पुलट कर देखा, मोड़कर देखा और फिर उसके कुन्दे देखे और तब उसके बारे में उक्त राय पेश की। जब वे यह कह रहे थे तब एस.डी.ओ.(पी.) कहीं अन्यंत्र खोए हुए थे।

वे बोले—"चलिए, केशव को इस बात के लिए बधाई दी जाये कि उन्होंने जेल की व्यवस्था दुरुस्त रखी है वर्ना आज हम सब लोग आफ़त में फँसे नज़र आते।"

"लेकिन जो कुछ मैंने कहा वह आपने नहीं सुना चौधरी साहब।"

ए.एस.पी. ने मुस्करा के कहा।

"चलिए, ऑफिस में बैठकर इस केस की लिखा-पढ़ी भी करते हैं और आपकी बात का जवाब भी देते हैं।"

वे ऑफिस में जाकर बैठे तभी केशवप्रसाद ने अपने क्वाटर से चाय बनाकर लाने को एक आदमी को भेजा।

ए.एस.पी. ने फिर कहा—"हाँ, तो मैं कह रहा था कि सीढ़ी का डिजायन किसी ऊँचे कारीगर ने तैयार किया होगा। ऐसा केस शायद अब तक किसी अन्य जेल में हुआ नहीं होगा।"

"हाँ, बज़ा फरमा रहे हैं आप, आजतक जेल तोड़ने के जितने केस सुने हैं उनमें से दीवार पर चढ़कर कूद जाना, दीवार फोड़कर निकल भागना, सुरंग खोदकर निकल भागना। या फिर जेल में बलवा हो जाये तो फाटक तोड़कर भाग जाना आदि ही केस खास हैं। किसी ने ऐसी सीढ़ी बनाकर जेल की इतनी ऊँची दीवार से अन्दर कैसे फेंक दी? इस बात की सी.आइ.डी. इन्क्वेरी जरूरी है।"

एस.डी.ओ.(पी.) ने कहा तो ए.एस.पी. ने फौरन उनका समर्थन किया—"आप बिल्कुल ठीक कहते हैं। मैं कल ही एस.पी. से मिलूँगा, यहाँ की पूर्ण रिपोर्ट के साथ। जेल अधिकारियों से भी मिलूँगा।"

इस दौरान जेल इनचार्ज केशव प्रसाद कतई चुप थे। उसे लक्ष्य करके एस. डी.ओ.(पी.) बोले—"अरे यार, इतनी देर से हम लोग मगज़ पच्ची कर रहे हैं और केशव प्रसाद कुछ बोल ही नहीं रहे हैं। आपकी हमने शुरू में ही पीठ थपथपा दी तो इसका अर्थ यह तो नहीं कि मुँह सीकर बैठे रहो। कुछ तो बोलो भाई! आपके उन चारों गैंग वालों का क्या हाल है। अब दूसरों से झगड़ा तो नहीं करते?"

"नहीं! मैं आपको क्या बताऊँ? वे अब इतने शरीफ बन गये हैं कि किसी की ओर आँख उठाकर नहीं देखते हैं। ऊँची आवाज में बात तक नहीं करते। न किसी से किसी चीज़ के लिए झगड़ते हैं। बल्कि अपना सामान दूसरों को दे-देते हैं।"

जेल इनचार्ज केशव प्रसाद ने कहा तो एस.डी.ओ.(पी.) उपेंद्र चौधरी आश्चर्य के साथ आँखें फाड़-फाड़कर उन्हें देखने लगे।

"ए.एस.पी. साहब! जेलर साहब की बातें सुन रहे हैं क्या?...या सिर्फ चाय पी रहे हैं सर! इनका कहना है कि चारों पाल बन्धुओं का चोला ही बदल गया है।..."

"ये कह रहे हैं तो हमें मान लेना चाहिए। जंगल में जब आदमी खुला घूमता है तब और बात होती है और जब जेल और कोर्ट से उसका साबका पड़ता है तब उसे हकीकत समझ में आती है। हमने इस हालत में अच्छे-अच्छे लोग बदलते देखे हैं। तो उन लोगों के बदल जाने पर हमें कोई आश्चर्य नहीं होना चाहिए।"

ए.एस.पी. ने कहा तो चौधरी ने मुस्कराकर उन्हें देखा। उन्हें देखा और साथ ही इनचार्ज जेलर केशव प्रसाद को देखा और हल्की चुश्की ले-लेकर चाय पीने लगे। ए.एस.पी. ने अपना चाय का प्याला खाली करके रख दिया और उन्हें मुस्कराकर देखते रहे।

तभी केशवप्रसाद बोले—"आजकल सच में वे ऐसे ही हो गये हैं। उन्हें देखकर कोई कह ही नहीं सकता कि ये वे ही लोग हैं जो अभी कुछ दिन पहले तक पूरे इलाके में आतंक बनकर छाए हुए थे। वे अब हर किसी से प्यार से बात करते हैं।

यहाँ तक कि कोई उनके साथ बे अदबी से पेश आये। उन्हें गाली गलौज तक कर जाये, वे उसे भी माफ कर देते हैं।

एस.डी.ओ.(पी.) ने उन्हें आश्चर्य के साथ फिर देखा और कहा—"पता नहीं, ऐसा चमत्कार कैसे हो गया? जबकि अब तो उनपर केस भी शुरू हो गया है। गवाह भी लगने शुरू हो गये हैं और अब कोई ऐसी उम्मीद भी नहीं बची है कि वे किसी स्तर पर क्षमा किये जा सकते हैं। और फिर भी वे शरीफ बने हुए हैं। शुरू में तो वे किसी अधिकारी का भी लिहाज़ नहीं करते थे। आरसी के राजा साहब और कड़ाही के ठाकुर साहब की माँ-बहन तक को नहीं बख़्शते थे, वे।"

"वह तो हम सबको मालूम है, यहाँ जेल में भी पहले ही दिन कितना भयंकर झगड़ा हुआ था, बाबू और बाबू के भाइयों से उनका।...वे बहुरुपिया भी गजब के हैं। उस पहले दिन के झगड़े में जब तक हम लोग पहुँचे तब तक अपनी-अपनी थाली लेकर खाने बैठ गये थे।"

केशव प्रसाद ने कहा तो चौधरी गहरे मुस्कराए और बोले—"हाँ, इसीलिए मैं कहता हूँ कि हमें उनसे बेहद होशियार रहने की ज़रूरत है। इस विषय में आप इज़ाज़त दें तो कुछ सुझाव मैं दे सकता हूँ!"

"हाँ, बताइए!..."

केशव प्रसाद ने खुशी-खुशी उनसे सुझाव माँगे।

दरअसल उनकी पत्नी जो रूठकर पीहर चली गयी थी, उसे समझा-बुझाकर फिर से वापस उनके पास लाने में उपेंद्र चौधरी ने खासी मेहनत की थी। उसके पिता को बुलवाकर समझाया कि भाग्य से उसे अच्छा पढ़ा-लिखा और नौकरी से लगा दामाद मिल गया है, तो उसको क्यों व्यर्थ में वह खोने को तैयार है। लड़की को समझाओं, अगर ये नौकरी छोड़ दी तो फिर नहीं मिलने वाली...उन्होंने केशव प्रसाद की पत्नी से भी फोन पर बात की थी। और उनके प्रयास के अच्छे परिणाम निकले। वह पिता का घर छोड़कर फिर अपने घर आ गयी। इसीलिए केशव प्रसाद उपेंद्र चौधरी का काफी आदत करते हैं।

केशव प्रसाद ने जब उनसे सुझाव देने को कहा तो ए.एस.पी रामसिंह ने भी कह दिया—"हाँ! हाँ!! बताइये, क्या सुझाव हैं आपके? हमें हर तरह से चाक चौबन्द और सतर्क रहना चाहिए। कोई छोटी से छोटी लापरवाही हमारी बड़ी परेशानी का सबब बन सकती है। ऐसे मामले में लापरवाही तो कतई होनी ही नहीं चाहिए।

"जेलर साहब, आप पहला काम तो ये कीजिए कि उन चारों को उस जनानी बैरक से हटा दीजिये और उधर सामान्य बैरक में उन्हें रख दीजिये!...और देखो हमें विश्वसनीय स्रोत से पता चला है कि वो जो राजा नाम का खूंखार जीव है वही सबसे ज्यादा नर्म और उदार हो गया है। पैसे के मामले में तो इतना उदार है कि बात की बात में किसी के सामने सौ रुपये का नया नोट फेंक देता है...हमें इस बात पर नज़र

रखनी है कि वे नोट आते किस सोर्स से हैं।"

थोड़ी देर के लिए वे चुप हो गये। चुप हो गये और केशव प्रसाद को टकटकी लगाकर देखते रहे। उनका चेहरा फीका पड़ गया और वातावरण थोड़ा ज्यादा गम्भीर हो चला था। ए.एस.पी. राम सिंह को ऐसे गम्भीर वातावरण से अक्सर ऊब होती थी। इसलिए वे थोड़े मुस्कराए और उपेंद्र चौधरी से पूछा—"आप सी.आई.डी. में कितने साल रहे हैं?..."

"कुछ दिन कम पाँच साल! लेकिन इसका सी.आई.डी. से ज्यादा सम्बन्ध नहीं है, इन बातों पर ध्यान तो हर पुलिस वाले का जाना चाहिए!"

"आप का यह मानना तो बिल्कुल ठीक है कि जेल में जो हरकत हुई है उसमें किसी न किसी अन्दर के आदमी की साज़िश अवश्य होना चाहिए और ये इन्क्वारी से ही पता लगेगा।"

ए.एस.पी ने कहा तो एस.डी.ओ.(पी.) थोड़े अधैर्य के साथ बोले—"नहीं! नहीं!! ये बात नहीं है। मुझे ये मामला निहायत स्पेशीफिक नज़र आ रहा है और आप उसका जनरलाईजेशन करके देख रहे हैं।"

"हाँ, ये हो सकता है, चलिए अब हम स्पेशीफिक नजरिए से ही इसे देखेंगे। केशव प्रसाद, सुन लिया आपने? जो-जो व्यवस्थाएँ एस.डी.ओ.(पी.) साहब ने सुझाई हैं वे सब तत्काल की जायें और लोगों की ड्यूटी समझ-बूझकर लगाएँ और मिलाई करने आने वालों पर नजर रखी जाये।"

यह कहते-कहते वे उठ खड़े हुए और फिर बोले—"अब तो चला जाये, अभी थोड़ा-थोड़ा सो लेने की सम्भावना बची है।"

वे दोनों ऑफिस से उठकर बाहर आये तो टी.आई. और पुलिस के अन्य जवान हड़बड़ाकर उठ खड़े हुए और उनके पीछे-पीछे बाहर को जाने लगे।

37

उपेंद्र चौधरी के ज़हन में वह सीढ़ी सचमुच बैठ गयी थी।

जब वे जेल में थे और उसको पहली बार देखा था तब तो उसके प्रशासनिक कारण-परिणामों से ज्यादा वे कुछ सोच नहीं पाए थे। बल्कि डी.एस.पी. रामसिंह उकसाते भी रहे, उसके बनाने वाले के बारे में विचार करने के लिए या उसके शिल्प पर विचार करने के लिए। लेकिन क्वाटर में आकर जब सोने जा रहे थे। तब मानो उनको सीढ़ी के नाम से दौरा पड़ा था। उसकी बनावट, उसके जोड़ या कब्जे और उसे मोड़कर जेल में फेंकने का कौशल, उसी सब पर बार-बार उनका दिमाग जा रहा था। जिस मस्तिष्क में उसकी कल्पना जागी होगी वह सचमुच अद्‌भुत होगा। जिन

हाथों ने रचा होगा उनका कौशल भी गजब का होगा। कहा है कि शुसभ्य मस्तिष्क की तुलना में आविष्कार शरारती मस्तिष्क में ज्यादा जन्म लेते हैं। सीढ़ी और उसका सृजन जब एस.डी.ओ.(पी.) के दिमाग में हलचल मचा रहा था तभी एक निहायत भोंड़ा-सा चेहरा भी वहाँ कौंध-कौंध जाता था। एक लम्बा हड़ियल कई जगह से टूटा-फूटा-सा बेढ़ंगा शरीर, गोल चेहरे पर मिचमिचाती पनियल आँखें और पिचकी हुई नाक, चेहरा कई जगह चोट खाया हुआ सा। माथे पर ठीक बायीं आँख के ऊपर किसी बड़े घाव के भर जाने पर बना कौद और बायाँ कान आधे से ज्यादा गायब। इसके बावजूद कद काठी का कुछ ऐसा मजबूत कि दूर से देखने में सचमुच पहाड़ जैसा लगता था।...

एस.डी.ओ.(पी.) उपेंद्र चौधरी को वह मंजर याद आया तो लेटे-लेटे काँप गये। बेडरूम के बगल की खिड़की से कूलर की ठण्डी हवा आ रही थी और ऊँपर पंखा चल रहा था फिर भी उनके माथे पर पसीना आ गया था। पत्नी बगल में ही सो रही थी लेकिन उस ओर उनका ध्यान कतई नहीं था। स्मृति में वही सख़्श उमड़ आया था।...वह जौरासी की डांग की उत्तरी पहाड़िया की ढलान पर बसे फूकनीपुरा का रहने वाला था। प्रगट में लुहारगीरी का काम करता था। वैसे पता नहीं अन्य क्या-क्या काम करता था। गाँव वालों की अगर माने तो दुनिया का शायद ही कोई जुर्म बचा हो जो उसने न किया हो और अगर सजा की बात करें तो उसकी अब तक की लगभग आधी उम्र जेल में बीती है। उससे उनकी भेंट लगभग एक साल पहले एकाएक हुई थी। वह पन्द्रह-सोलह जनवरी के मध्य की रात थी और वे अपनी एस.टी.एफ. की टीम के साथ डांग में इसी पाल गैंग की तलाश में निकले थे। डांग में उसकी आमद की सूचना मिली थी। एक दिन पहले हुई बारिश ने शीत की वर्षा कर रखी थी और डांग में चारों तरफ कीचड़-पानी था। ऐसे में रात को राह भटक जाने की सम्भावना कुछ ज्यादा ही होती है और वे सचमुच डांग में राह भूल गये थे। मौसम कुछ ऐसा बिगड़ा था कि जिस स्थान पर मुखबिर के मिलने की बात थी वह स्थान तक उन्हें नहीं मिल पाया। काफी देर तक भटकने के बाद पहाड़िया की तलहटी में उन्हें आग जलती दिखाई दी थी। बस फिर क्या था, उसी को लक्ष्य करके उनका दल आगे बढ़ने लगा...वे आग के और नज़दीक पहुँचे तो साफ दिखाई देने लगा कि किसी पहाड़ी गाँव के पास तक वे पहुँच रहे हैं और जो आग की लौ दिखाई दे रही थी वह किसी लुहार की भट्टी है।

वे लोग बड़ी सतर्कता से लुहार की पाटोर के आगे के छप्पर में जल रही भट्टी के पास जा पहुँचे। लुहार ने बड़ी सरसरी निगाह से उन सब को देखा और अपने काम में लगा रहा। वह लोहे के सिकंजे में कसी हुई बारहबोर बन्दूक की नाल के बराबर नली को रेती और रेगमाल से साफ कर रहा था और भट्टी में तीन-चार उसी तरह की नली रखी तप रही थी। बीच-बीच में वह पंखा चलाकर आग को दहका

देता था। और सँड़सी से किसी नली को उठाता और उसे अपनी एक आँख की सीध में करके देखता। अगर उसमें खम दिखाई पड़ती तो उसे निहाई पर रखकर हथौड़े की चोट देता और फिर आँख की सीध में लाकर देखता और एक ओर रख देता।

थोड़ी देर के बाद उसने अपना काम समेंटकर रख दिया।

नलियाँ भट्टी से निकालकर और भट्टी के सामने गड़ी छोटी-सी नाद के पानी में डूबो-डूबोकर ठण्डी कर दी और दीवार के सहारे रख दी। वही सिकंजा, सँड़सी, रेती, हथौड़ा आदि सामान रख दिया। बगल के बाड़े से कुछ लकड़ियाँ लाकर वहाँ डाल दी। उनमें से कुछ लकड़ियाँ भट्टी में रखकर पंखा चला दिया। जब वे लकड़ियाँ जलने लगी। तब सबको भट्टी के पास बुलाकर तापने को कह दिया। वे लोग भट्टी के और नज़दीक आ गये। वह लुहार भी हाथ-पैर सेकने लगा।

"तुम इन नलियों का क्या बनाते हो?" डांगर गाँव थाने के एस.ओ.ने उससे आखिर पूछ ही लिया।

"इनका?...इनकी तौं फूँकनी बनत हैं। जो गाँव काऊ बखत में फूँकनी बनावे को खूब मशहूर रओ है साब! पहले बहुत भट्टीं ती, अब जे एक रह गयी है, पूरे गाँव में। आप लोगन ने कड़ाही को तौ नाम सुनोई होगो?...भें पहले कड़ाही खूब बनती। जा पूरे पंच महल में गाँव-गाँव में खूब लोहा पैदा होत हो। जा गाँव की फूँकनी मशहूर है, सो जाको नाम पड़ो है, फूँकनी पुरा!

लुहार ने कहा और उठ खड़ा हुआ और उन सबसे बोला—"आप लोगों कों झेंई बैठ के रात काटनी होगी, लेटवे को कोऊ प्रबंध नाय है। झें पाटोर में मोंड़ा—बहू सोये हैं और वा ओर के छप्पर में मैं ओर डोकई...।"

उसने पाटोर के दरवाजे का एक पल्ला धीरे से खिसकाया और अन्दर जाकर कुण्डी लगा ली।

जैसे ही उसने कुण्डी लगाई वैसे ही एस.ओ. ने एक नली को उठाकर गौर से देखा और फिर एक सिपाही से, जिसके पास बारह बोर बन्दूक थी, एक कारतूस ले लिया और उसे उस नली में डालकर दो-तीन बार देखा और एस.डी.ओ(पी.) से कहा—"सर, मुझे तो लगता है, ये बारह बोर बूंदूक बनाने की तैयारी है।"

लेकिन एस.डी.ओ(पी.) ने उसकी बात अमान्य कर दी। वे बोले—"नहीं, ये सच नहीं हो सकता। जो आदमी ऐसा काम करेगा। वह ऐसे समान छोड़कर अन्दर सोने नहीं जा सकता।

अगले दिन सवेरे जब वे गाँव से चले आये तो वहाँ से काफी दूर आने पर एक आदमी मिला। वह उसी गाँव का रहने वाला था और रात को भैसें चराने के लिए जंगल में आया था। वह उन्हें रोककर बोला—"साब! आप लोहार की भट्टी पे रात को हे?..."

"हाँ, थे तो...?" एस.डी.ओ.(पी.) ने चौंककर उसे जवाब दिया।

"भें तौ रात को बागीऊ हे साब!"

"क्या बकता है लड़के!..."

"सई में, वे आपते पहले उठके पहाड़िया के वा ढोर चले गये।"

"ये लुहार करता क्या है?"

"वो सब करत है,–जा दुनिया में ऐसो कोऊ काम नाय है जो लुहार न कर सके।"

उसदिन एस.ओ. की तो राय थी कि लौटकर फिर फूँकनी पुरा चला जाये और लुहार के घरकी तलाशी ली जाये। लेकिन एस.डी.ओ.पी. ने उससे इनकार कर दिया। उनका कहना था कि अगर डाकू हम लोगों के इतने नजदीक सोते रहे और हमसे पहले उठकर चले गये तो उसने अब तक सामान भी रफा-दफा कर दिया होगा। और वे लोग निराशा की भारी गठरी से लदे डांगर गाँव लौट आये थे, उस दिन।

लेकिन आज वे हड़बड़ाकर पलंग से उठ खड़े हुए। कपड़े पहने, पिस्टन खोलकर उसके राउण्ड देख लिए। कुछ खुले राउण्ड पैन्ट की जेबों में डाल लिए। बाहर आकर गैरेज़ से गाड़ी खुद ही निकाली और जौरासी की डांग की ओर चल पड़े। थोड़ी चढ़ाई से होकर पुलिस की जीप लुहार के घर के सामने जब जा खड़ी हुई तब वह उसी छप्पर के नीचे बैठा लकड़ी छील रहा था। उसने उसी दिन जैसे सरसरी नज़र से उन्हें आज भी देखा लेकिन आज वह उन्हें देखते ही उठ खड़ा हुआ और अन्दर जाकर खाट उठा लाया और वहीं छप्पर में बिछा दी। वे उसपर पैर लटकाकर बैठ गये। वे आज भी उसके कद काठी और रंग रूप को बेहद अजूबेपन के साथ देख रहे थे। बायीं आँख के ऊपर बने कौद और उसी ओर के ऊपर से आधे कटे हुए कान को गौर से देख रहे थे।

"ये तुम्हारी आँख के ऊपर और कान में क्या हुआ है?"

उन्होंने पूछा तो उसने चौंककर उन्हें देखा। कुछ क्षण तक देखता रहा और फिर बोला–"आयेऽऽ, साब! जा की का बताएं आपको, वो मोंड़ा है न,...अऐ वोई राजा, जे वा की दई भई निशानी है भैया!

"कौन राजा?...आरसी को राजा?..."

उसने राजा का नाम लिया तो उपेंद्र चौधरी का दिल धड़कने लगा था। सोच रहे थे कि लुहार कहीं राजा डाकू का नाम न ले दे। इसीलिए वे पहले से ही आरसी के राजा गजपति सिंह को लक्ष्य करके उससे पूछने लगे। उनकी मंशा यह थी कि वह उन्हीं का नाम ले। लेकिन लुहार एक नम्बर का घाघ ठहरा। कांइयाँ और एक नम्बर का घाघ...। वह उनको चिढ़ाने के भाव से बोला–"अऐऽऽसाब, आप तो वा लखपति सिंह राजा के मोड़ा की बात समझ बैठे, वो का खाके मों में गोली मारैगो। मैं तौ मंजूपाल के मोंड़ा राजा की बात कर रओ हों...मंजूपाल मेओ यार हो साब।...जे मोंड़ा जो आजकल तुमाई जेल में है नाय, वे सब मैंने अपये हाथन में खिलाए हैं।..."

इतना कहकर वह फिर लकड़ी छीलने लगा।

एस.डी.ओ.(पी.) के गले में मानो उसकी बात अटक गयी थी। वे कोशिश करने पर भी अपने मन की उत्कण्ठा दबा नहीं पा रहे थे। बोले—"वह राजा तो तुम्हारे दोस्त का लड़का है। तुमने उसे हाथों पर खिलाया है, फिर उसने तुम्हें गोली क्यों मारी?"

अबकी बार फिर उसने लकड़ी पर बसूला चलाना रोक दिया। वह मध्यम हँसी-हँसा और बोला—"जे बात आपने खूब पूछी! आप मेये हाथ में जे लकड़ी देख रहे हैं?...जानत हैं जे लकड़ी काये की है? जे खैर की है। जा खैर की खासियत जानत हैं? जो ऊपर ते बसूला ते छील के मैंने जो निकारो है वा कों रांच कहत है,...जे बहोत मजबूत होत है—एकदम पक्को। तोरे ते न टूटे और काटे ते न कटे!...और फेर जाई ते बनत है कत्था, जो मुँह में जाते-जाते गलत है। सो जे हाल है उन मोड़न को साब!

"लेकिन तुम्हारे माथे में गोली क्यों मारी राजा ने?"

"बस वैसेई, न काऊसी बात पै!...में डांग में नीचे मै लकइया काट रो हो एक दिना। तबई वे आ गये। रामजुहार भई। विन्ने मोय सिगरेट पीवे को दई।...सिगरेट पीवत-पीवत मैंने राजा के हाथ की दुनाली देखी जो मोय मलूक नाय लगी। सो मैंने कह दई के तैं जे का लकइया डारे फिरत है? आजकल के दो-दो कौड़ी के मोड़ा तौ कन्धन पे पचफैरा डारे फिर रहे हैं...।"

इतना कहकर वह फिर चुप हो गया। एस.डी.ओ.(पी.) की उत्कण्ठा अब दबाए से और भी नहीं दब रही थी।

"लेकिन उसने तुम्हारे गोली क्यों मारी?"

"कोऊ बातई नाय साब! मैंने बन्दूक के बारे में फकत इतनी कही के जे लकइया है, जाये फेंक दै। और तैं कहे तो जाते अच्छी मैं बना दूँगो। बस इतनीई बात पे वाने मेई बायीं आँख को निशानो लैके कहा—'लै काका। अपई उलटी आँख को बचा! और फेर वाने गोली दाग दई...वो तो लखेश्वरी मैया की दया ते बाल-बाल बच गयी आँख,...फेर आधो कान तौ चलो गओ दादा।"

अब उसका चेहरा क्षोभ के चलते और भी ज्यादा विकृत हो गया था।

फिर कुछ देर तक उन दोनों में से कोई कुछ नहीं बोला। बाद में एस.डी.ओ.(पी.) बोले—"तुम बन्दूक बनाते हो क्या?"

वह उनकी बात सुनकर कतई विचलित नहीं हुआ। निहायत भोलेपन के साथ उनके चेहरे को ताकता रहा और फिर बोला—"मैं बन्दूक बनात तो नाय हों साब, फेर कोई बनवानो चाहे तौ मैं हवाई जहाज बना सकत हों।...एक बार कोई खोल के दिखा दे तौ दुनिया की ऐसी कोई मशीनरी नाय है जाकों मैं न बना सकों।"

वे फिर उसका मुँह ताकते रह गये। सोचने लगे, सच में आदमी पहुँचा हुआ है। लेकिन जैसी बातें कर रहा है उससे यह तो सिद्ध नहीं होता कि वह कोई अपराध जानबूझकर करता होगा। ऐसे दुनिया में बहुत से अपराधी हैं जो यह भी नहीं समझते

कि आपराधिक और सामान्य कार्य की सीमा रेखा कहाँ एक दूसरे से मिलती है। शायद यह आदमी उन्हीं में से एक है।

"तुम्हारे परिवार में कौन-कौन हैं?"

"पूरी दुनिया है मेये परिवार में,...वैसे पूछो तो कोई नाय है। दो ब्याह किये, दोनों में ते कोऊ नाय रही...पहली को झें पाटोर में घुस के तेंदुआ खा गओ।...खा नाय गओ गलो पकड़के खींच लै गओ। भें दूर खोह में वाकी अधखवी लाश मिली...दूसरी को बच्चा होवे वारो हो पर वाते पहलेई...मोड़ी को जन्म दै के खुद मरगी...।"

अबकी बार उसकी आँखें डबडबा आयी थी और उन्हें एस.डी.ओ(पी.) से छिपाने की वह भरसक कोशिश कर रहा था।

इतनी देर के बाद अब कहीं एस.डी.ओ.(पी.) को लगा कि वे किस काम के लिए आये और किस में उलझ गये। वे जेल में फेंकी गयी सीढ़ी के बारे में उससे पूछताछ करने आये थे और साथ ही उसके घर की तलाशी भी लेना चाहते थे। लेकिन अब उसकी इतनी बातें सुनकर न जाने क्यों वह सब करने को मन नहीं हो रहा था।

"तुम्हारा नाम क्या है?" एस.डी.ओ.(पी.) को जो काम पहले करना चाहिए वह बाद में किया। उसका नाम सब से बाद में पूछा।

यही सोचकर लुहार मुस्करा दिया और फिर अपना नाम बता दिया—"बूचा,... बूचा लुहार है मेओ नाम साब!"

अब तक दिन चढ़ आया था और लुहार की चाय का समय हो गया था। इसी समय वह चाय बनाकर उसके साथ बिस्कुट खाता था। वह एकाएक उठ खड़ा हुआ और बोला—"आप बैठो, मैं चाय बनात हूँ।"

और वह उठकर पाटोर के दरवाजे की ओर मुड़ा तभी एका-एक उपेंद्र चौधरी बोले—"थोड़ा रुको! अभी तुम बता रहे थे कि तुमने दो शादियाँ की और दोनों पत्नियाँ नहीं रही, लेकिन उस दिन. मोड़ा और बहू कौन इस पाटोर में सोए थे।...और पीछे छप्पर में जो बुढ़िया सो रही थी वो कौन थी?"

अबकी बार वह खिलखिला के हँसा और बोला—"अच्छा रुको, जो आप सब जानई गये हौ, तौ मैं चाय बना लात हो, फिर आप जो पूछोगे वो बताऊँगो।"

और फिर वह पोटर के अन्दर चला गया।

थोड़ी देर के बाद वह दो कप चाय लेकर आया। एक कप उन्हें दे दिया और दूसरा उस जगह रख दिया जहाँ बैठा वह लकड़ी छील रहा था। फिर दूसरी बार अन्दर गया तो कटोरी में रखकर बिस्कुट ले आया। उपेंद्र चौधरी ने बिस्कुट लेने से मना कर दिया तो कटोरी को अपने पास रखकर बैठ गया। चाय में डुबो-डुबोकर बिस्कुट खाने लगा।

उन्होंने चाय पीकर खाली कप चारपाई से नीचे रख दिया और फिर उससे पूछा—"और आज रात को जेल से डाकूओं को भागने के लिए जो सीढ़ी इस्तेमाल होनी थी, वह किसने बनाई थी?"

"मैंने... ।"

उसने बिना देर किये बोल दिया तो वे एक झटके के साथ उठ खड़े हुए और एकदम फनफनाते हुए बोले–"देखो मैं बिना गवाह-सबूत के तुम्हें छः महीने के लिए जेल भेज सकता हूँ।..."

"छः महीना के लयें काये और एक साल के लयें काय नाय? छः महीना की बागिन को ठहराने के लयें और छः महीना की नसेंनी बनावे काजें।"

यह कहकर वह हँसने लगा और उसको यों हँसते देखकर वे एकदम हतोत्साहित हो उठे। फिर उसकी तरफ उनसे देखा भी नहीं गया। उठकर सीधे जीप की ओर चले गये।

38

उस केस में तारीखें जल्दी-जल्दी और लगातार पड़ रही थीं, इसलिए सबको मालूम था कि फैसला जल्दी होगा।

क्योंकि गवाह सुनियोजित रूप से गवाही दे रहे थे। न कोई तारीख पर गायब रहता था और न कोई लीक से बेलीक होता था। उनमें से ज्यादातर पेशेवर गवाह थे और इतने सक्षम थे कि जो बात सरकारी वकील या पुलिस वाले सोच भी नहीं पाते और वे बोल भी जाते। बस उन के लिए भुगतान की गारण्टी होनी चाहिए और जो कुछ बुलवाना हो उसका मात्र संकेत होना चाहिए। बाकी सब कुछ आप गवाह के ऊपर छोड़ सकते हैं। बहुत सफाई और कामियाबी के साथ वह सब निपटा लेगा। वैसे भी दूसरे पक्ष की ओर से वहाँ कोई था नहीं इसलिए गवाह के उलझने या डगमगाने का कोई सवाल ही नहीं उठता था।

लेकिन जो गवाह पेशेवर नहीं थे उनको भी पुलिस ने ठांस रखा था। सबको बता दिया गया था कि अगर थोड़े से भी इधर से उधर हुए तो फिर खैर मत समझना अपनी और अपने परिवार की। कुछ ज्यादा नहीं तो छः महीने के लिए सीधे-सीधे डाकू अधिनियम में जेल की हवा खा सकते हो...और वहाँ भी ज्यादा तीरन्दाजी दिखाई तो डांग का रास्ता तुम्हारे लिए भी खुला पड़ा है। इतना भारी दबाव झेलकर भला कौन आदमी होगा जो गीता पर हाथ रखकर दिन को दिन और रात को रात कहने की हिम्मत संजोये रख सकता हो।

इसलिए वह केस ठीक चल रहा था–उस वक्त के हालात में जैसा चलना चाहिए वैसा ही ठीक।

उस समय कोर्ट के अन्दर रहकर या बाहर रहकर जो भी उस केस की हकीकत समझ पाता वह इतना भी समझ जाता कि पाल गैंग का कोई सदस्य अब सजा के

बिना नहीं बच सकता और कुछ की सजा तो आजीवन हो सकती है। लोग यह भी समझ गये थे कि इसमें सबसे बड़ी भूमिका डांगर गाँव के एस.डी.ओ.(पी.) उपेंद्र चौधरी की थी। उन लोगों के खिलाफ सबूत जुटाने में उन्होंने बहुत मेहनत की थी। अपने बस भर में वे कोई सुराग ऐसा नहीं छोड़ना चाहते थे, जिस का फायदा उठाकर वे लोग मुक्त हो सकें या उन्हें कम से कम सजा मिले। जबकि उनके कुछ साथी शुरू से उनके केस को कोर्ट में ले जाने के हक में ही नहीं थे।

उधर पाल गैंग के चारों सदस्य, उनका मामा मोतीलाल, बहन गंगाश्री आदि सभी समझ गये थे कि उन लोगों को लम्बी सजा होगी। वे यह भी समझ गये थे कि सरेन्डर के नाम से उनके साथ छल हुआ है। ऐसी हालत में गंगाश्री अपने भाइयों का सामना करने से कतरा रही थी।...लेकिन वे चारों और भी ज्यादा निडर होकर अब कोर्ट की पेशी पर आते। अकेला देरू अवश्य ही पूर्वबत धीर-गम्भीर बना रहता था लेकिन राजा और उसके साथ गोविंद और प्रीतम भी आरसी के छोटे राजा, कड़ाही के ठाकुर और ए.एस.पी. के नाम जमकर गालियाँ बकते-गालियाँ और धमकियाँ बेतहासा। उन गालियों की सोहरत दूर-दूर तक पहुँच चुकी थी। इसलिए जिस दिन उनकी पेशी कोर्ट में होती तो वहाँ उस दिन बहुत भीड़ होती। वहाँ से लेकर बाहर बाजार तक में लोग घण्टों खड़े रहते थे। जहाँ भय का सृजन परम्परागत होता है और आदमी चाहने पर भी उस परम्परा पर थूक नहीं पाता है; तब जो थूक पाता है उसकी एक झलक पाने को वह दीवाना बन जाता है।

उन गालियों को जो लोग सुनते उनमें से कुछ आरसी गढ़ी के छोटे राजा गजपति सिंह को भी सुनाते। वे सुनते ही पागल हो जाते। उनकी पत्नी सुनती या उनके बच्चे सुनते और वे उनसे भी ज्यादा पागल होने लगते। वे माँ-बेटे मिलकर छोटे राजा पर दबाव बनाते और उन्हें इस बात के लिए राजी करना चाहते कि वे जितनी जल्दी हो सके उतनी जल्दी वहाँ की ज़मीन और गढ़ी बेच दें। न रहेगा बाँस तो न बजेगी बाँसुरी।...

लेकिन अबकी बार छोटे राजा ने भी तय कर लिया था कि वे अब गढ़ी से मोह तोड़ ही लेंगे। ज़मीन का कोई एक ग्राहक मिलना तो मुश्किल है, इसलिए छोटे-छोटे ग्राहकों को ही जमीन बेचना शुरू कर देंगे। गढ़ी तो कोई खरीदेगा नहीं, इसलिए वहाँ का बचा-खुचा सामान यहाँ ग्वालियर ले आयेंगे। बहुत बदनामी हो गयी, बहुत गालियाँ खाली दो कौड़ी के लोगों से।...

इसी इरादे के साथ वे आरसी की गढ़ी में आ जमे थे और लोगों से फार्म बेचने के बारे में चर्चा शुरू कर दी थी। ये चर्चा डाकूओं के ऊपर चल रहे मुकदमे से भी ज्यादा गति से इलाके में फैलने लगी।

ए.एस.पी. रामसिंह के कान के पर्दे से जब वह टकराई तो उन्हें भारी धक्का लगा। वे सोचने लगे कैसे लोग हैं यहाँ के। ऐसा ठिकानेदार आदमी चार आदमियों

के गैंग से घबरा गया। कैसी सुदृण सुरक्षित गढ़ी है। कहने के लिए सारे इलाके में पावरफुल बन्दूक उनके पास है। जिस आदमी ने वह बन्दूक उस जमाने में इंग्लैंड से बुलवाई थी उसकी आत्मा क्या कहती होगी अपने उत्तराधिकारियों का पौरुष देखकर।...होना तो यह चाहिए था कि वे अगर आँखें तरेर देते तो बड़े-से-बड़ा गिरोह इलाका छोड़कर चला जाता और यहाँ उल्टे से भी उल्टा हो रहा है कि मात्र चार आदमी और जिनपर भी कोई ढंग-हिल्ले का असला नहीं उनके कारण पिछले तीन साल से वह गढ़ी काँपती रही है...और अब जब वे सब जेल में है और उन्हें लम्बी-लम्बी सजा होने को है तब वही गढ़ी काँछ खोलकर भागने को तैयार खड़ी है।

वे फिर अपने आप पर ही झुंझला उठे। सोचने लगे, राजा साहब जो हैं सो तो हैं, वे खुद भी कम नहीं हैं। बिला वजह बिरादरीबाद के चक्कर में पड़कर अपनी नौकरी भी दाँव पर लगाने को तैयार हैं–'मूर्खता है, ये मूर्खता... ।' अब वे किसी ऐसे झंझट में नहीं पड़ेंगे!

नौकरी में अपने काम से काम रखेंगे और किसी गढ़ी और गढ़ीबन्द के चक्कर में नहीं पड़ेंगे।...

लेकिन वे यह भी समझते थे कि उनके विचार स्थायी नहीं थे, जाति के बिना तो वे जिन्दगी में एक कदम भी नहीं चल सकते हैं। यही तो उनकी जिन्दगी की संजीवनी बूटी है।

फिर उन्होंने ड्राइवर से चाय बनाकर लाने को कहा। वह चाय बनाने गया तब तक वे गैरेज से गाड़ी निकाल लाए। वे गाड़ी मे बैठे ही बैठे ऊँची आवाज में ड्राइवर से बोले–"लक्ष्मण, चाय तू पी लेना, मैं एक ज़रूरी काम से जा रहा हूँ।..."

और इसके साथ ही उनकी जीप चल पड़ी। क्वाटर से निकलकर पहले कुछ दूर तक झाँसी रोडपर चली और फिर दाएँ मुड़कर नरवर रोड पर दौड़ने लगी। लगभग डेढ़ घण्टे अच्छी स्पीड से दोड़ने के बाद जीप आरसी की गढ़ी के आगे जा खड़ी हुई। वहाँ गाड़ी से उतरते ही वे मानो चौंक पड़े थे। वहाँ सब कुछ सुनसान या ठहरा हुआ था। उधर सामने गढ़ी के अन्दर से होतम सिंह एकदम मरी-मरी चाल से उनकी अगवानी में आगे बढ़ा चला आ रहा था। वह उन्हें लेकर जब अन्दर वाली बैठक में पहुँचा तब वहाँ अकेले छोटे राजा निहायत शांत मुद्रा में बैठे थे। उन्हें नमस्कार करके बगल वाली कुर्सी पर वे वैठ गये। छोटे राजा गहरी साँस लेकर दरवाजे के पर्दे को निहारने लगे।

"ए.एस.पी. साहब अब हम तो यहाँ का सब कुछ त्याग रहे हैं। हमने तो अब आरसी छोड़ने का इरादा बना लिया है।...यथा शीघ्र सब कुछ बेंच-बाचकर यहाँ से चले जायेंगे।"

उन्होंने कहा तो ए.एस.पी. रामसिंह उन्हें टकटकी लगाकर देखते रहे फिर सोचा कि निहायत लटे घोड़ा पर बाजी लगा रहे हैं, वे। लेकिन फिर उनके बिरादरीबाद ने जोर मारा और राजा को फिर समझाना चाहा। वे बोले–"राजा साहब!

वैसे तो ये आप का निजी मामला है। लेकिन एक बात में ज़रूर कहना चाहूँगा। ऐसे छोटे गैंग, जिस पर कोई एक अच्छा हथियार तक नहीं हो, उसके भय से आप अपना राज पाट छोड़ रहे हैं, यह तो अजीब बात है,...और फिर आप यह सब उस समय त्याग रहे हैं जब उन लोगों को बड़ी से बड़ी सजा होने वाली है।"

"नहीं साहब, ऐसा कुछ नहीं कहा जा सकता है उन लोगों के बारे में। हम जानते हैं और देखा कि इस इलाके में बहुत बड़े-बड़े गैंग रहे हैं और सब गढ़ी का एहसान मानते रहे हैं लेकिन ये लोग कुछ दूसरी ही माटी के बने हुए हैं।...सचमुच उनसे तो ऊपर वाला भी हार मान गया है। आप यहाँ के कोर्ट-कचहरी की सजा की बात कर रहे हो, वे तो यमराज को भी ठेंगा दिखा कर चले आयेंगे।...क्यों, आप को मेरी बात का यकीन नहीं हो रहा क्या? राजा वापस नहीं चला आया?...आपकी पुलिस ने ही तो उसे मारा था?"

छोटे राजा गजपतिसिंह ने कहा तो रामसिंह उन्हें टकटकी लगाकर देखते रहे। सोचा, लोग सच ही इन्हें छोटा राजा कहते हैं।...ऐसे लोगों को जो कुछ मिला हुआ है; वह सब भाग्य का जुटाया हुआ है। उन्होंने अपनी भावना को दबा लिया और उनसे फिर बोले–"आप मेरी बात पर यकीन करें या न करें लेकिन मैं गारन्टी से कहता हूँ। आगे एक महीना नहीं बीतेगा तब तक उनको सजा हो जायेगी...सजा भी ऐसी-वैसी नहीं, बल्कि आजीवन कारावास तक।...और वैसे मेरी इच्छा जानना चाहें तो मैं शुरू से चाहता था कि उस छटंके-से गैंग को आप अकेले ही निपटा लेते।...कहीं मारके भागते नहीं तो अपने पिंजड़े में तो बन्द कर सकते थे।

"नहीं साहब! आप यहाँ की हकीकत को नहीं समझ रहे हैं।...अगर कोई बाहर का गैंग हो और उसके पास चाहे कैसे भी आधुनिक असला हो, उससे निपटने में गढ़ी को कोई कठिनाई नहीं होनी क्योंकि तब हमारे साथ पूरा गाँव होगा, बल्कि पूरी घाटी होगी।"

"तो क्या आप यह कहना चाहते हैं कि वह पूरा गाँव उन लोगों के साथ है?..."

"अगर पूरा न भी माने तो तीन चौथाई तो होगा ही,... । आप यकीन नहीं करेंगे लगभग आधा गाँव ऐसा होगा जिसमें से उन्होंने किसी को ट्रैक्टर कसवा दिया है, किसी के खेतों में ट्यूबवेल लगवा दिया है, किसी का बैंक का लोन खड़े-खड़े अदा करवा दिया है...और किसी की लड़की की शादी मुफ्त में करा दी है।"

ए.एस.पी.रामसिंह ने छोटे राजा की बातें सुनी तो उन्हें घोर आश्चर्य हुआ, लेकिन तुरन्त उन्हें लगा भी कि राजा साहब की इतनी सारी बातें झूठ तो नहीं हो सकती। फिर भी वे बोले–"वैसे ऐसे लोगों के बारे में अफवाहें ज्यादा फैलती हैं। लेकिन यह अफवाह नहीं है कि आप कुछ ही दिनों के बाद सुनेंगे कि उन लोगों में से हर एक को आजीवन कारवास की सजा मिली है।"

यह कहते-कहते वे मुस्कराए, उठकर उन्हें नमस्कार किया और कमरे से बाहर चले गये।

वे चले गये तो छोटे राजा गजपति सिंह ने अपने अगल-बगल में सोफा पर और उसके एक बगल रखे दीबान पर फैली रखी फाइलों को समिटवा लिया और उन्हें उठवाकर अलमारी में रखवा दिया और बैठक से बाहर जाकर टहलने लगे।

39

फिर एक दिन वह भी हो गया जिसका इन्तजार कुछ लोगों को काफ़ी समय से था।

डांगर गाँव कोर्ट में उनके खिलाफ जो मुकदमा चल रहा था उसके कुछ केसों का फैसला आ गया था और पाल गैंग के उन चारों सदस्यों को लम्बी सजा हुई थी।

जिस दिन फैसला आया उस दिन कोर्ट में काफी भीड़ थी। पुलिस भी काफी थी। पुलिस तो जेल में भी ज्यादा थी। प्रशासन का अनुमान था कि अपने खिलाफ कोर्ट का फैसला सुनकर वे भड़केंगे ज़रूर और क्या पता उस समय वहाँ मौजूद जनता ही बलवा कर दे। ऐसे मौकों पर कई बार भीड़ अपराधियों को छुड़ा ले जाती है।...लेकिन अन्ततः वहाँ ऐसा कुछ हुआ नहीं। वे फैसला सुनकर उदास ज़रूर हो गये थे लेकिन किसी से कुछ बोले नहीं। जेल में पहुँचकर भी उन्होंने किसी से कुछ नहीं कहा। बल्कि जब कोई उनके प्रति ज्यादा सहानुभूति दिखाता तो वे उठकर दूसरी जगह बैठ जाते। कहते उस से भी कुछ नहीं। जेल के हर आदमी को पता लग गया था और ऐसा लगता था कि थोड़ा-बहुत हर आदमी उदास है।

डांगर गाँव जेल उन जेलों में से एक थी जो हर तहसील स्तर पर अभी पाँच-छः साल के अन्दर-अन्दर बनी हैं। इसलिए पुरानी जेलों की कुछ बहुत ही जानी-समझी परम्पराएं यहाँ प्रवेष नहीं कर पाई थी। जैसे कि कुछ दादा किस्म के पुराने कैदी नये और सीधे-सादे कैदियों पर रौव गाँठते हैं, पैसा वसूल करते हैं और उल्टे-सीधे काम भी कराते हैं। यहाँ बाबू और उसके दो भाई ही वैसा रोल अदाकर सकते थे लेकिन वे शुरू से ही पाल गैंग के चारों लोगों की प्रवृति समझ चुके थे। इसलिए पूरी जेल में उनकी कटुता किसी के साथ नहीं थी। इसके अतिरिक्त उनका एक सुदृढ़ पहलू यह भी था कि उन्होंने जेल में पैसा खूब खर्च किया था। जिसको जितना चाहिए था उसको उतना दिया था और कभी अपने मुँह से वापस नहीं माँगा था। इसलिए उस दिन उनके प्रति ज्यादातर कैदियों की आँखों में गहरी सहानुभूति थी।

बाबू जब राजा को अलग लेजाकर समझा रहा था तब खुद ही रोने लगा था—"राजा! तुम लोग बहुत भले आदमी हो, हम तेऊ ज्यादा। मेरो तो कहनो जे है कि जो हो चुको है वातें ज्यादा अब कुछ होगो नाय। ताते जो कछु सहनो है सो सह लेव, परिवार अबै जितने बचे हैं बिनें बचो रहन देव!...अब और कछु ऐसो मत करिओ जाते बचो-खुचो कुनबाऊ मिटए जाये।"

इतना कहकर उसने राजा के चेहरे को देखा लेकिन वहाँ जो कुछ लिखा देखा वह देखते ही वह समझ गया कि राजा अब उस सीमा से काफी आगे बढ़ गया है, जहाँ तक समझाना-बुझाना असर करता है या घर-परिवार की आन देकर आदमी की दिशा मोड़ी जा सकती है।

फिर राजा बिना कुछ कहे ही बाबू के पास से उठकर चला गया। और उसके कुछ दिन बाद उन चारों को डांगर गाँव जेल से हटाकर ग्वालियर जेल में रखा गया। इसका कारण यह बताया गया कि अब तक अन्य जिलों में भी उनके खिलाफ़ मुकदमों की सुनवाई शुरू हो गयी थी और वहाँ से उन चारों को अक्सर लाया-ले जाया जायेगा और हर जगह लाना-लेजाना डांगर गाँव से सम्भव नहीं होगा। वह ग्वालियर से सरलता से हो सकता है। बताया तो यह जाता है कि डांगर गाँव के एस.डी.ओ. (पी.) ने ग्वालियर में पुलिस अधिकारियों की मीटिंग में इस आशय का सुझाव रखा था जो मानलिया गया था।

इधर डांगर गाँव कोर्ट में भी उनके कुछ केस अभी ज़ारी थे। उनकी तारीखें धड़ाधड़ पड़ रही थीं। वे वहाँ हर तारीख पर आते थे और जिस तरह से लाए जाते थे उसे देखकर लोग दाँतो तले उँगली दबा लेते थे।

वे जब भी यहाँ के कोर्ट में आते तब रोडवेज की बस में आम सवारियों के साथ बैठकर आते। चार वे और चार ही पुलिस के सिपाही। सिपाही राइफलों से लैस होते और वे दो-दो के जोड़ों में हथकड़ियों से जकड़े होते—प्रीतम के दायें हाथ और राजा के बायें हाथको एक हथकड़ी और गोविंद के बायें हाथ और देरू के दायें हाथ को दूसरी हथकड़ी जकड़े रहती। एक हथकड़ी की मोटी सूत की रस्सी एक पुलिस के सिपाही के हाथ में और दूसरे की दूसरे पुलिसवाले के हाथ में!...दोनों पुलिस वाले अच्छे हट्टे-कट्टे और काफी चाक-चौबन्द। दो अन्य पुलिस वाले उनके भी पीछे-पीछे उनपर राइफलें साधे हुए। यह था डांगर गाँव बस स्टैंड पर बस से उतरकर कोर्ट की ओर जाते उस काफिले का नज़ारा।...बीच में एक प्रसिद्ध हलवाई की दुकान पर रुक कर दही-जलेबी या बेड़ई-जलेबी खाना उन चारों का पुराना शौक था। वे जब यहाँ की जेल में थे तब भी वही नाश्ता उस दुकान पर बैठकर करते थे और चूंकि ग्वालियर से चलकर कोर्ट तक आने और कोर्ट से लौटकर वापस जेल तक पहुँचने के दौरान खाने-पीने, चाय-नाश्ता, बीड़ी-सिगरेट का सिपाहियों का भी खर्च वही लोग उठाते थे; इसलिए रास्ते में कौन-कौन उन से मिला और किसने क्या बात की इस ओर कोई भी पुलिस वाला ध्यान नहीं देता था।

और शायद पुलिस की इसी उदारवादी प्रवृत्ति ने एक दिन वह खेल खेला कि सम्भाग के या सिंध-पार्वती घाटी और पंचमहल के आदमी के लिए आतंक और सन्ताप की वह लम्बी सुरंग तैयार कर दी जिसमें वह एक-दो दिन नहीं, एक-दो महीना भी नहीं और एक-दो वर्ष भी नहीं बल्कि पूरे दश वर्ष तक निरन्तर जीते-जी

मरा है और मर-मर के जिया है।

और उसकी शुरूआत कुछ यों हुई कि पुलिस वालों की आँखों में मिर्च की बुकनी झोंककर और राइफलें छीनकर वे चारों भाग निकले।

यह घटना मुख्य सड़क पर बस रुकवा कर हुई थी। वे लोग पेशाव के बहाने पुलिस वालों को जंगल में झाड़ियों के पीछे ले गये और वहाँ आँखों में मिर्च की बुकनी झोंककर सबकी राइफल और कारतूस छीने और जंगल में गायब हो गये। पुलिस वाले रोते-चिल्लाते रह गये।

थोड़ी देर के बाद ही ग्वालियर तक यह खबर जा पहुँची। पुलिस ने पूरे क्षेत्र के थाने और चौकियों को सचेत कर दिया। चारों तरफ से डांग घेरी जाने लगी। जंगल के चप्पे-चप्पे की छान बीन शुरू कर दी। कई सौ पुलिस कर्मी रात भर जंगल की खाक छानते रहे लेकिन कुछ भी हाथ नहीं लगा। कुछ अधिकारियों को ये बात लज्जाजनक लगी थी।

उस दिन सवेरे ही सवेरे डांगर गाँव के एस.डी.ओ. (पी.) उपेंद्र चौधरी डांग से बेहद थके-मादे लौटे थे। वे अपनी पत्नी के साथ क्वाटर के बरामदे में बैठे चाय पी रहे थे। उन्होंने पिछले बारह घण्टे लगभग जंगल में ही बिताए थे। उनसे भी ज्यादा उनका ड्राइवर पस्त पड़ गया था। वह सामने पोर्च में खड़ी जीप की धूल झाड़ रहा था। उपेंद्र चौधरी को उस पर दया आ रही थी। वे उससे बोल दिये कि उसको छोड़ दे, पहले चाय पीले और फिर अपने घर जाकर आराम करे। वह चाय पीकर चला गया था। वे खुद चाय पीकर बेंत की कुर्सी पर थोड़े पसर गये और ढीले होकर पैर सामने की मेज पर फैला दिये।...पत्नी के साथ अभी डांग-कथा जारी थी।

फिर उन्होंने टेबुल पर से पैर समेंट लिये। एक थकान से चूर-चूर जम्हाई ली और दोनों हाथ ऊपर ले जाकर शरीर को दायें-बायें मोड़ा। बारी-बारी से कन्धे चलाए और फिर एक हल्की जम्हाई लेकर फिर बोले—"ओहऽऽ! ऐसी भयानक स्थिति से पाला कभी नहीं पड़ा था। ऐसी थकान पहले कभी अनुभव नहीं की थी।...शरीर की ऐसी दुर्गति और श्रम की ऐसी निरर्थकता!...सब कुछ अकारथ!"

"और फिर वही बात हुई न कि खोदा पहाड़ा और निकली चुहिया!"

उनकी पत्नी कहकर हँसी। थोड़ी दबी-दबी-सी और थकी-थकी-सी हँसी!

"अरे, बेगम, कम्बख्त चुहिया निकलती तो भी सब्र कर लेते, यहाँ तो चुहिया भी नहीं निकली।

यह कहकर उन्होंने फिर जम्हाई ली और जम्हाई के तुरन्त बाद शरीर को कन्धों के बल दायें-बायें मरोड़ा।

उनकी पत्नी भी रात्रि जागरण की मानो खीज़ ओढ़े बैठी थी। हल्का-सा मुँह बनाकर बोली—"पता नहीं, आप लोग भी किस माटी के बने हो! ऐसे बड़े फौज़ फांटा के साथ जंगल में क्या खोज ने निकले थे। वे चार लोग और ऊपर से दो-दो करके

हथकड़ियों में जकड़े हुए। ऐसे में तो कोई दौड़ भी नहीं सकता।...वे भागे भी होंगे तो तब, जब कहीं न कहीं हथकड़ी कटवा ली होगी।"

एस.डी.ओ.(पी.) की पत्नी ने जब हथकड़ी कटवाने की बात की वैसे ही वे हल्के से चौंक गये। उनके दिमाग में बिजली जैसी कौंधी और वे सतर के सतर उठ खड़े हुए। अन्दर वाशवेसन पर जाकर ठीक से हाथ-मुँह धोलिये और कपड़े बदलकर फौरन बाहर आ गये।

अब तक उनकी पत्नी भी उठ खड़ी हुई थी। और अचकचाकर उन्हें देख रही थी। उन्होंने पत्नी के चेहरे पर लिखे भाव पढ़े और दोनों हाथों से मुड्ढे पकड़कर दबा दिये। आँखों में थोड़े मधुर भाव लाकर वे बोले—"गुस्सा नहीं करना बेगम। थोड़ी देर के लिए वापस जा रहा हूँ जंगल में।...जल्दी लौटकर आऊँगा। दोपहर का खाना साथ खाएंगे!"

इतना कहकर वह जीप में जा बैठे और उसे स्टार्ट करके चले गये।

कुछ समय तक जीप मुख्य सड़क पर चलकर एकाएक घाटी में मुड़ गयी। वह जंगल की सड़कों पर दौड़ती और धूल उड़ाती आखिर में फूँकनी गाँव में बूचा लुहार के घर के आगे जा खड़ी हुई। जब वहाँ जीप रुकी तब तक दिन चढ़ आया था। फिर भी वहाँ पड़ी खाट पर कोई आदमी कम्बल ओढ़े पड़ा था। लोहसारी पता नहीं कब से ठण्डी पड़ी थी।

एस.डी.ओ.(पी.) जीप से नीचे आ गये और उस खाट के पास खड़े-खड़े कुछ सोचते रहे। उन्हें लग रहा था कि खाट पर कम्बल ओढ़े जो आदमी पड़ा है वह लुहार ही होगा, फिर भी वे थोड़े सतर्क हो चले थे। अपने पैंट की जेब में रखी पिस्तौल पर उनका हाथ चला गया था।

उन्होंने एका-एक कम्बल खींचा तो बूचा लुहार हड़बड़ाकर उठ खड़ा हुआ। उसने उन्हें गौर से देखा और मुस्कराता हुआ पाटोर की बाहरी दीवार से टिककर बैठ गया। वे खुद अब खाट पर बैठ गये।

"तुमने कल रात को उन लोगों की हथकड़ी काटी थी?

उपेंद्र चौधरी ने पुलिस की एक खास टेकनिक के तहत ऐसा सीधा-सीधा सवाल उससे पूछा था, लेकिन उसके चेहरे पर एक शिकन तक न देखकर वे खुद ही चौंक गये।

"वा दिना जैसी एक कप चाय पिओगे का?...वा दिना तेऊ मलूक। बागले को मोड़ा छेरी को दूध दै गओ है।"

और वह इतना पूछकर उठ खड़ा हुआ और पाटोर का दरवाजा खोलकर अन्दर जाने लगा। तब उपेंद्र चौधरी थोड़े सख़्त लहज़े में बोले—"पहले मेरी बात का जवाब दो तब उठकर कहीं जाना।..."

लेकिन उसने मानो उनकी बात सुनी ही न हो। वह पाटोर के अन्दर चला गया और थोड़ी देर के बाद वह जो कुछ लेकर पाटोर से बाहर आया उसे देखते ही

एस.डी.ओ.(पी.)चौक कर उठ खड़े हुए। वे हक्के-बक्के से उसे देखे जा रहे थे और सामने बूचा लुहार अपने दोनों हाथों में कटी हुई हथकड़ियाँ और उनसे बँधी सूत की रस्सियों को लिए खड़ा था।

एक बार तो उनका मन हुआ कि इस दुबले-पतले मरियल आदमी को पहले जी भरकर पीट लिया जाये और फिर जीप में डालकर डांगर गाँव ले जाया जाये। लेकिन वे ऐसा कर नहीं पाए। उन्होंने हथकड़ियाँ उससे ले ली और पीछे की ओर से जीप में बैठने को कहा।

और तुरन्त ही उनकी जीप मुड़कर जंगल के रास्ते डांगर गाँव को चल पड़ी।

40

पार्वती घाटी और पंचमहल के इलाके को मानो फिर लकवा मार गया।

पाल गैंग के चारों लोग जिस दिन पुलिस की पकड़ से भाग खड़े हुए उसी दिन से चारों ओर सन्नाटा व्याप गया। पुलिस की अभूतपूर्व गतिशीलता उस सन्नाटे को भंग नहीं कर पा रही थी। पुलिस को वैसे भी बहुत दिनों से जनता की सुरक्षा प्रदान करने वाली संस्था नहीं माना जा रहा था। लेकिन इस बार उसके इस काम पर और भी बड़ा प्रश्न चिह्न लग गया था। खास तौर से घाटी में तो ऐसा भय व्यापा था कि लोग दिन के समय भी घरों से निकलने में भय खाते थे। असला हाथ में लिये और किसी अन्य को साथ में लिये बिना जंगल-डांग में कोई कदम नहीं रख सकता था। जंगल के अन्दर लगभग सभी कार्य ठप्प पड़े थे। न वहाँ बन-उपज एकत्रित करने को कोई जा पा रहा था और न रात में पसर चराने को। सारे खरक सूने पड़े थे और जानवर आवारा डोल रहे थे। घाटी से दस-बीस कुन्टल दूध रोज शहर को जाता था, लेकिन उन दिनों वह कतई बन्द था...पत्थर खदानों की दुनिया की सारी उछल-कूद, चहल-पहल एक दम गायब थी। छैनी, टांकी, हथौड़ा की आवाज किधर से भी नहीं आ रही थी। जो खदानों में माल पड़ा था उसे उठाने को कोई ट्रक वाला पुलिस के संरक्षण में भी नहीं जा पा रहा था।

लोगों का भय तब और ज्यादा बढ़ गया जब उन्हें पता लगा कि पाल गैंग वाले उन लोगों को बुला-बुलाकर सजा दे रहे हैं जो उन्हें अदालत से सजा हो जाने पर घाटी में मिठाइयाँ बाँटते रहे थे या जिन से सरेन्डर के समय पैसा माँगा गया था। लेकिन टाल मटोल करके पैसा देने से बच गये थे। वही लोग गैंग के लोगों को सजा हो जाने पर घाटी में हीरो बने डोलते थे और हर किसी से मूंछ ऐंठकर ही बतियाते थे। लेकिन अब उन्हीं सबकी हालत बहुत खराब थी। अब वे पैसा देने के लिए भी सोर्स तलाश रहे थे।

पटसेना गाँव ए.बी.रोड से पश्चिम दिशा में एक-डेढ़ किलोमीटर की दूरी पर है। गाँव की ज़मीन काफी उपजाऊ है। बगल में ही पहाड़ है और उससे लगकर नदी बहती है। पहाड़ पर जानवर चराने की सुविधा है, इसलिए उस गाँव में दूध भी खूब होता है। यानी कुल मिलाकर पटसेना गाँव अपेक्षाकृत खुशहाल गाँव है। वह अकेला ही नहीं बल्कि उस पहाड़ के इर्द गिर्द तीन गाँव और हैं जहाँ की जमीन उसी तरह की है और जानवर पालने की पूरी सुविधा है। उन चारों गाँवों की एक खास बात यह भी है कि चारों में एक ही जाति का बाहुल्य है और उस जाति का भी ठीक उसी समय एक नामी डाकू था—हजारीराम! यह जातिवाद की बीमारी इस इलाके में कोढ़ में खाज का काम करती हैं! सब जानते हैं कि आज की हालत में जातिवाद आदमी के कतई काम की चीज़ नहीं रह गया है फिर भी आदमी साँप की केंचुल की तरह अपने गले में उसे डालने को मजबूर है। उसे मालूम है कि जाति उसकी किसी कठिनाई में सहायक नहीं होगी फिर भी वह उसपर आस्था बनाए रखेगा।

हाँ, तो यह बात पाल गैंग के सरेन्डर हो जाने के कुछ दिन पहले की है।

उस दिन पहाड़िया पर पसर चराने गया पटसेना गाँव का एक लड़का शाम के समय लगभग दौड़ता हुआ आया। राधेलाल पंच के घर के आगे उसे कुछ आदमी खड़े मिले तो वह वही रुक गया। उसने अपनी जेब से निकालकर कागज का पुर्जा राधेलाल की ओर बढ़ा दिया। सब लोगों का ध्यान उस लड़के की ओर था जो बुरी तरह से हाँफ रहा था और कुछ बोल नहीं पा रहा था। राधेलाल ने लड़के से तो कुछ नहीं कहा, पहले वह पुर्जा खोलकर देखा। वह टूटी-फूटी पंचमहली बोली में था जो मुश्किल से पढ़ा जा सकता था। उसने पढ़ने की कोशिश की और जो कुछ वह समझ पाया वह यह था कि, वह पाल गैंग के मुखिया देरूपाल की ओर से लिखा गया था। उसमें लिखा था कि पटसेना और उसके पास के अमुक-अमुक तीन गाँव मिलकर पाँच लाख रुपया अगले दो दिन में गैंग के पास पठा दें...यह सरेन्डर होने का टेकस है। राधेलाल पंच ने जब उस पुर्जे में लिखा सारांश वहाँ खड़े लोगों को बताया तो कई मुट्ठियाँ अनायास ही भिंच गयीं और दाँत किटकिटा उठे। मुँह खुले तो ताबड़-तोड़ गालियाँ और धमकियाँ निकल भागी—एक से एक रोचक गालियाँ और एक से एक वज़नदार धमकियाँ। पाल गैंग के साथ ही पाल बिरादरी के लिए भी बहुत सारी।

संयोग से जिले का एस.पी.उन्हीं. की बिरादरी का था और इलाके का दूसरे नम्बर का नामी गैंग भी उन्हीं की बिरादरी का था। उन्हें भरोसा था कि वे एस.पी. तक ये खबर पहुँचा दें तो हर गाँव में पुलिस चौकी बनवा देगा और अगर हजारीराम डकैत के पास उड़ती-उड़ती खबर पहुँच गयी तो वह चार गाँव की जगह पाल लोगों के आठ गाँवों से टेक्स वसूल कर लेगा। इसीलिए पटसेना या उसके पास के तीन अन्य गाँवों के लोगों ने उस पुर्जे की कोई खास परवाह नहीं की और फिर तीन-चार

दिन बाद ही पाल गैंग ने सरेन्डर कर दिया था। जब डांगर गाँव के कोर्ट में पाल गैंग के चार मुख्य सदस्यों के ऊपर केस चलने लगा तब पटसेना के लोग और भी खुश थे, लेकिन जब उन चारों को कोर्ट से सजा हो गयी तब उन चारों गाँव में खूब खुशियाँ मनाई गयीं। मिठाइयाँ बाँटी गयीं। यहाँ तक कि उसी महीना की पूर्णमासी को चूनाखोह के महादेव के मन्दिर में चारों गाँवों ने मिलकर कथा भी कराई और काफ़ी बड़ा भोज दिया।

और इस तरह से उन चारों गाँवों को इलाके भर के लोग जान गये। उनकी बहादुरी की नहीं, उनकी दरिया दिली की चर्चा इलाके भर में होने लगी और वहाँ के लोगों का मनोबल कुछ ऐसा बढ़ गया कि बाद में जब गैंग के चारों लोग पुलिस वालों की आँखों में मिर्च डालकर भाग खड़े हुए थे और जब पटसेना गाँव में यह खबर पहुँची तो भी वहाँ किसी ने मन मैला नहीं किया था और न उनके दैनिक कार्यों पर कोई असर पड़ा था। लेकिन असर एक दिन पड़ा ज़रूर और वह उस दिन पड़ा; जब उसी पड़ोस के पहाड़ पर चार जवान छोकरे और एक अधेड़ आदमी को सूरज डूबने से पहले ही पकड़ लिया गया और हाथ बाँधकर पीछे की ओर जंगल में ले जाया गया।

उस दिन भी एक पसर चराने वाला छोकरा जंगल की ओर से दौड़ता हुआ गाँव में आया था और उस दिन भी वैसा ही एक छोटा-सा कागज का पुर्जा उसके हाथ में था और वैसे ही राधेलाल पंच को उसने वह पुर्जा दिया था; लेकिन उस दिन राधेलाल ने वह पुर्जा लेने में खासी आनाकानी की थी। कई और लोगों को पुर्जा लेने को और पढ़ने को उकसाया था, लेकिन जब कोई लेने को तैयार नहीं हुआ तब उसने वह लिया और खोलकर पढ़ने की कोशिश की। वही कटे-पिटे अक्षर और वही टूटी-फूटी पंचमहली बोली। लिखा था,'...पाँच लाख वही सरेन्डर वालो टेक्स,...एक लाख हुकम उदूली को जुरमानो। चारों गाँवों के मुखिया नाक के बल चल के आयें, आज ते पाँचवे दिन अमुक डांग में...पुलिस को संग लाए तौ समझ लें...और नाय आये तौ छटवे दिन जो पाँचो लाशे भेंई पड़ी मिलेंगी झें ते अबे पकड़े गये हैं जे लोग...सांझ के टेम आके लै जायें।'

राधेलाल पंच पढ़ते-पढ़ते मानो बेहोश हो चला था। पुर्जा उसके हाथ से छुटकर एक ओर जा पड़ा था। वहाँ खड़े सब लोग उस पुर्जे को ऐसे निहार रहे थे कि मानो उसमें पेपर बम हो किसी की हिम्मत नहीं थी कि उसे उठाकर एक बार देख ले।

थोड़ी ही देर में उस बात की खबर पूरे गाँव में फैल गयी। जिन परिवारों के लोग पकड़े गये थे उन में रोवाराट मचा हुआ था। लोग परिवार जनों को समझा रहे थे। गाँव के अन्य लोग भी बेहद सहमे हुए थे। इतने हत्प्रभ कि किसी देखने वाले को विश्वास न हो। कुछ लोग फौरन पुलिस थाने जाने को कह रहे थे तो कुछ अन्य राय दे रहे थे कि पुलिस इस मामले में कुछ नहीं कर पाएगी। पैसे की व्यवस्था करना ही एक मात्र रास्ता है। नहीं तो पाँच लोग बेकार में मारे जायेंगे। इसी बात को लेकर

पटसेना और उसके पास के वही तीन गाँवों के मुख्य-मुख्य लोगों की एक बैठक हुई। उसमें प्रस्ताव रखा गया कि सभी लोग चन्दा करके पैसा इकट्ठा करें और उन पाँचों लोगों को छुड़ा लें। लेकिन इस प्रस्ताव के आते ही सब के सब मौन साध कर बैठ गये। किसी ने उस प्रस्ताव के विरोध में भी मुँह नहीं खोला ताकि कहीं उसपर बहस शुरू न हो जाये और अन्त में कहीं प्रस्ताव पास हो जाये और धीरे-धीरे-एक-एक, दो-दो करके वे सभी पंचायत से खिसक गये। जो बैठे रह गये वे सच में हाथ मलते रह गये।...परिजनों को बाध्य होकर पुलिस की शरण में जाना पड़ा। एस.पी. के पास जाकर गुहार लगानी पड़ी।

और फिर पुलिस ने भी अपनी जैसी खूब सक्रियता दिखाई। पहाड़ और पहाड़ से नीचे हर गाँव में पुलिस ही पुलिस और नतीजा वही-खोदा पहाड़ और निकली चुहिया भी नहीं। पकड़ की घटना के ठीक बीस दिन बाद एक दिन शाम को उसी पहाड़ पर लाकर उनमें से चार लोगों को गोली मार दी गयी और पाँचवे को संदेश वाहक के रूप में गाँव भेज दिया गया।

ऐसी निर्मम बर्बता और ऐसा घृणित प्रतिशोध, जिसकी मिसाल कहीं खोजे न मिले।

उन चार में से तीन अट्ठारह, बीस और इक्कीस वर्ष के और एक की शादी तक नहीं हुई थी। शायद उसी दिन घाटी के भाग्य में एक नयी रेखा उदय हुई थी। जिसके तहत अब लंबे समय तक यहाँ युवा गर्म खून बहा-बहा फिरेगा और उस खून की कीमत होगी पुलिस की निहायत नाटकीय कवायद और राजनीति की थोंथी भाषणबाजी, झूठे वायदे और घड़ियाली आँसू।

...उसी दिन चारों लाशें पहाड़ से उठाकर लायी गयी और ए.बी. रोड पर रख दी गयी। फिर वहाँ मजमा लगने लगा—पुरूष वर्ग का मज़मा और बाहनों का जाम। अब पुलिस के सामने सब से बड़ा काम घटना स्थल पर व्यवस्था और शांति बनाए रखना और नेताओं का काम लोगों को सांत्वना देना और मनमुताबिक फोटो खिचवाना। उधर मीडिया वाले भी अपने काम में तल्लीनता से लगे थे। जो नेता कुछ न कुछ आर्थिक मदद की घोषणा करने वाले थे, मीडिया के कैमरा उन्हीं नेताओं का बार-बार मुँह ताक रहे थे।

41

विश्वजीत ने देरू का बताया काम कर दिया था। उसने प्रताप को ठिकाने लगा दिया था।

और जब वह अपने काम के लिए तय हुआ पैसा लेने आया था तब दूसरी बार राजा ने उसे देखा था। उससे पहले उसने उसे डांगर गाँव जेल में देखा था।

तब वह भेस बदलकर मिलाई करने के बहाने उन सब से एक साथ मिला था। वहीं पर प्रताप को निबटाने का उसके साथ सौदा हुआ था। तब उस के हाव-भाव, बात करने का लहजा और चाल-ढाल ने राजा को खासा प्रभावित किया था। बल्कि उसे एक तरह की जलन उससे हो गयी थी।...फिर दूसरी बार वे एक दूसरे से तब मिले थे जब वे लोग पुलिस की पकड़ से हथकड़ियों सहित भाग आये थे और उसके कुछ दिन बाद विश्वजीत अपना पैसा लेने के लिए बाँध के पास वाली एक खोह में आया था।

उस समय राजा बाँध पर देर से बैठा था और विश्वजीत बाँध के रेस्टहाउस की ओर से बायें हाथ में पचफैरा उठाए हुए मचकता हुआ चला आ रहा था। पहले तो राजा को उसकी शक्ल पानी में दिखाई दी और उसे पहचानते ही वह चौंक गया था। फिर बाँध से नज़र हटाकर देखा तब तक वह उसके नज़दीक आ गया। वह राजा को देखकर मुस्कराया ज़रूर था लेकिन बोला कुछ नहीं। उसकी बगल से ही ढलान उतरकर वह आवा खोह की ओर जा रहा था तभी राजा उठकर खड़ा हो गया और पूर्ण अवहेलना के साथ बोला—"को है रे!...भें कां जा रओ है?..."

राजा ने जिस ढंग से कहा था उसे सुनते ही पहले तो वह भी चौंक गया। चौंक गया और उसी पैर पर खड़ा रह गया। लेकिन उसने पीछे को मुड़कर देखा नहीं। बल्कि कुछ क्षण तक प्रतीक्षा की कि देखें आगे वह और क्या कहता है। जब उसने और कुछ नहीं कहा तो मुड़कर उसके पास आ गया। उसे ऊपर से नीचे तक देखा और खिलखिला कर हँस दिया। अब राजा ने अनुभव किया कि उसके कहने में उतनी अवहेलना नहीं थी जितनी विश्वजीत के उसे देखने और हँसने में थी।

"तैं को होत है मोय टोकन बारो?...जा इलाका में का तेये कक्कू को राज है? सुन रे, बावनदास! ऐसे राह चलत काऊ को टोकत नाय है; सोऊ पचफैरा हाथ में देखवे के बाद।...जा में पाँच राउण्ड है और पूरे पचास कमर ते लिपटे हैं, इतने सारे मैंने जो सीना में उतार दिये तौ सीना की कऊँ किच्च तक ढूढ़ें नाय मिलैगी! का समझो मोंड़ा!"

उसने कहा तो राजा का चेहरा लाल पड़ गया। उसके पास भय नाम की तो कोई चीज नहीं थी, लेकिन खीज ज़रूर थी उसके चेहरे पर, और यह भी सच है कि कोई खीज़ गुस्से से खाली नहीं होती। विश्वजीत राजा से बोला तो कुछ ज्यादा ही कठोर था, लेकिन अपनी ही उम्र और वैसी ही दिलेरी वाले युवा को सामने खड़ा पाकर किसका दिल नहीं उमड़ेगा भला। उसने फिर धीरे से राजा के कन्धे पर हाथ रखा और फिर कहा—"देख, गुस्सैल तौ कुछ ज्यादाई है, फेर एक बात समझवे की है के बिना हथियार के ऐसे खुली जगह पे बैठनो एक तरह ते खुदकशी करनोई है...और दूर ते आते आदमी को पहलेई ललकारनो चाहिए। पास आवे पे तो वा पे चुपचाप नजर रखनी चाहिए! अबै बगपने की पाठशाला में पहलो कदम है धीरे-धीरे समझ में आयेगो...।"

इतना कहकर उसने उसकी पीठ हल्के-से सहलाई और मुस्कराता हुआ फिर

ढलान उतर गया।

राजा हतप्रभ-सा खड़ा-खड़ा उसे खोह की ओर जाता देखता रहा। थोड़ी देर के बाद वह फिर वहीं बैठ गया जहाँ पहले बैठा था। लेकिन अब उसके मन में खीज़ नहीं थी। तेज पछवा हवा के पानी को छेड़ने के कारण बाँध की सतह पर जो ताना फैलाया और समेटा जा रहा था उसने अब की बार उसका मन और भी ज्यादा मोह लिया।

थोड़ी देर के बाद विश्वजीत फिर लौट के आ गया और उसके पीछे खड़ा होकर निहायत नरम स्वर में उसको पुकारा–'राजा! ओरे राजा!"

"काय, कुछ और कहवे को बचो है का? राजा ने उठते-उठते पूछा।

"हाँऽऽ, अबै तो बहुत बचो है, अबै मैंने कहो का है।" वह राजा की आँखों में आँखें डाल के हँस दिया।

"तौ कहे न, दाँत काहे को निकार रओ है।"

"बड़ो गुस्सैल है रे!...देख, तेओ भैया तौ है कोरो बाबा!...बाबा जी, वा कों जा पेशा में आनो नाय हो। जेल का बुरी ही, जो ऐसो ही रहनो हो तौ। बेचारो जा बात को लैके पछता रओ है के पटसैना में चार मोंड़ा बेकार में मारे गये।..."

"तें चुप होगो कै नाय?...जो भैया के बारे में एक बात और कही तो जे पथरा मार के खोपड़ो फोड़ दूँगो।"

राजा का चेहरा फिर लाल पड़ गया था। विश्वजीत खिलखिला के फिर हँसा था।

और इस बीच दोनों को पता तक नहीं लगा कि उस दिन का सूरज कब का रानी घाटी में कहीं खो गया था और बाँध पर पड़ रही बीच के पहाड़ की सुरमई छाया अब काली हो चली थी। पश्चिमी पवन पहले ही पार्वती घाटी में कहीं मानो विश्राम करने चला गया था।

"अब तें जा, रात भई जा रही है।..."

राजा का स्वर उसके प्रति थोड़ा सहानूभूति का था।

विश्वजीत ने पलक उठाकर हँसती हुई आँखों से उसे देखा और कहा–"धै तेरे की! तें रात ते डरत है? रात तौ हमाये पेशा की रानी होत है और दिन होत ह कोढ़ी...थूऽऽ कोढ़ी!"

अबकी बार राजा ठहाकर हँसा। वह हँसा तो विश्वजीत उसे देखता ही रह गया।

उन छोटे-छोटे बेघने दाँतो की निश्छल हँसी ने सचमुच उसका मन मोह लिया था। वह थोड़ा उत्साहित होकर बोला–"राजा, मैं कहूँ तौ तोय भरोसो नाय होगो। तेरो-मेरो मेर है कई बात में...। और हम दोनों को हजारी तेऊ मेर है, तें सही मान मेई बात।"

"फेर हजारी तौ गैर जाति को है, वा ते तेओ-मेओ मेर कैसे होगो?..."

"धै तेरे की, झेऊ जाति आके घुसड़ गयी हमाये बीच में?...तें ऐसे समझ रे! एक तरह को काम करवे वारे सब एक जाति के होत हैं के नहीं? तौ हम तीनों एक जाति के क्यों नाय है सकत। अच्छा जे बता, तेये गैंग में तो सहरिया है, जाटव है ...और देरू कह रो हो कि गैंग में कोऊ छुआछूत नाय है। सहरिया खाना बनात है, सब एकई चमचेते परस-परस के खात हैं। सब अपने अपने वासन माँजत-धोवत हैं...और सब बासन एक साथ रखे जात हैं। जे सब देरू बोलो है मोते!"

"वो बोलो है सो तौ सई है, फेर हजारी तौ हमन कों गैर जाति को मानत है। दुश्मन समझत है वो हमें।"

"नाय रे! ऐसी बात नाय है। तुमनने बाकी बिरादरी के गाँवन पे कैसो जुलुम करो है। इतनी छोटी बात पे चार-चार मोड़न में गोली ठाँस दयी! कुछ तौ सोचते भले आदमियों! पैसाई वसूल करनो हो तौ और रखते दस-पाँच दिना अपने पास। बिन गाँवन में वा की रिश्तेदारी हैं, तौ बुरो नाय लगैगो वा को।"

राजा की आँखों में अब की बार फिर सुर्खी आ गयी।

वह बोला—"और हजारी ने चार-चार बागलन की पकड़ करी है, सो?

"तैं बिना सोचे बहस खूब करत है रे! चार की पकड़ करवो और चार को मार डारवो का एकई बात है।"

राजा फिर कुछ नहीं बोला। वैसे किसी के सामने इतनी देर रुककर बातचीत करने की सामर्थ्य उसमें थी नहीं। वह बहुत जल्दी ऊबने लगता है। उस दिन बाँध के किनारे खड़ा विश्वजीत के साथ कुछ ज्यादा ही बातें कर चुका था।

अब विश्वजीत को भी लगने लगा था कि राजा छिपाने की कोशिश कर रहा है, लेकिन अन्दर ही अन्दर बेहद ऊबा हुआ है।

वह एकाएक मुड़कर चलने लगा तो राजा ने टोका—"और सुन, तें अपनो हिसाब तो लै चलो फेरवो एस.एल.आर कां है।'

"दो-तीन दिनन में आ जागी, मैं देरू ते बोल आओ हौ। केशव के पास है। आज मिलो नाय हो। अपने आप दै जागो।"

वह बोला और मुड़ के फिर उसके पास आ गया। थोड़े धीमे स्वर में उससे बोला—"एक जरूरी बात तौ रह गयो।...रंगपंचमी के दिना जम के होरी खेलवे को इरादा बनो है। तैं आ जाय तो मजा आ जागो। बिन दोनों मोंड़न संग लेत आये तौ और ठीक रहैगो। का नाव है तेई मौसी के मोड़न को?"

"गोविंद और प्रीतम...।"

"हाँ, विनेई दोनों को,...। सब जाई उमरि के रहेंगे तौ खूब मजा आगो। यू.पी.तेऊ ऐसेई दो-तीन आ रहे हैं।...सागर ते दो बेड़िनी आ रही हैं।"

उस की बातें सुनकर राजा के मन में भी उमंग जाग गयी। वह मुस्करा के बोला—"फेर जे सब होगो कां और कैसें, सो तो बता!

"जे सब होगो भें, झें सिंध नदी में महुअर मिलत है, हिनौतिया की डांग में।...और जे सब करवावे की जिम्मेदारी है हजारीराम की।"

उसने कहा तो राजा ने हल्का-सा मुँह बना लिया। उसे देखकर विश्वजीत फिर बोला—"काय आनो नाय है का तोय?...हजारी ऐसो बुरो नाय है जैसो तू समझत है। और फेर वो सब काम अपन सब को है। हजारी को वो इलाको है तौ इंतजाम तौ वाई को करनो पड़ैगो न?...खूब मलूक इंतजाम कर रो है, वो! एक बोरा तो सूखी मेवा मंगवाई गयी है। दस कनस्तर शुद्ध देशी घी...।"

वह कहे जा रहा था और राजा मुस्करा रहा था।

"काय, मैं! झूठ बोल रो हौ का? तेई कसम राजा, तें देख लीये। बागिन को ऐसो जलसा देश में कहूँ नाय सुनो होगो। तें अइये जरूल और बिन दोनों मोड़न कोऊ लैके अइये।"

और वह चला गया। अब तक अन्धेरा घना हो गया था। उस अँधेरे में वह जहाँ तक उसे जाता देख सका वहाँ तक देखता रहा।

42

होली के बाद तीज के दिन पंचमहल में जाने के लिए राजा तैयार हो रहा था। उसके साथ जाने के लिए प्रीतम और गोविंद भी तैयार हुए खड़े थे।

सचमुच उन्हें जाना तो हिनौतिया की डांग में रंगपंचमी मनाने के लिए था, लेकिन उसके लिए देरू हरगिज़ नहीं जाने देता, इसलिए एस.एल.आर. विश्वजीत से ले आने का बहाना गढ़ा गया था। बहाना पूरी तरह कामयाब रहे इसलिए राजा बार-बार विश्वजीत पर विश्वासघात का आक्षेप लगा रहा था और हर हालत में उसे निबटाने की कसम खा रहा था। देरू उसे समझा रहा था कि पटसेना कांड के बाद इलाके में पुलिस का भारी दबाव है। एक राइफल के लालच में बेमौत मारे जाओगे, सब!

लेकिन राजा आखिर राजा ही था। जिस बात की धुन सवार हो जाये उसे किये बिना उसे और कुछ सूझता ही नहीं था। वैसे देरू का दबदबा गैंग पर अद्‌भुत था। उसकी मर्जी के बिना पत्ता तक नहीं डोलता था। वह किसी के सामने ज्यादा बोलता नहीं था, लेकिन वह किसी का ज्यादा बोलना भी बर्दाश्त नहीं कर सकता था। ज़िद तो उसे किसी की पसन्द ही नहीं थी। राजा की भी नहीं। लेकिन राजा ने इसके लिए एक अन्य तरीका अपना लिया था कि देरू के आगे खड़े होकर बहुत देर तक बात नहीं करता था लेकिन करता वही था जो मन में ठान ली है।...दोनों के दिल और दिमाग की अजीब बुनावट थी—अद्‌भुत गति थी। राजा तत्काल निर्णय लेता था और

तुरित गति से उसपर अमल करता था। बड़े से बड़ा भय और जटिल से जटिल बाधा उसे एक क्षण रुककर विचार करने को राजी नहीं कर सकते थे। लेकिन देरू हमेशा लम्बी योजना पर काम करने का आदी था। उसने किसी से बोला नहीं था, लेकिन अनेक लोगों को मालूम था कि वह बागपने के सारे कीर्तिमान ध्वस्त करने के इरादे से जंगल में उतरा है। उसने निश्चय कर लिया है कि चाहे सारी दुनिया उसे डाकू कहती रहे, लेकिन कभी भूलकर भी डाका नहीं डालेगा, किसी सूरत में जनीमाँस के साथ बदसलूकी बर्दाश्त नहीं करेगा और कुल मिलाकर इस पार्वतीघाटी और पंचमहल में बागपने की सबसे लम्बी पारी खेलेगा।

लेकिन राजा को लेकर वह हमेशा सशंकित रहता था। वह कब क्या कर गुजरेगा। इस बात का पता कभी-कभी उसे भी नहीं लगता था। यद्यपि राजा देरू की काफी इज्जत करता था, लेकिन जब उसकी मर्जी के काम में बाधा पहुँचती तब सीधा माँ-बहन की गालियों से ही बात करता। देरू उसकी भलाई के लिए और गैंग के दीर्घ जीवी होने के लिए गालियाँ भी सुनता था और कभी-कभी उसकी जिद का जवाब उसको न देकर प्रीतम और गोविंद सबको एक साथ देता।

उस दिन देरू को लगा कि उसके समझाने पर भी राजा पंचमहल जाने का मन बनाए बैठा है। कैसे भी रुकेगा नहीं।

"ऐसी जलती आग में तुम काहे को कूद रहे हौ रे! मोड़ीचोद एस.एल.आर कऊँ भागी नाय जा रही है। वो तो बाद मेंऊ आ सकत है।"

देरू ने एक बार फिर कोशिश की और उसने मानो उन तीनों से एक साथ कहा हो।

राजा मानो सिमट कर इकट्ठा हो गया। प्रीतम ओर गोविंद बँगले झांकने लगे। कुछ देर के लिए तो उन सब के बीच गहन सन्नाटा व्याप गया।

राजा ने एक बार देरू को उसकी नज़र बचा कर देखा और उसे सुनाता हुआ गोविंद से बोला—"गोविंद! मैं विश्वजीत को ठिकाने लगाए बिना अब चैन ते नाय बैठूंगो! वाने हमाये संग छल करो है। रुपया लै गओ और एस.एल.आर.दैवे नाय आओ!..."

इतना कहकर उसने प्रीतम की ओर हल्की-सी आँख मार दी।

उन दोनों के लिए राजा का यह निहायत नया रूप था। वे जानते थे राजा बात को घुमाफिरा कर कहना या झूठ बोलना तो जानता ही नहीं है। उस दिन बाँध पर खड़े-खड़े उन दोनों को एक घण्टे से ज्यादा बतियाता उन दोनों ने देखा और उन दोनों को उसी ने प्रायः रोज याद दिलाई है कि उन्हें विश्वजीत रंगपंचमी को होली खेलने हिनौतिया डांग में बुला गया है। तैयार रहना है। लेकिन अब कह रहा है कि विश्वजीत को ठिकाने लगाने जा रहा है।

लेकिन फौरन ही उन दोनों की समझ में आ गया कि इसके पीछे हकीकत

कुछ और ही है। ये होली के रंग का नशा है। लेकिन उन दोनों को अचरज इस बात को लेकर था कि देरू वैसे तो अपने आप को खूब होशियार समझता है लेकिन ये बात क्यों नहीं समझ पाया कि राजा विश्वजीत को ठिकाने लगाने नहीं जा रहा बल्कि होली के मौके पर वहाँ कोई नया गुल खिलाने जा रहा है।

"देखो रे! ज्यादा भूवर में मूंतवो ठीक नाय है। अबै जो कुछ पटसेना में करै बैठे हौ वोई बहुत है। एस.पी.पटसेना वारेन की बिरादरी को है। खोज-खोज के मार डारैगो हमें।"

देरू ने फिर कहा तो राजा बिना उसकी आँख से आँख मिलाये ही बोला—"ऐसो कऊँ नाय खा जागो वो हम सबकों।...और जो खायेगो तौ झेंऊ रहते खा जागो।"

देरू राजा को लेकर हमेशा सशंकित रहता है। वह कब क्या कर गुजरेगा यह कोई नहीं जान सकता। यद्यपि वह उसकी काफी इज्जत करता है, लेकिन जब भी उसे कुछ करने की सनक सवार होती है तब आगा-पीछा कुछ भी नहीं देखता। न तो अपने बारे में कुछ सोचता है और न यह देखता कि उसके कुछ ऊटपटांग कर गुजरने से दूसरे लोग किस सीमा तक जोखिम में पड़ सकते हैं,

वह उसके बारे में सोचता ही रह गया और राजा गोविंद और प्रीतम के साथ वहाँ से खिसक लिया। लेकिन देरू यह देखकर उदास हो गया।

हिनौतिया की डांग में ऐन दो नदियों के संगम पर रंगपंचमी जोरदार तरीके से मनाई गयी। पच्चीस-तीस लोग थे और सब नयी उम्र के, जिन्हें देखने से लगता था कि उनके मन घृणा से ही दूषित नहीं हुए थे बल्कि दिल में प्यार भी छलक-छलक जाता था। एक दूसरे ने केवल रंग ही नहीं उलीचा बल्कि एक दूसरे की व्यथा-कथा भी सुनी। ज्यादातर की कहानी एक ही तरह की थी...यथा स्वाभिमान से जीना, सिर उठाकर चलना गाँव के बड़े आदमी के बर्दाश्त से बाहर हो गया...पाले हुओं से पिटवाना और फिर भी मन नहीं भरा तो पुलिस को हुल्कार देना...किसी की सुघड़ घरवाली पर साधन सम्पन्न की नज़र तो किसी की जवान बहन के साथ कुकर्म...सिर्फ कुछ ही रास्ते बाकी—गाँव में जूते खाओ और घुट-घुट कर मरो...उसके खिलाफ आवाज निकली तो पुलिस से अपनी दुर्गति कराओ और जेल जाओ—यों बहुत सारी बातें कही गयीं और बहुत सारी बातें सुनी गयी। अर्थात् काफी कुछ दुःख बाँटे गये, लेकिन बाँटने से कम नहीं हुए...होते भी कैसे, कहीं पहाड़ खुरचने से घटते हैं?...फिर भी तीसरे दिन वे तीनों पंचमहल से वापस आये तब उत्साह से भरे हुए थे।

सूरज डूब चुका था और पश्चिमी क्षितिज पर गहरे नीले बादलों में लालिमा ऐसे घुल मिल गयी थी जैसे किसी चित्रकार ने बड़े केनवास पर गहरे रंग उँड़ेल दिये हों और उन्हें कूंची से छेड़ते हुए कुछ सार्थक उकेरने में लगा हो। ठीक उसी समय राजा, गोविंद और प्रताप आ गये। राजा के पास अपने माउजर के अलावा प्रताप वाली एस.एल.आर भी थी। वह उसने जहाँ देरू बैठा था उसीकी बगल में रख दी। उसने

पहले राजा को गौर से देखा। जब एक बार देखकर मन नहीं भरा तो रुक-रुककर कई बार देखा। एक तो रंगमें सराबोर होकर उसका रूप कुछ-कुछ निखर गया था और ऊपर से वह मुस्करा भी रहा था। इतना देखने मात्र से देरू समझ गया था कि वह किसी को मारकर एस.एल.आर नहीं लाया है।...बस इतना ही बहुत था आज उसकी लालसा शान्त करने हेतु।

अब उसने राइफल उठा ली। उसे उलट पुलट कर ध्यान से देखने लगा। फिर गहरी साँस ली और बोला—"जेई एस.एल.आर है जाने रामचन्द मामा की जान लेली ती।"

यह कहते उसका गला भर आया था। राजा आँखें फाड़-फाड़कर उसे देख रहा था। थोड़ी देर बाद देरू ने फिर उसको पलटकर देखा और फिर बोला—"और जाई के कारण वो मोड़ा मारो गओ। वैसे वो मरवे के लाइक नाय हो...बतात है कि वा को बाप पागल है गओ है...।"

अबकी बार राजा ने चौंक कर देखा और फिर गोविंद, प्रीतम और राजेन्द्र की ओर देखने लगा। मानो उन सबसे कहना चाहता हो कि तुम सब देख लो, भैया निरो बावरो है गओ है। अब तो जाय बाबा है जानो चाहिए!...

थोड़ी देर के बाद राजा ने देरू से कहा—"भैया! विश्वजीत हमाये गैंग के संग काम करना चाहत है।..."

अबकी बार देरू ने चौंककर उसे देखा। कुछ देर चुप रहकर वह जो कुछ बोल गया था उसपर विचार किया। राजा की ओर फिर देखा और कहा—"काय, वो हमाये संग काय काम करन चाहत है। वा के गैंग को का भओ?"

"वा को गैंग अब नाय है, तीन लोग मुठभेड़ में मारे गये और एक को पुलिस पकड़ लै गयी।"

"और हजारीराम तौ वा को यार है, वा के संग काम नाय नाय करत है?"

"वा के संग नाय करवे चाहत है,...।"

"काय नाय चाहत है?"

"अब वा की वो जाने, मैं का जानूँ,...।"

"देख, तेई तौ अकल मारी गयी है, वो मोड़ा अच्छो नाय है?"

"काय, वा में का कांटे लगे हैं?"

देरू को इस बात पर ताज्जुब नहीं हुआ कि राजा में वह आज बदलाव देख रहा है। बल्कि खुशी हुई कि वह भी किसी मामले में तर्क दे सकता है, एक-दो पत्थर फेंक कर चुप नहीं हुआ है। अगर ऐसा सन्तुलन बनाकर वह बात करना सीख जाये तो इससे ज्यादा खुशी की और कोई बात नहीं हो सकती।

देरू थोड़ी देर बाद फिर बोला—"देख, विश्वजीत में कांटे तौ कुछ नाय हैं, आदमी में कांटे होंगेऊ कैसे; फेर इतनो समझलैं के जो आदमी पैसा लैके काऊ की

जान लै लेय वो भलो नाय है सकत है।"

"फेर पैसा तो वाको हमने दओ हो, हमई ने वाते जान लैवो को कही ती!"

"तौ का भओ, फेर वाकों तो जे काम नाय करनो हो!"

अबकी बार राजा अपने भैया की बात सुनकर भारी उलझन में पड़ गया। वह अपने भैया को बार-बार समझने की कोशिश करता और किसी विधि समझ नहीं पाता। अब भला बताओ, विश्वजीत को हमने ही पैसा देकर प्रताप को मरवाया है और फिर भैयाने ही जेल में रहते इसकी योजना बनाई थी...और वही अब प्रताप के लिए दुखी है और विश्वजीत को बुरा आदमी समझता है।

शाम अब रात में समाती जा रही थी। राजा के अन्दर की ऊब बेकाबू हुई जा रही थी। देरू भैया आज फिर उसकी समझ से बाहर जा रहा था और वह घबराकर उस के पास से हटने ही वाला था। तभी देरू फिर बोला—"...अब तें जो वाते हामी भर आओ है तौ रख लै अपये गैंग में, फेर वापे अंकुश रखवो जरूली है।"

देरू की बात सुनकर राजा गहरा मुस्कराया था, लेकिन उसकी नजर बचाकर।

43

कहा जाता है कि एक बार बहुत पहले उधर चंबल क्षेत्र में डाकूओं की महापंचायत हुई थी। उस पंचायत में अन्य बातों के अतिरिक्त एक प्रस्ताव यह भी सर्व सम्मति से पास हुआ था कि हमें लोगों पर यह दबाव बनाना चाहिए कि वे अब हमको डाकू न कहें, बागी कहें। तब आमतौर पर लोगों को इस बात में शंका थी कि लोग इतने आसानी से डाकू की जगह बागी शब्द इस्तेमाल नहीं करेंगे, लेकिन वे सचमुच वही करने लगे और कुछ दिनों में तो डाकू शब्द मानो पूरे इलाके से गायब हो गया। और बागी शब्द मानो हर जबान पर चढ़ गया।...इसी तरह की एक प्रवृति इस क्षेत्र में और भी देखने को मिली है। पहले डाकूओं का नाम बिगाड़ कर लिया जाता था जैसे सुल्तान अहमद जब डाकू हो तो डाकू सुल्ताना पुकारा जाता, महावीर डाकू बने तो महावीरा...और लुकमान पण्डित डाकू बने तो लुक्का पण्डित हो जाता था और इसका अर्थ उन लोगों की अकूत घृणा होती थी। लेकिन अब जैसे ही किसी बागी का कद पहले से थोड़ा ऊँचा उठा, वहीं उसका वास्तविक नाम खासी सोहरत पा जाता है। मानो समाज रूपी अंगूठी में हीरे जैसा दमकने लग जाता है। आज टुकड़े-टुकड़े हुए पड़े इस समाज में जो थोड़ी-सी भी हरकत करता दिखाई देता है ढेर सारी सहानुभूति वही बटोर ले जाता है।...और लोग करें भी क्या? जो लोग उनकी सहायता के लिए बने हैं उन्हें उनके चूसने और मूसने से भी फुर्सत नहीं है।

"दिस'इजव्हेरी सेमपुल!...व्हेरी-व्हेरी सेमपुल फॉर अस! लोग डाकूओं का

रेस्पेक्ट करते हैं और पुलिस की मदद नहीं करते—उस पर यकीन नहीं करते!...कोई तो वजह होनी चाहिए, इसकी!"

शिवपुरी से नरवर के रास्ते डी.आई.जी. करतार सिंह नवलखा ग्वालियर जा रहे थे और कुछ घण्टों को मनीखेड़ा बाँध पर रुके थे। उन्होंने पुलिस अधिकारियों की एक सफ़ारी मीटिंग ली थी और अपनी बात एक तरह से पुलिस के प्रति गहरे क्षोभ को दर्शाते हुए की थी और उसका नतीजा वही हुआ जो होना चाहिए था। डी.आई.जी. के सामने बैठे अधिकारियों की नज़र नीची हो गयी। कोई-कोई तो लम्बी साँस लेने में संकोच कर रहे थे। कुछ छिपी नज़र से अपने अगल-बगल वालों को देखते और सोचते कि कोई तो साहस दिखाए। कुछ ज्यादा नहीं तो साँस लेनेभर की जगह बनाए।

डी.आई.जी. की चितवन में अभी भी कोई ज्यादा फर्क नहीं आया था। वे अपनी लम्बी भूरी मूछ को ऐंठ लेते थे और फिर उसी कटीली नज़र से उन सब को देखकर बीच-बीच में गहरी साँस छोड़ देते थे।

थोड़ी देर के बाद एस.पी.स्वरूप कान्त माणिक ने सावधानीपूर्वक गर्दन सीधी की। वे कोशिश करने पर भी डी.आई.जी. साहब की नज़र से नज़र तो नहीं मिला पाए फिर भी बोले ज़रूर—"सर! इस क्षेत्र की जनता डाकूओं के आतंक से हर वक्त घबरायी हुई रहती है। गाँव वालों पर उनका आतंक जबर्दश्त है और इसी वज़ह से वे लोग पुलिस को बिल्कुल मदद नहीं करते हैं।"

एस.पी.ने कहा तो उन्होंने उन्हें घूरकर देखा।

"अगर आप की बात मान भी ली जाये, तो भी यह सवाल अपनी जगह कायम रहेगा कि गाँववालों के उस आतंक को दूर करने का दायित्व किसका है?...वह भी तो हमारा ही है?...मेन रोड से मात्र डेढ़ किलोमीटर की दूरी पर पटसेना गाँव है और दिनदहाड़े चार लोगों को गोलियों से भूनकर वे लोग चले गये...और पुलिस वहाँ तीन घण्टे बाद पहुँची है। उससे भी पहले पूरे बीस दिन वे लोग गैंग के पास रहे हैं। क्या आपको फिर भी नहीं लगता कि लोग हमारी कार्यकुशलता पर उँगली उठाएंगे?"

फिर डी.आई.जी. ने लगभग उसी धिक्कार के स्वर में कहा और वे लोग एक बार फिर बँगले झाँककर रह गये।

एस.ओ.रजनीश शुक्ला पीछे की ओर बैठा था। वह बैठा-बैठा कसमसा रहा था। उसने पालगैंग को अपने थाने में सरेन्डर कराने के लिए काफ़ी भाग-दौड़ की थी। काफ़ी सीमा तक जोखिम उठाकर उन लोगों को सरेन्डर होने के लिए राजी किया था। लेकिन एन वक्त पर इन्हीं एस.पी.महोदय ने अड़ंगा लगाकर उसकी सारी मेहनत पर पानी फेर दिया। सारा प्रयास निरर्थक कर दिया।...और फिर बाद में उन्हीं लोगों का सरेन्डर कड़ाही थाने में हो गया। वह इन्हीं सब बातों को डी.आई.जी. के सामने रखना चाहता था लेकिन डर इस बात से रहा था कि डी.आई.जी. साहब कहीं

अन्यथा न लें। अगर ऐसा हुआ तो उसे लेने के देने पड़ जायेंगे। भारी कसमकस के बावजूद वह अपने अन्दर उमड़ रहे विचारों को रोक नहीं पाया। अंत तो गत्वा वह उठ खड़ा हुआ और वे सब बातें डी.आई.जी. के सामने खोलकर रख दी।

सुनकर उनकी घनी बरौनियाँ वाली बड़ी-बड़ी आँखों में मानो ज्वाला जैसी जलने लगी।

"यूऽऽसिट् डाउन!...गैंग का सरेन्डर नहीं हुआ था, स्याऊ के जंगल में एनकाउन्टर के दौरान गैंग को अरेस्ट किया गया था।...पुलिस की नौकरी करता है या घास खोदता है!...सिट्डाउन!"

एस.ओ.रजनीश शुक्ला बैठ तो गया लेकिन उसके चेहरे पर क्षोभ की गहरी पर्त बिछ गयी थी। चेहरे पर जितना गहरा क्षोभ आँखों में उतना ही ज्यादा अचरज। इतना बड़ा झूठ सो भी इतने बड़े अधिकारी के मुँह से! यहाँ के सैकड़ों लोगों ने उन्हें डांग से बाहर आते हुए टाटा सूमो में बैठकर जाते देखा है। ए.एस.पी.रामसिंह को पटा-फुसलाकर उन्हें गाड़ी में बिठाते देखा है और डी.आई.जी.साहब कह रहे हैं कि उन्हें स्याऊ के जंगल में पकड़ा गया है। फिर उसे अपने ऊपर ही गुस्सा आया। गुस्सा इस बात का कि जब उसे पहले से अपने विभाग की रीति-नीति मालूम है तो फिर क्यों घी में नहाये हुए आग में कूदना चाहता था।

एस.पी.स्वरूप कान्त माणिक को भी उसपर गुस्सा कम नहीं था। जो कुछ वह डी.आई.जी. से कहना चाहता था वह सब एक तरह से उन्हीं की शिकायत थी। उन्हीं ने उसको सरेन्डर कराने से मना कर दिया था। यद्यपि उन्हें भी लगता है कि यदि शुक्ला उन लोगों का सरेन्डर कराता तो शायद पटसेना काण्ड नहीं होता। तब गैंग ऐसे भागकर जंगल में फिर नहीं पहुँच सकता था। इसमें दूसरे जिले की पुलिस की लापरवाही या मिली भगति उन्हें दिखाई देती है।

"सर, वो; उन लोगों का कोर्ट से वापस ग्वालियर जेल ले जाते समय रास्ते में भाग जाने में मुझे कहीं न कहीं लापरवाही की बू जरूर आती है। बल्कि लापरवाही और शरारत दोनों की!...ऐसा हो ही नहीं सकता था कि...।"

एस.पी.की बात पुरी सुने बिना ही उन्होंने भृकुटी तानकर उन्हें देख लिया। और उनके इस तरह से देखते ही एस.पी.स्वरूप कान्त माणिक आगे कुछ नहीं बोल पाए। यहाँ तक कि अपना वाक्य भी पूरा नहीं कर पाए। डी.आई.जी जानते हैं कि यह पुलिस वालों की सामान्य प्रवृति होती है कि वे जिस जिले में कार्यरत होते हैं वहाँ की पुलिस को सबसे ज्यादा कार्य कुशल मानते हैं और दूसरे जिले की पुलिस में हजार खामियाँ गिनाते हैं और अपने जिले की पुलिस की खामियाँ छिपाने की भरसक कोशिश करते हैं। यहीं सोच कर डी.आई.जी. को एस.पी. पर हल्का-सा गुस्सा तो ज़रूर आया लेकिन ज्यादा देर तक उनकी भृकुटी तनी नहीं रह सकी।

उसी समय मीटिंग हाल के गेट पर खड़ा एक सब-इंस्पेक्टर अन्दर आया और

एस.पी.स्वरूप कान्त माणिक के कान में कुछ कहकर हाल से बाहर चला गया। एस.पी.तत्परता के साथ उठे और डी.आई.जी के पास जाकर उनके कान में कुछ कहने लगे। फिर वे दोनों मीटिंग हाल से बाहर आ गये।

मणिखेड़ा बाँध का वह रेस्टहाउस उस स्थान पर है जहाँ पर सिंध नदी दक्षिण-पूर्व से बहती हुई आती है और वहीं लगभग एक सौ बीस अंश का कोंण बनाती हुई पश्चिम-उत्तर को मुड़ जाती है। उसी मोड़ पर मानो पहाड़िया नदी में घुसी जा रही है और वहीं पर मणिखेड़ा बाँध का रेस्टहाउस है। रेस्टहाउस में कुल जमा तीन सूट हैं और वे तीनों पहाड़िया को काटकर बनाए गये हैं और उनके खिड़की-दरवाजे नदी की ओर खुलते हैं और उनकी छतों पर घनी दूब का मानो मोटा गद्दा बिछा हुआ है जो कड़ी से कड़ी गर्मी में सूट को कूलर से भी ज्यादा ठण्डा रखता है। छतों के लेबल में मीटिंग हाल है जिसकी एक बगल में एक सुसज्ज़ित रूम है। आगे-पीछे दोनों ओर बरामदे हैं और बरामदों से नीचे लॉन है। एस.पी.स्वरूप कान्त और डी.आई.जी.करतार सिंह नवलखा कुछ समय तक आगे की ओर के लॉन में टहलते रहे। फिर लॉन के छोर पर जाकर सीढ़ियाँ उतरने लगे और बायें ओर के आखिरी सूट में जाकर बैठ गये। वहाँ उनके लिए चाय-नाश्ते की व्यवस्था थी। चाय पीते-पीते डी.आई.जी ने एस.पी. को दो-तीन बार देखा। अन्त में चाय का कप रखकर उन से पूछा—"इस बाँध पर कुल कितनी कम्पनियाँ काम करती हैं?

अबकी बार एस.पी.ने उन्हें देखा और कहा—"चार-पाँच बड़ी कम्पनियाँ है और अन्य कई ठेकेदार है!"

"इनमें से कितनों ने आप से पुलिस प्रोटेक्शन माँगा है?"

"किसी ने नहीं,...किसी एक ने भी!"

"क्याऽऽ? क्या कह रहे हो? यहाँ इतनी कम्पनियाँ और ठेकेदार काम करते हैं और एक ने भी प्रोटेक्शन नहीं माँगा?...ऐसा कैसे हो सकता है। यही तो गैंग का मुख्य क्षेत्र है। व्हाट डू यू नो?...तुम्हारे कहने का क्या मतलब है आखिर? क्या यहाँ काम नहीं चल रहा है?"

एस.पी.स्वरूप कान्त डी.आई.जी. साहब की इस तरह की अकुलाहट का कारण नहीं समझ पा रहे थे। वे यह भी नहीं समझ पा रहे थे कि वह सामने ही थोड़ी दूर पर बाँध पर काम करते लोगों को वे यहाँ बैठकर भी देख सकते हैं।...उधर नीचे बिजली घर पर काम चल रहा है, वहाँ के लिए जो अंडर ग्राउंड नहर जायेगी उस पर काम चल रहा है...और सबसे बड़ी बात ये है कि अगर यहाँ काम नहीं चल रहा होता तो चारों ओर इतने ज्यादा लोग क्यों आ-जा रहे होते!

"सर! बाँध पर काम तो इन दिनों काफी जोर-शोर से चल रहा है,...!"

"अगर काम चल रहा है और फिर भी किसी कम्पनी या व्यक्ति ने पुलिस प्रोटेक्शन नहीं चाहा, तो इसमें कोई-न-कोई राज़ ज़रूर होना चाहिए, आपने क्या इस

बात को पता लगाने की कोशिश की?"

डी.आई.जी. का यह प्रश्न एस.पी.को परेशान कर गया। उनका चेहरा फीका पड़ गया-हल्का-सा फीका और उसके साथ ही धुकधुकी भी बढ़ गयी।

"यह तो कॉमन सेंस की बात थी मिस्टर माणिक! ऐसा हो कैसे सकता है कि जिस एरिया में गैंग की आमद निरन्तर दर्ज हो और वहीं पर कोई ऐसा बड़ा कार्य निर्बाधरूप से जारी रहे तो शक की गुंजाइश काफ़ी सीमा तक रहती है। हमारे पास रिपोर्ट है, पूरे इलाके में डब्लपमेंट वर्क रुका पड़ा है...गाँवों को जोड़ने वाली सड़कें नहीं बन पा रही हैं, पुल-पुलियों का काम रुका पड़ा है...और यहाँ बाँध पर धड़ल्ले से काम जारी है; आखिर कोई तो वज़ह होनी चाहिए? आप इस वज़ह की तह तक पहुँचने के लिए जांच कराइये मिस्टर माणिक!"

एस.पी.ने सुना तो वे सकते में आ गये।

वे सोचने लगे कि जांच तो कराई थी, लेकिन उसके निष्कर्ष को वे किसी के सामने प्रगट नहीं करना चाहते थे। लेकिन अब डी.आई.जी. से छिपा पाना मुश्किल ही होगा। अगर उनके छिपा लेने पर भी उनके सामने बात आउट हो गयी तो फिर उन्हें लेने-के-देने पड़ जायेंगे।

देखते ही देखते एस.पी. के चेहरे पर हवाइयाँ उड़ गयी थीं डी.आई.जी. समझ नहीं पा रहे थे कि जांच कराने में एस.पी. को क्यों परेशानी हैं?

"अगर आपको कोई परेशानी हो, तो हम लोग सम्भाग स्तर से इन्क्वेरी करा सकते हैं।"

डी.आई.जी ने पूछा तो एस.पी. और भी ज्यादा अकुला उठे और बोले— "नहीं,...नहीं सर! आप को कष्ट करने की ज़रूरत नहीं है। दरअसल बात ये है कि मैंने इन्क्वेरी कराई है!"

"तो फिर?...क्या रिज़ल्ट निकला उसका?"

"सर, यहाँ एक ठेकेदार,...!"

"हाँ! तो फिर?...!"

"कुछ लोगों का अनुमान है कि वह सभी से पैसा वसूल करके गैंग को पहुँचाता हैं।..."

"तो फिर तुम्हें उलझन किस बात की है? उसे फौरन अरेस्ट करके 11-13 दफा में जेल भेजो और इरीगेशन डिपार्टमेंट से कहकर उसका ठेका केंसिल कराओ!"

"लेकिन सर,...लेकिन...!"

"क्या लेकिन-लेकिन लगा रखी है? इतना-सा काम करने में तुम्हें पसीना क्यों आ रहा है।"

"सर, राजनीति का लफड़ा है। सत्ता पक्ष का खास आदमी है, ठेका भी उसको उसी जरिये से मिला है।"

यह सुनकर डी.आई.जी. के चेहरे के भाव एकाएक बदलगये। वे फिर वहाँ बैठे नहीं रह सके। सूट से निकलकर बाहर आये। कुछ देर तक सामने नदी का विहंगम दृश्य देखते रहे। उसपर आकार ग्रहण करते बाँध को देखते रहे और फिर सीढ़ियाँ चढ़कर ऊपर आ गये।

थोड़ी देर में ही उनका काफ़िला ग्वालियर की ओर चल दिया।

44

उसके कुछ दिन बाद एक दूसरे रेस्टहाउस पर डी.आई.जी. करतारसिंह नवलखा किसी का बड़ी बेताबी से इन्तजार कर रहे थे।

यद्यपि दिसम्बर का आखिरी सप्ताह था और उस दिन दोपहर से बूंदाबादी शुरू हो गयी थी। आसमान अभी भी घने काले-भूरे बादलों से मढ़ा हुआ था और रुक-रुक कर बिजली दमक-दमक जाती थी। डी.आई.जी. खासे ऊब चुके थे। टी.आयी और स्थानीय थाने के एस.ओ. पर खूब गुस्सा आ रहा था। कम्बख्तों ने दोपहर से बुलाकर बिठा लिया और दोनों तभी से मुखबिर की तलाश में निकले हैं और अब तक वापस नहीं आ सके हैं। एक बार फोन कर के बताया भी नहीं है कि आखिर हुआ क्या? वे अभी यही सब सोच-सोचकर मन ही मन क्रुद्ध हो रहे थे तभी उनके पी.ए.ने अन्दर आकर खबर दी कि भैरोपुरा गाँव को जाने वाली कच्ची सड़कपर गाड़ियों के आने की लाइट दिखाई पड़ रही है। शायद टी.आई. साहब और एस.ओ. की ही गाड़ियाँ हैं।

सुनकर डी.आई.जी. को अच्छा लगा। उठकर बाथरूम में चले गये।

तभी गाड़ियाँ रेस्टहाउस के पोर्च में आ खड़ी हुई। टी.आई.की गाड़ी आगे थी और वह जब खड़ी हुई तो पीछे की ओर से चार राइफल धारी गार्ड्स और आगे की ओर से एक खद्दरधारी युवा जो अपने मुँह को अँगौछे से ढके हुए था, उतरा। साथ में ही टी.आई. भी गाड़ी से नीचे आये और उस आदमी को लेकर जल्दी से रेस्टहाउस के अन्दर चले गये। एस.ओ.उसके थोड़ी देर बाद अन्दर गया।

अब तक डी.आई.जी.भी बाथरूम से वापस आ गये थे और अपनी कुर्सी पर बैठने लगे तो टी.आयी और एस.ओ. ने उन्हें सैल्यूट मार दिया और उस आदमी ने दोनों हाथ जोड़ लिए।

गोल मेज के एक ओर मात्र डी.आई.जी. की कुर्सी थी और दूसरी ओर वे तीनों बैठे थे। डी.आई.जी. बाथरूम से बाहर आये तब काफी तरोताजा दिखाई पड़ रहे थे; लेकिन टी.आई. और एस.ओ.बिल्कुल धूल में अटे हुए बैठे थे। धूल और थकान के प्रभाव से चेहरा पहचान में नहीं आ रहा था। लेकिन वे दोनों जिस आदमी को लेकर आये थे उसने अब अपने मुँह से अँगौछा हटा दिया था। उसके चेहरे पर आतंक की

गहरी पर्त बिछी हुई थी और आँखों में खासा भय समाया हुआ था। वह बड़ा असहज होकर बैठा था। देखते ही लगता था कि बेहद डरा हुआ है, अन्दर ही अन्दर से।

"हुँऽऽ! तो अब बात शुरू की जाये, काफ़ी देर हो गयी और मौसम भी बहुत अच्छा नहीं है...।"

डी.आई.जी. ने बात शुरू ही की थी। तब तक अर्दली चाय लेकर आ गया। उसने ट्रे मेज़ के बीच में रख दी और थोड़ी देर खड़े रहकर किसी अनपेक्षित आदेश का इन्तजार किया और फिर मुड़कर बाहर चला गया। टी.आई. ने पहला कप उठाकर डी.आई.जी. साहब को दे दिया। एस.ओ. ने एक कप उठाकर टी.आई. को दिया और दूसरा उस खादीधारी को। वह खुद चाय पीता नहीं था, इसलिए उन तीनों को बारी-बारी से देखने लगा। आवेग के चलते उस आदमी के हाथ कुछ इस तरह काँप रहे थे कि प्लेट से कप अलग करते वक्त वह बजने लगा था।

"क्या नाम है तुम्हारा!"

डी.आई.जी. ने एकाएक उससे पूछ लिया तो वह हड़बड़ा गया। खाली कप प्लेट के साथ ट्रे में रखने जा रहा था तो वह और भी जोर से बजने लगा।

"भोला सिंह है, मेओ नाम।..."

उसने थरथराते स्वर में कहा।

ऊपर से टी.आई. ने कह दिया—"साहब! ये लॉ-ग्रेजुयेट है।..."

"गुड, व्हेरी गुड! तब तो तुम्हें पुलिस में बहुत अच्छी नौकरी मिल सकती है।"

डी.आई.जी. काफी प्रशन्न थे। उन्हें पहले से मालूम था कि भोलासिंह का सम्पर्क डाकू गैंग से वर्षों से है। वह न केवल डाकूओं का विश्वास पात्र मुखबिर रहा है बल्कि उनको जरूरत का सामान और कारतूस तक उपलब्ध कराता रहा है। इसी बात का सबूत मिल जाने पर टी.आई. ने उसे धर दबोचा था और तभी वह गैंग का सफाया कराने को राजी हुआ है।

"साब! बागिन को पतो लग गओ तौ वे मेरे पूरे कुनबा को मार डारेंगे!"

भोलासिंह ने फिर डरते-डरते कहा। लेकिन टी.आई. ने उसे दिलासा दिया। उसने कहा—"अरे, फिर वही पागलों जैसी बातें! डाकूओं को मालूम कैसे होगा, दिन के समय हम कभी तुम्हें टच नहीं करेंगे, लेकिन हाँ, तुम्हारी और तुम्हारे परिवार वालों की सुरक्षा पूरे तौर पर हम करेंगे।"

टी.आई. ने कहा तो उसे थोड़ी राहत अनुभव हुई, फिर भी न जाने क्यों उसके मन का भय पूरे तौर पर दूर नहीं हो रहा था। न जाने क्यों पुलिस का भरोसा कोशिश करने पर भी वह नहीं कर पा रहा था। और यह भी सच था कि तब तक वह डाकूओं का काफी माल उड़ा चुका था। न केवल माल उड़ा चुका था बल्कि दूसरों को दबका बता-बताकर खूब माल ऐंठ चुका था।

उसकी खदान गाँव के पास की पहाड़िया पर ही थी।

मँझोले कद का गठीला बदन, दबता हुआ रंग और बेहद आकर्षक नाक-नक्श। बहुत समय से या कहा जाये कि विद्यार्थी-जीवन से ही खादी पहनने लगा था। वह खदान पर भी मोटर साइकिल पर सवार होकर आता था औ पचफैरा साथ में रहता था। उसी इलाके में पाल गैंग अक्सर आता था और जब गैंग के लोग खदान से होकर गुजरते थे तब भोलासिंह से मिले बिना वे लोग आगे नहीं बढ़ते थे। अगर वह खदान पर न हो तो उसे गाँव से बुलवाते थे। और कभी-कभी तो वे लोग घण्टों बैठे-बैठे बतियाते रहते थे।...इस इलाके और खदान की दुनिया में कोई आदमी जितना होता है उससे ज्यादा दिखाई देना चाहता है। अगर वह जितना है उससे कम दिखना चाहेगा तो लोग चीटियों के झुण्ड जैसे उसपर टूट पड़ेंगे और मरे हुए पतंगे जैसा उसे दबोच लेंगे और नोंच खाएंगे। मास-मज्जा की कौन कहे हड्डियाँ तक नहीं बचने देंगे। भोलासिंह जैसे पैदाइशी-चतुर लोग इसी बात को अच्छी तरह समझते हैं। इसीलिए गैंग के पास पहुँचने और उनसे साँठ-गाँठ करने में उन्हें देर नहीं लगती है। और भोलासिंह को भी वह सब करने में देर नहीं लगी थी।

और वही मेल-मिलाप भोलासिंह का खदान की दुनिया में रोब-दाब बढ़ाने और सबसे अच्छी खदान ही अपने कबजे में रखने और अन्धाधुन्ध नोट बटोरने में भारी सहायक सिद्ध हुआ। वह जिससे चाहे उससे अच्छे पत्थर वाला गड्ढा एक घुड़की में छींन ले और अपना घटिया पत्थर वाला गड्ढा उसे भेड़ दे।...और कोई भी यदि मुँह-जोरी करे या गड्ढा देने में आनाकानी करे तो खदान से उसका डेरा ही उठवा दे। खदान की जिन्दगी वैसे भी निहायत रूखी, नीरस और शरीर का सत निचोड़ लेने वाली है और उसपर भी अगर कुछ टन्टा हो जाय तो अच्छे-अच्छे लोग मैदान छोड़ भागते हैं। भोलासिंह जैसे लोगों की उसी मे लग बनती है।...

लेकिन उस दिन रेस्टहाउस के अन्दर डी.आई.जी. के सामने और टी.आयी और एस.ओ. से घिरे बैठे भोलासिंह को कुछ ज्यादा नहीं तो छटी का दूध तो याद आ ही गया था। सोच रहा था कि बागियों से दोस्ती न करता तो क्या बुरा था। दो-ढाई सौ बीघा जमीन की काश्तकारी, चार-चार भाई-एक से एक सुडौल और दबदबे वाले, नाते-रिश्ते में सभी आसूका लोग...कैसी मत मारी गयी थी उसकी जो बागियों से अपने आप को उलझा लिया। अब वही उलझाव गुंजल्क बन गया है—शायद अब कभी वह सुलझाए न सुलझे। आज से चार दिन पहले नये पुरा के जंगल में इसी टी.आई. ने उसे धोखे से बुलवा लिया था।...नये पुरा का उलफत सहरिया खदान पर उसे बुलाने आया था। कहा था कि गैंग जंगल में है और राजा उसे बुला रहा है, जितनी जल्दी हो सके उतनी जल्दी। उसने फिर कुछ सोचा-समझा नहीं, सहरिया की बताई जगह को फौरन वह रवाना हो गया। रेशमा नाले के पास बूढ़े गणेश के मन्दिर पर राजा के मिलने की बात सहरिया ने कही थी। वहाँ पर घना करघई का जंगल है। वह उसी जंगल की झाड़ियों में उलझता-सुलझता मन्दिर तक

पहुँचा तो वहाँ का नजारा देखकर सन्न रह गया। वहाँ यही टी.आई. मन्दिर के चबूतरे पर पैर लटकाए बैठा था और मन्दिर के आसपास कम से कम डेढ़ दर्जन उसकी ए. डी. के जवान अपनी-अपनी राइफल साधे हुए खड़े थे।

पहले तो वह समझ ही नहीं पाया कि जब डाकू ने इस जगह उसे बुलाया था तो पुलिस कहाँ से आ गयी और गैंग के लोग कहाँ चले गये? यद्यपि आमोद सिंह टी.आई. से उसके बड़े भाई का परिचय पुराना था, इसलिए उसे ज्यादा डर नहीं लगा था, लेकिन आश्चर्य तो जस का तस उसके अन्दर घर बनाए बैठा था और उसकी नजर और हाव-भाव से वही प्रगट भी हो रहा था। आमोद सिंह उसे देख-देखकर बड़ा बेंड़ा मुस्करा रहा था।

"आओ, बैठो भोले, इधर-उधर क्या देख रहे हो?..."

वह आगे बढ़कर मन्दिर के चबूतरे पर पैर लटकाकर बैठ गया। पचफैरा दोनों टागों के बीच में दबा लिया।

"आप लोग इधर कैसे?...कहीं एनकाउन्टर तौ नाय होनो है? लगत तौ कुछ ऐसोई है।"

भोलासिंह ने पूछा तो आमोद सिंह मुस्करा दिया। थोड़ी देर बाद वह बोला—"अरे नाय यार! आज तुम से कुछ बातें करनी थी, इसलिए हमने तुम्हें राजा के बहाने यहाँ बुला लिया। देखो, तुम्हारे बड़े भाई मेरे दोस्त रहे हैं। हम दोनों साथ-साथ एम.एल.बी. कालिज में पढ़े हैं। मेरे मामा के मकान में साथ-साथ ही रहते थे। बताया होगा कभी शायद तुम्हारे भाई ने, तुम्हें!"

टी.आई. बोल रहा था और मानो उसके चेहरे पर आते-जाते हर भाव को नोट कर रहा था। फिर वह एकाएक चुप हो गया और कुछ देर के बाद वह फिर बोला—"देखो, गैंग के साथ जुड़े तुम्हारे कारनामें पुलिस की जानकारी में आये हैं। मैं चाहूँ तो तुम्हें अभी अरेस्ट कर सकता हूँ; लेकिन अभी नहीं करूंगा। मैं तुम्हें एक मौका देना चाहता हूँ,...आखिर तुम मेरे दोस्त के भाई हो।"

भोलासिंह को लगा कि टी.आई. वैसे ही अटकल पच्चू बातें करके उससे कुछ ऐंठना चाहता है। यह सोचते ही उसकी आँखों में सुर्खी आ गयी। वह तुनककर उठ खड़ा हुआ और ऐंठता हुआ जिस रास्ते से आया था उसी रास्ते से जाने लगा। अब टी.आई आमोदसिंह भी उठ खड़ा हुआ और दूँकता हुआ सा बोला—"ऐऽऽ! रुक जा! अगर नहीं रुका तो गोली मार दूँगा और लाश को नाले में फिकवा दूँगा...सारा इलाका जानता है कि डाकूओं के साथ उठता-बैठता है। पुलिस का कोई भूलकर नाम नही लेगा।"

उसने सुना तो काँपकर खड़ा रह गया। नीचे जमीन को देखे तो अँधेरा ही अँधेरा और ऊपर आसमान को देखे सचमुच तारे दिखाइ दें। जो राह उसने चुनी थी वह ऐसी कठिन और बीहड़ होगी इस बात की कभी कल्पना तक नहीं की थी। वह

छोटे-छोटे कदम रखता हुआ लौटकर टी.आई. के सामने आ खड़ा हुआ।

"देखो, अब एक ही रास्ता है—गैंग का सफाया; और यह सम्भव है। कुल मिलाकर छः लोग हैं। पाँच लाख का इनाम है, अगर हम कामयाब हुए तो उसमें से एक लाख तुम्हारा। कोशिश ये भी होगी कि तुम्हें पुलिस की नौकरी में रखा जाये। ...बोलो, क्या कहते हो?"

टी.आई. ने कहा तो उसने उसे नज़र गड़ाकर देखा। थूक का एक बड़ा गोला गले के नीचे बड़ी मुश्किल से उतारा गया।

"जा बात की गारंटी को देगो...।"

उसने इतना कहा तो टी.आई. आमोद सिंह के चेहरे की तमतमाहट खत्म हो गयी। वह कुछ कदम आगे बढ़ आया। उसके कन्धे पर हाथ रखकर हल्की-सी मुस्कराहट के साथ बोला—"उसकी गारंटी मैं दूँगा। मुझपर यकीन न हो तो कल दोपहर को यहीं मन्दिर पर मिलना। मैं तुम्हें डी.आई.जी के पास ले चलूँगा!...अब थोड़ा मुस्कराओ और जाओ, अपना काम करो!"

वह मुस्करा तो नहीं सका लेकिन मुड़कर धीरे-धीरे अपनी खदान की ओर चला गया। और आज फिर भी उसे रेस्ट हाउस तक लाने में टी.आई. का कई बार थूक सूखने लगा था।

"...देखो, तुम इस बात के लिए निश्चिंत रहो, आमोदसिंह ने जो तुम से वादा किया है, उसकी एक-एक बात पूरी करेंगे।...बल्कि तुम्हारे परिवार की और तुम्हारी सुरक्षा का हम पूरा-पूरा ख्याल रखेंगे। इतना ही नहीं, इस अभियान के दौरान जिस चीज और जितनी भी धन राशि की ज़रूरत तुम्हें होगी वह पुलिस विभाग उपलब्ध कराएगा।"

डी.आई.जी. ने कहा तो भोलासिंह के अन्दर का भय धीरे-धीरे कम होने लगा। यहाँ तक कि पुलिस के प्रति उसका नकार भी नहीं रहा और पुलिस वालों पर भी भरोसा होने लगा। उसी समय उसके मन में एक नया विचार यह जागा कि डाकूओं की संगत चाहे लाभकारी किसी सीमा तक हो और उससे चाहे कितना ही रोब-दाब बढ़ता हो, लेकिन वह सब होता तो अवैधानिक ही है। उससे एक ओर तो हर समय गर्दन पर कानून की तलवार तनी रहती है और दूसरी ओर अपने ही लोगों की नज़र में गिर जाना पड़ता है।

उसने पुलिस की मदद करने का मन बना लिया था, लेकिन डी.आई.जी. से उस बारे में कुछ कह नहीं पा रहा था। यही बात डी.आई.जी. करतारसिंह नवलखा ने समझ ली थी। उनके हाथ में एक मोबाइल था। वह उन्होंने भोलासिंह की ओर बढ़ा दिया। साथ ही एक कागज के टुकड़े पर तीन मोबाइल नम्बर लिखकर, वह कागज भी उसकी ओर बढ़ा दिया। अन्त में उससे कहा—"ये मोबाइल ठीक से रखना। किसी को इसके बारे में बताना नहीं।...हम तीनों में से किसी से जब सम्पर्क

करना हो तब इसी से करना। इस कागज़ पर हम तीनों के नम्बर लिखे हैं। देखना ये नम्बर भी किसी के हाथ न लग जायें।"

अब वे उठ खड़े हुए। टी.आई. आमोद सिंह ने पहले भोलासिंह को एस.ओ. की गाड़ी से उसके गाँव को भिजवा दिया। बाद में वह खुद और डी.आई.जी. ग्वालियार के लिए रवाना हुए।

45

संजय गैंग में सबसे कम उम्र का था। सबसे कम उम्र और सबसे अधिक शोख और बाचाल। अगर रूठ जाये तो किसी के मनाये न माने और अगर मगन हो जाये तो पूरे-पूरे दिन हँसता और मटकता रहे। चुहलबाज कुछ ऐसा कि लोग हँसते-हँसते नफसेल हो जायें। वह अपने घर की, मौसी के घर की और मुहल्ला-पड़ोस की एक-एक बात बड़ा रस ले-लेकर सुनाता था। यहाँ तक कि अपनी घरवाली के साथ बने अन्तरंग सम्बन्धों को भी किसी से नहीं छिपाता था। उसकी इसी आदत से उसका बड़ा भाई गोविंद सबसे ज्यादा चिढ़ता था और कभी-कभी ऐसी बातें करते समय उसे पकड़कर पीटने लगता था। तब अच्छा खासा हंगामा हो जाता था। ऐसे समय देरूपाल को हस्तक्षेप करना पड़ता था।...कभी जब पुलिस का बिकटघेरा पड़ा होता और गैंग सब से सुरक्षित जगह पर चुपचाप छिपा बैठा होता, लेकिन संजय ऐसे समय भी अपनी हरकतों से बाज नहीं आता था। या तो जोर-जोर से बातें करता या फिर ऊँचे स्वर में गाने लगता। सब लोग गुस्साके रह जाते लेकिन उसके ऊपर कोई असर नहीं होता था।

इधर संजय सबकी नाक में दम किये हुए था और उधर उसकी ससुराल में उसकी घरवाली अपने माँ-बाप का जीना हराम किये हुए थी। वह रो-रोकर जान दे रही थी। अपने आदमी को गैंग में से लाने को कह रही थी। बाप बेचारा जंगल में मारा-मारा फिरता। अगर गैंग से भैंट हो जाती तो उन लोगों पर कभी गुस्सा भी लेता और कभी रो-रोकर अपनी व्यथा उन लोगों को सुनाता। अन्त में जब तय हो गया कि संजय को वे लोग महीने मे एक दो बार रात के समय ससुराल में पहुँचाएंगे और सवेरा होने से पहले उसे फिर गैंग में ले आया जायेगा। क्योंकि सबको मालूम था कि अगर वह पुलिस के हाथ लग गया तो गैंग का सारा राज उगल देगा और फिर उसका पुलिस क्या करेगी वह भी सब को मालूम था।

देरू को मालूम था कि गोविंद और प्रीतम भी यदा कदा अपनी ससुराल में इसी तरह से जाते हैं। इसीलिए सब से पहले उसने गोविंद से कहा कि वह महीना में एक-दो बार संजय को भी उसकी ससुराल लेकर जाये। वह अगर लेकर जायेगा

तो संजय कुछ ज्यादा गलती नहीं कर सकेगा। लेकिन गोविंद ने हाथ ऊँचे कर दिये।

"नाय भैया! जा बीमारी को अपएं संग लैके मैं कहूँ नाय जा सकत। भें जाकी ससुरार मे पुलिस लगी है। जाके ससुर की चौपाल पुलिस ते भरी रहत है।...को जागो भें जान दैवे।"

गोविंद ने मनाकर दिया तो भी देरू ने उसे फिर राजी करना चाहा। क्योंकि वह जानता था कि संजय गोविंद से डरता है। वह साथ में रहेगा तो कोई गड़बड़ी नहीं कर पाएगा। वर्ना तो उसका यह ठिकाना भी नहीं है कि कहीं ससुराल में ही पैर अड़ाकर रह जाये और फिर पुलिस के हाथ आसानी से लग जायेगा। इसीलिए देरू ने गोविंद से फिर कहा—"ऐसी बात नाय है, तैं होशियारी ते काम लेगो तौ पुलिस कछु नाय करैगी।...और फिजा को ससुरऊ तौ मदद करैगो! पर तैं रइये दूरई दूर।"

"नाय भैया! मैं जो काम नाय कर सकोगो। तुम तौ और काऊ ते करवाओ!"

जब गोविंद ने हामी नहीं भरी तो देरू ने प्रीतम से कहा—"जे नाय जा रओ तौ तैं चलो जावे कर प्रीतम। वा में ऐसी कोऊ मुश्किल बात नाय है और न काऊ कों पुलिस खा जागी।"

लेकिन प्रीतम भी मना करने लगा। बोला—"नाय, मैंऊ नाय जाके संग जा सकोंगे भैया! जा कों तो अकेलो जान देव भैया। पुलिस जाके हाथ-पांव बाँध के गोली ठांस देगी तबई चैन ते बैठेगो हरामी!...जाय लुगाई की खूब याद आत है, अम्मा-दादा की कतई याद नाय आत!..."

प्रीतम ने कहा तो संजय भर्रा गया। वह रुआँसा होकर बोला—"मत जाओ तुम कोऊ मेये संग, मैं तौ अकेलो चलो जांगो! तुम कितने अम्मा-दादा ते मिलवे रोज जात हौ?...और तुमन भैया को बिना बताए अपनी ससुरार जात हो, सो? भें तुमाई ससुराल मेंऊ तौ पुलिस लगी है!"

उसने कुछ इस तरह से कहा कि राजा और राजेन्द्र दोनों हँसने लगे। देरू भी मुस्कराने लगा।

अबकी बार राजा ने कहा—"जे लोग नाय जाएंगे तो कोऊ बात नाय है, मैं चलो जाओंगो संजय तेये संग।...फेर एक बात है संजय, भें जानो मेई मर्जी ते होगो। जब तैं चायेगो तब मैं नाय चल दूँगो!"

राजा ने कहा तो वह और भी ज्यादा चिढ़ गया। झुंझलाकर उससे बोला—"रहन्दै, नाय जानो मोय तेये संग! तैं अलग ते मेओ खसम बनो है।...तुमन देख लीओ मैं काऊ दिना पुलिस वारन के संग चलो जाओंगे। भें ते ज्यादा तौ झें सजा मिल रही है।"

अबकी बार वे सब एक साथ हँसे सिवा संजय को छोड़कर।

और उसी समय तय हो गया था कि संजय को लेकर राजा ही जाया करेगा।

राजा ने इस काम के लिए विश्वजीत से सम्पर्क किया था। विश्वजीत को अपने गैंग में लेने के लिए यद्यपि देरू राजी हो गया था, लेकिन विश्वजीत अभी मन पक्का नहीं कर पाया था, इसीलिए वह गैंग से बाहर ही रहकर काम कर रहा था।

वे दोनों उस दिन बाँध पर पीली कोठी में मिले थे।

राजा ने उससे मिलते ही मिलते पहले तो विश्वजीत से इस बात की शिकायत की कि उसने अब तक गैंग में आने का मन ही नहीं बना पाया। तब तो बहुत तुड़ा रहा था। लेकिन विश्वजीत ने उसकी उस शिकायत का कोई नोटिस नहीं लिया। उसको मुस्कराकर टाल दिया। बाद में उसने संजय वाली समस्या उसके सामने रखी तो पहले तो वह चौंक कर राजा को देखने लगा।

वह थोड़ी देर के बाद बोला—"काय रे! लोग तौ तुमन को बड़ी ऊँची चीज़ समझत हैं और हमें लगत है के तुम सब कें सब भोंदू हौ!..."

इतना सुनते ही राजा की भवें तन गयीं और आँखों में सुर्खी आ गयी थी। लेकिन विश्वजीत के ऊपर इसका कोई असर नहीं पड़ा। वह थोड़ा रुककर फिर बोला—"भले आदमी, कबऊँ सोच-समझ के तो काम किया करो। आजकल तुम सब की जान की बहुत ऊँची कीमत लग रही है और तुम मोड़ा-मोड़िन को मिलाप करा रए हौ!"

अब तक राजा फिर से सामान्य हो गया था वह फिर बोला—"अए, जे बातनाय है रे!"

"और का बात है सो तैं बता,...?"

"वो मोड़ा बिना वजहको गले में पड़ गओ है।"

"तो उतार फेंको न, वा मोड़ीचोद नौलखा हार कों!"

"तैं नाय समझैगो रे! वो मेई मौसी का मौड़ा है...!"

"तेओ मोड़ा होतो तौऊ भें जेई राय देतो। तै समझबे की कोशिश कर मेई बात कों। वा की ससुरार में पुलिस जाल बिछा चुकी है। मौड़ा-मौड़ी, दोनों की हकीकत पुलिस ने जान ली है और वा केई मुताबिक जाल बुनो होगो। तौ जे बात याद रखवे की है के वो मौड़ा तो जरूल फंसैगो।...संग में तुम में तेऊकोऊ फंस जाये तौऊ कोऊ असम्भव बात नाय होगी।"

सुनकर राजा ने गहरी साँस ली। उसे लगा कि विश्वजीत गलत नहीं कह रहा है, देरू भैया को संजय के ससुर से इस बात की हामी नहीं भरनी थी कि संजय को लेकर कोई एक आदमी उसके घर आया करेगा। फिर उसे अपने ऊपर भी गुस्सा आया कि वह क्यों उसे लेकर जाने को राजी हो गया। जो बात विश्वजीत कह रहा है, वह तो सबसे पहले उसके खुद के दिमाग में आनी चाहिए थी। उससे तो ज्यादा समझदार गोविंद और प्रीतम निकले, जिन्होंने वही पुलिस वाला तर्क देकर वहाँ जाने से मना कर दिया।

फिर कुछ देर तक राजा कुछ नहीं बोल सका विश्वजीत ने उसे देखा और वह थोड़ा धीमे स्वर में बोला—"देख राजा! सही बात तो वही है जो मैंने बताई है। वा मोंड़ा कों समझानोई सबसे अच्छो उपाय है। और जो वा नाय माने तो एक उपाय और है सकत है। वाकी ससुरार के पास नहर किनारे बाबा की मढ़ी है। वा मढ़ी में मोंड़ा-मोड़ी दोनों रात भर रह सकत हैं। बाबा मेओ पहचान को है।...जा दिन मोड़ा आयेगो वा दिन बाबा गायब रहैगो! तुम में ते जो कोऊ आये वो गढ़ी के पास न जाये, नहर के जा ओर पेड़न में छिपो बैठो रहे...सवेरे मोड़ा का लै के अपने ठिया पै चलो जाये।"

राजा ने विश्वजीत की बात सुनी और समझी। उसने आगे बढ़कर उसका हाथ पकड़ लिया और बोला—"तैं जेई उपाय कर दै भैया!एक-दो बार वे मिल लें, वाके बाद जो मोंड़ा नाय मानैगो तो लगाऊँगो ससुर में सौ खल्लड़े।"

"चल, तौ ठीक है। मैं बात करके रखोगो मौड़ी के बाप ते और बाबा ते! अगले मंगल को रात के आठ बजे...। तुम में ते जो आये सो थोड़ो तैयार है के आये! ऐसो न होय कि पचफैरा में गिन के पाँच राउण्ड डारै और चलदेय।...मैं भेंई वा ओर के पेडन में मिलौगो।...अब चल तौ, चारों ओर पुलिस-ई-पुलिस है, जंगल ते होके जावो पड़ैगो।

और फिर वे दोनों उठकर पीली कोठी से नीचे आये और अपने-अपने ठिकाने की ओर चल दिये।

राजा ने देरूपाल को सब कुछ बता दिया था। जानकर उसके चेहरे पर चिन्ता झाँकने लगी। देरू ने सब लोगों को साथ-साथ बिठाकर वही सब बातें दुहराई थी और संजय को समझाने की कोशिश की, लेकिन वह फिर भी नहीं माना। वही अकेले चले जाने की जिद करने लगा। बाद में देरू ने राजा से कह दिया कि वह अगले मंगल को उसको वहाँ लेकर जाये।

अगले मंगलवार राजा ने शाम के झुटपुटे में नरवरी के हनुमान मन्दिर पर जाकर नारियल फोड़ा था। पुजारी महाराज को सौ रुपये की दक्षिणा दी थी और वे दोनों बाँध से नीचे उतरकर जंगल के रास्ते से संजय की ससुराल की ओर चल पड़े। विश्वजीत निश्चित स्थान पर मिल गया था। अब तक शाम रात में बदलने लगी थी। विश्वजीत ने संजय को एक बार वही समझा दिया जो रास्ते में राजा ने समझाया था। और वह थोड़ा सहमा-सहमा-सा नहर का पुल पार करके कुटिया की ओर चला गया।

थोड़ी ही देर में वह उधर के अँधेरे में खो गया। जाने क्यों राजा का दिल बैठने जैसा हो रहा था। उसने विश्वजीत से धीरे से कहा—"जाने क्यों मोय डर लग रओ है, मौसी को सबसे छोटो मौड़ा है,...।"

"अरे वाय कुछ नाय होगो, तू तौ ऐसेई डर रओ...।"

विश्वजीत का वाक्य पूरा नहीं हुआ तभी एकाएक बाबा की गढ़ी में एक जोरदार धमाका हुआ और उसके साथ राजा के मुँह से चीख निकल गयी। तब तक

वहाँ लगातार फायर होने लगे। उनमें से कुछ गोलियाँ जहाँ वे लोग खड़े थे वहाँ तक आने लगी। विश्वजीत राजा की बाँह पकड़ के उसे सुरक्षित दिशा में खींच ले गया।

वे दोनों गिरते-पड़ते लखेश्वरी के जंगल तक जा पहुँचे थे। वहाँ पहुँचकर राजा ने विश्वजीत को वापस कर दिया था और गैंग के ठहरे होने की जगह को चल पड़ा। गैंग में पहुँचकर उसे किसी को कुछ बताने की जरूरत नहीं पड़ी। रेडिओ से वहाँ पहले ही खबर लग गयी थी और सभी लोग गुमशुम बैठे थे। ठीक उसी तरह से वह भी वहाँ जाकर बैठ गया।

46

यहाँ के जानकार लोग बताते हैं कि पाल गैंग के राजनीतिक सम्पर्क नाम मात्र को ही थे।

वैसे इस स्तर के डाकूदल का संसर्ग पाने के लिए राजनेता लुभियाते रहते हैं और डाकू लोग भी राजनेताओं का आशीर्वाद ग्रहण करने के लिए कम लालायित नहीं रहते हैं। लेकिन इस इलाके की एक अन्य बीमारी जातिवाद है। इसीलिए अक्सर यह देखा गया है। कि डाकू और नेता का रिश्ता जाति के खांचे में ही ठीक से फिट हो पाता है और क्योंकि पाल बिरादरी का यहाँ की राजनीति में कोई असरदार हस्तक्षेप नहीं था। इसलिए पाल गैंग को एक तरह से राजनीतिक संरक्षण शायद कभी नहीं मिल पाया। वैसे भी इस क्षेत्र में प्रारम्भ से ही मुख्य राजनीति महल की ही रही है। दो बड़ी पार्टियों पर महल का कब्जा है। इसलिए प्रायः हर बार सत्ता में भी महल और विपक्ष में भी महल का निर्णायक प्रतिनिधित्व रहा है। इसलिए डाकूओं को प्रश्रय देना और उससे अपना दबदबा बनाए रखने की आवश्यकता महल को शायद कभी नहीं पड़ी। हाँ, इलाके के छुटभैये नेताओं को इस बात की जरूरत प्रायः हमेशा ही बनी रही है। यहाँ के जंगलों और पत्थर खदानों से होने वाली आय पर एक तरह इन्हीं छुटभैये नेताओं का कब्जा है। इसलिए जितनी डाकूओं को इनकी ज़रूरत रहती है उतनी ही इन्हें डाकूओं की ज़रूरत पड़ती है। लेकिन पाल गैंग कुछ अलग ही किस्म का था। वह नेताओं की मदद तो क्या करता भला, उल्टा उनसे टेक्स वसूल करता था। कहा तो यह भी जाता था कि वे नेता और उनके खासम-खास लोग खदानों में चाहे भले ही सरकारी रॉयल्टी देने से बच जाते हों, लेकिन गैंग का टेक्स तो उन्हें देना ही पड़ता था। ऐसे दो नेताओं से गैंग की टकराहट के किस्से भी पार्वती घाटी में खूब चर्चा में रहे थे।

उनमें से एक एम.एल.ए. थे—काफी मात्रा में जंगल और खदानों की आय उन्हीं के लम्बे खलीते में जाती थी और सुरक्षित तौर पर उस आय को जुटाने के लिए

कार्यकर्ताओं और सुरक्षाकर्मियों की एक हल्की-सी टुकड़ी भी उनके पास थी। वह टुकड़ी उनके टुकड़ों पर पलती थी लेकिन जब ज़रूरत पड़ती तो अच्छे-अच्छों की अक़्ल ठिकाने लगा सकती थी। एक बार वे एम.एल.ए. साहब फुर्सत के क्षणों में अपने दीवानेआम में बैठे कुछ निठल्ले गपोड़ों की टप्पें सुन रहे थे। तभी एक देहाती आदमी उनके सामने प्रगट हुआ और हाथ जोड़कर बोला—"एम.एल.ए. साब! देरू—राजा ने खबर पठाई है, सरेन्डर के वखत आप को एक लाख टेक्स दैनो हो सो नाय दओ,...अब एक लाख जुर्मानो बेसी दैनो पड़ैगो।...कल शाम तलक जे सब ऊपरी खोह में पहुँचनो चाहिए,...।"

"अच्छा!..." इतना सुनकर भी एम.एल.ए.साहब के चेहरे पर किसी को गुस्सा तनिक भी दिखाई नहीं दिया। उन्होंने जब 'अच्छा' कहा तब उनके होठों पर हल्की-सी मुस्कराहट ज़रूर तैर गयी। वे अपने सामने बैठे सद्दी-मुसद्दियों के ऊपर एकहरी नज़र डालते बोले—"क्यों, अपनो राजा तो वहाँ भोपाल में बैठो राज करत है, पर यहाँ पार्वती घाटी में नया राजा कौन पैदा हो गया जो हमसे टेक्स माँगत है?"

लेकिन उनमें से कोई कुछ नहीं बोला बल्कि विस्मय से एक दूसरे को देखते रहे।

एम.एल.ए.साहब ने उसी आदमी से थोड़ा मजा लेते हुए पूछा—"क्यों भई, ये लोग तो कुछ बता नहीं रहे, तैं बता, वो कौन सो राजा है जो राजान पेऊ टेक्स लगावे की हिम्मत रखत है।...बोल भाई, वो कौन से सरकार को टेक्स है।"

वे व्यग्यात्मक शैली में बात कर रहे थे और उन्हें देखकर कोई समझ सकता था कि इस शैली में बोलने का उनका ज्यादा अभ्यास नहीं है, इसलिए वे किसी भी क्षण फट पड़ सकते हैं। लेकिन वे फट पड़ें उससे पहले ही वह आदमी जो टेक्स देने का संदेश लेकर आया था वह बोलने लगा—"एम.एल.ए.साब! भें भोपाल में जरूल आप के राजा साब की सरकार चलत होगी, पर पार्वती घाटी और पंचमहल में तौ आरसी के देरू की सरकार चलत है।...और वाके छोटे भैया, राजा की सरकार चलत नाय है दौड़त है साब!"

उसकी बातें सुनकर एम.एल.ए. साहब तमतमा गये।वे उसी हालत में उठे उस आदमी के पास तक गये। वहाँ बैठे लोगों को लगा कि वे उसके ऊपर कहर बनकर टूटने वाले हैं, लेकिन ऐसा कुछ हुआ नहीं। वे कुछ देर तक उसके पास क्रोधित अवस्था में खड़े रहे और वहीं खड़े-खड़े शान्त भी हो गये और लौटकर फिर सोफा पर बैठ गये।

अब वह आदमी उनका आज्ञाकारी चाकर जैसा पूछने लगा—"अब मैं जाऊँ साब!"

"जायेगा नहीं तो क्या यहाँ बसने आया है?"

"नाय साब! मेई इतनी हैसियत का है? मैं पूछत हूँ कि बिन लोगन ते का कह दूँ?"

"किन लोगन से?..."कह दीये कि बोटी-बोटी काट के रानी घाट में बो दूँगा।..."

और वह हाथ जोड़कर चला आया था!

फिर उसके तीन दिन बाद दोपहर के समय, राजा, राजेन्द्र सहरिया और गोविंद के साथ भगोरी खदान पर आया। वह उस इलाके की सबसे अच्छे पत्थर की खदान थी और एम.एल.ए. साहब के कब्जे में थी। वहाँ पर काम जोरों पर था। अनेक खनबरिया और कारीगर टांकी, छैनी, घन, सब्बल के साथ पत्थर से लड़ रहे थे। उसके अतिरिक्त 'झराई' के काम में अनेकों मजदूर लगे थे। कुछ खदान-मालिक के पाले हुए गुर्गे भी काम पर नज़र रखने के तौर पर इधर-उधर घूम-फिर रहे थे और कुछ वहाँ काम कर रहे थे। उनमें से कुछ के पास असले भी थे और वही सब लोग गैंग के उन तीनों लोगों को देखकर सबसे पहले भाग खड़े हुए। वे जब भाग खड़े हुए तब दूर-दूर तक फैले पत्थर खदान के गड्ढों में काम कर रहे खनबरिया, कारीगर, मजदूर आदि को राजा ने अपने पास बुलवा लिया। खदान की दुनिया में जब पाल गैंग के लोग और खास तौर पर राजा इस तरह से सभी लोगों को इकट्ठा करता था तब इसका एक ही अर्थ होता था कि आस-पास मिठाई और अन्य खाद्य वस्तुओं की फुटकर-फुटकर जो भी दुकानें चलती थी उन सब का माल पैसा देकर एक मुस्त खरीदकर लाया जायेगा और सभी को बाँटकर खिलाया जायेगा। खदानों पर इस तरह की दिलेरी राजा कई बार दिखा चुका था, इसलिए उसके बुलाने पर लोग खुशी-खुशी दौड़े चले आते। मात्र खनबरिया लोग ज़रूर थोड़ी टाल-मटोर करते थे और बड़े बेमन के सब के पीछे-पीछे आते थे। उस दिन भी वे इसी तरह से आये।

वे सब जब वहाँ इकट्ठे हो रहे थे तब राजा वहीं एक गहरे गड्ढे के ऊपर खड़े दो लोडेड ट्रकों को घूम-फिर कर देख रहा था। वे बिल्कुल नये ट्रक थे और अच्छी किस्म की पटिया उनमें लोड हुई थी।

राजा ने उन सबसे मानो एक साथ-पूछा—"ये ट्रक कौन के हैं?"

उसने सबसे पूछ तो लिया लेकिन उनमें से कोई आगे आकर बताने की हिम्मत नहीं जुटा पा रहा था। साथ ही उन्हें यह भी लगने लगा था कि राजा मात्र उन्हें मिठाई खिलाने के लिए नहीं आया है बल्कि उसकी कोई और योजना है। ऐसे में अगर सब मौन बने खड़े रहे तो भी गड़बड़ हो सकती है। इसलिए भीड़ में पीछे खड़े एक-दो आदमी ने अपना हुलिया छिपाए हुए बोल दिया—"जे ट्रक तौ एम.एल.ए.के हैं!..."

इतना सुनकर राजा तो कुछ नहीं बोला, गोविंद बोला—"अच्छा, अब एक काम तुम्हें करनो है। जे दोनो ट्रक जा नीचे वारे गड्ढे में पटकने हैं, और ऊपर ते जे आस-पास पड़े खंडे पटक के गड्ढा भर देनो हैं।...चलो, जल्दी काम शुरू करो।"

लोगों ने सुना तो वे सकते में आ गये। मामला एम.एल.ए. को है, खबर लगते ही पुलिस के टेना के टेना टूट पड़ेंगे और बीन-बीन के मारेंगी। लेकिन सामने काल बने

बागी खड़े हैं उनका क्या करें। पुलिस जब तक आयेगी तब तक तो कोई बचने का उपाय सोचा भी जा सकता है लेकिन बागी तो साँस लेने की भी अभी मोहलत नहीं देगा।

और वे फिर लग गये गोविंद के बताए काम में।

एक-एक करके दोनों ट्रक पैंतीस फुट नीचे गड्ढे में पटक दिये गये। ऊपर से इधर-उधर पड़े पत्थर के टुकड़े भर दिये गये। इतना हो जाने के बाद राजा ने सब को सौ-सौ रुपये का नया कुरकुरा-सा नोट दिया।...और सेई दाँत बाबा के नाम का जैकारा बोलकर वे लोग चले गये।

बताने वाले तो यह भी बताते हैं कि इस घटना की किसी भी थाने में रिपोर्ट नहीं लिखाई गयी थी।

और इसी तरह की एक अन्य घटना की रिपोर्ट भी किसी थाने में नहीं लिखी गयी थी।

घटना कुछ-कुछ इस तरह की थी।

एम.एल.ए. साहब के कद से इंच-दो इंच छोटे एक अन्य नेता हैं। वे एम. एल.ए. तो कभी नहीं बन पाए। लेकिन अपनी सरकार होने से जो लाभ किसी नेता को मिलते हैं वे उन्हें भी बदस्तूर मिलते थे। यानी कि उनकी भी कई पत्थर खदाने थीं। एक खदान टेकरी गाँव के खदान क्षेत्र में थी। वहाँ उन्होंने वाक़ायदा एक छोटा-सा बँगला बनवा रखा था। कभी-कभी जब मौसम सुखद होता और मन मचलता तब वे उसी बँगल पर रात्रि विश्राम भी कर आते थे। लेकिन बाद में पाल गैंग के नाम से घाटी में तूफान उठ खड़ा हुआ तो वह सब बिसर गया। लेकिन फिर जब गैंग का ज्यादा दबाव बढ़ा और टेक्स वगैरा की समस्या सामने आयी तो उन्होंने उसी समय एक-तीन की पुलिस की टुकड़ी उसी अपने बँगले मे रखवा दी। और इस पुलिस व्यवस्था के चलते उन्होंने भी डाकूओं को टेक्स देने के नाम पर ठेंगा दिखा दिया। बताते हैं कि वह ठेंगा भी उन्होंने राजा को दिखाया था। अगर वह देरूपाल को दिखाया होता तो गनीमत थी। क्योंकि वह कभी भी जलती हुई आग में हाथ नहीं डालता था; लेकिन राजा का मन तब तक भरता ही नहीं था जब तक वह आग के दरिया को डूबकर पार न करे।

कुछ लोग बताते हैं कि गैंग ने जो संदेश एम.एल.ए. साहब के पास एक संदेश वाहक के द्वारा भेजा था वैसा ही एक संदेश राजाने अपनी वही टूटी-फूटी पंचमहली बोली में लिखकर नेताजी के पास भेजा था। नेता ने वह पुर्जा पढ़ते ही मुस्करा दिया और उसी के पीछे साफ-साफ खड़ी बोली में लिख दिया—'तुम्हें दो लाख तो क्या मिलेंगे, पाँच पनहीं और हुक्का का पानी पार्वती घाटी में जहाँ कहो वहाँ मिल जायेगा।'

बस राजा के लिए इतना ही काफी था, आग में कूद जाने के लिए।

उसने देरू को कुछ नहीं बताया था और दूसरे दिन प्रीतम और गोविंद को साथ लेकर उन्हीं नेताजी की खदान पर जा पहुँचा था। वहाँ जाकर पता लगा कि नेताजी

आजकल खदान पर आ नहीं रहे हैं। वहाँ से वे लौट रहे थे तो सामने ही नेता जी का बँगला दिखाई पड़ा। राजा राह काटकर उसी ओर मुड़ गया। प्रीतम ने टोका—"थोड़ा सुन तौ, भें चार पुलिस वाले रहत हैं। कहूँ लुकबे कोंऊ जगह नाय है।"

मानो उसने उसकी बात सुनी ही न हो और बँगले को मानो पचफैरा के निशान पर लिए हुए आगे बढ़ा चला जा रहा था। उसके पीछे ही अपनी-अपनी राइफल के ट्रेगर पर उँगली रखे वे दोनों चल रहे थे। बँगले के आगे खैर का एक छोटा बगीचा जैसा है। वे उसी में जाकर खड़े हो गये। बँगले के अन्दर ऊँचे बॉल्यूम पर ट्रांजिस्टर बज रहा था। बँगले की पीछे की ओर थोड़ी दूर पर नरवर के बनिया की दुकान है। बनिया दुकान से निकलकर खैर के झुरमुट की ओर देखने लगा था और तभी राजा ने हाथ के इशारे से उसे अपने पास बुला लिया। उसने धीरे से उससे कहा—"बँगला के भीतर जा और भें जो हो वाते बाहर आवे को बोल!"

सेठ डरता-डरता बँगला के अन्दर गया और थोड़ी ही देर में बाहर आया तो उसके साथ दो पुलिस वाले भी थे। वे तेहमद और बनियान में थे। और उन तीनों को अपनी-अपनी राइफल सँभाले जब दोनों ने देखा तो उनके होश उड़ गये।

राजा थोड़ा आगे बढ़ गया और उन दोनों सिपाहियों से बोला—"तुम डरो मत, अपनो पूरो सामान निकाल के में खैर के पेड़न के नीचे रख लेव।"

वे दोनों जल्दी-जल्दी सामान निकालकर बाहर रखने लगे और तब तक राजा ने भैयालाल राजस्थानी को बुलवा लिया। भैया लाल राजस्थान का रहने वाला था लेकिन यहाँ काफी दिनों से मिठाई की दुकान करता था—प्रगट में मिठाई की दुकान और छिपे तौर पर बारूद और डायना माइट का अन्य सामान खदानों में सप्लाई करता था। राजा ने भी वही सब सामान मंगवाया और थोड़ी-सी देर में नेताजी का बँगला ध्वस्त करा दिया।

बँगला ध्वस्त हुआ तो इलाके भर में उसकी आवाज गूंज गयी। खदानों में काम करते लोग अपना-अपना काम छोड़कर भाग खड़े हुए। दोनों पुलिस वाले थर्रा गये थे लेकिन वे तीनों धीरे-धीरे चलकर बँगले के बायीं बगल वाले जंगल में समा गये।

47

गंगाश्री फिर छः महीना जेल में बिताकर अपने घर आ गयी।

उसके भाई जिस दिन हथकड़ियों सहित पुलिस की पकड़ से भागे थे, उसी दिन पुलिस वालों ने उसके घर दबिश दी थी। पूरे घर के साथ मारपीट की थी। पूछताछ की थी और अन्त में जब कुछ भी सुराग नहीं मिला तो उसे थाने ले जाया गया। उसने बार-बार पूछा कि उसने ऐसा क्या किया है जिसके लिए उसे बार-बार

परेशान किया जा रहा है, लेकिन कोई कुछ बताने को तैयार नहीं था। अगले दिन उसका चालान ग्वालियर को किया गया।

वह जब दुबारा जेल में पहुँची तो यह देखकर दंग रह गयी कि वहाँ अबकी बार बहुत सारे रिश्ते-नाते के लोग मौजूद थे और वे सब के सब बिना केस चलाए वही धारा 11-13 में बन्द किये गये थे। उसके सबसे बड़ा और सबसे छोटा, दो भाई, मौसी के दो लड़के, उसके पिता और मौसा, देरू का बड़ा बेटा सत्यपाल, उसका मामा मोतीलाल और उसका लड़का...और भी कई दूर के रिश्तेदार। उन सब को बिना किसी अपराध के जेल में देख-देख गंगाश्री का मन डीक फोड़कर रोने को करता था। एक तो खेती-किसानी, घर-द्वार सबसे हाथ धोए बैठे थे। बाल-बच्चे दूसरों की दया पर जिन्दा थे और अब जेल की हवा खानी पड़ रही है। अब गंगाश्री सोच रही थी कि उन चारों का पुलिस के हाथ से छूटकर भाग निकलना इन सीधे-सादे, एक रास्ते के चले लोगों की मुसीबत को और भी ज्यादा बढ़ा गया। उन लोगों की तार-तार हुई पड़ी जिन्दगी और भी सोचनीय बना गया। अब इन सब के बच पाने की कोई आशा नहीं है बल्कि इन सब की बर्बादी की भी अब कोई सीमा नहीं है।

यही सब सोच-सोचकर गंगाश्री व्यथित हो जाती थी और फिर उसने निश्चय कर लिया कि अब तक जो हुआ सो हुआ, अब आगे कम से कम अपने परिवार को तो संकट में नहीं डालेगी। एक लड़की शादी के लिए है, बाकी छः छोटे-छोटे हैं; दो देवरों की शादी अभी इसी साल हुयी है, सास-ससुर बूढ़े हो चले हैं। इस हालत में पीहर उजड़ा है सो उजड़ा है अपना निजी घर भी कहीं का नहीं रहेगा। उस सबको तवाह कर डालना कैसे भी ठीक नहीं है। इसलिए उसने इस बार जेल में रहते हुए भी अपने आप को बदलने की कोशिश शुरू कर दी थी। वह एक निहायत भोली-भाली महिला कैदी के रूप में वहाँ अपनी दिनचर्या पूरी करती। किसी से कारण होने पर भी नहीं झगड़ती थी, अपने भाइयों का दबका बताकर किसी को धमकाती नहीं थी। जेल का कोई नियम तोड़ने की कोशिश नहीं करती, और जेल व्यवस्थापकों के सामने कोई ऐसी माँग नहीं रखती थी जो उन्हें उलझन में डाले। इसलिए जेल के कुछ अधिकारी और कर्मचारी उसके प्रति खासी हमदर्दी दिखाने लगे थे। उसके प्रति उनका व्यवहार और सोच कतई बदल गया था। लेकिन कुछ अधिकारी ऐसे भी थे जो उसके इस तरह के व्यवहार से कुछ ज्यादा ही उसके प्रति सतर्क रहने लगे थे। क्योंकि उन्हें मालूम था कि डांगरगाँव जेल में उसके भाइयों ने भी कुछ ऐसा ही ढोंग किया था। तभी एक खास तरह की सीढ़ी जेल में बुलवाकर वहाँ से भागने की कोशिश की थी।...और फिर एक दिन हथकड़ियाँ लगी अवस्था में ही भागने में सफल भी हो गये। लेकिन गंगाश्री का व्यवहार सच में बदल गया था और उसका यह निश्चय भी दिन प्रति दिन दृढ़ होता गया था कि अबकी बार जेल से रिहा होकर जब अपने घर पहुँचेगी तो सबसे ज्यादा फिक्र अपने घर-परिवार की ही करेगी और

सब बातों को भूलकर उसी में ध्यान लगाएगी।

लेकिन जिस दिन वह जेल से छूटकर आयी तो मानो अपने वे सारे विचार एक पोटली में बाँधकर जेल के कमरे के किसी कोने-कोटके में धरे छोड़ आयी।

जेल से आकर घर की पहली रात को वह थोड़ी-सी भी देर को पलक से पलक नहीं मिला पाई।...कहने को कोई कुछ कहता रहे, वह भी हजार बार सोचले;लेकिन ऐसा हो कैसे सकता है कि वह अपने भाइयों के बारे में सोचना छोड़ दे, उनके हित से पहले अपना और अपने परिवार का हित सोच ले। अम्मा के मर जाने के बाद वह उनकी बहन नहीं, माँ बनके रही है। राजा और उससे छोटे को तो उसने अपने आँचर से दूध पिलाया है। बड़ी मोड़ी आज भी ताना मारती है कि उसके हिस्से का दूध वे दोनों पीते रहे हैं और वह खुद छेरी को दूध पीकर बड़ी भई है।...तो फिर आज उनकी खबर-सुध लिए बिना वह चैन से कैसे सो सकती है?

उधर पूर्व के टोले में किसी का मुर्गा बोला है। कोई खाँस पर शायद घरवालों का एहसास करा रहा है कि सवेरा होने वाला है।

गंगाश्री तब तक नदी पर जाकर निपट आयी है। गीली साड़ी पहने चौका में जा बैठी है। आलू-गोभी की सूखी सब्जी बना ली है और भैंस के शुद्ध घी में पूड़ियाँ तल रही है। उसी समय उसका आदमी दौलतराम ऊपर छत से उतरकर नीचे आया है और चौका के ओटा से टिककर लगातार अपनी घरवाली को निहार रहा है। गंगाश्री ने भी एक बार उसे नज़र भरकर देखा है। सोच रही थी कि उसकी आँखों में रात खराब होने की शिकायत तो ज़रूर होगी, लेकिन वहाँ कुछ भी ऐसा नहीं था। वह तो अपनी घरवाली के चौका के कौशल को देखने में लीन था। आखिर उसने अपने कुर्ता की जेब से बीड़ी निकालकर अपनी घरवाली को दी। गंगा ने थोड़ी तिर्छी नज़र से उसे देखा। कोई और समय होता तो वह इतनी-सी बात पर बड़बड़ाने लगती। बीड़ी जरूर जला देती लेकिन उसकी अलाली पर बिगड़े बिना नहीं रहती। लेकिन उस समय इतना करने को उसके पास समय कहाँ था। इसलिए चुपचाप बीड़ी सुलगाकर उसे दे दी।

दौलतराम ओटा से हटकर आँगन में पड़ी खाटपर बैठ गया और चुपचाप बीड़ी पीने लगा।

चौका का काम निबटाकर थोड़ी देर के लिए गंगा सामने के कमरे में चली गयी। जब बाहर आयी तब निहायत मैले और कुछ-कुछ फटे धोती ब्लाउज पहने हुए थी। दौलतराम देखकर मुस्करा दिया। वह घर से बाहर चली तो वह भी उसके पीछे चल दिया।

घर से बाहर आते ही पोटली दौलतराम ने ले ली। वह उसे नदी पार तक छोड़ आया। जब वापस लौट रहा था तब बोला—"पहाड़ के ऊपर चारों और पुलिसई पुलिस है।...सांझ तलक लौट के आ सकी तो महावीर पे नारियल जरूल फोड़ौगो!..."

गंगा अपने आदमी के ऐसे भोले समर्पण पर दिल खोल के हँसती है, लेकिन

उस समय वह हँस नहीं सकी। वह तो उसकी नसीहत को साड़ी के खूँट से कस कर बाँध लेने का समय था।

वह नदी की ओर से पहाड़ पर चढ़ी तो इस इरादे से थी कि टेकरी गाँव के दक्षिण में पुरानी खदान पर जा पहुँचेगी और वहाँ कोई न कोई मिल जायेगा, लेकिन हुआ कुछ और ही। वह जब ऊपर चढ़कर आयी तो वह जगह कोई और ही थी। उसके चारों ओर जंगल ही जंगल था। उसे ऐसा मतिभ्रम पहले तो कभी नहीं हुआ था। वह माथा थामकर एक सफेदा के पेड़ से टिककर बैठ गयी। गठरी सीने से लगाकर दोनों बाहों में जकड़ ली और आँखें बन्द कर ली। ऐसी हालत में उसे डर कम ही लगता था; लेकिन उस समय उसे सचमुच डर लगा था। उसका सिर रात्रि जागरण के कारण वैसे भी भन्ना रहा था। उसने आज तक माना नहीं था कि पीहर का संकट और दो-दो बार जेल की यात्रा उसके अडिग मनोबल को डिगा सकती है। तो क्या उसे अब यही मान लेना चाहिए?

उसने मानो अपने आप से सवाल किया लेकिन फौरन ही उसके प्रति उत्तर में वह चीख पड़ी—"...नाऽऽय! जे बात तो होनी नही है। नाय होनी! नाय होनी!!"

चीखकर वह शांत भी हो गयी। और उसी समय उसे अपने पीछे की ओर कुछ पदचाप सुनाई पड़े।

मुड़कर देखा तो देखती रह गयी। वहाँ बूचा लुहार हाथ में दुनाली बन्दूक पकड़े एकदम फटेहाल अवस्था में खड़ा था। उसके सिर के सफेद गन्दे बाल बढ़ गये थे और उनमें निहायत घिनौनी गुंजलटे पड़ गयी थी। दाढ़ी और मूंछ उससे भी ज्यादा घिनौने दिखाई दे रहे थे। अगर बायीं आँख के ऊपर वह निशान और कटा हुआ बायाँ कान नहीं होता तो गंगा उसे इस हालत में हरगिज पहचान नहीं पाती।

उसने उसे पहचाना तो दोनों बाहों के बल पर सीने पर जकड़ी वह पोटली खिसककर नीचे गिर पड़ी। वह हुलस कर आगे बढ़ी और उसके पास खड़ी होकर एक बार फिर उसे नीचे से ऊपर तक देखा और बोली—"काका! तैं...जा हालत में...?"

"ओऽऽ गंगा बेटी! तैंऽऽ है?...आ तोय छाती ते लगा लौ।बड़े दिन बीत गये मेई लाड़ो।"

वह दोनों हाथ आगे करता उसकी ओर बढ़ा और फिर वे दोनों वही सफेदा के पेड़ के पास बैठ गये।

कुछ देर तक वे दोनों एक दूसरे को देखते रहे। गंगा उसकी हालत देख-देखकर परेशान थी और वह उसको ऐसे बिकट समय में जंगल में चली आने के बारे में सोच-सोचकर परेशान था।

"गंगा बेटी तैं ऐसे बखत में झें काय आयी। तोय पतो नाय है, झें चारों ओर जंगल में पुलिस छाई है। झें तोय कोऊ कामवारों कऊँ दिखाई दिओ है? न जंगल में और न खदान में, सब ओर काम बन्द पड़ो है।"

उसने कहा तो गंगा मुस्करा दी। उसने भी उससे पूछा—"पहले तें बता काका, तैं काय आओ ऐसे वखत में?..."

"अब तैं कुछ मतकह, वो मोड़ा नाय सुधरैगो जिन्दगी भर,...।"

गंगाश्री जानती थी कि बूचा लुहर की लड़की बैलगाँव में ब्याही है। उसका समधी भी इलाके का कभी नामी लुहार था। इलाके में लुहारगीरी का काम ठप्प हुआ तो लट्टू-गट्टू के गैंग में शामिल हो गया। गैंग के लीडर तो मारे गये और काका के समधी को पुलिस ने धर लिया, जो अब तक जेल काट रहा है। लड़का शुरू से ही आवारा था।...बाप के नाम की दस-पन्द्रह बीघा जमीन थी। वह पहले ही आरसी की गढ़ी में बाप गिरवी रख आया था। घर में एक छोटी-सी दुकान पहले से ही चलती है। उसी से जैसे-तैसे गुजारा चलता है।...जब कुछ बड़ा खर्चा आ जाये तो रेशमा या उसका आदमी फूकनी गाँव की ओर दौड़ जाते हैं।...और अगर कहीं बूचा काका के भी बस की बात न हो तो वह ऐसा ही भेस बनाकर गैंग की तलाश में निकल पड़ता है...पुलिस का डर उसे बहुत दिनों से नहीं रहा है। जिन्दगी ने उसे उस मुकाम पर पहुँचा दिया है जहाँ पहुँच आदमी से भय को भय लगने लगता है।

"उठ गंगा, अब चल जल्दी! पासई हैं वे लोग। जे कालेपानी को जंगल है, वो अमर नाला है।... और वो देख, आगे बड़े-बड़े आम और जमुनी के पेड़ हैं। वहीं है जमुनिया खोह!...ला, तेई पोटरी मैं लै लूँ!..."

यह कहते कहते वह उठ खड़ा हुआ और गंगाश्री की पोटरी उठाकर उसके आगे-आगे चलने लगा।

वे दोनों जब खोह में जा पहुँचे तो वहाँ मौजूद सभी लोग आश्चर्य के साथ उन्हें देखने लगे।

"काका! हम तोय हुसियार समझत हे। तें पुलिस की माद में जीजी को लयें चलो आओ!" देरू ने कहा और मुँह फुला के रह गया।

"जाते बड़ी मूरखता और का होगी! कऊँ को जावे ते पहले सोचनो-समझनो तो चाहिए और तब घरते बाहर डग धरनी चाहिए!" प्रीतम ने कहा और बूचा काका की आँखों में आँखें डाल के देखने लगा।

बूचा लुहार उनकी बातें सुनकर अकुला उठा। वह अकुला कर ही बोला—"अऐऽऽ, भिओ तुमन मोपे काहे को आक्षेप धरत हौ? गंगा तौ मोय रास्ता में मिली है। पूछो, पूछो जाते कसम दै के।"

तब तक गंगा ने अपनी पोटली खोल दी थी और पूड़ियों पर सब्जी रख-रखकर सब को देती जा रही थी। राजा अपने दोनों हाथों पर दो जगह अलग-अलग पूड़ी सब्जी रखवाकर बाहर को ले गया और वहाँ तेंदू के पेड़ पर अपनी-अपनी राइफल सँभाले बैठे गोविंद और राजेन्द्र सहरिया को भी दे आया। अब वह अपने लिए पूड़ी-सब्जी लेकर बूचा काका की बगल में बैठ गया।

"कह काका, तेरो कैसो आवो भओ ऐसे वखत?..." राजा ने खाते-खाते बूचा लुहार से पूछ लिया।

लुहार ने चौंककर उसे देखा।

वह अघोरी की तरह से खाता था। हर निवाले का कुछ न कुछ भाग नीचे टपक जाता था तो कुछ कपड़ों से लग जाता था।

"वो मोड़ा मेओ घर घेरे बैठो है राजा!"

उसने थोड़ा अटक-अटककर कहा। एक-एक शब्द को कौर की तरह चबाते हुए।

"को मोड़ा?...तेरो दमाद?"

बूचा काका की दूसरी बगल में प्रीतम बैठा था, वह उन दोनों की बातें सुन रहा था और मुस्करा रहा था।

वह बोला—"काका को घर वो मोंड़ा नाय घेरैगो तो और को घेरैगो?...पैसा लैवे आओ होगो!"

"काय, प्रीतम भैया ठीक कहत है का?...कितनों पैसा चाहिए वा को?

पर जे सोच के बतइये के जा जिला को एस.पी. बदल गओ है। वोई उपेंद्र चौधरी आगओ है जो डांगरगाँव में एस.डी.ओ.(पी.) हो। मोड़ीचोद ने हिलवो-डुलवो बन्द कर रखो है।..."

राजा ने पूछा तो बूचा लुहार से मुँह में रखा कौर मुश्किल से चबाया जा सका। थोड़ी देर के बाद बोला—"चालीस हजार चाहिए वा कों!...मोटर साइकिल लेगो मोड़ा!"

वे सब बूचा लुहार को अचरज से देखने लगे और फिर एक दूसरे को देखने लगे। बोला कोई कुछ नहीं।

थोड़ी देर के बाद गंगा बोली—"काय काका! तेओ दामाद तौ ऐसो समझत है जैसो तेये घर में 'नोट' छपत है।"

"नाय, जे नाय समझत है; जे समझत है के झें डांग में नोट छपत हैं!" राजा ने कहा—"तैं एक काम कर काका, मोड़ी को तौ अपयें घर लेजा और वा मोड़ा को झें पठा दै। वा को नोट छापवो हम सिखा दैंगे।"

वे सब हँसने लगे तो बूचा काका का चेहरा और भी बुझ गया। अब वहाँ राख ही राख नजर आने लगी। देरू ने देखा तो अच्छा नहीं लगा। वह बोला—"अच्छा काका! हम दिवा देंगे तेये दामाद को मोटर साइकिल। घाटी में थोड़ी शांति होने दे!...तेने राजा की बात सुनी नहीं? एस.पी. ने प्रानन के लाले डार दये हैं। अबकी आंन टर गयी तो समझ लीये नयो जनम भओ है।

देरू की बात सुनकर उसके चेहरे की राख मानो झड़ने लगी।

तभी गंगा ने देरू को देखा और गहरी साँस लेकर बोली—"काय रे, देरू! तुम पटसेना को कांड नायकरते तौ तुमाई बात नाय बनती का? काय हत्यारे बन रहे हो बेबात के!"

वह जानती थी कि वह कुछ भी कहले, उसकी बात का जवाब उनमें से कोई नहीं देगा।

फिर उसने राजा की ओर देखा और कहा—"जा मोंड़ा को काम तौ हत्या करे बिना चलेगोई नाय। रोज आदमी काटवे को मिलें तौ और अच्छी बात है।"

राजा उठकर खोह के ऊपर चला गया। वातावरण काफी भारी हो चला था। ऐसे अखण्ड मौन पर गंगाश्री बहुत जल्दी ऊबने लगती है।

गहरी साँस लेकर वह उठी और देरू से बोली—"देरू! तेये बड़े मोड़ा की शादी वा को मामा कर रओ है।"

देरू गहरी साँस लेकर रह गया। वह अपनी जिन्दगी में कभी भी नियतिवादी नहीं रहा लेकिन जब से ये अनचाहा बागपन गले पड़ा है तब से जो हो रहा होता है उसे होने ही देता है। लड़के की शादी हो रही है तो हो जाये। कम से कम जो दो छोटे हैं उन्हीं के रोटी-पानी का इन्तजाम हो जायेगा।

गंगा और बूचा लुहार जाने लगे। राजा राइफल लेकर कालापानी जंगल तक उन्हें छोड़ने गया।

48

इस बार पाल गैंग को सच में लेने के देने पड़ गये।

दो रात और एक दिन गैंग खोह में ऐसे छिपा बैठा रहा जैसे चूहे के बच्चे बिल्ली के भय से बिल में इकट्ठे हुए बैठे रहते हैं। उपेंद्र चौधरी को पता लग गया था कि जमुनिया खोह से निकलकर बूचा लुहार गये हैं। और राजा उनके पीछे-पीछे अमरनाला तक आया था और बाद में लौटकर उसी खोह में समा गया। एस.पी. उपेंद्र चौधरी को अपने मुखबिर से इतना संकेत भर मिला था और वे शत-प्रतिशत आस्वस्त हो गये थे कि इस क्षण गैंग इस खोह के अलावा अन्यत्र कहीं हो ही नहीं सकता। बस फिर क्या था, मन ही मन खोह को घेरने का नक्शा तैयार कर लिया। अत्यन्त विश्वास पात्र लोगों से सलाह की और आनन-फानन में जमुनिया खोह की घेराबन्दी निहायत सतर्कता के साथ शुरू कर दी—घेराबन्दी ऐसी कि कोई परिन्दा भी इधर से उधर न हो पाए।

लेकिन उनकी एक प्रशासकीय ईमानदार कोशिश ने सारी मेहनत पर पानी फेर दिया।

एस.पी.उपेंद्र चौधरी ने एक जिम्मेदार अधिकारी की तरह गैंग के खिलाफ कार्यवाही करने से पहले अपने उच्चअधिकारी को सूचित कर देना मुनासिब समझा। उन्होंने डी.आई.जी से बात की। उनकी बात सुनकर फोन पर डी.आई.जी. पहले तो

कुछ समय तक निःशब्द बने रहे। एस.पी.उपेंद्र चौधरी मानो उनकी साँसे गिनते खड़े रहे। फिर उनकी तरफ से बड़ा उखड़ा-उखड़ा और रूखा-रूखा-सा जवाब आया—"स्थिति पर ठीक से नजर रखो,...अगले आदेश की प्रतीक्षा करो!"

सुनते ही एस.पी.उपेंद्र चौधरी का मनोबल आधा रह गया।

वे दो महीना पहले ही प्रमोट हुए थे। अभी तो उनके पेपर इत्यादि भी पूरे तैयार नहीं हुए। इससे पहले डांगर गाँव तहसील में एस.डी.ओ.पी. के पद पर थे। वहाँ भी इसी गैंग पर उन्होंने दांव लगा रखा था। काफी मेहनत की थी और नतीजा कुछ भी नहीं निकला था और अब उन्हें दिखाई देने लगा था कि नतीजा इधर भी शायद सिफ़र ही रहने वाला है। वे खासे धैर्यवान थे लेकिन उस दिन जब वे खोह की ओर और टपरिया गाँव की पूर्वी बगल में अपनी गाड़ी को खैर के झुरमुट में खड़ा किये, जब घेराबन्दी पर नजर रखे थे तब वे बौखलाए हुए थे।

डी.आई.जी. का जब उक्त आदेश उनके कान पर गूंजा था और कनपटी पर हथौड़े जैसे बज रहे थे तब दिन का सूरज पहाड़ों में खो गया था और पार्वती घाटी में शाम का सुरमई अँधेरा नीचे तल की ओर से घना होता आ रहा था। शाम रात में बदल गयी और रात बीती तो सवेरा हो गया; लेकिन एस.पी. को अगले आदेश की अभी भी प्रतीक्षा थी।...उसी समय उधर से एक छोटा-सा मैसेज था—"बस थोड़ी ही देर में पहुँचने वाले हैं,...।"

अब वे और भी ज्यादा अधीर दिखाई दिये। और फिर दोपहर होते-होते उनकी अधीरता की कोई सीमा नहीं रही। वे अकेले नहीं बल्कि उस अभियान में लगे पुलिस के सभी जवानों के मन में मानो अब किसी तरह का उत्साह शेष नहीं रह गया था। बल्कि किसी-किसी चेहरे पर तो अविश्वास दिखाई देने लगा था। और वह अविश्वास कुछ सीमा तक एस.पी.उपेंद्र चौधरी के प्रति भी था।

उसी अभियान में उनका निहायत विश्वास पात्र आदमी था, टी.आई. रामदेव शर्मा।

जो कुछ हो रहा था। वह रामदेव शर्मा को भी बेहद खराब लग रहा था। वह अपने एस.पी. की ईमानदारी और कर्मठता का कायल था। वह एकाएक उनके पास आया और बोला—"सर, आप विचलित न हों! अपना सन्तुलन बनाए रखें।...यहाँ सब ऐसे ही चलता है। अभी दो महीना पहले तो आप आये हैं!...आपका अभी-अभी प्रमोशन हुआ है। आपके सिर पर सेहरा बँधा कोई नहीं देखना चाहेगा।"

उसने कहतो दिया लेकिन हल्के से उजाले में जो एक उम्रदराज तेंदू के तने की दोहरी भुजा के बीच से आकर एस.पी.की कनपटी पर पड़ रहा था; उनके चेहरे को फिर देख लिया। वह वैसा ही अभी भी गमगीन बना हुआ था अर्थात् उसके भाव नहीं बदले थे! और इसी बात ने उसे और कुछ कहने को उकसाया। अबकी बार इधर-उधर देखकर वह बोला—"...अगर आप बुरा न मानें तो बताऊँ? ये इलाका तो

वह है जहाँ पर एक निहायत ईमानदार और कार्यक्षम महिला एस.पी. के भी सिर पर बँधा सेहरा लोगों ने उतरवा लिया था।"

उन्होंने अनुभव किया कि उनका टी.आई. बहुत अनुभवी है और जो कुछ कहता है वह बिना लाग-लपेटे के कहता है। उसकी बातों का उन्होंने बुरा नहीं माना। बल्कि उससे उसके मन की निराशा थोड़ी कम ही हुई।

तभी खाने का पैकेट आ गया। रामदेव शर्मा ने भी उन्हीं की गाड़ी में बैठकर खाया।

जब जमुनिया घाटी में मोर्चा लगा था। तब जवानों में गजब का जोश था। हर किसी को विश्वास था कि आज पाल गैंग हर हालत में निपट जायेगा और उसका श्रेय उन्हीं सब की झोली में जायेगा। लोग जब-जब इस घटना को याद किया करेंगे तब उनके नाम लोगों की जबान पर अपने आप आ जाया करेंगे। लेकिन जवानों के मन का यह उल्लास अब तक पूरी तरह से लोप हो चुका था। अब हर कोई यह सोचने लगा था कि उसने व्यर्थ में ही मीठे-मीठे सपने देखने शुरू कर दिये थे। जबकि उसे यह नहीं भूलना चाहिए था कि इसी गैंग को ऐसा प्राणदान पहले भी कई बार मिल चुका है।

और जवानों के शायद उन्हीं निराशा के क्षणों में गैंग की घेराबन्दी ढीली हो गयी थी और अगली रात के प्रथम पहर में गैंग खोह से निकल भागा था।

गैंग भाग खड़ा हुआ और अपने पीछे छोड़ गया ढेर सारा गर्द-गुबार। साथ ही एस.पी. उपेंद्र चौधरी के लिए जनता और प्रशासन की अनेक लानतें-मलामतें भी।

और दूसरी ओर!

उस रात को गैंग के लोग खोह से निकल तो भागे, लेकिन पुलिस का भय जैसा इस बार हाथ धोकर उनके पीछे पड़ा वैसा पहले कभी नहीं पड़ा था। उन्हें जिन्दगी में पहली बार अनुभव हुआ कि सर पर मौत कैसे मंडराती है और मौत के मुँह से निकल भागना किसे कहते हैं! इसलिए वे ताबड़तोड़ भाग रहे थे; बिना इस बात का ख़याल करते हुए कि क्या साथ लाए हैं और क्या खोह में छोड़ आये हैं। जिसे साथ लिए दौड़ रहे हैं वह ज्यादा ज़रूरी था या जो वहाँ छोड़ आये हैं, वह! वे तो बस सोंजोर भाग रहे थे और आगे-पीछे, दायें-बायें कुछ भी नहीं देख रहे थे। भागते समय कई ऐसे स्थान छूट रहे थे जो कभी उनकी नज़र में बेहद सुरक्षित स्थान थे और बिना किसी भय-संशय के वे कई-कई दिन वहाँ ठहरे भी थे। लेकिन उस दिन पुलिस का भय कुछ इस तरह उन्हें परेशान कर रहा था कि वे घण्टे-आध घण्टे को भी वहाँ रूककर विश्राम नहीं कर सकते थे। भागो! और तेज भागो!! उपेंद्र चौधरी नाम का आदमी आज उन्हें कहीं भी दबोच सकता है। उसके आदमी हर ऐसी जगह पर पहुँच चुके होंगे जो जगह पहुँचने के काबिल है।...देखना, नदी का बायाँ किनारा न छूटने पाए और रहना जंगल में ही है! जंगल ही जंगल भागो!

और फिर जहाँ पहुँचकर उन्हें सवेरा हुआ, वहाँ पहुँचकर उनकी याददाश्त भी

लौट आयी। वे अब बलारपुर के जंगल में खड़े थे। अब जिन्दगी का एक शाश्वत राग शरीर के पोर पोर में बज उठा।...जब स्थान का बोध एक झटके में हुआ तो फिर यह बोध होने में देर नहीं लगी कि इस बार उनकी जिन्दगी बची है बलारपुर वाली मैया की कृपा से।

और फिर फौरन ही उन छः कण्ठो से जैकारा फूट पड़ा—'बोल बलारपुर वाली मैया की जै! जैऽऽ!'

जैकारे के साथ ही सबने दक्षिण-पूर्व की ओर देखा और देखते ही लुभ गये। वहाँ देवी के ऊँचे मठ पर लाल तिकोना झंडा लहर-लहर लहरा रहा था।

बाद में दैनिक कर्म से निवृत होकर वे नदी में उतर गये। वहाँ खूब मल-मल कर नहाए। नहाने के बाद देवी दर्शन के लिए मन्दिर में गये। पुजारी अर्थात् बाबाजी इस तरह से दिन के समय उन लोगों को देवी दर्शन कराने के आदी नहीं थे। पहले जब भी वे मन्दिर में आते थे तब रात को ही आते थे और एक बात यह भी थी कि कुछ दिन के बाद ही चैत्रमास का मेला शुरू होने वाला था और अगर यह बात लोगों में फैल गयी कि यहाँ डाकू दिन-दहाड़े आते हैं तो मेला में आने वाले भक्तों की संख्या कम हो सकती है। इसलिए बाबा जी थोड़े उदास-उदास दिखाई दे रहे थे; लेकिन पूजा के बाद माँ बलारी के चरणों में दो-तीन पाँच-पाँच सौ के नये-नये नोट दिखाई दिये तो फिर उनके चेहरे की उदासी फौरन छट गयी। मन प्रफुल्ल हो गया। चेहरे पर कांति लौट आयी और पाल गैंग की सेवा में बिछ जाने के भाव वहाँ दिखाई देने लगे।

नदी से चलकर मन्दिर तक आते समय देरू ने सब को समझा दिया था कि मन्दिर में कुछ भी ऐसा नहीं होना चाहिए जिससे लोग चौंकें और खबर एस.पी.उपेंद्र चौधरी तक जा पहुँचे। खबर लगते ही एस.पी. घण्टे-दो-घण्टे में ही यहाँ आ पहुँचेगा और हमें फिर सर पर पैर रखकर यहाँ से भागना पड़ेगा। उसने राजा से खासतौर पर कहा था कि वह एक भी फायर भूलकर भी न करे।...लेकिन राजा तो अपने नाम का राजा ठहरा। उसने पहले भी कभी किसी की सीख पर ध्यान नहीं दिया था तो उस दिन देरू के कहे को मान लेता भला?

वे लोग जब मन्दिर से बाहर आ रहे थे तभी राजा थोड़ी-सी देर के लिए प्रांगण में रुक गया और अपने पचफैरे से गिन-गिनकर पाँच फायर कर दिये।

देरू ने मुड़कर देखा और गुस्से से लाल पड़ गया। फिर चलते-चलते बोला—"जे बैरी पतो नाय,... कब मरैगो?...जितनी जल्दी मर जाए उतनोई अच्छो!"

राजा ने मुड़कर देखा और भैया का कहा सुन लिया था और बुरा कतई नहीं माना था। वह कुछ ज्यादा ही गहरा मुस्करा रहा था और मचकता हुआ सब से पीछे चला जा रहा था।

बलारी देवी का मन्दिर बलारपुर के जंगल में है।

इलाके भर में इस देवी की काफी मान्यता है। जबकि इस देवी से सम्बन्धित

इलाके में अनेकों दंत कथाएं प्रचलित हैं। उनमें से एक कथा सबसे ज्यादा प्रचलित है। वह कुछ-कुछ यों हैः...पहले के समय में इधर सिंध के दोनों किनारों पर जंगल बहुत घना था। इधर के जंगल में कुछ सहरिया लोगों के सहराने और बंजारों के गाँव थे।...उसी समय की बात है, एक बंजारा युवक बैलगाड़ी हाँकता हुआ उधर नदी किनारे के अपने खेतों से आ रहा था और जंगल में दूर बसे अपने गाँव को जा रहा था। फागुन का महीना था और वातावरण में हल्की-सी खुनकी और ढेर सारी उत्तेजना मौजूद थी। उसका मन उस वातावरण में हुलस-हुलस जाता था और बाग-बाग हो रहा था। मन 'ईसुरी' का कोई फाग उठाने को हौस रहा था और तन फाग की तान पर थिरक-थिरक जाने को ललचा रहा था। आखिर उसने कान पर हाथ रखकर हल्का-सा आलाप भरा और फिर फाग शुरू कर दिया–

ओरेऽऽऽ हाँऽऽऽ...
बाखर है भारे की
दई पिया प्यारे की!
वे बन्देज परी बेद्वारे बिना कुची तारे की,
...

वह अगला बन्द पूरा नहीं कर पाया तभी चौंक कर रह गया। उसे एकाएक लगा कि उसकी बैलगाड़ी में पीछे की ओर से कोई बैठ गया है। उसने जल्दी से मुड़कर पीछे की ओर देख लेना चाहा, लेकिन तभी उधर से बहुत ही रसीले मधुर स्वर में कोई बोली–"पीछे मत देखो, मैं एक क्वारी सहरिया कन्या हौं और सोऊ नितान्त नंगी!"...सुनकर बंजारा युवक-अज़ीब असमंजस में पड़ गया। लेकिन साथ ही उस स्वर ने उसके ऊपर जादू जैसा प्रभाव छोड़ा था। पहले तो उसके होश गुम हो गये थे, लेकिन संभल भी जल्दी गया। तभी उसे अपने सिर की पाग याद आयी। वही छोटी-छोटी बुंदकियों वाली मूंगिया पाग, उसने सिर से उतार ली। उसे फटकार कर उसके पेंच खोल दिये और फिर पीछे को हाथ करके उसे देने लगा। बोला–"लेव, पहनौ जाय।...बड़ी कीमती चीज़ है,...कतई कोरी। अबै एक महीना पहले बाप कोटा ते लाओ हो,...आज पहली बारई पहनी है।" उसके फौरन बाद वही मधुर स्वर उसे फिर सुनाई पड़ा–"नाय, काऊ को छुओ पहन नाय सकत हौं,... ।" अबकी बार वह और भी ज्यादा लुभ गया। उसने अपने आपको रोकने की काफ़ी कोशिश की, लेकिन रोक नहीं पाया। आखिरकार उसने मुड़कर पीछे की ओर देख ही लिया; लेकिन उधर जो कुछ देखा वह देखते ही काँप गया। वह जोर से चीखा और बैलों की बाग खींच दी। गाड़ी एकाएक रुक गयी।...दरअसल वहाँ कोई लड़की नहीं थी बल्कि पत्थर की एक आदम कद मूर्ति लम्बी होकर गाड़ी में पसरी थी।...बंजारा युवक मानो कोई अच्छा सपना देखकर जागा हो और यथार्थ में निहायत बुरा दृश्य देख रहा हो।... अब उसकी सबसे बड़ी समस्या यह थी कि उस मूर्ति का आखिर करे क्या?...फिर

वह गाड़ी से नीचे आ गया। जैसे-तैसे करके उसने बैलगाड़ी से मूर्ति उतारी और फिर पास के एक खैर के झुरमुट में लेजाकर एक खैर के मजबूत तने से टिका दिया।...फिर गाड़ी पर बैठकर उसे अपने गाँव की ओर दौड़ा दिया।...

बाद में पास के एक सहराने वालों ने उसी स्थान पर एक मढ़ियाँ बना दी और उसमें जब मूर्ति स्थापित हो गयी तो उसका नाम पड़ गया, बलारी देवी या बलारपुर वाली मैया।...अब समय-समय पर सहरिया लोग वहाँ आने लगे—एक नहीं, अनेक सहरानों के सहरिया। वे आते, तो उनके भगत या सियाने भी साथ आते। महुआ, मुर्गा और बकरा भी साथ लाते। मुर्गे, बकरे, काटे जाते और देवी को भोग लगाया जाता।...पी-खाकर वे लोग रात-रात भर नाचते। यों सहराने के अन्य दर्जनों देवी-देवताओं में एक नाम बलारपुर वाली देवी का भी जुड़ गया। फिर बहुत दिनों बाद इधर के जंगल साफ होने लगे। जमीनों पर बाहर से आये लोगों का कब्जा होने लगा...और जिस तरह से वहाँ बिना किसी सहरिया से पूछे उनके जंगल काटे जा रहे थे और उनकी जमीनों पर कब्जा हो रहा था, ठीक वैसे ही एक दिन बाहर से आये लोगों का कब्जा उनकी देवी पर भी हो गया।...देखते ही देखते मढ़िया की जगह अब एक अच्छा मन्दिर बन गया, जिसके गुम्बद के ऊपर एक तिकोना लाल झंडा फहराने लगा और इस नयी व्यवस्था के चलते सहरिया आदिवासी मानो देवी-दर्शन से भी वंचित हो गया। उसे बता दिया गया कि वह अब वहाँ मुर्गा-बकरा की बलि नहीं दे सकता, देवी को दारू अर्पण नहीं कर सकता...और न वह खुद महुआ पीकर मन्दिर में नाच-गा सकता है।

और फिर उस साधन हीन भोले इन्सान के पास उपाय ही क्या था सिवा चुप होकर बैठ जाने और सब कुछ टुकुर-टुकुर देखते रहने के अथवा अपनी ईमानदार आस्था को एक झटके में त्याग देने और उनके ठगी और धोखाधड़ी पूर्ण अनुष्ठानों का अंग बन जाने के।...लेकिन ऐसा कुछ हुआ नहीं। न तो वह हताश होकर बैठा रह सका और न उनके अनुष्ठानों का अंग बना। बल्कि उसने वह स्थान आज तक नहीं छोड़ा है। खासतौर से उनके द्वारा आयोजित मेलों के अवसर पर वह वहाँ आता है और बड़ी मात्रा में आता है।...उसके साथ उसके कुटुम-कबीले के लोग होते हैं, जन-परिजन होते हैं, भगत-सियाने होते हैं।...और होते हैं ढोलक, ढोल, नगड़िया; मुर्गा, बकरा, महुआ आदि। वे मन्दिर से बाहर टेकरी पर दूर-दूर तक समूहों में जमें होते हैं। जहाँ जो समूह जमा होता है वहीं उसकी 'देवी' पधारी होती हैं—बलारी देवी...बलारपुर वाली मैया! धीरे-धीरे नगड़िया खटकती है। ठेके से ढोलक बजती है...औरतें गाती हैं। मुर्गा कटता है, बकरा कटता है...बलि का माँस देवी को अर्पण होता है। बाकी पकाया-खाया जाता है, झिक्-झिक् कर महुआ पिया जाता है...देवी जागरण के नाम पर डूबकर नाचा-गाया जाता है, इतना कि अंग से अंग मिलाने में भी कोई गुरेज नहीं...साँस में साँस घोल देने से भी इनकार नहीं।...

मेले की सम्पूर्ण पृष्ठभूमि में मेले से मिला हुआ और मेले से कटा हुआ भी, टेकरी के नीचे तक बिखरा हुआ ये दृश्य दूर से और भी ज्यादा अद्भुत दिखाई देता है—अद्भुत और अलौकिक भी। कहीं लपक-लपक जाता चूल्हे का मध्यम प्रकाश तो कहीं पेट्रोमेक्स का दूधिया उजाला।...न जाने कितने देवी भक्त मन्दिर का मोह त्याग कर उधर ही खिचे चले जाते हैं और कुछ तो अपना आठ दिनों का निर्जला वृत इधर आकर ही खोलते हैं।

लेकिन उस साल चैत्रमास के शुक्लपक्ष की अष्टमी और नवमी को बलारपुर वाली देवी के मन्दिर पर लगने वाले मेले को मानो सचमुच का ग्रहण लग गया था। मेले के पहले दिन ही वहाँ कहीं चहल-पहल नहीं थी। मन्दिर के आगे वाले मैदान में जो हर बार दुकानें सजती थी और वहाँ से लेकर मन्दिर के अन्दर तक भीड़ में खांचे पड़-पड़ जाते थे, लेकिन इस बार ऐसा कुछ वहाँ नहीं था। दुकानें भी इस बार बहुत कम आयी थीं और लोग भी थोड़े ही आ रहे थे। जो आ रहे थे वे भी निहायत डरे-सहमे-से।...इस बार मेले में पुलिस की भारी उपस्थिति आदमी को अन्दर से हिला देती थी। लम्बे दौर से बागी समस्या से गुजरते हुए यहाँ के आदमी के लिए पुलिस कोई अजूबा नहीं रह गयी थी, लेकिन फिर भी उस समय पुलिस की मुस्तैदी किसी को भयभीत कर सकती थी। दरअसल एस.पी.उपेंद्र चौधरी को इस बात की जानकारी थी कि पाल गैंग पार्वतीघाटी से भागकर इधर के जंगल में आ छिपा है और वह मेले के समय कोई भी गड़बड़ी कर सकता है। उसी को रोकने के लिए पुलिस की ऐसी सख़्त व्यवस्थाा की गयी थी।

लेकिन उस व्यवस्था का प्रभाव एकदम नकारात्मक ही रहा। बल्कि यह उलटा एस.पी.उपेंद्र चौधरी की गले की हड्डी बन गया। एक ओर तो मेला लगने से पहले ही उखड़ गया, बल्कि दूसरे दिन तो वहाँ नाम मात्र को लोग पहुँचे और उसी दिन यह भी हुआ कि मन्दिर के आगे के पीपल पेड़ से एक ग्यारह किलो वजन का घण्टा लटकता पाया गया, जिसपर पाल गैंग के सभी लोगों के नाम खुदे थे।

इस बात ने पूरे प्रशासन में हड़कम्प मचा दिया और उसी के परिणामस्वरूप उपेंद्र चौधरी जैसे कर्मठ अधिकारी को तीन दिन के अन्दर ही ट्रांस्फर ऑर्डर थमा दिया गया।

49

यद्यपि पाल गैंग के द्वारा बलारी देवी पर घण्टा चढ़ा दिया गया था और इसका अर्थ था कि देवी मैया ने उनकी मनौती स्वीकार कर ली थी। जो पुलिस अधिकारी गत कई महीनों से उन्हें चकर-घिन्नी बनाए हुए था। कहीं भी घण्टे-दो घण्टे ठहरना भी मुश्किल होता था और कभी-कभी तो भरपेट खा तक नहीं पाते—खाना छोड़कर ही

भागना पड़ता। लोग मदद के लिए आगे नहीं आते थे। सारे हितैषी और मुखबिर अपने-अपने बिलों में दुबके बैठे थे।...शायद ऐसे बुरे दिन पाल गैंग ने पहले कभी नहीं देखे थे और यह सब हुआ था उन्हीं उपेंद्र चौधरी के कारण और अब वही उपेंद्र चौधरी वहाँ से काफी दूर मालवा के छोर पर पहुँच गये थे। जहाँ से जल्दी वापस लौटने की कहीं दूर-दूर तक सम्भावना नहीं थी; लेकिन उसके बावजूद गैंग के लोगों का मनोबल काफ़ी सीमा तक क्षीण हो चला था। वे आज भी अपने आपको भयमुक्त नहीं समझ पा रहे थे। बल्कि अब हुआ कुछ ऐसा था कि गैंग से बाहर के प्रायः हर आदमी को वे शक़ की नजर से देखते थे और किसी भी स्थान को चलने के लिए वे फौरन तैयार नहीं होते थे। काफ़ी सोच-विचार के बाद ही तय कर पाते थे कि उन्हें किस स्थान को कौन से रास्ते से जाना है।

बलारी का मेला गये एक महीना बीत चुका था। तब से वे प्रायः रोज ही वह इलाका छोड़ देने की राय जताते थे, लेकिन छोड़ अब तक नहीं पाए थे। यह तो तय था कि उन्हें वहाँ से टेकरी गाँव के जंगल में जाना है और वहाँ की दूरी जंगल के रास्ते आठ-दश किलोमीटर से ज्यादा नहीं रही होगी और उन्हें एक महीने से ज्यादा समय लगा था, वहाँ पहुँचने में।

वह क्षेत्र गैंग के लोगों को खूब पसन्द था। वहाँ के जंगल, पहाड़, डांग, खोह सब कुछ अपने जैसा लगता था। यद्यपि जब से उनका बागपन शुरू हुआ है तब से आज तक बहुत सारी स्मृतियाँ धुँधला गयीं और स्थान और आदमियों के साथ बने रिश्ते फीके पड़ गये हैं। नये-नये रिश्ते बन रहे हैं। गत चार-पाँच सालों में काफी बड़ा क्षेत्र उन्होंने पैदल चलकर नापा है। तीन राज्यों का विशाल मिलाजुला क्षेत्र और वहाँ के नदी, पहाड़, जंगल, डांग, खोह शायद ही कुछ छूटा हो, उनसे। यद्यपि उन्होंने कोई डायरी मैंटैन नहीं की है, कुछ नक्शे बना के नहीं रखे हैं; फिर भी कम से कम गैंग का मुखिया देरूपाल किसी स्थान पर पुलिस के द्वारा कड़ा घेरा डाल देने पर फौरन बता सकता है कि इस रास्ते से बचकर निकला जा सकता है और अमुक स्थान पर सुरक्षित रहा जा सकता है। उस बार उपेंद्र चौधरी के घेरे से भी सुरक्षित निकाला था और बलारी के जंगल में वही पुलिस से बचाकर ले गया था।...और अब टेकरी क्षेत्र में ले आया है।

टेकरी गाँव काफी पुराना और इस क्षेत्र का नामी गाँव है। उसका पुरानापन गाँव के पूर्व की ओर नदी किनारे पर काफी बड़े क्षेत्र में बिखरे पड़े पुरानी टेकरी के खंडहरों से सिद्ध होता है। यहाँ पर आज भी जो गूजर परिवार रहते हैं उनका गोत्र हूँण है। लम्बे सुलफ कमानीदार शरीर, श्यामवर्ण, गहरीभावपूर्ण हल्की कत्थई आँखें, जब करार उतरती है तब पौनिया नाग जैसी लहराती हैं यहाँ की जवानी। और जब टेकरी चढ़ता है तब हिरण जैसी कुलांचे भरता है यहाँ का यौवन।

आजकल इस इलाके में टेकरी गाँव की तूती बोलती है। यहाँके प्रायः हर

परिवार के पास नामी और बे-नामी बहुत सारी जमीनें हैं और पत्थर खदानों में इसी गाँव की दादागीरी चलती है। वैसे पुराने जमाने में भी छेरी-चोर से लेकर भैंस चोरी तक और राहजनी से लेकर डकैती तक के क्षेत्र में यहाँ के लोग काफ़ी नाम कमा चुके हैं; लेकिन पाल गैंग के मैदान में उतर आने के वक्त से मात्र इस गाँव में ही नहीं बल्कि पूरे इलाके में वे सब काम एकदम ठप्प पड़े हैं। मात्र खेती-किसानी देखना, पसर चराना और खदान कमाना ही लोगों के हाथ में रह गया है। सो भी उन कामों में भी अब ज्यादा हेकड़ी और हेरा-फेरी की गुंजाइश नहीं बची है। क्योंकि पहले तो टेकरी का न्याय ही सबसे बड़ा न्याय माना जाता था और अब राजा का न्याय ही सर्वोपर्य न्याय है और राजा माने आरसी की गढ़ी के मालिक छोटे राजा गजपतिसिंह नहीं, बल्कि राजा माने शेरनी के पुरा के मंजूपाल का बेटा राजापाल। यहाँ एक बात और हुई है, वह यह है कि इधर की, नयी पीढ़ी में कुछ सीमा तक शिक्षा और सम्पन्नता का यह असर देखा गया कि वे अगड़े-बगड़े कामों में कोई खास दिलचश्पी नहीं लेते हैं। लेकिन फिर भी जब कोई महामारी क्षेत्र में फैली हो तो उसके बचाव के कैसे ही उपाय करने पर कुछ-न-कुछ लोग तो उसकी चपेट में आते ही हैं।...आजकल इधर जंगल के गाँवों में युवा वर्ग के अन्दर डाकू या पुलिस की मुखबिरी करने का चश्का कुछ ज्यादा ही बढ़ गया है। उससे आमदनी भी अच्छी होती है और रुतबा भी खासा बढ़ता है। यहाँ हर गाँव में ऐसे एक-दो आदमी मिल जाते हैं जो दुहरी मुखबिरी की भूमिका निभाते हैं अथवा एक ही छुरे से पुलिस और बागी दोनों को मूड़ते हैं। टेकरी गाँव में भी उस खेल के कुशल खिलाड़ी दो ही लोग थे—बाबूसिंह और कबीरा।

बाबूसिंह अभी हाल में ही मुखबिरी के पेशे में आया था लेकिन कबीरा गैंग के प्रारम्भिक काल से ही उनके साथ जुड़ गया था। हाँ, अपने आप नहीं जुड़ा था, वह जुड़ा तो एक घटनाक्रम के दौरान था।...जब वे लोग फरार हुए थे, उससे पहले बकरी-चोरी के झूठे इलज़ाम में उन्हें फँसाया गया था। तब उन्हें छुड़ाने के लिए चार हजार रुपये की व्यवस्था करनी थी और उतना रुपया उन लोगों के घर में नहीं था और उसी को जुटाने के लिए देरूपाल की घरवाली घर का पूरा जेवर लेकर अपने पीहर माधवपुरा गयी थी। उस समय उसके बाप ने पूरा जेवर इसी कबीरा को सौंप दिया था और उसको वह बहुत आसानी से हजम कर गया था।...और उसी के कारण देरू की घरवाली ने नहर में डूबकर जान दी थी।...देरु के सीने में लगा वह पहला तुकुये जैसा घाव था जो कायदे से तो बहुत टीसना चाहिए था, लेकिन वह उतना अन्ततोगत्वा टीसा नहीं।...और इसका सबसे बड़ा कारण यह था कि उसी दौरान कुछ उससे भी बड़े भालों के घाव उसी घाव के इर्द-गिर्द और लग चुके थे।...लेकिन ऐसा तो पहले भी कभी नहीं हुआ था कि देरू के दिल में कोई ठेस लगे और राजा के सीने में टीस न हो।...एक बार जब गैंग देहरी खोह में था तब राजा के सीने में कुछ ज्यादा गहरी टीस उठी। वह रात का दूसरा पहर था और पूरा गैंग खोह के अन्दर

घोड़ा बेचकर मानो सोया था।...वह फरारी का बिल्कुल प्रारम्भिक दौर था और तब जब वे सोते थे तब अपनी सुरक्षा तक को मजे से नज़रअंदाज कर जाते थे।...लेकिन ऐसे मौको पर राजा नहीं सोता था, भले ही आँखें बन्द करके सोने का बहाना करता हो।...ऐसी ही एक रात को वह एकाएक उठ गया। उसने गोविंद को भी उठा लिया और खोह से बाहर लाकर बोला–"चल, आज माधबपुरा से कबीरा को पकड़ के लाओजाये!...वाको किस्सा जब तक नाय कटैगो तब तक देरू दादा के सीने को दर्द नाय जायेगो!"

और सचमें वे दोनों उस दिन कबीरा के दोनों हाथ मोटी रस्सी से बाँधकर खोह तक घसीटते हुए लाए थे।...तब राजा दुनाली बन्दूक नयी-नयी जंगल से लूटकर लाया था और बार-बार ही उसकी बैरल गिराकर पीतल की पीली पैदी और लाल खोल वाले दो कारतूस विद्युत गति से बैरल में डाल देता था और बैरल को उठाते ही फायर खोल देता था। उस दिन भी वह वही करने जा रहा था लेकिन कबीरा का रोना गिड़गिड़ाना और कल सवेरे ही पूरा जेवर लाकर देने और जिन्दगी भर तावेदारी का वायदा, उसके लिए देरु को पर्याप्त सजा जान पड़ी थी।... तब से लेकर आज तक उसने निरन्तर गैंग की मुखबिरी की है और उसीसे खूब कमाई भी की है।...और आजकल उस कमाई का दायरा और भी बढ़ गया है। अब वह इस इलाके में दुहरी मुखबिरी का सबसे माहिर आदमी माना जाता है।

कबीरा की ननिहाल भैरोपुरा गाँव में है और भोलासिंह उसका छोटा मामा है। यद्यपि वह परिवार अच्छा पढ़ा-लिखा परिवार है। स्वयं भोलासिंह भी लॉ-ग्रेजुयेट हैं लेकिन यहाँ की पत्थर खदानों की दुनिया में पहुँचकर पढ़े-लिखे और गैर-पढ़े-लिखे अमूमन एक ही धरातल पर जा पहुँचते हैं। खदानें सचमुच का सोना उगलती हैं और वह सोना अच्छे-भले आदमी की आँखों में रतोंधी ला देता है। इसी सूरत में भोलासिंह डाकूओं के लिए मुखबिरी पहले से ही कर रहा था और आजकल टी.आई. आमोदसिंह और डी.आई.जी.नवलखा की गिरफ्त में आ गया था। वह उस लाइन का आदमी सचमुच था नहीं। इसलिए पुलिस का लफड़ा समझकर कुछ ज्यादा ही घबरा गया था और जब उस घबराहट से मुक्ति पाने का कोई रास्ता नहीं सूझा तो टेकरी गाँव दौड़ा चला आया।

उस दिन सवेरे-सवेरे ही भोलासिंह की मोटर साइकिल कबीरा के घर के आगे रुकी तो वह कुछ समझ नहीं पाया। समझ नहीं पाया और कुछ बोला भी नहीं। भोलासिंह की ओर एक बार देखकर चुपचाप खड़ा रहा, कबीरा! उसे घरके ऊपर वाले कमरे में ले गया और तुरन्त चाय बनवाकर ले आया।

"काय, का बात है रे कबीरा!...भारी नाराज दिखाई दे रओ है?..."

भोलासिंह उसके खास कमरे में कुर्सी पर अब तक बैठ चुका था और चाय का कप लेते-लेते बोला था।

"मोय का नाराज़ है वे को हक है तुमन ते, तुम बड़े हौ सौ बेर नाराज है सकत हौ मोते।...बड़ो मामा तौ सीधे मुँह बात नाय करत है, इतै खड़े होउ तौ वा ओर को मुँह फेर लेत है।"

कबीरा ने कहा तो वह चाय पीते-पीते तिर्छी नजर से उसे देखने लगा।

"तो बड़े मामा को गुस्सा मो पै काहे कों ढार रओ है दादा! जे तौ बेई बात भई नाय के ऊँट की खोर गधा ये दाबै!"

फिर कबीरा कुछ नहीं बोला। लेकिन समझ जरूर रहा था कि मामा के तेवर निहायत ढीले हैं तो कोई न कोई बात ज़रूर होनी चाहिए। वैसे इतने सवेरे तो मामा खाट भी नहीं छोड़ता है। वह कुर्सी खींचकर मामा की बगल में बैठ गया। तो मामा अपनत्व जताता हुआ फिर बोला—"रेऽऽ मोड़ा कबीरा! मैं अबकी बेर बेढब उलझ गओ हौं। कोऊ उपाय नाय सूझ रओ है, तब तेये पास आओ हौं।"

"काय ऐसो का भओ है सो?"

"बस समझ लै, बिना बुलाई आफ़त आय गयी है! मोड़ी चोद के वा टी.आई. ने बिंधा दओ है। डी.आई.जी. ने घाटी के रेस्टहाउस पै बुलाओ हो।..."

कबीरा एकाएक चौंककर रह गया। उसके सपाट चेहरे पर ईर्ष्या के भाव तैर गये।

"...बुलाओ हो तौ कोऊ बात भई का?"

"पोटा रओ हो, कै पुलिस के लयें काम करो,...।"

"धत्तेरे की!...मामा! वाने जे कह दयी तौ तेरे लयें कौन-सी आफत आ गयी। तैं कह देतो, करैंगे काम! देख, पहले को जमानो तो अब गओ जब एक पक्ष की मुखबिरी करके पार पड़ जात ही। आज तौ बोई मुखबिर सफल होत है जो दोनों पक्षन को साध के रख पात है। जे मेई बात तैं गांठ बाँध लै।"

कबीरा की बातों से भोलासिंह को मानो नयी ऊर्जा प्राप्त हुई थी। उसके चेहरे की उदासी जाती रही। कबीरा उसके चेहरे को देखकर मुस्करा दिया और कुर्सी से उठ खड़ा हुआ। फिर शायद उसे याद आया कि उस सम्बन्ध में मामा को एक ज़रूरी हिदायत तो दे ही नहीं पाया। वह फिर बोला—"फेर एक बात याद रखवे की है मामा! जे बात तो तैं समझतई होगोके जा काम में पूरो खेल झूठ को है; फेर पुलिस के आगे चाहे सौ झूठ खुल जायें, डाकूके आगे एक बेरऊ झूठ नाय खुलवो चइए। डाकू काऊ कों दगा करवे को दूसरो मौका नाय देत है। और जेऊ के पुलिस कों एक गोली खरचवे कोऊ हिसाब रखनो पड़त है और जाने कौन-कौन को जवाब देनो पड़त है; फेर डाकू को न तो कोऊ हिसाब रखनौ पड़ै और न काऊ को जवाब देनौ पड़ै।"

इतना कहकर वह चाय के बरतन उठाकर नीचे चला गया। थोड़ी देर के बाद कपड़े बदलकर आया और उससे फिर बोला—"अब झें तलक आ गये हो तौ चलो भाई साब ते मिल लेव, तब तलक खानो बनो जात है।"

वे दोनों छत से उतरकर नीचे आये। थोड़ी दूर तक गली में चले और फिरबायें मुड़कर खदान को जाने वाले रास्ते पर आगे बढ़ गये। खदान का एरिया पार करते ही दगड़े के दोनों ओर पत्थर की ऊँची मुड़ेर खड़ी थी। उन मुड़ेरों से घिरी 'बैराइटी' बाजरे की अच्छी फसल खड़ी थी।

भोलासिंह उस फसल को अचरज से देख रहा था। उसने राजा से पूछा—"जे फार्म कौन को है?"

"गोरासिंह को है और कौन को होगो?...जे सब मुखबिरी की कमाई है।"

कबीरा ने कहा तो भोलासिंह चौंककर खड़ा रह गया। बोला—"अएऽऽनाय रें! इतनों सब मुखबिरी ते नाय मिल गओ?"

"काय, मिल काय नाय गओ! अमृतलाल के जमाने ते वई सब करो है,... सोलहसाल के हे, तब ते! अमृतलाल, मानसिंह, मुहरसिंह, माधोसिंह...और अब जे पाल गैंग के लोग, कोई बागी ऐसो नाय गओ जाकों घर में न ठहराओ होय, हथियार न दये होंय और पकड़ न कराई होय।...अब कबर में पांय लटक रए है तौऊ जा सामने के जंगल में घुस जाये तौ पुलिस को अच्छे ते अच्छो जवान ढूंढ़ नाय सकत है।..."

यों बात करते-करते वे दोनों ऊपरी खोह में जा पहुँचे।

खोह से बाहर राजा और प्रीतम अपनी-अपनी माउजर डाटे बैठे थे। उनका संकेत पाकर वे दोनों खोह के अन्दर चले गये। वहाँ देरू और गोविंद एक साथ बैठे थे और महेंद्र आदिवासी उनसे थोड़ी दूरी पर राइफल साफ कर रहा था। उन दोनों ने देरू को हाथ जोड़कर राम-राम कर ली। और उनके सामने एक पाट पर बैठ गये।. ..भोलासिंह ने खोह के अन्दर का दृश्य देखा तो देखता ही रह गया। वैसे तो उन लोगों को डांग में अनेक बार देखा था लेकिन किसी खोह में आज पहली बार देख रहा था। वहाँ राइफलें और कारतूसों से भरी पेटियों के ढेर ही नहीं था बल्कि अन्य सामान भी काफी मात्रा में था। खाने के लिए सूखे मेवे की खुले मुँह की बोरी, मिठाई के पैकेट, शुद्ध घी का ऊपर से कटा हुआ टीन, प्रेस किये कपड़ों का ढेर, टूथपेस्ट, साबुन, तेल के छोटे-छोटे आदि,...वह अपने अन्दर का अचरज मुश्किल से छिपा पा रहा था। उसकी बड़ी-बड़ी कजरारी आँखों से छलकने को हो रहा था; वही अचरज!

"भोलासिंह, का हाल है तेरो?...डी.आई.जी. ते मिल लिओ?"

देरू ने बिना किसी उत्तेजना के निहायत सन्तुलित स्वर में पूछा, लेकिन भोलासिंह पर मानो किसी ने जाड़े की ऋतु में घड़ों पानी उड़ेल दिया हो। फिर भी उसे इस बात का ध्यान था, इस दरवार में बिलम्ब से जवाब देना हुक्म उदूली मानी जाती है और यहाँ पर कोई जवाब अगर-मगर के साथ देना भी गुनाह है। पहले सही जवाब देना होता है जो 'हाँ' और 'ना' में ही हो सकता है। बाद में सम्भव हुआ तो सफाई भी दी जाती है।

"हौ, मिल लीओ डी.आई.जी.ते...!"

"का बोलो...?"

"अबै पहलीई बेरई ताते कछु ज्यादा नाय बोलो, इतनोई बोलो के पुलिस के लएं काम करो।"

फिर थोड़ी देर तक उन दोनों में से कोई कुछ नहीं बोला। देरू खोह के बाहर का कटा छटा दृश्य देख रहा था और वह देरू को देख रहा था। भोलासिंह अपनी ही चुप्पी से घबरा उठा और फिर वह बोल दिया—"मैने, डी.आई.जी. ते बोल दयी के मैं पुलिस के लएं काम करूंगो।"

"अबकी बार मिले तौ कह दिये के मैं पुलिस के लएं काम तो जरूल करूंगो, फेर एक बात हैं के बिन्नें कछु है गओ तो तुमाए तौ बाल-बच्चा भूखों मर जायेंगे।"

इतना कहकर देरू हँसने लगा। साथ में गोविंद भी हँसा। लेकिन भोला सहम गया।

कबीरा बहुत देर से बैठा मानो सबका मुँह ताक रहा था। उससे तो कोई कुछ नहीं कह रहा था। आखिर में देरू ने उसकी ओर संकेत कर के कहा—"और कोऊ बात तो नाय है?"

"नाय, और कोई बात नाय है,...।" कबीरा ने कहा।

"तो फिर जाओ, खानो थोड़ी देर ते खाएंगे। अबै एक आदमी लौट के नाय आओ है मेई ससुराल ते।"

फिर वे दोनों उठ खड़े हुए और हाथ जोड़कर चले गये। लेकिन कबीरा के चेहरे पर चिन्ता की आड़ी-तिर्छी रेखाएं खिंच गयी थी। वह समझ नहीं पा रहा था कि देरू की ससुराल माने उसका खुद का नया गाँव, माधवपुरा और वहाँ देरू ने कोई आदमी क्यों भेजा है?

50

इस इलाके में उस समय दूसरा नामी गैंग हजारीराम का था।

हजारीराम लगभग उन्हीं दिनों फरार हुआ था जब पाल गैंग के लोग फरार हुए थे। शुरू के दिनों में पाल गैंग और हजारीराम के बीच में कई बार शक्ति परीक्षण चला था। कुछ अच्छी-खासी मुठभेड़ें भी हुई थीं लेकिन तुरन्त ही उन दोनों ने अपनी-अपनी कमजोरी और ताकत को समझा था और स्वतः ही पाल गैंग समझ गया कि नीचे पंचमहल में, महुअर घाटी के कटे-छटे कंगारों और गेहूँ-धान की फसलों के बीच हजारीराम से मुठभेड़ काफ़ी महँगी पड़ सकती है और कमोवेश इसी तरह से हजारीराम को भी आभास हो गया था कि ऊपर पार्वती घाटी या सिंध के जंगलों में

जाकर पाल गैंग को ललकारना अपनी मौत स्वयं बुलाना है। अतः उन दोनों गैंगोंके बीच अघोषित सीमा विभाजन हो गया था। आरसी बाँध से नीचे पूरा पंचमहल और दूर दतिया तक का क्षेत्र हजारीराम की गतिबिधियों का क्षेत्र रहा और ऊपर वाला क्षेत्र पाल गैंग के अधीन था।

हजारीराम की फरारी के कारण पाल गैंग से कतई अलग थे।

उसकी माँ उसे जन्म देते ही मर गयी थी और बाप ने दूसरी शादी कर ली थी। उसकी विमाता ने उसे बहुत ही त्रास दिया था। उसकी ननिहाल पास के गाँव में ही थी। मामा-मामी उसकी देखरेख ठीक से करते थे लेकिन वह माँ के प्यार के लिए तरस गया था। इसीलिए जब छोटा था तभी से माँ के प्यार की खातिर रात के अँधेरे में मामा का घर छोड़कर चला आता और अपने घर के दरवाजे से सर पटक-पटककर रोता।...बाप दरवाजा खोलने की कोशिश करता और माँ किसी कीमत पर खोलने नहीं देती। पूरा मुहल्ला जाग जाता। लोग उसे अपने घर ले जाते तो वहाँ किसी के चुपाए से नहीं चुपता।

ऐसे वातावरण में जब वह बड़ा हुआ और तब तक न जाने कितना ज़हर उसके अन्दर घुल चुका था। उसके अन्दर प्रतिशोध की भावना कुछ ऐसी प्रबल थी कि वह अक्सर आपा खोकर ही बात करता था, लेकिन यह तारीफ़ की बात थी कि उसने अपने विमाता के बारे में कभी एक शब्द नहीं कहा। हाँ, अगर जब कोई उसकी विमाता के दिये घाव को कुरेद देता था तो उस आदमी पर ज़रूर पिल पड़ता था।...ऐसी ही एक छोटी-सी बात पर वह बागी हो गया था। उसने अपने ट्यूबवैल पर एक बागले की छेरी पकड़कर काट ली थी और पकाकर दोस्तों के साथ उड़ा गया था। जब बागले ने वहाँ आकर गाली-गलौज की तो उसे मारकर फरार हो गया। फरार होने के कुछ ही दिनों में उसने पंचमहल और महुअर घाटी में आतंक मचा दिया था। हत्या, पकड़ और धन उगाही से वहाँ के लोग सकते में आ गये थे। अच्छे-अच्छों का घर से बाहर निकलना दूभर हो गया था। खेती किसानी से लेकर बंज व्यापार तक सब काम ठप्प पड़े थे।...बाँध से ऊपर जिस तरह से पाल गैंग का सिक्का चलता था उसी तरह से इधर नीचे हजारीराम नाम से ही लोग खौफ खाते थे।

लेकिन कुछ लोग जो इन दोनों गिरोहों को निकट से जानते हैं, बताते हैं कि पाल गैंग के राजा के मन में हजारीराम को लेकर कुछ कसमसाता ज़रूर रहता था। पता नहीं क्यों वह एक न एक दिन हजारीराम के पंजे से पंजा लड़ाने के अरमान अपने मन में सजोए बैठा था। और पता नहीं कैसे देरू को इस बात की जानकारी थी। इसीलिए अपने पूरे गिरोह को हिदायत दे रखी थी कि हजारीराम के क्षेत्र में वारदात के उद्देश्य से गैंग का कोई आदमी कभी भूलकर भी कदम नहीं रखेगा। यह भी शायद विश्वजीत के कारण हुआ था।

उधर हजारीराम के मन में भी कभी-कभी ऐसा ही उत्साह जागता था। वह सोचता

कि वह एक न एक दिन राजा से दो-दो हाथ जरूर करेगा। अगर इधर पंचमहल में कभी न भी मिल सका तो ऊपर पार्वती घाटी में जाकर राजा को ललकारेगा।...लेकिन वह इतना नहीं कर सका, बल्कि उससे पहले एक दिन अपने एक पुराने साथी, बाबू की चिट्ठी उसे मिली थी। बाबू कई साल तक उसके गैंग में रहा था और बाद में अपने दो भाइयों के साथ मिलकर अपने पड़ोस के तीन लोगों की हत्या कर दी थी और उसी केस में डांगरगाँव जेल में सजा काट रहा था। वहीं जेल से उसने हजारीराम को चिट्ठी लिखी थी—उसमें लिखा था कि पाल गैंग के चार मुख्य सदस्य उसके साथ कुछ महीने जेल में रहे हैं। उन जैसे दिलेर और विश्वासी आदमी जिन्दगी में फिर मिलना मुश्किल हैं...उनमें राजा तो सचमुच का राजा है।...

यह पत्र हजारीराम के गैंग का साथी लाखनसिंह टोंटा लाया था। वह अपना नाम बदलकर डांगर गाँव जेल में बाबू से मिलाई करने गया था।

वह पत्र पढ़कर हजारीराम का राजा से पंजा लड़ाने का इरादा गोलहो गया। हजारी ने अपने जीवन के प्रारम्भ में अपनो से तिरस्कार झेला था और अब सारी दुनिया से दुश्मनी मोल लिए बैठा था। लेकिन कभी-कभी किसी बराबर वाले से दोस्ती करने का भी मन होता। बाबू के हाथ का लिखा पुर्जा पढ़कर मन के अन्दर की यह हौस और बढ़ गयी कि कोई तो हो जिससे इस बन्दूकों के साये वाले पेशे में भी सलाह-मश्विरा कर सकें। वक्त पड़ने पर उससे मदद ले सकें या उसे मदद दे सकें और उसने उसी क्षण राजा से पंजा लड़ाने का इरादा त्याग दिया और दोस्ती का इरादा पक्का कर लिया।... और उसके बाद वह रंगपंचमी वाला आयोजन हुआ।

उन दिनों पाल गैंग एक नामी पकड़ के साथ डेन के जंगल में पड़ा हुआ था।

वह जनवरी का महीना था और कई दिन से मौसम का मिजाज बिगड़ा हुआ था। दो-तीन दिन पहले अच्छी महावट हुई थी और उसके बाद ही घाटी का मौसम जो बिगड़ा वह आज तक ठीक नहीं हुआ था। आज भी रात में पानी बरसा था और अभी घाटी में हल्की-हल्की धुन्ध छाई हुई थी और ठण्ड मानो रह-रहकर बरस रही थी। खोह के ऊपर जंगल की सबसे ऊँची टेकरी पर पेड़ों के झुरमुट में एक काली त्रिपाल आदमी के बराबर ऊँचाई पर तनी हुई थी और एक अन्य उसी तरह की त्रिपाल नीचे बिछी हुई थी। उस पर गैंग के चार-पाँच लोग अपने-अपने कम्बल में लिपटे बैठे थे। उनकी बन्दूकें आगे रखी थीं। उनके आगे ही छः लोग बैठे थे जो पकड़कर लाए गये थे। वहाँ से थोड़ी दूर पर जहाँ पहाड़िया का आखिरी भाग त्रिकोण बनाता हुआ-सा मानो घाटी में धँसा हुआ है और उसके नीचे ही सांक नदी बहती है। वहीं पर करधई के एक बेधने झुरमुट में अपनी-अपनी राइफल थामें राजा और प्रीतम बैठे थे। हालांकि घाटी में धुन्ध अब तक छटी नहीं थी लेकिन फिर भी घाटी की हर हरकत पर वे दोनों नजर रखे हुए थे।

थोड़ी देर के बाद राजा ने देखा कि दूर सांक नदी को पार करके कोई दो व्यक्ति

उसी पहाड़िया की ओर चले आ रहे हैं। दोनों के पास राइफिलें हैं और वे बड़ी मस्त चाल से चले आ रहे हैं। दोनों के हावभाव में न तो कोई हड़बड़ाहट है और न चाल में अस्थिरता। राजा ने प्रीतम की बगल में कुहनी अड़ाकर उनकी ओर संकेत किया। प्रीतम सचेत होकर बैठ गया और उन दोनों को गौर से देखने लगा। वह बोला—"आगे चलवे वारो तौ कुछ-कुछ पहचान में आ रओ है, फेर पीछे वारो को है, जे बात समझ में नाय आ रही!"

"आगे वारो को है?..."

राजा ने उत्सुकता—से पूछा तो प्रीतम बोला—"शायद आगे वारो तौ लाखन सिंह टोंटा है।...हजारीराम को खासमखास आदमी!"

हजारीराम का नाम सुनते ही राजा ने फुर्ती के साथ अपने शरीर पर लपेटा कम्बल एक ओर फेंक दिया और पचफैरा संभालकर बैठ गया। उधर प्रीतम ने भी अपनी राइफल का वोल्ट खींच दिया और नीचे घाटी में निशाना साधकर उन दोनों को लक्ष्य कर बोला—"रुक जाओ भेंई, अब जो एक कदम आगे रखो तो खोपड़ी उचट के सांक नदी में जा पड़ेगी!"

प्रीतम की बात सुनकर वे दोनों पहले तो चौंककर खड़े रह गये और फिर उन दोनों पर जैसे उनकी नज़र पड़ी वैसे ही फिर उसी मस्ती और लगभग बेफिक्रेपन के साथ आगे बढ़े। अब उन दोनों की चाल-ढाल देखकर राजा और प्रीतम से कुछ कहते नहीं बना। बल्कि वे दोनों उन दोनों के पास आने का इन्तजार करने लगे।

लाखनसिंह ने उनके पास आके 'राम-राम' का ओज भरा अभिवादन उछाल दिया। लेकिन हजारीराम राजा को एकटक निहारता रह गया।

"काय, ऐसे टकटकी लगाके का देख रओ है, का कबऊँ आदमी नाय देखे...?"

राजा ने कहा तो हजारी हलके से हँस दिया।

"आदमी तौ मुकते देखे हैं फेर ऐसो बुकटे भरको आदमी नाय देखो,...और लोग पाने का समझत हैं तेरे को?..."

इतना कहकर हजारी हँसना चाहता था लेकिन तभी राजा ने नज़र थोड़ी ऊपर उठाकर उसे घूरा, इसलिए वह हँस नहीं पाया। बल्कि वहीं पास पड़ा कम्बल उठाकर उसने उसका आधा हिस्सा राजा के ऊपर डाल दिया और आधा अपने ऊपर लेता हुआ उसकी बगल में बैठ गया। कम्बल का स्पर्श पाकर उन दोनों को जाड़े का एहसास पहले से ज्यादा हुआ। दोनों ने उसे अपने-अपने बाहर की ओर के बाजुओं से दबा लेना चाहा और एक दूसरे से सट गये।

"कुछ बचो है कहवे कों?...सो ओर कहलै!"

राजाने उसे कनखी से देखा और कहा!

"हाँऽऽ, अबै कहवे को तौ मुलक बातें बची हैं; फेर अब कहनो नाय चाहत हौ।"

हजारीराम ने मुस्करा कर कहा।

"काय, अब कौन-सी मखरिया छींक गयी, सो कहनो नाय चाहत?..."

अब हजारीराम ने अपनी राइफल बगल में लिटाकर रखली और राजा को हाथ अपने हाथों में लेकर सहलाने लगा। हाथ सहलाने लगाा और उसे रुक-रुक देखने लगा। राजाने उससे पूछा—"काय, जा हाथ में का देखरओ है, टटोल-टटोल के?"

"हाथ में नाय, तो में देख रओ हौ के वो कौन सी बात है तापे बाबू लट्टू है गओ?"

"कौन सो बाबू!"

"वोई, जो तोय जेल में मिलो हो,...।"

"वो तोय कहाँ मिलो हो?"

"वो मेयो यार है।...वाने जेल ते चिट्ठी भेजी है। चिट्ठी में लिखो है के ऐसो आदमी तौ तीनो लोक में मिलवो मुश्किल है।...धतेरे की, वो मेओ ससुर, तीनों लोक तौ अपयें गाँव—आमरोल के आस-पास के दो-एक गाँव कोई मानत है।..."

इतना कहकर वह जोर से हँसा। हँसा और हँसते-हँसते ही बोला—"देखरे राजा! मैं तोते ऐसे मिलवो नाय चाहत हो कबऊँ,...। वा विश्वजीत ने गड़बड़ कर दयी, रंगपंचमी पे मिलाके।"

"तौ और कैसे मिलवे चाहत हो, तैसे मिल लै!..."

"अब का मिल लूँ भाई! भें महुअर के खादर में कबऊँ मिलन हो तो तौ कुछ औरई बात होती। तैं झूठ माने तो जा लाखन को पूछ लै। मैंने एक बोरी कारतूस तेये सिरके उतारे के लयें रख छोड़े हैं!...लाखन! तें बता राजा कों, मैं झूठ बोल रओ हौ का?"

लाखन अब तक प्रीतम की बगल में बैठ गया था और उसके कम्बल का एक छोर खींचकर अपने आपको ढक लिया था। वह बोला—"कह तौ ठीक रओ है हजारी, तेई कसम राजा! मैं जो जेल ते बाबू की चिट्ठी नाय ला तो तौ एक-न-एक दिन वे कारतूस तौ खरच होने ही होने ते!"

अबकी बार प्रीतम का भी मन कुछ कहने को हुआ। वह लाखनसिंह टोंटा की बगल में कुहनी अड़ाकर बोला—"चल मान लयी तेयी बात, तौ ऐसो कर, वा में ते आधी बोरी हमन कों दै-दै।...तेई सौगंध, बड़ो अकाल है झें कारतूसन को।"

टोंटा कुछ कहें उससे पहले ही हजारी बोला—"होगों नाय अकाल झें, कारतूस कोऊ जंगल मे पेड़न ते टपकत हैं का?"

"तौ का पंचमहल में पेड़न ते टपकत हैं कारतूस?" उसकी तरफ घूरते हुए राजा ने पूछा।

"भें पेड़ कहाँ हैं जो कारतूस टपकेंगे।...तेई कसम राजा, भें जमीन में उपजत है कारतूस। अबै चलनो होय तौ चल आजई, चल के देख कैसो गेहूँ पंचमहल में हवा के संग लहर लेत है? कुछ दिना के बाद पकैगो तब चारों और सोनो बिखरो-सो दिखाई देगो।"

यह कहकर वह उठ खड़ा हुआ और राइफल उठा ली।

"काय कैसो आओ इतें, विश्वजीत ते मिलवे?" राजा ने कहा तो वह हँस दिया।

"नाय, वो तौ हमें पतो हो, ससुरार गओ है।...झें मुड़खेरे में मेई भैन ब्याही है—मामा की मोड़ी। भेई आओ। भें पतो लगो के झें तेओ गैंग बसो है सो चलो आओ मिलवे।"

"आओ है झें तलक तौ देरू भैया ते मिल लै।..."

"अयेऽऽनाय रे! वाते मिलवे के लयें तौ नहा-धो के आनो पड़ैगो,...वो ठहरो देवता आदमी। कहाँ है वो?"

"वो देख करधई के झुरमुट में काली चाँदनी टँगी है, वोई है देवता को थान!"

वे सब हँसने लगे। हजारीराम और लाखनसिंह टेकरी के ढलान पर उतरते हुए नीचे घाटी में चले गये।

51

पाल गैंग उस दिन जिस पकड़ को लिए केन के जंगल में पड़ा था उसकी फिरौती में समय लगा था।

दरअसल उन छः लोगों को पकड़वाने में जिस आदमी का हाथ था वही उनकी फिरौती के लिए भाग-दौड़ कर रहा था। वह कोई ऐसा-वैसा आदमी नहीं था—मुखबिरों की जमात का नम्बर एक था और इधर के ठिकानेदारों में पुख्ता ठिकानेदार था। उसका नाम था दर्शनसिंह और वह रहने वाला था बंजारीपुरा का। अगर उसी की माने तो उन छः लोगों की पकड़ और पन्द्रह लाख की फिरौती में उसने 'हक' अदा कर दिया था। उसने रात-दिन एक कर रखा था।...एक महीना से ज्यादा समय हो गया था, कभी नींद भर सोया नहीं था। कभी भूख भर खाया नहीं था। वह खुले तौर पर डाकूओं के काम में लगा दिख रहा था लेकिन पर्दे के पीछे पुलिसवालों का भी काम कर रहा था। उसकी नीयति यह बन गयी थी कि अगर दो-चार घण्टे पुलिस की सेवा में लगा दिखाई दे तो डाकूओं का हरकारा भेस बदलकर पुलिस स्टेशन में तक पहुँच जाय...और घण्टे-दो घण्टे को डाकूओं का विश्वास अर्जित करने के लिए उनके पास बैठ जाये तो पुलिस का मोबाइल बात न करने दे।...वह एक ऐसा जीव था जिस पर कोई भरोसा नहीं कर रहा था फिर भी वह मन मैला नहीं कर रहा था। पुलिस वाले उसके मुंह पर ही कहते थे—'यह छलिया आदमी है, फिर भी आदमी काम का है'...बागी समझ रहे थे कि हद दर्जे का दगाबाज़ है लेकिन उनसे दगा कर के जायेगा कहाँ?...घरवाले समझ रहे थे कि पूरे तौर पर निकम्मा है। लेकिन घर की इज़्ज़त-आबरू उसी के कारण बनी है;...और वह खुद समझ रहा था कि जो कुछ कर

रहा है वह तलवार की धार पर चलने से ज्याद कठिन है, लेकिन वह करे बिना अब रह भी नहीं सकता। सोचता है कि कभी थोड़ा-थोड़ा करके ज़हर खाना शुरू किया था, अब पूरी पुड़िया गिटके बिना नींद ही नहीं आती...कभी भविष्य में नीयति ने साथ दिया तो थोड़ा-थोड़ा करके छोड़ने की कोशिश करेगा।...

दर्शनसिंह आगे था—अपनी खादी की झक् सफेद धोती और गेरूआ रंग का कुर्ता मकोय की झाड़ियों से बचता हुआ और बायें हाथ में पचफैरा साधे, थोड़ी हड़बड़ाहट के साथ जंगल में आगे बढ़ रहा था। उसके दो छोटे भाई पीछे-पीछे थे, जिनमें से एक गर्म दूध की केन और दूसरा गर्म-गर्म पूड़ियों की छोटी बाँस की डलिया कन्धे पर उठाए हुए था। गाँव के सहराने का बंसी सहरिया अपनी टोपीदार बन्दूक संभाले पीछे-पीछे आ रहा था।

गैंग के लोगों ने थोड़ी दूर पर इस तरह बिना सूचना या संकेत के आते देखा तो वे सतर्क हो उठे। कुछ काफ़ी उत्तेजित भी थे। देरू ने हल्के गुस्से के साथ कहा—"मोड़ीचोद गूजर को मरवे को डोलत है।...चेता के आतो तौ कौन-सी तेई शान मारी जाती। कैसे बन ठन के आओ है जैस ससुराल में जारओ होय।..."

अब की बार कुछ लोग हँसने लगे।

तब तक राजा ने दर्शनसिंह के भाइयों से दूध की केन और पूड़ी की डलिया अपने पास बुलवा ली और उसमें से एक गिलास दूध और चार पूड़ियाँ ऊपर, नीचे और बीच से लेकर दर्शनसिंह को दी। और कहा—"लै खा जल्दी और बता कै ससुराल की दावत कैसी बनी है।"

दर्शनसिंह पूड़ी काट-काट के खाने लगा और हीं-हीं करके हँसने लगा। ऊपर से दूध पीने लगा। राजा ने फिर उसके दोनों भाइयों को, गाँव से आये सहरिया को और पकड़ के सभी लोगों को वैसे ही दूध और पूड़ियाँ दी। अन्त में डकैतों ने दूध और पूड़ियाँ उड़ाई। यही सामान्यतः नियम था, उनके खाने का । सामान्य प्रक्रिया थी कि जो खाने का सामान लेकर आये वो पहले खाए। कहा जाता है कि आदमी ने ख़तरो से बहुत कुछ ऐसा सीखा है जो उसे ज्यादा लम्बी उम्र दे सका है।

जब सबने दूध पूड़ी का नाश्ता कर लिया। तब राजा ने दर्शनसिंह से कहा—"तें आज ग्वालिर चलो जा! सूखो मेवा तौ कुछ बचो नाय है। अबै दो दिन तौ इें रुकवेई पड़ैगो—आज और कल। तब औचक भागनो पड़ै तौ कुछ खावे कों तो संग में हो।...अच्छो साबुन नहावे को लइये...और सबन को पूछ लै जो-जो सामान चाहिए।"

जब दर्शनसिंह अन्य डकैतों से एक-एक करके उनकी ज़रूरत का सामान पूछ रहा था तभी उसके दोनों भाई केन और डलिया उठाकर जाने को तैयार हो रहे थे। देरू ने उन्हें देखा और बोला—"ऐऽऽमोड़ेओ! तुम कां चले? तुम अबै मत जाओ! दर्शन लौट आये तब जइओ। हमें काऊ बात की ज़रूरत पड़ेगी तौ हम कौन को

तलाशेंगे?...बंसी तेंऊ मत जाय!"

दर्शनसिंह लपकता हुआ चला गया। थोड़ी देर में नीचे नरिया के उस पार उसकी मोटर साइकिल के स्टार्ट होने और जाने की आवाज आती रही।

ग्वालियर में सामान खरीदते और एक-दो जगह जाकर भेंट मुलाकात करते दर्शनसिंह को थोड़ी देर हो गयी थी। इसलिए उसने तय कर लिया था कि लौटकर रेहट वाले रास्ते से नहीं जायेगा, घाटी गाँव वाले रास्ते से जायेगा। क्योंकि रेहट से जो रास्ता आता है वह ज्यादातर जंगल से ही होकर है और घाटी गाँव वाला रास्ता आजकल ठीक-ठाक हो गया है। उस पर नया गाँव तक तो बढ़िया सड़क बन गयी है। आगे भी केन के जंगल तक का रास्ता ठीक ही है। जब वह घाटी गाँव पर था। तब पश्चिम के पहाड़ों में सूरज उतर रहा था। नया गाँव से भी जब आगे बढ़ा तब साँक नदी के पुल पर कुछ लोग दिखाई दिये। उसने मोटर साइकिल की रफ्तार थोड़ी धीमी करके देखा, फिर भी समझ नहीं पाया कि वहाँ कौन लोग हो सकते हैं। वे सब साधारण कपड़े ही पहने थे, इसलिए पुलिस होने की शंका उसके मन में नहीं थी।

वह और पास पहुँचा तो पेड़ों की ओट में पुलिस की जीप दिखाई दी। उसे देखकर वह डर गया, लेकिन पीछे लौटने का मौका उसके पास नहीं था। तब तक सादी वर्दी में पुलिस के कुछ जवान उसके आगे आ खड़े हुए थे। उनके कहने पर गाड़ी एक ओर खड़ी करदी। उन्होंने उसके बारे में जो-जो पूछा वह उसने बता दिया। वह ग्वालियर का बाजार करके आया था और अब लौटकर अपने गाँव बनजारी पुरा जा रहा है। कई पुलिस वाले उसे जानते थे। उनमें से कुछ ने एस.पी. को बताया भी था। लेकिन उसकी मोटर साइकिल के केरियर से बँधे बड़े झोले को जब खोलकर देखा गया। तब उसकी असलियत अपने आप उजागर हो गयी। फिर कोई मानने को तैयार नहीं था कि वह झोला में रखा सामान वह अपने परिवार के लिए ग्वालियर से लाया है। बल्कि सबको यकीन हो गया कि सामान डाकूओं के लिए ही जा रहा था और उन्हें यह भी यकीन हो गया कि गैंग केन के जंगल में ही है और उसके द्वारा पकड़े गये छः लोग भी वहीं जंगल में है।

फिर पुलिस वालों में कुछ देर मंत्रणा हुई। और फिर उसकी मोटर साइकिल पुल के नीचे पटक दी गयी और उसे पुलिस की गाड़ी में बिठाकर थाने में ले जाया गया। वहाँ उससे पूछताछ कम की गयी और मार ज्यादा दी गयी। फिर भी उसने कबूल नहीं किया कि गैंग केन के जंगल में है और वह उन्हीं के लिए सामान लिए जा रहा था। इसका कारण यह नहीं था कि वह डकैतों के प्रति ज्यादा वफादार था, बल्कि पकड़ पर जो उसने मेहनत की थी, उसे वह बेकार नहीं जाने देना चाहता था।

अन्त में थाना इनचार्ज उसे पुलिस की उसी गाड़ी की ओर ले जा रहा था जो उसे जंगल में खड़ी दिखी और उसको लेकर वहाँ थाने तक गयी थी; तब उसने उससे

एकाएक पूछ लिया—"अब मोय कां लै जाओगे महाराज।"

एस.ओ. उसका पूर्व परिचित था। बल्कि अत्यंत्र घनिष्ठ था। कभी उसने उसको खूब कमाई कराई थी और उसने भी उसके कई काम किये थे। इस बात को कम से कम दरोगा उस समय तक पूरी तरह से भूल गया था। वह थोड़ा गले पर वजन देकर बोला—"जंगल में ले जा रहे हैं, एनकाउन्टर के वास्ते।...नया एस.पी. आ गया है, भूल जाओ पहले वाली बातें। मुझसे फरारी वारंट बनवा लिया गया है।"

उतनी मार से जो सख्श टस से मस नहीं हुआ था वह फ़र्जी एनकाउन्टर की कल्पना से हिल गया था—अन्दर तक हिल गया था।

"अब कोऊ उपाव नहीं है एस.ओ.साहब!"

"एक मात्र वही कि आज केनके जंगल में सफल एनकाउन्टर तुम करवा सको...।"

"वे लोग मेये पूरे वंश को मिटा देंगे।..."

"उसकी गारंटी मेरी रही, कल से ही तुम्हारे मकान पर एक-चार को गारद लगेगा—एक ए.एस.आई. और चार सिपाही!...तुम जहाँ भी जाना चाहोगे वहाँ कम से कम दो सिपाही मय राइफल के साथ होंगे।"

"तौ फिर चलो, एक बाजी ऐसे ही सही।..."

और उसके तुरन्त बाद एक बड़े और महत्त्वकांक्षी अभियान की संरचना तैयार हुई जिसमें पुलिस के छटे हुए तीस जवान भाग ले रहे थे।...एस.पी. और ए.एस. पी. और चार छटे हुए जवान सादा वर्दी में दर्शनसिंह के साथ होंगे। उनमें से एस. पी. और ए.एस.पी.हवालात के कैदियों वाले कम्बल लपेटे होंगे, दो पर मोटे सफेद रंग के गन्दे चादर और दो अन्य पर फटे-पुराने कोट। सब अपने-अपने असले ठीक से छिपाए होंगे। कम से कम चार लोगों के पास बड़े-बड़े और वजनी से लगने वाले झोले होंगे...वे सब फिरौती की रकम लाने वालों की भूमिका में होंगे।...किस का क्या नाम होगा और पकड़ का कौन-सा आदमी उसका है यह भी दर्शन सिंह ने बता दिया था। ग्रुप के अन्य लोग टी.आई. और एस.ओ. के निर्देशन से दूर-दूर फैलकर मुख्य ग्रुप को कवर करेंगे और भागते हुए डाकूओं का पीछा करेंगे...।

नदी के थोड़े आगे जाकर उन सब को पुलिस की गाड़ी ने छोड़ दिया।

एक खास जगह पर जंगल में पहुँचकर दर्शनसिंह ने इशारा किया। फिर उसने हाथ का शंख बनाकर मुँह पर रखा और एक खास तरह की आवाज निकाली—एक बार निकाली, दो बार निकाली तीसरी बार निकाली।

तीसरी आवाज के तुरन्त बाद उधर से भी उसी तरह की आवाज आयी।

वह आवाज जैसे ही आयी वैसे ही बहुत सारे पुलिस वाले सिकुड़कर इकट्ठे होने लगे। एक से दो होने के लिए एक दूसरे के पास आने लगे। तभी दर्शनसिंह इधर से बोला—"मामा! झें जे फिरौती वारे खड़े हैं, पेमेंट देवे आये हैं...।"

उधर जंगल में थोड़ी देर सन्नाटे के बाद फिर एक स्वर मानो लम्बी छलांग लगाकर उनके पास तक आया—"मोड़ी चोद बेड़िया! तैं तौ बजार करवे गओ हो जे फिरौती वारे कां मिल गये तोय?"

"भें रैहट में बैठे हे मेये इन्तजार में...।"

"तौ जा, लैजा तेओ मन पुसाये भें, सवेरे आइओ तौ तेई चांद काट के नमक भरोगो।..."

एस.पी. उसकी बगल में ही खड़ा था। कान के पास मुँह लेजाकर पूछा—"ये कौन है?"

"जो है सब, सो जेई है...।" दर्शन सिंह थोड़ा झल्लाया और फिर उसी ऊँची आवाज में बोला—"...तौ ठीक है, मैं जारओ हौं मामा! फेर एक बार जेतौ सोचो के जैसे-तैसे तौ इन से पैसा जुटो है ते रात में लयें-लये कां डोलैगे? कोऊ छींन के इनकी जान नाय लैलेगो?"

ठीक उसी समय एक स्वर फिर उसी जगह पहाड़िया की चोटी पर दूँका—"ठहर, अब कऊँ मत लैजा बिनें और भेंई खड़ो रह, तलाशी है न जाय तब तक एक कदम मत आगे धरिये।"

एस.पी. ने फिर से पूछा—"और ये कौन है...?"

"वा को बड़ो भैया,...बिल्कुल हिलौ-डुलौ मत साब!एस.एल.आर है वा के पास!"

वह माघ शुक्ल पड़वा का दिन था। घाटी अँधेरे में नहाई हुई थी। पुलिस के पास वैरी लाइट आदि की व्यवस्था थी, लेकिन उसके इस्तेमाल के लिए दूर-दूर तक सम्भावना नहीं थी। तभी एकाएक तीन लोग उनकी ओर आते दिखाई दिये।

दर्शन सिंह ने आँखे गड़ाकर पहचानने की कोशिश की और जैसे ही पहचाना, वैसे वह चौंक गया। उसे साँस लेना मुश्किल हो गया। एस.पी. से काँपते स्वर में बोला—'साहब, गजब हो जागो, आगे मेये गाँव को सहरिया है—बंसी...और वाके पीछे मेये दोनों भैया है...।...और वो पीछे रेमज़ा के पेड़ की ओट मैं कोऊ है।

"वह कौन हो सकता है?"

"पतो नाय, बिनईं में ते कोऊ होगो।"

तब तक बंसी सहरिया एस.पी. के पास आ गया। उसने पहले तो उसे घूरा और फिर एक हाथ से एस.पी. की बगल टटोलने लगा। एस.पी. को लगा कि बगल में दबे असला पर उसका हाथ न पहुँच जाये इसलिए उसने उसकी ओर कुहनी बढ़ा दी। कुहनी सहरिया के जबड़ा पर पड़ी तो तिलमिला गया। वह अपने बायें हाथ में बन्दूक पकड़े था उसे दायें हाथ में लेकर उसका बट उसने एस.पी.की बगल में अरेर दिया। ऊपर से उसकी माँ के नाम अपनी भाषा में एक निहायत भद्दी गाली ठोंक दी। यह देख सुनकर एस.पी.आपा खो बैठा। उसकी बगल में ए.के. 47 थी। उसी के दो-तीन राउंड सहरिया के सीने में उतार दिये थे।

सहरिया वहीं ओंधा होकर गिर गया और दर्शनसिंह के दोनों भाई अपने गाँव की दिशा में भाग खड़े हुए। रेमज़ा के पेड़ की ओट में जो आदमी खड़ा हुआ था उसने पाइंट थ्री का फायर किया लेकिन वह करके वहाँ खड़ा नहीं रहा। पलटकर गैंग की ओर भागा लेकिन क्योंकि उसकी राइफल से निकली गोली ए.एस.पी. की कनपटी के पास सीटी बजाती हुई निकल गयी थी। उसके जवाब में ए.एस.पी. ने भी फायर खोला। उसकी गोली शायद उस आदमी की टांग में लगी थी। वह एक बार गिरा और तुरन्त ही उट के भाग गया। ठीक उसी समय ऊपर जंगल में जहाँ गैंग था वहाँ भी दो-तीन फायर हुए। इसलिए पुलिस कुछ समय तक असमंजस की हालत में बनी रही। फिर जब जंगल में सर्चिंग शुरू हुई तो पुलिस के हाथ कुछ नहीं लगा। जहाँ वे लोग ठहरे थे वहाँ पकड़कर के लाए गये एक आदमी की लाश ज़रूर मिली थी।

अगले दिन दर्शनसिंह के भाइयों से पुलिस को ये जानकारी जरूर मिली कि जिस आदमी को गोली लगी थी वह प्रीतम का भाई गोविंद था। एक बार दिन में फिर जंगल छान डाला गया। अतः पुलिस ने मान लिया कि उसे जिन्दा या मरा हुआ डाकू ले गये।

52

दोनों पक्ष गहरी हताशा और पसोपेश में थे।

पुलिस लगभग एक सप्ताह तक केवल केनका जंगल ही नहीं बल्कि अड़ोस-पड़ोस के सभी जंगल-डांग छानती फिरी; लेकिन मरे या घायल डाकू का कोई सुराग नहीं मिला। दर्जनों लोगों को मार-मारकर अधमरा कर दिया गया। कई को डाकू अधिनियम में धारा 11-13 के अन्तर्गत जेल भेज दिया गया था। लेकिन किसी ने इतना तक नहीं बताया था कि उस घटना के बाद भागते हुए हमने डाकूदल को देखा था और उनमें से कौन-सा आदमी नहीं था या कौन सा आदमी घायल अवस्था में था और तो और वे सब लोग भी गुम थे जिनकी पकड़ डाकूदल ने कर रखी थी। क्योंकि उनकी रिपोर्ट किसी थाने में नहीं थी। और वे लोग उस मरे हुए आदमी की लाश तक लेने नहीं आये थे।...यों पुलिस कैम्प में काफी निराशा थी।...

निराशा तो डाकूदल में भी कम नहीं थी बल्कि उन लोगों को तो गहरा सदमा भी था!

एक-डेढ़ महीने के अन्तराल से दो-दो भाइयों का निपट जाना कोई मामूली घटना नहीं थी। पहले संजय गया और अब गोबिन्द भी। प्रीतम तो थोड़ी-थोड़ी देर में डीक फोड़कर रोने लगता था। कभी-कभी तो वह देरू के गले में बाहें डालकर रोता था और उससे पूछता था कि वह अपनी महतारी को क्या जवाब देगा?...वह अपने

दादा से क्या कहेगा? यही बात तो देरू को भी परेशान करती थी। वह भी सोचता था कि मौसी को क्या जवाब देगा। वैसे कमोबेश उन सब पर उस घटना का गहरा प्रभाव पड़ा था। पूरा गिरोह मानो दिशाहीन हालत में जा पहुँचा था। वे कभी-कभी बिना उद्देश्य और योजना के एक जगह से दूसरी जगह को चल पड़ते और वहाँ पहुँच भी जाते थे। लेकिन पहुँचकर खुद अपने किये पर पछताते। उस समय वे कहीं से मँगाकर खाना खा लेते थे और किसी के घर में ही ठहर जाते थे। कोई आदमी किस मजबूरी में उन्हें ठहरा रहा है और उनके चले जाने पर उन्हें पुलिस परेशान कर सकती है, इस बात का भी ख्याल नहीं रखते थे। गैंग का मानो हर आदमी अपने अस्तित्व के प्रति शंकालु हो चला था। देरू सामान्यतः धीरज नहीं खोता था। कम से कम प्रगट रूप में वह किसी बड़ी से बड़ी घटना से विचलित नहीं होता था। लेकिन उस घटना से वह भी विचलित दिखाई देता था।...उन सब की हालत देखकर और गतिविधियाँ समझकर लोग अचरज करने लगते थे। वे समझ नहीं पाते कि ऐसी हालत में भी गैंग का अस्तित्व कैसे कायम है? कुछ लोगों का यह विश्वास कि पाल गैंग पुलिस की लेतलाली और मेहरबानी के चलते ऐसी लम्बी उम्र पा गया है, सच जान पड़ता था। और यह सच भी था कि कम से कम उस दौरान में पुलिस ने मुस्तैदी दिखाई होती, पुलिस गोविंद की मौत की गुत्थी सुलझाने के बहाने सुस्ताने नहीं लगती, तो उसी समय गैंग निपट गया होता और जब गैंग उस समय नहीं निपटा था तब समझ लेना चाहिए था कि अब एक लम्बी पारी खेलेगा और पार्वती घाटी और पंचमहल में एक ऐसा इतिहास रचेगा जो अब तक कभी किसी की कल्पना में भी न आया होगा।

और एक बार फिर लखेसुरी के जंगल में गैंग नौ दुर्गा से पहले से रुका हुआ था।

तब तक पहाड़िया के ऊपर लखेसुरी देवी का मन्दिर बन चुका था और उसमें देवी की नयी संगमरमर की मूर्ति की स्थापना हो चुकी थी। वैसे उस मन्दिर में कोई शिलालेख नहीं लगा था जिसे पढ़कर पता लगाया जा सके कि मन्दिर किसने बनवाया है और देवी की मूर्ति किसने जयपुर से मगाई है।...उन दिनों वे लोग नौ दिन का व्रत रखे हुए थे। रोज सवेरे स्नान इत्यादि से फारिग होकर देरू, राजा, प्रीतम ऊपर मन्दिर पर पूजा करने आते। राजेन्द्र सहरिया राइफल लेकर उनकी सुरक्षा के लिए आता। भैंसगढ़ा का ब्राह्मण मन्दिर का पुजारी था। वह पूजा कराने उनसे पहले आ जाता था।

एक दिन राजा अन्दर से पूजा करके आया तो मन्दिर के आगे लकड़ी के एक मजबूत फ्रेम पर लटकते पीतल के घण्टों को बजाने लगा। जब उसका हाथ अन्य घण्टों से अलग और सबसे भारी घण्टे पर जाकर ठहर गया तब उसने उसे गौर से देखा और चौककर खड़ा रह गया। उसे लगा कि मानो किसी ने सब से ज्यादा वज़न का घण्टा देवी के मन्दिर पर चढ़ाकर उसकी खुद की ताकत को चुनौती दी है। वह

एकाएक चीखा—"पुजारी! झें आओ!"

पुजारी देवी के मन्दिर की बगल में स्थापित गणेश की आरती उतार रहा था। राजा की चीख सुनकर उसके हाथ से पूजा की थाली छूटकर दूर जा पड़ी। फिर उसने थाली या गणेश की चिन्ता नहीं की। लपकता हुआ आया और हाथ मलता हुआ अपराधी के समान राजा के सामने खड़ा हो गया।

"जे बड़ो घण्टा कौन को है?...कौन ने चढ़ाओ है?"

राजा फिर दूंका तो पुजारी की सिट्टी-पिट्टी गोल हो गयी। थोड़ा सिटपिटाकर वह बोला—"जे...?...जै तौ...एस.आई. साब को चढ़ाओ भओ घण्टा है।"

"को एस.आई.?..."

"वेई, भगोरी थाने के एस.आई...सिंग साहब!"

"देवी ते का मनौती माँगी है वा ने?"

"अब मैं का बताऊँ राजा भैया। फेर वे झें बोले ते तौ मैने सुनी,...।"

"तैंने का सुनी?...जो सुनी होय सोई बता?"

"तैं बुरो तौ नाय मानैगो राजा भैया!..."

"नाय,...बोल जलदी!"

"वे बोले हे,...वे बोले हे के हे मेई माता मैया! मैंने सगते वजनी घण्टा चढ़ाओ है,

...मेई लाज रखिओ! देरूपाल या राजा में ते कोउ एक जो मेये हिस्से में आ जाये तौ बात बने...तब मेये कन्धन पै तीन-तीन सितार दमकेंगे। सोने को मुकुट अब की बेर चढ़ाओंगो देवी मैया,...।"

पुजारी ने कहा तो मानो राजा ने उसे मुक्त कर दिया। वह अपनी पूजा की थाली सँभाल कर फिर गणेश जी की आरती में लग गया।...जै गणेश-जै गणेश देवा, माता तियारी पारवती पिता महादेवा!'...

राजा ने तभी राजेन्द्र सहरिया को आवाज दी। वह राइफल उठाए थोड़ी दूर पर ही खड़ा था, वहाँ से चलकर उसके पास आ गया। उसने उससे कहा कि इस लकड़ी के फ्रेम पर चढ़ जा और इस घण्टा को वहाँ से खोल दे। राजेन्द्र ने जब उसका कारण जानना चाहा तो वह बोला कि इसको वहाँ टेकरी के कोने पर लेजाकर नीचे लुढ़काना है और फिर देखेंगे कि उसकी क्या गति होती है।

वहीं पास में देरू खड़ा था। उसने पूरा घटनाक्रम देखा-सुना और समझा था। इसलिए वह थोड़ा गुस्साता हुआ-सा राजा को समझाने लगा। बोला—"तें निरो मूरख है रे का! जे घण्टा तो मैया की भेंट है। वो काऊ ने चढ़ाओ होय और चढ़ाते वखत चाहे कछु वरदान माँगो होय, अब तौ वो मैया के थान को घण्टा है न? तोय घण्टा पै गुस्सा काय करवे चहिए?...जो कुछ करनोई है तौ जा ते वज़नी घण्टा ला के झें टांग ना!"

देरू की बात का समर्थन सबसे पहले पुजारी ने किया।

राजा को भी लगा कि वह एक भारी गलती करने जा रहा था। अच्छा हुआ

जो भैया ने गलती सुधार दी।

और फिर उसी दिन टेकरी गाँव से कबीरा को बुलवाया गया और उससे कहा गया कि वह जो ऊपर घण्टा टंगा है वह एक कुंटल दश किलो का है तो उससे एक किलो ज्यादा वज़न का घण्टा तैयार कराया जाये। वह नवमी को मेले वाले दिन यहाँ इस घण्टे के ठीक बगल में टांगा जायेगा। उसके लिए मोटी सांकल भी लानी है।

बाकी सब बातें कबीरा जानता-समझता था। वह इतना भी जानता था कि वह जिन लोगों के बीच खड़ा है उनकी हर बात आदेश की ही तरह ली जाती है—यहाँ जंगल में भी और वहाँ दूर महानगर के दाल बाजार में बैठे सेठ की गद्दी पर भी।...उसमें अगर मगर के लिए कोई गुंजाइश नहीं होती और रत्ती-मासे भी फर्क नहीं आना चाहिए।...कबीरा को इसमें कुछ ज्यादा नहीं करना है। दाल बाजार की उस गद्दी पर जाकर यह अनुदेश नोट कराना है। फिर उसे यह सोचना तक नहीं है कि नोट कहाँ से आयेंगे?...ठठेरा गली में घण्टा कहाँ ढलेगा?...नवमी के दिन किस साधन से लखेसुरे मैया के मन्दिर की सबसे नीचे की सीढ़ी तक ठीक आठ बजे सुबह घण्टा पहुँचा कि नहीं!...और वहाँ से ऊपर मन्दिर तक घण्टा पहुँचाने में कितने लोग तैयार रखने पड़ेंगे बांस-बल्ली और रस्से के साथ।...वह इतना भी समझता है कि यह सब करने के बाद उसे फौरन वहाँ से लोप हो जाना है, क्योंकि इस काम के लिए पुलिस मात्र उसी की तलाश करेगी। फिर वह डाकूओं को कतई नहीं तलाशेगी और न वहाँ ग्वालियर में बैठे गद्दीनशीन की खबर कोई लेगा।

यही सोचकर कबीर मन्दिर वाली टेकरी से नीचे उतरा, एक-एक सीढ़ी को गिनता हुआ और मानो सर से कफ़न बाँधे हुए।

उस वर्ष चैत्र शुक्ल पक्ष की अष्टमी-नवमी को मेला जोरदार लगा था, लखेसुरी देवी के मन्दिर पर।

अब इधर के मेलों-दशहरों में पहले ही जैसी भीड़ जुटने लगी है। उस महाआख्यान के जो कुछ एपीसोड लोगों की नजरों से गुजरे हैं वे बेहद लज्जाजनक और उबाऊ ही सिद्ध हुए हैं। उसे जनता आगे देखना तो नहीं चाहती। लेकिन उसके चाहने न चाहने से कोई असर भी नहीं होता। इसलिए लोगों ने निश्चय कर लिया है कि अपने मेले-दशहरे तीज-त्योहार और शादी-ब्याह का आनन्द और उत्साह क्यों कम होने दें?...उधर गैंग के कुलाबे भी ठीक से फिट हो चुके हैं। अब वहाँ अच्छी खासी रकम नियमित रूप से पहुँचने लगी है।...और अगर उसमें भी कोई कमी रह जाये तो एक 'पकड़' में ही वारे-न्यारे हो जाते हैं।...इसलिए जनता के राग-रंग में भंग मिलाने की उन्हें भी जरूरत नहीं थी और गैंग से डर-डरकर रहने की आदत अब लोगों ने भी छोड़ दी थी। '...डरै वो जो साल में दश-बीस लाख कमाने को गुर्दा रखत होय, हमाओ तौ सीगऊ नाय डर रओ!'

उस दिन योजनानुसार ही हुआ था, सब काम। मन्दिर को लेजाने वाली पहली

सीढ़ी तक घण्टा कैसे पहुँचा यह तो कोई नहीं बता पा रहा था, लेकिन ऊपर घण्टे को जाते हुए पूरे मेला ने देखा था। ऊपर लकड़ी के फ्रेम में दरोगा के घण्टे की बगल में लटकाए जाते समय और लटक जाने के बाद पुजारी द्वारा हल्दी में रंगे चावल और तिल घण्टे के ऊपर फेंक-फेंक कर जोर-जोर से मंत्र पढ़ते बहुत सारे लोगों ने देखा था और उसके बाद राजा के द्वारा माउज़र से पाँच फायर करते और देर तक उन लोगों का नाचना-गाना सबने देखा था।...

53

उन लोगों का मन्दिर वाली पहाड़िया पर उस दिन नाच गाना न जाने कितने लोगों ने देखा था।

अन्य लोगों के साथ ही साथ शारदा ने भी गहरी तल्लीनता के साथ राजा को नाचते देखा था। मन हुआ कि सामने की डेढ़ सौ सीढ़ियाँ दौड़कर चढ़ जाये और उनके साथ मिलकर झूम-झूम कर नाचे, मटक-मटक कर नाचे। बहुत दिन हो गये राजा का नाच देखे और उसको अपना नाच दिखाए। जब शेरनी के पुरा पर थी तब साल में एक-दो मौके तो ऐसे आ ही जाते थे जब औरत-मर्द सब मिलकर नाचते थे और ज्यादा नहीं तो होली की पड़वा से लेकर रंगपंचमी तक ऐसा नाच कई बार होता था और हर बार राजा साड़ी-ब्लाउज पहनकर नाचता था और पूरे गाँव के छोकरों से ऊपर उसी का नाच होता था...और ऐसे ही नाच के दौरान उन दोनों ने एक बार जानबूझकर शरीर से शरीर टकरा दिये थे...शरीर इरादतन टकराए और दिल अपने आप मिल गये।

“ऊँहुः आग लगे ऐसे दिल मिले कों...वो बेचारो जंगल-जंगल मारो-मारो डोल रओ है और वो खुद रात-रात भर वाट जोहत है। इतने अरमान ते पाटोर तोड़ के एक मलूक सो कोठा बनवाओ है...सब सामान वा की मर्जी को—पलंग, कुर्सी-मेज, स्टील के वासन, ओठने-बिछावे के कपड़ा...अब सब डरो-डरो धूल खा रओ है... ।”

अब तक सीढ़ियों से ऊपर मन्दिर तक जाना बन्द था, अब वह शुरू हो गया था। शारदा ने देखा तो अपनी दोनों बेटियों को गाँव की एक महिला को सौंपकर वह भी सीढ़ियों की ओर दौड़ी। जल्दी-जल्दी सीढ़ियाँ चढ़कर ऊपर मन्दिर तक पहुँच गयी थी। तब तक वहाँ मन्दिर में भीड़ बढ़ गयी। अब लोग पूजा के लिए धक्का-मुक्की करने लगे थे। जो लोग इधर-उधर खड़े थे वे उन्हीं लोगों के बारे में चर्चा कर रहे थे। कुछ अन्य नये घण्टे के बारे में बताने में लगे थे। लेकिन शारदा का मन ऐसी किसी बात में नहीं लग रहा था। वह एक बार राजा से मिलना चाहती थी क्योंकि उसने सुन रखा था कि इस इलाके के ऐसे लोग जो पुलिस ने पकड़कर जेलों में डाल दिये थे या जिनके पीछे पुलिस हाथ धोकर पड़ी हुई थी उनके बच्चों के पढ़ने-लिखने की

व्यवस्था देरू और राजा ने ग्वालियर में कराई थी। इसलिए शारदा भी चाहती थी कि उसकी भी दोनों बच्चियों की पढ़ने की व्यवस्था राजा ग्वालियर में कराए। उसने अब तक अपने लिए राजा से कभी कुछ नहीं माँगा है। आज माँगेगी, उससे। अपनी दोनों बेटियों को वहाँ जंगल की दुनिया से निकालकर किसी अच्छी जगह रखना चाहती है वह।...अगर राजा इतना कर दे तो जिन्दगी भर अहसान मानेगी।

उसदिन मन्दिर के पीछे नीचे घाटी में जाने वाले रास्ते को वह टकटकी लगाकर काफी देर तक निहारती रही और फिर देवी मन्दिर के सामने माथा नवाकर नीचे चली आयी थी।

और फिर उसके लगभग एक सप्ताह बाद राजा उसके घर टपरिया गाँव में आया था।

उसी दिन गोकुलसिंह दरोगा उसके घर आया था। दरोगा दिन में दोपहर के समय आया था और उससे बहुत बुरी भली कहकर गया था। बोल गया था कि तूने अगर राजा को नहीं पकड़वाया तो नंगी करके पूरे गाँव में घुमाऊँगा।

इसलिए जब रात के प्रथम पहर में राजा उसके यहाँ आया तो वह बेहद डरी-सहमी-सी बैठी थी। उस शाम को पूरे घर ने खाना नहीं खाया था। लड़कियाँ सो गयी थी और उसका आदमी बाहर पाटोर में बैठा बीड़ी पी रहा था।

कमरे के अन्दर आते ही राजा पलंग पर बैठ गया। जूते उतारकर पलंग के नीचे खिसका दिये और जांघ से टिकाकर रखी राइफल पलंग की पाटी से टिका दी। कमर की कारतूसों वाली पेटी खोलकर सिरहाने रख दी। और लम्बा होकर लेट गया। कमरे की ट्यूबलाइट फुकी पड़ी थी, मात्र चालीस वाट का बल्ब थोड़ा धुँधला प्रकाश दे रहा था।

राजा का मानो दम घुटने लगा था।

वह मानो अकुलाकर उठ बैठा। शारदा को अबकी बार गौर से देखा तब पता लगा कि बिजली के बल्ब के चलते कमरा उदास और सुस्त नहीं है, बात कुछ और ही है।

"काय बाई! आज कौन सी बात को शोक मना रही है? कुछ खावे-पीवे कों नाय मिलैगो का?...बाहर पाटोर में मेओ यार विश्वजीत बैठो है। कम से कम एक-एक कप चाय तौ पिला दे निगोड़ी।"

राजा ने कहा तो शारदा का मन हुआ कि रोकर मन का भारीपन कम करले।

लेकिन वह इतनी कमजोर महिला नहीं थी। वह बात-बे बात हँसने के लिए घाटी में दूर-दूर तक चर्चा में थी। जब हँसती थी तब कई लोग चिढ़ जाते थे और कई लोग लुभ जाते थे। उस दिन भी राजा की बात सुनकर कहाँ तो रो देना चाहती थी और कहाँ खिलखिलाकर हँसने लगी।

लेकिन राजा ने उसे अचरज से देखा। फौरन ताड़ गया कि इस हँसी में पहले वाली बात नहीं है। लगता है कि हँसी उधार ली हुई सी है।

"नाय बाई! जे तेई हँसी नाय है, काऊ ते उधार लई है।...बता तौ, कौन ते उधार लई है?"

उसने पूछा तो फिर शारदा ने भी देर नही की फौरन बोल दिया—"दरोगा ते उधार लई है।"

"को दरोगा?..."

"वोई दरोगा, भगौरी थाने को गोकुलसिंह। आजई आओ हो। जा कमरा की जे गति वोई बना के गओ है। कह गओ है के राजा को पकड़वा, नाय तौ नंगी करके पूरे गाँव में घुमाऊँगो।...डांग में लैजा के गोली मार दूँगो और कह दूँगो के डाकूअन को टिकात ती रंडी और फूलन देवी बनवे चाहत थी!"

सुनते ही राजा की आँखे सुर्ख हो गयीं। शारदा उठकर चाय बनाने चली गयी।

बाहर पाटोर में उसका चूल्हा था और उसके पास ही पड़ी खाट पर उसका आदमी और विश्वजीत बैठे थे। वह चूल्हा सुलगाने जा रही थी इसलिए खाट बाहर निकाल ली गयी। विश्वजीत ने उसे पहली बार देखा था और देखता ही रह गया था। ऐसे कद काठी की पायेदार औरत उसने पहले शायद ही कोई देखी हो। रूप-सौंदर्य में खासा टिकाऊपन, पहनने-ओढ़ने में अटपटापन या बनावटीपन नहीं। बैसाख पूर्णमा का चाँद काफी ऊपर आ गया था। उसके छोटे से आँगन को जगमगाता हुआ पाटोर तक अपनी रोशनी पहुँचा रहा था। विश्वजीत को चंद्रमा की रोशनी शारदा के रूपके आगे लजाती-सी लगी।

वह चाय बनाकर उठी तो उसने विश्वजीत और अपने आदमी को एक-एक कप थमा दिया और दो कप लेकर कमरे के अन्दर चली गयी।

राजा चाय पीने लगा और रसभरी बेंड़ी नज़र से उसके अंग-अंग का जायजा लेने लगा। तभी एका-एक शारदा ने कहा—"राजा! मैंने आजतक कबऊ कुछ मागों है तोते का?..."

"नाय तौ...।"

"तैने मोय कबऊ कुछ दओ है का?"

"नाय,...नाय तौ!"

"अब कुछ माँगू तौ का दै सकत है?"

"हौ, क्यों नाय, जान माँगवे को इरादा है?...तौ वोऊ माँग सकत है।"

"चल हट! जान माँगेंगे तेये दुश्मन।...का पतो कबऊँ बिनें दैवे कोऊ काम पड़ जाय!...थोड़ी हिफाजत ते रख।"

"तौ तैं का माँगत है सो बोल!"

"एक तौ मेई मोंड़िन को पढ़वे को कोऊ फाल नाय बन पा रओ है, वो तैं कर सकै तौ बड़ो उपकार मानोगी!"

"ओरे, जे कौन सो बड़ो काम है,...ऐसो कर, कल सवेरे तैं टीका के पुरा पे

चली जइये। मोंड़िन को लै के जायेगी तौ और अच्छी बात है। जीजी जेल ते छूट के आइ गयी है। वाने कइयों मोड़ा-मोड़िन को ग्वालियर में इंतजाम करो है...तेई मोड़िन कोऊ हो जागो! जीजी मोड़िन की फिकर पहले करत है।...फेर एक बात है, जीजी के आगे मेओ नाम भूल केऊ मत लीये,...देरू भैया को भलेई नाम लै दीये!...पैसा तौ वोई देयगो ना!"

वह इतना कहकर उसकी ओर देखता रहा। फिर उसका हाथ पकड़कर हल्का-सा दबाया और उसकी आँखों में आँखें डालकर बहुत कटीला मुस्कराया और उसे पलंग पर खींच लिया। फिर कुछ देर के लिए वे दोनों मानो सारी दुनिया से बेखबर एक दूसरे को अपने आप में समोलेने का उपक्रम करने लगै।...फिर एक ने सोचा कि दुनिया कुछ जाने या न जाने, इतिहास में कुछ दर्ज हो या नहो; लेकिन वह इस गौरव के साथ जियेगी और मरेगी कि कभी उसने इस घाटी की सबसे प्रबल ताकत को अपने आपमें समो लेने की कोशिश की थी। मरने को तो सब मरते हैं, एक दिन वह भी मरेगा, लेकिन वह गवाही देगी कि उसमें कहीं से पोचपन नहीं था।...

वे दोनों उठे तो शारदा अपने आप को परिधान में ले जाती हुई बोली—"[illegible], मेओ एक काम और कर सकैगो?..."

"काय, और का काम बचो है अब तेरो?...जौ बचो होय तौ बोल!..."

"मोय राइफल चलावो सिखा देगो का?"

"काय, फूलनदेवी बनवे को सई में इरादो हैं का?"

"का मो में कोई कमी है?..."

"बस एकई कमी है तोमें, तो पै काऊ थाने की हवालात में एकई रात में तीस-पैंतीस मरद नाय चढ़े-उतरे है बाई!"

इतना कहकर राजा शारदा के कमरे से बाहर आ गया।

बाहर आँगन में शारदा के आदमी के साथ विश्वजीत को जब राजा ने सोते पाया तो उसे झकझोरकर उठा दिया और उससे बोला—"मोड़ीचोद मेई रखवारी करवे आओ हो और झें घोड़ा बेच के सो रओ है।..."

और फिर वे दोनों शारदा के घर से बाहर जाने लगे।

51

कई महीने बीत गये लेकिन गोविंद की मौत की गुत्थी नहीं सुलझ पाई।

पुलिस और डाकू दोनों पक्ष के लोग माने बैठे थे कि अब गोविंद जिन्दा नहीं है, लेकिन कोई इस बात को कह नहीं पा रहा था। डाकू तो भला कहते ही क्यों? वे किसी मौत का प्रचार करते भी नहीं है। अगर प्रचार करें तो उन्हीं का मनोबल

गिरेगा और पुलिस का बढ़ेगा। लेकिन पुलिस जो डाकू की मौत को फौरन प्रेस के हवाले करके अपनी पीठ थपथपाने की घात में बैठी रहती है या पुरस्कार और प्रमोशन के अलावा डाकू उन्मूलन का अन्य कोई उद्देश्य ही नहीं समझती, वह भी अब तक इस मामले में मौन बनी बैठी थी। पुलिस वैसे शायद कुछ हुनर दिखाती भी; लेकिन एक बार ऐसे ही एक मामले में जो उनकी माटी पलीद हुई थी। उसे वे भूले नहीं हैं। राजापाल को जब मरा हुआ घोषित किया गया तब पुलिस को लेने के देने पड़ गये थे। इस घटना को आज भी पुलिस वाले ठीक वैसे ही याद करते हैं जैसे कभी रेलवे के लोग 'बदरपुर' दुर्घटना को याद करके सिहर उठते थे।...

लेकिन एक दिन गोविंद की मौत पर पड़ा पर्दा आखिर उठ ही गया।

हुआ कुछ-कुछ यों कि एक दिन कुछ सहरिया केन के जंगल में शिकार के लिए गये। वे सेही या बिज्जू के शिकार की ताक में थे और खोह में बड़ी-बड़ी छाजों के अन्दर जाकर शिकार पाने की कोशिश कर रहे थे। तभी उन्हें एक छाज के दरवाजे पर अड़े कटीली झाड़ी के बड़े से झांकर ने चौका दिया। उन्हें मालूम था कि सेही खुद की सुरक्षा हेतु छाज के दरवाजे पर इसी तरह से कुछ न कुछ रुकावट के लिए जरूर रखती है। लेकिन इतना बड़ा झांकर सेही कहीं से खींच कर नहीं ला सकती है और न ऐसा ठांसकर दरवाजे में अड़ा सकती है।

कुछ देर तक वे लोग पसोपेश में पड़े वहीं बैठे रहे। फिर हिम्मत जुटाकर छाज के दरवाजे से खींच कर झांकर अलग कर दिया और एक आदमी को उसके अन्दर घुसा दिया। थोड़ी देर के बाद वही आदमी निहायत डरा-सहमा-सा उससे बाहर आया। उसने अन्दर का जो हाल सुनाया उसे सुनकर वे लोग भी सहम गये। उसने बताया था कि वहाँ अन्दर एक आदमी की सूखी हुई लाश पड़ी है और उसके पास राइफल रखी है, उसकी कमल पर खचाखच कारतूसों से भरी पेटी है, गले में सोने को भारी कठुला है और बालों से सोने की चेन उलझी है। अब वे सब हक्के-बक्के-से एक दूसरे का मुँह ताकने लगे। फिर आपस में मंत्रणा हुई। उसके मुताबिक वह झांकर फिर से छाज के मुँह में घुसा दिया गया और शाम तक वे सभी वहीं खोह में इधर-उधर घूमते रहे।...जब थोड़ा अँधेरा हुआ तब वही आदमी फिर छाज में घुसाया गया और राइफल, कारतूसों की पेटी, सोने का कठुला और चैन निकलवाली गयी कुछ नोट भी थे उसकी जेबो में उसको लेकर वे लोग सहराने में पहुँच गये। किसी ने देखा नहीं और अगर देखा भी तो उस पर शक नहीं किया।

लेकिन उन चार लोगों की वह रात बड़ी कसमकस में बीती।

अगले सवेरे उठते ही उन्होंने मंत्रणा की कि सहराने के मुखिया लोकमन सरपंच को वह सब जानकारी होनी चाहिए। कल कोई लफड़ा फंस गया तो मुखिया साथ नहीं देगा। एकदम हाथ ऊपर कर देगा। उन्होंने मुखिया से अकेले में बात की। लोकमन इस शर्त पर राजी हो गया कि उन चीजों को बेचकर जो कुछ हासिल होगा

उसका एक हिस्सा वह खुद लेगा।...उसी रात को वे सब चीजें लाकर मुखिया की टपरिया के एक कोने में रख दी गयी और एक फटी कथरी से ठीक से ढक दी गयी। रुपया सरपंच को बताए बिना आपस में बराबर बाँट लिए गये।

लेकिन अगले दिन बात और भी कई लोगों के कानों तक जा पहुँची। फिर पूरा सहराना बलबलाने लगा। उस दिन कोई काम पर भी नहीं गया। सब इसी की टोह में लगे रहे कि जो माल कुछ लोगों को जंगल में मिला है उसका कायदे से हिस्सा -बाँट होना चाहिए कि नहीं। वैसे सहराने का न्याय तो यही कहता है कि जो कुछ मिला है वह बराबर-बराबर सबमें बटना चाहिए। आज भी सहराने का नियम यही है कि कोई बड़ा शिकार भी अगर दो-चार लोगों के हाथ लग जाये तो सहराने में लाकर और काट-तौल कर उसके बराबर हिस्से किये जाते हैं और इस कसमकस में सहराने का कोई आदमी काम पर नहीं गया। एक-दिन नहीं बल्कि दो-तीन दिन तक कोई काम पर नहीं गया। वह ऐसा समय था जब जंगल खदान और खेतों में, तीनों जगह काम करने वालों की काफी माँग रहती है और अगर ऐसे समय मंे एक पूरा का पूरा सहराना काम पर न जाये तो कई जगह हाय-तोबा मचेगी ही। लोग मजदूरों के लिए मारे-मारे और भागे-भागे फिरेंगे।

और इस स्थिति से जो व्यक्ति सब से ज्यादा परेशान हुआ वह था भैरोपुरा का भोलासिंह गुर्जर। इसका कारण यह था कि भोलासिंह की खदान पर और उसके खेतों पर भी काम करने के लिए सबसे ज्यादा लेवर उसी सहराने से आता था और उस समय एकाएक दोनों जगह काम ठप्प पड़ा था। खदान में पत्थर लोड करने के लिए ट्रक खड़े थे और लम्बी-चौंड़ी कास्तकारी में गेहूँ पका खड़ा था। वह सहराना में बार-बार भागकर जा रहा था। काम पर न आने का कारण पूछता था, लेकिन कोई कुछ नहीं बताता था। जब हड़कर यह पूछता था कि वे कब से काम पर आयेंगे तो भी कोई उत्तर नहीं मिलता था।

इस हालत में भोलासिंह को गुस्सा तो भारी आता था लेकिन गुस्सा पीकर रह जाना पड़ता था। वह जानता था कि वक्त बहुत खराब है। सहरियों की एक नहीं दो-दो सरकारें चलती हैं। एक तो राज्य की सरकार और दूसरी राजा की सरकार। राज्य की सरकार का हेज दलितों और आदिवासियों के लिए जग जाहिर है ही और फिर राजा पाल की सरकार इन सहरियों के कारण जान तक दे सकती है। सहरिया के सौ खून माफ हैं बागियों की नजर में। इसलिए बड़ा सोच समझकर इस कौम से व्यवहार करना होता है।

फिर भी भोलासिंह इस मामले को ऐसे नहीं छोड़ सकता। अगर छोड़ दिया तो वह कहीं का नहीं रहेगा। खदान में घाटा होगा सो तो होगा ही, खेतों में पका खड़ा गेहूँ कतई हाथ नहीं लगेगा। वह ऐसा घाटा है जिसकी भरपाई बाद में नहीं हो सकती। इसीलिए एक दिन उसने लोकमन सरपंच को एकान्त में धर पकड़ा और

अपनी खदान के गड्ढा में बिठा लिया। एक अद्धी और सौ ग्राम नमकीन वह अपनी मोटर साइकिल की डिकी में डालकर लाया था। वह निकालकर सहरिया के आगे रख दिया और बोला—"लौसरपंच, जे तेये हिस्सा की है, मेओ तौ आज मंगलवार है।..."

लोकमन सरपंच पहले से जानता था कि भोलासिंह मंगल को नहीं पीता है इसलिए उसने बोतल की सीलतोड़ी और गटागट लगभग एक चौथाई अपने पेट की भट्टी के हवाले कर गया। फिर थोड़ा-सा मुँह बनाकर और छोटी-सी हिचकी लेकर थोड़ी नमकीन चबा ली।

भोलासिंह ने देखा कि सहरिया की आँखों में अभी भी अद्धी की बची हुई शराब नाच रही है। उसने मौका देखकर कहा—"सरपंच, मैं और काऊ ते तौ पूछ नाय सकत हौ, अकेले तोते पूछ सकत हौं, कायके तैं मेयो यार है। तैं बता के मोते ऐसी का खता भई है, जा ते सहराने के लोग ऐसे खफ़ा है गये हैं।"

पहले तो लोकमन ने आँखे फाड़कर भोलासिंह को देखा और सोचने लगा कि ये मेरा यार कौन से युग में हो। छुटपन में इसका बाप घर की पौर में कदम नहीं रखने देता था। स्कूल में हम दोनों को पास-पास बैठा अगर इसका कोई घर का आदमी देख ले तो फौरन मास्टर से शिकायत होती थी और मास्टर इसे नहीं पीटता था, मुझे पीटता था।...लेकिन तभी उसने अपने सिर को झटका और समझने की कोशिश की कि हाथ में जो अद्धी पकड़े बैठा है और उसमें अभी तीन चौथाई अंग्रेज़ी दारू बाकी है वह भोलासिंह के पैसे से ही आयी है।...उसने अब की बार एक चौथाई से ज्यादा फिर डाल ली। फिर नमकीन फांका और फिर बड़ी हिचकी लेकर बोला—"अऐऽऽ! कैसी बात च्यों करत हौ भोला ठाकुर! तुम ते सहरानो कबऊँ नाराज नाय है सकत।...नाय! नाय!! नाय!!! जे बात तौ सपनेऊ में सही नाय है सकत।..काऊ ने झूठ कही है, निरी झूठ!"

उसने कहा तो भोलासिंह ने राहत की गहरी साँस ली। फिर भी उसने लोकमन से पूछा—"सरपंच, तुमाई बात को मोय भरोसो है, फिरऊ कोऊ न कोऊ बात तौ हो गीई। बात नाय होती तो सहरानो तीन दिना तलक काम छोड़े कैसे बैठो रहतो?"

इसी बीच उसने बोतल में बची शराब और डाली ली। ऊपर से बचा-खुचा नमकीन भी खा लिया और वह खाते-खाते फिर बोला—"बो तौ ऐसी बात है ठाकुर, तुमन कहत हौ कै नाय, कि सहरिया के घर में जो एक दिना कों खावे कों होय तौ दो दिना काम पे नाय जागो! बोलो, कहत हौ के नाय?"

"हौ, कहत तौ ज़रूर हैं पर जे बताओ के पूरे सहराने को तीन-तीन दिनन को खावे कों कान्ते आओ हो?"

"अऐऽऽ! वा की का पूछ रहे हौ तुम ठाकुर! वो कैसे कहत है के जब ऊपर वारे ने मुँह दिओ है, खावे कों, तौ दो हाथऊ दये हैं।"

यह कहते-कहते वह उठा और लड़खड़ा के गिरा होता। भोलासिंह ने उठकर

उसे संभाल लिया। वह उसका कन्धा मजबूती से थामे हुए गड्ढे से निकलकर ऊपर जब आ रहा था, तब एकाएक वह रुक गया। इधर-उधर देखकर धीरे से उससे बोला—“ठाकुर एक जरुली बात तौ में भूलई गओ! एक बन्दूक मेये पास है कऊँ निकलवा सकत हौ?”

भोलासिंह भी अब की बार चौंक गया। उसने चौंककर उसको देखा तो ऐसा नहीं लगा कि वह शराब के नशे में बोल रहा है, इसलिए उसने पूछा—“कैसी बन्दूक है, टोपीदार?”

“अऐऽऽ, नाय!...”

“तौ कैसी?...बारह बोर?”

“नाय, वोऊ नाय...।”

“तौ का माउज़र है...।”

“अऐऽऽ नाय ठाकुर, मेये पास थ्री-नोट-थ्री है!”

अबकी बार भोलासिंह चौंककर पीछे की ओर हट गया। उसे एक अजूबे की तरह घूरता रहा और फिर बोला—“हाँ, निकलवा तौ सकत हूँ,...।”

“काय, ऐसे मरो-मरो सो काय बोल रओ है ठाकुर!...निकलवा न! कुल कितेक की निकल जागी?”

“निकल जागी जेई कोई दसेक हजार की,...।”

उसने कहा तो लोकमन एकाएक चौंक गया। सिर को दो-तीन बार झटका दिया और फिर उसकी ओर देखता रह गया। थोड़ी देर बाद बोला—“ठाकुर, जा इलाके में पचफैरा मिलत है पचास हजार को, और थ्री-नॉट-थ्री दस हजार की?”

“हॉऽऽदश हजार की, तैं नाय समझैगो जा बात कों! राइफल सरकारी चीज होत है। कै पुलिस रख सकत है और कै बागी...और कोऊ लेगो तो वाके पीछे हजार लफड़े हैं। वैसेऊ गोविंद बागी की लाश नाय मिली है वाके पासऊ थ्री-नॉट-थ्री ती...ना बाबा ना मै तौ ऐसी चीज ते हाथ न लगाऊँ, ऐसी खतरनाक चीज़ को.. ।

सुनकर सहरिया का चेहरा उतर गया। थोड़ी देर तक वह चुपचाप खड़ा भोलासिंहको निहारता रहा। फिर सामान्य होकर एकाएक बोला—“हाँ, जे तुमने ठीक बात बताई ठाकुर, वो राइफल गोविंद बागी की है सकत है।...अब तुम जाओ अपयें घरकों, मैं राजा ते बात करूंगो!”

यह कहकर वह एकाएक मुड़ गया और सहराने की ओर जाने लगा।

यह देखकर अबकी बार भोलासिंह हड़बड़ा उठा। वह आगे बढ़कर उससे बोला—“ओरे, रुक तौ सरपंच। तैं ऐसे में सहराने तलक कैसे पहुँचैगो?...चल, मैं गाड़ी पे छोड़ देतों।...और देख, तैं राइफल को लैके कां मारो-मारो डोलैगो। कोऊ फंसा देगो तेये कों। जो तेयी बात बनत होय तौ मैं बीस हजार की लैसकत हौं।”

अब लोकमन खड़ा रह गया। सोचा, अच्छा है जो उस आफत से पीछा छूट जाय। बीस हजार में से पाँच हजार खुद रख लेगा और बाकी पूरे सहराने को दे देगा। सोने का कठुला और चैन को ग्वालियर जाके बेच आयेगा। जो पैसा मिलेगा उसका भी ऐसे ही बन्दर बाँट कर देगा। बड़े लोगों की संगत में रहकर वह इतना तो समझ ही गया है कि दुनिया में जब तक मूर्ख बने रहेंगे तब तक होशियार भूखों नहीं मरेंगे।

वह उत्सुकता के साथ भोलासिंह की ओर बढ़ा और बोला—"अच्छा तौ जा, अपये घरते बीस हजार जल्दी ले कर आ! अबैई लैनो-दैनो होगो।"

फिर लोकमन कुछ नहीं बोला। भोलासिंह मोटरसाइकिल स्टार्ट करके ले आया और लोकमन सरपंच उसपर पीछे बैठ गया। वहाँ से सहराना ज्यादा दूर नहीं है। वहाँ उसको छोड़कर भोलासिंह अपने गाँव भैरोपुरा को चला गया।

55

भोलासिंह को उसरात को नींद नहीं आयी थी।

सवेरे उठकर टेकरी गाँव को जा रहा था तब आँखों में नींद बसी हुई थी। मोटरसाइकिल चला रहा था और मानो दिमाग के सारे खिड़की-दरवाजे बन्द हुए पड़े थे। सारे बोध कुंठित हुए पड़े थे। लगते जेठ के सबेरे के शीतल पवन में मानो सैकड़ो सुगंधियाँ महक रही थी। अनेक पक्षी मधुर स्वर में गा रहे थे; लेकिन भोलासिंह को कुछ नहीं सूझ रहा था और अगर कुछ सूझ रहा था तो वही राइफल का सौदा सूझ रहा था। वह तय नहीं कर पा रहा था कि राइफल के कितने रुपये डाकूओं को बताएगा? कितनी कीमत उनसे वसूल करने पर उसे ज्यादा लाभ होगा या ज्यादा से ज्यादा कितनी कीमत वे दे सकेंगे? अन्त में उसने तय कर लिया कि अस्सी हजार रुपये सहरियों का नाम लेकर उनसे माँगेगा। वे पूरे अस्सी हजार नहीं तो साठ हजार तो दे ही देंगे और अगर वे इतने पर भी राजी हो गये तो बीस हजार लोकमन को देकर चालीस हजार उसकी जेब में आयेंगे।...मात्र एक दिन की कमाई चालीस हजार और सो भी इन रुखे पहाड़ो और सूखे जंगल के बीच में। बाह, इसी को तो रेत में से तेल निकालना कहेंगे।...अब कहीं इतनी देर के बाद उसके दिमाग के खिड़की-दरवाजे खुले। ताजा हवा लगी। सुगंध महकी...और पक्षियों के मधुर स्वर सुनाई पड़े।

टेकरी में पहुँचते-पहुँचते उसने कबीरा को सबसे पहले तलाशा। वह वहाँ नहीं था, माधवपुरा चला गया था। वहाँ उसने अभी कुछ दिन पहले अपना दूसरा घर बनाया है। ऐसी दूहरी घर व्यवस्था यहाँ के कई लोगों की है। कहने वाले तो यह कहते हैं कि ऐसी दुहरी घर-व्यवस्था पाल गैंग के सम्बन्धों का ही प्रतिफल है। कबीरा ने तो यहाँ माधवपुरा में ही दूसरा मकान बनवाया है जबकि कुछ अन्य लोगों ने तो

शिवपुरी-ग्वालियर में भी मकान बनवा लिए हैं। अगर बनवा लिए हैं तो अच्छा ही है। भोलासिंह इस बात को बुरा नहीं मानता है। वह खुद भी इसी साल कहीं न कहीं एक अच्छा मकान बनवाने वाला है और इस काम के लिए चूना खोह के सिद्ध बाबा ने उसे आशीर्वाद दिया हुआ है और उसे आज लग रहा है कि सिद्ध बाबा का अशीर्वाद निश्चितरूप से फलने वाला है। ये चालीस हजार रुपया वह उसी काम पर खर्च करेगा।

वह टेकरी में अपनी बहन के घर पर था। कबीरा से मोबाइल पर सम्पर्क करने की कोशिश कर रहा था लेकिन नेटवर्क नहीं मिल रहा था। ठीक उसी समय उसका मन एकाएक बदल गया। मोबाइल का स्विच आफ करके जेब में रख लिया और तय कर लिया कि अब कबीरा के साथ गैंग के पास नहीं जाना। बल्कि किसी गैर की मौजूदगी में उस विषय में किसी से बात ही नहीं करनी और कबीरा जैसे आदमी के आगे बात करना और भी खतरनाक है। बहुत शातिर दिमाग आदमी है। कहो तो उसे अपने घर पर ठहरा जाये और मोटर साइकिल लेकर नये सहराने में जा पहुँचे और कुछ ज्यादा देकर राइफल ले आये। वह पैसा के आगे कोई रिश्ता नहीं मानता है। इसलिए वह उस दिन माधवपुरा नहीं गया बल्कि अपने एक परिचित से गैंग का पता पूछकर महुआखोह में उतर गया। खोह के ऊपर ही विश्वजीत और सियाराम आदिवासी मिले थे। वे भोलासिंह को पहले से जानते थे, इसलिए उसे देरू के पास पहुँचा दिया।

उसके पास आते ही देरू ने पूछा–"कह भोला ठाकुर! कोऊ खास बात है का?"

क्योंकि अभी तक गोविंद की मौत का कोई निश्चित सुराग नहीं मिल सका था, इसलिए उस क्षेत्र से आने वाले किसी आदमी से वे लोग इसी अपेक्षा के साथ बात प्रारम्भ करते थे कि वो कहीं उस घटना का सबूत जेब में रखकर तो उनसे मिलने नहीं आया।

भोलासिंह ने पहले देरू को गौर से देखा और फिर उससे थोड़ी दूर पर एक पत्थर पर बैठे राजा को देखा–"एक जरूली बात ती देरू भैया! एक आदमी के पास पुलिस वाली राइफल है, तुम लैनो चाहो तौ मिल सकत है।"

उसने कहा तो देरू ने उसे घूरा और राजा ने ठीक उसी समय चौंककर देखा। न जाने कैसे उन दोनों के मन में यह विचार कुलबुलाया कि भोलासिंह जिस राइफल की बात कर रहा है वह कहीं गोविंद वाली राइफल तो नहीं है। यद्यपि वे दोनों भोलासिंह को निहायत ऊँची चीज़ मानते थे फिर भी उन्हें ऐसा नहीं लग रहा था कि वह जान बूझकर साँप की बाबी में हाथ डालेगा। अगर गोविंद वाली राइफल होती तो वह सौदा करने उन लोगों के पास नहीं आ सकता था।

"कौन के पास राइफल है भोलासिंह!"

देरू ने उससे पूछा और उसे नज़र गड़ा के देख लिया।

"है एक आदमी के पास, वाने नाम बतावे को मना करी है...।" इतना कहकर उसे राजा को देखा,"अस्सी हजार माँग रओ है भैया! मैंने खूब हिलाओ-डुलाओ फेर वो तो एक धेला कम करवे कों राजी नाय भओ!"

अबकी राजा अपने पहले वाले स्थान से उठकर आया और दोनों के पास आकर बैठ गया। भोलासिंह को उसने देरू से भी पैनी नजर गड़ा के देखा। वह उसकी नजर का तेज मानो सह नहीं पाया और तिलमिलाकर रह गया।

ऊपर से राजा ने जड़ दिया–"कऊँ ऐसो तौ नाय है के तें रामचन्द मामा जैसे हथियार हमतेऊ खरीदवानो चाहत होय।"

"अएऽऽनाय! ऐसी बात नाय है सकत है। तुमें मैं कऊँ चलवे की तौ नाय कहरो हौ भैया। मैं खुद तुम्हें लाके दूँगो राइफल! तुमें जब माल मिल जाये तब पैसा दीओ।...और मैं का कर सकत हौ सो बताओ!"

"तुम करो कुछ मत, वा राइफल की कीमत तो कम करवाओ! जितनी कीमत वो माँग रओ है वितनी मैं तो चार आजांगी।"

"अएेऽऽ! ऐसा नाय है सकत!...बीस हजार की एक राइफल मिल जागी? कोऊ नकली बना के देत होगो!"

वह सोचने लगा कि उसने सहरिया से बीस हजार की कह दी है और बीस हजार में ही बिकेगी तो उसकी मेहनत फिजूल में हो गयी समझो। वह तो चालीस हजार कमाने के मंसूबे गाँठ रहा था और यहाँ हजार-दो-हजार मिलना मुश्किल लग रहा है। उसे अपने ऊपर गुस्सा आ रहा था। सोचने लगा था कि भाड़ में जाये ऐसा सौदा। मिलना-जुलना धेला नहीं है, ऊपर से भागे-भागे फिरो सो अलग।...वहाँ खेतों में गेहूँ कटने को खड़ा है, खदानें बन्द पड़ी हैं और वह इस गोरखधन्धे में फिजूल में उलझा पड़ा है।

और फिर वह एकाएका उठ खड़ा हुआ और बोला–"अच्छा, देरू भैया अब मैं तो चलो। जे सौदा मेये बूते को नाय है। तें बीस हजार में पुलिस की राइफल चाहत है और वो अस्सी हजार चाहत है, दोनों के बीच भारी फासला है–गहरी खाई है, मैं फिजूल में डूब के मर जाऊँगो।...नाय, मेये बस की बात नाय है। अब मैं तौ चलो!

देरू ने एक बार फिर उसे गौर से देखा। अपनी नजर उसके अन्दर तक डालकर देखा। लेकिन कुछ ठीक-ठीक समझा नहीं। इतना ज़रूर समझ रहा था कि गूजर मुनाफा कुछ ज्यादा ही लेने के चक्कर में है और वह उसकी दृष्टि में अक्षम्य अपराध नहीं है। उसका छोटा भाई जो उसके ठीक सामने गुफना हुआ बैठा है उसका तो यह नियम ही बन गया है कि वह हमेशा कीमत के दूने फेंकता है।...पचास रुपया की चीज हो तो फौरन सौ रुपया फेंकता है। पूरी पार्वती घाटी मे उसकी इसी आदत की सोहरत है।

"तैं ऐसो कर भोला, आज तौ जा, चार-पाँच दिन बाद हमन वाई इलाका में

आयेंगे। तबई राइफल को लैन-दैन है पायगो।...आज तौ हम एक जरूली काम ते जा रहे हैं।"

देरू ने कहा तो भोलासिंह ने राहत की साँस ली। यद्यपि उसे इस बात का दुख था कि एक बड़े मुनाफे पर हाथ साफ होते-होते बच गया। लेकिन फिर भी जान बच गयी। दोनों भाई आज किसी बात पर बिल्कुल भट्टी में तपे हुए से बैठे थे। उस में राजा तो और भी ज्यादा अंगार बना बैठा था।

फिर उसने देर नहीं की फौरन दोनों को हाथ-जोड़कर वहाँ से चला आया।

दरअसल गैंग के दोनों सरगनाओं के बीच कुछ और ही बात को लेकर टकराव की स्थिति पैदा हो गयी थी।

आठ-दस दिन पहले जिले के दक्षिणी खदान क्षेत्र में राजा, विश्वजीत, राजेन्द्र सहरिया आदि ने तीन लोगों की पकड़ की थी। उन में से दो मुसलमान थे। उन्हीं दोनों को लेकर देरू गुस्साया हुआ था और राजा से कह रहा था कि उन दोनों को छोड़ दिया जाये। लेकिन इस छोड़ देने वाली बात से राजा और भी ज्यादा गुस्साया हुआ था। क्योंकि वह उसे यह समझाना चाहता था कि वे दोनों उधर की पत्थर खदानों से खूब माल बटोरे हैं। कुछ ही साल में लखपति हो गये हैं...कुल मिलाकर काफी 'मुटा' गये हैं। और उन्हें थोड़ा हल्का करने के लिए पकड़ा गया है। उसमें धर्म और जाति का कोई सवाल नहीं है। इसी बात पर एक दिन पहले से लेकर उस दिन सवेरे तक खासी तनातनी रही थी, दोनों में। राजा ने उसको खूब अबे तबे बोला। खूब माँ-बहन की गालियाँ दी...और देरू ने हमेशा की तरह नज़र उठाकर उसको नहीं देखा।

"फिरौती की बात चल रही है...?"

देरू ने भोलासिंह के चले जाने के बाद अपनी ओर से ही राजा से बात शुरू की तो राजा को आज फिर जोरदार झटका लगा मानो किसी ने बिना लड़े ही आज फिर उसको मात दी हो। उसकी शक्ति और समझपर मानो थूक दिया हो। भैया से लड़ लेने के बाद हमेशा उसकी यही हालत क्यों होती है। भैया क्यों उसके आगे हमेशा हथियार डाल देता है? क्यों नहीं उसे लात-घूंसो से पीटता? और क्यों उसके सीन से एस.एल.आर. अड़ाकर कहता कि अगर अब तूने मेरी महतारी या बहन के नाम पर एक बार भी मुँह खोला तो तेरे मुँह में एस.एल.आर.की पूरी मैगजीन खाली कर दूँगो—मुँह गोलियों से भर दूँगो।...लेकिन उसे मालूम था कि भैया ऐसा हरगिज करने वाला नहीं है।

राजा खोह में नीचे उतर गया। वहाँ जाकर कुण्ड से पानी लेकर मुँह धो लिया और कृत्रिम सीढ़ियाँ चढ़कर देरू के पास आ गया। उसी पत्थर पर आकर फिर बैठ गया।

देरू ने अबकी बार मुस्कराकर उसको देखा। तभी राजा उसके पहले प्रश्न का उत्तर देने को उत्सुक दिखा।

“बात तौ एन चली है फिरौती की। मैंने दस, पाँच और दो की कही है...एक आदमी ज्यादा ठोस है...वे बोले हैं के देरू के आवे पे बात पक्की होगी।”

फिर उनमें से किसी ने कुछ नहीं कहा।

उसी दिन वे निश्चित जगह के लिए रवाना हुए। उन दोनों के साथ प्रीतम भी था।

देरू के उस इलाके में पहुँच जाने पर एक नये तरह की हलचल पैदा हुई। देरू का अनुशासन और व्यवहार अपने तरह का एक ही था—गैंग के अन्दर भी और गैंग के बाहर की दुनिया में, उस पर कुछ ज्यादा ही भरोसा करने वाले लोग थे। वही भरोसा करके फिरौती करने वाले लोग देरू को बुलाने का आग्रह कर रहे थे। इसलिए वह गया तो फौरन मामला तय हो गया। यानी कि दो-तीन लाख रुपये का फायदा हो गया। अगले दो-तीन दिन में पैसे का भुगतान होना था और पकड़ छूटनी थी। गैंग के लोग खूब खूश थे।

उस दिन गैंग सिंध के किनारे एक जंगल में रुका था। शिवपुरी से जो आदमी आया था वह पहले भी कई बार गैंग में आ चुका था, लेकिन हमेशा मुँह पर अंगौछा लपेटे रहता था और जब आता था तब कई अखबार लाता था। उन दिनों अखबार पढ़ने का काम पकड़ का एक आदमी इकबाल पठान किया करता था। उस दिन उस आदमी ने अखबार इकबाल को दे दिये और राजा को एक ओर ले जाकर बात करने लगा।

जो अखबार उसने पढ़ना शुरू किया तो उसके पहले पृष्ठ का समाचार था कि गोविंद की लाश केन के जंगल से पुलिस ने बरामद की। उसी समाचार के अन्दर था कि उसकी राइफल, सोने का कठुला और चैन सहराने के सरपंच के घर से पुलिस को मिले...।

इस समाचार को सुनते ही पूरा गैंग मानो सकते में आ गया था। सभी चेहरे बुझ गये मानो और किसी का बोल नहीं फूट रहा था। प्रीतम उन सबसे अलग एक पेड़ से टिका बैठा था और बिलख-बिलखकर रो रहा था। राजा और विश्वजीत उसके पास जाकर सान्त्वना दे रहे थे।

थोड़ी देर के बाद जब वे सामान्य हुए तो राजा ने गहरी साँस लेकर कहा—“मोड़ीचोद दर्शन ने जे दिन दिखाओ है हमें, वंशनाश कर दूँगो वाको!...”

ऊपर से देरू ने भी अपनी शंका प्रगट की—“हमें लगत है जा में भोला कोऊ हाथ है।...वा दिना राइफल बेच वे को तौ बहानो हो।...और जेऊ है सकत है के राइफल को सुराग पुलिस को वाने दओ होय और पुलिस ने सहरियन ते मार-मार के सब कुछ पूछो होय।”

उस समाचार ने पूरे गैंग को एक अलग ही तरह के पसोपेश में डाल दिया था।

गोविंद की मृत्यु की घटना जिस दिन घटित हुई थी तब लगा था कि वह एक

सामान्य से बागी की एनकाउन्टर में हुई मौत से ज्यादा कुछ नहीं है लेकिन उस दिन के अखबार के छोटे-से समाचार ने सिद्ध कर दिया कि अब वही भविष्य में गैंग के क्रिया कलापों का मूल स्रोत बनेगी...अब गैंग जो भी खेल खेलेगा वह ऊँचा ही खेलेगा और वही खेल देर-सबेर गैंग को अपने विनाश के नज़दीक ले जायेगा।

56

अबकी बार पार्वती घाटी में उत्तेजना और हलचल कुछ अलग ही तरह की थी।

एक ओर तो पन्द्रह लाख की फिरौती का समाचार सुनकर कुछ लोग आपे से बाहर हो रहे थे। पुलिस वालों से लेकर गैंग वालों के नाते-रिश्ते के लोग तक और गैंग के मददगारों से लेकर खदानों-जंगलों में काम करने वाले लोग...खनबरिये, ठेकेदार और सरकारी अमले के लोग भी अपने-अपने कारण से आशान्वित या भयमुक्त हुए थे। कुछ को नये-नये कुरकुरे बड़े नोटो में हिस्सेदारी की आशा थी तो कुछ को बागियों द्वारा धन उगाही से मुक्ति की आशा थी। उन्हें यकीन था कि जब इन जंगलों डांगों, खोहों में ऐसी भारी फिरौती की शुरूआत हुई है तब उन जैसे टुटपुजियों की ओर कौन धन उगाही के लिए नज़र उठाकर देखेगा।

उन दिनों पुलिस की चुस्ती और कार्यकुशलता देखने के काबिल थी। उससे कुछ दिन पहले तक कुछ लोग जंगल की ओर पैर करके भी नहीं सोना चाहते थे। अगर पोस्टिंग जंगल के थाने में हो जाये तो एड़ी-चोटी का बल लगाकर पोस्टिंग निरस्त कराते थे। अगर शहर से जंगल में गस्त करने जाना पड़े तो पूरा-पूरा दिन सड़क किनारे के किसी ढाबे में बैठकर बिता देते थे। बैठे ढाबे में होते और मोबाइल पर अपने सीनियर को रिपोर्ट करते समय बताते कालापानी के जंगल में या भगौरी के जंगल में या डोगरी के जंगल में थे। गाँव या जंगल के लोग मोबाइल पर जब उनकी रिपोर्ट का विवरण सुनते तो भौचक से पहले उन्हें देखते और फिर आपस में एक दूसरे को देखते। इसी स्थिति ने धीरे-धीरे जनता की नज़र में पुलिस की साख को काफ़ी सीमा तक क्षति पहुँचाई। दूर-दराज जंगल डांग में बसे लोगों को तो पुलिस का कतई भरोसा नहीं रह गया था।

लेकिन अब आकर थोड़ी स्थिति बदली थी। जंगल-डांग के थानों में जाने के लिए पुलिस वाले राजी होने लगे थे। आकस्मिक गश्त पर भेजे जाने वाले लोग सड़क किनारे के ढाबों में अथवा डाक बँगलों में अटके नहीं रह जाते थे। मौका देखकर जंगल, डांग और खोहों तक पहुँचने लगे थे।

उधर गैंग के पक्षधरों और रिश्तेदारों के बीच भी काफ़ी हलचल थी।

गैंग के रिश्तेदार और परिचय के ऐसे लोग जिन्होंने उनके परिवारजनों को

शुरू के दिनों में शरण दी थी या किसी प्रकार की अन्य सहायता दी थी; उनमें से कुछ बेहद चालाक लोग अब मौका देखकर गैंग तक पहुँच रहे थे और अच्छा खासा पैसा ऐंठ रहे थे। इसी दौरान यह भी चल रहा था कि सबके परिवार वालों की ठीक से व्यवस्था हो जाये। आइन्दा उन्हें रहने-बसने, खाने-पहनने की कठिनाई न हो। इस व्यवस्था में जो लगे थे वे भी खासा धन कमा रहे थे।

उन्हीं दिनों एक बार सवेरे ही सवेरे गंगाश्री उन लोगों से मिलने आयी। नरेश भी उसके साथ था। अबकी बार लगभग एक साल बाद वह उन सबसे मिली थी। क्योंकि दस महीने बाद तो वह जेल से छूटी थी। फिर अपनी उजड़ी-बिखरी गृहस्थी को जोड़ने-संभालने में समय निकल गया। पीहर के परिवारों की खबर-सुध लेने में समय निकल गया। गोविंद के परिवार की सुध लेने गयी और उसकी बेवा घरवाली की बोदी-भली सुनकर लौटी। उसकी ग्लानि के चलते कई दिन घर से बाहर नहीं निकल सकी। कल शाम को देरू का बड़ा लड़का, नरेश आ गया था, उसके घर। उसी ने आग्रह किया था, नहीं तो अभी और भी कितने दिन अपने भाइयों से मिलने के लिए तरसती रहती।

नरेश को भी वे लोग लगभग उतने ही समय के बाद देख रहे थे। वह भी छः महीना ग्वालियर जेल में बिताकर आया था। लेकिन अब तक उसकी कद काठी संभल गयी थी। अच्छा खासा जवान दिखाई पड़ रहा था। नाक-नक्श, चितवन और चाल-ढाल, सब माँ पर गया है। केवल रंग और शरीर की उठान देरू की है। देरू देखता है और सहम जाता है। डर जाता है कि अपने ही बेटे को खुद उसकी ही नज़र न लग जाये। उसका ध्यान इस ओर भी था कि कहीं गंगाश्री बुरा न मान जाये। उसका मन लड़के को पास बिठाकर उससे बात करने को हो रहा था लेकिन माँ के तुल्य बड़ी बहन को नज़र अंदाज करके ऐसा कर पाना मुश्किल था।

"जीजी! तोय हमन तेऊ ज्यादा आफत झेलनी पड़ गयी है। अबै और कै बेर जेल पठाएंगे वे लोग।"

देरू ने भरे हुए गले से कहा तो गंगाश्री ने गहरी साँस ली।

"वे कहते हैं के मैं तुम सब कों पकड़वा दूँ तब मेओ जेल ते पीछो छूटैगो!"

"पहले हम हाज़िर भये ते तबऊ तौ वे तोय पकड़ के लै गये...?"

"एक नम्बर के हरामी हैं...।"

अबकी बार उसकी नज़र एकाएक प्रीतम पर जाकर ठहर गयी। वह थोड़ा अलग-थलग गुमसुम हुआ बैठा था। उसे देखते ही वह चौंक गयी। सोच भी नही सकती थी कि इतने कम अन्तराल में ही प्रीतम का ऐसा हाल हो जायेगा? वह उसकी पहचान में भी नहीं आयेगा? गोरा भरा-भरा-सा हँसमुख चेहरा कुम्हलाकर काला पड़ गया था। बड़ी-बड़ी भावपूर्ण आँखें निहायत घिनौनी और छोटी होकर मानो कोटको में धँसती जा रही थी। उसका वह जाना-पहचाना चपल स्वभाव पता नहीं कैसे खो गया।

वह और भी गहरी साँस लेकर उठी और प्रीतम की बगल में जाकर बैठ गयी।

उसे पास बैठा देखकर बाढ़ के पानी जैसा उसके अन्दर का क्षोभ एकाएक फूट पड़ा। वह गंगाश्री के सीने में मुँह छिपाकर डीक फोड़कर रो पड़ा। उसे रोता देखकर गंगाश्री भी बिना रोये नहीं रह सकी।

थोड़ी देरके बाद उसने अपने आँचल से प्रीतम के आँसू पौंछ दिये और उसकी पीठ पर हाथ फिराकर मूक दिलासा दिया।

फिर थोड़ी देर तक कोई कुछ नहीं बोला।

"मोती बाबा कों पुलिस पकड़ लै गयी। बिनके छोटे मोड़ेऊ उठा लै गये पुलिस वारे!" नरेश ने कहा तो सबने चौंक कर उसे देखा। देरूपाल ने पूछा—"काय, मामायें पुलिस काय ले गयी?"

"तुमन्ने रुपैया दये ते बिन रुपैयन के संग वे बाँध पेई पुलिस के हाथ चढ़ गये। भैंसगढ़ा को दरोगा पहलेई ते खार खाये बैठो हो। कहन लगो के फिरौती के रुपैयन मै तैं हिस्सा लैके आओ है।...पूरे दस हजार रुपैया गये सो गये और दोनों जेल काटैंगे सो अलग।"

नरेश ने कहा तो देरू ने गहरी साँस ली। उसे लगा कि लड़के के स्वर में शिकायत की बू आती है। मामा के प्रति ऐसा ही स्वर तो राजा का है। अभी जीजी सामने बैठी है। वह नहीं होती तो राजा भी फैला-फैला फिरता।

वह राजा के बारे में अभी सोच ही रहा था कि तभी मामा को लेके वह सचमुच शुरू हो गया। वह उफनता हुआ सा बोला—"चलौ, ठीकई रओ मामा, भें जेल में पतरी दाल पियेगो तब चैन ते बैठेगो। वा के पास जिन्दगी में न जाने कितनी समस्याएं हैं...झें बैठैगो भेंई एक नयो रोना रोवैगो!...और झें तौ जब आयेगो तब समझेगो के जे लोग नोट बोरा में भरें बैठे हैं।"

वह बोल रहा था और देरू आँखें फाड़-फाड़कर उसे देख रहा था। वह बोल नहीं रहा था लेकिन उसके चेहरे के भाव बता रहे थे कि कुछ कहना चाहता है, 'चुप है जा रे। जीजी सामने बैठी है।'

और तभी गंगाश्री उस पर मानो बरस पड़ी—"तैं कब सुधरैगो रे राजा!...मामा पे हमेशा क्यों खार खाये बैठो रहत है! तुमन्ने वाकों पैसा दैदये तौ तुम बड़े धन्ना सेठ बन गये। वाके तुमाये ऊपर इतने एहसान है के सात जनम में नाय उतार पाओ!...वो नाय होतो तो पूरो कुनबा चौरे में पड़ो-पड़ो मर जातो। काऊ को कऊँ दूर-दूर ठिकानो ना हो।"

फिर वहाँ किसी में हिम्मत नहीं थी कि गंगाश्री की बात में मीन-मेख निकाले।

थोड़ी देर चुप रहने के बाद गंगाश्री फिर बोली—"देरू! जा नरेश का नाना आओ हो, कह रओ हो के तुम लोग राजी है जाव तौ वो जा की शादी करन चाहत हैं।"

अबकी बार देरू चौंका ही नहीं बल्कि अन्दर तक रोमाँचित हो उठा—उसका रोम-रोम खिला तो नहीं लेकिन उत्तेजक हो उठा। वह समझ नहीं पा रहा था कि नियति अब और भी कितने खेल खेलेगी उसके साथ। उसकी शादी तो तेरह-चौदह साल की उम्र में हो गयी थी। अट्ठारह-उन्नीस साल की उम्र में यही नरेश पैदा हो गया था।...अब उसे चारों ओर अँधेरा ही अँधेरा दिखाई दे रहा है। वह कौन सी अच्छी घड़ी के एबज में अपने से आधी उम्र के बेटे की शादी टाल सकता है।...उसकी आँखें भर आयी थी, लेकिन वह आँसुओं को हरगिज नहीं टपकने देगा। न सही कुछ खास कीमती आँसू उसके पास, लेकिन जो हैं उन्हें ऐसे समय क्यों बरसाए।

"जाकी शादी है जाये तो ठीक ही है, दूसरे मोड़न के खावे-पीवे को कुछ तौ ठिकानो होगो।" राजा ने धीरे से कह दिया।

उसके बाद किसी ने कुछ नहीं कहा तो इसका अर्थ यही था कि नरेश की शादी के लिए सबकी सहमति थी।

लेकिन नरेश उसके लिए राजी नहीं था, यह बात उसने अपने नाना को बता दी थी। नाना उसकी बात सुनकर खूब बिगड़ा था। वह जब बिगड़ा और अपने घर से निकाल बाहर करने की धमकी देने लगा तो नरेश अपने दोनों भाइयों को लेकर ग्वालियर चला गया और जहाँ गंगाश्री के बच्चे रहते थे वहीं एक कमरा किराये का लेकर रहने लगा था। उसी कमरे से उसे पुलिस ने पकड़ा था और डाकू अधिनियम की धारा 11-13 में छः महीने के लिए जेल भेज दिया था। उसका नाना फिर भी उसकी शादी की बात नहीं भूला। वहाँ जेल में बुआ से मिलने गया तब भी वही शादी की बात सबसे पहले की।

कल से बुआ समझा रही है उसको। अभी रास्ते भर भी समझाती आयी है, फिर भी उसका मन शादी करने को राजी नहीं हो रहा है। वह सोच रहा था कि उसका पिता खुद उसकी शादी के लिए मना कर दोगे और उसके सिर से बला टल जायेगी। लेकिन पिता का मौन देखकर, बल्कि उसके चेहरे के भाव पढ़कर फिर उसका भी मन शादी करने से इनकार करने को नहीं हुआ।

अन्त में गंगाश्री और नरेश उठकर चल दिये तो देरू ने गंगाश्री को रोककर कहा—"थोड़ी रुक तौ जीजी। असली बात तौ होई नाय पाई। अब चुनाव आवे वारे है। सब लोगन की राय है कै तो कों चुनाव लड़ाओं जाये।"

"चल रहने दै, मोय पुलिस चुनाव लड़न देगी?" गंगाश्री ने तुनकरकर कहा।

लेकिन उसके चेहरे पर यह बात देखी जा सकती थी कि चुनाव लड़ने की लालसा उसके भीतर विद्यमान थी।

"तौ फिर तैं बता, और कौन को लड़ाओ जा सकत है एम.एल.ए. को चुनाव। हमनने सोचो है कै एक-दो एम.एल.ए.अपनो होय तौ वखत-जरूरत काम आगो।"

"काम तो आगो फेर कोऊ ढंग-हिल्ले को आदमी होय तब तौ...! वैसे एक

आदमी है जरूल।...माधोपुरा को लालूरामपाल चुनाव लड़ सकत है।"

"तौ तैं वाकों राजी कर जीजी! कह दीये कै हम पूरी दम लगा दैगे। दो दिना के भीतरई पर्चा भर जानो जरूली है।"

अबकी बार राजा ने कहा तो गंगाश्री ने स्वीकृति में सिर हिला दिया और वह चली गयी।

57

राजा गजपतिसिंह इस इरादे से गाँव आये थे कि समस्या का समाधान ढूढ़े बिना लौटकर ग्वालियर नहीं आयेंगे।

इसीलिए उन्होंने गंगाश्री और नरेश को अपनी ओर से पहल कर के जेल से छुड़वा दिया था। मोतीलाल और उसके लड़के को भी छुड़वाने की कोशिश की थी लेकिन वह छूट नहीं पाया।

आरसी के राजा गजपतिसिंह और कड़ाही के ठाकुर प्रताप सिंह पार्वती घाटी में आकर ठहर गये उस भूचाल से सब से ज्यादा डरे हुए थे। वे दोनों ग्वालियर में जाकर बस गये थे और दोनों के ठिकाने लावारिस-से पड़े हुए थे। कड़ाही की रौनक फिर भी थोड़ी बची हुई थी, क्योंकि ठाकुर प्रताप सिंह के बेटे साहस जुटाकर कभी-कभी वहाँ आते रहते थें। खासतौर पर फसल के समय वे अवश्य ही आते थे। लेकिन इधर गजपति सिंह के दोनों बेटे जबलपुर रहते थे या इंदौर में और वे खुद भी दो-चार महीने में कभी एक दो दिन के लिए गाँव आते थे। इसलिए उनकी गढ़ी बिल्कुल बहिष्कृत जैसी पड़ी हुई थी। उसके एक हिस्से में एस.ए.एफ की टुकड़ी पड़ी थी और बाकी बन्द पड़ा था। गढ़ी के बाहर ट्रेक्टर और कृषि के अन्य यंत्र बेकार हुए पड़े थे। एक ओर मोटर-साइकिल भी बिगड़ी हुई खड़ी थी। सामने के खरक में अब एक भी जानवर नहीं था। उस सब को देखते ही राजा साहब की आत्मा कलपने लगती थी। आजकल गढ़ी और उसके अधिकार की सारी ज़मीन अकेले श्रीकृष्ण के अधीन है। वे जानते हैं कि गढ़ी से लेकर ज़मीन तक की देखभाल कर पाना एक आदमी के बस की बात नहीं है। और उस पर भी पण्डित की नियति ठीक नहीं है। वह विश्वास पात्र आदमी नहीं है। लेकिन वे करें क्या, आज की तारीख में गाँव भरमें एक आदमी भी गढ़ी के प्रति वफ़ादार नहीं रहा है। कैसा जादू कर दिया है पूरे गाँव पर, उन लोगों ने। हर मुसीबत के वक्त गढ़ी ने उनके बाप-दादों की रक्षा की है, वह भी याद नहीं रहा उन सबको...।

उस दिन टीका के पुरा पर अपनी गाड़ी पठाकर राजा साहब ने गंगाश्री को बुलवाया था।

उनकी अन्दर वाली बैठक में उनके ठीक सामने कुर्सी पर गंगाश्री बैठी थी।

इस तरह से उनके ठीक सामने कुर्सी पर गंगा श्री को बैठा गढ़ी के जिस-जिस आदमी ने देखा वह अपनी आँखों पर भरोसा नहीं कर पाया। खुद राजा साहब को भी बड़ा अटपटा लग रहा था। आज भी उनकी पत्नी उनके बराबर की कुर्सी या मूढ़े पर नहीं बैठ सकती है। वे मूढ़े पर बैठेंगे तो पत्नी पीढ़ा डालकर बैठेगी। लेकिन गंगाश्री से कुछ कहा भी तो नहीं जा सकता। क्या पता तुनककर चली जाये और वे जो कुछ कहना चाहते हैं, वह भी न कह पाएं।

"तू मेरी खास बहन से बढ़कर है गंगाश्री! तू समझदार है, सब कुछ जानती है, इस गढ़ी से बाप दादों का सम्बन्ध न सही, परन्तु नाना का सम्बन्ध रहा है तेरा...पर तेरे भाई सब कुछ भूल गये हैं।...तेरे नाना-नानी तो मर गये, परन्तु मोती तो जिन्दा है। उससे पूछकर ही उन्हें व्यवहार करना चाहिए!"

उन्होंने गंगाश्री की खुशामद के बतौर उस काँटें को भी एक बार सहला लिया जो वक्त बेवक्त उनके सीने में ज़हर बुझे तीर की तरह चुभता रहा है। गंगाश्री इस बात को ठीक से समझती है, इसलिए राजा गजपतिसिंह सड़ी हुई चासनी में मानो बोर-बोरकर उसकी ओर जो शब्द और भाव उगल रहे थे उसकी ओर उसका ध्यान कतई नहीं गया था। वह सामने की दीवार पर टंगे बड़े राजासाहब के पीछे खड़े अपने नाना के उसी फोटो को देख रही थी। जिसे देखकर हर किसी को लगता रहा है कि शेर राजाने नहीं मारा होगा, चोखा पाल ने ही मारा होगा।

फोटो से नज़र हटी तो वह राजा गजपतिसिंह के बुझे-बुझे चेहरे को देखने लगी। उसकी समझ में नहीं आ रहा था कि आज भी शेर राजापाल मारेगा और मरे हुए शेर पर पैर रखकर मूंछ ऐंठते हुए फोटो वे खुद खिचवाएंगे। लेकिन आज तक तो पार्वती में बहुत पानी बह गया है। बाँध बंध जाने बावजूद कम से कम पंचमहल में खूब पानी बहा है।

"गंगाश्री! तुझे मालूम होगा शायद, आज की तारीख में गाँव का एक आदमी गढ़ी के खेतों में काम करने नहीं जा रहा है—किसी कौम का आदमी गढ़ी के फार्म की ओर मुँह करके नहीं देखता है। सहरिया तक चार दिन का भूखा अपने घर में बैठा रहेगा। पत्थर खान या जंगल में काम न मिले तो मजे से डांग में जाकर देरू से माँग लाएगा।...हद हो गयी। मैं कुछ करता नहीं हूँ तो इसका मतलब ये नहीं है कि कुछ कर नहीं सकता हूँ। ये सारी जमीन जिस पर गाँव बसा है वह मेरे खानदान की है...एक-एक को घर-द्वार तक छोड़ना पड़ जायेगा।"

गंगाश्री उनकी आँखों में नहीं देख रही थी। उनकी बैठक की किसी न किसी चीज़ पर जाकर उसकी निगाह ठहर जाती थी। लेकिन वह जो कुछ सुन रही थी उसका अर्थ मात्र इतना था कि राजा साहब तेवर तो खूब दिखा रहे थे लेकिन उस तेवर में जान नहीं थी। मानो गुब्बारे की हवा निकली हुई थी। उसको राजा साहब

पर गुस्सा नहीं दया आ रही थी।

गंगाश्री ने अपनी इस छोटी-सी जिन्दगी में ही इस गढ़ी के तेवर और क्रोध की पराकाष्ठा भी देखी है। वह जब बहुत छोटी थी तब की कुछ घटनाएं जब भी याद आती हैं तब रोंगटे खड़े हो जाते हैं। तब गढ़ी के पीछे वाले जंगल में पुरा के जो बच्चे बकरियाँ चराते पकड़े जाते या औरतें महुआ बीनते पकड़ी जातीं; उन्हें यही गढ़ी के आगे धूप में लाकर खड़ाकर दिया जाता था खैर की संटियाँ तोड़कर लायी जाती और यही राजा साहब अपनी मन पसन्द औरतों को छाँटकर गढ़ी के अन्दर बुलवा लेते और बाकी पर वह खैर की सांटें बरसती थी। बच्चों के बदन लहूलुहान हो जाते थे।...आज उन्हीं में से बहुत सारे बच्चे जवान और अधेड़ तक हो चले हैं। गंगाश्री जानती है कि तमाम बार सरकारों के बदल जाने पर और न जाने कितने नेताओं के आश्वासनों के झूठे निकल जाने पर प्रकृति ने आदमी को कुछ तो दिया है और जो कुछ दिया है उसी के बल पर कुछ न कुछ मामलों में तो इन गढ़ियों और गढ़पतियों को कुछ सीमा तक ठेंगा तो दिखा ही सकता है वह आदमी।

"तू बोल क्यों नहीं रही गंगाश्री! मैंने उनके साथ कुछ दगा की हो तो बता मुझे। तुझे मालूम नहीं है, मैंने कितनी बार उन लोगों की मदद की है, लेकिन वे हमेशा उलटे ही चले हैं। मैंने और प्रतापसिंह ने मिलकर अच्छा-भला सरेन्डर करा दिया था। कितना समझाया था कि जबान संभाल के बात करनी चाहिए। गाली गलौज कतई बन्द कर देनी चाहिए। लेकिन वे क्यों मानते किसी का समझाया भला। वहाँ जेल में भी मेरी और प्रतापसिंह की माँ-बहन के नाम पर रोज गाली-गलौज करते थे...पुलिस अधिकारियों तक को नहीं छोड़ते थे...और फिर देख लिया उसका नतीजा?..."

गंगाश्री उनके आगे बैठी-बैठी ऊब गयी थी। तब से मुँह सी कर बैठी थी इसलिए साँस फूलने लगी थी। उसने एक निहायत बनावटी जम्हाई ली तो राजा साहब चौंक गये। वे उससे विषय बदलकर बात करना चाहते थे लेकिन तभी एकाएक वह बोली—"देखो, मैं तुमाई भैंन नाय हौं तौ भैंन की बेटी तौ हौंई। मोय तुम जानत हो, अम्मा के मर जाने के बाद मैंने वे सब पाल-पोस के बड़े करे हैं.. .इन हाथन ते गू-मूत धोये हैं। और अबैऊ जो कुछ कर रही हौं ते तुमें सग मालूम है...घर-परिवार सग बारह बाट है...चार-पाँच बेर जेल में जा चुकी हूँ।...मोड़ा-मोड़ी मारे-मारे डोल रहे हैं। बिनकेऊ तौ घर-द्वार सब उजर गये हैं। तौऊ चैन तें नाय बैठ रहे तौ मैं का करूँ ते बताओ!...मेये काबू में कुछ नाय है राजा साहब!"

उसने कहा तो राजा गजपति सिंह उसका मुँह ताकते रहे गये। पुलिस वाले ठीक ही कहते हैं कि इसके मुकाबले दमखम वाली औरत घाटी में शायद ही कोई दूसरी होगी। औरत तो औरत पाल गैंग में इसके बराबर हिम्मत और सूझ-बूझ वाला कोई आदमी भी नहीं है। अगर इस पर नजर न रखी जाती और बार-बार जेल न

भेजा जाता तो क्या पता अब तक यह भी गैंग का हिस्सा होती और अगर ऐसा होता तो कई पुतली बाइयों के बराबर होती यह और कई फूलन देबियों को यह पीछे छोड़ गयी होती।

लेकिन गजपति सिंह ने गंगाश्री के बारे में अपने या पुलिस वालों के विचार उठाकर रख दिये। गंगाश्री ने अभी-अभी क्या कहा था, उसे भी वे भूल गये। वे फिर बोले—"तू जो कुछ कह रही है वह झूठ नहीं है। वे लोग हमेशा अपने मन की करते रहे हैं। अब उनके सुधरने की कोई आशा भी कैसे कर सकता है। परन्तु गढ़ी के नाते से तू एक काम कर सकती है।...तू गाँव वालों को तो समझा सकती है? वे लोग तो डाकू हो गये हैं। उनका तो कोई समाज नहीं है लेकिन उन लोगों को तो आखिर समाज में रहना है। गढ़ी के फार्म पर वे काम करेंगे तो उनकी भी भलाई है। काम के लिए कहीं बाहर मारा-मारा तो नहीं फिरना पड़ेगा और फिर गाँव में रहकर और भी अनेक मसले हल होते हैं। एक दूसरे के काम सब जरूरत पड़ने पर आते हैं।"

वे बोलते गये और गंगाश्री सुनती गयी। वह समझ नहीं पायी कि उनके कहने का क्या मतलब है। अगर वे समाज के मेल-मिलाप की बात करते हैं तो ये समाज का मेल-मिलाप ही तो है। उसके भाइयों के साथ गढ़ी ने राजनीति का खेल खेला। छिपे तौर पर ही सही, उन्हें डांग की ओर बेड़िवे में कोई कसर नहीं छोड़ी। यह बात लोगों ने समझ ली है और वे सब इस बात से डरे हुए हैं कि आज जो कुछ पाल लोगों के साथ हुआ है वही कल उनके साथ हो सकता है। उनके साथ गढ़ी वही खेल खेल सकती जो आज उन लोगों के साथ खेला गया है। इसलिए कम से कम पूरा गाँव मिलकर गढ़ी को एहसास करा दे कि वे उनके खरीदे हुए गुलाम नहीं है जो उनका हर जुल्म सहते रहेंगे और फिर भी उन्हें कमा-कमाकर देंगे।

यही बात गंगाश्री राजा गजपतिसिंह को समझाना चाहती थी। लेकिन तभी उसकी समझ में आ गया कि राजा साहब सही बात उसे कब बताना चाहेंगे। वे जैसे उल्टी-सीधी बातें करके उसे मरवाना चाहते हैं। उसी तरह की बातें उसे भी गाँव वालों के बारे में उन से कहनी चाहिए।...अपने भाइयों के बारे में वैसी ही बातें वह कह ही चुकी है। वह थोड़ा मुँह बनाकर बोली—"गाँव के लोग कहाँ के भले हैं जो मेई बात मान लेंगे। जाको देखो सोई मुँह फुला के बात करत है। कोऊ-कोऊ तौ मेई परछाई ते दूर भागत हैं, जैसे मैंने बिन की जागीर हड़प कर लई होय।...

इतना कहकर वह उठ खड़ी हुई और वहाँ से चली आयी।

राजा गजपति सिंह का मन ख़ीज से भर उठा। खीज़ इस बात की कि क्या इतनी-सी बात के लिए उन्होंने उतनी सारी भाग-दौड़ की। उसे और नरेश को जेल से छुड़वाकर लाए।...उसे लेने के लिए गाँव गाड़ी भेजी। जिन लोगों ने देखा होगा वे क्या सोचेंगे?

गंगाश्री जब गढ़ी के बड़े फाटक से निकलकर मुख्य सड़क से मिलने वाली

गाँव की सड़क पर चल रही थी तो यही बात वह सोच रही थी। उधर से वो गढ़ी की गाड़ी में बैठकर आयी थी। गाँव के किसी आदमी ने देखा था और किसी ने नहीं देखा था लेकिन वापस पैदल जाते हुए सब देख रहे थे। तब यही बात उसके दिमाग में बज रही थी कि लोग क्या कहेंगे। फिर उसने फौरन यह भी सोचा कि दस साल पहले का समय होता तब तो लोग वही सोचते जो हमेशा से सोचते आये थे; लेकिन अब तो पार्वती में बहुत पानी बह गया है। अब तक उसके भाइयों ने कीर्ति के न सही, आतंक के ही सही बहुत ऊँचे कीर्तिमान स्थापित कर लिए हैं। क्या पता उनके न रहने के बाद घाटी के लोग वर्षों तक यकीन ही न कर सकें कि वे अब नहीं रहे हैं।...तो फिर कोई आदमी ऐसा कैसे सोच सकता है कि गढ़ी उनकी बहन को किसी ऐसे वैसे काम के लिए बुला सकती है।

वह मुख्य सड़क की ओर बढ़ी जा रही थी और इधर-उधर के घरों के लोग बाहर निकल-निकलकर देख रहे थे। वह सोचकर चली थी कि सड़क के दोनों ओर बहिष्कृत होकर पड़े अपने भाइयों के घरों की ओर नजर उठाकर नहीं देखेगी। शुरू में दाहिने हाथ की ओर बने दोनों नये कोठों को उसने काफी देर तक नहीं देखा, जो अब टूटे-फूटे और बहिष्कृत होकर पड़े थे। उन्हें उसकी अम्मा ने बड़े अरमान के साथ बनवाया था। उन्हें उसने सचमुच नहीं देखा। उससे थोड़ा आगे और उसी ओर उसकी मौसी का घर था जो अब पुलिस ने तोड़-फोड़कर मलबे के ढेर में बदल दिया है।, उसने उस ओर भी नहीं देखा। लेकिन बड़े घर के सामने से जब वह गुज़र रही थी तब उधर बिना देखे नहीं रह सकी। उधर देखा तो पैर अपने आप स्थिर हो गये। और फिर मुड़कर उधर को ही चल पड़ी। पहले चौक की पाटोरें ज़रूर टूट-फूट गयी। बैलों की लिडौरी और भैसों की नादें भी फूट गयी है लेकिन कुल देवता जसवंत सिंह का स्थान जस का तस बना है। उसके ऊपर लटक रहे घण्टों से किसी ने हाथ तक नहीं लगाया है। थान पर अग्यारी दहक रही है। वह उसी से टिककर खड़ी हो गयी है। सामने दूसरे चौक के दोनों कोठा और चौका जस के तस खड़े हैं। खिड़की-दरवाजे गायब हैं। माल असबाब कुछ नहीं है। पुलिस वालों ने मन लगाकर लूटा है। उसीके पीछे की ओर नानी के घर की छत दिखाई दे रही है। उसके आँगन में खड़ा छतनार बूढ़ा नीम तब भी उसके घर के आँगन में निमौरी टपकाता था आज भी टपका रहा है...गंगाश्री आँचर मुँहमें दबाकर रो पड़ी है।

पीछे किसी ने हल्का-सा नरम काँपता हुआ हाथ पीठ पर रखा है।

वह सिंहर कर पीछे को मुड़ी है। तो वहाँ और कोई नहीं, उसकी बड़ी अम्मा खड़ी है। उसके ताऊ की घरवाली और रामसेवक की अम्मा। उसे देखते ही गंगाश्री सन्न रह गयी। यह वही माँ थी जिस के जवान बेटे को ऐन होली के बाद की दौज के दिन यहीं पास के मैदान में दौड़ा-दौड़ा के मारा था राजा ने। वह समझ नहीं पा रही थी कि उसे यों देखकर रामसेवक की अम्मा कें दिल पर क्या बीत रही होगी।

"चल मेई लाड़ो! वो सामने तेये बड़े बाप को घर है।...झें जो बचे हैं वे सब तेये सगे हैं। एक राजा को छोड़के बेऊ सब मेये सगे हैं। पार्वती और मैं तो सगे ते ज्यादा सगे ते। तें आज बता, मैंने पार्वती के जियाओं को कबहूँ गैर समझो होय...पर वा राजा ने गजब ढा दओ मेई लाडो...मेये रामसेवक कों पूरे मैदान में रौंद-रौंद के मारो हो बैरी ने। तें देख लीये मेई लाड़ो, वो ऐसेई मरैगो। वाऊ को कोऊ बचावे वारो नाय मिलैगो।"

गंगाश्री उसके पीछे-पीछे चल रही थी और अपने सबसे प्यारे भाई को वह बुढ़िया जैसे बिसूर रही थी उस पर कुछ नहीं बोल पा रही थी। बोलती भी क्या जब राजा ने रामसेवक को मारा था तब उसे भी बहुत खराब लगा था। तब राजा से कई महीनों तक उसने बातचीत नहीं की थी।

अपनी बड़ी अम्मा के घर में वह बहुत थोड़ी देर ही ठहरी थी। सही में रामसेवक की बहू की बड़ी-बड़ी आँखों के क्षोभ का सामना वह नहीं कर पा रही थी, लेकिन जब वह बस में बैठने जा रही थी तब पूरा घर उसके साथ था।

58

धीरा पर राजा की नज़र बहुत दिनों से थी।

उस इलाके में जहाँ भी गैंग रुकता था उस क्षेत्र के चक्कर वह अक्सर काटा करता था। चक्कर काटता और सूंघता फिरता कि कोई ऐसी संधि मिले जिस के द्वारा वह देरू और राजा में से किसी का विश्वास जीत सके। तब तक उसने उस लाइन का काफी हुनर हासिल कर लिया था। छोटे-छोटे स्थानीय गिरोहों के साथ कई पकड़ें की थी। कई पकड़ों की फिरौती में शामिल रहा।...जब छोटा था तब जानवरों की चोरी में नम्बर एक समझा जाता था। उसके गाँव से लगी रेल की पटरी और उसके उस पार ए.बी.रोड; जिसने उसकी गतिशीलता को छुटपन से पंख दिये थे।...गाँव की दूसरी ओर पहाड़ और गहरा जंगल है जिसकी सीमा का कुछ अता पता नहीं है। दूर राजस्थान की सीमा तक चला गया है...और उसी पूरे क्षेत्र में आजकल पत्थर निकासी का काम असीम विस्तार पा गया है। उसीके कारण इलाके भर में खूब 'नोट' बरसता है, खूब सौदे मसौदे चलते हैं।...खूब मार-पीट, पकड़, कत्ल सब कुछ अफरात। धीरा ऐसे ही वातावरण की पैदाइश है। तभी तो रामसहाय पण्डित गुस्सा के कहते हैं—"....मोड़ीचोद कुजाति है। जाके बाप को पतो नाय है ताकी जाति को का पतो। बाप के मरवे के डेढ़ साल बाद तौ पैदा भओ है। मोड़ीचोद को मुँह देखवे को धरम नाय है।" अगर गाँव का कोई मस्खरा पण्डित जी से कह देता कि पण्डित जी, उसका मुँह तो आपके मुँह से हू-ब-हू मिलता है तो वे उसे मारने

को दौड़ते या फिर मुँह छिपाकर घर में जा बैठते। लेकिन धीरा को बुरा लगता था। माँ से कुछ पूछना चाहे तो माँ पीटे और गली में छोकरे रास्ता रोककर माँ का राज जानना चाहें। इस हालत ने धीरा को छुटपन से ही बागी बना रखा था और जवान होते-होते वह वैसा ही बहुत कुछ कर चुका था, लेकिन फिर भी मन की एक साध अभी पूरी नहीं हुई थी—राजा के साथ काम करने की, राइफल उठाए जंगल में मचकते हुए चलने की।...आँख तरेर दे तो सामने वाले की पेशाव निकल जाये, ऐसा कुछ प्राप्त करने की।

लेकिन राजा के कहने पर देरू किसी कीमत पर उसे गैंग में रखने को राजी नहीं था। उसका कहना यह था कि जिस आदमी के खिलाफ कोई संगीन केस न हो उसे गैंग में जगह नहीं दी जा सकती। कम से कम धारा तीन सौ दो में थाने में केस दर्ज होना चाहिए। यही न्यूनतम क्वालिफिकेशन है पाल गैंग में भर्ती होने की। जब उसकी समझ में यह बात आयी तो खुशी से वह नाचने लगा। सोचा कि यही मौका है जब रामसहाय पण्डित से निपटा जा सकता है। उसने अपनी माँ और छोटे भाई के रहने की व्यवस्था कहीं दूसरी जगह कर दी और रोज रात को खदान से गाँव को आने वाले दगड़े के किनारे किसी पेड़ की ओट में खड़ा हो जाता। उसे मालूम था कि रोज रात को पण्डित खदान में पत्थर की चोरी करने जाता है। और वहाँ से पत्थर ले जाकर सड़क किनारे की किसी न किसी कटिंग मशीन पर बेचता है।

ऐसे ही एक अँधेरी रात में उसने रामसहाय पण्डित की गाड़ी खदान की ओर से आती देखी और जैसे ही उसकी सीध में गाड़ी पहुँची वैसे ही उसने पचफैरे का फायर खोल दिया। वह कुछ ऐसी उत्तेजना में था कि इतना भी नहीं समझ पाया कि गाड़ी पर रामसहाय पण्डित नहीं है, उसका बड़ा लड़का गाड़ी हाँक रहा था और एक पड़ोसी का जवान लड़का गाड़ी पर बैठा था; वही दोनों मारे गये।

वे दोनों मारे गये और धीरा को उससे कोई परेशानी नहीं हुई। बल्कि उसे तो खुशी हुई। उसने सोचा कि एक की जगह दो लोगों के मारने से गैंग में उसका प्रवेश और भी आसान हो जायेगा!

"लै राजा भैया! अब मैंने तेये मनकी कर दयी, एक की जगह दो-दो निबटा दिये!...अब तौ 'हाँ' बोल बैरी!"

केन के जंगल में नाले के किनारे बैठा राजा धीरा को मिला था। वह शायद जंगल में दौड़ता हुआ आया था और एक पत्थर पर राजा की बगल में बैठा हाँफ रहा था। राजा ने उसे गौर से देखा।

"कौन कों मार आओ तैं?..."

उसने थोड़ा उत्तेजित होकर पूछा और घूर-घूरकर देखने लगा।

"अऐऽऽ! और कौन को मारतो, वई रामप्रसाद पण्डित के मोंड़ा को, और एक कोऊ और हो, अँधेरे में दिखाई नाय पड़ो...। तैं अब देर झिन कर राजा भैया! मोय

गैंग में जगह दिवा दै। तेई सौगंध भैया, जिन्दगी भर एहसान मानूंगो। तैं देख लीये झें तेओ पसीना गिरैगो भें मैं अपओं खून बहा दूँगो।"

राजा ने कुछ सोचा और एकाएक उठकर खड़ा हो गया।

राजा जंगल में जब किसी बाहरी आदमी के साथ चलता है तो साथ के आदमी को आगे चलाता है। उस दिन भी धीरा आगे-आगे और वह पीछे-पीछे चल रहा था और उसकी चाल देखकर वह लुभ गया था। उसने विश्वजीत को भी इसी तरह की चाल से जंगल में चलते देखा है। मस्त शेर जैसी चाल और राइफल हाथ में पकड़कर चले तो लगे कि दुनिया में कोई ऐसी चीज़ नहीं जिसे वह जीत नहीं सकता। लेकिन उसका भैया विश्वजीत को भी पसन्द नहीं करता है। क्या पता इसको भी पसन्द न करे।

फिर उसने धीरा की बाँह पकड़कर एकाएक रोक लिया।

धीरा चौंक कर खड़ा रह गया और उसके चेहरे पर हवाइयाँ उड़ गयीं। इधर-उधर हक्का-बक्का-सा देखने लगा। उसने समझा कि कोई खतरा है। राजा को पुलिस की शायद भनक मिली हो और इसी से उसने उसे रोका हो। उसने सतर्कता के साथ इधर-उधर देखा और फिर राजा को देखा।

उसने मुस्कराकर धीरा को देखा और बोला—"देख, मैं तोय चाहत हौं। तेरो जैसा आदमी हमाये संग रहै तौ गैंग की ताकत बढ़ेगी। फेर जा को मतलब जे नाय है कै देरू भैयाऊ तोय पसन्द कर लेगो।..."

"तौ अब मोमें का कमी है सो तेऔ देरू भैया पसन्द नाय करैगो?"

"वा के मन में जे बसी होत है ते तौ ऊपर वारोऊ नाय जान सकत है...।"

"वाह! जेऊ कोऊ बात भई? देख राजा, अब तैं कान खोल के सुन लै, अब जौ तेओ देरू भैया मोते अंगरेजी पढ़ैगो तौ मैं लड़ मरौगो!..."

"अऐऽऽ, नाय रे! तैं लड़ै-भिड़ै मत!...जौ तैं लड़ैगो तौ मोय मारनो पड़ैगो!...चल, देखत हैं, का होत है।"

उसने आगे को ठेलकर चलने को कहा तो धीरा जस का तस खड़ा रहा। उसे लग रहा था कि वह खुशी की एक बड़ी पोटली बाँधकर जिन्दगी के अगले पड़ाव के लिए चल पड़ा था, वहीं किसी ने एक झटके में छीन ली है। उसका मन हुआ कि लौटकर फिर अपने पिछले मुकाम को चल पड़े। जो उसके पास था वही ठीक था।

वह लौटने का मन बना रहा था तभी एक जोरदार झटका मानो उसको लगा। मानो घोर अवसाद की स्थिति से वह बाहर आया हो। तब उसकी समझ में आया कि जो कुछ नागफँनी पीछे बोकर आया है उसने इतने कम समय में ही काफी विस्तार पा लिया होगा। क्या पता अब वहाँ पैर रखने को भी जगह न बची हो।

वह और भी ज्यादा उदास हो गया। तभी राजा ने उसकी बाँह पकड़कर

कहा—"चल, का सोच में पड़ गओ तैं? कोऊ ज़रुली नाय है के भैया तोय गैंग में जगह न देय!"

वे दोनों फिर उसी तरह से जंगल में चलने लगे।

और फिर वही हुआ कि देरू ने थोड़ी-बहुत आनाकानी के साथ धीरा को पाल गैंग में जगह दे दी। धीरा बहुत खुश था। उसकी खुशी छलकी पड़ रही थी।

59

उन दिनों गैंग नया गाँव की डांग में था और वहाँ निहायत गोपनीय रूप में था।

नया गाँव सहराने के कुछ बहुत ही विश्वसनीय सहरियों के अलावा अन्य किसी को इसकी भनक भी नहीं थी। वैसे गैंग की फितरत इस तरह की नहीं थी। और हर इलाके में कुछ लोग तो ऐसे होते ही थे जिनके पास खबर पहले आ जाती थी और उनके पड़ोस के जंगल में गैंग बाद में पहुँचता था। लेकिन इस बार ऐसा नहीं हुआ था। लेकिन नया गाँव और उस इलाके के अन्य किसी गाँव के पास गैंग की आमद की कोई सूचना नहीं थी। कुछ भी पता नहीं था।...लेकिन हाँ, कुछ लोगों को इतना विश्वास अवश्य था कि अब जब भी गैंग इस डांग या आस-पास के जंगल में आकर जमेगा। तो उसका प्रमुख टारगेट या तो बंजारेपुरा का दर्शन सिंह होगा या फिर भैरों पुरा का भोलासिंह। दर्शनसिंह उन लोगों के भाई गोविंद की मौत का दोषी था और भोलासिंह ने गोविंद की लाश, उसकी राइफल, दशतोले सोने का कंठुला और पाँच तोले की चैन पुलिस को दिलवा दी थी।...तो इसलिए उन दोनों की मौत देरू और राजा के हाथों में लिखी है। लेकिन कुछ अन्य लोग इसके उलट राय रखते थे। वे मानते थे कि वे दोनों भी ऐसे गये-गुजरे नहीं हैं कि वे इतनी आसानी से गैंग के हाथ लग जायें। वे पुलिस से मिलकर अब तक न जाने कितने बागियों की निपटा चुके हैं और बागियों से मिलकर न जाने कितनी बार पुलिस को धता बता चुके हैं। इस लिए गैंग उनका कुछ भी नहीं बिगाड़ सकता।...वैसे भी दर्शनसिंह चौबीसों घण्टे पुलिस की छत्र-छाया में रहता है। अगर खेत में टट्टी करने जाये तो भी दो राइफल-धारी साथ जाते हैं। और दूसरी ओर भोलासिंह दर्शनसिंह से भी ज्यादा मजबूत सुरक्षा व्यवस्था में रहता है। उसके घर की टुकड़ी किसी भी पुलिस टुकड़ी से ज्यादा ताक़तवर है। वे चार भाई हैं और चारों के चारों डील-डौल से काफी हट्टे-कट्टे हैं। चारों के नाम अलग-अलग चार माउज़र हैं। पिताजी के नाम की दो बारह बोर भी दो भाइयों के नाम हो गयी है। इसके अतिरिक्त खानदान काफ़ी बड़ा है—पूरे खानदान को अगर गिनलें तो कुल तेरह माउज़र और छः बारह बोर...। इस सूरत में किसी गैंग की मजाल है

जो भोलासिंह को चुनौती दे सके।...

लेकिन पाल गैंग फिर भी इस इरादे से इस बार भैरोपुरा की डांग में जमा हुआ था कि भोलासिंह को निपटाये बिना वह वहाँ से टरेगा नहीं। वे लोग यह भी जानते थे कि नया गाँव सहराने के सहरिया भोलासिंह से खार खाए बैठे हैं क्योंकि गोविंद वाले केस में सहराने के हाथ लगा माल पुलिस ले उड़ी इसी भोलासिंह के कारण और उन्हें पुलिस के हाथों पिटना पड़ा सो अलग। इसीलिए देरू ने उन्हीं में से चार-पाँच सहरियों को भोलासिंह के यहाँ भेजा।...उन्हें समझाया गया कि वे भोलासिंह के घर जायें और उससे तथा उसके परिवार के अन्य लोगों से कहें कि जंगल में कुछ छुटभैये डाकू आ गये हैं। वे हमारे जानवरों को लिये जा रहे हैं और कुछ आदमी भी पकड़ लिए हैं। आप लोग हमारे जानवर बचा लें और आदमियों को छुड़वा दें।

सहराने को भैरोपुरा के गूजर एक तरह से अपनी प्रजा समझते थे या यों कहें कि खेतों और खदानों में वहीं के लोग सबसे ज्यादा काम करते थे इसलिए ऐसे कठिनाई के समय में वे सहराने के रक्षक बनकर दौड़े आते थे। उस दिन भी तीन माउजर और एक बारह बोर के साथ वे सहरियों का त्राणहरण करने के लिए रात के पहले पहर में दौड़े चले आये।

एक नाले से पहले जब उन लोगों ने देखा कि चारों सहरिया घबराकर नाले में समा गये हैं तब उन्हें शक हुआ और वे इशारों से समझाने लगे कि कोई बड़ा खतरा है। तभी नाले के उस पार से आवाज आयी–"भोला, आज तें बच के नाय जा पायेगो! सब से कह दे राइफल सहित दोनों हाथ ऊपर उठायें!"

वह देरू की आवाज थी। उसका जवाब तो भोला क्या देता भला। लेकिन चारों ने ये ज़रूर सोच लिया कि मौत हर तरह है–डाकूओं के आगे हाथ ऊँचे कर देने पर भी और गोली का जवाब गोली से देने पर भी। वैसे ताकत उनके पास कम नहीं थी–तीन माउज़र और सौ कारतूस। लेकिन मनोबल का क्या करें, वे? जब समाज का ताकतवर से ताकतवर आदमी उनके नाम से काँपता है और पुलिस की मजबूत, टुकड़ी काफी आर्मस एम्यूनेशन के साथ उनके खिलाफ जंगल में उतरने को तैयार न हो; तो वे बेचारे कर ही क्या सकते थे भला। फिर भी जल्दी से उन्होंने पोजीशन ली और पहली गोली भोलासिंह ने ही दागी।

इधर से एक और उधर से छः-सात। कुछ उन के पास पेड़ों के तनों में समा गयीं और कुछ उनके सर के ऊपर से सनसनाती हुई गुज़र गयीं।

भोलासिंह के छोटे भाई ने बारह बोर से दूसरा फायर किया तो उसके हाथ से बन्दूक ही छूट गयी। गोली के साथ कुछ दूर तक बन्दूक ही दौड़ती चली गयी। वह पसीना पसीना हो चला था। पेशाव निकल गयी थी और पैंट गीला हो गया था।

फिर कुछ देर तक दोनों ओर से जमकर गोली चली। भोलासिंह को लगा कि

पार पड़ना मुश्किल है। फिर उसे पछतावा भी हुआ। लगाकि डाकूओं के सामने हाथ खड़े करना सस्ता था। वे ज्यादा से ज्यादा उसको खुद को ही मारते। और अगर पकड़ करते तो नोट देकर जान बचा ली जाती। अब चारों भाइयों में से किसीका बच पाना मुश्किल है। तभी उसका एक उपाय कारगर सिद्ध हुआ। उसकी जेब में मोबाइल था और उसमें एस.पी. का नम्बर फीड था।

नम्बर मिल भी जल्दी गया और एस.पी. को स्थिति की गम्भीरता और स्थान इत्यादि का बोध भी शायद तुरन्त हो गया। इसलिए उधर से फौरन आश्वस्ति भरा जवाब मिला—"हिम्मत के साथ थोड़ी देर और मुकाबला करना, हम फौरन पहुँच रहे हैं... ।"

और सचमुच एक घण्टे के अन्दर-अन्दर पुलिस घटना स्थल पर पहुँच गयी थी लेकिन अपने आगमन की सूचनार्थ वे जो हार्न बजाते आये थे उसे सुनते ही मोर्चा पहले ही उखड़ने लगा था। डाकूओं की फायरिंग की रेंज धीरे-धीरे पीछे खिसकती गयी थी और अन्त में वह रुक भी गयी।

जब पुलिस उनके पास आ गयी तो दिल की धड़कने स्थिर होने लगीं। पसीने से तर शरीरों को हवा लगी तो वे ठंडक और शुकून अनुभव करने लगे। चारों में से कुछ तो अनुभव करने लगे कि मौत के मुँह से निकल आना शायद इसी को कहते हैं।

एस.पी. ने भोला सिंह की पीठ थपथपाई थी और उसे हर तरह की मदद देने का आश्वासन दिया। भोलासिंह एस.पी. का निकट संसर्ग और ऐसा आश्वासन पाकर चेतन्य हो उठा। अपने मूल स्वरूप में आ गया और उसे भविष्य में कैसे ठीक से भुनाएगा इस कल्पना में खो गया।

वहाँ जंगल में यही सब चल रहा था उस समय, लेकिन उसी समय जो होना चाहिए था उसकी ओर किसी का शायद ध्यान तक नहीं था।

खासतौर पर होना तो ये चाहिए था कि पुलिस को जंगल में घुसकर डाकूओं की टोह लेनी चाहिए थी, उन्हें घेरकर आत्म समर्पण के लिए बाध्य करना चाहिए था। और ऐसा भी नहीं होगा कि पुलिस जब दलबल के साथ रात्रि के समय जंगल में प्रवेश की थी तब उसके पास डाकूओं से हर तरह से निपटने की क्षमता नहीं रही होगी, लेकिन उसके बावजूद वह सब नहीं हुआ।

और उस दिन वह सब नहीं हो सका तो फिर उसके एक पखवाड़े बाद जो कुछ हुआ उसे देख-सुनकर पूरे इलाके की रूह काँप उठी। उस दिन इस क्षेत्र की सैकड़ों साल पुरानी दस्यु बर्बता के सारे रिकॉर्ड ध्वस्त हो गये और हमारे सभ्यसमाज कहलाने की एक बार फिर पूरी तरह हवा निकल गयी।...घाटी में हवा सहमी और स्तब्ध खड़ी रह गयी थी, पक्षियों ने पर फड़फड़ाना बन्द कर दिया था...पूरी घाटी निस्सहाय-निस्तब्ध।

उससे भी एक दिन पहले पाल गैंग भैरवपुरा के जंगल में आया था। वैसे भी वे लोग इधर आते ही जाते रहते थे। समाज के चन्द सरगना लोगों को वे लोग बुलाते

और बात चीत करते थे। उस बातचीत से सामान्य आदमी को कुछ लेना-देना नहीं रहता था। लेकिन क्योंकि कुछ दिन पहले भोलासिंह और पाल गैंग के बीच जो मुठभेड़ हुई थी, उससे भैरोंपुरा के अन्य लोगों के मन में गैंग का भय ब्याप गया था। लेकिन वे लोग अपने बच्चों को छिपाकर घर में तो बैठा नहीं सकते थे। उन्हें खेतों में खड़ी फसल की रखवाली करने या जंगल में भैंसें चराने जाना ही पड़ता था। हाँ, भोलासिंह जैसे एक दो ही घर थे जिनके परिवारजन पहले तो घर से बाहर नहीं निकलते थे और जब निकलते थे तो पूरी सुरक्षा के साथ। और इसीलिए उस दिन सवेरे जब गैंग के लोग छोटे-बड़े पन्द्रह-बीस लोगों को उस जंगल के सभी खरकों से पकड़कर लाए तब उनसे यही पूछ रहे थे कि यहाँ भोलासिंह के परिवार वाले कौन-कौन हैं?

यह घटना वहाँ के प्रसिद्ध हनुमान मन्दिर के पीछे घटित हुई थी। कुछ देर की पूछताछ के बाद जब उनके पल्ले कुछ नहीं पड़ा तो सबको गोलियों से भून डालने की ठान ली। अन्त में देरू के हस्तक्षेप से दो बूढ़े और पाँच बच्चों को मुक्त कर दिया गया।...बाकी को निहायत निर्ममता से भून डाला गया। गोलियाँ दागने में देरू के अलावा अन्य सभी लोग थे। बल्कि गैंग के सबसे नये सदस्य धीरा धानुक ने सबसे ज्यादा राउंड खर्च किये। इसका कारण था कि वह अपने गाँव के जिन दो ब्राह्मणों का कत्ल करके गैंग में भर्ती हुआ था। उनकी पुलिस-रिपोर्ट में उसका नाम ही नहीं था। इससे उसे भय हो गया था कि कहीं गैंग से बाहर नहीं कर दिया जाये। इसलिए नरसहांर में उसने बढ़ चढ़ कर भाग लिया।

60

जैसी जघन्य घटना वैसी ही तुरित और व्यापक संवेदना।

पाल गैंग जब इस बर्बर घटना को सरअंजाम देने में लगा था तब उसे चार से छः घण्टे लगे थे और उस दौरान कहीं से एक चिड़िया ने पर तक नहीं फड़फड़ाया था। कोई चूँ तक नहीं बोला था। वे लोग ऐसा जघन्य काम कर के भी बड़े सामान्य तरीके से जंगल में चले गये और जब वे चले गये तो उसके बाद दो घण्टे में ही वहाँ लोग इकट्ठे होने लगे। देखते ही देखते गाँव से लेकर दूर जंगल में घटना स्थलतक गाड़ियाँ ही गाड़ियाँ और आदमी ही आदमी नज़र आते थे। और तो और चीफमिनिस्टर और कई मिनिस्टर भोपाल से आ गये थे और 'महाराज' ग्वालियर से।...और भी छुटभैये नेता चील-कौओं की तरह मानो टूट-टूटकर गिर रहे थे। उन्हें देखता वही समझ जाता कि वह चुनाव के कारण ज्यादा है, संवेदना का तो मात्र बहाना है।

पुलिस प्रशासन और मीडिया का भी रंग-ढंग कुछ अलग ही था।

पुलिस प्रशासन की सक्रियता उस दिन कुछ अलग ही तरह की थी। उनकी भूमिका ठीक ऐसी थी कि कोई महत्त्वपूर्ण परीक्षा में फेल हुआ लड़का घर का काम निहायत अटपटी सक्रियता के साथ कर रहा हो। ताकि परिवार के किसी सदस्य की फिर डाँट न पड़ जाये।...उधर इलैक्ट्रोनिक मीडिया की हरकतें आज बिल्कुल अलग थीं। हर समझदार मीडिया मेन क्षत-विक्षत लाशों पर झुके हुए नेताओं की छबि अपने-अपने कैमरे में कैद करना चाहता था क्योंकि सबसे बढ़िया 'स्टोरी' वहीं से निर्मित होगी। प्रिन्ट मीडिया भी करीब-करीब ऐसे ही प्रयास में लगा था। अगर इलैक्ट्रॉनिक मीडिया को अपना डेली रूटीन का बाजार देखना था तो प्रिंट मीडिया को आगामी चुनाव को ध्यान में रखकर यह सब करना था।

वैसे मीडिया के कैमरा की खुराक के लिए वहाँ और भी बहुत कुछ था। वहाँ, जहाँ ये सब चल रहा था वह लगभग तीन ओर से जंगल-पहाड़ से घिरी सुन्दर उपत्यका है, वहाँ पर कई जिलों और खास तौर से सम्भाग के पुलिस अधिकारी और अन्य प्रशासनिक अधिकारी भी मौजूद थे; लेकिन मीडिया उनपर उतना ही ध्यान दे रही थी जितना वे नेताओं की अगल-बगल रहकर उसका ध्यान लूट पा रहे थे।

अब तक परिजनों ने लाशों पर सिर पटक-पटककर रोना रोक दिया था।

शायद उन्हें अनुभव हुआ हो कि उनके आस-पास जो मेला लग गया है उस में उन के आँसुओं की कीमत उतनी ज्यादा नहीं जो अपने आस-पास की दुनिया में होती है। अपने परिवेश में होती है। इसलिए वे उधर ही सिमटते गये जिधर गाँव के अन्य लोग लुटे-पिटे से दीन-हीन अवस्था में खड़े थे।...अब मीडिया के कैमरा ने थोड़ा उनको भी नोटिस में लिया। क्योंकि हर अनुभवी मीडिया मैन जानता है कि उससे सम्बन्धित बाजार में जिस कीमत पर सम्पन्नता, तड़क-भड़क और अति बौद्धिकता बिकती है, लगभग उसी कीमत पर गरीबी, मुफ़लिसी, असहायता और अशिक्षा भी बिकती है, बशर्ते ये सब पसीने और खून में लिथड़े हुए हों। शायद यही सोचकर मीडिया के कैमरा ने आखिर उस ओर भी अपना रूख़ किया। रूख़ तो किया लेकिन जिस तरह से उधर मीडिया कर्मी नेताओं से रिरिया-रिरिया कर 'दो शब्द' का आग्रह कर रहे थे वैसा इधर नहीं किया।

अगर वे इनसे पूछते तो बताते कि ये जनतंत्र जनता का नहीं है, धनपतियों, साधन सम्पन्नो का है और लुटेरों का है।...हो सकता है, तब वे ये भी बताते कि उनके गाँव को मुख्य सड़क से जोड़ने की योजना दश साल पहले बनी थी, लेकिन वह अब तक जसकी तस पड़ी है,...उनके गाँव में बिजली के खम्भे पाँच साल पहले गड़े थे और तार अब तक नहीं खिच पाए हैं और गाँव पाँच साल से ही जिले के पूर्ण इलेक्ट्रीफाइड गाँव की लिस्ट में दर्ज है,...उनके गाँव का स्कूल पहले पाँच साल तक बन्द रहा, इसी पाल गैंग के भय का ऊना बनाकर मास्टर जिला हैडक्वाटर पर बैठे वेतन लेते रहे और अब पाँच साल से स्कूल खुला है लेकिन उसमें सरपंच की भैंसें

बैठी रौछ करती हैं, लेकिन उसके बावजूद कागजों पर सौ-सवा सौ छात्रों का दोपहर का भोजन जरूर बनता है...और अगर कोई उनसे पूछता तो वे शायद यह भी बताते कि ये जो सामने क्षत-विक्षत तेरह लाशें पड़ी हैं उनका सच मात्र वही नहीं है जितना वे सारी दुनिया को दिखाएंगे और बताएंगे बल्कि सच कुछ और भी है!...

लेकिन आखिर तक उनसे किसी ने कुछ नहीं पूछा—न मीडिया ने, न नेता ने और न किसी समाज सुधारक ने। हाँ, कुछ वादे जरूर थे जो हवा में तैर रहे थे या मरियल थके हुए पंछी से पर फड़फड़ा रहे।

और उसीके साथ उस दिन का मज़मा उखड़ गया। पहले लाशों का चालान हुआ और उसके बाद जो जैसे आया था वैसे ही चल पड़ा, क्योंकि पहाड़ों के बीच स्थिति उस उपत्यका में शाम गहराने लगी थी।

उसके बाद में कुछ समय छुटपुट रूप से लोग आते रहे और गाँववालों को आश्वासन देकर जाते रहे। खासतौर से जिन लोगों के बच्चे नरसंहार में मारे गये थे उन लोगों को नकद धनराशि का आश्वासन, बच्चों की शिक्षा का आश्वासन और नौकरी का आश्वासन। लेकिन गाँव वालों को सबसे बड़ा अधिकारियों की ओर से आश्वासन यह मिला था कि जो आदमी असला खरीदना चाहे उस का लायसेंस खड़े-खड़े तैयार किया जायेगा। उसमें कोई भी टालमटोल नहीं की जायेगी। इससे काफी लोगों को सन्तोष हुआ था। कुछ की जनतंत्र के प्रति खण्डित हुई आस्था फिर से पुष्ट होने लगी।

लेकिन जैसे-जैसे सरकारी मदद शुरू हुई वैसे ही वैसे गाँव में कुछ अलग ही तरह की उथल पुथल शुरू हो गयी। जिन लोगों के बच्चे मारे गये थे उन्हें जब आर्थिक सहायता के चैक मिलने लगे या कुछ नेताओं की तरफ से नगद सहायता देने लोग आये तो गाँव में अजीब तरह की कसमसाहट पैदा हुई। आपस में मन-मुटाव बढ़ गया। जिन्हें पैसा मिला उनकी भर्त्सना होने लगी। कहा जाने लगा कि निहायत ओछे लोग हैं अपने बच्चों की मौत के नाम पर पैसा माँगते फिरते हैं। ऐसे तो हर साल किसी न किसी के तो बच्चे मरते ही हैं। कोई जंगल में साँप काट देने से मरता है तो कोई जंगली जानवर के खा लेने से...। ऐसे कोई सरकार से या नेताओं से भीख थोड़े ही माँगता फिरता है।

उधर जिन लोगों को आर्थिक सहायता मिली थी, उनका भी कुछ अच्छा हाल नहीं था। उनमें से कुछ का तो ऐसा हाल हो गया था कि वे घर के अन्य सब काम छोड़कर इसी टोह में रहते थे कि गाँव में कोई बाहर का आदमी तो नहीं आया है और अगर आया है तो उनके विरोधी परिवार के आदमी से बातचीत तो नहीं कर रहा है।

उस समय भोला सिंह का घर उन सभी परिवारों का विरोधी परिवार माना जाता था जिन के आदमी नरसंहार में मरे थे। इसका कारण बहुत साफ था। क्योंकि

बागियों से झगड़ा भोला सिंह का था, मुखबिरी वह करता था और उस दिन जंगल में उनसे मुकाबला करने वहीं पहुँचा था और नरसंहार में उसके घर की चुहिया तक नहीं मरी।...और उन्हें जो कुछ मिल रहा था उसमें सदाचारिता वही परिवार बघारता था।

भोलासिंह के ठीक बगल में सोनपाल का घर है। सोनपाल से छोटे दो भाई और हैं। वे लोग ज़मीन-जायदाद, भैंस-डांगर में भोलासिंह के परिवार से सवाए हैं। आदमियों में भी वे लोग ही आगे हैं, लेकिन भोलासिंह का परिवार इलाके भर में सबसे आगे शिक्षा में है। उसके बड़े भाई बहुत पहले के एम.ए. थे और कुछ सालों तक ग्वालियर के एक कालेज में पढ़ा भी चुके हैं। भोलासिंह खुद भी बी.ए.एल.एल.बी है। और एक भतीजा इंजीनियरिंग कर रहा है।...लेकिन दोनों परिवारों में आजकल काफी तनातनी है।

गाँव के जो तेरह जवान छोकरे डाकूओं के द्वारा मारे गये थे उनमें पाँच सोनपाल के ही घर के थे। तीन उसके मझले भाई और दो उनके खुद के। इसलिए इस घटना ने दोनों परिवारों के बीच और भी दूरियाँ पैदा कर दी। सोनपाल के परिवार को ये बात कुछ ज्यादा ही अखर रही थी कि डाकुओं से रार भोलासिंह ने मोल ली और पाँच जवान लड़के उन्होंने खो दिये। इसीलिए सोनपाल और उसके घर वालों को भोलासिंह का परिवार मुश्किल से बर्दाश्त होता था।

बाद में जब सोनपाल के परिवार को कुल मिलाकर सब से ज्यादा मुआवजा मिला तब वे लोग एक तरह से सामान्य हो गये थे और भोलासिंह के परिवार की एक तरह से नींद हराम हो गयी थी। जो कोई बाहर का आदमी गाँव में आया और अगर वह उन्हें मिल जाता तो वे उसके सामने वही रोना रोते। चाहे वह आदमी अपने हाव-भाव से कितना ही यह जताए कि उसे यह सब सुनना अच्छा नहीं लगता है लेकिन वे फिर भी अपने मन की बात कहे बिना नहीं रहते।

इसी तरह से पूरे गाँव में परस्पर टकराव की स्थितियाँ पैदा हो गयी थीं। अनेक लोगों को बन्दूकों के लायसेंस मिल गये थे और अनेक घरों में पचफैरे आ गये थे। उसने टकराव की हालत कुछ ज्यादा पैदा कर रखी थी। लेकिन गाँव में पुलिस-चौकी भी कायम हो चुकी थी। उससे कुछ सीमा तक गोली बारी बची हुई थी और कोई लाश अब तक नहीं गिरी थी।

लेकिन देखने से लगता नहीं था कि वह स्थिति ज्यादा दिनों तक कायम रहेगी।

लेकिन एक दिन सोनपाल अजीब मुसीबत में पड़ गए।

जंगल से संदेश आया था कि पाल गैंग का मुखिया जंगल में उसे बुला रहा है। वह संदेश पाते ही उस परिवार की मानो साँस अटकी की अटकी रह गयी। उस दिन उस घर का बुरा हाल था—इतना बुरा कि जब पाँच जवान बेटों की लाशें जंगल

में पड़ी मिली थी। तब पूरा परिवार खुलकर रो तो सकता था। आज वह भी नहीं कर सकता था। अब सोनपाल के पास एक ही रास्ता था कि पुलिस को सब बातें बता दी जायें या कि सीधा शहर जाकर एस.पी. से मिला जाये और आज पाल गैंग का सफाया करवा दिया जाये। लेकिन तभी अपने परिवार के पाँच जवान बेटों की लहू-लुहान हुई पड़ी लाशें याद आ गयीं, अपनी भरी-पूरी बाखर का उजड़ा पड़ा सुहाग याद आ गया—बीस-पच्चीस साल के बीच की उम्र की तीन-तीन बहुएँ याद आ गयीं!...आजकल बहुत कमजोर दिखाई देते हैं सोनपाल मुखिया। पिछले एक डेढ़ महीने में ही अधेड़ से बूढ़े हो गये थे।

उस दिन सांझ के समय से वे चौपाल पर एक कुर्सी पर अधलेटे से बैठे थे। घरवालों को चिन्ता हुई क्योंकि इस समय पूरे गाँव में चौपाल पर बैठा कोई नहीं मिलता। सब अपनी छत के अटा पर या घरों के अन्दर होते हैं। मुखिया का छोटा मोंड़ा लालटेंन जलाकर लाया था वह उन्होंने वापस कर दी। कहा—"अबै थोड़ी देर में आ रओ हौं।"

थोड़ा और अँधेरा हुआ तो सोनपाल मुखिया चौपाल से उठकर अन्दर बाखर में नहीं गये, बल्कि अपने मकान और भोलासिंह के मकान के बीच की पतली गली से होकर पीछे जंगल की ओर चले गये। अँधेरी रात थी और वे अँधेरे की चिन्ता किये बिना ऊबड़-खाबड़ जंगल के रास्ते पर निधड़क होकर चले जा रहे थे।

"भेंई ठड़ो रह, कौन है सो बता पहले! अऐऽऽ रुक रओ है कै मारौ दारी के में गोली।"

रास्ते के एक बगल सफेदे के पेड़ो में से कोई बोल रहा था। लेकिन सोनपाल मुखिया ने मानो उसकी बात सुनी ही न हो।

"मत रोक राजा,...आ, मुखिया! इतें आ!"

यह आवाज मुखिया की जानी-पहचानी थी, इसलिए फिर उन्होंने और भी लम्बे-लम्बे डग भरना शुरू कर दिया। वहाँ से थोड़ा आगे जाकर पेड़ो के झुरमुट में देरू के साथ पाँच-छः लोग बैठे थे। उनसे भी थोड़ी दूर एक अन्य त्रिपाल पर तीन लोग लेटे थे जिन के पैर एक दूसरे के साथ सांकल से बँधे हुए थे।

मुखिया त्रिपाल से नीचे उकड़ू हाथ बाँधकर बैठ गये। देरू की ओर टुकुर-टुकुर देखते रहे। देरू ने त्रिपाल पर बैठने को कहा तो भी वे वहीं बैठे रहे।

"और कोऊ सजा दैनी होय सो बोल देरू भैया!"

उनका एक-एक शब्द क्षोभ और दुख से गीला था।

"ऐसो होनो नाय हो मुखिया,...।"

"तैं तौ इतनौ कहके वरी भओ भैया, पर मैं कौन से कुँआ-पोखर में डूब मरौं। मेये लयें तौ कऊँ चुल्लू भर पानी नाय बचौ!"

"मे औ सिर शर्म ते नीचौ है गऔ रे!..."

"जे तैं आज कह रओ है, वा दिना तौ तैंने एक मौकोऊ नाय दऔ बैरी! तैं काऊ के हाथ ते संदेश भेज के तौ देखतो, मैं पूरे गाँव को डाँड़ अकेलो भर देतो...न भरतौ तौ तैं जौकतें सब घर कौं गोली मार देतो।"

इतना कहकर अँगोछे से मुँह दवाकर मुखिया सिसकने लगे।

अबकी बार देरू भी बिचलित हुए बिना नहीं रह सका। उसने उसी समय बगल में रखे झोले में हाथ डाला और उसमें से पाँच-पाँच सौ के नोटों वाली एक गड्डी निकाली और सोनपाल का हाथ खींचकर उसमें थमा दी।

मुखिया ने चौंककर उसे देखा। फिर नोट उसे देते हुए बोले—"जे तैं अपने जोरें रख भैया! क्योंकि तोय जीवे के लयें न मालूम कितनें ऐसे नोट लगैंगे।...मोय तौ तैंने एक असरदार घाव दिओ है, वातें बच सकौ तौ और काऊ चीज की नाय ज़रूरत होगी।"

और वे घुटवन पर दोनों हाथों का बल देकर उठे और लौटकर अपने घर को चल दिये। देरू गहरी साँस लेकर अँधेरे में जाता हुआ उन्हें देखता रहा।

61

भैरोंपुरा काण्ड के बाद मानो पुलिस ने अपनी पुरी ताकत क्षेत्र के जंगलों में झौंक दी थी।

राजनीति का दबाव भी कुछ ऐसा ही था। रोज-रोज बाहर से आये नेताओं की भाषणबाजी चलती थी और हर नेता पुलिस के खोट गिनाने के अलावा और कुछ कहना ही नहीं चाहता था। यहाँ तक कि सत्ता पक्ष के नेता भी पुलिस को गरियाते थे और कमाल की बात यह कि उस भाषणबाजी में डाकूओं का कोई नाम तक नहीं लेता था। इसका एक कारण यह भी था कि मौजूदा सरकार की उम्र अभी एक साल की नहीं हुई थी और उसके दो मुखिया बदल गये थे। पहली बार साध्वी जी आयीं जो अन्दर-बाहर सब तरह से भगुवा रंग से सराबोर थीं और सब ओर वही एक मात्र रंग देखना पसन्द करती थीं। जो विधानसभा झक् सफेद बारीक खादी की सरसराहट और दमक से ओतपोत रहती थी, वही आजकल भगुवा रेशमी लिवासों से लक-लक कर रही थी। साध्वी जी अपनी सीमा में कुछ ज्यादा ही मेहनत कर रही थीं। इसीलिए बीच-बीच में जब ज्यादा थक जाती थीं तब हिमालय की ओर प्रस्थान कर जाती थीं और वहाँ किसी उपत्यका में कुछ दिन रहकर विश्राम करती और तरोताजा होकर फिर राजधानी लौट आतीं।...वे किसी को अपने ऊपर उँगली नहीं उठाने देती। इसलिए प्रशासन के सभी अंगों की तरह पुलिस वाले भी अपने-अपने चरागाहों में मनमाने तरीके से चरते थे। लेकिन कुछ दिन के बाद साध्वी जी की ससम्मान बिदाई हो गयी

और एक निकर छाप मुख्यमंत्री और आ गये। क्योंकि उस पार्टी में हर आदमी कुछ ज्यादा योग्य होता है और हर क्षण अलग अपनी पहचान बनाने को तुड़ाता रहता है। सो उन महाशय ने राज्य में पहला धमाका ये किया कि यहाँ की अच्छी-भली रोडवेज को तश्तरी में रखकर निजी क्षेत्र के बस-चालकों को सौंप दिया। न केवल सौंप दिया बल्कि अच्छी भली रोडवेज की गाड़ियों को कबाड़े के भाव नीलाम करके निजी क्षेत्र के मालिकों को छोटे-छोटे 'डिब्बे' चलाने की अनुमति दे दी। ये काम उन लोगों का था जो इस देश में राम राज्य लाकर जनता को शीघ्र 'पुष्पक' विमान के युग में ले जाना चाहते हैं। बताते हैं कि वही मुख्यमंत्री अपने छोटे से कार्यकाल में एक बार अमेरिका गये थे और जेहाज से उतरते ही उनका अच्छा स्वागत हुआ था। उनकी चड्ढी उतरवा कर जाँच की गयी थी। इससे वे भारी कुपित थे और वहाँ से लौटकर आये तो स्टेटमेंट दे दिया कि अमरीका दुनिया का सबसे फूहड़ और कमजोर देश है। बस इतनी-सी बात पर उनकी पार्टी ने उनका भी सिंहासन छीन लिया।...

जब यह सब सत्ता में चल रहा था तब प्रशासन में क्या चल रहा होगा। इस बात को कोई भी समझ सकता था और जिसकी कुछ समझ में नहीं आये वह इधर पंचमहल और पार्वती घाटी में आकर देख सकता था।

हाँ, तो पुलिस में सचमुच अपनी पूरी ताकत झौंकी थी। दो-तीन जिलों की पुलिस, एस.ए.एफ.की कई कम्पनियाँ, एस.टी.एफ. के जवान, हॉक फोर्स के जवान और जिला और सम्भाग स्तर के अनेक अधिकारी पाल गैंग की धुर्रियाँ उड़ा देने के इरादे से निकले थे। लोग भी आखिर क्या नाम लेंगे कि पुलिस जब अपनेपन पर आ जाये तो हर असम्भव को सम्भव बना सकती है।...पुलिस-मुखबिरों की टुकड़िया अलग से उसी अभियान में लगी थी। केवल फोर्स ही नहीं अपितु पर्याप्त साधन भी इस अभियान में सहयोग के लिए लगाए गये थे। सब को बताया जा रहा था कि हमारी फोर्स आधुनिक हथियारों से लैस है–दो सौ से अधिक तो ए.के.47 हैं हमारे पास, वाहन और पेट्रोल की कमी नहीं है। मुखबिरों को मुँह माँगा दिया जा रहा था, उनकी और उनके परिवारजनों की सुरक्षा की गारंटी। जिस मुखबिर के प्रयास से डाकू मारा जायेगा उसको पुलिस की नौकरी की भी गारंटी।

इतने पर भी अगर कोई आदमी पुलिस की बातों पर विश्वास न करे तो उसे दर्शनसिंह और भोलासिंह का नाम लेकर समझाया जा सकता था। उसे बताया जाता कि दर्शनसिंह के घर पर एक-पाँच का गार्ड लगा है और भोलासिंह के घर के सामने चौकी कायम हुई है। पुलिस जानती थी कि इस इलाके में आजकल कोई पूरे मन से पुलिस के लिए काम नहीं करता है। भैरोपुरा काण्ड ने प्रायः हर मुखबिर को बता दिया है कि पुलिस गैंग को नहीं पा सकती है और गैंग पुलिस के मुखबिर का सूंघकर पता लगा लेता है और उसके बदला लेने का ये आलम है कि रिश्तेदार तक को नहीं बख्शता है।

एक ओर तो डाकूओं के विरुद्ध ये ऐतिहासिक अभियान जारी था और दूसरी

ओर पुलिस भैरोपुरा काण्ड वाले डाकूओं के खिलाफ केस मुस्तैदी के साथ लड़ने की तैयारी में थी। उसमें जो डाकू शामिल थे वे तो थे ही बल्कि उनके खास-खास रिश्तेदारों को भी नामज़द किया गया था ताकि वे कम से कम घबराकर तो पुलिस के पास आयें और उनसे गैंग को निपटवाने में मदद ली जा सके। देरू का लड़का नरेश और उसकी बहन गंगाश्री को भी नामज़द किया गया था। बल्कि गंगाश्री को तो उसी दिन अरेस्ट करके जेल भेज दिया गया था।

यों डाकूओं के विरूद्ध पार्वती घाटी में चली मुहिम उस समय तक की सबसे बड़ी मुहिम थी और लोगों को इससे बड़ी आशा थी लेकिन उसका नतीजा जनता के लिए निहायत चौकाने वाला निकला।

जिस दिन यह मुहिम समाप्त हुई और पुलिस के उच्च अधिकारी पत्रकरों को यह लिखित समाचार थमा चुके थे कि उनका अभियान पूरी तरह सफल रहा। पाल गैंग यह इलाका छोड़कर कहीं दूसरे इलाके में हमेशा-हमेशा के लिए चला गया है। पत्रकार वार्ता के अन्त में जब वे लोग रस मलाई खा रहे थे और एक-दूसरे से हँस-हँस के बतिया रहे थे तभी उनके कान से मुँह लगाकर एक एस.पी. ने कुछ कहा और वे चौंककर सतर के सतर खड़े हो गये और पीछे के दरवाजे से चले गये।

उसी दिन सवेरे दस बजे उजारा के तालाव पर पाल गैंग ने तीन लोगों को पकड़ा था। जिनमें इंजीनियर, सुरेश जैन, सरपंच, गुलाब सिंह और उनका सेक्रेटरी, जय शंकर थे। तालाब तैयार हो चुका था और उसकी पैमाइश के लिए वे तीनों लोग गये थे और डाकू पास की पहाड़िया पर खाना बना-खा रहे थे। थोड़ी देर बाद देरू और राजा धीरे-धीरे पहाड़िया से नीचे उतरे। जब वे दोनों उनके पास आ गये। तब उन्हें देखकर वे तीनों चौंके। यद्यपि उनसे ऐसे आमना-सामना होना उन तीनों के लिए कोई नयी बात नहीं थी, क्योंकि वे इस क्षेत्र में वर्षों से काम करवाते आ रहे थे और महीने में चार-छः बार गैंग वहाँ से गुजरता था। लेकिन आज उन्हें देख के लगा वे दोनों किसी न किसी इरादे से आये हैं, उनके पास तक।

उन दोनों ने ऊपर जंगल में चलने का इशारा किया तो वे तीनों और भी उदास हो गये। आगे-आगे वे चलने लगे और पीछे-पीछे देरू और राजा चले। ऊपर जंगल में जा पहुँचे तो वहाँ गैंग के बाकी लोगों के साथ उन कुछ मजदूरों को भी बैठा देखा जो तालाब पर काम करते थे और अभी थोड़ी देर पहले ही सेक्रेटरी ने उन्हें भुगतान किया था वे पारा के सहराने के सहरिया थे।

काफी समय तक वे लोग सबको पहाड़िया पर बिठाए रहे। इधर-उधर की बहुत सारी बातें होती रही—चुनाव की बातें, जो काम वे लोग करवा रहे थे, उसकी बातें, यहाँ तक कि कुछ समय पहले अमेरिका के वर्ल्ड ट्रेड सेंटर और पेंटागन पर हुए हमले की बातें...और गुजरात के नरसहांर की बातें...वे लादेन और मोदी को अच्छा नहीं मान रहे थे और अपनी भाषा में दोनों की माँ-बहन कर रहे थे...। सुरेश

जैन इंजीनियर की सिट्टी-पिट्टी गोल थी। वे जानते थे इन बड़े मुद्दों पर वे बातचीत उन्हें पढ़ा-लिखा समझकर कर रहे हैं, वैसे ये बातें उसके सुभाव में नहीं हैं। इसलिए वे यह तय नहीं कर पा रहे थे कि उसकी बात पर हाँ-कहें या न कहें।

तब तक देरू ने उन सभी सहरियों को अपने-अपने घर जाने को कह दिया और कहा कि तुम लोग सहराने में बाद में जाना, पहले थाने में जाना और रिपोर्ट लिखाना कि इन तीनों को देरू-राजा पकड़ ले गये हैं। और दरोगा को बता देना कि पोहरी के जंगल की ओर गये हैं।

जब सहरिया डरे-सकुचाए हुए जाने लगे तब एक सहरिया के पैंट-शर्ट और जूते उतरवा लिए और उसे कुछ रुपये देकर कहा कि जा, तू अपने लिए नये कपड़े बनवा लेना।

वे जब चले गये तब राजा ने गुलाबसिंह सरपंच से कहा—"ओऽऽ गुलाब! तैं ऐसो कर, जे बगबगे कपड़ा उतार और वो सहरिया के कपड़ा पहन!...चल, उठ जल्दी।"

सरपंच को काटो तो खून नहीं। इतना मायूस तो वह बागी लोग अगर उसको गोली मारने को खड़े होते तब भी शायद नहीं होता। वह निहायत दयनीय दृष्टि से देरू को देख रहा था। आखिर उससे ही बोला—"देरू भैया! जे दिल्लगी काय करवा रओ है तैं मोते।"

"जे दिल्लगी नाय है सरपंच! राजा कह रओ है सो करो।...करवो ज़रूली है।"

देरू ने कहा तो उसने साफ इनकार कर दिया—"नाय भैया! जे काम तौ मैं मरकेऊ नाय कर सकोंगो! तैं और कहे सो सब करूंगो फेर सहरिया के उतरे कपड़ा,...ना, भैया न, जे नाय करूंगो!"

सुनते ही राजा की आँखों में सुर्खी आ गयी और भवें तन गयी। उसने राइफल के बोल्ट को थाम लिया। देरू ने देखा तो सरपंच से बोला—"देख गुलाब! अबै तौय बहुत दिना रहनो है हमाये संग। मेई एक बात गांठ बाँध लै, कोऊ बात पै अड़ियल रूख़ मत अपनइये। हम 'ना' सुनवे के आदी नाय है।...और देख, जे मरवे-अरिवे की बात कबऊ भूल के मत करिये। वो देख, तेई बगल में बोल्ट पै हाथ धरे बैठो है, मरवे को नाम लेतई गोली ठांस देत है।"

अबकी बार गुलाब सिंह सरपंच सचमुच भयभीत हो उठा। उसे अनुभव हुआ कि देरू सही कह रहा है। राजा ऐसा ही आदमी है।

वह चुपचाप उठ खड़ा हुआ। धोती-कुर्ता उतारकर करधई की शाखा पर लटका दिये। फिर सहरिया के फटे गंदे कपड़ो को देखता रहा और फिर पहले कमीज उठाकर पहनली और फिर पैंट कसने लगा। उन कपड़ों में सरपंच अजीब दिखाई देता था। इंजीनियर सुरेश जैन भयानक संत्रास की हालत में भी हँसे बिना नहीं रह सके और भी कई लोग हँसे। सरपंच रोने-रोने को था।

शाम के छः बजे उन तीनों को लेकर गैंग वहाँ से चलपड़ा!

62

पचास हजार का इनामी डाकू हजारीराम मारा गया।

उस दिन एस.डी.ओ.पी. कुँवर सिंह को सवेरे ही सवेरे एक मोबाइल समाचार मिला। मोबाइल पर समाचार देने वाला उसका निहायत विश्वासपात्र एस.आई. था जो उसी क्षेत्र में एक पुलिस चौकी पर तैनात था।...वह बोला था कि उसका एक विश्वास पात्र आदमी खबर लाया है कि गत रात को हजारी अपने चार-पाँच आदमियों के साथ अपने मामा के गाँव बाँसखेड़ा में मौजूद था। रात भर बेड़िनी का नाच देखे हैं, वे लोग और अब दिन भर उसी गाँव में रुकेंगे। महुअर के पास रावत के बगीचे में मुकाम है...वही दाल-बाटी बनने वाली है।

यह सुनते ही एस.डी.ओ.पी. उछल पड़ा। फौरन शिवपुरी और ग्वालियर से सम्पर्क करके उच्च अधिकारियों से अनुमति ले ली और एस.ओ को फोन पर कहा कि वह अपने जवानों के साथ फौरन तैयार होकर सुनारी मोड़ पर उसका इन्तजार करे और उस आदमी को अपने साथ रखे। वे आधे घण्टे में पहुँच रहे हैं।

उधर थाने के भी चुने हुए जवान, एस.ओ., टी.आई. आदि भी फौरन तैयार हुए और वे लोग लगभग एक घण्टे के अन्दर-अन्दर उन लोगों के साथ जाकर मिल गये। वहाँ चौराहे पर खड़े होकर काम की बातें नहीं हो सकती थी, इसलिए पुलिस का काफ़िला आगे बढ़ चला और उधर काफी आगे सोनचिरैया अभ्यारण्ड के करीब जाकर डाकूओं पर हमले की विस्त्रित रूप रेखा तैयार की जाने लगी। तब कुछ ऐसी बातें निकलकर आयीं जिनका पहले से किसी ने ख़याल ही नहीं किया।

वहाँ मुखबिर ने दो बातें बताई जो ध्यान देने योग्य थी। उसने बताया कि जिस जगह पर वे लोग रुके हैं वह ऊँचाई पर है। वहाँ जो आदमी नजरानी के लिए खड़ा होगा वह पुलिस की गाड़ी दूर से ही पहचान लेगा और पूरे पंचमहल में गेंहूँ की फसल समासम खड़ी है, उसमें जो कोई आदमी उतर गया वह फिर हाथ से गया ही समझो। इसके लिए बीस-पच्चीस आदमियों से कुछ नहीं होगा, डेढ़ सौ-दो सौ आदमी चाहिए और तगड़ा घेरा पड़ना चाहिए।

सभी ने मुखबिर की बातें स्वीकार की। एस.डी.ओ.पी. ने फौरन मोबाइल पर बातकर के एक टाटा सूमो बुलवा ली जो आधे घण्टे में उनके पास आ गयी। लेकिन वह और अधिक फोर्स को बुलवाने को राजी नहीं था। लोगों ने जो सुझाव दिये उसके अनुसार उसके पास तीन विकल्प थे। वह चाहता तो शिवपुरी के एस.पी. को फोन करके फोर्स माँग सकता था, लेकिन उसमें चार से छः घण्टे लग सकते थे और वह इतना इन्तजार करना नहीं चाहता था।

अगर वह यह नहीं करना चाहता था तो दूसरा विकल्प यह था कि घटनास्थल

से कुछ ही किलोमीटर की दूरी पर ग्वालियर पुलिस की एक अच्छी टुकड़ी भितरवार में डेरा डाले पड़ी थी। उसे इसी काम के लिए रखा गया था, लेकिन वह उसका इस्तेमाल भी नहीं करना चाहता था। इसका कारण ये था कि वह एक अन्य एस.डी.ओ.पी. की कमाण्ड में थी। एस.डी.ओ.पी. राजेश्वर सिंह से कुँवर सिंह की पटरी नहीं बैठ रही थी। दरअसल वे एक ही एज़ ग्रुप के थे, दोनों एक ही बैच के थे,...और इस उम्र में अकेले चलने और दुनिया को जीतने की जो प्रबल इच्छा होती है, वह कमोवेश दोनों में थी ...और संयोग से दोनों के दोनों डाकू हजारीराम की जान पर फिदा थे। तो फिर ऐसा कैसे सम्भव था कि एक प्रतिद्वंदी दूसरे प्रतिद्वंदी को सादर आमंत्रित कर ले।

अगर वह यह भी नहीं कर सका तो तीसरा विकल्प एक और था। उसकी भी वह चाहता तो इस अभियान में मदद ले सकता था। वह था जयवीर सिंह दरोगा। डाकूओं के घेरने और उसकी सफल योजना बनाने में वह काफी विशेषज्ञ माना जाता था। वर्षों तक ग्वालियर ए.डी. में रहा है। पाल गैंग के पहले मुखिया रामचन्द को प्रतापसिंह से मरवाने की मुख्य भूमिका उसी की थी। प्रताप को इस काम के लिए उसीने तैयार किया था। उसमें जयवीर सिंह का प्रमोशन टी.आई.के लिए ड्यू था लेकिन तब तक प्रताप की हत्या हो गयी। जिसका ठीकरा उसी के सिर पर फूटा। उसे अभी टी.आयी होना था और मात्र चौकी इनचार्ज बना बैठा है,...लेकिन फिर भी ए.डी. के लिए आज भी तुड़ाता रहता है। वह एस.डी.ओ.पी. कुँवरसिंह से कई बार आग्रह कर चुका था कि वह अगर एक बार उसे मौका दे तो वह हजारीराम को निपटा सकता है। उसके पास कुछ मायेदार मुखबिर हैं लेकिन कुँवरसिंह ने हर बार उसका आग्रह ठुकरा दिया था। न केवल आग्रह ठुकरा दिया था बल्कि यह घुड़की भी दी थी कि अपनी चौकी की हदबन्दी में रहो, इधर-उधर ताक-झांक करना ठीक नहीं होगा...।

अतः उस समय उसके पास जितना फोर्स था उसी से हजारी को निपटाने की योजना बनाई गयी। तय हुआ कि गैंग को घेरकर निपटाने के लाइक अपने पास फोर्स नहीं है, तो सीधा हमला करके निपटाया जायेगा। इसलिए यह योजना बनी कि सब लोग टाटा-सूमों में ही चलेंगे। सूमो सब तरफ से बन्द होगी और इधर से जाने वाला रास्ता बगीचे के पश्चिम की ओर जहाँ नदी की ओर मुड़ा है और कटाव के कारण काफी नीचा हो गया है वहीं जाकर रुकेगी। गाड़ी खड़ी होते ही सब लोग बिजली की गति से नीचे आयेंगे और ऊपर जाकर जो जिस हालत में दिखाई देगा उसको अपनी गोली का लक्ष्य बनाएंगे।...और ठीक ऐसा ही हुआ भी!

हॉक फोर्स के पाँच-छः लड़के सचमुच बिजली की गति से गाड़ी से उतरे और क्षणमात्र में ऊपर जा पहुँचे। उन सब ने फिर वहीं किया। वहाँ जो जिस हालत में मिला उसी हालत में उसमें फायर ठोंक दिया। वहाँ दो लोग तो गाँव वाले थे जो दाल. बाटी बनाने में लगे थे और एक दस हजार का इनामी डाकू था, वे पहले झपट्टे में ही धर लिए गये और तभी सामने नाले की ओर से फायर आना शुरू हुआ तो जवानों

ने पोजीशन लेली एस.डी.ओ.पी. पीछे की ओर था उसने भी एक पेड़ की ओट लेली। वह अपनी ए.के-47 की लवलबी पर उँगली रखे हुए था ताकि नाले में कोई सिर उभरे तो उसे वह उड़ा दें। उधर से जिस रफ्तार से फायर आ रहा था, उससे वह अनुमान लगा रहा था कि वहाँ या तो हजारी हो सकता है या फिर उसके गैंग का सदस्य बुंदेलसिंह। वे दोनों ही बहुत ही ऊँचे दर्जे के शूटर माने जाते थे।

लेकिन तभी एका-एक उसने देखा कि एक खोपड़ी नाले से ऊपर उछर आयी है। वह उस खोपड़ी को उसी क्षण उड़ा सकता था, लेकिन खोपड़ी वाले की पहचान के लालच में उससे भारी चूक हो गयी और उस एक क्षण में ही हजारी राम राइफल पर अपनी दाहिनी आँख का निशाना साध चुका था। तब उससे पहले फायर खोलना उसकी मजबूरी थी और मजबूरी में किया हुआ काम हमेशा कारगर सिद्ध नहीं होता। फिर भी इस अर्थ में उसे पर्याप्त सफलता मिली कि उसकी खुद की खोपड़ी बच गयी और उसकी ए.के.-47 का फायर सामने वाले की राइफल की बट पर पड़ा जो टूटकर दूर जा पड़ी।

वह कुछ देरतक और उसी तरह लवलबी पर उँगली टिकाए नाले की ओर ताकता रहा लेकिन जब उधर से कोई हरकत नहीं हुई तो सभी को हाथ का इशारा करके नाले की ओर बढ़ा। वहाँ जाकर देखा तो घोर निराशा हाथ लगी। काफी दूर तक नाला खोजा गया, आसपास के खेतों में खड़ी फसल रौंद डाली गयी लेकिन घोर निराशा ही हाथ रही। दो लोग गाँव वाले मारे गये थे, जो दाल-बटी बनाने वाले कारीगर थे और एक दस हजारी डकैत की लाश हाथ लगी थी।

एस.डी.ओ.पी. कुँवरसिंह पछताया था। मुखबिर की सलाह मानकर अगर फोर्स ज्यादा जुटाया होता और छापामार तकनीक न अपनाकर डाकूओं को घेरकर कार्यवाही की जाती तो ज्यादा अच्छे परिणाम निकलते।

और उस घटना के बाद का तीसरा दिन! शाम का समय!

माधोपुरा चौकी के इनचार्ज जयवीर सिंह के घर पर एकाएक मुखबिर गोबर्धनदास आया। जयबीर सिंह अपनी बैठक में तखत पर तकिये के सहारे अधेलेटे-से टीवी देख रहा था। लेकिन जब उसने मुखबिर के हाव-भाव देखे वैसे ही टी.वी.बन्द कर दी।

"क्यों, गोबर्धन, कोई खास बात है क्या?"

उसने मुखबिर से पूछा तो उसने बाहर दरवाजे से झाँककर देख लिया और फिर कुण्डी लगा दी।

"आप चाहें तो आपको हजारी मिल सकत है, पर एक शर्त है,...!"

उसने कहा तो दरोगा जयवीर सिंह चौंककर उठ खड़ा हुआ।

"कैसे? कहाँ? बोल जल्दी,...।"

"पहले शर्त सुनौ,...एनकाउन्टर में भितरवार के एस.ओ. और एस.डी.ओ.पी. जरूल रहेंगे। बोलो, का कह रहे हो?"

"एक मिनट रुक!..."

इतना कहकर वह जल्दी से दूसरे कमरे में चला गया। वहाँ जाकर उसने डी. आई.जी. से फोन पर सम्पर्क किया और उन्हें बताया कि मुखबिर की शर्त यह है कि यदि मै और भितरवार थाने के एस.ओ., एस.डी.ओ.पी एनकाउन्टर में शामिल रहे तो हजारीराम के बारे में महत्त्वपूर्ण जानकारी उसके पास है। इस बात पर डी. आई.जी फौरन सहमत हो गये। उन्होंने यहाँ तक कह दिया कि तुम दोनों मिलकर उसे निपटा लो, दोनों जिलों के एस.पी को मैं समझा दूँगा। साथ ही उन्होंने यह भी जोड़ा कि एनकाउन्टर के मिनट-मिनट की सूचना उनके पास पहुँचनी चाहिए।

दरोगा फिर मुखबिर के पास आ गया। उसे कुर्सी पर बैठने को कहा और खुद तख़्त पर बैठ गया।

"तुम्हारी शर्तमान ली गयी, अब बोलो हजारी को कहाँ दबोचा जा सकता है?...कहाँ और कैसे?"

"आज रात कों ग्यारह बजे भितरवार से कार में आगरा लै जायेंगे लोग! भें हमाये गाँव की दो मोटर साइकिल जायेंगी।...आगे की पै दो आदमी हौंगे और पीछे की पै तीन...वा पै बीच में हजरत होगो। मेये नाम की कऊँ जिकर न होय नाय तौ गाँव वारे मोय मार डारैगे।"

इतना कहकर वह चला गया।

वह चला गया तो फौरन दरोगा जयवीर सिंह हरकत में आ गया। अपने यहाँ दीवान और एक सिपाही के साथ भितरवार जा पहुँचा। वहाँ की पुलिस के साथ मिलकर उसी ने योजना बनाई और भितरवार से दो किलोमीटर पहले हजारी को निबटा दिया। बाद में शिवपुरी पुलिस ने विवाद खड़ा किया तो उसे उच्च अधिकारियों ने कह-सुनकर सुलटा दिया। दोनों ओर के छः-छः लोगों को पुरस्कार और प्रमोशन की सिफारिश की गयी। उसमें दरोगा जयवीर सिंह का नाम प्रथम स्थान पर था।

लेकिन पुलिस ने खुन्नस के चलते उसका पुरस्कार और प्रमोशन दोनों रुकवा दिये। बल्कि कोई पुराना केस उठाकर एस.आई. से ए.एस.आयी के पद पर ला दिया।

63

सुरेशजैन इंजीनियर, गुलाबसिंह सरपंच और जयशंकर सेक्रेटरी की पकड़ हुए पन्द्रह दिन हो गये थे। और पन्द्रह दिनों में मुश्किल से तीन बार उन लोगों ने नहाया होगा। इंजीनियर और सेक्रेटरी तो जब भी नहाए थे। तब-तब चड्ढी-बनियान धोकर डाल देते थे, लेकिन सरपंच की बड़ी बुरी हालत थी। वह जिस दिन पकड़ा गया था उसी

समय उसके सफेद खादी के कुर्ता-धोती उतारकर उन लोगों ने फेंक देने को कहा था और सहरिया के गंदे फटे पैंट-शर्ट जबर्दश्ती पहना दिये थे। लेकिन उस दिन उससे उन कपड़ों की गंध कतई बर्दाश्त नहीं हुई थी और रातको उनके साथ चलते समय उतारकर जंगल में चुप-चाप फेंक आया था। उस दिन से आज तक वह अंडरवियर और बनियान में ही था। इसलिए नहाते समय वह बनियान तो धो लेता था लेकिन अंडरवियर वैसा ही गीला पहने रहता था। पहले राजा सरपंच का वह रूप देखकर गुस्साता था। फिर मजा लेने लगा। लेकिन अन्त में सरपंच की हालत देखकर तरस खाने लगा। तब सरपंच जब भी नहाता तो वह अपनी तौलिया दे देता।

वे लोग जब तक पकड़ किया हुआ आदमी कोई खुराफात न करे तब तक उससे कभी शक्ति से पेश नहीं आते थे। अपने बस भर में वे उसे कभी अनुभव नहीं होने देते थे कि वह उनकी कैद में है और उससे एक बड़ी रकम वसूल की जानी है। वे लोग जैसे रहते थे वैसे ही पकड़ किया गया आदमी रहता था। जो कुछ वे खाते थे वही वह खाता था। वहाँ ऊँच-नीच का वैसा सवाल नहीं था, छुआछूत का कहीं नाम निशान नहीं था वहाँ चमार खाना बनाता था और ठाकुर अपने हाथ से परसकर खाता था। सहरिया खाना बनाता था और ब्राह्मण मजे से खाता था। वर्तन अपने-अपने धोते-माँजते थे। केवल हथियार और पोशाक से ही पता लगता था कि कौन गैंग का आदमी है और कौन पकड़ है।

उस दिन गैंग के आठ लोग थे और नदी किनारे की ऊँची पहाड़िया पर केम्प लगा था। उन लोगों के मुताबिक वह उनके लिए सब से सुरक्षित जगह थी। दो तरफ नदी के द्वारा युगों से काट-छाँटकर तैयार की गयी बिल्कुल खड़ी चट्टान थी। आदमी कोशिश करने पर भी पहाड़िया पर नहीं पहुँच सकता था। तीसरी तरफ वह खोह थी जिसका इस्तेमाल पाल गैंग ने अपने कार्यकाल में सम्भवतः सब से ज्यादा किया था। जाड़े-पाले के दिनों में और घोर बारिश के समय उसका इस्तेमाल वे करते थे। वहाँ का सोता कभी भी सूखता नहीं था। और खाना बनाते समय धुआँ-आँच की लौ सबकुछ खोह छिपा लेती थी।...अब बचा एक मात्र चौथी तरफ का जंगल का रास्ता जो किसी को भी उनके पास तक लेकर आ सकता था, इसलिए उस पर गैंग के दो मशहूर शूटर, राजा और विश्वजीत, मुस्तैदी से नज़र रखे हुए थे।

इसलिए गैंग के लोग नदी में मल मलकर नहा रहे थे। नहा रहे थे और कपड़े धो रहे थे इंजीनियर ने आज पहली बार अपने पैंट-शर्ट धोये थे। अकेला गुलाबसिंह सरपंच मानो मन मारे बैठा था और बाकी सब लोग नहा-धो रहे थे। देरू ने उसे अपना अँगौछा देना चाहा जो उसने नहीं लिया। कह दिया कि राजा आयेगा तभी नहाएगा। देरू देख रहा था कि आजकल राजा से उसका मन मिल गया है। कहाँ तो राजा की घुड़की से पेशाब करता था और कहाँ अब उसकी तौलिया न मिले तो नहायेगा नहीं, राजा जब तक नहीं कहे तब तक खाना नहीं खाएगा। और राजा भी

अपने नाम का एक है, गैंग में आते-आते सबसे पहले उसी की खैर-ख़बर पूछता है।

थोड़ी देर के बाद धीरा और प्रीतम विश्वजीत और राजा की जगह पहुँच गये और वे दोनों गैंग में आ गये।

राजा आते-आते ही सरपंच पर बन बैठा—"काय, तैं काय मुँह फुलाए बैठो है? सब ने नहालिओ और तैं बैठो-बैठो पूजा कर रो है?..."

"अऐऽऽ! तैं तौलिया देतो तब तौ मैं नहातो"

"काय, झें और काऊ पै तौलिया-अँगौछा नाय है?..."

"है काय नाय, फेर मै और काऊ की ते पौंछ नाय सकत हौ।"

"काय, जा में का लाल लगे हैं?..."

"तेई सौगंध, तेई जा तौलिया में बड़ी मलूक खुशबू आत है।...कायरे, मोड़ा कौन सो तेल लगात है तैं?"

अबकी बार राजाने आँखें फाड़कर उसे देखा और फिर हल्का-सा मुस्करा दिया! और नहाने के लिए कपड़ा उतारता हुआ धीरे से बोला—"आज कोऊ बाजार को जागो तौ तेये लयें वोई तेल मंगवा दोंगे!"

राजा की बात जिस-जिस ने सुनी वह बिना हँसे नहीं रह सका।

राजा भी खिलखिला के हँसा और फिर साबुन तौलिया लेकर नीचे नदी में उतर गया।

उस समय देरू और इंजीनियर थोड़ा अलग हटकर एक आमले के पेड़ के नीचे बैठे थे। वहाँ कई आमले टपके पड़े थे। उनमें से कुछ उठा-उठाकर देरू ने खा लिए। उसको देखकर सुरेश जैन के मुँह में पानी भर आया। उसने भी एक पका-सा आमला उठा लिया उसे हाथों से ठीक से पोंछ कर खाने लगा। पहली बार एक छोटा-सा हिस्सा काटकर खाया लेकिन उसे निगल नहीं पाया। फौरन उगल दिया और बगल में रखी पानी की कट्टी उठाकर पानी पी लिया।

देरू मुस्कराया और बोला—"काय, कड़ओ लगो?..."

"हाँ, बहुत!...लेकिन पानी पिया तो मीठा लगा।"

"आप कबऊँ भूखे रए हौ?...कबऊ, एकाध दिना के लयें?"

"नहीं, एक दिन की कौन कहे मैं तो दिन में एक बार भी खाये बिना नहीं रह सकता। इसी से मेरी माँ बचपन में मुझ से भोजन भट्ट कहती थी।"

"बड़े भाग्यवारे हौ,...हमाओ ऐसो भाग्य कहाँ?"

"क्यों?...तुम्हारे पास क्या कमी है। तुम तौ रोज नोटों में डूबे रहते हो!"

"फेर नोट खाए तौ नाय जा सकत हैं।...वैसे सई में तुमाओ भाग्य अच्छो है! जा दिना ते तुम हमाये संग हौ ता दिना ते एकऊ बेर खावे को नागा नाय भओ है...और हर रोज अच्छोई खावे को मिलो है।"

"अच्छा, मेरे भाग्य से...?"

"और नाय तौ का?...थोड़ी-बहुत सरपंच और सेकरेटरी कोऊ समझ लेव!"

कुछ देर तक इंजीनियर उसको नज़र गड़ाकर देखता रहा। पहले इसी आदमी के नाम से वह कैसा आतंकित रहता था। वह साइड पर भी बहुत कम आता था। उसने जब कभी जो कुछ माँग की वह पूरी करके पीछा छुड़ा लेता था। लेकिन अब की बार की उस की माँग बहुत भारी थी—पन्द्रह उससे खुद से, पाँच सरपंच से और तीन सेक्रेटरी से; कुल जमा अट्ठारह लाख बहुत होता है...लेकिन अब तो वह मुसीबत और भी बड़ी हो गयी है। और आज पन्द्रह दिन हो गये और कुछ भी पता नहीं चल सका है कि आखिर हो क्या रहा है। उसका मोबाइल पहले ही दिन ले लिया गया था, वह अगर एक बार मिल जाता तो घरवालों से बात तो होती। वह होती तो कुछ पता तो चलता।

"हमारे बारे में क्या सोच रहे हो तुम लोग?..."

इंजीनियर ने एकाएक एक टेढ़ा-सा सवाल किया तो देरू चौंककर सतर्क हो गया। उसे घूरा और कह दिया—"कछू नाय!...फिरौती जा दिना मिलेगी वाई दिना छोड़ दैंगे तुमें!"

"कितनी फिरौती माँगी गयी है?..."

"का करौगे पूछ के?...देखो, हम काऊ पकड़ को फिरौती के वारे में नाय बतात हैं। कायेकै वे बेकार में चिन्ता करत है, रोवत-चिल्लात है...और कोऊ-कोऊ तो भाग जावे को उपाय करत है और चाहे फिर गोली खाके भलेई मर जायें।"

"लेकिन हमें तो बता सकते हो, हम रोएंगे-चिल्लाएंगे नहीं और न भागने की कोशिश करेंगे...और न गोली खाके मरेंगे?"

"अब दो-चार दिनन में छूटई जाओगे, तब घर जाके सब पतो लग जागो।"

फिर इंजीनियर ने कुछ नहीं कहा। उसे इस बात का ताज्जुब था कि आज अकेले उसके साथ पाल गैंग के इस लीडरने, जिस का व्यक्तित्व कुछ अलग ही किस्म का है, इतनी देर तक बातें कैसे कर ली। उन्होंने इन पन्द्रह दिन में किसी के साथ घुल-मिलकर बात करते उसे नहीं देखा है। बस दो-चार मिनट तक बात की और पल्ला झाड़कर दूर हट गया। या ऐसा चेहरा बनाकर बैठ गया कि देखकर किसी को आगे कुछ कह पाने का साहस ही न हो! गैंग के दूसरे लोग भी इस बात को अचरज से देख रहे थे।

नदी पार थोड़ी दूर पर जंगल में बिल्कुल छिपा हुआ एक गाँव था। उस दिन दोपहर का खाना उसी गाँव से तैयार होकर आना था। जिन्होंने नहा-धो लिया था वे उधर को बार-बार देखने लगते थे। बाद में उधर से दो लोग आते दिखाई दिये। एक के सिर पर दूध की केन थी और दूसरे के कन्धे पर बाँस की डलिया थी। वे उधर कुछ दूर तक नदी के रेत और पत्थरों पर चले और फिर इधर नदी की धारा में उतर गये। फिर कुछ देर तक वे दिखाई नहीं दिये और अन्त में खोह के अन्दर के गुप्त मार्ग से पहाड़िया के ऊपर आ गये। जब केन और डलिया नीचे रखी गयी तब पता लगा कि

केन में खीर है और डलिया में मालपुआ। नियम के अनुसार पहले खीर और मालपुआ लाने वालों को ही खिलाया गया और फिर सभी अपनी-अपनी कटोरियाँ संभालने लगे। वे सब मानो खाने पर टूट पड़े थे। सब खा रहे थे और खुशी व्यक्त कर रहे थे।

तभी नदी के उस पार गाँव से नदी की ओर आने वाले रास्ते पर कुछ गड़बड़ जैसी लगी। देरू ने दूरबीन से देखा तो चौंक पड़ा और उसके मुँह से निकला—"चलो, भागो! सामने पुलिस है। इतना सुनना था कि लोगों ने जितना बना उतना सामान समेटा और जंगल में भाग खड़े हुए। देरू ने खीर की केन गुलाब सिंह सरपंच को थमाई और मालपुआ की डलिया सेक्रेटरी को और उनसे तेजी से चलने को कहा। वह खुद अपनी एस.एल.आर. संभाले हुए सब से बाद में लपकता हुआ चला।

गहरे जंगल में सुरक्षित स्थान पर जब से सब इकट्ठे हुए तब मानो सबको होश आया और होश आते ही कुछ तो शर्म से पानी-पानी हो गये। क्योंकि वे एक हाथ में अपनी-अपनी राइफिल पकड़े थे और दूसरे में मालपुआ। कारतूसों की पेटी माला की तरह गले में डाले थे और अंडरवियर—बनियान पहने भागते आये थे। उनके कपड़े देरू बटोरे लिए आ रहा था। सरपंच उनसब को देख-देखकर मुस्करा रहा था।

लगभग एक सप्ताह के बाद वह पकड़ छूटी तो वे तीनो गैंग के बारे में कोई जानकारी नहीं दे सके। सुरेश इंजीनियर और जय शंकर सेक्रेटरी लगभग मौन साधे रहे, लेकिन गुलाब सिंह सरपंच बार-बार कहते रहे—"हमें और तो कुछनाय मालूम फेर एक बात लगत है कै वे मोड़ीचोद कोऊ न कोऊ जादू जरूल जानत है।..."

64

घटनाएँ बहुत तेजी से घट रही थीं।

उधर पंचमहल में हजारीराम मारा जा चुका था और इधर विश्वजीत को गाँव वालों ने मारकर पुलिस को सौंप दिया और पुलिस वालों ने एनकाउन्टर बनाकर पेश कर दिया। विश्वजीत की मौत का राजा को गहरा सदमा लगा था। गैंग में उसकी सब से ज्यादा घनिष्टता भी राजा के साथ थी। राजा केवल उसके साहस और दिलेरी से ही प्रभावित नहीं था, बल्कि उसके परिवार के साथ जो कुछ हुआ था, राजा को इसलिए भी उससे गहरी हमदर्दी थी।

उसका परिवार गाँव में अच्छा खाता-पीता परिवार था।

उसके चार बड़े भाई और एक बड़ी बहन थी। सभी स्वस्थ-सुंदर और भले स्वभाव के। उसका बाप काफी चला-फिरा और बात वाला आदमी था। आस-पास के गाँवों में जुहारा जाता था और समाज की पर-पंचायत में बुलाया जाता था। वैसे भी वह आसूदा आदमी था। सौ बीघा से ज्यादा जमीन, डेढ़ सौ-दौ सौ बकरियाँ और

सौ से अधिक गाय-भैंसे! खेती-किसानी पूरे गाँव से ऊपर और दूध का काम इलाके भर में सबसे ऊपर।...उस समय विश्वजीत इण्टर में पढ़ता था। तभी एकाएक उसके परिवार में विस्फोट जैसा हुआ और उसके साथ ही मानो उसके घर का मजबूत ढाँचा हिल गया। उसकी ठसक-गमक, उसका रौब-दाब, सब कुछ चिथड़े-चिथड़े होकर मानो बिखर गया।

दरअसल हुआ वह, जैसा कि गाँव की सीमा में अक्सर होता नहीं है। विश्वजीत की बहन रुक्मिणी को उसके पड़ोस के रामगोपाल ने दिन दहाड़े पकड़ लिया और अपने घर मे बिठा लिया। परिवार ने खूब फन पटका। समाज की पंचायत कई बार बैठी, पुलिस में रिपोर्ट भी हुई लेकिन रामगोपाल का कोई कुछ नहीं बिगाड़ सका। बल्कि उसने यहाँ तक हेकड़ी दिखाई कि उसी वर्ष जाड़े में गाजे-बाजे के साथ रूक्मिणी से शादी भी कर ली।...

यदि रूक्मिणी को लेकर रामगोपाल कहीं दूर चला गया होता और वहाँ जाकर वह सब कुछ करता तो विश्वजीत का परिवार शायद इस सब को झेल भी जाता। 'आँख ओझल सो पहाड़ ओझल' वाली कहावत कह-सुनकर मन को तसल्ली दी जा सकती थी। लेकिन यहाँ तो सब कुछ आँखों के सामने ही हुआ था और बाकी जो बचा वह हो रहा था। वह कैसे कहते हैं कि 'झेंई बहू को पीसवो भेंई ससुर की खाट'।...विश्वजीत का बाप यह सब सहन नहीं कर पाया। वह कुछ दिन बीमार रहा और फिर इस दुनिया से कूँच कर गया।

वे पांच भाई थे और एक से एक अच्छे कद काठी के और उधर रामगोपाल अकेला था, इसके बावजूद विश्वजीत के पूरे परिवार का हौसला पूरी तरह पस्त था और मनोबल इस सीमा तक क्षीण हो चला था कि रामागोपाल से आमना-सामना होते ही उनकी जान जाती थी। पूरे परिवार पर उस आदमी का विकट आतंक था। वे सभी भाई कभी-कभार मिलकर उस आतंक से मुक्ति पाने के उपाय यदि खोजते भी, तो माँ की साँस रुकने लगती। वह उन लोगों को रामगोपाल के खिलाफ कुछ न करने की कसमें खिलाती। फाँसी लगाकर मर जाने की धमकी देती और उनकी जैसे-तैसे करके जुटाई हिम्मत फिर जवाब देने लगती।

विश्वजीत अपने परिवार की ऐसी हालत देखता और गुस्से से लाल पड़ जाता। उसी समय ऐसे ही किसी मौके पर उसने निश्चय कर लिया था कि कोई भाई चाहे कुछ न करे, तो भी वह एक-न-एक दिन अपने परिवार के अपमान का बदला ज़रूर लेगा और वह बदला रामगोपाल की मौत से कम कदापि नहीं हो सकता।...और फिर उसने किया भी वही।

एक दिन शाम के धुन्धलके में अपने पिताजी वाला पचफैरा उठाया और सब की नजर बचाकर घर से निकल गया। वह रामगोपाल की पौर में जाकर फाटक के पीछे छिप गया। उसे मालूम था कि वह थोड़ा अँधेरा हो जाने पर बाहर से

मोटरसाइकिल पर आता है। लेकिन उस दिन उसे कुछ ज्यादा देर हो गयी थी। उसकी मोटर साइकिल धड़धड़ाती और फटफटाती हुई पौर में घुसी और ठीक उसके सामने आ खड़ी हुई। रामगोपाल गाड़ी खड़ी करके पौर के अन्दर के दरवाजे की ओर अभी बढ़ा ही था कि विश्वजीत ने पचफैरा की पहली गोली दाग दी। गोली उसकी बगल में समसमा कर जा बैठी और रामगोपाल मानो उचट कर आँगन में जा पड़ा। बाद के अन्य दो फायर उसने उसके पास जाकर सीना को लक्ष्य कर किये। इसलिए उसे ठण्डा होते देर नहीं लगी।

विश्वजीत उसके घर से निकलकर अपने घर में आ घुसा।

उसका पूरा घर मानो आँगन में सिकुड़कर इकट्ठा हो गया था। सभी भाई और उनकी पत्नियाँ बेहद डरे हुए थे। डरके कारण किसी का बोल नहीं फूट रहा था। वे सोच रहे थे कि उन्हें इतना डर तो कभी रामगोपाल से भी नहीं लगा था। उसने कम से कम शब्दों में उन्हें बता देना चाहा कि वह रामगोपाल को ठिकाने लगाकर आया है और अब डांग नापने जा रहा है...वे लोग आज रात में ही अपना-अपना ठिकाना तलाश लें...जो माल साथ लेजा सके वह ले जायें, बाकी का मोह छोड़कर अपनी रक्षा करें...कल पुलिस आकर ईंट से ईंट बजा देगी...।

और वह जल्दी से वहाँ से भी चला गया।

यह कहानी राजा ने विश्वजीत के मुँह से ही सुनी थी और जब वह नहीं रहा था तब उसका सार-तत्त्व ठीक से समझ पा रहा था और जब समझ पा रहा था तब विश्वजीत के प्रति उसका लगाव और भी गाढ़ा हो चला था और इसलिए उसकी मौत उसे कुछ ज्यादा ही आघात दे गयी थी। गत तीन दिन से उसने खाना नहीं खाया है। किसी काम में मन नहीं लग रहा है। यहाँ तक कि किसी के पास बैठना, बोलना-बतियाना कुछ भी नहीं भा रहा है। यह देखकर देरू परेशान था।

सनकुवा की डांग में गैंग उन दिनों था और राजा की ऐसी मनःस्थिति देखकर आगे की किसी योजना पर बातचीत नहीं हो पा रही थी। कुछ मुखबिर प्रायः रोज ही आते थे और उनके हावभाव देखकर लगता था कि उसके पास कोई लाभकारी योजना है। यह गैंग का नियम था कि मुखबिर गैंग के मुखिया देरू के अलावा अन्य किसी से बात नहीं करेगा और यह भी कि देरू उस योजना पर राजा से बात करके ही कोई निर्णय लेगा। और क्योंकि उन दिनों राजा मौन साधना में लीन था इसलिए उन दिनों गैंग सनकुवा की डांग में मानों छुट्टी पर था।

नदी की ओर ढलान से थोड़ा पहले करधई के झुरमुट में राजा सचमुच मौन धारण किये अकेला बैठा था। उसका पचफैरा बगल में रखा था। उसे विश्वजीत की मौत का जितना गहरा सदमा लगा है उससे भी ज्यादा इस बात का अफसोस है कि उसकी मौत का बदला लेने वाली बात का समर्थन किसी ने नहीं किया है। सभी ने उसे सुनकर अनसुना किया है। अकेला देरू ही ऐसा बचा है जिससे उसने अपने

मन की बात नहीं कही है। उससे कैसे कहे, यह वह समझ नहीं पा रहा है।

थोड़ी देर के बाद देरू वहीं आ गया जहाँ राजा बैठा था।

वह थोड़ी देर तक खड़ा-खड़ा उसे घूरता रहा और फिर उसी की बगल में बैठ गया। एस.एल.आर. आगे रख ली। वातावरण गर्म था। गर्म मौसम की नीरसता और धुन्ध पूरे वातावरण में समाई हुई थी। उसने कनखी से राजा को देखा और फिर सामने नदी पार के दृश्य में कुछ देर खोया रहा।

"अबे कितने दिनन तलक तेओ शोक और चलैगो रे, राजा!"

देरू ने एकाएक पूछ लिया तो मानो राजा की तन्द्रा भंग हुई। उसने भी मानो उसे उड़ती-उड़ती नजर से देखा और अथाह गहरी साँस ली।

"मैं बदला लैंगो दादा!...विश्वजीत की मौत को!"

राजा ने कहा तो देरू चौंक गया। उसे फिर एक बार घूरा।

"कौन ते बदला लेगा?...पुलिस ते?"

"पुलिस ने वाय नाय मारो है,...।"

"तौ और कौन ने मारो है...?"

"गाँव वारन ने मारो है, धोखा दैके।"

देरू ने फिर उसे घूरा। उसका चेहरा बता रहा था कि वह कोई ऐसी बात कहना चाहता है, जिसे अपने छोटे भाई के सामने कहते संकोच हो रहा है। फिर भी अन्त में उसने कह ही दिया। बोला–"गाँव वारन ने धोखा का दिओ होगो वाय, वैसे वो कौन सो मलूक हो?...एक लम्बर को लंपट। झें जातो भेंई जनी की फिराक में रहत हो।"

अपने बड़े भाई की बातें सुनकर राजा शर्मा गया। वह गहरे संकोच में डूब गया।

देरू भैया सही कहता है। विश्वजीत दारू और जनी के बिना तो रह ही नहीं सकता था। लेकिन भैया की आदत कौन-सी सुधरी है। वह हर आदमी को अपने ही जैसा देखना चाहता है, सो कैसे हो जायेगा? उसका बस चले तो सबको लोहे का लँगोट लगवा दे। पहले गोविंद बना था तब गैंग के भीतर और भी ज्यादा तनाव रहता था। गोविंद और प्रीतम राजेन्द्र सहरिया के साथ घाटी से ऊपर बिना किसी को बताए खिसक जाते थे। वहाँ धवलगढ़ गाँव में प्रीतम और गोविंद के चाचा के लड़के रहते थे। उसी क्षेत्र में वे लोग रहते थे और सब को बताते थे कि वे पाल गैंग की बी टीम है। वे उधर रहते समय कुछ छोटी-मोटी पकड़ें भी कर लेते थे और जब पुलिस का दबाव बढ़ता था तब इधर घाटी में उतर आते थे।...बाद में गोविंद की मौत के बाद कुछ समय के लिए वह सिलसिला एक तरह से रुक गया था, लेकिन धीरा और विश्वजीत के गैंग में आ जाने के बाद फिर से शुरू हो गया था।...लेकिन इस में कुल मिलाकर घाटा राजा को ही था। वह शारदा के घर भी जाता है तो भी लुक-छिपकर। वह आज तक कभी भी खुलकर बी टीम का हिस्सा नहीं बन सका।...

"मैं बदलो लैगो दादा!..."

"...तैं चुपको है के बैठ मोड़ा! भैरोपुरा में किओ तौ अबै तक भुगत रहे हैं। तब तक एक और काण्ड करवे को तोय कीड़ा काटन लगो।...चाहे दुनिया सुधर जाये फेर तैं नाय सुधरैगो रे!"

और वह अपनी एस.एल.आर. उठाकर उसके पास से चला गया।

राजा की कनपटी कुछ ऐसे झनझना गयी जैसे कि जिन्दगी का सबसे वजनदान चाँटा आज पहली बार पड़ा हो। लेकिन वह जानता है ऐसे चाँटे उसकी कनपटी पर पहले भी कई बार पड़े हैं। और वह यह भी जानता है कि ऐसे चाँटे के बिना उसकी कुन्द समझ जागृत भी नहीं होती है। भैया ठीक कहता है, भैरोंपुरा काण्ड घाटे का सौदा सिद्ध हुआ है। उस सबसे बड़े घाटे के लिए उसका गुस्सा ही मूल कारण है।

और शायद उसी समय से राजा ने अपने गुस्से पर काबू रखने का प्रयास शुरू कर दिया था। लेकिन वह एकाएक हो जाना सम्भव नहीं था।

65

उस रात को गैंग एक बड़ी मुसीबत में पड़ गया।

शाम के समय राजेन्द्र आदिवासी को बिच्छू ने काट लिया। वह रात को सोने के लिए जगह को साफ कर रहा था। सूखे पत्ते इत्यादि दोनों हाथों से उठा-उठा कर दूसरी जगह फेंक रहा था तभी एकाएक पत्तों में छिपे बिच्छु ने बायें हाथ की उँगली में डंक मार दिया। उसने चीखकर पत्ते छोड़ दिये और बायें हाथ की तर्जनी दायें हाथ की उँगलियों से कसकर पकड़ ली और बैठकर बुरी तरह से तड़फने लगा। वे सब लोग उसके पास आ गये। तभी धीरा की नज़र स्याह काले एक बड़े-से बिच्छू पर पड़ी। उसने अपने माउज़र के बट से उसे कुचल दिया। राजेन्द्र का हाथ दो-तीन जगह कसकर बाँध दिया गया। हेतराम जाटव को पास के सहराने को दौड़कर जाने को कहा गया ताकि बिच्छू के काटे का इलाज करने वाले किसी सहरिया को लेकर जल्दी आये। यह अच्छा हुआ कि सहराने से खाना लेकर जो दो लोग आ रहे थे उनमें से एक बिच्छू, साँप इत्यादि के काटे का इलाज भी करता था इसलिए हेतराम को सहराने तक नहीं जाना पड़ा।

उस सहरिया ने वहाँ पहुँचते ही खाना एक ओर रख दिया। पहले राजेन्द्र की उँगुली को देखा और फिर पास में ही मरे पड़े बिच्छू को। वह जल्दी से उठा और किसी से कुछ कहे बिना जंगल में एक ओर को चला गया। जब वह उधर से बापस आया तो उसके बायें हाथ में किसी वनस्पति की कुछ हरी पत्तियाँ थी और अपने दायें हाथ

के अँगूठे से मसल रहा था। बाद में उसकी गोली बनाकर पानी के सहारे राजेन्द्र को खिला दी। देरू ने सब से खाना खा लेने को कहा लेकिन कोई खाने को राजी नहीं था। दरअसल राजेन्द्र आदिवासी उस गैंग का बहुत ही निष्ठावान सदस्य था। कोई काम ऐसा नहीं था जिसे करने के लिए वह सोचविचार करता हो या आनाकानी करता हो। गैंग में खाना बनाने का काम प्रायः वही करता था इसलिए सबको खिलाकर अन्त में खाता था। विश्वासपात्र कुछ इस सीमा तक था कि देरू अनेक प्रकार के सलाह मश्विरे में मात्र राजेन्द्र पर ही भरोसा करता था। इसलिए उसके घोर कष्ट को देखकर कोई खाना खा भी कैसे सकता था!

थोड़ी देर के बाद राजेन्द्र का चीखना कम हुआ और वह धीरे-धीरे कराह में बदलता गया। सहरिया ने कहा—"अब ठीक हो जागो!...दवा काम करवे लगी है। रात में दो खुराक और दैनी होगी।"

अब उसकी आँखों में खुमारी जैसी झाँकने लगी थी और नींद के झोंके जैसे आने लगे थे। सहरिया के कहने पर उसे लिटा दिया गया था। अब सब को यकीन हो गया था कि सहरिया की जंगली दवा सचमुच काम कर गयी है। राजेन्द्र सवेरे तक बिल्कुल ठीक हो जायेगा। यद्यपि वह उस समय भी हल्का-हल्का कराह रहा था और बीच-बीच में चीखने भी लगता था।

अब वे लोग खाना खाने बैठ गये थे। खाने के बाद जो सहरिया राजेन्द्र का इलाज कर रहा था उसको देरू ने रुकने को कह दिया था और उसका साथी बरतन लेकर अपने सहराने को चला गया था। लगभग दो घण्टे तक राजेन्द्र वैसे ही कराह रहा था और बीच-बीच में चीख भी रहा था। तभी सहरिया ने कहा—"अब दूसरी खुराक देने को समय है,...।"

और वह उठकर उसी ओर जाने लगा जिस तरफ पहले गया था।

अब तक अँधेरा हो चला था अर्थात जंगल को जागने का समय हो गया था। शिकार और शिकारी जानवरों की गतिविधियाँ शुरू हो गयी। यद्यपि उस जंगल में कोई बड़ा जानवर नहीं था फिर भी देरू ने प्रीतम को राइफल और टार्च लेकर जाने को कहा था। वह सहरिया से थोड़ी दूरी बनाकर चल रहा था लेकिन टॉर्च की रोशनी उसके पास जरुर डाल रहा था ताकि सहरिया को रास्ता साफ दिखाई पड़ जाय या रुखड़ी के पौधे को वह साफ पहचान ले। इस प्रयास में वह यह भूल ही गया कि उसके पैर किस चीज पर पड़ रहे हैं और इसी हालत बगल की झाड़ी के पास के बिल से निकलकर रास्ते पर आते कोबरा को वह नहीं देख पाया। वह कोबरा उसके पैर के नीचे आता-आता बचा था और उसने फन निकालकर पूरे गुस्से से पिंडली के निचले हिस्से में मुँह मार दिया। उसकी फुँफकार से प्रीतम समझ गया कि साँप ने फन मारा है। टार्च का प्रकाश पास लाकर देखा तो बेहोश होने लगा। साँप बिल में घुसा जा रहा था और उसकी पिंडली से बहकर खून जूते पर आ गया था। सहरिया

को भी अपने पीछे कुछ गड़बड़ लगी तो हड़बड़ा कर पीछे को मुड़ा।

वह मुड़कर उसके पास आया तब तक प्रीतम चक्कर खाकर गिर पड़ा था।

उसने उसके हाथ की टॉर्च लेली और उसके प्रकाश में इधर-उधर देखा तो पास में ही साँप की बाँबी दिखाई पड़ी। उसे देखकर वह चौंक गया। फिर पिंडली से बहते खून पर उसकी नज़र पड़ी तब उसने वह स्थान गौर से देखा जहाँ साँप के दाँत लगे थे। उसे देखते ही वह पहचान गया कि कोबरा ने जवान छोकरे को डस लिया है। उसने घबराकर उन लोगों को पुकारा तो वे दौड़ते चले आये और प्रीतम को बेहोश पड़ा पाया तो वे सब घबरा उठे। ऊपर से सहरिया ने कह दिया–"पानी लैके आओ, जाके मुँह पै छीटे मारो बेहोश न हो पाए...असली कोबरा ने काटो है। मैं दवा लातौ...।"

यह सुनते ही धीरा दौड़कर पानी की कट्टिया ले आया और सहरिया टॉर्च लेकर पास की झाड़ियों में रुखड़ी का पौधा तलाशने लगा। वह जैसे ही मिला वैसे ही उसकी पत्तियाँ नौचकर ले आया। लेकिन क्योंकि वहीं पासमें कोबरा की बाँबी थी इसलिए वे लोग प्रीतम को उठाकर थोड़ा अलग खुली जगह में ले गये। सहरिया एक-साफ से पत्थर पर रुखड़ी को रखकर पीसने लगा। देरू हौले-हौले चलकर उसके पास आ गया। उसका चेहरा ऐसा गमगीन पहले किसी ने कभी नहीं देखा था। वह सहरिया की बगल में बैठ गया और उसका कन्धा पकड़कर बोला–"मैं तोय अपयें राजाके बराबर मानौगो!...प्रीतम की जान बहुत कीमती है रे! मौसी वैसेऊ दो मोड़न कों खो के पागल है गयी है एक जवान बहू पहले ते घर में बैठी है। जो प्रीतम को कुछ और है गओ तौ पूरो कुन्बा मिटर जायेगो रे!..."

सहरिया ने दवा पीसकर प्रीतम के पेट में पहुँचा दी तो मानो उसने एक बड़ी सफलता हासिल कर ली।

सभी लोग दवा के असर के इन्तजार में खड़े प्रीतम को टकटकी लगाकर देख रहे थे। क्योंकि अभी थोड़ी देर पहले ही उन्होंने राजेन्द्र पर सहरिया की दवाका चमत्कारी असर देखा था अब प्रीतम के ऊपर भी वही असर वे देखना चाहते थे।

तभी सहरिया देरू से बोला–"देरू भैया! वैसे तौ जे दवा अचूक है। फेर एक काम तैं कर सकै तो ठीक रहैगो। जा मोंड़ा को ठाकुर बाबा की मढ़ी पै लै जानो जरूली है।"

"कां है ठाकुर बाबा की मढ़ी?..." देरू ने अकुला कर पूछा।

"झें ते दक्षिण दिशा में जो बड़ो जंगल है, भेंई मढ़ी है...। गुसाईं महाज ठाकुर बाबा के भगत हैं। मन्तर पढ़ के साँप काटे को इलाज करत है। बँध बाँधत और काटत है।"

देरू को एक-एक पल भारी पड़ रहा था। उसने ठाकुर देव की मढ़ी पर प्रीतम को ले चलने को कहा तो आनन-फानन में गैंग ने अपना सामान समेंट लिया।

राजेन्द्र को धीरा ने अपनी पीठ पर लादा और प्रीतम को राजा ने थोड़ी सावधानी पूर्वक उठा लिया। लेकिन रामहेत जाटव ने आग्रह पूर्वक उसे राजा से लेलिया। गैंग में अनुशासन आपत्तिकाल में भी चलता है। वे लोग जंगल में उसी गति से भाग रहे थे। जिस गति से पुलिस का नाम सुनकर जंगल में भागते हैं। लेकिन उस समय छितराए-छितराए-से भागते हैं और यहाँ एक साथ भाग रहे थे...राह बताने को सहरिया साथ था इसलिए राह भटकने का कोई भय नहीं था।

वे लोग जब मढ़ी पर पहुँचे तो गुसाँई बाबा मढ़ी से कुण्डी लगाए सो रहे थे। सहरिया ने दरवाजा खटखटाया तो बाबा ने कुण्डी खोलकर बाहर झाँका। सरसरी नजर से सबको देखा और फिर पीछे को लौट गये। थोड़ी देर में ही एक हल्की-सी चादर नंगे शरीर पर डालकर धूनी पर बैठ गये। एक नजर भरकर सब को देखा और बोले—"हाँ, लाओ भाई! क्या है? साँप ने डसा होगा?"

बाबा का इतना कहना था कि वे सब बाबा के पैर छू-छूकर धूनी के इर्द गिर्द बैठने लगे। राजेन्द्र और प्रीतम को बाबा के पास बिठा दिया। बाबा ने बारी-बारी से उन दोनों के घाव देखे और फिर नब्ज टटोली। उन्होंने सबसे पहले राजेन्द्र की ओर संकेत कर के कहा—"ये बिच्छूवाला तो बिल्कुल ठीक है, इसे यहाँ लाना ही नहीं चाहिए था। वैसे ठीक तो ये साँप वाला भी है, लेकिन फिर भी इसे हम भभूत दिये देते हैं।" गुंसाई बाबा ने धूनी में से भभूत ली। मुट्ठी में दबाकर उसमें फूँक मारी और कुछ मंत्र-सा पढ़ा। वे उठकर प्रीतम के पास गये और उसे भभूत खिला दी।

वे आकर फिर अपने स्थान पर बैठ गये और सहरिया की ओर इशारा करके बोले—"ये लड़का बहुत होशियार है, इसका बाप और भी ज्यादा होशियार था। जंगल के ये सचमुच कीड़े हैं।वहाँ की एक-एक रुखड़ी, कन्द, मूल, फल की जानकारी इन सबको है।...अब तुम लोग जा सकते हो। ऊपर ठाकुर देव को थान है, उसपर मत्था टेककर आओ और अपने ठिकाने को जाओ।"

वे उठकर ऊपर थान तक गये और मत्था टेक-टेककर नीचे आ गये।

देरू हाथ जोड़कर बोला—"हमायें लाइक कोऊ सेवा हो तो बतायें!..."

अब गुसाईं बाबा ने उसे गौर से देखा और पूछा—"तुम राजा हो?..."

"नाय महाराज, जे तौ देरू है, राजाको बड़ो भैया।...राजा वो पीछे ठड़ो है!" सहरिया ने कहा तब गुसाईं बाबा की नज़र सब से उचट कर राजा पर जाकर ठहर गयी।

"राजा! इधर आ,... ।"

उन्होंने कहा तब राजा आगे आ गया। बाबा फिर बोले—"देखो, तुम्हें इस बात की जानकारी है या नहीं, मैं कह नहीं सकता; इस इलाके में ऐसे बहुत सारे लोग है जो तुम्हारे कारण जेल काट रहे हैं और उनकी लडकियाँ बिन ब्याही घर पर बैठी हैं। अबकि तुम्हारे पास खूब पैसा आ रहा है,... ।" गुसाईं बाबा थोड़ी देर के लिए

चुप हो गये। शायद डाकू समुदाय की प्रतिक्रिया जानना चाहते थे।

जब उन्हें लगा कि वे लोग इतनी आसानी से भड़केंगे नहीं तब फिर बोले—"...देखो, अगर तुम चाहो तो उन लड़कियों के हाथ पीले हो सकते हैं।"

बाबा ने कहा तो देरू और राजा, दोनों एक साथ चौंक गये। यह बात तो वे पहले से ही तय किये बैठे थे कि अगली अखतीज को अपने उन रिश्तेदारों और परिवार वालों की लड़कियों की शादी करेंगे जो या तो बेघर हुए डोल रहे हैं या फिर जेल की सजा काट रहे हैं लेकिन बाबा के कहने का आखिर क्या मतलब हो सकता। देरू ने तो यहाँ तक सोच लिया कि बाबा कहीं उन्हें पुलिस के जाल में तो नहीं फँसाना चाहता है।

"पर बाबा, हमें मालूम कैसे होगो कै कौन मोड़ी कहाँ क्वारी बैठी है?"

देरू ने कहा तो गुसाईं बाबा का साहस बढ़ा। वे बोले—"वह जानकारी हमारे पास है। अगली अख़तीज को कुछ की शादी हम करा रहे हैं, बाकी की तुम लोग करा दोगे तो बड़ा काम होगा।"

उधर बाबा के सामने खड़ा राजा थोड़ा अकुला उठा था। पता नहीं क्यों उसे गोसाईं बाबा में कोई फरेब नज़र नहीं आ रहा था। वह सोच रहा था कि यह बात अखबारों में आ गयी है कि पाल गैंग अगली अखतीज को इलाके की तमाम गरीब लड़कियों की शादी कराएगा। फिरौती का मिला बीस लाख रुपया गैंग इस काम पर खर्च करेगा। इसलिए राजा सोच रहा था कि पुलिस इतनी आसानी से ये काम होने नहीं देगी। इसलिय ये ठीक रहेगा कि ये काम बाबा को सौंपा जाये और इसी ठाकुर देव के स्थान पर सबका सामूहिक विवाह हो।

उसने देरू के कान में वही बात कह दी। देरू के मन में भी शायद वही बातें कुल-बुला रही थीं। इसलिए उसने बाबा से फौरन कह दिया—"पर बाबा! जे काम जो हम करेंगे तो पुलिस कब करन देगी। हमाई राय तौ जे है के जा काम को आप करैं। जो चाहें सो आस-पास के गाँव वारन की मदद लैले!"

"गाँव वाले क्या मदद कर सकते हैं बेचारे। उनके पास तो दो जून खाने को भी नहीं है,...।"

बाबा ने कहा तो राजा ने मुस्करा कर हाथ हिलाया और कहा—"नाय बाबा! मदद की वो बात नाय है, वो तौ सब हम करैंगे। पर मोड़ा-मोड़िन वारन को तो गाँव वारेई समझायेंगे और झे कामऊ तौ गाँव वारेई करैंगे।"

और फिर बाबा ने खुशी-खुशी हामी भर ली। और वे लोग चले गये।

और ठीक अखतीज के दिन ठाकुर देव की मढ़ी के पीछे की ओर जो छोटा-सा घसियल मैदान पड़ा है वहाँ दूर-दूर से आये लगभग दौ सौ जोड़े शादी के बन्धन में बन्ध गये। उनमें कुछ लोग वे थे जिनके परिवार का मुखिया या तो जेल काट रहा था या फिर परिवार को लिए मारा-मारा डोल रहा था। या फिर

आस-पास के गाँव के कुछ ऐसे परिवार थे जो घोर गरीबी के चलते अपने बच्चों की शादी-ब्याह नहीं कर पा रहे थे। बाबा ने हर जोड़े को कपड़े दिये, वधू को कुछ जेवर दिये और हर एक को गृहस्थी के वर्तन भी दिये। गुसाईं बाबा की खूब वाहवाही हुई और कमाल की बात यह हुई कि जंगल के बाहर के पूरे इलाके में पुलिस मुस्तैदी से गस्त करती रही थी। जिन-जिन गाँवों में शादियाँ थी उनमें खासतौर से पुलिस चौकसी बरतती रही। जंगल के अन्दर का हाल पुलिस वालों को कई दिन बाद मालूम हुआ। और जब मालूम हुआ तो बाबा की मढ़ी को घेर लिया गया वहाँ कुछ सुराग नहीं मिला तो बाबा को दस्यु अधिनियम की वही धारा 11-13 के तहत जेल भेज दिया गया।

66

पाल गैंग गोवर्धन की परिक्रमा करके आया था और मढ़ी खेड़ा जंगल में ठहर गया था।

घाटी के लोग बताते हैं कि आजकल गैंग के उड़ने की रफ्तार काफ़ी कम हो गयी है। वैसे भी इधर के जंगल की जिन्दगी काफ़ी सीमा तक छिन्न-भिन्न हो गयी है—खण्ड-खण्ड और खोखली भी। क्योंकि वहाँ का आदमी जिधर भी नज़र दौड़ाता है उधर ही सब कुछ उजड़ा-उजड़ा नज़र आता है—उजड़ा और तवाह हुआ। चारों और जमीनें खुदी पड़ी हैं, जंगल पत्थर खदानों ने पहले उजाड़ डाले हैं। कोई मौसम ठिकाने से आ नहीं रहा है—खास तौर से वर्षा पाँच साल से रुला-रुला के हुई है। कोई बाहर से आ नहीं रहा है। स्कूल वर्षों से बन्द पड़े हैं और सरकारी काम कतई ठप्प पड़े हैं—सिवा पुलिस के काम के। जंगल के सारे खरक बन्द पड़े हैं; रातों में पसर चराना एकदम बन्द...फिर भी ऐसा नहीं है कि यहाँ का आदमी कतई पस्त पड़ गया है। थक हारकर बैठ गया है या टूट कर बिखर रहा है। क्योंकि ऐसा इतिहास में पहले भी न जाने कितनी हुआ है? कितनी बार उसने सहा और झेला है। उसने ही नहीं बल्कि उसके पुरखों ने भी और पुरखों के पुरखों ने भी। वह आज भी अपने हालात पर आँसू नहीं बहा सकता है, बल्कि मुस्कराता है और मौका मिलते ही खुलकर हँसता है। और तो और पुलिस और गैंग की हर चाल को उस आदमी से ज्यादा अन्य कोई नहीं समझ सकता है...यदि गैंग एक जंगल को छोड़कर दूसरे में गया है तो यहाँ का आदमी फौरन बता सकता है कि अब वहाँ क्या घटित होने वाला है। यदि गैंग थोड़े-थोड़े समय के बाद स्थान बदलने लगे तो वह जान जाता है कि पुलिस और गैंग की जुगलबन्दी ठीक नहीं चल रही है। कौन सा तार खिच रहा है और कौन सा ढीला हो रहा है? और यदि गैंग किसी स्थान पर लम्बे समय तक ठहरा रहे, नदी में खूब किल्लोल कर-कर के नहाए और रोज गोठ मनाए—दाल-बाटी या बाफले

उड़ाए तो यहाँ का आदमी फौरन ताड़ जाता है कि दोनों पक्षों के बीच तार ठीक से मिले हुए हैं। इसका दूसरा अर्थ यहाँ का आदमी यह भी लगाता है कि कोई बड़ी गोह फँसने को है।

गुरू पूर्णिमा से एक सप्ताह पहले इस इलाके में पहली बारिश हुई थी और परिक्रमा के बाद गैंग जब इस इलाके में आया तब तक चारों तरफ हरियाली की चादर बिछने लगी थी। गैंग गोराखेत में ठहरा था। गोराखेत के सहराने में राजेन्द्र सहरिया की बहन का घर है। इस मौसम में इधर के इलाके में गोठ का खूब चलन है। किसी भी हरे भरे सुरम्य स्थान पर दाल-बाटी और बाफले इत्यादि खाने का मजा कुछ और ही है। वही मजा पाल गैंग उस समय जमकर उड़ा रहा था। वहीं पास में ही नदी है और थोड़ा आगे चलकर बाँध बन रहा है। बाँध पर निर्माण सामग्री उपलब्ध कराने का सबसे बड़ा ठेका सेठ मालचन्द का था। सेठ की पत्थर-खदाने खासतौर से उसी क्षेत्र में थीं। कहने वाले यह भी कहते थे कि इधर गैंग जितने समय रहता था उतने समय उसके खान-पान, शौक-मौज की पूरी सुविधा सेठ की ओर से प्राप्त होती थी। शायद इसीलिए सेठ पूरी निडरता के साथ बाँध पर भी घूमता था, काम का मुआयना करने दूर बाँध के आखिरी छोर पर कटाकट जंगल में जाता था और खदान पर माल ट्रक में लदवाने आदि के लिए जाता था। अगर कोई पुलिस वाला उसे राय दे कि वह पुलिस की टुकड़ी के साथ ही उधर जंगल में जाया करे तो वह तपाक से बोल देता—“आप अपनी हिफाजत कर लो तो वही बहुत है साहब। अपने साथ तो भगवान वर्धमानका आर्शीर्वाद है। कोई गैंग-वैंग अपना बाल बाँका नहीं कर सकता।”

अगर पुलिस अधिकारी नया होता तो सेठ की बात उसे बुरी लग जाती। वह भी सेठ की बात सुनकर वैसा ही तीखा जवाब देना चाहता लेकिन पास खड़ा दूसरा अधिकारी आँख का संकेत करके उसे वैसा करने से मना करता। फिर अकेले में उसे सेठ की हकीकत बताता। वैसे वहाँ बाँध पर काम करने वाले जानते थे कि सेठ की पहुँच राजनीति में बहुत गहरी है। लेकिन यह बात थोड़े-से लोग ही जानते थे कि गैंग को वह प्रति महीने के हिसाब से भुगतान करता है, असली अकड़ तो वहाँ से पैदा हुई है। तीन-चार साल पहले जब सेठ ने यहाँ काम शुरू किया था, पुलिस को सेठ पर शक तभी से हुआ था कि वह गैंग को पैसे देता है और उसीके बल पर वह पुलिस की कोई परवाह नहीं करता है। तब डी.आई.जी. रोशन सिंह नवलखा ने एस. पी. स्वरूप कान्त माणिक को इस बात की जाँच करने को कहा था कि वह गैंग से किस स्तर पर मिला हुआ है और उसके बदले में गैंग सेठ को क्या फायदा पहुँचाता है। जब तक सेठ की जांच और उसपर कार्यवाही होती उससे पहले ही एस.पी. माणिक और डी.आई.जी. नवलखा का ट्रांसफर हो गया था।

तब से लेकर आज तक सेठ के क्रिया कलापों में कोई खास अन्तर नहीं आया है।

आजकल पुलिस विभाग में एस.डी.ओ.पी. करैरा बाँध क्षेत्र पर खासतौर पर नज़र रखता है। जब गैंग पर खास तौर से उस इलाके में नज़र रखने का काम उसे दिया गया है तो सेठ पर नज़र रखना भी उसी का हिस्सा है। वह धीरे-धीरे सेठ के नजदीक पहुँचने की कोशिश करता था। वह सेठ की सुरक्षा के बारे में चिंता जाहिर करता। गैंग की लोकेशन पर कभी-कभी बात करता और खासतौर से पुलिस प्रशासन के बारे में बात करता; लेकिन मालचन्द सेठ उसकी किसी भी बात को गम्भीरता से नहीं लेता था। उसे निहायत बच्चा समझकर उसी स्तर का जवाब देता—बहुत ही चालाकी पूर्ण और टालमटोल वाला जवाब। वह चलते-चलते कुछ ऐसा बोल जाता था जैसे वह पाल गैंग से ही कतई अनभिज्ञ है और पुलिस गैंग का हौवा खड़ा करके लोगों को डराती है। पुलिस गैंग के नाम पर भारी कमायी कर रही है। उधर सरकार को भी अच्छा चूना लगाया जाता है और इधर जनता को डाकू अधिनियम में फँसाकर अच्छी कमाई कर रहे हैं पुलिस वाले।

लेकिन कभी-कभी एस.डी.ओ.पी. अपने मकशद में सफल जरूर हो जाता। सेठ अपनी गोपनीयता और घाघपने को उठाकर एक ओर रख देता और अपने दबंगपने के चलते वह कभी-कभी डाकुओं के बारे में ऐसा बोल जाता था कि डाकूओं के प्रति उसकी पक्षधरता स्पष्ट होती थी। न केवल इतना अपितु उसे तो यह भी ज्ञात हो चुका था कि कम्पनियों से वसूल किये पैसे में से काफी कुछ वह खुद ही हज़म कर जाता है। और उस बात का पता डाकूओं को भी लग चुका है। यह बात भी एस.डी.ओ.पी. के सामने सेठ ने ही उसी हेकड़ी में उगली थी।

एस.डी.ओ.पी. इसी तरह की विस्त्रित रिपोर्ट अपने अधिकारियों को सौपने वाला था लेकिन उससे पहले वह हादसा घटित हो गया।

मालचन्द सेठ की पकड़ पाल गैंग ने कर ली।

लेकिन वह हुआ कुछ इस तरह से। कुँवर सिंह के पास दोपहर बाद चार बजे फोन आया कि वह तैयारी के साथ ठीक पाँच बजे बाँध पर आ जाये।

फोन सेठ का था और उसे अटेंड करते ही एस.डी.ओ.पी. थोड़ी देर के लिए तो चकरा गया। समझ ही नहीं पा रहा था कि आखिर क्या इरादा है सेठ का। फिर भी हॉक फोर्स के पाँच लड़के वहाँ उपलब्ध थे उन्हीं को साथ लेकर चल पड़ा। रास्ते में कुछ देर के लिए वह नरवर रुका। वहाँ जो फोर्स पड़ा था उसको तैयार रहने को कहा और यह भी बता दिया कि फोन पर संकेत पाते ही दश मिनट में बाँध पर पहुँचना है।

बाँध पर वह सीधा सेठ के कैम्प में पहुँचा।

वहाँ जाकर जिससे भी सेठ के बारे में पूछा वह एक ही जवाब देता—"वे तो चार बजे ही शिवपुरी चले गये।"

उसे बड़ा आश्चर्य हुआ। चार बजकर दश मिनट पर तो उसने फोन पर बात की है और फिर चार बजे शिवपुरी कैसे चले गये। साथ ही सेठ की पानी की बोतल,

टिफिन और ब्रीफकेस वहीं रखे थे। जो हमेशा शिवपुरी से उसके साथ आते थे और उसके वापस जाते समय शिवपुरी उसी के साथ जाते थे।

वह घूमते-घूमते बाँध के ऊपर चला गया। वहाँ भी कुछ लोगों से पूछा जो कुछ नहीं बता सके। कई बार फोन से सम्पर्क करने की कोशिश की लेकिन सफल नहीं हो सका। वह ऊपर से फिर नीचे कैम्प पर आ गया और यह देखकर चौंक गया कि वहाँ उसका बड़ा भाई बैठा है। उसके चेहरे पर हवाईयाँ उड़ी हुई थीं।

उससे भी एस.डी.ओ.पी. की बात हुई तो उसने भी कहा कि एक ज़रूरी काम आ जाने से मालचन्द शिवपुरी गया है, अब तो आप की कल ही भेंट हो पाएगी उससे।

फिर वह अन्दर ही अन्दर से झल्लाता हुआ अपने हेडक्वाटर को वापस चल दिया। लेकिन उसके मन में यह बात बार-बार कुलबुला उठती थी कि कोई न कोई गड़बड़ी जरूर हुई है।

उसे कुछ नरवर में काम था। लगभग एक घण्टा वहाँ लग गया और फिर उसकी जीप वापस करैरा रोड पर चल पड़ी। थोड़ी देर के बाद मोबाइल पर एस.पी. ने काल किया।

"हैलो!..."

"है लो सर। मैं कुँवर सिंह!..."

"कहाँ हो तुम...?"

"मैं बाँध से जा रहा हूँ, नरवर करैरा के बीच में हूँ सर!"

"क्या? तुम बाँध से जा रहे हो, और तुम्हें कुछ मालूम नहीं?..."

"नहीं सर!..."

"तुम तुरन्त लौटकर आओ। सेठ किडनेप हो गया है। ए.एस.आई. का फोन आया है। उसके बड़े भाई ने रिपोर्ट लिखाई है। साड़े चार बजे ऊपर खदान में दो लोगों के साथ गया था। वहीं किडनेप हुआ होगा...तुम जल्दी आओ, मैं बाँध पर पहुँच रहा हूँ।।"

"मैं आ रहा हूँ सर!..."

और उसने ड्राइवर से जीप मोड़ने को कहा। जीप मुड़कर जब पीछे को दौड़ने लगी तब उसकी समझ में आया कि असली माजरा क्या था। लेकिन वह यह नहीं समझ पा रहा था कि सेठ ने उसे फोन किस उद्देश्य से किया था?

67

मालचन्द सेठ की पकड़ का काफ़ी हड़कम्प मचा था।

बाँध पर अफरा तफरी मच गयी थी। बाहर की कुछ कम्पनियों में लगे लोग इसके बाद काम करने को तैयार नहीं थे। उधर सिचाई विभाग के इंजीनियर और

अधिकारी भी बाँध पर पैर रखने को राजी नहीं थे। चीफ मिनिस्टर कई बार आ चुके थे। अन्य नेता भी इसी बहाने से हवाई सर्वेक्षण कर रहे थे। पुलिस विभाग की एक बार फिर काफी बदनामी हुई थी। किसी अधिकारी को जवाब देते नहीं बन रहा था। पुलिस जब कभी किसी घटना के बारे में जवाब नहीं दे पाती है तब जनता की ख्वारी करने पर आमादा हो जाती है। यहाँ की एक कहावत है कि 'बाप मैयो के लयेंई मरद है।'

पुलिस ने फिर लगभग डेढ़-दो हजार लोग इधर के जंगलों में उतार दिये। सभी तरह की पुलिस फोर्स और उसके अधिकारी मानो जंगल को छलनी लेकर छान रहे थे। इस इलाके में अभी उस पीढ़ी के कुछ लोग मौजूद हैं जो राजा-महाराजाओं के शिकार में सम्मिलित हुए थे। खासतौर पर हाँका लगाने वाली टोली में रहे हैं। वे जंगल में जब इस तरह से पुलिस को उतरते देखते हैं तब उन्हें वही अपने बचपन के समय की शिकार की याद आने लगती है और अपने नाती-पोतों को वे उससे सम्बंधित किस्से बढ़-बढ़कर सुनाने लगते हैं। क्या पता उनके नाती-पोते अपने नीती-पोते को आज की पुलिस के ये बहादुरी के किस्से ठीक ऐसे ही बढ़-बढ़कर सुनाएँ। लेकिन वे इतना ज़रूर कहेंगे कि उनके दादा ने तो कई बार शेर को मरते देखा था लेकिन उन्होंने चूहे को भी मरते नहीं देखा।

ऐसे बड़े अभियान में जब पुलिस पूरी तरह असफल रहती तो खीजकर कोई न कोई ऐसा कारनामा कर गुजरती जो पूरी तरह से जनविरोधी होता; लेकिन चल इसलिए जाता कि यहाँ की जनता में कतई दम नहीं थी और जन प्रतिनिधि जनता से भी ज्यादा पिलपिले थे। वे हर बात के लिए 'महल' की ओर इस तरह से ताकते थे जैसे कोई निहायत अपंग बच्चा रास्ते पर जाते-आते लोगों को देखता रहता है।

हाँ, तो उस अभियान के बाद दो कार गुजारियाँ जनता को नाथने या दुहने के लिए शुरू कर दी गईं। पहला करिश्मा तो यह था कि इलाके के तीन सौ खाते-पीते परिवारों की लिस्ट तैयार कराई गई, जो एक खास जाति के थे और उनके बारे में यह प्रचार कराया गया कि ये लोग पाल गैंग से मिलने वाले पैसे से लखपति हुए हैं। उनकी सम्पत्ति का ब्योरा तैयार कर लिया गया है उसे शीघ्र ही कुर्क कराया जायेगा। पुलिस के इस कारनामे से इलाके में जो हड़कम्प मचा वह देखने काविल था। लोगों ने आनन-फानन में अपनी जमीनें बेच डाली, अच्छी-भली खदाने छोड़कर लोग बैठ गये...यहाँ तक कि कुछ लोगों ने जानवर जंगल में बेड़ि दिये और उस नई बला से पीछा छुड़ाने को भागे-भागे डोले।

और एक दूसरा ऐसा ही काम पुलिस ने यह किया कि जंगल के कई थाना क्षेत्रों में अघोषित कर्फ़्यू लागू कर दिया था। उन गाँवों के आदमी को कहीं आते-जाते समय पुलिस की पर्ची लेनी होती थी, वह गाँव से कहीं हाट-बाजार जाये, किसी काम से पड़ोस के गाँव में जाये, जंगल में पसर चराने जाये या खरक पर दूध लेने

जाये, वहीं पुलिस की पर्ची जरूरी होती थी। जिस आदमी पर पुलिस की पर्ची नहीं होती या पर्ची पर किसी दूसरे का नाम लिखा होता तो पुलिस उसे पकड़कर हवालात में बन्द कर देती या चालान कर देती। पूरे इलाके के लोगों के लिए ये मुसीबत और भी बड़ी थी। खेती-किसानी, दूध इत्यादि का सब काम बारह बाट हो रहा था।

इलाके का आदमी अबकी बार इतना तंग आ गया जितना पहले कभी तंग नहीं आया था। वह चाहता था कि पाल गैंग से जितना जल्दी पीछा छूटे उतना जल्दी छूटना ही चाहिए।

और उसी समय पाल गैंग भगौरी के जंगल में सेठ की पकड़ को लिए पड़ा था।

कई दिन से रिमझिम-रिमझिम पानी बरस रहा था। जंगल के रास्ते सब के सब गीले और कीचड़ भरे पड़े थे। उन रास्तों पर आमोदरफ़्त बहुत कम हो गयी थी। खैर के एक झुरमुट में वही काली त्रिपाल तनी थी और नीचे मटमैले रंग की दूसरी बिछी थी। उसके लगभग बीच में देरू, प्रीतम और राजा बैठे थे। मालचन्द सेठ उनसे थोड़ा हटकर बैठा था। राजा सेठ की ओर देख-देखकर मुस्करा देता था। इन सात-आठ दिनों में ही सेठ की हुलिया बदल गयी है—बदल नहीं बल्कि बिगड़ गयी है। उसकी बगल में बैठे दो लोगों की भी वही हालत है।

"सेठ आगे बढ़ आओ, पीछे बूदें गिर रई हैं।..."

राजा ने उससे कहा तो राजा की बगल में बैठे देरू को सेठ ने निहायत करुणामयी दृष्टि से देखा। वह मानो भरे हुए गले से बोला—"देरू भैया! हमें कब छोड़ा जायेगा?..." देरू ने पलक उठाकर उसे देख भर लिया, कहा कुछ नहीं।

राजा की आँखों में थोड़ी सुर्खी आ गयी। वह थोड़ा तल्ख स्वर में बोला—"सेठ, अबै कितनी बेर और बता नो होगो?...जब हमाये हाथ में पैसा आ जागो वाई वखत तुमाई बिदा हो जागी।"

"पर कितना रुपया हमे देना है सो तो मालूम हो?" सेठ ने झल्ला के कहा।

"देखो, जे बातऊ हमनने तुमें समझाई है। हमन पकड़ ते लैन-दैन की बात नाय करत हैं।"

"क्यों नहीं करते हो, देना तो सब कुछ हमको ही पड़ेगा, तो फिर हमसे बात क्यों नहीं कर रहे तुम लोग। मैं कोई बच्चा हूँ जो सुनते बेहोश हो जाऊँगा।"

अबकी बार उसकी बात सुनकर देरू ने भी मुह बना लिया। थोड़ी खीज़ के साथ वह भी बोला—"तुम बच्चा तो नाय हो फेर हमै जितने चाहिए उतने तुमाई जेब में धरे हैं का जो तुमन ते हम मगज पच्ची करें!..."

"फिर भी हमें कुछ तो मालूम हो!..."

"मालुम होवे चइए तौ सुनौ, तुमन ते हमन कों एक करोड़ चइए सेठ!...और

जे तुमाई बगल में बैठे हैं, इन ते दस-दस लाख चइए!"

देरू ने इतना कहा तो मालचन्द सेठ का चेहरा पीला पड़ गया और उसके साथ के दोनो छोकरे रो पड़े।

"इतना तो कैसे भी नहीं हो पाएगा भैया!"

सेठ ने फिर कहा और बुझी-बुझी आँखों से देरू को देखता रहा।

"इतनो नाय होगो तौ और कितनो है सकत है सेठ!"

"तीन लाख तुमने माँगा था उसमें डेढ़ लाख आप लोगों के पास पहुँच गया है, डेढ़ लाख और बचा है वही दे दूँगा।"

"बहुत भोले बनते हो सेठ, गये दो-तीन साल में पाँच करोड़ बाँध से कमाओ है,वा को हिस्सा हमाओ बनत है। बाकी तीन लाख तो वो है जो तुमने हमाये नाम पै दूसरे लोगन ते वसूलो है।"

"मेरा सब कुछ बिक जायेगा तो भी इतना नहीं होगा भैया! कुछ तो रहम करो! मैंने खूब तुम्हारी सेवा की है वा क्षेत्र में। पुलिस को कभी भेद नहीं दिया है तुम्हारा!"

और सेठ डीक फोड़कर रोने लगा था।

अब तक पानी बरसना बन्द हो चुका था, लेकिन आसमान पर बादल वैसे ही घने थे और उमस पहले ही जैसी थी। लेकिन सब लोगों को भूख सता रही थी। टेकरी गाँव से बादशाह सिंह के यहाँ से खाना बनकर आना था जो अब तक आ जाना चाहिए था। देरू की चिन्ता बढ़ रही थी। बादशाह सिंह के पीछे आजकल पुलिस पड़ी हुई है। वह उन तीन सौ लोगों में से है जिनका नाम पुलिस की लिस्ट में है। फिर डाकूओं की खातिरदारी में कोई कसर नहीं रहती है, उसके क्षेत्र में।

थोड़ी देर के बाद गाँव से दो आदमी खाना लेकर आ गये। कढ़ी और चपातियाँ वहाँ से आयी थी। घी उनके पास काफी मात्रा में था। सबने बड़े चाव से खाया था लेकिन सेठ और उसके साथ के दोनों लोगों ने बहुत थोड़ा खाया था।

"...पर देरू भैया, मेरे बड़े भैया से मेरी बात करा दो।..." सेठ ने टूटते हुए स्वर में कहा था।

देरू ने फिर बुरा-सा मुँह बना लिया।

राजा फिर झल्लाकर बोला—"सेठ, बड़ो बेढब मामलो है तुमाओ! और कितनी बार समझाने पड़ौगे? झें ते कोऊ टाबर नाय मिलत है। फौन करवे को पाँच मील दूर सुभाष पुरा पै जानो होत है।"

"तुम मेरा मोबाइल तो हमें दे दो! कहाँ है मेरा मोबाइल?" सेठ ने अकुलाकर कहा, जो मानो किसी ने नहीं सुना।

उन सब की चुप्पी सेठ की बेचैनी को बढ़ा रही थी। घबराहट इतनी बढ़ गयी थी कि वह वहीं त्रिपाल पर लेट गया था। वहीं पास खड़ी एक छोटी-सी झाड़ी पर राजा की तौलिया पड़ी थी, वही खीचकर मुँह पर डाल ली थी।

थोड़ी देर के बाद टेकरी के पीछे की तरफ से एक खास तरह की आवाज आयी। वह सुनते ही उन सबने अपने-अपने हथियार सँभाल लिए। देरू ने राजा को संकेत से कहा कि जाकर देखे, कौन है। लेकिन राजा ने थोड़ी बेफिक्री के साथ कहा–"कोऊ नाय है,...धीरा की आवाज है। राजेन्द्र और वो, दोनों होंगे!"

"तैं जाके देख, मोय भरोसो नाय है,...एक लंबर के भड़िया है दारी के।"

देरू ने कहा तो राजा मुस्कराता हुआ उसी ओर चला गया जिस तरफ से आवाज आयी थी।

थोड़ी देर के बाद राजा लौटकर आया तो उसके साथ धीरा और राजेन्द्र भी थे। देरूने उन दोनों को ऊपर से नीचे तक दो-तीन बार देखा। देरू ने इस तरह से देखने की अदा और उसके निहितार्थ अब तक सबको मालूम हो गये थे। वह इस तरह से देखकर किसी भी आदमी के अन्दर बुने जा रहे खास और घातक विचारों को फौरन ताड़ जाता था।

उस दिन जब उन दोनों से देरू संतुष्ट हुआ तो पूछा–"कऊँ खावे कों मिलौ कै नाय? हमन तौ सब खवे खवाये बैठे हैं।..."

तभी राजेन्द्र आदिवासी ने मुस्करा के जवाब दिया–"तौ ठीक है, हमऊँ नाक तलक ठुसे हैं। तुमन्ने तौ गूजर के घर को मठा को झोल पिओ होगो, हमन्ने तौ झिकके मुर्गा खाओ है।..."

"और जा काम कों गये हे ते कुछ भओ का?..."

"हौ, वोऊ है गओ।..."

"कैसे?..."

"सेठ पन्द्रह कम पै राजी भओ है। इन दोनों केऊ तीन-तीन कम...।"

कुछ देर तक देरू ने सोचा और फिर कहा–"चल ठीकई है,...।"

थोड़ी देर के बाद राजेन्द्र फिर बोला–"मैंने भेंई बाँधके पीछे की बात की है। पत्थर वाले ट्रक में रख के...।"

अब तक सेठ उठकर बैठ गया था। शायद वह भी राजेन्द्र और देरू के बीच का वार्तालाप समझ गया था। उसके चेहरे के भाव जल्दी-जल्दी बदल रहे थे।

68

गरीब लड़के-लड़कियों की शादियां कराने के दंड स्वरूप उन्हें जेल जाना पड़ा था और वहां गुसाईं बाबा ने थोड़े समय में ही जेल के लोगों का मन जीत लिया था।

उनके व्यवहार और क्रिया कलाप में कुछ ऐसी सादगी और सहजता थी कि जो देखता वही लुभ जाता था। उनके सामने नतमस्तक होने लगता। उनका

पूजा-पाठ, उनका प्रबचन और यहाँ तक कि उनकी सामान्य बातचीत में भी बेहद सादगी थी। जेल अधीक्षक सत्तार अहमद बाबा से काफी प्रभावित थे। वे खुद उनका प्रवचन गहरी तन्मयता से सुनते थे और कुछ दिनों के बाद तो अधीक्षक महोदय कैदियों के बीच में उपदेश कराने के लिए बाहर से बुलाए जाने वाले सन्त-महात्मा या विद्वानों पर रोक लगा दी और वह काम पूरे तौर पर गुंसाईं बाबा को सौंप दिया।

जेल में अनेक कैदी ऐसे थे जो शांति से रहना जानते ही नहीं थे। हमेशा तोड़-फोड़, मार-पीट और लड़ने-झगड़ने में ही लगे रहते थे। वे वार्डन तो क्या अधीक्षक तक का कहना नहीं मानते थे। जब कि कभी-कभी उनके लिए पुलिस बुलानी पड़ती थी। लेकिन गुसाईं बाबा के आगे वे लोग भी हाथ बाँधे खड़े रहते थे। बाबा जो काम करने के लिए कहे वह सिर झुकाकर स्वीकार करते थे। अधीक्षक ने तो उन्हें जेल की किसी बैरक में बेरोक-टोक जाने को अधिकृत कर रखा था और वे बाबा का इस्तेमाल शरारती कैदियों को रास्ते पर लाने के लिए अक्सर करते थे।

एक बार जेल अधीक्षक ने रात्रि के समय उन्हें अपने बँगले पर बुलाया था। लेकिन जब बैरक से निकालकर उन्हें ले जाया जा रहा था तब बाबा की समझ में कुछ नहीं आया था। बल्कि वे एक तरह से डर गये थे। क्योंकि वे जानते थे कि जब किसी कैदी को रात्रि के समय यों चुपचाप उसकी बैरक से निकालकर ले जाया जाता है। तब इस बात के दो उद्देश्य होते हैं। लेकिन उन्हें यह तो विश्वास था कि वे कम से कम उन दोनों कामों के लिए तो आयोग्य हैं। लेकिन फिर भी वे जब तक जेल अधीक्षक की बैठक में ले जाकर नहीं बैठा दिये गये और जब खुद जेल अधीक्षक सत्तार अहमद ने उनके सामने वहाँ बुलाने का मक़्सद उजागर नहीं किया, तब तक डरते रहे।

"बाबा जी! जब से आप इस जेल में आये हैं, तबसे आपकी वजह से हमारी कई मुश्किलें आसान हो गयी हैं। हम इसके लिए आप के शुक्रगुज़ार हैं...लेकिन हमारी एक मुश्किल और है। अगर आप की मेहरबानी हो जाये तो वो भी हल हो सकती है।...देखिये ये मत समझ लीजिए कि हम आप पर कोई नाज़ायज़ दबाव बना रहे हैं। आप की मर्जी हो तभी कीजिये!..."

गुसाईं बाबा ने आँखें पूरे तौर पर खोलकर उन्हें देखा। जेल अधीक्षक महोदय बाबा की नज़र से नज़र नहीं मिला सके।

"ऐसी क्या मुश्किल है आप की जिसे मैं ही हल कर सकता हूँ?"

गुसाईं बाबा ने कहा तो जेल अधीक्षक कुछ देर तक सोचते रहे और फिर बोले—"आप को शायद मालूम होगा कि यहाँ जनाना वार्ड में देरू और राजा की बड़ी बहन बन्द है—गंगाश्री। वो वैसे तो काफ़ी समझदार औरत है लेकिन जबान की काफी हल्की है। यहाँ जेल के अन्दर बहुत शरीफ़ इन्सान के तौर पर रहती है। किसी से कभी ऊँची आवाज में बोलती नहीं सुनी गयी। लेकिन पुलिस वालों को देखते

ही मानो पागल हो जाती है। अच्छे-अच्छे पुलिस अधिकारियों को वो सुनाती है कि वे बँगले झाँकने लगते हैं।...तो मेहरवानी करके आप इतना कीजिये कि वो यहाँ जेल की चौहद्दी के अन्दर किसी से इस तरह का सुलूक न करे।"

गुसाईं बाबा ने जेल अधीक्षक की बातें सुनी और उसे नजर भरकर देख लिया।

"लेकिन मैं तो किसी औरत से बातचीत नहीं करता हूँ साहब! और खास तौर से अकेले में तो बात हरगिज नहीं करता।...ये तो मेरे स्वभाव में है ही नहीं साहब!"

"नहीं बाबाजी, हम आपसे अकेले में बात करने को नहीं कह रहे हैं। हमें यकीन है कि आप तो उसे अकेले में नहीं, सब के सामने भी समझा देंगे तो मान जायेगी। प्लीज! इतना एहसान हम पर कीजिए।"

फिर बाबा ने गहरी साँस ली और एकाएक उठ खड़े हुए।

अपने बँगले के बाहर तक जेल अधीक्षक उन्हें छोड़ने आया। बाद में वार्डन के साथ वे अपनी बैरक तक गये।

अगले दिन गुसाईं बाबा घूमते-घूमते जनाना बैरक तक चले गये।

जिसने देखा उसको ताज़्जुब हुआ। वार्डन आपस में खुसुर पुसुर करने लगे। लेकिन गुसाईं बाबा मानो किसी को देख नहीं रहे थे।

उस बैरक के आगे एक बड़ा-सा आँगन है जिसमें कई पत्थर की बेन्चें पड़ी हैं। उन्हीं में से एक पर बाबा बैठ गये और एक वार्डन से गंगाश्री को बुलवा लिया। वह आयी और बाबा को देखकर संकोच में पड़ गयी।

बहुत कोशिश करने पर उसका मानो बोल फूटा।

"आप काय आये इं? मोय समझावे कों कै मैं अपयें भाइन को मरवाऊँ?..."

गुसाईं बाबा ने सुना तो वे चौंक गये। सोचने लगे कि जेलर पुलिस की दलाली तो नहीं कर रहा है जैसा गंगाश्री कह रही है वैसे ही किसी काम के लिए उन्हें भी तो कहीं फँसाया नहीं जा रहा है। एक बार तो उन्होंने यह भी सोचा कि वहाँ से उठकर चल दें। लेकिन फिर उन्होंने यह भी सोचा कि जो महिला उनके सामने खड़ी है, ठीक ऐसे बोलती है जैसे मशीनगन से गोलियाँ चल रहीं हों, उसको अपने इरादों से डिगा पाना किसी के वश की बात नहीं है। वह मेरे समझाने से अगर इतना मान जाये कि पुलिस अधिकारियों को गाली न बके तो भी बड़ी बात होगी।

"बाई! मैं तुम्हें ये समझाने नहीं आया कि तुम पुलिस की मदद करो। मैं ये कहना चाहता हूँ कि हर किसी को गाली देना तुम्हें शोभा नहीं देता है और फिर गालियों से कोई समस्या भी हल नहीं होती बाई!"

"विनें मैं गाली नाय दूँ तौ का आरती उतारूँ? मेये पूरे रिश्ते-नाते के लोग जेल में ठूँस दये हैं पुलिस ने। मेई एक मोड़ी की शादी चार साल पहले भई और दूसरी की तीन साल पहले,...दोनों मोड़ी और बिन के आदमी जेल में हैं, मेओ ससुर जेल में, आदमी जेल में और देवर जेल में,...तुम बताओ, वे सब बागी हैं का।"

गंगाश्री ने कहा तो सचमुच बाबा को आगे कुछ कहते नहीं बना। उन्हें लगा कि वह जो कुछ बोल रही है। उसमें झूठ कुछ भी नहीं है। बाबा खुद जानते हैं कि उस इलाके में पाल गैंग वालों के रिश्तेदार ही नहीं मात्र उस जाति के होने से ही न जाने कितने लोगों को सजा काटनी पड़ी है। कई को तो घर-जमीन बेचकर दूसरे इलाकों में जाकर बसना पड़ा है।

"जो तुम कहती हो, वह सच है गंगाश्री, लेकिन किसी को गाली-गलौज करने से क्या होगा, वह बताओ तुम?" बाबा ने उससे पूछा।

"होगो तौ कछु नाय, फेर कलेजा तो ठण्डो होगो अपनो।...वे नासमिटे कबऊँ तौ सरम करैंगे। इतने सारे लोग कहाँ-कहाँ मारे-मारे डोल रहे हैं,...कोऊ बिनकी खबर लैवे वारो नाय है।..."

इतना कहते-कहते गंगाश्री का गला भर आया था। आँखें डबडबा आयी थीं।

बाबा का मन हुआ कि उठकर चले जायें। गुस्सा और वेदना, वेदना और समझदारी से ऐसा खाटी मुकाबला उनका पहली बार हो रहा था।

"बाई, उन निर्दोष लोगों को अकारण सजा मिल रही है, लेकिन उसमें तो तुम्हारे भाइयों का भी हाथ है!..."

"और मेयो भाइन को ऐसो बनावे में कौन को हाथ है?..."

"लेकिन तुम्हारे भाइयों को जिन्होंने इस हालत में पहुँचाया, उनका वे कुछ बिगाड़ पाए क्या? उन पटसेना वालों ने क्या बिगाड़ा था उनका?...भैरोपुरा वाले उन्हें कब डकैत बनाने गये?"

अबकी बार गुसाईं बाबा भी थोड़े तैश से आ गये। उनका तेवर देखकर गंगाश्री भी सोचने को मजबूर हुई कि उसके भाइयों ने ये गलतियाँ तो की है। निर्दोष लोगों को इतनी बेरहमी से मारने वालों का भला कौन पक्ष लेगा। बाबा ठीक कहते हैं और अकेले बाबा क्या कहते हैं, बहुत सारे लोग कहते हैं कि उसके भाई अगर बेकसूर लोगों की हत्याएँ नहीं करते तो घाटी में कोई उनका बाल बाँका करने वाला नहीं था। लेकिन किया क्या जा सकता है? वे जिस योनि में पहुँच गये हैं वहाँ जिन्दा रहने की पहली शर्त है मारना।

गुसाई बाबा ने जब उसे सोचते देखा तो गहरी साँस ली और वह साँस शायद सन्तोष की ही रही होगी। उन्होंने सोचा कि बीज डालना भर उनका काम था, सो पड़ गया है।

अब उसका उगना, बढ़ना, फूलना, फलना मौसम पर निर्भर करेगा, सो उसी के लिए छोड़ देना चाहिए। यही सोचकर वे उठ खड़े हुए और वहाँ से चले गये।

लेकिन गुसाईं बाबा ने जो बीज डाला था वह सचमुच उग आया।

अगली बार जब गंगाश्री कोर्ट में पेशी पर गयी। तब उतनी ज्यादा चीखी चिल्लाई नहीं। पुलिस वालों को या सरकार को उतनी ज्यादा गालियाँ भी नहीं दी और पहली बार यह भी हुआ कि उसने पत्रकारों के सवालों का जवाब भी दिया।

दरअसल उस दिन कोर्ट में थोड़ी देरी से वह पेश हुई थी। कोर्ट के ठीक सामने पुलिस की गाड़ी खड़ी थी। उसकी खिड़की से, जिस पर मजबूत लोहे की जाली लगी थी, गंगाश्री एकटक अपलक बाहर का दृश्य देख रही थी। वह निहायत बाँकी अदा से सबकुछ देख रही थी। दोनों आँखों की पुतलियाँ दायें जाकर कोनों को छू रही थी। इसका अर्थ था कि उसका चेहरा बायें था और दृष्टि दायें थी। माँग का सिंदूर और माँथे पर सिंदूर की टिकुली। सवा सौ किलोमीटर की, पुरानी किस्म की कैदी गाड़ी में बैठकर की गयी यात्रा में मिटर गये थे, फिर भी चेहरे की थकान को गुस्से की पर्त ने कतई ढक लिया था। भीड़ काफी थी, लेकिन लोगों को मजा नहीं आ रहा था। गंगाश्री पेशी पर आये और पुलिस को मुँहभरा गाली न पड़ें तो फिर मज़ा ही क्या। लोग अपना काम छोड़-छोड़कर आये क्यों हैं आखिर! और तो और आज तो सचमुच पुलिस वालों को भी मज़ा नहीं आ रहा था।

"...बाई! आज इतनी चुप क्यों हो? कोई खास बात हुई है क्या?"

"नाय तौ...।"

"फिर भी?...कहीं राखी बाँधने की फिक्र तो नहीं सता रही बाई! रक्षाबन्धन आने वाला है!"

"ऐसे रक्षाबन्धन तौ पाँच बीत गये हैं, तब ते मैने राखी नाय बाँधी है!..."

"क्यों, तुम्हारे तो दो भाई और भी हैं,...?"

"बिन की सजा तो औरऊ बड़ी है, पतो नाय कहाँ-कहाँ मारे-मारे डोल रए होंगे। काये की राखी और काये को रक्षाबन्धन।"

एक अखबार के संवाददाता से बात हो रही थी। तभी दायीं आँख से लुढ़क कर एक आँसू की बूँद गोल-गाल पर आकर ठहर गयी। दोनों पुतलियाँ सजल हो उठीं। लेकिन नज़र का पैनापन फिर भी कम नहीं हुआ। ऐसे चेहरे को किसी हालत में देखने पर दया नहीं आती है। जो आता है उसकी इतनी सहज व्याख्या नहीं होती।

पत्रकार गंगाश्री से कुछ और पूछने वाला था लेकिन उससे पहले उस गाड़ी के आगे एक सफेद रंग की कार आकर रुकी। उसमें से चार लोग नीचे आये, जिनमें से एक कालाकोट पहने हुए वकील थे और एक सत्रह-अट्ठारहसाल का मजबूत कद काठी का छोकरा। उसी छोकरे का घेरा बनाकर अन्य तीन लोग उसे जल्दी से कोर्ट के अन्दर ले गये। तभी भीड़ में से किसी ने कहा—"जे डाकू देरू पाल को मोड़ा है—चार हज़ार को इनामी डकैत,...पुलिस एनकाउन्टर के लयें घूम रई ती और वो झें आके कोर्ट में हाजिर हो रओ है...।"

जिसने सुना वही कोर्ट की ओर भाग चला। जो मेला गंगाश्री के लिए लगा था वही नरेश के लिए लगने लगा।

थोड़ी देर के बाद वह कोर्ट से बाहर निकला तब हथकड़ी में था और पाँच दिन की रिमाण्ड पर पुलिस को सौंपा गया था। मीडिया वालों ने चारों तरफ से घेर रखा था।

उसने दो-तीन बातें ही बार-बार दुहराई—"...मैं कबऊँ जंगल में नाय गओ..."

"मैंने दस साल ते अपयें बाप को नाय देखो...! मैं तौ अपनी नानी के घरै बड़ो भओ हौं।"

अन्त में किसी ने कैदी गाड़ी की ओर संकेत करके उससे पूछा—"वह गाड़ी में कौन बैठा है, जानते हो?"

उसने अपनी बुआ का चेहरा जालीदार खिड़की के पीछे से देखा तो उसके सुकुमार चेहरे पर पता नहीं क्या-क्या भाव लिख गये। अब पुलिस गंगाश्री को एक कैदी गाड़ी से उतारकर कोर्ट के अन्दर ले जा रही थी और नरेश को दूसरी गाड़ी में ले जाने को बिठा रही थी।

69

उस समय पाल गैंग पर अजीब तरह की निश्चिंता छाई हुई थी।

एक करोड़ रुपया बहुत होता है—बाँट कर खाने में भी बहुत होता है। सभी पक्ष मालामाल, सब के खलीथे समासम भरे हुए। फिर कौन किसकी सुरक्षा का खतरा बने? कौन किस से डरे या लुका-लुका डोले। मानो पार्वती घाटी में सर्वआनन्द था। अब गैंग जहाँ पड़ा था वहाँ पड़ा ही रहता। मन होता कि चातुर्मास बिताकर वहाँ से हिला जाये। किसी दूसरे स्थान को प्रस्थान किया जाये। ऐसे ही समय में दीन-दुनिया को जानने समझने का मन होता है, अपने से बाहर निकलकर सोचने-समझने का मन होता है। कुछ दिन पहले एक अट्ठारह-उन्नीस साल का अच्छी शक्ल-सूरत और मजबूत कद-काठी का छोकरा रोज नौ-दश बजे मोटर साइकिल पर आता था। उसी की डिक्की में चार-पाँच हिन्दी के अखबार होते थे जिन्हें वह बाँचकर गैंग वालों को सुनाता था। अभी कुछ दिन से वह गायब हो गया है। दिखाई नहीं दिया है। लेकिन शायद उसकी वजह से ही समाचार पत्रों की कतरन अभी भी आती है और उसे लाता है, नरवर का बाबू हज्जाम और वही देरू और राजा को बाँच-बाँच कर सुनाता है। बहुत बातूनी है। उसे जानने वाले बताते हैं कि और कोई तो एक ही छुरा से दो लोगों को मूड़ता होगा लेकिन बाबू एक छुरा से दर्जन भर लोगों को मूड़ दे और कमाल यह कि हर आदमी के कपाल से खून टपकने लगे फिर भी वह बाबू की तारीफ़ किये बगैर न रहे! वह घोषित रूप से अपनी किसबत बगल में दबाए यहाँ-वहाँ सड़क किनारे ठहरी या कैम्प डाले पड़ी पुलिस के जवानों की हजामत बनाता है लेकिन वह मंडराता हमेशा पाल गैंग के आसपास ही रहता है। और कुछ लोग तो कहते हैं कि सही मानो में वह गैंग का मुखबिर है। गैंग एक खोह में पड़ा हो और पुलिस वाले पूछें तो वह उससे काफी दूर किसी अन्य पहाड़

पर गैंग का मुकाम बता दे और इस सफाई से बताए कि अच्छे से अच्छा पुलिस वाला गच्चा खा जाये।

उस दिन बाबू हज्जाम अपनी किसबत खोले राजा के सामने बैठा था। अभी देरू नीचे से ऊपर नहाकर नहीं आ पाया था। वह आ जाये तो बाबू पेपर कटिंग बाँचकर सुनाएगा दोनों को। उससे पहले वह दाढ़ी-मूंछ, नाखून और बगलों के बाल जिसने कटवाने चाहे उसके काट चुका था। दाढ़ी-मूंछ और बालों की कटिंग अकेला धीरा करवाता है, वह भी वह कर चुका था।

"चल रे, राजा! कुर्ता उठा, मैं तेई बगलन के बाल काट दूँ।..." बाबू ने उस्तरे का ब्लैड खोलकर साफ किया और उसे फिर उस्तरे में लगाता हुआ बोला!

राजा पचफैरा को उलट-फेरकर देख रहा था। वह बोला–"अब तै रहनदै, भैया आ रओ होगो।"

"भैया आ रओ होगो तौ का भओ? बगल के बाल कटवानोऊ कोऊ ओछो काम है?...दारी को, वैसे तो भैया पै हाल चढ़ बैठैगो और मैयो-भैन की ख्वारी करैगो!..."

"तैं अपनो मुँह बन्द करैगो के नाय,...।"

"नाय करौगो तौ, तैं का करैगो?..."

"तौ...बताऊँ का करौंगो?...जा मैगजीन में जितने राउंड है ते तेये सीने में उतार दूँगो।"

अबकी बार बाबू को लगा कि राजा जो कुछ कह रहा है वह कर भी सकता है। सारी दुनिया जानती है, एक नम्बर का सिर फिरा है। मंजूपाल के चार मोंड़न में से सबसे ज्यादा गुस्सैल है। जब गुस्सा करता है तो आगा-पीछा कुछ नहीं देख पाता है। देरू जैसा आदमी भी इसके गुस्से से हार मान गया है। लेकिन नाई को उसका गुस्सा देखकर और ज्यादा मजा आता है। वह उसे और भी ज्यादा छेड़ने लगता है।

"अब कुर्ता ऊपर कों उठाएगो कै नाय, मैं काट दौं बगल के बाल?..."

उसने कहा तो राजा ने पचफैरा एक ओर रख दिया और दोनों हाथों से कुर्ता पकड़कर बाँहें ऊपर उठा दीं। बाबू ने बारी-बारी से दोनों बगलों के बाल काट दिये। राजा की छाती पर एक बार धीरे से हाथ फेरा और आत्म-मुग्ध होकर देखता रहा। क्या सुरीला जवान है किसी भले काम में लगता तो सब की भलाई होती।

राजाने कुर्ता जस का तस छोड़ दिया। वह बाबू को घूर-घूरकर देखने लगा। तब तक देरू नहा के आ गया।

वह जैसे ही बैठा वैसे ही बाबू बोला–"देरू भैया कछु बाल-आल तौ नाय कटवाने,...नाखून-आखून कछु?"

"नायरे! मैं नहावे के बाद कछु नाय कटवात हौं।...तैं अखबार नाय लाओ?"

देरू ने उससे पूछा तो वह फिर तुरन्त बोला–"अरेऽऽ हाँ! मैं तौ भूलई

गओ!" फिर अपनी किसबत को खोलकर उसकी तली पर मुड़ा हुआ रखा एक कागज निकाला और उसको खोलता हुआ बोला—"आजके अखवार में तुमाये लाइक तो कछु हो नाय,...फेर जे यू.पी. के एक डकैत की खबर जरूल छपी है।...कुछ अपयें झें कीउ खबरे हैं।"

"यू.पी. के डकैत की...? राजा ने चौंककर देखा और पूछ लिया—"यू.पी के कौन से डकैत की खबर है?"

"जे है,...निर्भय सिंह गूजर!..." बाबू ने कहा।

राजा अकबका कर उसे देखता रहा लेकिन देरू को मानो उस समाचार में कोई रुचि नहीं थी। लेकिन बाबू का ध्यान राजा के चेहरे की ओर अधिक था और वह ताड़ गया था कि उस समाचार को वह विस्तार से सुनना चाहता है।

वह अखबार में लिखा पढ़ने लगा—"कल रात के नौ बजे उत्तर प्रदेश एस.टी. एफ. की टुकड़ी और निर्भय डाकूदल के बीच हुई मुठभेड़ में निर्भयसिंह मारा गया।. ..यह मुठभेड़ औरैया जिले के अजीतमल थाने की सीमा में जमुना के बीहड़ में हुई थी...।"

बाबू की निगाह एकाएक राजा के चेहरे पर जाकर ठहर गयी । वह चेहरा एकाएक बुझ गया था। आँखों में वेदना अमा नहीं पा रही थी। और वह समझा नहीं कि राजा को एकाएक क्या हो गया।

बाबू ने डरते-डरते फिर पढ़ना शुरू किया—"...निर्भय वही औरैया जिले के एक गाँव का रहने वाला था।...वह लम्बे समय से जमुना-चंबल के बीहड़ों में सक्रिय था...म.प्र. और उ.प्र. दोनों राज्यों में 239 मामले दर्ज थे, उस पर...।

थोड़ी देर के लिए रुककर उसने राजा का चेहरा एक बार फिर देख लेना चाहा। लेकिन उस चेहरे पर क्षोभ और भी गाढ़ा हो गया था। लेकिन देरू और गैंग के अन्य लोगों की उत्कण्ठा उस समाचार के प्रति बढ़ गयी थी। इसलिए उसने पढ़ना जारी रखा—"...निर्भय ने तीन औरतों से शादी की थी—उनमें से दो दूसरे डाकुओं के साथ भाग गयी और एक को उसने गोली मार...।"

"हेऽऽ तैं बन्दकर जे कथा मोड़ीचोद गुंडा की...।"

देरू इतना कहकर उठकर चला गया। राजा भी पचफैरा उठाकर नीचे खोह में उतर गया।

बाबू दोनों को हक्का-बक्का-सा बैठा देखता रहा!

थोड़ी देर में बाबू ने धीरा की ओर देखा और पूछा—"काय धीरे, जे का बात भई! जे का बात भई, दोनों के दोनों उठकर चले गये।"

"बात तौ बड़ी भारी है, कोऊ मामूली बात नाय है। देरू भैया कों तौ तैं जानतई है। वाकों ऐसो आदमी तौ काल लगत है जो औरतन ते शादी करे, बिनें भोगे...और मारेऊ।...वो तौ जा बजै ते तुनक के चलो गओ। पर राजा की कछु और बात है।"

धीरा ने कहा तो बाबू भौचक-सा उसे देखता रहा।

धीरा फिर बोला–"राजा की बात जे है कै अबै चार-पाँच महीना पहले 'पचनन्दा' पै बागिन की एक मीटिंग भई ती। भें यू.पी. के, राजस्थान के और अपये प्रदेश के बड़े-बड़े बागी इकट्ठे भये ते। और सबने मिलके निर्भयसिंह को अपनो मुखिया मानो हो, फेर निर्भयसिंह ने अपयें सिर की पगड़ी उतार के राजा के सिर पै रखी ही और बोला हो कै मोते बड़ो बागी जा पूरे इलाकें में राजा है।"

सुनकर बाबू ने गहरी साँस ली और कहा–"सई में राजा को दुख वाजिब है। ऐसे आदमी को मरवे को दुख कौन कों नाय होगो।...तौ जा के मानी जे भओ धीरे भैया, कै निर्भय गूजर कों आदमी की समझतौ ही?"

उसी समय देरू लौटकर आ गया और पहले वाली जगह पर बैठ गया। वह बैठते-बैठते ही हज़्ज़ाम से बोला–"अखबार का और कोई समाचार बचो हे का?

अब बाबू हज्जाम ने अख़बार का एक और टुकड़ा अपनी कमीज की जेब से निकाला और बोला–"जे ख़बर आज के अखबार की नाय है, बासी ख़बर है।..."

"अच्छा! तौऊ सुना! भूख में तौ बासी रोटीऊ अच्छी लगत है।" देरू यह कह कर हँसने लगा।

"जामें पाल गैंग और पुलिस के पास कितनी-कितनी ताक़त है सो बताई गयी है।"

बाबू ने कहा और अख़वार का टुकड़ा खोल के पढ़ने लगा–"...पुलिस और पाल गैंग के बीच ताक़त की कोई तुलना नहीं की जा सकती, पुलिस के पास सैकड़ों की तादात में जवान हैं, सामान्य तरहकी राइफलें और अन्य हथियारों को छोड़ भी दें तो अनेक ए.के.47, ग्रनेड लांचर मोर्टार, बैरी लाइट सिस्टम आदि काफी मात्रा में है,... आधुनिक दूरबीने हैं और अनेक दुपहिये-चौपहिये हैं।...और उधर गैंग के पास मात्र आठ आदमी, एक एस.एल.आर, दो थ्री-नाट थ्री, पाँच 315 बोर, एक कैमरा और एक ट्रांन्जेस्टर,बस इतना सबकुछ है।"

उसने समाचार पढ़ना बन्द किया तो वे सब लोग हँसने लगे।

बाबू अपनी किसबत बन्द करके बोला–"देरू भैया, अब मैं जाऊँ?..."

"जागो नाय तौ का झेंई बसवे को इरादो है? मोड़ा-मोड़ी रो-रो के मर जांगे रे!"

यह कहते-कहते उसने अपने फौजी झोला में हाथ डालकर एक सौ का नोट निकाल लिया। उसे बाबू की ओर बढ़ाता बोला–"लै, जेधर और जल्दी रास्ता नाप।"

उसने नोट को लेकर कई बार उलटा-पलटा और देरू को वापस करता हुआ बोला–"लै देरू दादा, जाय ठीक ते बैग में रख लै। वखत-जरूलत काम आगो।.. एक बात पूछूँ दादा! पूरी घाटी में तौ गांधी छाप गुलाबी नोट उड़े-उड़े फिरत है और जा हज्जाम गरीब को एक गांधी छाप पीलिया नोटऊ नाय?"

देरू मुस्करा दिया। फिर भी उसने पाँच सौ का नोट तो नहीं दिया। हाँ, उसी तरह का एक और सौ का नोट बैग से निकाला और दोनों उसकी ओर बढ़ा दिये।

फिर भी हज्जाम खुश हो गया और दोनों नोटों को किसबत की तली पर रखकर वहाँ से चलता बना।

70

मालचन्द सेठ की पकड़ और उस पकड़ की भारी फिरौती ने इलाके में काफी लम्बे समय तक शांति बनाए रखने में मदद की।

मानो हर ओर अमन चैन था। अब मानो किसी को किसी की टोह में जंगल-डांग, पहाड़ नहीं खँगालने पड़ेंगे। किसी को अब अपनी प्राण-रक्षा हेतू घने जंगल में काली त्रिपाल तानकर नहीं रहना पड़ेगा। पार्वती घाटी और पंचमहल में डाकू हजारीराम के निपट जाने के कारण और इधर पार्वती घाटी में पाल गैंग के हाथ खासे नोट लग जाने और उनका यथायोग्य वितरण हो जाने के कारण; वह शांति या सन्नाटा सम्भव हुआ था। वैसे होना तो यह चाहिए था कि इसी सन्नाटे का लाभ उठाते हुए गैंग को दबोचा जाना चाहिए था, लेकिन यहाँ सवाल उठता है सोने का अण्डा देने वाली मुर्गी के पोसने का।

उस समय तक उस पहाड़ और जंगल डांग के इलाके में एक बात सबको मालूम हो चुकी थी कि वहाँ कोई भी काम ऐसा नहीं चल पा रहा था जिसमें तगड़ी कमाई नहीं हो रही हो; क्योंकि उन सब को मालूम था कि पाल गैंग की ओर से कभी भी टैक्स अदायगी का फरमान आ धमकेगा। इसलिए वे काम में कम से कम पैसा लगने देते थे और अपने खलीथे में ज्यादा से ज्यादा जाने देते थे।

एक बात यह भी थी कि अब तक पाल गैंग ने जितने सरकारी कर्मचारियों पर हाथ डाला वे सब राज्य सरकार के कर्मचारी थे, जिनका सम्बन्ध देहात क्षेत्र से था। इनमें कुछ शिक्षक थे, कुछ छोटे डॉक्टर थे और ज्यादातर इंजीनियर थे। लेकिन अब तक केंद्र सरकार के किसी कर्मचारी को उन्होंने न तो पकड़ा था और न किसी अन्य तरीके से उससे धन अर्जन किया था। वैसे भी इस क्षेत्र में केंद्र द्वारा संचालित कुछ ज्यादा काम देहात में था भी नहीं। एक मात्र रेल का ही बड़ा काम था। इसलिए उसमें काम करने वालों को ज़रूर टटोला गया था।

यहाँ जंगल के बीच में एक छोटा-सा स्टेशन था। वहाँ दो ए.एस.एम. और कुछ अन्य स्टाफ के लोग रहते थे। सो उन्हीं को सबसे पहले टटोला गया। उन से टैक्स देने को कहा गया, लेकिन वे लोग सुनते ही इतना घबरा गये कि सीधे भोपाल जा पहुँचे। वे अपना ट्राँस्फर तत्काल चाहते थे और कारण वही पाल गैंग की धमकी को बता रहे थे। लेकिन वहाँ कोई अन्य आदमी जाने को तैयार नहीं था। अतः रेलवे विभाग ने वहाँ का स्टेशन बन्द कर दिया। वहाँ गाड़ी तो रुकती थी लेकिन वहाँ पर

टिकिट मिलने की कोई व्यवस्था नहीं थी। दिन में एक दो छोटे कर्मचारी भर वहाँ रहते थे। स्टेशन वहाँ न रहने से जंगल के गाँवों की समस्या बढ़ गयी थी।

इसी बात को लेकर राजा काफ़ी चिढ़ा हुआ था। उसने मन में ठान ली थी कि रेल का कोई अधिकारी जहाँ भी मिला वह उसको वहीं धर लेगा।

देरू उसको बार-बार समझा रहा था कि रेल बहुत बड़ा महकमा है और केंद्र सरकार का मामला है। वे लोग ज़रूरत पड़ने पर जंगल में सेना उतार देंगे। लेकिन उसकी कोई बात राजा की समझ में नहीं आ रही थी। उसने अपने कुछ विश्वास पात्र आदमी उस काम में लगा दिये थे।

रेलवे का एक इंजीनियर था मानवेंद्र सिंह। वह ट्रॉली में सवार होकर उसी लाइन की इंस्पेक्शन करने के लिए एक-दो दिन बाद प्रायः आया करता था। उसके साथ ट्रॉली को चलाने, लाइन से नीचे उतारने या उठाकर लाइन पर रखने के लिए पाँच-छः आदमी और रहते थे। राजा का एक मुखबिर कई महीना पहले इंजीनियर मानवेंद्र सिंह के साथ ट्रॉलीमैन का काम करता था। लेकिन बेहद कामचोर था, इसीलिए उसने उसे नौकरी से हटवा दिया था। एक दिन जब इंजीनियर बन्द स्टेशन से पहले रेल का निरिक्षण कर रहा था तब एकाएक वह वहाँ प्रगट हो गया। वह उसे अन्य लोगों से थोड़ा अलग ले गया और धीरे से बोला–"साहब! राजा ने आपको याद करो है,...।"

"कौन राजा?..." मानवेंद्र सिंह जानबूझकर अनजान बन गया।

"वोई राजा, पाल गैंग का लीडर।" उसने भी बिना देर किये जवाब दिया!

"क्यों वे, बागलों में राजा कब से होने लगे?"

"आजकल कलजुग है महाराज, राजा तौ काऊँ जाति में है सकत है।...फेर मैं जा राजा की बात कर रो हौं वा के घोड़ा की बाग थामवे में अच्छे-अच्छे लोग फेल हैं।"

"तेरे ही जैसे लोग फेल होंगे?...।"

"वैसे हैवे कों तो आपऊ जैसे फेल है सकत हैं, फेर जे बातें झें कहवे की नईं हैं। आप ते तौ मैं जे कहवे आओ हौं ठाकुर साहब, कै राजा आप ते टैक्स लैवे चाहत है, ते हर महीना वाके झें पहुँच जावो चाहिए। आप कौं मेओ भरोसो होय तौ मैं पहुँचा सकत हौं!"

सुनते ही मानवेंद्र सिंह का चेहरा गुस्से से लाल पड़ गया।

पहले तो मन हुआ कि उसके गाल पर जोर का झापड़ जड़ दें, लेकिन फिर कुछ सोचकर रह गया। थोड़े तेवर के साथ बोला–"देख रे, मैं तुझ से क्या कहूँ? तेरे जैसे आदमी से बात करना भी लज्जाजनक है।...जा, और उस बागले से कह देना कि आरसी के जंगल में बकरियाँ चराना ठीक रहेगा। ये काम हमारे जैसे क्षत्रियों को शोभा देता है। वे अपनी प्रजा से टैक्स वसूल करते रहे हैं।...और देख, उसको

यह भी बता देना कि मेरे पिता जी उत्तर प्रदेश के रिटायर्ड एस.पी. हैं और मेरे ससुर साहब म.प्र. में मिनिस्टर रहे हैं।"

फिर उस आदमी ने कुछ नहीं कहा। उन्हें मुस्करा कर देखा भर और जंगल में समा गया।

राजा ने सब बातें मुखबिर से सुनी और मारे गुस्से के अपना होठ काट लिया। फिर अपने बैग से सौ-सौ के तीन नोट निकालकर उसे दिये और कहा—"अबै तो तै जा, फेर जरूलत होगी तेई।..."

मुखबिर चला गया तो राजा ने गैंग के सब लोगों से कहा—"चलौ, अबैई टटको-टटको धर ले वाकों!"

देरू का मन फिर भी नहीं था। उसे ये मामला थोड़ा कठिन लग रहा था। मुखबिर ने जो कुछ कहा था उससे तो और भी ज्यादा जटिल दिखाई दे रहा था। लेकिन वह यह भी समझ रहा था कि अब राजा किसी विधि पीछे पैर रखने वाला नहीं है। इसलिए देरू सब से पहले अपना बैग सम्हालकर और एस.एल.आर. उठा कर चल दिया। वे टेकरी उतरकर थोड़ी देर जंगल में चले और फिर रेल की पटरी के किनारे की खुली जगह में आ गये। पटरी पर सबने दोनों ओर दूर-दूर देखा, लेकिन वहाँ किसी आदमी या इंजीनियर की ट्राली का कहीं अता-पता नहीं था। वे पटरी पर चलते-चलते स्टेशन तक जा पहुँचे लेकिन कुछ भी हाथ नहीं लगा। यानी कि उस दिन इंजीनियर मानवेंद्र सिंह की अनी टल गयी थी।

और वे निराश होकर फिर जंगल में लौट आये। तय हुआ कि कल सवेरे नौ बजे तैयार होकर लाइन के पास वाले जंगल में बैठ जाना है।

पास के गाँव से उस रात का खाना आया था।

दूसरे दिन लगभग आठ बजे वे लोग पटरी के पास के जंगल में जा बैठे थे। देरू सोच रहा था कि कल मुखबिर से इंजीनियरकी जो-जो बातें हुई थी उनके देखते हुए या तो वह आज ट्राली लेकर रेल लाइन के इंस्पेक्शन के लिए आयेगा नहीं और अपने ट्रांस्फर की कोशिश में भिड़ जायेगा, जैसा कि पहले स्टेशन वाले कर चुके हैं या फिर पुलिस के संरक्षण में इधर आयेगा।

लेकिन वैसा कुछ नहीं हुआ। लाइन पर राजेन्द्र आदिवासी नज़र रखे हुए था। तभी उसकी नज़र सामने से आ रही ट्राली पर पड़ी। ट्रॉली में तीन लोग बैठे थे—एक आगे की ओर मुँह किये हुए और दो पीछे को मुँह किये हुए थे और दोनों पटरियों पर दो-दो लोग ट्रॉली को ठेल रहे थे। उसने आकर सबको बताया।

राजा ने राजेन्द्र को फिर उधर को भेजा और कहा कि जब ट्रॉली नज़दीक आ जाये तब उन लोगों को संकेत करे।

और ऐसा ही हुआ भी। जब ट्रॉली नज़दीक आ गयी तब राजेन्द्र ने हाथ का संकेत किया और संकेत पाते ही वे सब चीते की गति से जंगल से बाहर आये और

पटरियों पर आ खड़े हुए। उन्हें जैसे ही देखा वैसे ट्रॉली ठेलने वाले काँपकर खड़े रह गये। बल्कि उनमें से दो चक्कर खाकर पटरियों के बीच में आ गिरे।

उन्होंने सब को लाइन से अलग खड़ा कर लिया और जो जिस के पास हो वह निकालकर देने को कहा। इंजीनियर मानवेंद्र के पास मोबाइल, पर्श, घड़ी एक अँगूठी और चश्मा था जो उसने दे दिये। देरू ने मोबाइल लॉक करके अपने बैग में रख लिया बाकी सामान उसें वापस कर दिया। अन्य लोगों के पास कुछ रुपये थे वे भी वापस कर दिये।

राजा ने सामने जंगल की ओर इशारा करके कहा—"चलो, जल्दी,...।"

इंजीनियर ने उसे गौर से देखा और पूछा—"कहाँ चलना है?..."

"जंगल में...और कहाँ?...चलो आज तुमें आरसी को जंगल बतात हैं हम। भें हमन छेरी चरायेंगे और तुम देख-देख के मजा लीओ।"

राजा ने थोड़ी चुभती हुई नज़र से देखा और वैसे ही चुभते हुए शब्दों में कहा। देख-सुनकर इंजीनियर मानवेंद्र सिंह अन्दर से काँप गया और बड़ी-बड़ी आँखें एकाएक भर आयीं। सामने पत्नी और बच्चे के चेहरे मानो शून्य में तैरने लगे। आजतक की जिन्दगी में वह इतना हताश कभी नहीं हुआ था। न ऐसा डर कभी उसके पास फटका था।

वह आगे-आगे चलने लगा तो उसके साथ वाले पीछे से चलने लगे उसके भी पीछे-पीछे गैंग के लोग चले। तभी देरू ने धीरा को संकेत किया और वह सबसे आगे पहुँचकर मार्ग प्रशस्त करने लगा।

लगभग दो घण्टे लगातार चलने के बाद वे अपने ठिकाने पर पहुँचे।

वहाँ ऊँची टेकरी पर करधई के झुरमुट के नीचे त्रिपाल बिछा दी गयी। उस पर उन सब को बैठने को कहा गया। दूसरी त्रिपाल पर देरू, राजा, प्रीतम आदि बैठे। राजेन्द्र आदिवासी और धीरा से खाना बनाने को कहा गया। वे नीचे खोह में जाकर खाना बनाने लगे। अब तक इंजीनियर मानवेंद्र सिंह की सिट्टी-पिट्टी गोल हो चुकी थी। सोच रहा था कि कल जो आदमी इसी राजा का संदेश लेकर आया था उसके मुँह लगने की क्या ज़रूरत थी। वह जो कह रहा था उसके लिए 'हाँ' कह देता तो क्या बिगड़ जाता। वह ऐसे कई लोगों को तो जानता है जो पाल गैंग को नियमित रूप से पैसा देते हैं और निधड़क होकर नौकरी करते हैं। ऐसे किसी आदमी की राय ले लेता तो जिन्दगी ऐसे घोर झंझट में नहीं फँसती।

अब तक खाना बन चुका था और रोटी-तरकारी को राजेन्द्र और धीरा ऊपर ले आये थे। देरू ने उन सब से कहा—"तुम लोग जितना खाओ उतना लै लो। जे झोला में कटोरी हैं, एक-एक लैलो। वा में तरकारी निकारो, जा डिब्बा में घी है... जितनो चाहो उतनो खाओ!..."

वे सब मानो देरू की मात्र आज्ञा का पालन कर रहे थे। नाम मात्र को ही सब

कुछ ले रहे थे। मानवेंद्र सिंह को ट्राली में रखा टिफिन और ठंडे पानी की बोतल याद आ गयी। मनोरमा ने आज भी रोज की तरह जल्दी उठकर टिफिन तैयार किया था। डोलची में एक-एक चीज कितनी सफाई से रखी थी, दिखा-दिखाकर और सही समय पर खा लेने की हिदायत देकर। उसके खास ट्रॉली मैन कृपा शंकर ने नरम-नरम दो रोटियाँ और कटोरी में थोड़ी सब्जी रखकर उसमें थोड़ा घी डाल दिया। हथेली पर रोटी रखकर खाने का आज उसका पहला अनुभव था। पास में ही एक छोटा नाला बहता था। उसीपर जाकर पानी पीना था और कटोरी साफ करनी थी। वहाँ का अनुशासन और परस्पर व्यवहार देखकर मानवेंद्र सिंह के रोंगटे खड़े हो गये। वहाँ छूत-अछूत कोई नहीं। बड़े-छोटे के भाव भी वैसे नहीं थे। बाहर की दुनिया को अगर वह यही सब बताएगा तो उसका कौन विश्वास करेगा!

खाना खा लेने के बाद राजा और देरू के बीच मंत्रणा हुई और यह निश्चय हुआ कि इंजीनियर के साथ इतने सारे लोगों को पकड़ कर साथ ले चलने में कोई तुक नहीं। जबकि कुछ लोगों को देखने से ही लगता है कि दश-पाँच हजार भी देना मुश्किल होगा। अतः तय हुआ कि ट्रालीमैन केदार सिंह और बाँकेलाल को छोड़कर बाकी चार आदमी अपने-अपने घर को वापस जा सकते हैं।

जब वे लोग गैंग वालों को हाथ जोड़-जोड़कर जाने लगे तब राजा ने उन्हें रोक लिया और पूछा कि वे लोग वहाँ से कहाँ जायेंगे। जब उन सबने कहा कि अपने-अपने घर जायेंगे, तब राजा ने कहा कि वे यहाँ से सीधे नेताजी पुरा के थाने में जायें वहाँ रिपोर्ट लिखायें कि इंजीनियर और दो अन्य लोगों को डाकू पकड़ ले गये हैं।

राजा की बात सुनकर वे लोग सकुचा उठे। उन्हें देख राजा ने फिर कहा—"मैं कह रओ हौं तेसोई करना तुमन! जो तुम थाने में जाके रिपोट नाय लिखाओगे तौ कल सबसे पहले पुलिस तुमेई पकड़ेगी! तुम गेई गद्दा कसैगे पुलिस वारे!"

अब कहीं जाकर राजा की बात वे समझ पाए और फिर चले गये।

जब वे चले गये तब इंजीनियर और दोनो ट्रॉली मैन की हालत देखने योग्य थी।

71

अब की बार फिर पुलिस ने सचमुच अपनी पूरी ताकत पाल गैंग के खिलाफ झौंक दी थी।

जो देखता वही समझ जाता कि इस बार किसी हालत में गैंग बचने वाला नहीं है। उसे हर हालत में हथियार डालने होंगे या फिर आमने-सामने की लड़ाई में जान गँवाने को तैयार रहना होगा। और इस ताकत और तेवर के साथ पुलिस का

जंगल में उतरने का मुख्य कारण यह था कि वह समझ रही थी कि अब धीरे-धीरे करके लोग उस पर भरोसा कम करते जा रहे हैं। लोग समझ नहीं पा रहे हैं कि ऐसा क्या हो गया कि मात्र छः-सात लोगों का गैंग, जिनके पास कोई खास हथियार भी नहीं हैं; वे वर्षों से पुलिस को चुनौती देते चले आ रहे हैं और उन लोगों ने क्षेत्र में इतनी बड़ी पकड़ें की हैं जिनका पकड़ और फिरौती के इतिहास में रिकार्ड कायम हो गया है और वे पकड़ें तीन-तीन-चार-चार सप्ताह तक डाकूओं के कब्जे में रही हैं और उन्हें भी पुलिस समुद्र में खोई बूँद की तरह खोजती रही है। इसलिए लोग अब पुलिस पर शक करने लगे हैं। उनके मन की सबसे बड़ी गुत्थी यह है कि ऐसा हो कैसे सकता है कि एक-एक करोड़ रुपये का लेन-देन जंगल में हो और वहीं से वह रुपया ठिकाने लगाया जाये और पुलिस, सी.आई.डी. या मुखबिर तंत्र को कानों कान खबर तक नहीं हो। लोगों के मन का यही संशय आजकल पुलिस को भारी पड़ रहा है। इसलिए शायद काफ़ी समय के बाद आजकल पुलिस की नींद टूटी है और तभी उसने अब तक की सबसे बड़ी कार्यवाही शुरू की थी।

लेकिन इसका कारण एक और भी था।

क्योंकि इंजीनियर मानवेंद्र सिंह और दो अन्य की पकड़ का मामला रेलवे की नाक का बाल बनता जा रहा था। इसलिए यहाँ जिला अधिकारियों से लेकर सम्भाग-अधिकारियों पर दबाव बढ़ता जा रहा था। खासतौर से एस.पी. और कलेक्टर के पास तो रेलवे अधिकारियों के सबसे ज्यादा फोन आ रहे थे। यहाँ तक कहा जा रहा था कि यदि पकड़े गये कर्मचारियों को तुरन्त मुक्त नहीं कराया गया तो रेलवे उस ट्रेक को ही बन्द कर देगी और उसकी जिम्मेदारी राज्य और स्थानीय प्रशासन की होगी।...दूसरी ओर रेलवे बोर्ड के कुछ अधिकारी जी.आर.पी. के अधिकारी...और ट्रेड यूनियन के कार्यकर्ता किसी भी ट्रेन से अक्सर आ धमकते थे। धरने पर अक्सर बैठ जाते थे। खूब नारेबाजी करते थे।...इसलिए पुलिस ने ऊँचे मनोबल के साथ जंगल को खँगालना शुरू कर दिया था।

इस बार के अभियान में पुलिस ने परम्परागत हथियार और तकनीक को कम से कम इस्तेमाल करने का इरादा कर लिया था। हथियारों में अधिकांशतः ए.के.47 का इस्तेमाल और डाकूदल को खोज निकालने की तकनीक में इलाके की पुलिस ने पहली बार अमरीका से उपलब्ध हुए जी.पी.एस. (ग्लोबल पोजीशनिंग सिस्टम) का इस्तेमाल किया। अभी कुछ साल पहले अमरीका ने अन्तरिक्ष में चार नये उपग्रह छोड़े थे। जी.पी.एस. उन्हीं से सिगनल ग्रहण करता है। इसे जिस जगह पर छिपा कर रखा जाता है उसके आस-पास के काफ़ी बड़े क्षेत्र की हर चीज को यहाँ पुलिस हेड आफिस में रखे यंत्र से संलग्न स्क्रीन पर साफ-साफ देखा जा सकता है। ऐसे अनेक जी.पी.एस. पार्वती घाटी में लगाए गये थे और हेडक्वाटर पर लगे स्क्रीन पर रात-दिन नज़र रखी जा रही थी। इधर यह चल रहा था और उधर डेढ़-दो हजार

पुलिस, एस.ए.एफ., एस.टी.एफ. और हॉक फोर्स के जवान और उनके अधिकारी जंगल को कई बार छान चुके थे। लेकिन आखिर नतीज़ा वही, शून्य पर शून्य।

पुलिस की यह कार्यवाही लगभग एक महीना जारी रही। इस दौरान डाकूओं का तो कोई सुराग नहीं लगा। यहाँ तक जी.पी.एस.के स्क्रीन पर भी किसी क्षेत्र में डाकूदल नहीं दिखाई पड़ा। लेकिन इस अभियान ने वनबासी जनता की मुसीबत को कई गुना ज्यादा बढ़ा दिया था। वह जनता की ऐसी पीड़ा थी जिसको किसी के सामने बयान भी नहीं किया जा सकता था।

हाँ, पुलिस के लिए मुँह दिखाने लायक एक घटना यह अवश्य घटी थी कि जो रेलवे के तीन कर्मचारी पकड़े गये थे, उनमें से एक, ट्रॉलीमेन केदारीसिंह छूटकर आ गया था। वह जैसे ही छूटकर आया वैसे ही पुलिस ने बयान दिया कि उसको एक एनकाउन्टर के दौरान डाकूओं से मुक्त करवाया गया था। वह एनकाउन्टर घाटी गाँव के पास ठाटी गाँव के जंगल में हुआ था।...वहाँ गैग कई दिन से पकड़ को लिए पड़ा हुआ था।

पुलिस कार्यालय के बड़े हाल में इसी खुशी में एक दिन पत्रकार-वार्ता आयोजित की गयी थी।

उस वार्ता में एस.पी. के साथ-साथ डी.आई.जी भी मौजूद थे। उनकी बराबरी में ही केदारीसिंह को बिठाया गया था। यह देखकर उसका सीना फूला हुआ था। यद्यपि एस.पी. ने उसे कड़ी हिदायत देकर समझाया था कि वह किसी से ये न कहे कि गैंग के लोगों ने उसे मुक्त किया है। सब से ही यही बताए कि रात के समय एनकाउन्टर हुआ था। उससे घबराकर डाकू भागने लगे और वह वहाँ से भागकर पुलिस के साथ आ गया।

वार्ता के प्रारम्भ में एस.पी. ने यह सब बातें विस्त्रित रूप में पत्रकारों को समझायी। बल्कि यहाँ उन्होंने यह भी बताया कि पुलिस की तरफ़ से कितने राउंड गोलियाँ चलाई गयीं और डाकूदल क्या-क्या सामान छोड़कर भागा।

फिर एकाएक एक पत्रकार ने केदारीसिंह से पूछा—“तुम कैसे पकड़े गये थे?...”

केदारीसिंह ने कुछ सोचा और फिर एस.पी. की ओर देखा। अन्त में बोला—“हम ट्रेक पर ट्रॉली लेकर चेकिंग के लिए गये थे। वहाँ खारिज़ स्टेशन के पहले ही वे छः लोग जंगल से निकलकर आ गये और हम सब को लेकर जंगल के अन्दर चले गये।...”

“वहाँ जंगल में तुम लोगों की आखें बाँध के ले गये थे?” एक पत्रकार ने फिर पूछा!”

“नहीं, उन लोगों ने हमारे हाथ और आँखें कभी नहीं बाँधी!...” उसने कहा।

“और रात के समय,...?”

"हाँ, रात के समय पैर ज़रूर बाँधते थे। हममें से एक आदमी का एक पैर सोते समय डाकू के पैर से बाँधा जाता था–लोहे की जंजीर में ताला लगाकर रखा जाता था।"

अबकी बार तीसरे पत्रकार ने सवाल किया–"आप लोगों को खाना ठीक से मिल जाता था?"

"हाँ, खाना तो दोनो टेम मिलता था। कभी किसी गाँव से बनके आता था,...वैसे राजेन्द्र आदिवासी बढ़िया खाना बनाता था।...जो खाने में देर हो तो मीठे बिस्कुट, सूखे मेवा...खूब, जितने खाओ उतने।"

वे लोग पूछ रहे थे और वह बेरोक-टोक उत्तर दिये जा रहा था। यह स्थिति एस.पी. और डी.आई.जी. के बर्दाश्त से बाहर थी। उसका कुल मिलाकर प्रभाव डाकूओं के प्रति सहानुभूति जैसा था। जबकि पत्रकार-वार्ता का उद्देश्य तो पुलिस के प्रति जनता का विश्वास बढ़ाना मात्र है। वे उसको टोकने का मन बना रहे थे। लेकिन उससे पहले एक पत्रकार ने एक सवाल और जड़ दिया–"तुम्हें उन लोगों ने छोड़ा कैसे?..."

यह सवाल मानो उसके गले में आकर फँस गया हो। इस सवाल का सही उत्तर उसकी जबान पर पहले आते-आते रह गया क्योंकि उसी समय एस.पी. और अन्य पुलिस वालों के द्वारा पढ़ाई हुई बातें उसके मस्तिष्क में उभरने और उभरकर गडमड होने लगीं और अन्ततः वही सब मुँह से निकल भागा जो सच था। वह बोला–"हम आप लोगों को सही बताते हैं, उन लोगों ने हम पर दयाकर के छोड़ दिया, हमें।"

सुनते ही एस.पी. का चेहरा फीका पड़ गया और डी.आई.जी. की भवें तन गयीं। एस.पी. ने उसकी आँखों में देखा और दबी जबान से बोले–"वो बात तो बताओ,...वही पुलिस वाली।"

एस.पी. की बात सुनकर वह और भी ज्यादा हड़बड़ा गया और उसी हड़बड़ाहट में उसके मुँह से फिर निकल भागा–"अब हम आप को सही बतायें? हम एक महीना उन की पकड़ में बिताकर आये हैं पर हमने पुलिस कहीं दूर से भी नहीं देखी। किसी और ने नहीं बताया कि जंगल में कभी पुलिस वाले आये थे।"

अबकी बार एस.पी. का खून खौल गया। उधर डी.आई.जी. की भी आँखों में सुर्खी आ गयी लेकिन माहौल ऐसा था कि वे कुछ बोल नहीं पाए।

लेकिन पत्रकार और संवाददाताओ में से कुछ उनके शुभ चिंतक थे। उन्हें लगा कि शायद केदारी सिंह बहक गया है और पुलिस का पढ़ाया पाठ भूल रहा है। ठीक ऐसे ही मौके पर पुलिस को उनकी ज़रूरत रहती है जबकि उन्हें हमेशा ही पुलिस की जरूरत होती है। इसलिए वे पुलिस को उस बगले झांकू स्थिति से उबारने के लिए फौरन तैयार हो गये। उनमें से कुछ लोग पुलिस के उस महान उपक्रम की

तारीफ़ के पुल बाँधने में लग गये और कुछ से जब कुछ कहते नहीं बना तो वे चाय-नाश्ते की माँग करने लगे।

और पुलिस वाले भी शायद इसी मौके की तलाश में थे। उनके चाय-नाश्ता परोसने वाले लोग कुछ ही देर में पत्रकारों की भीड़ में मानो पिल पड़े और लोग भी मानो देर से उसी का इन्तजार कर रहे थे। इसलिए वहाँ नाश्ता हासिल करने में छीना-झपटी का माहौल उपस्थित हो गया और यह एक तरह से उचित ही था। किसी को क्या पड़ी थी जो उस जैसी बीहड़, बंजर, खुश्क और शुष्क समस्या से सिर पटके; जिसके हर तरफ खून ही खून, कराह ही कराह और आँसू ही आँसू नज़र आते हैं।...लेकिन हाँ, उस समस्या में अगर कोई सार गर्भित चीज़ थी तो बस एक ही,...वे गुलाबी, पीलिया और हल्के आसमानी रंग के बड़े-बड़े और कुरकुरे महात्मा गांधी छाप नोट! धन्य हो महात्मा जी, बिना एक बूँद खून की बहाए हमें आजादी दे गये और अब झोली भर-भरकर अपनी छाप के नोट...।

और बड़े सौहार्दपूर्ण माहौल में पुलिस लाइन की वह पत्रकार मीटिंग या वार्ता सम्पन्न हुई।

72

अबकी बार गंगाश्री की जमानत बड़ी कठिनाई से हुई थी। काफ़ी पैसा भी खर्चना पड़ा और बहुत सारे धक्के खाने पड़े सो अलग।

गुसाईं बाबा ने इसमें काफी सहायता की थी। पुलिस वाले जो भी इस मामले में रोड़े अटका रहे थे। जबरन उसके खिलाफ़ गवाही देने वालों को ढूढ़कर ला रहे थे। उनको बाबा समझाते थे और लताड़ते भी थे। क्योंकि बाबा डाकू एक्ट में जेल गये थे और उनके खिलाफ कोई सबूत न होने से जल्दी ही छूटकर आ गये थे। और उस दौरान वे एक तरह से गंगाश्री के केस की पैरवी कर रहे थे और अन्ततोगत्वा उन्होंने उसे जमानत पर छुड़ा ही लिया।

गंगाश्री जमानत पर छूटकर आ गयी तब उसने अपने भाइयों को ठाकुरदेव के थान पर घण्टा चढ़ाने की फिर से याद दिलाई। एक बार उन्होंने घण्टा लगवाने की व्यवस्था की थी। दो घण्टे ग्वालियर से तैयार होकर टेकरी गाँव तक पहुँच गये थे, लेकिन एक मुखबिर ने पुलिस को सूचित कर दिया और वे ठाकुर देव के स्थान तक पहुँचते-पहुँचते रह गये और पुलिस थाने में पहुँच गये। लेकिन अबकी बार गंगाश्री ने पहल की तो वह घण्टा लग गया। अस्सी किलो का घण्टा और उसपर पूरे पाल गैंग का नाम। इस घण्टे की जानकारी पुलिस को उस समय हुई थी जब रेलवे इंजीनियर को बागियों से छुड़ाने में पुलिस पसीना-पसीना हो रही थी। लेकिन

फिर भी उसे छुड़ा पाने में असफल रही। और जब वह छूटा तब भारी फिरौती के बाद। इसलिए चिढ़कर पुलिस ने गुसाईं बाबा को धर दबोचा और डाकू अधिनियम में फिर से जेल भेज दिया।

गंगाश्री ने सुना तो उसे बहुत बुरा लगा।

उसे बुरा यह भी लगा कि एक दिन उसके घर जमुना मौसी और गोविंद की बिधबा एका-एक आ गयी थीं। वे गोविंद की मौत को लेकर खूब रोती रही और बार-बार गंगाश्री से कहती रही कि गोविंद और संजय अकेले कैसे मारे गये, उसके भाई देरू और राजा क्यों नहीं मारे गये? वह उनकी इस बात का क्या जवाब देती। उन्हें मरे हुए दो साल से ज्यादा समय हो गया, लेकिन वे इसी बात की रट लगाए हुए हैं। जबकि देरू ने यह नियम बना दिया है कि गैंग के पास जो भी पैसा आता है, उसका एक हिस्सा गेविंद की घरवाली को पहुँचाया जाता है। उसका मन उस दिन अपनी मौसी और उसकी बहू की बातें सुनकर खटा गया था।

अगले दिन वह अपने भाइयों से मिलने डांग में जब पहुँची तो वहाँ भी ऐसा ही कुछ देखने को मिला। वहाँ प्रीतम वही नाटक कर रहा था। रो-रोकर देरू और राजा को प्रभावित कर रहा था और दर्शन सिंह को मारकर उससे बदला लेने के लिए रो रहा था। देरू उसे समझा रहा था कि उस बदले के चक्कर में तेरह लोगों की हमने हत्या कर दी, तो भी तेरे बदले की आग ठण्डी नहीं हुई।

"इतने लोग हमन्ने बेकसूर मारे हैं, तेये भाई को बदलो लैवे कों और अब तक तेओ बदलो पूरो नाय भओ?...जब देखो तब बैठो-बैठो जनी माँस जैसो आँसू बहान लगत है।"

राजा ने फनफनाते हुए कहा तो गंगाश्री ने उसकी ओर आँखें तरेर दी।

देरू ने भी उसे झिड़क देना चाहा। वह बोला—"तैं चुपको है के बैठ रे!..."

"काय, चुपको है के काय बैठों! इतने लोग मर गये, और इतनो समय बीत गओ और जा को बदलो नेईं चुको।...का सारी दुनिया को मरवा के चैन ते बैठैगो?..."

"फेर वो दरशन तौ अबऊ जिन्दा बैठो है,...।"

प्रीतम ने मानो आँसुओं से गीले स्वर में कहा।

"वो तौ पुलिस के कौछरे में छिपो बैठो है। वाकों मार सकैगो तैं?"

"और झें बिज्जू खो में वा को छोटो बहनोई है सो...?"

"ऐसे तौ जा इलाका में सौ रिश्तेदार हैं, चल, सबको बीन-बीन के मार डारै!...तेओ बदलो तौऊ पूरो नाय होगो।"

राजा जो कुछ कह रहा था इस बात को वहाँ बैठे सभी लोग समझ रहे थे। अन्य लोग भी इसी बात से तंग आ गये कि प्रीतम चौबीसों घण्टे बस भाई का बदला लेने की सोचता रहता है और खुद अकेले कुछ नहीं कर सकता है। वह उठकर उनसे थोड़ा अलग बैठ गया और वहाँ बैठकर आँसू टपकाने लगा।

गंगाश्री जो कुछ कहने-सुनने आयी थी वह भूल गयी। उसे भी जमुना मौसी और गोविंद की पत्नी की बातें ही याद रह गयी। लेकिन वह जानती थी कि अगर वे बातें लेकर बैठ गयी तो राजा और भी ज्यादा भड़केगा और यह भी हो सकता है कि प्रीतम कोई गलत निर्णय कर ले। पहले चार थे, तब कुछ और ही बात थी। अब तीन रह गये हैं, उनमें से एक और खिसक गया तो हालत और कमजोर होगी।

यही बात करीब-करीब देरू के विचारों में उमड़-घुमड़कर आ रही थी।

उसने अपनी बड़ी बहन को गौर से देखा और सोचने लगे कि उन्हें जिन्दा रखने में जिन लोगों का सहयोग है उसमें उसकी यही बहन पहले नम्बर पर है। वह कितनी सहनशील है, कितनी जुझारू है; इस बात को उससे ज्यादा कोई नहीं जानता है। केवल राजा ही प्रीतम से तंग नहीं आ गया है बल्कि देरू उससे भी ज्यादा तंग आ चुका है। अभी से नहीं बल्कि जब गोविंद मरा था, तब से। गोविंद तो इससे भी ज्यादा औगुनी था। दारु और जनी के पीछे ऐसे पागल हो जाता था कि कुछ पूछो मत। धीरा और राजेन्द्र सहरिया से उसकी इसी बात को लेकर पटरी बैठती थी। जब पानी सिर के ऊपर से उतरने लगता था, तब वह इन चारों को गरिया के भगा देता था।...तब वे उधर ऊपर धवलगढ़ की ओर चले जाते। वहाँ प्रीतम और गोविंद के ताऊ के लड़के रहते थे। उनसे मिलकर हल्की-पूरी 'पकड़' भी कर लेते थे और फिरौती वसूल करके खाते-पीते और मौज-मस्ती करते। लोगों पर दबका बनाए रखने के लिए वे अपने आप को पाल गैंग की बी.टीम बताते। लेकिन पुलिस का दबाव जब भी बढ़ता तभी इधर घाटी में खिसक आते। देरू की यह आदत थी कि वह न तो उनके चले जाने पर चिन्ता करता और न लौटकर आने पर कोई जवाब तलब।

देरू ने उस दिन थोड़ी देर के बाद प्रीतम को अपने पास बुला लिया। निहायत छोटे बच्चे की तरह से उसे प्यार से देखा और कुछ देर तक इन्तजार किया कि शायद वह अपने आप ही बोल दे कि वह अब कभी किसी से बदला लेने की बात नहीं करेगा। लेकिन वह कुछ नहीं बोला।

गंगाश्री भी उसके मन के भाव समझ गयी और बोली—"अब जो होनो हो ते हैं गओ। अब बदलो लै के अपनी जान के कितने गाहक बनाओगे! तुमाई जान के गाहक जितने बने हैं वे सब हत्याओं के कारन बने हैं। क्षमा कर देने ते ज्यादा मन हलको होत है, ज्यादा शान्ति मिलत है...।"

गंगाश्री ने ये सब बातें प्रीतम को लक्ष्य कर कही थी। लेकिन वह टस से मस नहीं हुआ। देरू ने उन दोनों को बारी-बारी से देखा और फिर कह दिया—"तौ फिर ठीक है, आज पतो लगवात है वा विज्जूखो वारे मोंड़ा को...।"

अबकी बार देरू की बात सुनकर राजा को मानो लाल चीटी ने काट लिया। वह बिलबिलाकर उठ खड़ा हुआ और बोला—"जाकों जानो होय सो जाय, मैं तौ अब एक कदम नाय रखेगो काऊ की जान लैवे के मामले में।"

और वह वहाँ से चला गया। गंगाश्री ने भी गहरी साँस ली और किसी से कुछ कहे बिना वह भी चली गयी।

नीचे झिन्ना के पास अपना पचफैरा लिए राजा खड़ा था।

"तैं लौट जा, मैं चली जाऊँगी,...।" उसने राजा को सरसरी निगाह से देखा।

"चल, नदी तक छोड़ दे तौ...।"

फिर वे दौनो आगे-पीछे चलते हुए नदी तक आये। वहाँ आकर राजा ने अपनी जीजी के झुकके पैर छुए तो उसने राजा को अकबका कर चूम लिया।

वह भरे हुए गले से बोली—"राजा! और होगो सो होगो, फेर तैं एक बात मेई मानिये। कबऊँ भूल के देरू को गोली मत मार दीये बैरी! वा जैसो भैया तोय दस जनम मेंऊं नाय मिलैगो!"

अबकी बार राजा जल्दी से मुड़ गया। शायद उसकी भी आँखें डबडबा आयी थीं।

और गंगाश्री नीचे नदी में उतरकर बालू पर अपने पैर छापती हुई इस पार अपने घर वापस आ गयी।

और उसके तीसरे दिन बिज्जूखो गाँव से लगभग तीन किलोमीटर दूर ऊपर पहाड़ पर फिर किसी का भी दिल दहला देने वाली वीभत्स घटना घटी।

एक-डेढ़ किलोमीटर की बिकट चढ़ाई और लगभग उतनी ही दूरी जंगल के रास्ते पार करके एक खरक पर पहुँचा जा सकता है। उसी खरक का नाम है सातद्वारी का खरक। थोड़ी दूर और चलकर नीचे ही एक झरना बहता है और उसके काफी दूर तक सातद्वारी गाँव के खँडहर बिखरे पड़े हैं। आजकल वह गाँव 'बेचिराग गाँव' की हैसियत पा गया है। इधर के जंगल में अनेक खरक दूर-दूर तक फैले हैं। खरक एक तरह का ठिया होता है जहाँ एक गाँव या किसी गाँव के मुहल्ले के जानवर जंगल में चरने के बाद दूध निकालने के वक्त इकट्ठे होते हैं। वहीं पर दूध निकालकर बड़ी-बड़ी कैनों में साइकिलों से नीचे गाँव में जाता है और वहाँ से शहर भेजा जाता है। बड़ा जोखिम भरा और श्रम साध्य काम है यह। और इस काम में अधिकांश युवा वर्ग ही लगा रहता है।

उस दिन का सूरज ढलकर पछाईं पहाड़िया पर जा पहुँचा था। नीचे घाटी में सुरमई अँधेरा सरकता आ रहा था; लेकिन इस ओर के पहाड़ पर डूबते सूरज की लाली फैल रही थी। बिज्जूखो गाँव के तीन युवा, लक्ष्मण, शेरसिंह और आल्हा अपने खरक पर बैठे भैंसों का इन्तजार कर रहे थे। तीनों की साइकिलें वहीं खड़ी थी और दूध की टंकियाँ पटियों पर रखी थी। वे लोकगीत ऊँचे स्वर में फटकार रहे थे और पूरी तरह से मस्ती में डूबे हुए थे। तभी उनका ध्यान नीचे सातद्वारी गाँव के खँडहरों की ओर गया। वहाँ से निकलकर चार पुलिस वाले झरना की ओर आते दिखाई दिये। उन्हें देखकर वे चौंके नहीं क्योंकि वे जानते थे कि यह इलाका पाल गैंग के निरन्तर आते-जाते रहने वाला इलाका है। जब गैंग आता-जाता है तब पुलिस भी कभी भी आ

सकती है। लेकिन थोड़ी देर के बाद वही चार लोग कृपाल और भागवत को साथ लेकर ऊपर खरक की ओर आते दिखाई दिये। अब उनका गाना और मस्ताना पूरी तरह से गोल हो गया। क्योंकि अब उन्होंने पहचान लिया था कि वे डाकू हैं। बल्कि वे उन्हें नाम से जानते थे। वे देरू, प्रीतम, राजेन्द्र आदिवासी और धीरा ही थे।

वे चारों पाटियों पर आकर आराम से बैठ गये। पहले तो उन लोगों से कहा कि भैंसे बुलाकर लगाओ। दूध पीना है।

यह सुनते ही आल्हा ने खड़े होकर एक ख़ास तरह की आवाज मुँह से निकाली। उसे सुनते ही तीन भैंसे रेंकती हुई वहाँ चली आयी। उनके पड़ा-पड़ियाँ पास की झाड़ी में बैठे थे। उन्हें झाड़ी से निकालकर भैंसो से लगाया गया। और दूध निकालकर वर्तन उनके आगे रख दिया गया। उन चारों ने झिककर दूध पिया और उसके बाद देरू ने आल्हा से पूछा कि तुम लोगों में दर्शनसिंह का बहनोई कृपालसिंह कौन है?

यह सुनते ही उन सब के चेहरों पर मानो मुर्दयी छा गयी हो। आल्हा उन सब से ज्यादा समझदार था उसने सोचा कि यदि उत्तर देने में थोड़ा सा भी बिलम्ब हुआ तो वह गोली मार सकता है। अतः वह फौरन बोल गया—"वो, झें तो आज नाय आओ।..."

सुनकर देरू की आँखों में सुर्खी आ गयी। फिर उसने एक-एक करके सबसे वही बात पूछी और सबने वही उत्तर दिया जो आल्हा ने दिया था। फिर देरू ने इशारा किया तो एक के हाथ से दूसरे का हाथ जोड़कर रस्सी से बाँध दिये गये।

जब वे लोग उनके हाथ बाँध रहे थे तभी कृपाल की स्मृति में भैरोपुरा कांड आ गया। उसने सोचा कि उसे तो मरना ही है लेकिन उसके साथ बाकी चार लोग क्यों मारे जायें। वह काँपते हुए स्वर में चीख उठा—"मैं हौ कृपाल, दरशन को जीजा! मोय मारो, इनें काय मार रहे हौ।"

अब देरू उठ खड़ा हुआ। क्योंकि अब तक प्रीतम ने अपनी राइफल का बोल्ट खींच लिया था और वह कृपाल पर निशाना साध रहा था। देरू ने सोचा कि अगर उत्तेजना में आकर फायर खोल दिया तो गोली किसी और को भी लग सकती है। उसने उसकी राइफल की बैरल पकड़कर धीरे से ऊपर को कर दी और उन सब के हाथ खोल दिये गये और कृपाल के दोनों हाथ पीछे की ओर बाँध दिये गये।

पहली गोली उसके सीने पर प्रीतम ने ही मारी थी और छः फुट ऊँचा, सुघड़-सलोना मात्र बीस साल का जवान गोली लगने से पहले हिला तक नहीं था और न किसी तरह के बचाव की कोशिश की थी। व्यवस्था की धूर्तता कहें या नियतिवादी जड़ता, जिस के कारण यहाँ का आदमी मौत से लड़ते-लड़ते उससे समझौता कर बैठा है।

गोली सीने में लगते ही वह बायें बगल से उछला और मानो करवट के बल

लेट गया। प्रीतम ने दो फायर और उसके सीने को लक्ष्य कर किये। साथ ही उसके दो अन्य साथियों ने भी तीन-तीन फायर किये। और वे चारों नीचे घाटी में ऐसे उतर गये जैसे मानो कुछ हुआ ही न हो।

उसी समय उसके दो साथी साइकिलों पर सवार होकर गाँव की ओर दौड़ चले। गाँव वाले जब तक दौड़े-दौड़े आते उससे पहले ही आस-पास के खरकों से आये तमाम लोग इकट्ठे हो गये थे।

73

बिज्जूखो का वह काण्ड पाल गैंग ने मामूली बात समझकर किया था। तब उन्हें कहाँ मालूम था कि वह भी भैरोंपुरा जैसा बवंडर खड़ा कर देगा। यहाँ से लेकर सम्भाग स्तर तक और वहाँ से लेकर राज्य स्तर तक के नेता और अधिकारी उस छोटे गाँव में दौड़े चले आयेंगे और जो भी वहाँ आयेगा वह पुलिस को पाल गैंग पर काबू न पा सकने के कारण या तो धिक्कारता हुआ आयेगा या फिर गैंग को जल्दी से जल्दी निपटाने के लिए प्रोत्साहन देता चला आयेगा। और उसका परिणाम कुल मिलाकर यह हुआ कि पुलिस ने एक बार फिर जंगल-डांग छान डालनेके लिए कमर कस ली। फिर कई सैकड़ो जवान सिंध-पार्वती की घाटी में उतार दिये। इस बार जंगल के एरिया की पुलिस भी गैंग से दो-दो हाथ करने पर आमादा थी। इसका एक कारण यह था कि घाटी में पकड़ और फिरौती का कारोबार जैसे-जैसे व्यापक रूप गृहण करता गया था वैसे ही वैसे स्थानीय पुलिस का प्रदेय कम से कम होता गया था; ऊपर वाले लोगों को भले ही ज्यादा से ज्यादा मिलने लगा हो। इसलिए स्थानीय पुलिस अब दिल से चाहती थी कि जितनी जल्दी यह बीमारी दूर हो सके उतना ही अच्छा और इसी बात का शायद नतीजा यह था कि गैंग ने यह इलाका कुछ दिनों के लिए त्याग दिया था और उधर कूनोघाटी के जंगल में शरण ली थी।

कूनो-पालपुर का जंगल इधर के इलाके में सबसे ज्यादा सघन और वन्य जीवों से समृद्ध जंगल है। इस जंगल में गाँव और सहरानों की संख्या उतनी ज्यादा नहीं है। वैसे थी भी, लेकिन आजकल इस वन्य क्षेत्र को गुजरात के गीर वन से लाकर रखे जाने वाले सिंहों के लिए आरक्षित कर दिया गया है। इसलिए गाँवों को वहाँ से हटा दिया गया है और यही कारण है कि डाकूओं के लिए वह क्षेत्र और भी ज्यादा सुरक्षित हो गया है। लेकिन इधर पार्वती-सिंध घाटी से घबराकर भागे डाकूओं या अन्य अपराधियों की सुरक्षा वहाँ कितनी ही ज्यादा हो लेकिन खाने-पीने के लाले पड़ने लगे हैं। जो घी-दूध इधर बहा-बहा फिरता है, वही वहाँ कभी-कभी ढूंढ़े नहीं मिलता है। सामान्यतः आटा दाल के लिए भी कई-कई किलोमीटर दूर सड़क किनारे

के गाँवों तक जाना पड़ता है और गर्मियों में तो पानी के लिए भी दिन-दिन भर मारा-मारा फिरना होता है।

लेकिन पाल गैंग के लोग इस अर्थ में कुछ दूसरी ही नस्ल के लोग थे। तीन-तीन, चार-चार दिन राजा और देरू को निराहार बीतते थे और मजाल क्या है जो खाने के नाम पर किसी पर गुस्साएं-बौखलाएं या खाना मिलने पर उस पर फौरन टूट पड़ें, आपस में छींना-झपटी शुरू कर दें। बल्कि देरू का तो रोज का नियम बन गया था कि खाना लाने वाले या बनाने वाले के अन्दर तक नज़र डालकर पहले देखता था और अगर इस बिधि से वह संतुष्ट होता था तभी गैंग वालों को खाने की इजाजत देता था और खुद सब के साथ ही खाता था और खाना अगर कम हो तो नहीं खाता था। वह इसलिए ऐसा करता था क्योंकि उस दस्यु परिवार का बेहद समझदार और संवेदनशील मुखिया था। उनमें सबसे अधिक भोजनभट्ट राजेन्द्र आदिवासी था। वही भण्डार का मालिक और प्रमुख रसोइयाँ भी था, लेकिन भूख का इतना कच्चा था कि किसी गाँव से खाना लेने जाये तो रास्ता में बैठकर खा आये और वहीं जहाँ गैंग ठहरा हो वहाँ बनाते-बनाते खा ले। इस बात पर राजा खूब नाराज होता था और लोगों को भी बुरा लगता था, लेकिन देरू इस बात पर कुछ ध्यान नहीं देता था बल्कि हँसते-हँसते कहता था—"जामें कछु परलो नाय है गयी। गुस्सावे की कोऊ को जरूलत नाय है। जैसे जे नियम है कै जो कमायेगो सो खायेगो वैसेई जे है के जो बनायेगो सो पहले खाएगो!"

जब वे लोग उधर पार्वती घाटी से इधर पालपुर के जंगल में आये थे तब गैंग मे वही छः लोग थे—देरू, राजा, प्रीतम, राजेन्द्र आदिवासी, धीरा और श्रीलाल सहरिया। इधर आने पर बीस-पच्चीस साल के बीच की उम्रके दो छोकरे गैंग से जुड़ गये थे। वे वही जंगल में कभी बसे एक गाँव के एक परिवार के दोनों सगे भाई थे। कुछ साल पहले उन दोनों के बाप को पसर चराने से सम्बन्धित झगड़े में पड़ोस के गाँव के एक गूजर ने गोली मार दी थी। तब वे दोनों श्योपुर में पढ़ते थे और उसी समय पढ़ाई छोड़कर दोनों गाँव में आ गये थे और प्रतिज्ञा करली कि गूजर को मारे बिना और कोई काम नहीं करेंगे।...लेकिन उसके थोड़े दिन बाद ही उनका गाँव उजड़ गया। उन्हें सैसईपुरा के पास बनी नयी बस्ती में मकान मिल गया और वहीं पास में जमीन मिलने की भी उम्मीद थी, लेकिन उससे पहले एक घटना और घट गयी—बड़े भाई बलराम ने उस गूजर को एक दिन रात में सोते समय फरसे से काट डाला। तब से वे दोनों फरार हैं।...एक बार भगौरी के जंगल में वे दोनों राजा से मिले भी थे। तभी गैंग में सम्मिलित होना चाहते थे लेकिन देरू ने टाल दिया था। कह दिया था कि जब पालपुर के जंगल में रूकेंगे तब बात करेंगे।

लेकिन इस बार गैंग जब इधर आया है तब इलाके में स्थिति थोड़ी विपरीत है। एक तो गर्मी का मौसम शुरू हो रहा है और तीन साल से यह इलाका सूखे की

मार झेल रहा है। कूनो नदी मुकम्मल तौर पर पत्थरों की नदी बन गयी है। मीलो तक मारे-मारे फिरो तब कहीं किसी गड्ढे इत्यादि में एक-दो कट्टियाँ पानी मिलता है...उधर जंगल से अब तक गाँव भी उजड़ गये थे। ऐसे माहौल में देरू को उन दोनों छोकरों की सूरत बार-बार याद आ रही थी। वैसे और भी उसकी बिरादरी के लोग थे जो हमेशा की तरह लुक छिपकर गैंग की मदद करने आ जाते थे फिर भी देरू को लग रहा था कि वे दोनों छोकरे गैंग से जुड़ जायें तो आसानी होगी। उसने राजा से कहा तो वह फौरन उन दोनों की तलाश में भिड़ गया।...और तीसरे दिन वे दोनों गैंग में आ गये।

वे आ गये तो देरू को थोड़ी तसल्ली हुई। जंगल में बहुत गोपनीय और बाहर वाले किसी भी आदमी की पहुँच से बाहर कुछ सोते थे जिनकी जानकारी उन दोनों छोकरों को थी। साथ ही उनकी कुछ रिश्तेदारियाँ नदी के इस ओर के जंगल में थी, वहाँ से आटा, दाल, घी, तेल आदि ज्यादा नहीं तो कम से कम काम चलाऊ मिलने लगा। उन दोनों से एक सुविधा यह भी हो गयी कि अखबार वे दोनों भी चाव से पढ़ते थे और गैंग वालों को भी पढ़कर सुनाते थे।

एक दिन बलराम अकेले मैं बैठा देरू को अखबार की मुख्य-मुख्य खबरें पढ़कर सुना रहा था। तभी देरू ने कई बार उसके चेहरे पर नज़र गड़ा-गड़ाकर देखा। अन्त में धीरे से बोला—“कायरे, बलराम! झें कोऊ धन्धे की जुगाड़ बनैगी कै हम लोग ऐसेई जंगल में पड़े-पड़े दिन काटेंगे?...अरे, कोऊ पकड़-अकड़ करवागो तैं के नाय?”

“देरू दादा, जा इलाके में तौ कोऊ ऐसो है नाय। जो तुम दस-बीस हजार वाले पकड़ चाहौ तौ चलो पचास-चालीस पकड़वा दूँ!”

बलराम थोड़ा कम ही मुस्कराता है, लेकिन उस समय गहरा मुस्कराया। और देरू हर किसी की मुस्कान पर रीझता नहीं है, उसका बेटा नरेश भी तो बड़ा गाढ़ा मुस्कराता है लेकिन उस मुस्कान का सामना भी वह कभी नहीं कर पाता था। हर क्षण लगता रहता है कि कहीं नज़र न लग जाये। उस दिन उस छोकरे को मुस्कराता देखकर भी कुछ वैसा ही लगा।

“ओरे नाय! अबै थोड़ो धंधो मंदो है गओ है तौऊ पचास लाख ते नीची तैं बात मत सोचियो।...का समझो मोड़ा!”

उसने कहा तो बलराम हँसने लगा।

“जेई तौ मैं कह रहो हौं,... ।”

इतना कहकर उसने अपने इर्द-गिर्द नज़र दौड़ाई और घुमाई। थोड़ा देरू की ओर खिसक कर बोला—“फेर एक उपाय है सकत है दादा! झें नौनपुरा घाटी ते रोज सवेरे एक बस गुजरती है। वा में सेठ खूब आत है—वे या तै श्योपुर मंडी में गैहूँ खरीदवे को आत है या बाहर भेजे गये गेहूँ का पैसा वसूल करके लात है...तुमें पकड़

करवे की ज़रूरत का है, कहौ तौ एक-दो आदमी ते नगद पचास लाख मिल जाये।"

उस छोकरे की बात ने देरू के दिमाग में एकदम खलबली पैदा कर दी। वह फौरन उठ खड़ा हुआ और राजा को अलग लेजाकर बात की। राजा ने अन्य सभी से बात की। उसी दिन शाम को देरू, राजा, राजेन्द्र और बलराम नौनपुरा घाटी जाकर स्थान देख आये और वहीं खड़े-खड़े घटना को कैसे अंजाम दिया जायेगा, वह तय हो गया।

अगले दिन वे आठ बजे घटना स्थल पर पहुँच गये थे।

यद्यपि घाटी के ऊपर दूसरे मोड़ पर वहाँ ठाकुर बाबा का मन्दिर है लेकिर उस दिन, मन्दिर में डाकूओं ने पूजा नहीं की थी। बल्कि उसके ऊपर की ओर एक झाड़ी के पास काम चलाऊ देवी का मन्दिर बना लिया था। अर्थात् झाड़ी से अलग छिटकी एक डाली पर लाल रंग की चुनरी टाँग दी थी। नीचे लाल रोरी, चूडियाँ और बिछुआ रखकर देरू ने देवी की अर्चना की फिर उठकर सब को रोरी का टीका लगाया और सब ने एक बार माँ लखेश्वरी के नाम का जैकारा बोला।

और तभी नीचे से बस के आने की आवाज सुनाई दी। उनमें से दो लोग नीचे जाकर मन्दिर के पास खड़े हो गये। उन्हें इस वजह से खड़ा किया गया था कि शायद किसी सवारी द्वारा बाबा के मन्दिर में परसाद चढ़ाने के उद्देश्य से बस को रुकवाया जायतो वे वहीं पर बस में चढ़कर कब्जा कर लें। लेकिन बस का ड्राइवर शायद पहले से पूरी चौकसी के साथ इधर-उधर देखता हुआ बस चला रहा था। इसलिए उन दोनों राइफल धारियों को मन्दिर के आगे खड़ा देखकर बस को रोकता तो क्या बल्कि उसने बस की स्पीड़ बढ़ा दी। लेकिन स्पीड बढ़ाकर वह जाता भी कहाँ? थोड़े आगे ही चार लोग राइफलें ताने खड़े थे। उन्होंने बस सामने आते ही फायर खोल दिया और कम से कम तीन टायर फोड़ दिये। बस लड़खड़ाकर आखिर खड़ी रह गयी।

बस में चालीस सवारियाँ थी। उन सब को सामान सहित नीचे उतरने को कहा गया। उन्हें पास के जंगल में ले जाया गया और वहाँ जाकर एक चादर जमीन पर बिछा दी गयी। लोगों से कहा गया कि जिस के पास जो कीमती सामान हो व जल्दी इस पर डाल दे। नकद रुपया, मोबाइल, घड़ी, अंगूठी सब...। उनमें से छः महिलाएं थीं, उनको अलग बिठा दिया गया और उनसे कहा गया कि वे अपना कोई सामान न फेंके।

फिर उनमें से एक-एक आदमी को अलग-अलग बुलाकर पूछताछ की और उनमें से आठ लोगों को अलग कर दिया गया। बाकी को एक ओर बिठाया गया और उनसे कहा गया कि वे लोग दो घण्टे तक यहाँ से हिलें नहीं। दो घण्टे के बाद फिर अपने-अपने ठिकाने को जायें।

इसी बीच राजा सड़क पर खड़ी बस के पास जा पहुँचा और उसकी डीजल की टंकी में गोली मारकर फोड़ दिया और उससे बहते तेल को आग लगा दी। थोड़ी देर में ही बस धूँ-धूँ करके जल उठी। वे आठ लोगों को लेकर जंगल में समा गये।

पुलिस उस स्थान पर तीन घण्टे बाद पहुँची। वे उन लोगों से पूछताछ कर रहे थे जो बस में बैठकर श्योपुर जाने वाले थे। तब तक सड़क पर आने-जाने वाले और भी लोग इकट्ठे हो गये। उनमें से कुछ लोगों को तभी बस वाले आठ लोगों को पकड़कर ले जाते हुए डाकू नौनपुरा घाटी के उस ओर अमेठ घाटी में दिखाई दिये थे। जब उन लोगों ने पुलिस वालों को दिखाया तो एस.पी. ने उन्हें डाँट दिया और कह दिया—"देख नहीं रहे हो, वे बकरी चराने वाले हैं, बकरियों को हाँके लिए जा रहे हैं।"

74

अभी कुछ दिनों से देरू पाल कुछ ज्यादा ही खीजा-खीजा-सा रहता था।

वह बात-बात में झल्ला उठता था। उसे शुरू से जानने वाले यह देखकर आश्चर्य चकित थे। कुछ की समझ में ये भी नहीं आ रहा था कि जैसे-जैसे गैंग के पास पैसा ज्यादा आता गया था वैसे ही वैसे देरू की पैसे के प्रति लालसा क्यों बढ़ती गयी थी। पहले वह पैसे की परवाह कतई नहीं करता था। किसी फिरौती के समय ज्यादा सौदेबाजी भी नहीं करता था बल्कि कोई आदमी उसे पैसा देने के काबिल न लगे तो बिना कुछ वसूल किये ही छोड़ देता था। पाल गैंग में ये परम्परा उसी की डाली हुई है कि पकड़ के साथ किसी तरह की बदसलूकी नहीं की जानी चाहिए। किसी से भी जो पूछताछ करनी हो वह शुरू में ही की जानी चाहिए, बाद में तो उसे कभी अनुभव तक नहीं होने देना चाहिए कि उसे गैंग ने पकड़कर रखा हुआ है.. और फिरौती के बारे में उससे कभी बात नहीं होनी चाहिए।...पकड़ को वैसा ही सब खिलाना-पिलाना चाहिए जैसा हम लोग खायें-पियें।...लेकिन इस बार देरू का नया रूप देखकर सब लोग हैरान थे। बल्कि उसका ही छोटा भाई राजा अन्य किसी की अपेक्षा ज्याद ही हैरान था। वैसे इस तरह के स्वभाव और व्यवहार के लिए राजा शुरू से ही जाना जाता था। यथा बात-बात पर खीज़ उठना और किसी से भी गाली-गलौज करने लगना...राजा को एक हैरानी यह भी थी कि आजकल देरू भैया फिरौती के पैसों का बटवारा करते समय सबसे बड़ा हिस्सा खुद अपने लिए रख लेता है और यह भी कि जो पैसा गैंग के बाहर के लोगों के नाम से रखा जाता है उसमें से भी कुछ मार देता है...वह अपने बड़े भाई और बुद्धिबल में सबसे ऊपर वाले इन्सान का यह रूप देखने का कतई आदी नहीं था;...लेकिन किया भी क्या जा सकता था? अगर ऐसी बातों को लेकर बैठ जाये या झगड़ा करे तो गैंग कहीं का नहीं रह जायेगा।...

लेकिन देरू की समस्या कुछ और ही थी।

आठ लोग गैंग के और आठ पकड़ के; कुल मिलाकर सोलह लोगों का कुनबा और खाने-पीने के साधन निहायत सीमित। अजीब मुसीबत थी उस समय। गैंग को

कारतूस बेचने वाले तो वहाँ तक पहुँच जाते थे लेकिन आटा-दाल लेकर वहाँ पहुँचना किसी के लिए भी काफ़ी मुश्किल था। गैंग की ये मुसीबत इसलिए भी जटिल हो चली थी क्योंकि गैंग में एक दो आदमी को छोड़कर सब साकाहारी थे। दो-एक जो माँसाहारी थे भी वे देरू के डर की वजह से अपनी आदत बदल चुके थे।...उस समय हालत यहाँ तक हो गयी थी कि खाना दो-दो, तीन-तीन दिन बाद मिलता था। पीने का पानी भले ही मिल जाये लेकिन नहाने का मौका एक सप्ताह में एक बार मुश्किल से मिलता था। लेकिन जो पीने का पानी मिलता था उसमें कभी-कभी छोटी मछली और मेढक तक आ जाते थे। कुछ लोगों को तो वह पानी पीते ही उलटी हो जाती थी।

देरू की गैंग के बारे में एक अन्य भूमिका और भी थी, जो एकदम पर्दे के पीछे की भूमिका थी, लेकिन थी बहुत ही महत्त्वपूर्ण। पकड़ के बाद फिरौती जहाँ तय होती थी वह निहायत गोपनीय देरू का नेटवर्क था। राजा और प्रीतम को अवश्य उसकी जानकारी रहती थी। गैंग के अन्य लोगों को तब बताया जाता था जब सब कुछ तय हो जाता था और पकड़ को तो वह सब कुछ, छूटकर घर पहुँचने पर पता लगता था तभी वह जान पाता कि उसकी तिजोरी का कितना हिस्सा खाली हो गया है या कि उस पर कर्ज की कितनी भारी गठरी लद गयी है।

हाँ, तो उस बस वाली पकड़ की फिरौती का मुद्दा आसानी से नहीं हल हो पा रहा था। देरू और राजा की आशा थी कि एक करोड़ से ऊपर मामला जायेगा; लेकिन वहाँ पचास लाख के भी लाले पड़े हुए थे। बहुत मुश्किल से साठ लाख पर बात टूटी थी। वह भी इतने के लिए पूरी गर्मी कूनो-पालपुर के जंगल में बितानी पड़ी—भूखे-प्यासे और बिना नहाए धोए। जिन दिनों में सौदा तय हो रहा था तब देरू की खीज़ चरम पर थी। उस समय जो दो नये छोकरे गैंग में शामिल हुए थे उनपर देरू हर वक्त खीजा रहता था। बात-बात में उन्हें डाँटने लगता था। उन्हीं दोनों की लगभग उम्र के दो छोकरे पकड़ में भी थे। वे दोनों वैसे तो अक्सर डरे-सहमें से चुपचाप बैठे रहते थे। किसी से अगर कुछ कहते भी थे तो मात्र इतना—"अंकल, हम कब छूटकर अपने घर जायेंगे।"

राजा अक्सर उनसे बात करता था और कहता था कि वे जल्दी ही छोड़ दिये जायेंगे। कभी-कभी वह कहता था—"अच्छा एक बेर हँसकर बताओ, तो मैं जल्दी छुड़वा दूँगो।

लेकिन वे लोग कोशिश करने पर भी नहीं हँस पाते थे और उधर जब वे दोनों किसलपाल और बलराम के साथ अलग बैठते थे तब खूब हँसते थे। यह बात राजा को तो नहीं, देरू को काफी अखरती थी।

एक दिन देरू ने बलराम को अलग बुलाकर इतना डाँटा-इतना डाँटा कि वह रोने लगा। रोते-रोते ही उसने पूछ लिया—"मैने तुमाओ बिगाड़ो का है सो ऐसे डाँट रए हौ?"

"कायरे, मैने तोय गैंग में काये के लयें रखो है?" देरू ने पूछा।

अबकी बार वह छोकरा उसको ताकता रह गया।

"जा के लयें और सबको रखो है ताके लये मोय रखो है,...और काये के लयें रखो है?"

"जा दिना ते आओ है ता दिना ते का काम करो है तैने?..."

"जो तुमने बताओ है सो करो है और का करतो?..."

"जा बस के चक्कर में तैने मोय फँसाओ है?"

"मैने फँसओ है?...और जो पचासलाख लैरए हौ सो का मेये घर में जायेगो?"

"रे मोड़ा!..." उसका हाथ एस.एल.आर. पर गया और जैसा गया वैसा ही वापस लौट आया।

"तोय मालुम है, जे त्रिपाल पै बैठे जुएं मार रए हैं और रोतीं आँखन ते इतै-बितै देख रए हैं जे सग शिवपुरी के चिरकुट हैं...मैं बिलकुल नाय चाहत हतौ कै कोई भें को फँसे।...अब तैं बता श्योपुर को एकऊ सेठ है।"

"तौ मैं का करौ, मैं कऊँ तै पकड़ के लाऊँ?"

"तैं का पकड़के लागो, चिरकुट कऊँ को।..."

बलराम फूला-फूला-सा उठ खड़ा हुआ और टेकरी के ऊपर गैंग के पास चला गया।

देरू कनखी से उसे जाता हुआ देखता रहा। वह टेकरी की ढलान पर करधई की सघन शीतल छाया में आल्ती-पाल्ती मारे बैठा था। अब वहीं लम्बा होकर पसर गया। थोड़ी देर के लिए उसकी आँख लग गयी। थोड़ी देर के बाद फिर जब उसकी आँख खुली तो वह अपने आप को तरोताजा अनुभव करने लगा। उसे इस बात पर आश्चर्य मिश्रित प्रशन्नता थी कि इतनी-सी देर में ही उसके मन की थकान ही कम नहीं हुई है बल्कि मनका मैल भी धुल गया है।

वह उठा और ऊपर टेकरी पर गैंग के पास चला गया। वहाँ पहुँचकर मन की खुशी चेहरे पर चमकने लगी थी। त्रिपाल के एक कौने पर पकड़ वाले दोनों छोकरे किसन पाल और बलराम के साथ मिलकर ताश खेल रहे थे।

उसके तीसरे दिन पकड़ के छः लोगों को छोड़ा गया था। सड़क के पास तक उन्हें पहुँचाने के लिए प्रीतम और राजेन्द्र गये थे। संयोग कुछ ऐसा घटित हुआ था कि उन दोनों छोटे छोकरों के हिस्से की फिरौती का पैसा अब तक गैंग के पास नहीं पहुँचा था, इसलिए उन्हें छोड़कर बाकी छः को मुक्त कर दिया था। लेकिन वे दोनों निहायत मायूस हुए डरे-डरे से बैठे थे।

बलराम और किसनपाल को उन दोनों पर दया आ रही थी। वे उनके पास जाकर बैठ गये। वे सच में रोने लगे। उनमें से एक जो सब से छोटा था वह बलराम से लिपट कर बोला—"भैया, हम कब छूटेंगे? वे हमें...।"

बलराम ने उसे सान्त्वना दी और कहा कि एक-दो दिन में उनके घरवाले लेने आयेंगे। तभी वे छूट जायेंगे। यद्यपि गैंग का कोई आदमी उन दोनों से कभी बुरा-भला नहीं बोला था फिर भी उन सब से उसे डर लगता था। एक तो काली स्याह घनी बेतुकी दाढ़ी-मूंछ, सिर पर बँधा हुआ काला कपड़ा, हाथ में राइफल और कमर से कारतूसों से खचाखच भरी बेल्ट; एक शहरी मध्यवर्ग में पले-बड़े चौदह-पन्द्रह साल के कमसिन छोकरे को एक-दो नहीं पूरे छः-छः लोग को रात दिन झेलना कितना कठिन रहा होगा, इस बात की कल्पना की जा सकती है। उसके साथ वाला दूसरा लड़का उससे बड़ा था और समझदार भी। इसलिए वह इतना ज्यादा डरा हुआ नहीं था।

दूसरे दिन उन दोनों के परिवार वाले आ गये। वे अपने-अपने हिस्से की फिरौती अदा करके उन दोनों को ले गये।

जब वे चले गये तो बलराम का छोटा भाई उदास रहने लगा और बलराम को भी कोई खास अच्छा नहीं लग रहा था। अब उसे अपनी यह गलती भी समझ में आ रही थी कि वह जंगल में कूदा सो तो ठीक था लेकिन छोटे भाई को किसी हालत में साथ नहीं लाना था। घर पर अकेली माँ और छोटी बहन है, उनकी पता नहीं क्या हालत हुई होगी। उसने अपने छोटे भाई से कुछ भी कहे बिना तय कर लिया कि किसी दिन वह भाई को साथ लेकर यहाँ से खिसक लेगा। इनमें से किसीकी दम नहीं है जो इस जंगल में उन दोनों को पा सकें।

लेकिन उसके अगले दिन देरू ने उन दोनों को अपने पास बुलाया। उसने अपने बैग से निकालकर एक-एक हजार के नोटों की एक गड्डी बलराम को दी और बोला—"ये पचास-पचास हजार तुम दोनों के हिस्से के हैं,...।"

बलराम ने उस गड्डी को उलट-पुलटकर देखा और फिर देरू की ओर बढ़ा कर बोला—"जे तौ तुम अपने ई पास रखो, हमने कोऊ ऐसो तीर नाय मारो है—कोऊ ऐसो काम नाय करो है जा को मेहनतानो एक लाख रुपया होय। हम तौ फकत देखवे आये ते कै जा जोन में होत का-का है।"

"तैं पगला तौ नाय भओ है मोंड़ा, में जंगल के बाहर पुलिस तेओ इन्तजार कर रई होगी! पेड़ते बाँध के गोली मार देगी और अखबार में निकरवा देगी कै इनकाउंटर में दो डकैत मारे गये हैं।"

"पुलिस ऐसो करैगी तौऊ कोऊ बुरी बात नाय है मरनो तौ एक बेर सब कों है, फेर जा रोज-रोज मरवे ते मुक्ति तौ मिलैगी।"

इतना कहकर वह उठ खड़ा हुआ। लेकिन तभी देरू की भवें तन गयीं एस.एल.आर. पर हाथ चला गया।

वहीं पास में खड़ा-खड़ा राजा ये सब देख-सुन रहा था। वह एक हल्के-से आवेगा के साथ आगे बढ़ आया। वह देरू से बोला—"जान्दै दादा! जा मोड़ा को जान्दे, मोंड़ा ठीक सोचत है। जो इतनी बात हमाई समझ में दस-ग्यारह साल पहले

आयी होती तौ सई में हमें रोज-रोज मरनो-जीनो नाय पड़तो।...इतने लोग जेल में पड़े-पड़े नाय सड़ते, और इतने बसे बसाये घर नाय उजड़ते...।"

यह कहते-कहते राजा की आँखें गीली हो गयी थी। वह बलराम की बाँह पकड़कर बोला—"चलो, मोड़ेओ, तुमें मैं जंगल खंदा दौं!"

और वह उन्हें लेकर टेकरी से नीचे जाने लगा।

75

पाल गैंग बहुत दिनों बाद इधर के इलाके में लौटा था और बाँध के पीछे आवाखोह में रुका था।

उधर कूनो-पालपुर के जंगल में दो महीना से अधिक समय बिताकर गैंग इधर आया था। इससे कई लोग पूरे तौर पर पस्त पड़ गये थे। कभी भरपेट अच्छा खाया नहीं कभी ठीक से नहाया धोया नहीं, कोई शौक-मौज नहीं जाना और कभी किसी जनीमाँस से आमना-सामना नहीं हुआ। आँखें-सेकने को नहीं मिलीं। एक तो बागी की जिन्दगी नमक न मिर्च, नौन न तेल; सब फीका-फीका और सीटा-सीटा और ऊपर से कूनो-पालपुर का प्रवास। कुछ लोग तो कतई पस्त पड़ गये थे और देरू-राजा को बताए बिना ही घाटी से ऊपर धवल्लपुरा की ओर खिसक गये थे। उधर राजा भी रात्रि के समय टपरिया गाँव की ओर खिसक जाता था। देरू सब कुछ समझ रहा था लेकिन देखकर अनदेखा कर जाता था।

देरू भी अकेला नहीं रहता था रात को गाँव से कोई न कोई आ जाता था। जो आता था वह खाना और दूध इत्यादि भी लाता था। उसके द्वारा ही उधर के इलाके के मुख्य-मुख्य समाचार सुनने को मिलते थे। उस समय उसका मामा मोतीलाल हर दूसरे-तीसरे दिन आता ही था और उसके घर से खाना प्रायः रोज ही आता था। मामा नहीं आता था तो उसका लड़का आता। वे दोनों थोड़े दिन पहले ही जेल से छूटकर आये थे। इसलिए मोती मामा जेल की भी तमाम बातें सुनाता था। गंगाश्री की बातें और जो अन्य अनेक बिरादरी के लोग और रिश्तेदार वहाँ बन्द थे उनकी भी बातें मामा सविस्तार सुनाता था।

और फिर एक दिन वह एक अट्ठारह-उन्नीस साल की युवती, जो काफी नीचा घूँघट निकाले थी और बेहद डरी सहमी-सी थी, को लेकर दोपहर के समय आ गया। उसका पाँच-छः महीने का बच्चा मामा की गोंद में था। उस महिला ने देरू के पैर छू लिए और मामा ने वह बच्चा उसके आगे लिटा दिया।

देरू बच्चे को देखने लगा तब मोती मामा ने कहा—"जा कों पहचान देरू! जानत है जे कौन है? जे नरेश को मोंड़ा है, तेरो नाती। और जे वा की बहू है।..."

देरू अकबका कर उन दोनों को देखने लगा और फिर बच्चे को उठाकर उसको धीरे से चूम लिया। बच्चा रोने लगा तो देरू भी ठीक बच्चे की भाँति रोने लगा। फूट-फूटकर और होठ बिदोर-बिदोर कर। देरू को बहुत दिनों के बाद मामा ने ऐसे रोता देखा था। उसने बच्चे को उसकी गोदी से ले लिया।

उधर नरेश की पत्नी भी खड़ी-खड़ी रो रही थी। अब देरू उठकर उसके पास पहुँच गया। उसने उसकी पीठ सहलाकर उसे चुपाया। अपने बैग से निकालकर पाँच-पाँच सौ के नोटों की गड्डी उसकी झोली में रख दी और मामा को उसे लेकर जाने को कह दिया।

उस दिन देरू ने खाना नहीं खाया था और रात को ठीक से सो भी नहीं पाया।

अगले सवेरे राजा थोड़ा जल्दी लौट आया था और देरू की हालत देखकर डर गया था। उसे लगा था कि उसके रात भर गायब रहने के कारण भैया नाराज है। उसको शारदा पर गुस्सा आया। वह कमबख़्त है भी बुरी आफ़त। एक बार उसके कब्जे में आ जाओ तो अपने बस भर में छोड़ती नहीं है। राजा जब ऐसा देखता है कि उसका भैया शारदा से उसके रिश्ते को जानता है और वह उससे मिलकर आया है इसलिए भैया गुफना है तब उसे भैया पर गुस्सा नहीं आता बल्कि एक तरह की शर्मिंदगी की मीठी लहर उसके अन्दर दौड़ जाती है। फिर वह अपने भैया के सामने बार-बार आने से कतराता है।

इसीलिए उस दिन बाँध पर कुल्ला-दातौन करके आया तो रात के रखे दो-तीन पराठे जल्दी-जल्दी खा लिए और खोह में जाकर सो गया।

देरू को भी यही स्थिति ठीक लगती है। वह गैंग के हर आदमी को औरतबाजी के खतरों से बचने की नसीहत दे चुका है। सबसे बिल्कुल ठेठ भाषा में कहता रहा है कि ज्यादातर डाकूओं की मौत औरत और दारू के कारण ही हुई है; लेकिन अपने छोटे भाई, राजा से यही बात वह कभी नहीं कह पाया है। जबकि उसे मालूम है कि राजा जब अम्मा मरी थी तभी से शारदा से सम्बन्ध बना चुका था। तब तो न जाने कितने लोग शारदा के दीवाने थे तब तो खुद राजेन्द्र सहरिया उसी चक्कर में राजा से दुश्मनी मान बैठा था।

दोपहर से पहले ही मोती-मामा उसके लिए खाना लेकर आ गया। मामा अकेला नहीं था बल्कि उसके साथ एक अन्य आदमी भी था। लम्बी टांची का सुलफ शरीर, गोरा रंग, बड़ी-बड़ी भावपूर्ण आँखें। नीचे के होठ पर एक छोटे काले तिल के चलते चेहरा कतई निश्छल और अबोध दिखाई दे रहा था। कोशिश करने पर भी देरू की नज़र उसके अन्तः को नहीं भेद पाई। फिर उसको वह ऐसा नहीं लगा जिसको फौरन शक के घेरे में लिया जाना जरूरी हो।

जब देरू खाना खाने लगा तब मोती मामा ने धीरे से पूछा—"और राजा कां है रे देरू! दिखाई नाय दै रओ?"

"भें, नीचे खोह में सो रओ है,...। रात भर को जगो भओ है, अपई मर्जी होगी तबई उठैगो!"

देरू ने कहा तौ मामा ने उसे गौर से देखा। फिर इधर-उधर थोड़ी शंकालु दृष्टि से देखा—"तैं देरू जा मोंड़ा को नाय जानत है? जे मेई मौसी को दामाद है राजपुरा को। कोमल नाम है। तै राजा ते मत कह दीये, जे पुलिस को मुखबिर है,...।"

मोतीलाल का इतना कहना था कि देरू का हाथ में पकड़ा कौर जस का तस हाथ में ही रह गया। उसने राजा की उम्र के उस छोकरे को फिर गौर से देखा और कौर को नीचे रख दिया। उसके बाद पास रखी कट्टियाँ का ढक्कन खोलकर पानी पी लिया और अँगौछा से मुँह पोछ कर एस.एल.आर. उठा ली।

मामा ने उसे घूरा और फिर कहा—"देरू, जे मोड़ा बतात है कै जो नओ एस. पी. आओ है वो भलो आदमी है। वो चाहत है कै तुम लोगन को सरिंडर है जाये। वाकों कोऊ आदमी नाय मिल रओ है तुमन ते बात करावे वाओ।...एस.पी. ने जो मोड़ा ते बात करी तौ जाने हाथ ऊँचे कर दिये।..."

जब सरेन्डर की बात सामने आयी तो देरू को अन्दर ही अन्दर एक जोरदार झटका लगा। उसकी पुत्रवधू और पोते वाला कल का दृश्य सामने आ खड़ा हुआ। बहुत कोशिश की कि वह दृश्य आँखों के सामने इस तरह न आये लेकिन कोशिश सफल नहीं हुई। उसने हड़बड़ाकर कोमल से पूछा—"कौन एस.पी. है, नयो?"

"रफ़ीक मूसरी कामू नाम है वा को! लोग बतात हैं कै काशमीर ते आओ है,...गोरो चट्टो असल लाल धरो है सेब जैसो!...कोऊ ज्यादा उमरि नाय है, तेरेई बराबर होगो मुश्किल ते!"

कोमल जब बोल रहा था तब देरू ने उसे दो-तीन बार घूरकर देखा और फिर मोतीमामा को देखा। तभी मोती उससे बोला—"जो तुमन सरिंडर है जाओ तौसही में बहुत नाते-रिश्ते के लोग जिन्दा बच जायेंगे।...पुलिस तुमें तौ शायद न मार पाए फेर और सबकों ढूढ़-ढूढ़ के मार डारैगी।"

देरू का दिल फिर जोर से धड़का। आँखों में कुछ ऐसा उमड़कर आ गया जिसे वह किसी को प्रगट नहीं होने देना चाहता था।

"अब तैं जा मामा! राजा ते बात करके मैं तोय बताओंगो।"

देरू ने मामा से कहा तो वह बुरा-सा मुँह बनाकर उठा और उठते-उठते बोला—"अब लेव भला, जाते कहत है कै आसमान ते गिरो और खजूर में आ अटको! जे बात तैं मोड़ा हम ते पूछ लै कै राजा सरंडर के लये कैसेऊ राजी नाय होगो। वाकें कौन से मोंड़ा-मोड़ी बैठे हैं जिनके लयें सरिंडर करैगो?...तेयें तो मोड़े हैं, बहू है और...भगवान को दिओ पोतोऊ है।...तेये मानवे-न-मानवे की बात है जा में।"

और वह कोमल के संग चला गया।

लेकिन राजा उससे थोड़ा पहले ही उठ गया। खोह से ऊपर आ रहा था लेकिन

तभी मामा की बातें उसके कान के पर्दों से जा टकराई और सुनते ही झाड़ी के पीछे खड़ा रह गया। जैसे ही मामा और उसके साथ वाला आदमी चला गया वैसे ही राजा देरू के पास आ गया।

"मामा का संदेसा लैके आओ हो?" उसने देरू से पूछ लिया।

"मामा नाय, मामा के संग वो मोड़ा हो, राजपुरा को कोमल है, पुलिस को मुखबिर है।

वो! कह रओ तौ कै नयो एस.पी. आओ है। वो चाहत है कै हमन सरेन्डर है जायें!

देरू उसे बता रहा था और नज़र गड़ाकर देख भी रहा था कि उसके कहे की राजा के मन पर क्या प्रतिक्रिया हो रही है। उसे यह तो नहीं लगा कि राजा उग्र प्रतिरोध पर उतरने वाला है लेकिन यह भी नहीं लगा कि वह फौरन सहमति देने जा रहा है। लेकिन इसके बावजूद आज देरू के मन में अपने परिवार की हुड़क कुछ ज्यादा थी और इसलिए उसी दिन सरेन्डर की लालसा उसके मन में सबसे ज्यादा जागी थी और वह उसे अब जागाए रखना भी चाहता था। लेकिन राजा को आखिर कैसे राजी कर पाएगा यहबात उसकी समझ में नहीं आ रही थी।

"तैंने मामा ते कहीं नाय कै एक बेर सरेन्डर कराके तौ तैने जिन्दगी भरकी सजा करादयी, अबकी फाँसी करावे को इरादा है?"

"अये, नायरे! वाने काहे कों सजा करवाई? सजा तो कोर्ट ने करी और पुलिस वारेन ने गवाह दिवाई, मार-मार के।"

"अये, तैं का जाने, जे मामा नाय है, 'शकुनी' मामा है, वोई महाभारत वारो।...कै वो उरई वारो मामा है, 'परमार गुटैया टार'।

देरू को इस बात का सन्तोष था कि राजा आज एक बार भी नहीं भड़का है। वह ऐसे महाभारत और आल्हखंड के उदाहरण देकर बात करने का आदी नहीं है। अबकी बार उसने राजा का मन टटोलना चाहा—"राजा,तैसे सरेन्डर हो जाये तौ ठीकई है। हमतौ ठीक हैं, जैसे हैं तैसे पर, हमाये कारण जाति-बिरादरी तक के लोग जेल की सजा काट रहे हैं। जो पुलिस के हाथ नाय लगौ है ते घर-द्वार छौड़े फिर रओ है।"

"अच्छा! तो जे बात है। अब समझ में आयी, कै वो ठग तोते बहू और नाती को मिलावे काय लाओ हो।...तौ ठीक है, तैं सरेन्डर कर आ जाके, मैं तौ कऊँ जा नाम ते कदम नाय रखौगो।...फेर मेई एक बात गांठ बाँध लीये, तेई लाश पड़ी-पड़ी सड़ जागी काऊ जंगल में।"

और इतना कहकर राजा वहाँ रुका नहीं, पचफैरा उठाकर बाँध की ओर चला गया।

देरू विचार शून्य-सा खड़ा-खड़ा उसे जाते देखता रहा।

76

पूरे अपने बारह साल के वन-वास के दौरान राजा ऐसी बिकट स्थिति से पहले कभी नहीं गुजरा था।

अपने भैया को, जिसे वह दुनिया का सबसे सुलझा हुआ और चैतन्य-मस्तिष्क व्यक्ति मानता था, ऐसे आँखों पर पट्टी बाँधकर चलता वह आज पहली बार देख रहा था और वह इस स्थिति को बर्दाश्त नहीं कर सकता था। कई बार जंगल में अकेला बैठकर रोया था और कई बार ऐसे ही अकेले में खुद अपने आप को गोली मारकर मर जाने का भी मन हुआ था और उधर भैया का यह हाल था कि वह जिस पर भरोसा करे बैठा था, वह काला नाग था। वह कब और किस जगह डसेगा इस बात का भी कोई ठिकाना नहीं था। राजा को तो यह भी मालूम हो गया था कि कोमल रसीद मसूदी कामू अर्थात् नये एस.पी. का मुखबिर नहीं है, बल्कि टी.आई. आदित्य सिंह का मुखबिर है। टी.आई. अलग से लगा है गैंग को निपटाने और उसका श्रेय अपनी झोली में डालने हेतु। लेकिन वह जानता था कि सरेन्डर टी.आई. नहीं करा सकता इसलिए उसने कोमल को पढ़ा दिया है कि वह कामू का नाम लेकर सरेन्डर की बात करे और खुद जैसे भी हो वैसे गैंग को निपटाए...गैंग को न सही तो अकेले देरू को निपटाए...पुलिस की नौकरी और छः लाख का इनाम उसका इन्तजार कर रहा है और उसी काम में कोमल अपनी जान की बाजी लगाकर लगा हुआ है।

उधर अकेले देरू को ही नहीं बल्कि राजा को छोड़कर पूरे गैंग को कोमल यह समझाने में सफल रहा था कि यदि राजा न भी सरेन्डर होना चाहेगा तो भी कोई बात नहीं है; देरू सहित सबका सरेन्डर ठीक वैसे ही होगा जैसे मोहर सिंह-माधोसिंह का या रमेश सिकरवार का हुआ था। उस समय चीफ मिनिस्टर आयेंगे और कई मिनिस्टर और अधिकारी रहेंगे।...नाम मात्र का केस चलेगा, सबको खुली जेल में रखा जायेगा और बाद में सबको जमीन मुफ्त मिलेगी। अगर कोई खेती-किसानी न करना चाहे तो उसको दूसरे काम के लिए सरकार सहायता देगी। इन सब बातों पर गैंग में मौका मिलते ही जमकर चर्चा होती थी, बशर्ते अगर राजा वहाँ मौजूद न हो, तो!

उस दिन पाल गैंग मोरनी के जंगल में पहाड़िया पर रुका हुआ था। वहाँ के लोग एक पकड़ के चक्कर में पहुँचे थे। दोपहर पूर्व लगभग ग्यारह बजे थे और गैंग के लिए खाना बन रहा था। राजा ने उसीदिन तय किया था कि आज चाहे जो हो जाये भैया को सब के सामने कोमल की हकीकत समझाएगा। अपनी जैसी पूरी कोशिश करेगा कि वह मौत को गले लगाए न डोले और उसे यह आशा भी थी कि उस तरह से साफ-साफ बताने पर देरू भैया जरूर समझेगा। अगर उसकी बात पर एका-एक विश्वास न भी कर सका तो भी कोमल के बारे में चौंकन्ना तो रहेगा।

वह जब वही देरू को बताने का मन बना ही रहा था। तभी एकाएक वहाँ कोमल आगया।

कोमल राजा के नाम से बेहद घबराता था, लेकिन उस घबराहट के बावजूद जब वहाँ आया था, तब किसी इरादे से ही आया था। सच में मुखबिर अपने आप में बहुत ही विलक्षण जीव होता है। उसमें अद्‌भुत साहस होता है और बेजोड़ सहनशीलता। वह अद्‌भुत निशानेबाज होता है फिर भी निहत्था काम करने मौत के मुँह में जाता है। लेकिन उस दिन वह इस इरादे से गया था कि उसे देखकर राजा भड़के और तब हो सकता है कि राजा और देरू आपस में भिड़ जायें जिसका लाभ उसे मिले। और ऐसा ही हुआ भी।

कोमल को जलती हुई आँखों से देखते हुए राजा बेहद कटखने भाव से बोला—"जे मुखबिर झें काय आओ है?..."

सुनते ही देरू को जोरदार झटका लगा। वह भौंचक-सा राजा को देखने लगा। समझ नहीं पा रहा था कि आखिर होने क्या जा रहा है। जो तपस्या माँ के मर जाने के बाद उसने लगातार बारह साल से की है उसका अन्त आज होने जा रहा है क्या? चाहे राजा कैसा भी ऊँच-नीच बोल गया हो, उसने ऊपर नज़र उठाकर नहीं देखा—केवल माँ को दिया बचन निभाने की खातिर। वह बचन आज तोड़ना पड़ेगा क्या?

"ऐऽऽमोंड़ा, तें कछु समझो कर,... ।"

देरू ने फिर भी अपने मन के आवेग पर नियंत्रण रखा और थोड़ा सोचने समझने की राजा से आशा की।

"मैं तोय गोली मार दूँगो, तोय जाके हात ते मरवे को शौक है ना, सो मैं पहले पूरो कर दूँगो।"

राजा ने कहा तो देरू की आँखों ने मानो आग उगलना शुरू कर दी। मारे आवेग के बुरी तरह काँप गया। फिर भी राजा पीछे हटने का नाम नहीं ले रहा था। अन्य लोग निस्तब्ध ठगे से खड़े उस दृश्य को देख रहे थे।

कोमल अब निहायत डरा-डरा, डरा-डरा नहीं बल्कि डरने का नाटक करता हुआ सा देरू के पास पहुँचा और बोला—"देरू दादा, अब तुम्ही शान्त करो! ज्यादा बात बढ़ावे में कोऊ फायदा नाय हे। राजा जब शान्त हो जागों तब बात को आगे बढ़ायेंगे।...अब लवे में तो चलो भैया।"

वह मुड़कर पहाड़िया की उत्तर ढलान पर झाड़ियों को इधर-उधर हटाता हुआ नीचे की ओर जाने लगा। देरू का गुस्सा सातवें आसमान पर था। उसने भवकती हुई आँखों से एक बार फिर राजा को देखा और फिर उधर को देखा जिधर कोमल गया था। फिर वह बोला—"कोमल रूक तौ, मैं आ रओ हौ!..."

और वह भी लपकता हुआ उधर ही पहाड़िया की ढलान पर उतर गया।

वहाँ ऊपर जो लोग मौजूद थे वे वैसे ही किंकर्तव्य मूढ़ता की हालत में खड़े रहे। न गैंग के किसी सदस्य को होश आया कि उनका गैंग लीडर अकेला एक पुलिस के मुखबिर के साथ नीचे आँख बन्द करके चला जा रहा है। वहाँ उसकी मदद हेतु कोई आदमी तो साथ होना चाहिए। ऐसे समय राजा से कोई उम्मीद नहीं की जा सकती थी। उसका गुस्सा तो सातवें आसमान पर जाकर अटक गया था। वह सोच भी कैसे पाता कि जिस मुखबिर के जाल से अपने भाई को छुड़ा लेने के लिए मारने-मरवाने पर तुला हुआ था उसी की मौत के मुँह में जाते कैसे देख पा रहा है?

और उस दिन वह हो गया जो राजा की दृष्टि में नहीं होना था। तभी तो थोड़ी देर के बाद उस पहाड़िया से जान बचाकर भागते वक़्त मोबाइल पर रोते-रोते अपने किसी शुभचिंतक से यही कहा—"आज तौ वो हो गओ जो कबू नाय होनो तो... ।"

और बताते तो यह भी हैं कि यही टूटे-फूटे शब्दों में आधा-अधूरा संदेश राजा की जिन्दगी पर भी एक काली लकीर खींच गया। काल उसकी जिन्दगी के अन्तिम 'एपीसोड' लिखने की तैयारी करने लगा।

लेकिन गैंग के 'मास्टर माइंड' देरू पाल की जिन्दगी का अन्तिम 'एपीसोड' किसी को भी कतई न रूचा। वही सब का जाना-बूझा, घिसा-पिटा पुलिस का बयान—अमुक जंगल में रात भर एनकांउटर चला...पुलिस ने इतने राउंड्स गोलियाँ खर्च की। पुलिस की घेराबन्दी तगड़ी थी,...तभी तो देरूपाल मारा गया, लेकिन उसकी लाश डाकू उठा ले गये...और उसकी राइफल पुलिस के हाथ लगी है... ।

और घटना स्थल से लगभग एक फर्लांग की दूरी पर पसर चराते आदिवासी हाकिम का बयान कुछ अलग ही तरह की कहानी कहता है। उसने उसी घड़ी देखा—... ऊपर पहाड़िया की चोटी से दो आदमी झाड़ियों को इधर-उधर हटाते हुए नीचे को आये...उनमें से एक के हाथ में राइफल थी और दूसरा उसे कुछ समझाता हुआ सा उसकी बगल में चल रहा था...नीचे आकर जहाँ जंगल नहीं रहा है वहाँ राइफल वाला आदमी एक पटिया पर बैठता है। उसने अपनी राइफल बगल में रख ली है और पैर आगे को फैलाकर सिर पीछे खड़े तेंदू के तने से अभी टिकाया ही है कि तभी फुर्ती के साथ उस दूसरे आदमी ने राइफल ले ली और उसके सीने पर गोली दाग दी है...और वही आदमी राइफल लेकर नीचे नरिया में दौड़ने लगा है—दौड़ा जा रहा है और चिल्ला रहा है, 'पुलिस आ गयी—पुलिस आ गयी!'

अखबार में जहाँ पुलिस की विज्ञप्ति छपी थी वहीं पर हाकिमलाल आदिवासी का दिया विवरण भी छपा था। उस सब को देखते-पढ़ते लोगों का मन खटा गया था और जनता की खुशी हवा हो गयी थी। बहुत सारे लोगों को उम्मीद थी कि देरूपाल वाला एपीसोड पुलिस को उनकी नज़रों में अवश्य ऊपर उठाएगा। लेकिन वैसा हुआ नहीं। लोगों को एक फूहड़ मनोरंजन से ज्यादा कुछ दिखाई ही नहीं दिया।

77

इस इलाके में लगभग बारह साल से अनवरत पाल गैंग और पुलिस के बीच नूरा कुश्ती चलती रही है।

यह कहना है यहाँ के आदमी का, जो बहुत कुछ भोग चुका है और अभी पता नहीं कितना भोगेगा। अगर यह मान भी लिया जाये कि जले-भुने बैठे आदमी का कथन शत-प्रतिशत सही नहीं हो सकता, तो भी इतना तो सबने देखा-समझा है कि यहाँ की पुलिस ने पूरे मनोयोग से यह प्रयास कभी नहीं किया है कि गैंग को जितना जल्दी हो उतना जल्दी निपटाया जाये। किसी को शायद यह पता नहीं होगा कि कभी पुलिस ने गैंग की ऐसी घेराबन्दी की हो कि डाकूओं को लेने के देने पड़ गये हों। कभी यह भी नहीं हुआ है कि पुलिस किसी नरसंहार को रोक पाई हो अथवा किसी पकड़ को छुड़ा पाई हो। पकड़, फिरौती और नरसंहार के मामलों में तो पुलिस हरबार असहाय और बौनी दिखाई दी। और शायद इन्हीं बातों के चलते यहाँ के आदमी को पुलिस के व्यवहार पर शक होने लगता है।

अभी कुछ दिनो से पुलिस इस खुशी में सराबोर थी कि उसने पाल गैंग के मुखिया को निहायत आसानी से टपका दिया था। छः लाख का इनाम और प्रमोशन-पदक अलग से। यह कोई छोटा उपहार नहीं था। इसकी कल्पना करके अच्छे-अच्छों की आँखे चौंधियाने लगती है। यहाँ की पुलिस की भी शायद ऐसी ही हालत हो गयी थी। साथ ही मुगालता यह कि देरूपाल के निपट जाने का अर्थ है कि पाल गैंग की कमर टूट जाना। शायद पुलिस के इसी मुगालते ने इलाके में एक और बड़े नरसंहार की भूमिका बना दी।

वह नरसंहार हुआ एक और घाटी के गाँव हरिहारा में।

वही सोलह से पच्चीस साल के बीच की उम्र के पाँच युवाओं को गाँव से दूध लेकर जाते समय रास्ते में पकड़कर गोलियों से भून डाला गया। पहले उन्हें दूध की कैन रखी साइकिलों सहित बगल के पहाड़ पर ऊपर ले जाया गया। वहाँ ले जाकर कुछ पूछताछ की गयी होगी। लोगों का अनुमान है कि किसी मुखबिर का गाँव में आने का शक रहा होगा या फिर वे लोग किसी मुखबिर के रिश्तेदार की तलाश में होंगे। अधिकांश नरसंहारों में गैंग की इसी मूढ़ता के शिकार निरपराध लोग हुए हैं...।

गाँववालों को पता लगा तो रोना-बिलखना मच गया। फिर भी थाने को आदमी भेजे गये, जिन्हें पुलिस दरोगा ने खूब गालियाँ सुनाई। कहा गया कि वहाँ अपने बाप डाकूओं को दूध पिलाते हो और यहाँ पुलिस को झांसा देने आ गये हो और उन लोगों के रोने-गिड़गिड़ाने के बावजूद वहीं थाने में शाम तक बैठे रहने का आदेश दे दिया गया।

और इधर दिन ढलने की बेला डाकूओं ने उन पाँच लड़कों को पहाड़ से नीचे उतारा और वहीं रास्ते पर उनके हाथ-पैर बाँधकर गोलियों से भून डाला। डाकूओं ने बहुत ही बेरहमी से मारा उन्हें। उनमें से एक ने शायद कड़ा प्रतिरोध किया था, जिसका सबूत यह था कि उसके दोनो हाथ गोलियों से छलनी हो गये थे। बँधे हुए पैरों की एड़ियों के नीचे गड्ढ़े बन गये थे।

इतना भयानक काण्ड करके वे लोग वहीं पहाड़ पर बने रहे। पूरा गाँव मरणासन्न अवस्था में पहुँच गया था। किसी को कुछ सूझ नहीं रहा था कि क्या करें? कहाँ जाये? उधर थाने की नीद बारह बजे रात को खुली। तभी दरोगा ने उन गाँव वालों को छोड़ा और खुद पाँच-छः सिपाहियों को साथ लेकर हरिहारा गाँव में आधमका। गाँव वालों से कहने लगा कि चलो बताओ, कहाँ हैं डाकू? गाँव वालों ने उसकी बात का जवाब अखण्ड मौन से दिया और यह उस दरोगा की जिन्दगी का निहायत खट्टा और पहला अनुभव था। सचमुच उसकी पिंडलियाँ काँप गयी। फिर वह वहाँ से चलकर घटनास्थल पर जा पहुँचा। तभी ऊपर पहाड़ पर देवी के नाम जैकारा सुनाई दिया और उसके साथ ही फायर भी आया। बताते हैं कि दरोगा पहले ही फायर के साथ दगड़े की धूल में उल्टैया खा गया था। चड्ढी के साथ उसका पैंट भी गीला हो गया था। और फौरन सर पर पैर रखकर थाने की ओर भागा था।

हालात कुछ इस तरह के थे कि जिस स्थान पर वे पाँच जवान लाशें खून और धूल के गारे में सनी अट्ठारह घण्टों तक पड़ी रही, वहाँ से जिला हैडक्वाटर मात्र पैतालीस किलोमीटर दूर है और यह भी, वहाँ से दोनों और दो थाने हैं, एक दश किलोमीटर दूर है और दूसरा मात्र पाँच किलोमीटर दूर। लेकिन वहाँ, जो लोग दिन में नहीं आ सके वे रात को आते भी क्यों?

लेकिन अगले दिन सुबह आठ बजे से ही हरिहारा घाटी में लोगों का ताता लग गया। एक से एक नये ब्रांड की गाड़ियाँ और एक से एक सजे-संवरे लोग। कुछ लोग तो यह भी सोचने लगे कि जंगल-चोरों ने अनाप-सनाप कटाई करके अगर इतनी ज्यादा जगह नहीं बनाई होती तो ऐसा बड़ा जलसा भला कहाँ से हो पाता। एक हैलीकाप्टर भी उसी क्षेत्र के ऊपर एक-दो चक्कर काटकर वापस जिला हैडक्वाटर की ओर चला गया था। इसको देखकर वहाँ के कुछ लोग गदगद थे।

हरिहारा गाँव कभी हरी-भरी खूबसूरत घाटी का गाँव था। लेकिन अंधाधुन्ध जंगल की कटाई, लम्बे समय की बागी समस्या और गत सात-आठ साल की अवर्षा ने पूरी घाटी को ही तहस-नहस कर डाला है। कोई धन्धा-रोजगार बचा रह नहीं सका है। वही दूध का काम है, सो भी ठाले की ठलुआयी जैसा। नाले के आस-पास की कुछ ज़मीने भी है लेकिन उस पर अगल तरह की खींचा-तानी मची हुई है। गाँव के सहरिया कहते हैं कि यह जमीन उनको नये मिले पट्टों वाली हैं और गूजर कहते हैं कि उनके पुराने खाते वाली यही जमीन है। लेकिन ये अच्छी बात है कि उन दोनों

पक्षों में से परस्पर टकराने के लिए कोई पक्ष राजी नहीं हैं; क्योंकि उन्हें मालूम है कि टकरा कर करेंगे भी क्या उस ज़मींन से तो उतना भी हासिल नहीं होना जिससे थाना-पुलिस या कोर्ट-कचहरी का खर्च निकल आये। और शायद यही कारण रहा होगा कि दोनों बगल के दो थानों और तीसरी अभी कुछ दिन पहले वहीं पास में स्थापित हुई एक पुलिस चौकी भी; इन तीनों में से कहीं की पुलिस को हरिहारा गाँव के प्रति किसी तरह का लगाव नहीं था और शायद इसीलिए उन पाँच युवाओं की लाशें इतने समय तक यों बहिष्कृत हालत में पड़ी रहीं।

लेकिन अब सब के सब लोगों का ध्यान उन्हीं लाशों की ओर था। एस.पी. रफीक मसूरी कामू उस लड़के की लाश को देखकर द्रवित थे जिसके दोनों हाथो में गोलियाँ मारी गयी थी और जिसकी एड़ियों के नीचे गड्ढे बन गये थे। उन्होंने द्रवित स्वर में ही कहा–"उन्हें कभी भी माफ़ नहीं किया जाना चाहिए,...नो! नेवर!!...किसी भी कीमत पर नहीं!"

गाँव का एक आदमी उनकी बगल में खड़ा था। उसने उन्हें घूरा और पूछा–"और वा दरोगा को आप का करौगे एस.पी. साब, जो खबर दैवे गये बिन केई ऊपर बन बैठो,...और बिनें पूरे दिन थाने में बिठा के रखो...और ऐन आधी रात पै हमाई सुध लैवे आओ हो,...वाकी तौ आप पूजा करौगे?"

एस.पी.कामू उस गाँव वाले की बातें सुनकर चौंक गये। लेकिन उस आदमी के पूछने पर भी यह नहीं बता पाए कि उस दरोगा को क्या सजा मिलेगी। यद्यपि यह सच है कि जब सभी लोगों को मालूम हो गया कि उस दरोगा की लापरवाही से वे पाँच हत्याएं हुई हैं। अगर दरोगा सही पहल करता और जिला हैडक्वाटर को तुरन्त सूचना देता तो गैंग को घेरा जा सकता था। लेकिन यह बात अलग है कि जब भीड़ ने पुलिस के खिलाफ नारे लगाए और कुछ नेताओं ने आई.जी.-डी.आई.जी. को घेरा तब वहीं खड़े-खड़े दरोगा और उसके साथ के पुलिस कर्मियों को सस्पैंड किया गया।

इसी तरह से गाँव वाले और इलाके के कुछ जाने माने नेता ये बार-बार दुहरा रहे थे कि वे लाशों को वहाँ से नहीं ले जाने देंगे। बल्कि वे खुद लाशों को ए.बी. रोड पर रखेंगे और जब तक पाल गैंग का सफाया नहीं हो जाता है तब तक के लिए रोड बन्द कर देंगे। इस बात पर भी पुलिस का पसीना चुचाने लगा था। इस मुद्दे पर काफी तकरार भी हुई। अन्त में कुछ नेताओ के माध्यम से गाँव वालों को यह समझाया जा सका कि लाशों को वैसे भी चौबीस घण्टे से ज्यादा समय हो गया है अगर पोस्टमार्टम करके जल्दी दफनाया नहीं गया तो लाशें बेकार हो जायेंगी।

तब कहीं जाकर गाँव वाले माने। तीन डॉक्टरों के पैनल के द्वारा वहीं पुलिस की एक गाड़ी में लाशों का पीएम हुआ और फिर वहीं सामूहिक रूप से उनका दाह संस्कार हुआ।

वहाँ एक राज्य सरकार के मिनिस्टर भी मौजूद थे। उन्होंने चीफ मिनिस्टर की

वह घोषणा पढ़कर सुनाई जिसमें प्रत्येक मृतक के आश्रित को पाँच लाख रुपया और परिवार के एक सदस्य को नौकरी देने का वादा किया गया था।

78

पाल गैंग के बारे में जो थोड़ी-सी भी जानकारी रखता था, वह समझता था कि देरू के बिना गैंग का कोई भविष्य नहीं है। क्योंकि गैंग में लोग जितने कम थे उनकी प्रवृतियाँ उतनी ही अलग-अलग और कुछ सीमा तक निहायत अनोखी भी थी। देरू के बाद गैंग में मात्र चार ही सक्रिय सदस्य बचे थे, उनमें से भी गैंग को संगठित रखने की ताकत मात्र राजा में थी। लेकिन उसके पास न तो देरू जैसी समझदारी थी और न वैसा धैर्य, न सहनशीलता और न जिन्दगी के प्रति आस्था। गैंग का लीडर वही हो सकता है जो बिकट से बिकट स्थिति में भी अपना सन्तुलन न खोए और अपने आप को जोखिम में न डालते हुए गैंग के हर सदस्य को संकट से बचाए। यही सब विशेषतायें देरू के अन्दर थी और राजा के अन्दर नहीं थी। बल्कि राजा के बारे में तो ये कहा जा सकता था कि राजा खुद आग में कूद सकता था लेकिन किसी को आग से बचाने की गारंटी नहीं दे सकता था। और कभी-कभी तो दूसरों को संकट से उबारने से पहले उसने अपने आप को ही संकट में डाल लिया था।...और एक बात यह भी थी कि गैंग में हल्की-सी दरार देरू के रहते ही थी। जिन दिनों गैंग के पास बोरों में भर-भरकर नोट आते थे तब उनके बटवारे को लेकर कुछ चेहरों पर असंतुष्टि झाँक-झाँक जाती थी। विश्वजीत और धीरा तो अपनी असंतुष्टि के लिए ख्याति अर्जित कर चुके थे। लेकिन यह बात वे भी समझते थे कि देरू का विरोध खुलकर करने का साहस उनमें नहीं है और वह हो भी नहीं सकता था, क्योंकि उन्हें यह भी पता था कि सही 'पकड़' और उससे मनचाही धनराशि हासिल करने वाला सबसे बड़ा उस्ताद देरू ही है। बाकी सबको तो मात्र उसके पीछे ही चलना होता है या फिर रात्रि के समय पकड़ के पैर से पैर बाँधकर सोना पड़ता है।...बस इतने मात्र से ही पाँच-पाँच सौ के नोटों की एक या दो गड्डी हाथ लग जायें तो कौन-सी घाटे की बात है और ऐसे में कोई क्यों बग़ावत करने की सोचे?

लेकिन देरू के न रहने पर तो कुछ ऐसा बचा ही नहीं था जिसको लेकर कोई अपना चेहरा न बिगाड़े या मन में बग़ावत के भाव न लाए। क्योंकि राजा के अलावा गैंग का मुखिया बनने की सामर्थ्य अन्य किसी के पास थी ही नहीं और राजा में एक गुण यह भी था कि वह किसी को बड़ा और किसी को छोटा मानने का आदी भी नहीं था। वह शुरू से ही मिल-बाँटकर खाने में यकीन करता था।...और यह भी कि हाल-फिलहाल गैंग के पास बाँटकर खाने को कुछ था ही नहीं। क्योंकि राजा

से यह उम्मीद नहीं की जा सकती थी कि वह जल्द से जल्द एक नया तंत्र ऐसा खड़ा कर सकेगा कि 'पकड़' और फिरौती का कारोबार पूर्ववत फिर चलने लगे। ...और यही बात धीरा, राजेन्द्र सहरिया और प्रीतम को एक तरह से निराश कर रही थी। वे तीनों जब भी एक साथ होते और राजा उनके आस-पास नहीं होता तब वे तीनों राजा से अलग होकर अपना गैंग बनाने या अपने तरह से बागपन जीने के मंसूबे गांठते। उनके वही मंसूबे एक दिन इरादे में बदल गये और जिस दिन इरादा पक्का हो गया उसी दिन उन्होंने राजा से बात करनी चाही।

उन दिनों वे लोग सिंध किनारे के टपकेश्वर महादेव मन्दिर पर रुके थे और राजा का मूड भांपकर उस विषय में चर्चा करना चाहते थे। लेकिन उन तीनों को आश्चर्य तब हुआ जब राजा ने उन तीनों को अपने पास बुलाकर वह चर्चा स्वयं ही शुरू कर दी। वह बोला—"देखो, अगर तुम्हें जे उम्मीद होयके मैं गैंग को बढ़ा के फिर काऊ ते बदलो लैवो चाहोंगो, तौ जे सोचवो गलत है।...मेओ मन भर चुको है इन बातन ते। जो तुमाओ बागपन ते मन न भरो होय तौ तुम मेई ओर ते स्वतंत्र हों। मोय बिना बताये झें चाहो भें जा सकत हो और जो चाहो सो कर सकत हो।..."

इतना सुनकर भी वे एक बार भी नहीं चौंके। हाँ, राजा को उन तीनों ने रुक-रुक कर कई बार देखा—उसे देखा और फिर परस्पर अपने आप को भी देखा। और वे तीनों उठ खड़े हुए। मन्दिर के बायीं ओर की खोह के अन्दर गये और अपनी-अपनी राइफल और अन्य सामान उठाकर शीघ्र ही बाहर आ गये। राजा को उड़ती-उड़ती नज़र से सब ने देखा और मन्दिर की सीढ़ियों से नीचे जाने लगे।

राजा एक ऊँचे शिलाखण्ड पर बैठा था। वह वहाँ से उठा नहीं।

टपकेश्वर मन्दिर की वे सीढ़ियाँ बहुत नीचे जाकर सागौन के बेघने जंगल में समाप्त होती है। उस जंगल में से ही सिंधनदी की जलराशि कटी-छटी और झिलमिलाती हुई नज़र आती है। राजा उसी ओर एकटक निहार रहा था।

वे लोग जब जा रहे थे तब तो ऐसा कुछ नहीं हुआ था लेकिन अब वह अन्दर ही अन्दर कसमसाने लगा था। अब उसे लगा कि प्रीतम को उन लोगों के साथ नहीं जाने देना चाहिए था। राजेन्द्र सहरिया पर तो भरोसा किया जा सकता है लेकिन धीरा अपनी किश्म का एक ही शातिर है। वह अपने हित के लिए किसी को शूली पर चढ़वा सकता है। एक बार तो उसका मन हुआ कि माउज़र उठाकर तुरन्त सीढ़ियाँ उतरकर नीचे जाये और उन तीनों का पीछा करे और वे जहाँ भी मिले वहाँ से प्रीतम को अपने साथ ले-ले। लेकिन वह ऐसा नहीं कर सका।

...लेकिन उधर प्रीतम अपनी खास मौसी के बेटे राजा का साथ छोड़कर धीरा और राजेन्द्र सहरिया के साथ चल तो दिया था, कुछ दिन उन दोनों के साथ ठीक से ही कटे थे। वह उन्हें साथ लेकर कई रिश्तेदारियों में गया। परिवारजनों की खैर-खबर ली। जिस किसी को धन की जरूरत थी उसको, वह उपलब्ध कराया।

लेकिन थोड़े दिनों के बाद ही उसे अनुभव होने लगा था कि उसने गलत लोगों का साथ पकड़ा है। उसे किसी भी हालत में राजा का साथ नहीं छोड़ना था। उस समय तक धीरा और राजेन्द्र का एक गुट बन चुका था और प्रीतम मानो अकेला पड़ गया था। वे दोनों कई-कई दिनों के लिए उसे बिना बताए गायब हो जाते थे और प्रीतम अकेला इधर-उधर भटकता रहता था। तब वह बेहद घबराया हुआ होता और कभी-कभी तो जानते-बूझते हुए भी पुलिस कैम्प के नज़दीक तक पहुँच जाता और तब उसका मन होता कि पुलिस के पास पहुँचकर अपने बारे में सब कुछ बयान कर दे, लेकिन अन्त में घबराकर पीछे हट जाता।...

यह हकीकत जंगल के अन्दर की थी, लेकिन जंगल के बाहर की दुनिया में उन्हीं दिनों इस बात की चर्चा जोरों पर थी कि पाल गैंग के दो सदस्य पुलिस के आगे सरेंडर करने को तैयार डोल रहे हैं और फिर एक दिन सभी अखबारों की मुख्य खबर बनी प्रीतम की मौत। हर अखबार की हैड लाइन थी—'कल रात को कालापानी के जंगल में फिर एक बड़ा एनकाउन्टर हुआ...एक लाख का इनामी डाकू प्रीतम पाल मारा गया।...दो अन्य डाकू अँधेरे का फायदा उठाकर भाग खड़े हुए!'

लेकिन उस दिन भी जनता के बीच में चर्चा मरने वाले डाकू की कम थी और अँधेरे का फायदा उठाकर भागे दोनों डाकूओं की चर्चा ज्यादा थी।

79

उस दिन शारदा की सीधी आँख सवेरे से ही फड़क रही थी।

उसने पूरे दिन कुछ खाया भी नहीं था। उसने कुछ नहीं खाया तो उसके आदमी ने भी कुछ नहीं खाया। इसीलिए उसे कभी-कभी भारी गुस्सा आता है। वह और किसी के लिए उपासी रहती है तो वह बेचारा उसके लिए उपासा रहता है। कहो तो निर्जला व्रत धारण कर ले। आदमी का ऐसा भोला होना अच्छी बात नहीं होती है। यह बात आज दोपहर को उसने उसे समझाने की कोशिश की थी, परन्तु वह समझे तब न! बार-बार एक ही बात की रट लगा के रह गया—"तैं खाएगी तौ मैं खाऊँगो।"...उसी की टेक के कारण वह अब झौली पड़े खाना बनाने बैठी थी। उसने चौका के आगे अपने आदमी की खाट बिछा दी थी और थाली में लौकी की सूखी सब्जी और पहली सेंकी रोटी रखकर खाट पर उसके आगे रख दी थी। लोटा भर पानी नीचे धर दिया था और फिर चूल्हे के पास जाकर बैठ गयी। थोड़ी देर में जब आदमी खाना खा चुका तो वहीं चौका में बची हुई तरकारी और दो रोटी आगे रखकर बैठ गयी।

खाने से निपटकर वह मोरी पर बैठी बासन साफ़ कर रही थी तभी एकाएक बाहर के दरवाजे की कुण्डी खटकी और उसे सुनते ही वह जल्दी से हाथ धोकर उठ

खड़ी हुई। सोचा, राजा ही होगा और आज उससे बहुत बातें करनी है। सबसे पहले तो यही पूछना है कि उसके रहते प्रीतम कैसे मारा गया! प्रीतम उसका उस दौर का यार था जब माँ ने जबर्दश्ती एक अपंग आदमी के पहलू से बाँध दी थी...लेकिन उसने जैसे ही दरवाजा खोला, वैसे ही चीखकर पीछे हट गयी। वहाँ राइफल ताने हुए राजेन्द्र आदिवासी खड़ा था।

वह मानो वर जोरी से अन्दर धँसा चला आया था। आज पहली बार ही उसका उसने यह रूप देखा था और उसे देखकर ही थर्रा गयी थी और उसके लिए यह भी घोर आश्चर्य की बात थी कि आज वह हमेशा की तरह पाटोर के आगे पड़ी उसके आदमी की खाट पर नहीं बैठा, बल्कि उससे आने का इशारा करके उसके कमरे की सीढ़ियाँ चढ़ गया। यह बात शायद शारदा का आदमी भी नहीं पचा पाया था। उसने अपनी खाट से उठते-उठते चौका में पड़ी खैर की एक मजबूत लकड़ी उठा ली थी और उसके पास आकर बोला—"तैं भें बैठ मेई खाट पै, मैं वा मोड़ीचोद कों देखतौ।" लेकिन शारदा ने अपने मुँह पर उँगली रखकर उसे चुप रहने को कहा और वहीं खाट पर जाकर बैठने का इशारा किया।

वह धीरे-धीरे कदम रखते हुए अपने कमरे में जा पहुँची। वहाँ जाकर जो कुछ देखा उसे देखते ही उसका रोम-रोम जल उठा। तब तक राजेन्द्र आदिवासी ने अपने हाथ की राइफल उसके लोहे के बड़े सन्दूक से टिकाकर रख दी थी। कमर में कसी कारतूसों की पेटी खोलकर पलँग के सिरहाने रख ली थी, जूतों के बन्द खोलकर उनसे पैर बाहर कर लिए थे और पैंट खोलकर संदूक के ऊपर फेंक दी थी। उसने पलंग पर लेटकर सन्तोष की साँस ली और उससे बोला—"आ बाई, देर झिन कर! बड़े जरूली काम ते जानो है।" लेकिन शारदा उसी समय सोच रही थी कि इस सूरत में सहरिया से हाथापाई करना ख़तरे से खाली नहीं है, इसलिए वह कोई ऐसी चीज़ तलाश रही थी जो एक बार कनपटी पर पड़ने पर सारी चीजें घूमती दिखाई दें। उसे ऐसा और तो कुछ नहीं दिखाई दिया। राइफल बिल्कुल उसके पास बक्से से टिकी रखी थी। वह उसने एक झटके के साथ उठा ली। उधर राजेन्द्र ने भी उसके हाथ में राइफल जाते देखी तो हड़बड़ाकर उठा। उसका उठना हुआ और शारदा ने राइफल घुमाकर पूरी ताकत से उसकी कनपटी पर बट दे मारी। सच में बट कुछ ऐसी पड़ी कि उसकी आँखों के आगे सितारे नाचने लगे और वह हड़बड़ाकर पलंग से नीचे आ गिरा।

वह गर्म ताव में एक बार घन और फटकारने को तैयार खड़ी थी लेकिन उसको भाँपकर राजेन्द्र कमरे की सीढ़ियों से लुढ़ककर नीचे आँगन में जा पहुँचा। लेकिन वहाँ पहुँचकर भी उसे इतनी राहत नहीं मिली कि जल्दी से उठ खड़ा हो और बाई के हाथ लगी अपनी राइफल और अन्य सामान हासिल करने का प्रयास करे। क्योंकि वहाँ पहले से खैर का सोंटा पकड़े शारदा का आदमी तैयार खड़ा था और उसके आँगन में लुढ़ककर आते ही वह अपने मन में वर्षों से इकट्ठा हुआ पड़ा क्षोभजनित गुस्सा

निकालने लगा। अब राजेन्द्र को लगा कि बाई के हाथ से वह कैसे भी करके बच गया लेकिन जो राक्षस सोंटा उस पर बरसा रहा है वह जान ही ले लेगा। अब उसके पास इतना भी मौका नहीं था कि बाहर जाने वाले दरवाजे की कुण्डी खोलकर भाग सके, लेकिन तभी उसे हल्का-सा मौका मिला और वह एक छलांग मारके उसके घर के दाहिनी ओर की पाँच फुट ऊँची दीवार फलांग कर उस ओर जा गिरा।

वह दीवार फलांगकर चला गया तब शारदा की समझ में आया कि उसका सामान तो सब यहीं पड़ा रह गया। तभी एक बार उसके मन में आया कि वह उस सामान को अभी गोल कर दे। उसके गाँव में ही ऐसे-ऐसे लोग हैं जो उसे अभी उठा ले जायेंगे और जो वह माँगेगी सो पैसा भी देंगे। लेकिन फिर उसका मन वैसा करने को नहीं हुआ, बल्कि उसने सभी सामान समेटा और झेंग में भरकर दीवार के उस ओर फेंक दिया। उधर राजेन्द्र शायद उसी के इन्तजार में खड़ा था। वह उसने जल्दी-जल्दी समेंटा और नीचे घाटी में जाने वाले रास्ते पर मानो लुढ़कता हुआ चला गया। देखकर शारदा का मन हँसने को हुआ।

लेकिन वह हँस नहीं सकी, क्योंकि उसी समय नीचे घाटी में उधर आखिरी छोर पर जहाँ जामुन के बड़े-बड़े पेड़ खड़े हैं और शायद उन्हीं के कारण घाटी का नामकरण हुआ है; वहाँ कई लाइटें बार-बार जल रही थीं और बुझ रही थीं। देखकर उसका दिल और भी धड़कने लगा। उसे जाने क्यों लगा कि राजेन्द्र आदिवासी किसी बड़े अपशकुन का संकेत देने उसके पास आया था। वहाँ नीचे घाटी में कुछ न कुछ ऐसा बुना जा रहा है जिसकी कल्पना उसके दिमाग में नहीं ठहर पा रही है और उसके लिए यही अच्छा है कि वह अन्त तक उसके दिमाग में न ठहरे। मन की बात को तो बार-बार झुठलाया भी जा सकता है। लेकिन बाद में जो कुछ वहाँ हुआ उसको वह कैसे झुठला पाएगी आखिर?

उन्हीं पेड़ों में एक जोरदार धमाका हुआ—इतना वज़नदार धमाका कि पूरी घाटी थर्रा गयी। गाँव की दीवारें तक हिल गयी और उसके साथ ही एक आवाज़ गूंजी—"ओऽऽ तेई मैयो की...में...दै दूँ, झें सीना पै मार! में टांग में का मार रओ है...?"

फिर एकबार उतना ही वजनदार धमाका और फिर झनकारती हुई-सी आवाज—"ऐऽऽ तेई मैयो की...मैं दै दूँ ठांस के! झें, मार झें...बाँह में का मार रओ है दारी के?"

और फिर कई फायर या कई धमाके लगातार और उनके बीच से दबती—उभरती वही आवाज...फिर अखण्ड शान्ति।...

शारदा वहीं दीवार के सहारे मानो ररकती-सी नीचे बैठ गयी। थोड़ी देर बैठी रही और फिर अपने आदमी को लेकर कमरे में जाकर लेट गयी। आज उसे खूब डर लग रहा था और डर की हालत में आदमी कैसा भी हो, वही सबसे बड़ा सहायक सिद्ध होता है।

और फिर अगले दिन दोपहर के समय। शहर के मरघट में!

पाँच-छः पुलिस वालों ने जानवर की तरह से कड़ेर कर उतारा गाड़ी के पीछे की ओर से और लगभग उसी तरह से लाकर अधूरी-सी रखी चिता पर पटक दिया। उनमें से एक दो ने खंखारकर थूका भी और सबने नल पर जाकर हाथ धो लिए। उन सब के चेहरों पर ढेर सारी खीज़, कुढ़न और पीड़ादायी थकान। साथ ही कतई गैर जिम्मेदारी और लापरवाही का बरताव। मरे हुए से भी घृणा और बदले की भावना! ऐसा तो निहायत बर्बर समाज में भी नहीं होता है शायद!...

पुलिस शायद पहचान करने वाले को पहले से बिठाकर रखती है, इसलिए वह पिछले दो दिन से एक थाने की हवालात में बन्द था। असमय बुढ़ाया, जर्जर शरीर चलने में डगमगाता है, बात करने में लटपटाता है या निहायत मूक-बधिर होकर बैठा रहता है। होने को तो वह उन सब का बहनोई था लेकिन नियति ने छोड़ा किसी काम का नहीं है। घरवाली अभी भी जेल में है। गत बारह साल से महीना-दो महीना घर पर रहती है और फिर कम से कम छः महीना को जेल में...छोटे-बड़े सात बच्चे हैं उनमें से एक सबसे छोटी वाली बच्ची तो जेल में ही पैदा हुई थी। दो लड़कियों की शादी हो गयी है। वे दोनों और उनके पति भी जेल में रहे हैं...उसका बूढ़ा बाप और माँ, दोनों भाई और उनकी पत्नियाँ, कुनबा में ऐसा कोई नहीं बचा जिसने जेल न काटी हो!...ऊँची फटी धोती और मैला फटा कुर्ता! सिर की पाग तार-तार हो रही है। उसका लम्बा छोक जब आगे की ओर होता है तो वह झटककर पीछे की ओर कर लेता है और जब पीछे होता है तो आगे ले लेता है और आँखें पोछने लगता है। तभी उसे याद आता है कि इन आँखों के आँसू तो बहुत पहले ही सूख चुके हैं...एक से एक सुघड़, हँसमुँख और दिल्लगी बाज़ पाँच साले और उनमें सब से प्यारा यही। छुटपन से माँ राजा कहती थी तो फिर सभी राजा कहने लगे। तब उसे लगता, कि उसकी ससुराल रजबाड़े में है।...और तब कहाँ मालूम था उसे कि दुश्मन सबको इतनी बड़ी सजा देकर जायेगा।...

उस समय मरघटे में कुल जमा पन्द्रह पुलिस वाले और उनमें एक तीन पट्टियों वाला दीवान, अधिकारी के नाम पर। दो छुटभैये पत्रकार और एक मात्र वह अकेला उसका पहचान कर्ता या सगा। चिता ठीक से बनती भी कैसे? लकड़ियाँ थोड़ी थी और श्मशान की टाल वाला आदमी उन सब को धता बताकर शहर को खिसक गया था। मोटर साइकिल पर दो लोग उसे तलाशने भी गये, लेकिन कहीं मिला नहीं। फिर तय हुआ कि वहाँ आस-पास जो भी जलाने के काबिल हो उसे लाकर चिता पर डाला जाये और फिर पुलिस के बहादुर जवान लग गये उस जुगाड़ काम में।

तभी पुलिस का दीवान उसके पास आ गया और बोला—"ऐऽऽ! तुम यहाँ बैठे-बैठे क्या करते हो? चलो, उठो जल्दी, जोभी जलने लायक चीज़ दिखाई दे उसको लाकर यहाँ चिता पर डालो। ये काम तुम्हारा है और हमें करना पड़ रहा है,...अपने

सगे को फूँकोगे नहीं?...तब तो खूब सारे नोट इकट्ठा करके रखे होंगे, अब उसके क्रिया-कर्म की बारी आयी है तब नानी मरती है!

उसने कहा तो वह उसे वहीं पथराई आँखें फाड़-फाड़कर देखने लगा। सोचने लगा कि दीवान ठीक ही कहता है। अगर वह उस समय नोट इकट्ठे करने लगता तो सही में आज सम्भाले नहीं संभलते। उसे ऐसे अवसर याद हैं जब उन लोगों के पास फिरौती का पैसा आया होता और वह उन्हीं दिनों उनसे टकरा जाता, तो यही जो अभी चिता पर लेटा है वह उसे देखते ही हँसने लगता और कहता—"ओरेऽऽ, आज तौ बड़ो भाग्य उदय भओ है अपनो! बड़े नातेदार को सवेरेई सवेरे दर्शन है गयो!"...और फिर अपनी बगल में झूलते फौजी झोले से नोटों की एक गड्डी निकालकर उसे थमा देता और फिर कहता—"लेव, जे तुमाये भाग के है मेहमान!"

और चुपचाप उन नोटों को देखकर उसके मुँह में पानी आ जाता। लेकिन तभी गंगाश्री का डर उसे नोट अपने कपड़ों में नहीं छिपाने देता और वे उसे जस के तस वापस देने पड़ते। वह उसे नोटो की गिड्डी थमाकर अपने रास्ते चल देता और फिर भी उसकी खिलखिलाहट काफ़ी दूर तक उसका पीछा करती।...

वह चुपचाप उठकर श्मशान भूमि की बाउंडरी की ओर बढ़ चला। वहाँ कुछ सूखे पौधे और घास उसे दिखाई दी थी। लकिन वहाँ एक युवा पलिस वाला पहले से वही सब कर रहा था। उसे देखते ही वह बोला—"बब्बा! वो कौन लगता था, आप को?..."

"दुश्मन,...वा जनम को बैरी हो वो हमाओ भैया!" उसने जिस हताश बेचैनी के साथ कहा उसे देख-समझकर युवा सिपाही अवाक खड़ा रह गया। उसे पछतावा हुआ कि उस दुःखी आदमी से ऐसा ऊटपटांग सवाल उसने क्यों किया! उसे नियति ने न जाने कैसे-कैसे कष्ट झेलने को मजबूर किया होगा और अन्त में यहाँ श्मशान में भी क्या कम कष्ट और अपमान है उसके लिए? पता नहीं इस असमय में बूढ़े हुए आदमी ने उस मरने वाले को कितना प्यार किया होगा और यहाँ अन्तिम समय उसकी ऐसी दुर्गति देखकर उसका दिल क्या कह रहा होगा?

"बब्बा! तुम जाओ और वहाँ छाया में जाकर बैठो! मैं बहुत सारी लकड़ी और घास लेकर आता हूँ। तुमसे कोई कुछ कहेगा तो मैं बात कर लूँगा!...जाओ, धूप बहुत है।" पुलिस वाला बोला। वह चिता की ओर जा रहा था तब लौट-लौटकर उस सिपाही को देख रहा था। शायद समझ नहीं पा रहा था कि पुलिस की वर्दी पहनकर भी कोई आदमी बना रह सकता है!

अब तक पुलिस वालों ने चिता के ऊपर घास, फूँस और लकड़ियों का ढेर लगा दिया था। वे लोग फिर हाथ-मुँह धोकर सुस्ताने लगे थे। तभी जलती हुई कुछ लकड़ियों का बण्डल हाथ में लेकर दीवान उसके पास आया और बोला—"अब उठो जल्दी और लो, आग लगाओ चिता को!...अब इससे ज्यादा बर्दाश्त नहीं होता।

चौबीस घण्टे होने को हैं वर्दी चढ़ाए हुए-बूटों के बन्द नहीं ढीले किये हैं एक बार!"

वह उठा और दीवान के हाथ से जलती हुई लकड़ी झटककर चिता के सिरहाने जा खड़ा हुआ। चिता में आग छुआते उसके हाथ ज़रूर काँपे थे लेकिन आखिर उसने छुआ ही दी। थोड़ी देर में ही चिता धू-धू करके जलने लगी तो वह थोड़ा पीछे हट गया।

इस वर्ष का बैसाख इलाके भर पर भारी गुजरा है। दिनभर मानो आसमान से आग बरसती रहती है। हर चीज उस ऊष्मा में तप-तपकर बारूद बन गयी है। जरा-सी लुकारी दिखाते आग पकड़ लेती है। उसकी चिता भी देखते ही देखते ज्वाला बन गयी है। वह खुद भी तो पिछले बारह साल से इस पूरे इलाके के लिए ज्वाला बना हुआ था!

फिर उसका मन मरघट के कुछ और ठटाकरम करने को नहीं हुआ। वह वहाँ से चलकर एक पटिया पर बैठ गया।

वहाँ बैठते ही उसे पता लगा कि उसकी आँखों के आँसू सूखे नहीं हैं। क्योंकि उनसे पानी झर-झर करके बह रहा था!

❑❑❑